JOANNIS CALVINI
OPERA SELECTA

Ediderunt

PETRUS BARTH †

GUILELMUS NIESEL

VOLUMEN IV

Institutionis Christianae religionis 1559
librum III continens

Editio secunda emendata

WIPF & STOCK · Eugene, Oregon

Wipf and Stock Publishers
199 W 8th Ave, Suite 3
Eugene, OR 97401

Joannis Calvini Opera Selecta vol. IV
Institutionis Christianae religionis 1559, librum III continens
By Calvin, John and Barth, Petrus
ISBN 13: 978-1-60899-445-8
Publication date 1/26/2011
Previously published by Christian Kaiser, 1931

INSTITUTIO CHRISTIANAE RELIGIONIS 1559

Quibus accessionibus per singulas editiones ab anno 1536 usque ad annum 1559 locupletata sit, apparatu critico oculis subicitur, loci theologorum et aliorum scriptorum a Calvino allati unde hausti sint demonstratur.

Huius operis librum III secundum editiones principes

ediderunt

PETRUS BARTH †

GUILELMUS NIESEL

Index huius quarti voluminis.

De editione nostra, supplementum	VII
Supplementum ad indicem librorum a nobis allatorum	X
Institutionis Christianae religionis liber tertius . . .	1

De editione nostra, supplementum.

Ad ea, quae vol. III p. LVII sq. de hac Institutionis editione diximus, haec breviter addenda videntur:

In librorum locis investigandis, quos Calvinus cum theologis et doctrina ecclesiae Romanae disceptans ante oculos habuisse videatur, Scholasticos, apud quos opiniones ab eo impugnatae inveniuntur, prolixius quam adhuc adhibere studuimus. Nam aequales Calvini catholici plerumque superioribus doctoribus magnis ecclesiae Romanae nituntur. Itaque in hoc volumine etiam accuratius quam in antecedente ad Anselmum, Hugonem de Sancto Victore, Petrum Lombardum, Alexandrum Alesium, Bonaventuram, Albertum Magnum, Thomam Aquinatem, Dunsium Scotum, Guilelmum de Ockam, Gabrielem Bielium, alios reicimus. Quamquam nihilo secius adhuc in quaestionem vocatur, quae opera Scholasticorum praeter Anselmum, Petrum Lombardum, Thomam, quorum libros sine dubio legit, Calvinus ipse ante oculos habuerit. Id posterioribus studiis et curis explanandum erit. In praesentia opiniones et dogmata impugnata, ubi apud magnos doctores ecclesiae catholicae, a quibus recentiores hauserunt, inveniantur, demonstrare satis habuimus, unde appareat Calvino expressam imaginem doctrinae Romanae ab ipso impugnatae ob oculos versatam esse. — Quoad id necessarium videbatur, etiam e corpore iuris canonici, e decretis conciliorum, atque adeo ex iis sessionibus concilii Tridentini, quae in illud tempus inciderunt, quo Calvinus Institutionem conscripsit, placita ab eo impugnata eruimus. — Etiam aequalium Romanorum scripta diligentius adhibuimus. Qui cum in argumentis, quae contra Reformatores proferuntur, usurpandis inter se sint simillimi atque etiam alii ab aliis transscripserint, hic quoque difficillimum est diiudicatu, qui potissimum libri adversariorum ipsi in Calvini conspectum venerint, qui ab operis administris et sociis in notitiam eius perlati sint. Accedit, quod ne eos quidem libros adversariorum, qui ad eum mittebantur, cunctos legere potuit. In bibliotheca quidem universitatis Genevensis prolixum opus Ruardi Tapperi theologi Lovaniensis (Explicatio articulorum venerandae facultatis sacrae Theologiae generalis studii Lovaniensis circa dogmata Ecclesiastica ab annis triginta quatuor controversa, una cum responsione ad argumenta adversariorum. Lovanii 1555) asservatur, quod a Iohanne a Lasco sua manu inscriptum ad Calvinum missum erat. Sed ne vestigium quidem reperire potuimus hunc tam grandem librum a Calvino inspectum esse neque ullum indicium exstat, ex quo unquam lectum esse concludas. Quomodo Calvinus eiusque socii ad infames libellos, velut ad librum Roberti Cenalis, qui „Larva sycophantica in Calvinum" inscribitur, responderint, optime ex illa tam hilari epistula cognoscitur, quam ad eum dederunt (cf. CR Calv. opp. XVI 351 sqq.). — Ex immensa copia librorum contra Reformationem scriptorum ad illustrandam Calvini disceptationem omnia pertinent, quae ab initio Reformationis usque ad postremam editionem Institutionis ab adversariis lingua Latina (vel Gallica) de quaestione theologica, de qua ubique agitur, scripta sunt.[1] Utrum quisque adversariorum loco propior an remotior a Calvino fuerit, nihil refert. Id quidem pro certo affirmari potest Calvinum cum Desiderio Erasmo, Joh. Eckio, Joh. Cochlaeo, Alfonso de Castro, Alberto Pighio, Friderico Staphylo disceptare. Plus minusve veri simile est de aliis, in quos reicimus: Iodoco Clichtoveo, Io. Fishero Roffensi, Io. Fabro, Conr. Vimpina, Iac. Latomo, Nicol. Hernornio, Casp. Schatzgeyero, Barthol. Camerario. Quod in investigandis autorum locis, cum quo scriptore Calvino res sit, nonnunquam reperire non potuimus, documento est, nos nondum in omnes scriptores incidisse, quos Calvinus in conscribenda Institutione ex adversariorum castris impugnandos ante oculos habuit.

Cum quaesitum sit, quomodo labor in hoc libro edendo collocatus inter duos editores sit divisus, lectores docemus nos textum huius editionis sic confecisse, ut coniunctis viribus, sociis nonnullis adiuvantibus, textus variarum Institutionis editionum inter se conferremus. Hoc labore communi nisus Guilelmus Niesel apparatum criticum composuit. Idem praefationem ad hanc editionem (vol. III, p. VI—LVIII) conscripsit et eruit, quibuscum aequalibus a doctrina Romana dissentientibus, sive Lutheranis sive Anabaptistis sive aliis, Calvinus singulis locis disputet. Patrum ecclesiasticorum qui loci Calvino

---

[1] Calvinum linguae Germanicae ignarum fuisse, cf. ZKG., vol. 49, 343 sqq. (Wilh. Niesel: Verstand Calvin Deutsch?)

obversati sint, Petrus Barth inquisivit. Idem omnibus iis explanandis, quae ad Calvinum cum ecclesia et theologia Romana disceptantem pertinent, operam dedit, velut demonstrandis dogmatis Scholasticorum, decretalium ecclesiasticorum praeceptis, aequalium papalium sententiis a Calvino impugnatis. Loci scripturae sacrae ab eodem examinati aut primum allati sunt. In locis classicorum scriptorum antiquorum, quos Calvinus aut laudavit aut ad eos allusit, designandis eiusdem studia magnopere adiuta et suppleta sunt a Dr. Paulo Geyer, cui hoc quoque loco gratias agimus maximas. In plagulis huius quarti voluminis corrigendis et is et Waltharius Staub, pastor Uerkhemensis, et Dora Scheuner, adiutrix ministerii Bernensis, benigne et officiose nobis sunt opitulati.

Supplementum ad indicem librorum a nobis allatorum.

(Cf. vol. III. p. LX—LXV.)

Albertus Magnus, Opera omnia. Parisiis 1890 sqq.
Alexander de Hales, Summa theologiae. (lib. I. II, 1) Ad claras aquas (Quaracchi) 1924. 1928.
Baltzer Otto, Die Sentenzen des Petrus Lombardus, ihre Quellen und ihre dogmengeschichtliche Bedeutung. Leipzig 1902.
Die Bekenntnisschriften der evang.-luther. Kirche, herausgegeben vom Deutschen Evang. Kirchenausschuß. Göttingen 1930.
Biblia utriusque Testamenti iuxta vulgatam translationem et eam quam haberi potuit emendatissimam: cui in Novo apposuimus Des. Erasmi Rot. versionem. Froben. Basileae 1538.
Brieger Theodor, Das Wesen des Ablasses am Ausgange des Mittelalters. Leipzig 1897.
Brieve explication de la Pate-nostre, s. l. et a. (Paris, Bibl. de l'Arsenal).
BR(T) = Bullarum, Diplomatum et Privilegiorum sanctorum Romanorum Pontificum Taurinensis editio (Bullarium Romanum Taurinense). Augusta Taurinorum 1857 sqq.
Bullinger H., In acta apostolorum commentariorum libri VI. Tiguri 1533.
Busson Henri, Les sources et le développement du rationalisme dans la littérature française de la renaissance (1533—1601). Paris 1922.
Canones et decreta concilii Tridentini, ed Aemil. Ludov. Richter. Lipsiae 1853.
Clichtoveus Judocus, Improbatio quorundam articulorum Martini Lutheri. Parisiis 1533.
Cyprianus Caecilius, Opera, per Desid. Erasmum Roterod., Basileae (Froben.) 1530.
— Opera, per Desid. Erasmum Roterod., Basileae (Hervag.) 1540.
Denzinger-Bannwart, Enchiridion Symbolorum [16/17] ed. Umberg. Friburgi Brisgoviae 1928.
Faber Johannes, Opera, pars tertia. Coloniae 1539.
Gerdesius Daniel, Historia reformationis sive annales evangelii seculo XVI passim per Europam renovati doctrinaeque reformatae, accedunt varia monumenta pietatis et rei literariae. Groningiae et Bremae 1752.
Gersonius Ioannes, Opera omnia, ed. Du Pin, Antwerpiae 1706.
Latomus Jacobus, Opera, quae praecipue adversus horum temporum haereses eruditissime, ac singulari iudicio conscripsit. Lovanii 1550.

SUPPLEMENTUM AD INDICEM LIBRORUM XI

Monumenta historica societatis Iesu a patribus ejusdem societatis edita. Monumenta Ignatiana. Series secunda. Exercitia spiritualia Sancti Ignatii de Loyola et eorum directoria. Matriti 1919.
Osiander Andreas, Disputationes duae. Una, De Lege Et Evangelio, Habita Nonis Aprilis. 1549. Altera, De Iustificatione, Habita 9. Cal. Nouembris. 1550 . . Regiomonte Prussiae 1550.
— De Unico Mediatore Iesu Christo Et Iustificatione Fidei. Confessio Andreae Osiandri . . . Regiomonte Prussiae. 24. Octobris. 1551.
Pighius Campensis Albertus, Controversiarum praecipuarum in comitiis Ratisbonensibus tractatarum, et quibus nunc potissimum exagitatur Christi fides et religio, diligens, et luculenta explicatio. Coloniae 1542.
— Ratio componendorum dissidiorum, et sarciendae in religione concordiae. Coloniae 1542.
Platyna historicus, Liber de vita Christi ac omnium pontificum. Rerum italicarum scriptores. Raccolta degli storici italiani dal cinquecento al millecinquecento, ordinata da L. A. Muratori. Tomo III. Parte I. 1913.
Sozomenus, Ecclesiastica historia, ed. Hussey. Oxonii 1860.
Staphylus Fridericus, Caesarei quondam consiliarii in causa religionis sparsim editi libri, in un. vol. digesti. Ingolstadii 1613.
Thomas Aquinas, Opera omnia. Parisiis 1871 sqq.
Th St Kr = Theologische Studien und Kritiken. Gotha.
Vimpina Conradus, Sectarum, errorum, hallutinationum, et schismatum, ab origine ferme Christianae ecclesiae, ad haec usque nostra tempora concisior Anacephalaeosis . . . Francophordie ad Oderam 1528.
Walch Chr. G. Fr., Monimenta medii aevi. Gottingae 1757.
Z K G = Zeitschrift für Kirchengeschichte. Gotha.

Institutionis Christianae religionis
Lib. III.
DE MODO PERCIPIENDAE CHRISTI GRATIAE,
et qui inde fructus nobis proveniant,
et qui effectus consequantur.

[393]   Quae de Christo dicta sunt, nobis prodesse, arcana 1559
operatione Spiritus.   CAP. I.

1. NUNC videndum quomodo ad nos perveniant, quae Pater Filio unigenito contulit bona, non in privatum usum, sed ut inopes egenosque locupletaret. Ac primo habendum est, quandiu extra nos est Christus, et ab eo sumus separati, quicquid in salutem humani generis passus est ac fecit, nobis esse inutile nulliusque momenti. Ergo ut nobiscum quae a Patre accepit communicet, nostrum fieri et in nobis habitare oportet. Ideo et caput nostrum vocatur [Ephes. 4. d. 15], et primogenitus inter multos fratres [Rom. 8. f. 29]: nos etiam vicissim dicimur in ipsum inseri [Rom. 11. b. 17], et eum induere [Galat. 3. d. 27ᵃ]: quia nihil ad nos (ut dixi) quaecunque possidet, donec cum ipso in unum coalescimus. Etsi autem verum est, hoc fide nos consequi: quando tamen videmus non omnes promiscue amplecti Christi communicationem, quae per Evangelium offertur, altius conscendere ipsa ratio nos docet, ac de arcana Spiritus efficacia inquirere, qua fit ut Christo bonisque eius omnibus fruamur. Disserui ante de aeterna Spiritus deitate et essentia[1]: nunc speciali hoc capite contenti simus, Christum ita in aqua et sanguine venisse, ut de eo testificetur Spiritus[2], ne salus per hunc parta nobis effluat. Quemadmodum enim tres citantur in caelo testes, Pater, Sermo et Spiritus:¹ ita etiam tres in terra, aqua, sanguis et Spiritus [1. Ioh. 5. b. 7. 8]. Neque frustra repetitur Spiritus testimonium, quod sentimus cordibus nostris sigilli vice insculptum esse. Unde fit ut ablutionem et sacrificium Christi obsignet. Qua ratione etiam dicit Petrus fideles electos esse in sanctificatione Spiritus, in obedientiam et aspersionem sanguinis Christi [1. Petr. 1. a. 2]. Quibus verbis admonet, ne

a) *1559–61 falso* 17

1) I 13, 14 sq.; vol. III 127 sqq.   2) 1. Joh. 5, 6.

irrita sit sacri illius sanguinis effusio, arcana Spiritus irrigatione animas nostras eo purgari. Qua ratione etiam Paulus, de purgatione et iustificatione verba faciens, dicit nos fieri utriusque compotes in nomine Iesu Christi et Spiritu Dei nostri[1]. Huc summa redit, Spiritum sanctum vinculum esse, quo nos sibi efficaciter devincit Christus. Quo etiam pertinent quae proximo libro de eius unctione docuimus[2].

2. Verum, quo res apprime digna cognitu certius liqueat, tenendum est Christum peculiari modo Spiritu sancto venisse instructum: nempe ut a mundo nos segregaret, ac in spem colligeret aeternae haereditatis. Hinc Spiritus sanctificationis dicitur[3]: quia non virtute tantum generali, quae conspicitur tam in humano genere quam in reliquis animantibus, nos vegetat et fovet, sed radix ac semen est caelestis vitae in nobis. Itaque hoc maxime elogio Christi regnum commendant Prophetae, quod uberior Spiritus affluentia tunc floreret. Insignis prae aliis est Ioelis locus, Effundam in illa die de Spiritu meo super omnem carnem [Ioel. 2. g. 28][4]. Etsi enim videtur dona Spiritus restringere Propheta ad munus prophetandi, sub figura tamen significat, Deum illustratione Spiritus sui facturum sibi discipulos qui prius expertes et vacui fuerant caelestis doctrinae. Porro quia Deus Pater propter Filium suum Spiritu sancto nos donat, et tamen apud eum totam plenitudinem deposuit, ut suae liberalitatis minister esset ac dispensator: nunc Patris, nunc Filii Spiritus vocatur. Vos (inquit Paulus) non estis in carne, sed in Spiritu: si quidem Spiritus Dei habitat in vobis; quod siquis Spiritum Christi non habet, hic non est eius [Rom. 8. b. 9]. Inde vero spem facit plenae renovationis, quod is qui suscitavit Christum a mortuis, vivificabit mortalia corpora nostra propter Spiritum eius habitantem in nobis [Ibidem, c. 11]. Nihil enim absurdi est, Patri adscribi donorum suorum laudem quorum est author: et tamen Christo, apud quem deposita sunt Spiritus dona quae suis largiatur[a], easdem adscribi partes. Ideo cunctos sitientes ad se invitat ut bibant [Iohan. 7. f. 37]. Et Paulus docet singulis distribui Spiritum pro mensura donationis Christi [Ephes. 4. b. 7]. Ac sciendum est, Spiritum Christi dici, non modo quatenus aeternus sermo Dei est eodem Spiritu cum Patre coniunctus: sed secundum Mediatoris quoque personam: quia nisi hac virtute praeditus, frustra ad nos venisset. Quo

---

a) *VG 1560* + comme il luy plaira

1) 1. Cor. 6, 11.   2) II 15, 2; vol. III 473 sq.   3) cf. 2. Thess. 2, 13; 1. Petr. 1, 2.   4) Ioel 3, 1 = vg. 2, 28.

sensu vocatur secundus Adam e caelo datus in Spiritum vivificantem [1. Cor. 15. f. 45]; ubi Paulus singularem quam suis vitam inspirat Filius Dei, ut secum unum sint, comparat cum vita animali quae reprobis etiam communis est. Similiter ubi optat Christi gratiam et Dei charitatem fidelibus, simul annectit communicationem Spiritus [2. Cor. 13. c. 13ᵃ], sine qua nec paternum Dei favorem, nec Christi beneficentiam quisquam gustabit. Sicut etiam alibi dicit, Charitas Dei effusa est in corda nostra per Spiritum sanctum qui datus est nobis [Rom. 5. a. 5].

3. Atque hic notare expediet quibus elogiis Spiritum insigniat Scriptura, ubi de exordio totaque instauratione salutis nostrae agitur. Primo vocatur Spiritus adoptionis: quia nobis testis est gratuitae Dei benevolentiae qua nos Deus Pater in dilecto unigenito complexus est, ut nobis esset in Patrem, nosque ad precandi fiduciam animat, imo verba dictat, ut intrepide clamemus Abba Paterᵇ [Rom. 8. c. 15; Galat. 4. a. 6]. ||

a) *1559 falso 1, 1561* 11
b) TERTIA PARS *(P. > 1536; T. P. > 1539).*

Credo in spiritum sanctum

Iam sequitur in spiritum sanctum fides: quae in salutis nostrae complemento valde necessarium locum obtinet. Quod enim dictum est de ablutione et sanctificatione a Christo petenda, ita demum consequimur, si per spiritum sanctum communicentur nobis. Quod innuit Apostolus, ubi docet, Nos ablutos esse et sanctificatos per nomen Domini Iesu, et per spiritum Dei nostri [1. Cor. 6. c. *(11)*]; ac si diceret: illas ipsas Christi gratias per spiritum sanctum conscientiis nostris imprimi et insculpi. Proinde fidei in patrem et filium rite fides in spiritum subnectitur: per quem et divinae misericordiae, et salutis in filio completae, fructus nobis obsignatur. Ubi autem spiritus nomen audimus: in memoriam revocare convenit, quaecunque illi in scripturis tribuuntur officia *(VG 1545-51 +* [1. Cor. 12]*)*: atque expectare, quae inde beneficia ad nos emanare dicuntur *(cf. Catech. 1538, CR V 340 sq.).* || Nam quidquid est gratiae Dei, virtus est spiritus atque actio: quemadmodum scriptura docet. Quando Deus pater per ipsum, in filio, omnia operatur; per ipsum creat, sustinet, movet, vivificat, vegetat, conservat omnia *(VG 1545-51 +* [Act. 17. *(28)*]*)*; per ipsum fideles suos vocat ad sese ac trahit,¹ regenerat, in novam vitam iustificat, sanctificat, variis gratiarum formis locupletat, coelesti robore fortificat: donec ad ultimam salutis metam pertingant. || *(sqq. exst. in Cat. CR V 341)* Itaque spiritus sanctus, dum in nobis ad hunc modum habitat, is est qui *(is — qui > 1536)* nobis suo lumine illucet: quo discamus ac *(1536 et Cat. &)* plane agnoscamus, quam ingentem divinae bonitatis opulentiam in Christo possideamus [1. Cor. 2 *(10-12)*; 2. Cor. 13 *(4)*].

1) cf. Lutheri Enchiridion piar. prec., D 5 b; WA X 2, 393, 20.

1559* Eadem ratione dicitur arrhabo et sigillum nostrae haereditatis 7, 39
(1539)
 1559 [2. Cor. 1. d. 22ᵃ]ᵇ: ‖ quia in mundo peregrinantes, et mortuis
similes e caelo ita vivificat ut certi simus sub fideli Dei custodia
salutem nostram in tuto esse; unde et vita esse dicitur propter
1559* iustitiam [Rom. 8. b. 10]. ‖ Quoniam vero arcana sua irrigatione 5
(1539) ad germina iustitiae proferenda nos foecundatᶜ, vocatur saepius
1539 aqua, ut apud Iesaiamᵈ, ‖ Omnes sitientes venite ad aquas
[Jesa. 55. a. 1]. Item, Effundam Spiritum meumᵉ super sitien-
1559* tem et flumina super aridam [Jesa. 44. a. 3]ᶠ. ‖ Quibus respondet
(1539) Christi sententia quam nuper adduxi¹, Siquis sitit, veniat 10
1539 ad meᵍ [Iohan. 7. f. 37]. ‖ Quanquam interdum a purgandi mun-
dandique energia sic nuncupatur, ut apud Ezechielem, ubi
Dominus aquas mundas promittit quibus populum suum a sordibus abluetʰ [Ezec. 36. e. 25]. Quoniam veroⁱ gratiae suae li-
quore perfusos inᵏ vitae vigorem restituit acˡ fovet, indeᵐ nomen 15
1539* obtinet olei et unctionis [1. Iohan.ˡ 2. c. 20. 27]. ‖ Rursum quiaⁿ   [396]
(1536 I 85) concupiscentiae nostrae vitia assidue excoquendo et exurendo,
1539 corda nostra incendit amore Dei et studio pietatisᵒ, ‖ ab hoc
1559 quoqueᵖ effectu merito ignis appellatur [Luc. 3. d. 16]. ‖ Denique
nobis describitur quasi fons [Iohan. 4. b. 14], unde ad nos ma- 20
nant caelestes omnes divitiae: vel Dei manus [Act. 11. c. 21], qua
1539 suam potentiam exercet: ‖ quia virtutis suae afflatuᵠ divinam
nobis vitam sic inspirat ut non iamʳ agamur ipsiˢ a nobis, sed
1536 eius actione ac motu regamurᵗ: ‖ utᵘ siqua sunt in nobis bonaᵛ,
(I 85) fructus sintʷ gratiae ipsiusˣ: nostrae vero sine ipso dotes, mentis 25

   a) *1559–61 male* 21
1539 b) Atque hac ratione dicitur nunc ἀρραβὼν καὶ σφραγίς: quod promissionum certitudinem mentibus nostris obsignat — *sqq. exst. infra
p. 6 not. g*   c) *VG 1560* + comme la pluye engresse la terre de
son humeur 30
1539 d) Is est, qui sua nos irrigatione ad germina iustitiae proferenda
foecundat: qua ratione vocatur saepius aqua, ut in istis prophetae
locis   e) Spir. meum: *1539–54* aquam   f) *1539–54* + etc.
1539 g) Quibus et sententia Christi respondet, ubi sitientes omnes, ad
hauriendas aquas vivas invitat   h) pop. — abl.: *1539–54* mundetur 35
(1539–50 mundatur*)* populus suus   i) Quon. vero: *1539–54* Is est,
qui   k) *1539–54* + verum   l) rest. ac > *1539–54*   m) *1539–54*
Unde   n) Rurs. quia: *1539–54* Is est, qui   o) Dei — piet.: *1539–54*
sanctae charitatis   p) ab — quoque: *1539–54* a quo   q) quia — affl.:
1539–54 Is est denique, qui afflatus sui virtute   r) *1539–54* iam non 40
s) *1539–54* + aut moveamur   t) eius — reg.: *1539–54* ipsius actionem et motum sequamur   u) *1539–54* Proinde   v) *1536* + opera
w) *1539–54* sunt   x) *1536* ipsius, et virtutes; *1539–54* ipsius et
virtutis

1) sect 2, supra p. 2, 34.   45

sint[a] tenebrae cordisque perversitas[b]. ‖ Hoc quidem iam clare expositum est, donec intentae sint in Spiritum mentes nostrae, Christum iacere quodammodo otiosum: quia frigide eum extra nos, adeoque procul a nobis speculamur. Scimus autem non
5 aliis prodesse nisi quorum est caput [Ephes. 4. d. 15] et primogenitus inter fratres [Rom. 8. f. 29], qui denique eum induerunt [Galat. 3. d. 27]. Facit sola haec coniunctio, ne inutiliter, quoad nos, cum Salvatoris nomine venerit. Quo spectat sacrum illud coniugium quo efficimur caro de carne eius, et ossa ex
10 ossibus [Ephes. 5. g. 30], adeoque unum cum ipso: solo autem Spiritu unit se nobiscum. Eiusdem Spiritus gratia et virtute efficimur illius membra, ut nos sub se contineat, vicissimque illum possideamus[c].

4. Verum quia fides praecipuum est eius opus, ad eam magna
15 ex parte referuntur quae ad vim eius et operationem exprimendam passim occurrunt: quia nonnisi per eam nos in Evangelii lumen adducit, sicuti docet Iohannes[d], datam esse praerogativam credentibus in Christum ut sint filii Dei, qui non ex carne et sanguine, sed ex Deo nati sunt [Iohan. 1. b. 13][1]; ubi Deum
20 opponens carni et sanguini, supernaturale esse donum asserit, quod fide recipiant Christum qui alioqui suae incredulitati dediti manerent. Cui simile est illud Christi responsum, Caro et sanguis non revelavit tibi, sed Pater meus qui in caelis est [Matt. 16. c. 17]; quae nunc breviter attingo: quia iam alibi
25 copiose tractavi[2]. Simile etiam est illud Pauli, Obsignatos fuisse Ephesios[e] Spiritu promissionis sancto [Ephes. 1. c. 13]. Ostendit enim internum esse doctorem, cuius opera in mentes nostras penetrat salutis promissio, quae alioqui aerem duntaxat vel aures nostras feriret. Similiter ubi Thessalonicenses dicit electos
30 a Deo in sanctificatione Spiritus et fide veritatis [2. Thes. 2. d. 13]: quo contextu breviter admonet fidem ipsam non aliunde prodire quam a Spiritu. Quod apertius explicat Iohannes, Nos scimus quod manet in nobis e Spiritu quem nobis dedit [1. Joh. 3. d. 24]. Item, Ex hoc cognoscimus in eo nos manere, et ipsum
35 in nobis, quod dedit nobis ex Spiritu suo [Ibidem, 4. c. 13].

---

a) *1536–54* sunt   b) *1536* + [Gal. 5 *(19–21)*]
c) Nunc liquet, quam fructuosum necessariumque sit, fidem nostram in spiritum sanctum directam ac intentam esse. Nempe in quo et illuminatio animae, et regeneratio, et omnium gratiarum
40 communicatio, adeoque eorum, quae a Christo nobis emanant, bonorum efficacia reperiatur.   d) *1559–61 falso* + Baptista   e) *VG 1560* les fideles

1) Ioh. 1, 12 sq.   2) II 2, 18–21; vol. III 260 sqq.

Itaque discipulis suis, ut capaces essent caelestis sapientiae, promisit Christus Spiritum veritatis, quem mundus non potest capere [Iohan. 14. b. 17].[1] Et hoc illi proprium munus attribuit, suggerere[a] quae ipse ore docuerat; quia frustra caecis lux se offerret nisi Spiritus ille intelligentiae aperiret mentis oculos: ‖ ut rite clavem vocare queas[b] qua caelestis regni thesauri nobis reserantur, eiusque illuminationem mentis nostrae aciem ad videndum[c]. ‖ Ideo Paulus tantopere commendat ministerium Spiritus [2. Corin. 3. b. 6]:[d] quia sine profectu clamarent doctores nisi Christus ipse interior magister suo Spiritu ad se traheret[e] qui dati sunt a Patre [Johan. 6. a. 44[f]][1]. Ergo sicut in Christi persona reperiri diximus perfectam salutem: ita, ut fiamus eius participes, baptizat nos in Spiritu sancto et igni [Luc. 3. d. 16], illuminans nos in Evangelii sui fidem, atque ita regenerans ut simus novae creaturae: et profanis sordibus purgatos in sancta Deo templa consecrat.[g]

De fide: ubi et definitio eius ponitur, et explicantur quae habet propria. CAP. II.

1. Verum haec omnia cognitu facilia erunt ubi posita fuerit clarior fidei definitio[2]: ut vim eius et naturam teneant lectores.‖ Repetere autem memoria convenit quae ante tradita fuerunt, quum Deus nobis per Legem praescribat quid agendum sit, siqua in parte lapsi fuerimus, terribile illud quod edicit mortis aeternae iudicium nobis incumbere[h 3]. ‖ Rursum, quia[i] non modo arduum sed prorsus supra vires extraque omnem nostram facul-

---

a) *VG 1560* + et faire cognoistre   b) *VG 1545-51* + [Apo. 3. *(7)*]
c) aciem — vid.: *1539-54* ad eos contemplandos, aciem   d) *VG 1560*
+ ce qui vaut autant à dire comme la predication ayant avec soy
la vivacité spirituelle: e) nisi — trah.: *VG 1560* si Jesus Christ le
souverain maistre ne besongnoit au dedans, pour attirer ceux   f) *1559*
falso a. 4; 4 > *1561*
g) *(quae 1539-54 praecedunt, supra p. 4 not. b exst.)* nunc magister veritatis, et autor lucis: nunc fons sapientiae, scientiae, et intelligentiae. Is est, qui prophanis sordibus repurgatos, in sancta Deo templa nos consecrat *(VG 1541* + [1. Cor. 6. *(19)*]): sua scilicet sanctitate nos ita aspergens, ut digna fiamus Deo habitacula.
h) IAM *(1539 TAm)* satis ex proxima disputatione intelligi potest, quae nobis per legem agenda Dominus praescribat: quorum si qua in parte lapsi fuerimus, iram et terribile mortis aeternae iudicium edicit. *VG 1560* + et nous tient là inserrez, comme s'il devoit foudroyer sur nos testes   i) *1536-54* quam

1) cf. Ioh. 12, 32; 17, 6.   2) vide sect. 7 fin.   3) II 8, 3; vol. III 345.

tatem est^a Legem implere ut exigit:^b si nos duntaxat ipsos intuemur, || et quae meritis nostris digna sit conditio reputamus, nihil bonae spei esse reliquum, sed a Deo abiectos sub aeterno interitu iacere.¹ Hoc tertio explicatum fuit unam esse liberationis rationem quae nos a tam misera calamitate eruat: ubi apparet Christus redemptor, per cuius manum caelestis Pater, pro sua immensa bonitate et clementia nostri misertus, succurrere nobis voluit^c: || siquidem et solida fide misericordiam hanc amplectimur^d, et in ipsa constanti spe acquiescimus^e ². Hoc vero nunc expendere convenit^f, qualis esse haec fides debeat, || per quam regni caelestis possessionem adeunt quicunque adoptati sunt a Deo in filios^g: || quando tantae rei efficiendae non quamlibet opinionem aut etiam persuasionem parem esse constat. Atque eo maiore cura et studio^h dispicienda est nobis et disquirenda germana fidei proprietas, quo perniciosior hodie est in hac parte multorum hallucinatio. Siquidem bona pars orbis, audito eius nomine, nihil altius concipit quam vulgarem quendam Evangelicaeⁱ historiae assensum;³ || imo quum in scholis de fide disputant, Deum eius obiectum simpliciter vocando,⁴ evanida speculatione (ut alibi diximus)⁵ miseras animas rapiunt transversum magis quam ad scopum dirigant. Nam quum Deus lucem inaccessam habitet [1. Tim. 6. d. 16), Christum occurrere medium necesse est. Unde et se lumen mundi vocat [Iohan. 8. b. 12]: et alibi, viam, veritatem et vitam [Iohan. 14. a. 6]: quia ad Patrem (qui fons est vitae) nisi per ipsum nemo venit: quia solus Patrem cognoscit, deinde fideles quibus eum

---

a) *1536–54* sit   b) *1536–54* + Quare
c) quidque nobis dignum sit cogitamus: nihil est bonae spei reliquum; sed a Deo abiectos mors et certissima confusio nos manet.
Id etiam explicatum fuit, unam esse effugiendae huius calamitatis rationem, *(1536 +* quaeque nos in melius restituat;*)* nempe Domini misericordiam   d) miser. — ampl.: *1539–54* ipsam amplectamur
e) *1539–54* acquiescamus   f) exp. conv.: *1539–54* superest expendendum
g) cuius beneficio quicunque sunt in filios Dei cooptati, regni coelestis possessionem adeunt   h) mai. — stud.: *1539–54* diligentius

1) ibid.   2) vol. I 40; cf. II 12, 1 sq.; vol. III 437 sqq.   3) cf. Duns Scotum, In sent. III dist. 23 q. un. 1–5. opp. 15, 5 b sqq.; Guilh. de Ockam, In sent. III q. 8 LM; Gabr. Biel, In sent. III dist. 25 q. un. art. 1 not. 2 E; Pighii Rationem componendorum dissidiorum D 1 b sqq.; — cf. etiam Melanchthonis Locos comm. 1521 ed. Kolde⁴ p. 165.   4) Alex. Alesius, Summa theologica I q. 1. c. 1. ad 4 ed. Quaracchi t. 1, 3; III q. 79. m. 6 (Nuremberge 1482); Thomas Aq., Summa theol. II, 2 q. 1. art. 1.   5) cf. I 2, 2; vol. III 35.

voluerit patefacere [Luc. 10. d. 22]. Secundum hanc rationem Paulus nihil se cognitu eximium ducere asserit praeter Christum [1. Cor. 2. a. 2]: et Actorum vigesimo se praedicasse refert fidem in Christum[1]; et alibi Christum ita loquentem inducit, Mittam te inter gentes, ut accipiant remissionem peccatorum et sortem inter sanctos, per fidem quae est in me [Act. 26, d. 17. 18]. Et Paulus in eius persona nobis visibilem esse Dei gloriam testatur, vel (quod idem valet) illuminationem cognitionis gloriae Dei in eius facie lucere [2. Cor. 4. b. 6]. Verum quidem est in unum Deum fidem respicere: sed illud quoque addendum est, ut agnoscat quem ille misit Iesum Christum.[2] Quia Deus ipse procul absconditus lateret nisi nos irradiaret fulgor Christi. In hunc finem quicquid habebat Pater, apud unigenitum deposuit, ut in eo se patefaceret: ut ipsa bonorum communicatione exprimeret veram gloriae suae imaginem.[a] || Siquidem ut dictum

a) Tametsi autem verum est, lucidissime vim fidei effulgere, cum ad Evangelium, ceu scopum, dirigitur eius explicatio: est tamen et in ipso Evangelio quaerendum quid fidei proprie collimandum proponatur. Atque id iam obiter delibavimus cum doceremus Evangelii summam in Christo recolligi. Ita enim indicare voluimus, in ipso non modo contineri, sed etiam repraesentari quaecunque extant promissiones. Sed quia res est multo luculentiori expositione digna, nunc eam persequamur. Haec est vita aeterna, nosse unum verum Deum, et, quem ipse misit, Iesum Christum [Ioan. 17. a. 3.]; sed magni interest, qualis habeatur et patris et Christi notitia; de patre quod est intelligendum, nisi in filio, rite non cognoscitur. Habitat enim lucem inaccessam [1. Tim. 6. d. 16.] *(1545-50* [Iacob. 1 *(17)*]*)*; at expressum lucis suae splendorem per filium ad nos transfundit; est non humano tantum oculo, sed menti etiam invisibilis; at *(1539-43* sed*)* vivam suam effigiem in filio contemplandam nobis exhibet. Quare Apostolus illuminationem cognitionis gloriae Dei in facie Iesu Christi reponit [2. Corin. 4. b. 6.]. Neque vero lucem mundi iure se appellaret Christus [Ioan. 8. b. 12, et 9. a. 5, et 12. g. 46.], nisi paternae gloriae fulgor, per ipsum, orbem irradiaret. Ergo non modo verum est quod Apostolus docet, Christum esse paternae gloriae splendorem, et expressam substantiae eius imaginem [Hebr. 1. a. 3.]: sed hoc quoque addendum est, in ipso nobis relucere patris gloriam, et substantiae eius imaginem apparere [Ioan. 14. a. 9.]. Quia quidquid habebat pater, in ipso repositum esse voluit [Matt. 11. d. 27; Ioan. 3. d. 35, et 5. d. 20.]: ut per ipsum et se nobis totum communicaret, et nomen suum illustraret. Proinde si accessum ad patrem quaerimus, ad ipsum nos conferamus, qui solus eum manifestare nobis potest. Cum se viam appellat [Ioan. 14. a. 6.], suum esse ostendit, nos dirigere: dum ostium [Ioan. 10. b. 7], sui muneris esse pronunciat, aditum pate-

1) Act. 20, 21. 2) Ioh. 17, 3.

est[1] Spiritu nos trahi[a] oportere ut[b] ad Christum quaerendum incitemur[c]: ita vicissim monendi sumus[d] invisibilem Patrem non alibi quam in hac[e] imagine quaerendum esse.[2] || Qua de re[f] eleganter Augustinus, qui de fidei scopo disserens, sciendum esse tradit[g] quo sit eundum et qua: tum continuo post colligit, munitissimam adversus omnes errores viam esse eundem Deum et hominem. Deum enim esse quo tendimus, hominem qua imus: utrunque autem nonnisi in Christo inveniri [Li. 11. de Civ. Dei, cap. 2].[3] || Nec vero Paulus, dum fidem erga Deum praedicat, in animo habet evertere quod toties inculcat de fide, quae totam suam stabilitatem habet in Christo. Petrus vero aptissime utrunque connectit, dicens per ipsum nos in Deum credere[h] [1. Pet. 1. d. 21].

---

facere. Atque *(1539-45 +* ut*)* alibi dicitur: Nemo novit filium nisi pater, neque patrem nisi filius, et cui voluerit filius revelare [Matthaei. 11. d. 27; Luc. 10. d. 22.]. a) dict. — trahi*: 1539-54* spiritu patris dict. est trahi nos b) *1539-54* quo c) *1539-54* et amplexandum excitemur d) mon. sum.*: 1539-54* intelligendum est, e) *1539-54* Christo, sua f) Qua — re*: 1550-54* Itaque g) *1550-54* admonet h) *ad haec cf. hanc sectionem, quae 1559 deleta est:*

PARS SYMBOLI PRIMA.
Credo in Deum patrem omnipotentem.

Ubi primum adnotanda est loquendi forma. *(ad sqq. lin. 24-31 cf. Cat. 1538, CR V 337)* Nam in Deum, seu in Deo credere, perinde valet, ac ipsum pro Deo nostro amplecti et agnoscere, ut ei ac verbo eius adhaereamus. Est enim ex hebraica phrasi sumpta locutio: quae credere in Deum seu in Deo usurpat, pro eo quod latini dicunt, Deo credere seu fidem habere. Nisi quod plus quiddam habere energiae videtur. Hic ergo pii Deum se agnoscere et amplecti in Deum suum profitentur, ut vicissim ab ipso cooptentur in populum: quo gloriari cum sanctis omnibus possint. Nonne tu a principio Deus noster? Non moriemur [Habacu. 1. c. 12.]. Siquidem ubi eum habemus Deum, simul in eo repositam habemus vitam et salutem. In cuius fiduciae confirmationem, subnectitur patris epitheton. Per dilectum enim filium, in quo acquiescit anima eius *(VG 1545-51 +* [Mat. 3. *(17)* et 17. *(5)*]*)*, se nobis patrem manifestavit, ita nos in ipso complectitur: ut inde omnis nominetur cognatio in coelo et in terra [Ephe. 3. c. 15.]: Simul ergo in Deum se attollit fides, patris loco illum tenet. Non enim illum apprehendere potest sine filio, per quem tanti boni communicatio ad nos derivatur. Quod si ille nobis in patrem, nos illi filiorum loco [2. Corin. 6. d. 18.]: si vero *(> 1539-43)* filii, ergo haeredes [Rom. 8. c. 17; Gal. 4. a *(7)*].

1) III 1, 4; supra p. 5 sq. 2) ad praecedentia cf. Melanchthonis Locos comm. 1535, CR Mel. opp. XXI 351 sq. 3) Aug., De civ. Dei XI, 2 MSL 41, 318; CSEL 40 I 513, 12 sqq.

2. Ergo hoc[a] malum, ut alia innumera, scholasticis[b] acceptum referri par est, qui || velut obducto velo Christum texerunt, in cuius intuitum nisi recta intenti simus, per multos labyrinthos semper vagari continget. || Praeterquam vero[c] quod caliginosa sua definitione totam vim fidei[d] deterunt[e] || ac fere exinaniunt, commentum fabricarunt implicitae fidei, quo nomine crassissimam ignorantiam ornantes, miserae plebeculae cum magna pernicie illudunt[f][1]. || Imo (ut verius et apertius dicam quod res est) commentum hoc[g] veram fidem[i] non modo sepelit, sed penitus destruit. Hoccine credere est, nihil intelligere, modo sensum tuum obedienter Ecclesiae submittas?[2] Non in ignoratione, sed in cognitione sita est fides: atque illa quidem non[h] Dei modo, sed divinae voluntatis. Nec enim ex eo salutem consequimur, vel quod parati sumus pro vero amplecti quicquid Ecclesia praescripserit, vel quod inquirendi cognoscendique provinciam ad ipsam relegamus: sed quando Deum agnoscimus nobis esse propitium Patrem, reconciliatione per Christum facta:[3] Christum vero in iustitiam, sanctificationem, et vitam nobis esse datum.[4] Hac (inquam) cognitione, non sensus nostri submissione, ingressum in regnum caelorum obtinemus. Nam quum dicit Apostolus, corde credi ad iustitiam, ore confessionem fieri ad salutem [Rom. 10. b. 10], non satis esse indicat siquis implicite credat quod non intelligat, nec etiam in-

---

a) Ergo hoc: *1539-54* Quod   b) *1539-54* + sophistis; — *VG 1541-51* aux Sophistes et Sorbonistes; *VG 1560* aux theologiens Sorboniques   c) Pr. vero: *1539-54* praeterquam.   d) *1539-54* eius   e) *quae 1539-54 hic sequuntur, infra p. 17 not. a, exst.*   f) *(quae 1539-54 praecedunt, infra p. 17 not. l exst.)* Alterum, quod crassissimam ignorantiam fidei nomine praetexentes, quam ipsi implicitam appellant, miserae plebeculae sic illudunt. — *sqq. infra p. 18 eadem nota exst.*   g) Imo — hoc: *1539-54* Figmentum autem de fide implicita,   h) atque — non: *1539-54* nec

1) Alex. Alesius, Summa theol. III q. 82 m. 4 art. 1 (Nuremb. 1482); Bonaventura, In sent. III dist. 25 art. 1 q. 3. opp. (Quaracchi) 3, 542 sqq.; Thomas, Summa theol. II, 2 q. 2 art. 5-8; Duns Scotus, In sent. III dist. 25, 6-8. opp. 15, 72 sq.; Ockam, De sacram. altaris, capitulum primum pag. C 1 a; Biel, In sent. III dist. 25 q. un. art. 1 not. 2 sq.; — cf. Hugonem de Sto. Vict., De sacram. I p. 10. c. 3 MSL 176, 331 sq.; Petr. Lomb., Sent. III dist. 25, 1-4 MSL 192, 809 sq.   2) cf. Bonavent., In sent. III dist. 25 art. 1. q. 3. opp. 3, 544; D. Scot. l. c.; Ockam l. c. et cap. 16; G. Biel l. c. — cf. etiam Augustinum, De utilitate credendi 11, 25 sqq. MSL 42, 82 sqq.; Anselmum, De fide trin. c. 7; Cur Deus homo I c. 2 MSL 158, 280. 363 sq.   3) 2. Cor. 5, 18. 19.   4) 1. Cor. 1, 30.

quirat: sed explicitam requirit divinae bonitatis agnitionem, in qua consistit nostra iustitia.

3. Equidem non infitior (qua sumus ignorantia circunsepti) quin plurima nobis implicita nunc sint, et etiam sint futura, donec deposita carnis mole propius ad Dei praesentiam accesserimus: in quibus ipsis nihil magis expediat quam iudicium suspendere, animum autem offirmare ad tenendam cum Ecclesia unitatem. Verum hoc praetextu ignorantiam humilitate temperatam fidei nomine insignire, absurdissimum est. Fides enim in Dei et Christi cognitione [Iohan. 17. a. 3], non in Ecclesiae reverentia iacet. Et videmus qualem labyrinthum ista sua implicatione sint fabricati, ut quidvis, nullo cum delectu, dum sub Ecclesiae obtruditur titulo, ab imperitis instar oraculi arripiatur, interdum etiam prodigiosissimi errores. Quae inconsiderata facilitas, quum certissimum sit in ruinam praecipitium, ab iis tamen excusatur: quia definite nihil credat, sed apposita conditione, si talis Ecclesiae sit fides.[1] Ita in errore veritatem, in caecitate lucem, in ignorantia rectam scientiam teneri fingunt. Quibus refutandis ne longius immoremur, tantum admonemus lectorem ut ipsa cum nostris conferat; ipsa enim veritatis perspicuitas satis expeditam per se refutationem suggeret. || Neque enim apud eos hoc quaeritur, an implicita sit fides multis ignorantiae reliquiis, sed definiunt, rite credere qui in sua inscitia stupent, adeoque sibi indulgent, modo Ecclesiae authoritati et iudicio de rebus incognitis assentiantur. Quasi vero Scriptura passim non doceat cum fide coniunctam esse intelligentiam.

4. Nos vero fidem, quandiu in mundo peregrinamur, implicitam esse concedimus, non solum quia nos multa adhuc latent: sed quia multis errorum nebulis circundati, non omnia assequimur. Nam perfectissimi cuiusque summa sapientia est proficere, placidaque docilitate longius eniti. Itaque fideles hortatur Paulus, ut siqua de re alii ab aliis[1] dissentiant, expectent revelationem [Philip. 3. c. 15]. Et sane experientia docet, donec carne simus exuti, minus nos assequi quam optandum esset; ac quotidie legendo in multos obscuros locos incidimus, qui nos ignorantiae coarguunt. Atque hoc fraeno in modestia nos Deus retinet, fidei mensuram singulis assignans,[2] ut optimus etiam quisque doctor ad discendum paratus sit. Ac insignia huius fidei implicitae exempla in Christi discipulis notare licet, antequam plenam illuminationem adepti essent. Videmus quam

---

1) cf. G. de Ockam, De sacram. altaris, cap. prim. pag. C 1 a; Biel, In sent. III dist. 25 art. 1. not. 2. coroll. 3. 2) Rom. 12, 3.

difficulter rudimenta ipsa gustent, ut haesitent in minimis quibusque, ut a magistri ore pendentes, non tamen multum promoveant; quinetiam, dum ad monumentum accurrunt mulierum admonitu^a, resurrectio magistri^b illis instar somnii est.[1] Quum illis fidei testimonium ante reddiderit Christus, ea prorsus fuisse vacuos dicere fas non est: imo, nisi persuasi fuissent Christum resurrecturum esse, concidisset in illis omne studium. Nec vero superstitio traxit mulieres, ut cadaver hominis extincti aromatibus condirent de cuius vita nulla spes foret: sed quanvis fidem haberent eius verbis, quem sciebant veracem esse: ruditas tamen, quae adhuc occupabat eorum mentes, fidem caligine obvolvit, ut essent fere attoniti. Unde etiam dicuntur tunc demum credidisse, ubi re ipsa ab ipsis comperta fuit sermonum Christi veritas: non quod credere inceperint, sed quia occultae fidei semen, quod in eorum cordibus velut emortuum erat, tunc recepto vigore emersit. Vera ergo in illis fuit, sed implicita fides: quia reverenter Christum pro unico doctore amplexi erant. Deinde ab ipso edocti, statuebant sibi esse authorem salutis, denique credebant e caelo venisse, ut per gratiam Patris discipulos illuc colligeret.^c Nec vero familiarior huius rei probatio quaerenda est quam quod in cunctis semper mixta est fidei incredulitas.

5. Vocare etiam fidem implicitam licet quae tamen proprie nihil aliud est quam fidei praeparatio. Plerosque credidisse Evangelistae referunt qui tantum miraculis in admirationem rapti, non ultra progressi sunt quam Christum esse Messiam qui promissus fuerat: quanvis ne tenui quidem Evangelii doctrina imbuti essent. Talis observantia, quae eos subegit ut Christo libenter^d se subiicerent, ornatur fidei titulo: cuius tamen nonnisi initium fuit. Sic aulicus ille qui de filii sanatione promissioni Christi credidit,[2] domum reversus, teste Evangelista, denuo credidit [Iohan. 4. g. 53]; nempe quia primo instar oraculi habuit quod audierat ex ore Christi: deinde eius authoritati se addixit, ad recipiendam doctrinam. Quanquam sciendum est, ita fuisse docilem et paratum ad discendum, ut tamen verbum credendi priore loco particularem fidem denotet, secundo loco eum numeret inter discipulos qui nomen Christo

---

a) mul. adm. > *VG 1560*   b) mag.: *VG 1560* de laquelle ils avoyent ouy tant parler   c) ut — coll.: *VG 1560* pour assembler en l'heritage immortel par la grace de Dieu son Pere, ceux qui luy seroyent vrais disciples   d) > *VG 1560*

1) Lc. 24, 11.   2) Joh. 4, 50.

dederant.ᵃ Non absimile exemplum in Samaritanis proponit
Iohannes, qui mulieris sermoni crediderunt ut fervide ad Christum accurrerent, qui tamen eo audito sic loquuntur,ᶠ Iam
non credimus ob sermonem tuum, sed eum audivimus, et scimus
quod servator sit mundi [Iohan. 4. f. 42]. Ex his patet, eos etiam
qui primis elementis nondum sunt imbuti, modo ad obediendum
ferantur, vocari fideles, non quidem proprie, sed quatenus Deus
pro sua indulgentia pium illum affectum tanto honore dignatur.
Sed haec docilitas cum proficiendi desiderio longe distat a crassa
ignorantia, in qua torpent qui fide implicita (qualis fingitur a
Papistis) contenti sunt. Nam si Paulus severe eos damnat qui
semper discentes, nunquam ad scientiam veritatis perveniunt
[2. Tim. 3. b. 7], quanto graviorem ignominiam merentur qui
data opera affectant nihil scire?

6. Haec igiturᵇ vera est Christi cognitio, si eum qualis offertur a Patreᶜ suscipimus, nempe ‖ Evangelio suo vestitum: quia
sicuti in scopum fidei nostrae ipse destinatus est, ita nonnisi
praeeunte Evangelio recta ad eum tendemus. Et certe illic nobis
aperiuntur thesauri gratiae: quibus clausis, parum nobis Christus prodesset.ᵈ ‖ Sic Paulus fidem doctrinae individuam comitem addit his verbis, Non ita didicistis Christum: si quidem
edocti estis quae sit veritas in Christo [Ephes. 4. e. 20].¹ Neque
sic tamen ad Evangelium restringo fidem quin fatear a Mose
et Prophetis traditum fuisse quod ad eam aedificandam sufficeret: sed quia plenior Christi manifestatio in Evangelio ex-

---

a) eum — ded.: *VG 1560* il s'estend plus loin, c'est de mettre
cest homme au reng des disciples de nostre Seigneur, lesquels faisoyent profession d'adherer à luy   b) *1539–54* Porro haec   c) *1539
–54* a patre off.
d) cum inexhausta caelestium divitiarum plenitudine: ut sit nobis
unicus beatitudinis ac bonorum omnium thesaurus. Sed enim ut
in possessionem tantarum opum veniamus, tenenda est ratio, qua
nobis acquisitae fuerunt. Est autem obedientia Christi, in iis omnibus praestandis et adimplendis, quae secundum aeternum Dei consilium, in salutem nostram erant necessaria. Ut ergo Evangelium
fidei nostrae in scopum destinatur, et in Evangelio Christus: sic in
Christo ipso quidquid in salutem nostram aut fecit, aut passus est.
Quare id ad fidei explicationem plene absolvendam restat, ut quidquid in Christo ad eius confirmationem spectat, ob oculos statuatur
(cf. Catech. 1538, CR V 337). Sic enim explicata eius materia, velut
in iconica tabula, germana eius proprietas ad liquidum se proferet.
Eiusmodi autem tabulae vice, symbolum Apostolicum nobis erit, in
quo paucis verbis sigillatim totam salutis nostrae oeconomiam sic
expositam habemus, ut nulla particula praetermissa sit.

1) Eph. 4, 20 sq.

hibita est, merito vocatur a Paulo doctrina fidei.[1] Qua etiam ratione alibi dicit, fidei adventu Legem abolitam fuisse [Rom. 10. a. 4]: hac voce comprehendens novum et insolitum docendi genus, quo Patris misericordiam magis illustravit, et de salute nostra certius testatus est Christus ex quo apparuit magister. Quanquam facilior erit et aptior methodus, si gradatim a genere ad speciem descendimus. || [a]Principio admonendi sumus, perpetuam esse fidei relationem cum verbo, nec magis ab eo posse divelli, quam radios a sole, unde oriuntur[b]. || Ideo apud Iesaiam clamat Deus, Audite me, et vivet anima vestra [Iesa. 55. a. 3]. Et hunc eundem fidei fontem demonstrat Iohannes his verbis, Haec scripta sunt ut credatis [Iohan. 20. g. 31]. Propheta quoque hortari volens populum ad fidem, Hodie (inquit) si vocem eius audieritis [Psal. 95. c. 8][2]; et audire passim accipitur pro credere. Denique non frustra Deus apud Iesaiam hac nota discernit filios Ecclesiae ab extraneis, quod omnes erudiet, ut sint ab ipso edocti [Iesa. 54. e.[c] 13]; quia si promiscuum esset beneficium, cur ad paucos dirigeret sermonem ?[d] Cui respondet quod passim Evangelistae fideles et discipulos ponunt tanquam synonyma, ac praesertim Lucas in Actis Apostolorum saepius; quin etiam hoc epitheton ad mulierem usque extendit, Act. 9[3] [Act. 6. a. 1. 2. b. 7, et 9. a. 1. b. 10. d. 19. 25. e. 26. g. 38, et 11. d. 26. 29 et 13. g. 52, et 14. 15. 16. 18. 19. 20. 21[4]]. || Quare si ab hoc scopo in quem collimare debet, vel minimum deflectit fides, naturam suam non retinet,[e] || sed incerta[f] est credulitas, et vagus mentis error. Idem verbum basis est, qua fulcitur et sustinetur: unde si declinat, corruit. || Tolle igitur verbum, et nulla iam restabit fides. Non hic disputamus an ad seminandum Dei sermonem, unde fides concipiatur, necessarium sit hominis ministerium, quod alibi tractabimus:[5] sed verbum ipsum, utcunque ad nos deferatur, instar speculi

---

a) *1539–54 haec praemittuntur:*
E converso vera et christiana fides, quae sola demum haberi fides meretur, neque simplici contenta est historiae cognitione, et cor hominis, absterso inde fictionis simulationisque fuco, penitus insidet atque occupat, quam ut temere evanescat.
b) Principio admonendi sumus, quo vis eius et natura bene elucescat, ad verbum Dei esse referendam.: cum quo tantam habet propinquitatem et correlationem, ut non aliunde melius aestimari queat.
c) *1559–61 falso* 53. e.   d) quia — serm. > *VG 1560*
e) Est enim verbum obiectum eius et scopus, in quem perpetuo collimare debet: a quo si minimum deflectit, non iam fides

1) 1. Tim. 4, 6.   2) Ps. 95, 7.   3) Act. 9, 36.   4) Act. 14, 20. 28; 15, 10; etc.   5) IV 1, 5.

esse dicimus, in quo Deum intueatur[a] fides. Sive igitur hominis operam in hoc Deus adhibeat, sive sola sua virtute operetur, semper tamen iis quos ad se trahere vult, per verbum suum se repraesentat. || Unde et fidem definit Paulus obedientiam quae praestatur Evangelio, Rom. 1. a. 5. et alibi obsequium fidei laudat in Philippensibus [Philip. 2. c. 17].[1] || Neque enim unum id in fidei intelligentia agitur, ut Deum esse noverimus, sed etiam, imo hoc praecipue, ut qua sit erga nos voluntate, intelligamus. || Neque enim scire quis in se[b] sit, tantum nostra refert, sed qualis esse nobis velit. Iam ergo habemus fidem esse divinae erga nos voluntatis notitiam ex eius verbo perceptam. || Huius autem fundamentum est, praesumpta de veritate Dei persuasio.[2] De cuius certitudine, quandiu secum animus tuus disceptabit, dubiae et infirmae, vel potius nullius authoritatis erit verbum. Neque etiam sufficit Deum credere veracem, qui nec fallere nec mentiri possit, nisi constituas proculdubio, quicquid ab ipso prodit, sacrosanctam esse et inviolabilem veritatem.[3]

7. Sed quoniam nec ad vocem Dei quamlibet cor hominis in fidem erigitur, inquirendum adhuc est, quid proprie fides in verbo respiciat. Vox Dei erat ad Adam, Morte morieris [Gene. 2. c. 17]: Vox Dei ad Cain, Sanguis fratris tui clamat ad me de terra [Ibidem 4. b. 10]: sed quae nihil per se, nisi fidem quatefacere queant: tantum abest ut stabiliendae sint idoneae. Non negamus interim quin fidei officium sit veritati Dei subscribere, quoties et quidquid et quocunque modo loquitur: sed quaerimus modo quid in verbo Domini reperiat fides, quo nitatur et recumbat. Ubi solam indignationem et vindictam conscientia nostra conspicit, quomodo non trepidabit et exhorrescet? Deum autem quem exhorrescit, quomodo non refugeret? atqui Deum quaerere fides debet, non refugere. Constat ergo nondum plenam haberi a nobis fidei definitionem: quando voluntatem Dei qualemcunque nosse, pro fide censendum non est. || Quid si in locum voluntatis, || cuius saepe tristis est nuntius et formidabile praeconium || benevolentiam seu misericordiam subiiciamus? Ita certe ad fidei ingenium propius accesserimus; tum enim ad Deum quaerendum allicimur postquam didicimus salutem nobis apud eum esse repositam[c]: quod ipsum nobis confirmatur

---

a) *1539-54* + et contempletur   b) quis — se: *1539-54* qualis   c) sal. — repos.: *1539-54* nostrum in eo bonum esse

1) imo Phil. 1, 3-5; cf. 1. Thess. 2, 13.   2) cf. Buceri Enarrationes in Evang. 1530, fol. 86b-87b (1536, p. 219-221).   3) ad lin. 6-18 cf. etiam Lutheri Enchiridion piar. prec., C 7a; WA X 2, 389.

ubi sibi curae studioque eam^a esse declarat. Proinde gratiae promissione opus est, qua nobis testificetur se propitium esse Patrem: quando nec aliter ad eum[1] appropinquare possumus, et^b in eam solam reclinare cor hominis potest. ‖ Hac ratione in Psalmis passim iunguntur haec duo sicuti inter se cohaerent, misericordia et veritas:[1] quia nec quicquam nos iuvaret scire Deum esse veracem, nisi clementer nos ad se alliceret: nec eius misericordiam amplecti nostrum esset nisi eam sua voce offerret.^c Veritatem tuam et salutem praedicavi: non celavi bonitatem tuam et veritatem tuam. Bonitas tua et veritas custodiant me [Psal. 40. c. 11].[2] Alibi, Misericordia tua ad caelos, veritas tua usque ad nubes [Psal. 36. b. 6]. Item, Omnes viae Iehovae clementia et veritas custodientibus foedus eius [Psal. 25. b. 10]. Item, Multiplicata est super nos misericordia eius, et veritas Domini manet in aeternum [Psal. 117].[3] Item, Canam nomini tuo super misericordia et veritate tua [Psal. 138. a. 2]. Omitto quod in eandem sententiam apud Prophetas legitur, Deum clementem esse et fidelem in promissis. Temere enim statuemus Deum nobis propitium, nisi de se testetur ipse, nosque sua invitatione praeveniat, ne dubia vel obscura sit voluntas. Iam autem visum est unicum amoris pignus esse Christum: sine quo sursum et deorsum apparent odii et irae signa. ‖ Iam quum non multum habitura sit momenti divinae bonitatis notitia, nisi in ea nos acquiescere faciat, excludenda est dubitatione mista intelligentia, quae non solide sibi constet, sed ipsa secum disceptet. At vero plurimum abest quin mens hominis, ut caeca est et obtenebrata, ad percipiendam usque Dei voluntatem penetret ac conscendat, atque etiam^d cor, ut perpetua haesitatione fluctuatur, securum in ea persuasione resideat. Itaque aliunde et mentem illuminari, et cor obfirmari convenit, quo Dei verbum plenam apud nos fidem obtineat. Nunc iusta fidei definitio nobis constabit si dicamus esse divinae erga nos benevolentiae firmam certamque cognitionem, quae gratuitae in Christo promissionis veritate fundata, per Spiritum sanctum et revelatur mentibus nostris et cordibus obsignatur.^e

8. Verum antequam ultra progrediar, quaedam prooemia necessaria erunt ad nodos explicandos, qui obstaculum alioqui afferre possent lectoribus. Ac primo refutanda est ‖ quae in

---

a) *1539–54* nostram salutem   b) nec — et > *1539–54*   c) *VG 1560* + les exemples sont,   d) atque et.: *1539–54* quin   e) *cf.* Cat. 1538, CR V 333 sq.

1) Ps. 89, 15. 25; 92, 3; 98, 3; 100, 5; 108, 5; 115, 1.   2) Ps. 40, 11 sq.   3) Ps. 117, 2.

scholis volitat nugatoria fidei formatae et informis distinctio ᵃ¹ ||. Imaginantur enim eos credere quicquid cognitu necessarium est ad salutem, qui nullo timore Dei, nullo pietatis sensu tanguntur. Quasi vero Spiritus sanctus corda nostra in fidem illuminando, non sit nobis adoptionis nostrae testis. Superciliose tamen, || tota Scriptura reclamante, persuasionem illam timore Dei vacuam ᵇ, fidei nomine dignantur ᶜ. || Cum eorum definitione longius conflictari opus non est ᵈ, quam fidei naturam simpliciter enarrando, qualis verbo Dei traditur ᵉ. Unde liquido¹ patebit ᶠ quam imperite et insulse ᵍ de ipsa strideant magis quam loquantur. ʰ || Partem iam attigi², reliqua suo loco deinde subiiciam. Nunc dico, nihil eorum commento posse fingi absurdius. Fidem assensum esse volunt, qua recipiet quilibet Dei contemptor quod ex Scriptura profertur.³ Atqui primo videndum erat, sibine quisque proprio marte fidem accersat: an Spiritus sanctus per eam testis sit adoptionis. Itaque pueriliter ineptiunt, quaerendo an eadem sit fides quam superveniens qualitas formatⁱ: an vero diversa et nova.⁴ Unde certo apparet ita garriendo de singulari Spiritus dono ᵏ nunquam cogitasse: quia initium credendi iam in se reconciliationem continet qua homo ad Deum accedit. Quod si expenderent illud Pauli, Corde creditur ad iustitiam [Rom. 10. b. 10]: fingere desinerent frigidam illam qualitatem. Si una haec nobis suppeteret ratio, valere deberet ad litem finiendam: assensionem scilicet ipsam, sicuti ex parte attigi, et fusius iterum repetam, cordis esse magis quam cerebri, et affectus magis quam intelligentiae¹. || Qua ratione obe-

a) *(quae 1539—54 his verbis praecedunt, supra p. 10, 4 sq., exst.)* dum nugatoriam fidei formatae et informis distinctionem asserere volunt,   b) pers. — vac.: *VG 1560* telle cognoissance
c) persuasionem nescio quam timore Dei et pietate vacuam, verae fidei nomine dignantur, tota scriptura reclamante.   d) long. —est : *1539—54* aliter nolo conflictari   e) D. trad.: *1539—54* Domini demonstratur   f) *1539—54* apparebit   g) *VG 1560* bestialement   h) *1539—54* + Nec distinctio pilo melior est.   i) quam — form.: *VG 1560* estant formée de la charité survenante   k) *VC 1560* + par lequel la foy nous est inspirée
l) Simul et alia duo concidunt sophistarum commenta. Prius,

1) Lomb., Sent. III dist. 23, 4 sq. MSL 192, 805 sq.; Alex. Alesius, S. th. III q. 74 et 78 (Nuremb. 1482); Bonaventura, In sent. III dist. 23. art. 2 q. 1—5. opp. 3, 487 sqq.; cf. Thom., S. th. II, 2 q. 4. art. 3.   2) sect. 2 sq., supra p. 10 sq.   3) Thomas, S. th. II, 2 q. 2 art. 1; cf. Aug., De praed. sanct. 2, 5 MSL 44, 963; Enchir. 20, 7 MSL 40, 242, ed. Scheel c. VII, 20 p. 15.   4) Lomb., In sent. III dist. 23, 5 MSL 192, 805 sq.; Bonavent., In sent. III dist. 23 art. 2. q. 4. 5; Thomas, S. th. II, 2 q. 4. art. 4.

dientia vocatur fidei[a] [Rom. 1. a. 5], cui nullum aliud obsequium praefert Dominus; et merito, quando illi sua veritate nihil est pretiosius: quam a credentibus, quasi subscriptione facta, obsignari Iohannes Baptista[b] est testis [Iohan. 3. d. 25][1]. Quoniam res minime dubia est, uno verbo statuimus, eos inepte loqui quum fidem formari dicunt, accessione piae affectionis ad assensum facta[2]: quum assensus quoque pia affectione constet: qualis saltem in Scripturis demonstratur.[c] Sed alterum multo clarius argumentum se etiamnum offert. ‖ Quum enim fides Christum amplectatur, ut nobis offertur a Patre[d]: ille vero non ‖ in iustitiam modo, peccatorum remissionem et pacem offeratur, sed in sanctificationem quoque et fontem aquae vivae: eum haud dubie rite cognoscere nunquam poterit[e] quin sanctificationem Spiritus simul apprehendat. ‖ Aut siquis apertius id dictum cupiat, Fides in Christi notitia sita est. Christus nisi cum Spiritus sui sanctificatione cognosci nequit. Consequitur, fidem a pio affectu nullo modo esse distrahendam.

9. Quod[f] solent obtrudere[3] quod ait Paulus, Siquis scilicet omnem fidem habeat, ut montes transferat, charitatem vero[g] non habeat, eum nihil esse [1. Cor. 13. a. 2], quo fidem charitate spoliatam deforment[h]: non animadvertunt quid eo loco sit Apostolo[i] fides. Quum enim proximo capite disseruisset de variis donis spiritus, in quibus reposuerat genera linguarum, virtutes[k], prophetiam [1. Cor. 12. b. 10], et hortatus esset Corinthios ad sectanda[l] ex iis meliora, hoc est, unde plus fructus et emolumenti[m] rediret ad totum Ecclesiae corpus[n]: subiicit, excellentiorem adhuc se viam[o] demonstraturum [Ibidem, d. 31].

---

quod fidem formari nugantur, accedente ad assensum pia affectione. *(1539-54 hic ea inseruntur, quae supra p. 10 not. f exstant)* Quod enim ad illud attinet, in eo satis declarant, se nescire qualis sit fidei assensio in comprobanda Dei veritate, cum ex nuda inanique assensione, fidem informem conficiunt. Siquidem assensionem ipsam cordis esse magis quam cerebri, et affectus magis quam intelligentiae, iam expositum est. a) Qua — fid.: *VG 1560* Pour laquelle cause l'obeissance de la foy est tant louée b) Joh. Bapt.: *1539-50 male* Christus c) qual. — dem. > *VG 1560; 1539-50* + [Ioan. 5.] d) *1553-54* + [Iohan. 6. c. 29.] e) nunqu. pot.: *1539-50* non possit f) *1536-54* Qui g) *1536* autem h) quo — def.: *1536* quo evincant, fidem aliquam citra charitatem haberi (quam ipsi informem vocant) i) *1536* Ap. sit k) *1536* virt., gen. ling. l) ad sect.: *1536* sectari m) et emol. > *1536* n) tot. — corp.: *1536* eccl. Dei o) *1536* viam se

1) Ioh. 3, 33. 2) cf. Alex. Alesium, S. theol. III q. 74. m. 6 (ed. Nuremb. 1482); Bonavent., In sent. III. d. 23. art. 1. q. 2. opp. 3, 475 sq. 3) Lomb., Sent. III dist. 23, 4 MSL 192, 804.

DE MODO PERCIPIENDAE GRATIAE. CAP. II

Eiusmodi[a] dona omnia, utcunque per se excellentia sint, nihili tamen aestimanda[b] esse nisi charitati serviant. Esse enim in Ecclesiae aedificationem data[c]:[1] in eam[d] nisi conferantur, perdere suam gratiam. Ad id probandum distributione utitur, repetens eadem illa quae superius recensuerat dona[e], sed aliis nominibus. Pro eodem autem usurpat virtutes, et fidem, nempe pro edendorum miraculorum facultate[f]. Quum ergo[g] haec sive virtus sive fides particulare sit donum Dei, quo impius quispiam et pollere queat et abuti[h], ut dono linguarum, ut prophetia, ut aliis charismatibus: non mirum si a charitate separetur[i]. || Totus autem istorum error in eo est, quod quum vocabulum fidei sit πολύσημον, significati diversitate non observata, perinde pugnant acsi eadem ubique foret acceptio. Locus Iacobi, quem in eiusdem erroris patrocinium accersunt, alibi discutietur.[1] || Quanquam vero plures[k] esse fidei formas, docendi causa concedimus, dum volumus ostendere qualis sit in impiis Dei notitia: unicam tamen piorum fidem, ut Scriptura docet[1], agnoscimus et praedicamus. Credunt certe plurimi Deum esse, Evangelicam historiam ac reliquas Scripturae partes veras esse arbitrantur: (quale fere iudicium esse solet de iis quae vel olim gesta narrantur, vel ipsi praesentes spectavimus) || sunt etiam qui ultra procedunt: nam et Dei sermonem pro certissimo habent oraculo, nec eius praecepta prorsus negligunt, et minis et promissionibus utcunque commoventur. Talibus quidem fidei testimonium tribuitur, sed per κατάχρησιν: quoniam Dei verbum non impugnant manifesta impietate, vel aspernantur, vel contemnunt: sed quandam potius obedientiae speciem prae se ferunt.

10. Verum haec fides seu umbra, seu imago[m], ut nullius est momenti, ita indigna est fidei appellatione: || a cuius solida veritate quam procul absit, tametsi mox fusius videbitur, nihil tamen impedit nunc obiter indicari. Credidisse dicitur Simon magus, qui tamen suam incredulitatem paulo post prodit [Act.

---

a) *1536* haec   b) nih. — aest.: *1536* nihil tamen   c) in — data: *1536* data ad aedif. eccl.   d) *1536-39* quam   e) quae — dona: *1536* dona, quae supra rec.   f) nempe — fac.: *1536* hoc est, pro dono edendi miracula   g) *1536* autem   h) particul. — abuti: *1536* miraculorum, sit don. partic. Dei, quo abuti quisquam possit   i) non mir. — sep.: *1536* constat, longissime a vera et christiana fide distare   k) vero pl.: *1539-54* enim duas   l) ut — doc.: *1539-54* cum Paulo   m) Ver. — imago: *1536* Haec vero

1) c. 17, 11, infra p. 264 sq.

8. b. 13, et c. 18]. Quod fides illi tribuitur, non intelligimus ᵃ cum quibusdam, simulasse verbis quam in corde nullam haberet¹: sed potius arbitramur, Evangelii maiestate victum, qualemcunque fidem adhibuisse, atque ita Christum, vitae et salutis authorem agnovisse, ut libenter illi nomen daret. Eodem modo credere ad tempus dicuntur in Evangelio Lucae ᵇ, in quibus verbi semen, antequam fructificet, praefocatur: aut etiam nullis dum actis radicibus arescit mox et deperit [Luc. 8. a. 7, et b. 13]. Tales non dubitamus quodam verbi gustu affectos ipsum avide arripere, et divinam eius virtutem persentiscere: ut fallaci fidei simulatione non hominum oculis modo imponant, sed suis ipsorum animis. Ipsissimam enim pietatem esse sibi persuadent illam quam Dei verbo deferunt reverentiam, quia nullam esse impietatem reputant, nisi manifestum et confessum ⁱ eius vel probrum vel contemptum. Qualiscunque autem illa est assensio, ad cor ipsum usque minime penetrat, ut illic defixa resideat; et quanquam radices egisse interdum videtur, vivae tamen illae non sunt. Tot vanitatis recessus habet, tot mendacii latebris scatet cor humanum, tam fraudulenta hypocrisi obtectum est, ut seipsum saepe fallat. || At vero qui talibus fidei simulachris gloriantur, intelligant Diabolis nihilo se in hac parte praecellere. Priores certe illi sunt multo inferiores, qui stupidi audiunt et intelligunt, quorum notitia Diaboli contremiscunt [Iac. 2. d. 19]: alii in hoc pares sunt, quod qualiscunque sensus, quo tanguntur, in terrorem tandem exit et consternationem.

11. Scio quibusdam durum videri ubi fides reprobis tribuitur²: quum Paulus eam fructum electionis esse asserat [1. The. 1. a. 4. 5], qui tamen nodus facile solvitur: quia ᶜ etsi ᵈ in fidem non illuminantur, nec Evangelii efficaciam vere sentiunt nisi qui praeordinati sunt ad salutem: experientia tamen ostendit reprobos interdum simili fere sensu atque electos affici, ut ne suo quidem iudicio quicquam ab electis differant. Quare nihil absurdi est quod caelestium donorum gustus ab Apostolo ᵉ, et temporalis fides a Christo ᶠ illis adscribitur ᵍ: non quod vim spi-

---

a) *1539* intelligemus   b) in — Luc.: *1539* Luc. 8.   c) hinc inde usque ad fin. sect. ex scripto: Calvini ad Laelii Socini quaestiones Responsio Nonis Iun. 1555, *invenitur:* RESPONSIO AD SECUNDAM Quaestionem *(CR X 1, 163 sq.). Textum contulimus cum apographo, quod exstat in Bibl. Genev., cod. 145, f. 59 sqq.*   d) resp. Quanquam   e) ab Ap. > resp.   f) a Chr. > resp.   g) resp. tribuitur

1) H. Bullinger, In act. apost. comment., f. 97 b.   2) Calvinus hic et in sect. 12 ad Laelium Socinum spectat (vide not. c), cuius quaestiones ad nos non venerunt.

ritualis gratiae solide percipiant ac certum fidei lumen: sed
quia Dominus, ut magis convictos et inexcusabiles reddat, se
insinuat in eorum mentes, quatenus sine adoptionis Spiritu
gustari potest eius bonitas. Siquis obiiciat, nihil igitur amplius
5 restare fidelibus unde certo adoptionem suam aestiment: respondeo, quanvis magna sit similitudo et affinitas inter Dei
electos, et qui fide caduca ad tempus donantur, vigere tamen
in solis electis fiduciam illam quam celebrat Paulus, ut pleno
ore clament, Abba, Pater [Galat. 4. a. 6]. Ergo, ut solos electos
10 semine incorruptibili Deus in perpetuum regenerat[1], ut nunquam dispereat semen vitae eorum cordibus insitum: ita solide
in illis obsignat adoptionis suae gratiam, ut stabilis ac rata sit.
Sed hoc minime obstat quin illa inferior Spiritus operatio cursum suum habeat etiam in reprobis. Interea docentur fideles,
15 sollicite et humiliter seipsos excutere, ne pro fidei certitudine
obrepat carnis securitas. Adde quod reprobi nunquam sensum
gratiae nisi confusum[a] percipiunt, ut umbram potius apprehendant quam solidum corpus: quia peccatorum remissionem Spiritus proprie in solis electis obsignat, ut eam speciali fide in
20 usum suum applicent. Merito tamen dicuntur reprobi Deum
credere sibi propitium: quia donum reconciliationis, licet confuse
nec satis distincte, suscipiunt: non quod eiusdem vel[b] fidei, vel
regenerationis participes sint cum filiis Dei: sed quia commune
cum illis fidei[c] principium habere videntur, sub integumento
25 hypocriseos.[d] Nec vero nego quin hucusque eorum mentes irra-
diet Deus, ut eius gratiam agnoscant: sed sensum illum a peculiari testimonio quod reddit suis electis, ita di'stinguit, ut ad
solidum effectum et fruitionem non perveniant.[e] Non enim ideo
se propitium illis demonstrat, quia vere ex morte ereptos in
30 custodiam suam recipiat, sed tantum illis manifestat[f] praesentem misericordiam[g]. Viva autem fidei radice solos electos dignatur, ut in finem usque perseverent.[2] Ita diluitur obiectio illa,
si vere gratiam suam demonstrat Deus, hoc perpetuo fixum
esse: quia nihil obstat quominus praesenti gratiae suae sensu,
35 qui postea evanescit, Deus aliquos illustret.

12. [h]Quanquam etiam[i] fides divinae erga nos benevolentiae[k]

---

a) *resp.* confuse   b) *resp.* vel eiusd.   c) > *resp.*   d) habere —
hyp.: *resp.* habent   e) ut — perv.: *VG 1560* que la fermeté et vraye
efficace qu'ont les fideles est tousiours incogne aux autres   f) *resp.*
40 demonstrat   g) *VG 1560* + comme par une bouffée   h) *hinc inde
usque ad p. 22, 22 (*in electis*) exstat* RESPONSIO AD TERTIAM
QUAESTIONEM.   i) > *resp.*   k) *resp.* voluntatis

1) 1. Petr. 1, 23.   2) Mtth. 24, 13.

notitia est, et certa de eius veritate persuasio: non mirum tamen est divini amoris sensum in temporariis evanescere, qui licet fidei sit affinis, ab ea tamen multum differt. Voluntas Dei immutabilis est, fateor, et semper eius veritas sibi constat; atqui nego hucusque progredi reprobos, ut in arcanam illam revelationem penetrent, quam solis electis Scriptura vendicat. Nego igitur eos vel Dei voluntatem, ut est immutabilis, capere, vel eius veritatem constanter amplecti: quia in sensu evanido subsidunt; sicuti arbor non satis alte plantata, ut vivas radices agat, temporis successu arescit: licet per aliquot annos non flores tantum et folia emittat, sed etiam fructus. Denique sicut[a] primi hominis defectione deleri potuit ex eius mente et anima imago Dei[b], ita mirum non est si quibusdam gratiae suae radiis reprobis illuceat, quos postea extingui patitur. Nec vero quicquam impedit quominus leviter alios tingat Evangelii sui notitia, alios penitus imbuat. Hoc interim tenendum est, quantumvis exigua sit ac debilis in electis fides, quia tamen Spiritus Dei certa illis arrha est ac sigillum suae adoptionis, nunquam ex eorum cordibus deleri posse eius sculpturam: reprobos vero tali luce aspergi quae postea dispereat. Neque tamen fallacem esse Spiritum: quia semen quod iacit in eorum cordibus[c], non vivificat, ut semper maneat incorruptibile, sicuti in electis. Ultra procedo, nam [d]quum ex Scripturae doctrina, et quotidiano usu constet reprobos interdum affici divinae gratiae sensu, quoddam mutui amoris desiderium in illorum cordibus excitari necesse est. Sic in Saule ad tempus viguit pius affectus, ut Deum[e] amaret, a quo paterne se tractari sciens, aliqua bonitatis eius[f] dulcedine capiebatur. At[g] quemadmodum radicitus non haeret in reprobis de paterno Dei amore persuasio[h]: ita non solide eum redamant ut filii, sed mercenario quodam affectu ducuntur. Nam soli Christo hac lege datus est Spiritus ille amoris, ut eum membris suis instillet; nec certe longius quam ad electos patet illud Pauli, Diffusa est charitas Dei in corda nostra per Spiritum sanctum qui datus est nobis [Rom. 5. a. 5], nempe charitas quae illam, quam supra attigi, invocationis fiduciam generat. Sicuti ex opposito videmus,[i] Deum mirabiliter irasci filiis suis quos amare non desinit: non quod apud se eos oderit, sed quia terrere eos[k] vult irae suae sensu, ut superbiam

---

a) *resp.* sicuti   b) *resp.* Dei imago   c) iac. — cord.: *resp. male in eorum corda*   d) *sqq. usque ad p. 23,* 4 *(*confugiunt*) sunt* RESPONSIO AD QUARTAM QUAEstionem.   e) *resp.* eum   f) *resp.* eius bon.   g) *resp.* Sed   h) de — persu.: *resp. paternus Dei amor*   i) Sic. — vid.: *resp.* Dico etiam   k) *resp.* eos terr.

[408] carnis humiliet, torporem¹ excutiat, et^a ad poenitentiam sollicitet. Itaque eodem tempore et iratum sibi, vel peccatis suis, et propitium concipiunt: quia non ficte iram eius deprecantur, ad quem tamen cum tranquilla fiducia confugiunt. His quidem
5 constat, quosdam non simulare fidem, qui tamen vera fide carent: sed dum subito zeli impetu feruntur, seipsos falsa opinione decipiunt. Nec dubium est quin ipsos occupet socordia, ne cor suum probe, ut par erat, examinent. Tales fuisse probabile est quibus (teste Iohanne) Christus seipsum non credebat, quum tamen in ipsum crederent: quia noverat omnes,
10 et sciebat quid esset in homine [Iohan. 2. d. 24]. Quod nisi a communi fide multi exciderent (communem appello, quia magna est similitudo et affinitas fidei temporalis cum viva et perpetua) non dixisset Christus discipulis, Si vos manseritis in sermone
15 meo, vere discipuli mei estis: et cognoscetis veritatem: et veritas vos liberos reddet [Iohan. 8. d. 31]¹. Eos enim compellat qui amplexi erant eius doctrinam, et hortatur ad profectum fidei, ne torpore suo lumen quod datum est, extinguant. Ideo Paulus fidem electis peculiariter vendicat [Tit. 1. a. 1], significans mul-
20 tos evanescere, quia vivam radicem non traxerunt. Sicuti etiam loquitur Christus apud Matthaeum, Omnis arbor quam non plantavit Pater meus, eradicabitur [Matth. 15. b. 13]. In aliis crassius est mendacium, quos Deo et hominibus illudere non pudet. In hoc genus hominum, qui fallaci praetextu impie fidem
25 profanant, invehitur Iacobus [Iacob. 2]². Nec Paulus requireret a filiis Dei fidem non fictam [1. Tim. 1. a. 5], nisi quia multi sibi audacter arrogant quod non habent, et inani fuco vel alios vel interdum seipsos fallunt. Itaque bonam conscientiam arcae comparat, in qua custoditur fides: quia multi ab illa excidendo
30 circa hanc naufragium fecerunt [Ibidem, d. 19].

13. Tenenda etiam est ambigua verbi significatio; saepe enim fides tantundem valet ac sana pietatis doctrina, sicut eo quem nuper citavimus loco, et eadem epistola ubi Paulus diaconos tenere vult mysterium fidei in pura conscientia [1. Tim. 3 b. 9]:
35 Item, ubi denuntiat quorundam defectionem a fide [1. Tim. 4. a. 1]. Ex opposito autem dicit enutritum fuisse Timotheum verbis fidei [Ibidem, b. 6]. Item, ubi dicit, profanas inanitates et oppositiones falso nominatae scientiae, in causa esse ut multi a fide discedant³: quos alibi reprobos vocat circa fidem [2. Tim.
40 2. c. 16; Ibidem, 3. b. 8]. Sicuti rursum ubi Tito praecipit, Admone eos ut sani sint in fide [Tit. 1. d. 13, et 2. a. 2]: sanitatis

---

a) > *resp.*

1) Ioh. 8, 31 sq.   2) Iac. 2, 14—26.   3) 1. Tim. 6, 20. 21.

voce nihil aliud intelligit quam doctrinae puritatem, quae hominum levitate facile corrumpitur et degenerat. Nempe quia in Christo, quem possidet fides, absconditi sunt omnes thesauri scientiae et sapientiae [Coloss. 2. a. 3]: merito extenditur ad totam caelestis doctrinae summam, a qua non potest separari. Contra ad particulare aliquod obiectum aliquando restringitur; sicuti quum dicit Matthaeus Christum fidem eorum vidisse[1] qui per tegulas paralyticum demiserant [Matth. 9. a. 2]: et ipse clamat se non invenisse tantam fidem in Israel quantam Centurio attulerat [Matth. 8. b. 10]. Atqui probabile est intentum prorsus fuisse ad filii[a1] sanationem, cuius cura occupaverat totum eius animum; sed quia solo Christi nutu et responso contentus corporalem praesentiam non flagitat[b], huius circunstantiae causa tantopere extollitur eius fides. Et nuper docuimus[2] Paulum accipere fidem pro dono miraculorum; quo pollent qui nec Spiritu Dei sunt regeniti, nec eum serio colunt. Alibi etiam fidem ponit pro doctrina qua in fide instituimur. Nam quum scribit fidem abolendam [1. Cor. 13. c. 10], non dubium est id referri ad Ecclesiae ministerium, quod infirmitati nostrae hodie utile est. In his quidem loquendi formis constat analogia. Caeterum ubi improprie transfertur nomen fidei ad falsam professionem vel mendacem titulum, nihilo asperior videri debet κατάχρησις, quam ubi timor Dei ponitur pro vitioso et perverso cultu; sicuti quum saepius dicitur in sacra historia, Gentes exteras quae in Samariam et vicina loca traductae fuerant, timuisse Deos fictitios et Deum Israel[3]; quod tantundem valet, ac caelum terrae miscere. Sed nunc quaerimus quid sit fides quae filios Dei ab incredulis distinguit, qua Deum invocamus patrem, qua transimus a morte in vitam, et qua Christus (aeterna salus et vita) in nobis habitat. Eius autem vim et naturam breviter et dilucide explicuisse videor.

1539   14. Nunc singulas partes definitionis eius[c][4] de integro persequamur: quibus diligenter excussis, nihil (ut opinor) dubium restabit[d]. Cognitionem[e] dum vocamus, non intelligimus comprehensionem, qualis esse solet earum rerum quae sub humanum sensum cadunt. Adeo enim superior est, ut mentem ho-

---

a) *1559-61 falso* filiae; *VG 1560* de son fils[1]   b) *VG 1560* + mais proteste que c'est asses qu'il ait dit le mot   c) def. eius > *1539-54;* haec verba 1559-61 falso infra lin. 34 post: Cognitionem, *inseruntur, sed in VG 1560 recte hoc loco; sic quoque iubente correctore 1561.*   d) quib. — rest. > *VG 1560*   e) *1539-54* + divinae voluntatis

1) cf. Ioh. 4, 47 sqq.   2) sect. 9; supra p. 18 sq.   3) 2. Reg. 17, 24-41.   4) vide sect. 7; supra p. 16, 29 sqq.

minis seipsam excedere et superare oporteat, quo ad illam pertingat. Neque etiam ubi pertigit, quod sentit assequitur: sed dum persuasum habet quod non capit, plus ipsa persuasionis certitudine intelligit quam si humanum aliquid sua 5 capacitate perspiceret[a]. Quare eleganter Paulus, qui id vocat comprehendere quae sit longitudo, latitudo, profunditas et sublimitas, et cognoscere supereminentem cognitioni dilectionem Christi [Ephes. 3. d. 18][1]. Voluit enim significare, modis omnibus infinitum esse quod mens nostra fide complectitur, et 10 genus hoc cognitionis esse omni intelligentia longe sublimius. Quia tamen arcanum voluntatis suae, quod a seculis et generationibus absconditum erat, Dominus sanctis patefecit[b] [Colos. 1. d. 26; Ibidem 2. a. 2], optima ratione fides subinde in Scripturis agnitio vocatur: ab Iohanne vero scientia: quum 15 fideles testatur scire se[l] esse filios Dei [1. Iohan. 3. a. 2]. Et sane certo sciunt: sed divinae veritatis persuasione confirmati magis quam rationali demonstratione edocti. Id indicant et Pauli verba, nos in hoc corpore habitantes, a Domino peregrinari: quia per fidem ambulamus, non per aspectum 20 [2. Cor. 5. b. 6][2]: quibus ostendit, ea quae per fidem intelligimus a[c] nobis tamen abesse, et aspectum nostrum latere. Unde statuimus, fidei notitiam certitudine magis quam apprehensione contineri.

15. Addimus, certam ac firmam, quo solidior persuasionis 25 constantia exprimatur. Nam ut dubia et versatili opinione non est contenta fides, ita nec obscura perplexaque conceptione: sed plenam et fixam, qualis de rebus compertis et probatis esse solet, certitudinem requirit. || Tam alte enim et radicitus haeret 1559 in cordibus nostris incredulitas, et ita ad eam sumus propensi, 30 ut quod ore fatentur omnes, Deum esse fidelem, non absque arduo certamine quisquam sibi persuadeat. Praesertim ubi ad rem ventum est, omnium vacillatio detegit vitium quod latebat. Nec vero frustra tam insignibus elogiis verbo Dei authoritatem asserit Spiritus sanctus: sed morbo quem dixi mederi vult, ut 35 Deus in suis promissis plenam obtineat apud nos fidem. Eloquia Iehovae, eloquia pura (inquit David), argentum fusum in eximio catino terrae, purgatum septies[3]. Item, Sermo Iehovae excoctus, clypeus est omnibus confidentibus in ipso [Psal. 18. c. 31]. Solomo autem idem confirmans et fere iisdem verbis, Omnis

---

40 a) *iubente correctore 1561 legendum* perciperet   b) *1545-54* + [1. Cor. 2. b. 7. c. 10]   c) > *1539-50*

1) Eph. 3, 18–19.   2) 2. Cor. 5, 6 sq.   3) Ps. 12, 7.

sermo Dei[a] excoctus [Pro. 30. a. 5]. Sed quia in hoc fere argumento Psalmus centesimus decimus nonus consumitur, plura recitare supervacuum esset. Certe quoties ita suum sermonem commendat nobis Deus, oblique incredulitatem nobis exprobrat: quia non alio tendit nisi ut perversas dubitationes e cordibus nostris eradicet. || Sunt etiam[b] permulti qui Dei misericordiam sic concipiunt, ut quam minimum consolationis inde recipiant. Simul enim misera anxietate constringuntur, dum dubitant an misericors sibi sit futurus: quia illam ipsam, de qua persuasissimi sibi videntur, clementiam nimium exiguis finibus terminant. Etenim[c] ita secum reputant, magnam quidem eam esse et copiosam, effusam in multos, obviam omnibus et paratam: sed incertum esse an ad se quoque perventura sit, vel potius an sint ad eam perventuri. Haec cogitatio, quum in medio cursu resistat, dimidia tantum est. Itaque non tam secura spiritum tranquillitate confirmat, quam irrequieta haesitatione sollicitat. Longe est alius sensus πληροφορίας, quae fidei semper in Scripturis tribuitur: nempe qui Dei bonitatem perspicue nobis propositam extra dubium ponat. Id autem fieri nequit, quin eius suavitatem vere sentiamus, et experiamur in nobis ipsis. Quare Apostolus ex fide deducit fiduciam, et ex hac rursum audaciam. Sic enim loquitur[d], per Christum nos habere audaciam, et aditum in fiducia [Ephes. 3. c. 12], quae est per fidem illius. || Quibus sane verbis ostendit, non esse rectam fidem, nisi quum tranquillis animis audemus nos in conspectu Dei sistere. Quae audacia nonnisi ex divinae benevolentiae salutisque certa fiducia nascitur. || Quod adeo verum est ut saepiuscule pro fiducia nomen fidei usurpetur.

16. Hic praecipuus fidei cardo vertitur, ne quas Dominus offert misericordiae promissiones, extra nos tantum veras esse arbitremur, in nobis minime: sed ut[e] potius eas intus complectendo nostras faciamus. Hinc demum nascitur fiducia illa quam alibi pacem idem vocat [Rom. 5. a. 1]: nisi quis pacem derivare inde malit. Est autem securitas quae conscientiam coram Dei iudicio sedat et serenat: sine qua, tumultuosa trepidatione ipsam vexari et paene dilaniari necesse est, nisi forte Dei et sui oblita, ad momentum obdormiscat. Et vere ad momentum; neque enim diu fruitur misera illa oblivione, quin memoria divini iudicii subinde recurrente, acerrime lancinetur. In summa[f], vere fidelis non est nisi qui solida persuasione Deum sibi pro-

---

a) *VG 1560* + comme argent b) *1539–54* enim c) *1539–54* Siquidem d) Sic — loqu.: *1539* Cum dicit e) > *1539–50* f) *ad sqq. usque ad fin. sect. cf. 1536 I 69, 14–25.*

pitium benevolumque patrem esse persuasus, de eius benignitate omnia sibi pollicetur: nisi qui^a divinae erga se benevolentiae promissionibus fretus, indubitatam salutis expectationem praesumit: ut Apostolus his verbis demonstrat, Si fiduciam et
5 gloriationem spei ad finem usque firmam tenuerimus [Hebr. 3. c. 14]. Sic enim non bene sperare in Domino existimat^b nisi qui confidenter se regni caelestis haeredem glorietur. Fidelis (in quam) non est nisi qui suae salutis securitati innixus, Diabolo et morti confidenter insultet, quomodo ex praeclaro illo Pauli
10 epiphonemate docemur^c. Confisus sum (inquit) quod neque mors, neque vita, neque Angeli, neque principatus, neque potestates, neque praesentia, neque futura poterunt nos a charitate Dei divellere, qua nos complectitur in Christo Iesu [Rom 8. g. 38][1]. Sic idem Apostolus non aliter existimat bene illuminari
15 oculos mentis nostrae, nisi cernamus quae sit spes aeternae haereditatis, ad quam vocati sumus [Ephes. 1. d. 18]. Et ubique sic docet, ut innuat non bene aliter Dei bonitatem a nobis comprehendi nisi magnae securitatis fructum inde colligamus.

17. Atqui (dicet quispiam) longe aliud experiuntur fideles,
20 qui in recognoscenda erga se Dei gratia non modo inquietudine tentantur (quod saepe illis contingit) sed gravissimis etiam terroribus interdum quatefiunt; tanta est ad deturbandas eorum mentes tentationum vehementia: id quod non satis videtur cum illa fidei certitudine cohaerere. Proinde nodus hic solven-
25 dus est si superiorem illam doctrinam stare volumus. Nos certe, dum fidem docemus esse debere certam ac securam, non certitudinem^l aliquam imaginamur quae nulla tangatur dubitatione, nec securitatem quae nulla sollicitudine impetatur: quin potius dicimus perpetuum esse fidelibus certamen cum sua ipsorum
30 diffidentia; tantum abest ut eorum conscientias in placida aliqua quiete collocemus, quae nullis omnino turbis interpelletur. Rursum tamen, qualemcunque in modum afflictentur, decidere ac desciscere negamus a certa illa, quam de misericordia Dei conceperunt, fiducia. || Nullum illustrius vel magis memora-
35 bile exemplum fidei proponit Scriptura quam in Davide, praesertim si continuum vitae cursum spectes. Ille tamen quam non semper pacato animo fuerit, innumeris querimoniis declarat, ex quibus paucas eligere sufficiet^d. Dum animae suae turbulentos motus exprobrat, quid aliud quam suae incredulitati suc-

---

40 a) > 1543–54   b) 1539–50 existimatur   c) quom. — doc.: VG 1541 sqq. comme l'Apostre enseigne en la conclusion qu'il en fait aux Romains   d) ex — suff.: VG 1560 et que sa foy luy ait donné repos

1) Rom. 8, 38. 39.

censet? Quid trepidas (inquit) anima mea, et quid tumultuaris intra me? spera in Deum [Psal. 42. b. 6, et 43. a. 5]. Et certe consternatio illa apertum diffidentiae signum fuit, acsi destitui se a Deo putaret. Amplior etiam alibi confessio legitur, Dixi in mea praecipitatione, Proiectus sum a conspectu oculorum tuorum [Psal. 31. d. 23]. Alibi etiam anxia et misera perplexitate secum disceptat, imo de ipsa Dei natura litem movet. An oblitus est misereri Deus? an in secula repellet [Psal. 77. b. 10]? Durius quod sequitur, Atqui dixi, Occidere meum est: mutationes dextrae excelsi.[1] Nam quasi desperatus seipsum exitio adiudicat: nec tantum agitari se dubitatione fatetur sed (quasi in certamine succubuerit) nihil sibi facit residuum: quia Deus ipsum deseruerit, et manum, quae olim auxiliaris erat, converterit ad ipsum perdendum. Quare non abs re animam suam hortatur ut ad quietem suam redeat [Psal. 116. a. 7]: quia expertus fuerat inter fluctus turbulentos se iactari. Et tamen, quod mirabile est, inter istas concussiones piorum corda fides sustentat: vereque palmae vicem obtinet, ut contra quaelibet onera nitatur, sursumque se attollat: sicuti David, quum obrutus videri posset, se tamen increpando, ad Deum surgere non destitit. Qui vero cum propria infirmitate certans, ad fidem in suis anxietatibus contendit, iam magna ex parte victor est. Quod ex hac sententia et similibus colligere licet, Expecta Iehovam: fortis esto, roborabit ille cor tuum. Expecta Iehovam [Psal. 27. d. 14]. Seipsum timiditatis coarguit, et idem bis repetens, se multis agitationibus subinde obnoxium fatetur esse. Interim non tantum sibi displicet in his vitiis: sed enixe ad correctionem aspirat. Certe si propius iusto examine conferre eum libeat cum Achaz, reperietur magnum discrimen. Mittitur Iesaias qui remedium afferat impii Regis et hypocritae anxietati; his verbis eum alloquitur, Sis in custodia et quiesce: ne formides [Iesa. 7. a. 4], etc. Quid ille? Sicuti prius dictum fuerat cor eius fuisse commotum, sicuti quatiuntur arbores sylvae a vento,[a] licet audita promissione expavescere non destitit. Est igitur haec propria infidelitatis merces et poena, sic contremiscere ut in tentatione se a Deo avertat qui sibi ianuam fide non aperit: contra autem fideles, quos incurvat et fere opprimit tentationum moles, constanter, quanvis non sine molestia et difficultate emergunt. Et quia sibi propriae imbecillitatis sunt conscii, cum Propheta precantur, Ne auferas ab ore meo verbum veritatis usque valde [Psal. 119, 43]. Quibus verbis docemur, inter-

---

a) sic. — vento: *VG 1560* comme la feuille en l'arbre

1) Ps. 77, 11.

dum ipsos obmutescere, acsi prostrata esset eorum fides: non tamen deficere aut terga vertere, sed certamen suum persequi, et suam segnitiem precando acuere, ne saltem ex indulgentia stuporem contrahant.

18. Id quo intelligatur, necesse est redire ad illam carnis et spiritus divisionem, cuius alibi meminimus[1], quae in hac parte lucidissime se profert. Sentit ergo[a] in se divisionem pium pectus, quod partim ob divinae bonitatis agnitionem suavitate perfunditur, partim ob suae calamitatis sensum amaritudine angitur, partim in Evangelii promissionem recumbit, partim suae iniquitatis testimonio trepidat, partim vitae apprehensione exultat, partim mortem exhorrescit. Quae variatio ex fidei imperfectione contingit: quando nunquam tam bene in praesentis vitae cursu nobiscum agitur ut omni diffidentiae morbo curati, fide toti repleamur et occupemur. Hinc conflictus illi: ubi quae in reliquiis carnis haeret diffidentia, ad oppugnandam quae intus concepta est fidem insurgit. Verum si in fideli mente certitudo permixta est dubitatione[b], annon eo semper recidimus ut fides non certa et liquida, sed obscura modo et perplexa divinae erga nos voluntatis notitia constet? Minime vero. Neque enim, si variis cogitationibus distrahimur, ideo protinus a fide divellimur; nec si sursum deorsum diffidentiae agitatione vexamur, ideo in eius abyssum demergimur: Neque si concutimur, ideo de gradu deturbamur. Siquidem istius certaminis semper[c] hic finis est, quòd fides eas difficultates, quibus ita circunsessa videtur periclitari, tandem eluctatur.

19. Summa haec sit. Ubi primum vel minima fidei gutta mentibus nostris instillata est, iam faciem Dei placidam et serenam nobisque propitiam contemplari incipimus, procul id quidem et eminus: sed ita certo intuitu, ut sciamus nos minime hallucinari. Quantum deinde proficimus (ut nos assidue proficere decet) quasi progressu facto, in propiorem eius conspectum eoque certiorem venimus, et ipsa etiam continuatione familiarior nobis redditur. Ita mentem Dei cognitione illuminatam, initio multa ignorantia videmus involutam teneri, quae paulatim abstergitur[d]. Non tamen quaedam ignorando, aut obscurius id quod cernit cernendo, impeditur quin divinae erga se voluntatis perspicua notitia fruatur, quod in fide primas ac potissimas partes tenet. Quemadmodum enim siquis carcere inclusus, ex angustiore fenestra oblique tantum et quasi dimi-

---

a) *1539–54* + hanc   b) in — dub.: *1539–54* perm. est in fid. menti dub. cert.   c) > *1561*   d) *1539* abstergatur

1) lib. II 2, 27; 3, 1. vol. III p. 270 sqq.; cf. lib. II 1, 9. p. 238 sq.

diatim emicantes habeat solis radios, libero quidem privatur
solis aspectu, splendorem tamen non ambiguum oculis haurit,
eiusque usum recipit: sic terrei corporis compedibus vincti,
utcunque multa obscuritate undique obumbremur, luce tamen
Dei vel pusillum ad exerendam eius misericordiam irradiante,
quantum satis est ad solidam securitatem illuminamur.

20. Utrunque diversis locis Apostolus eleganter docet. Quum
enim ex parte nos cognoscere, et ex parte prophetare, videreque
in aenigmate per speculum tradit [1. Cor. 13. c. 9][1], quam tenuis
in praesenti vita illius vere divinae sapientiae portiuncula nobis
detur, indicat. || Etsi enim non simpliciter indicant verba illa
imperfectam esse fidem quantisper gemimus[a] sub carnis onere,
sed quod necesse est nobis assidue discendo exerceri, ex imperfectione nostra contingere: innuit tamen modulo nostro et angustiis quod immensum est non posse comprehendi. Atque hoc
Paulus de tota Ecclesia praedicat: cuique autem nostrum sua
ruditas obstaculum et remora est, ne tam prope accedat quam
optandum esset. || At quam certo et minime fallaci sui gustu
nos afficiat vel exigua fidei guttula, idem alibi ostendit, quum
affirmat nos per Evangelium, revelata facie, nulloque obiecto
velamine gloriam Dei tanta efficacia contemplari, ut in eandem
imaginem transformemur [2. Cor. 3. d. 18]. In talibus ignorantiae involucris plurimum simul dubitationis et trepidationis
implicari necesse est: quum praesertim cor nostrum suo quodam naturali instinctu ad incredulitatem propendeat. Huc accedunt tentationes, quae et infinitae numero et genere variae
magno identidem impetu insiliunt. Ipsa praecipue conscientia
incumbente peccatorum mole oppressa, nunc secum querulatur ac gemit, nunc se arguit, nunc tacite fremit, nunc aperte
tumultuatur. Sive ergo res adversae iram Dei prae se ferunt,
sive eius argumentum et materiam conscientia in se reperit,
inde tela et machinas ad profligandam fidem incredulitas arripit: quae tamen ad hunc scopum perpetuo destinantur ut Deum
nobis adversum et infensum esse putantes, nec opis ab ipso
quicquam speremus, et timeamus ceu ab hoste capitali.

21. Ad hos impetus sustinendos fides se verbo Domini armat
et munit. Atque ubi insultat huiusmodi tentatio, Deum esse
inimicum, quia sit infestus: contra excipit, esse quoque, dum
affligit, misericordem: quia castigatio a dilectione potius quam
ira proveniat. Ubi hac cogitatione feritur, Deum esse iniquitatum vindicem, opponit veniam delictis omnibus paratam,

---

a) *VG 1560* nous travaillons

1) 1. Cor. 13, 9. 12.

DE MODO PERCIPIENDAE GRATIAE. CAP. II

quoties ad Domini clementiam peccator se confert. Ita pia mens, utcunque miris modis exagitetur ac divexetur, supra omnes tamen difficultates tandem emergit, nec sibi divinae misericordiae fiduciam excuti unquam patitur. Quin potius quaecunque disceptationes eam exercent et[1] fatigant, in istius fiduciae certitudinem exeunt. Huius rei argumento est, quod sancti, dum ultione Dei maxime urgeri sibi videntur, apud ipsum tamen querimonias suas deponunt, et dum se[a] minime exauditum iri apparet, eum nihilominus invocant. Quorsum enim attineret apud eum deplorare a quo solatium nullum sperarent? eum vero invocare nunquam inducerent in animum, nisi aliquid sibi opis ab eo paratum crederent. Sic discipuli, in quibus fidei pusillitatem Christus reprehendit, se quidem perire querebantur, eius tamen auxilium implorabant [Matth. 8. c. 25]. || Nec vero dum eos ob pusillam fidem castigat, reiicit a suorum ordine, vel annumerat incredulis, sed ad vitium excutiendum incitat. || Ergo, quod iam superius dictum est[1], rursum asserimus, fidei radicem nunquam e pio pectore avelli quin ima in parte defixa haereat, utcunque decussa huc aut illuc inclinare videatur: eius lumen ita nunquam extingui aut[b] praefocari, quin saltem velut sub favilla delitescat; || atque hoc documento patefieri, verbum, quod semen est incorruptibile, fructum sui similem producere, cuius germen nunquam arescit ac perit in totum. || Siquidem quum haec sit sanctis extrema desperationis materia, manum Dei in suum exitium, secundum praesentium rerum aestimationem[c], sentire: eousque tamen progressuram spem suam Iob affirmat, ut si ab eo occidatur, non sit propterea desiturus in eum sperare [Iob. 13. c. 15]. || Ita est sane; non intus in cordibus piorum regnat incredulitas, sed foris oppugnat: nec lethaliter vulnerat suis telis, sed infestat, aut certe sic laedit ut vulnus sit sanabile. Fides enim, ut Paulus docet, nobis pro scuto est [Ephes. 6. c. 16]: ea telis opposita[d], eorum vim sic excipit ut prorsus depellat, vel saltem frangat, ne ad vitalia penetret. Quum ergo concutitur fides, perinde est acsi violento ictu iaculi miles alioqui firmus pedem movere cogatur, et paulum cedere: quum autem sauciatur fides ipsa, perinde est acsi clypeus fractionem aliquam ex impressione recipiat, sic tamen ut non perforetur. Semper enim eo pia mens emerget, ut cum Davide dicat, Si ambulavero in medio

---

a) > *1539–54*   b) *1539–54* ac   c) *1539* existimationem   d) ea — opp.: *VG 1545 sqq*. Icelle donc estant mise au devant, pour resister au Diable

1) sect. 18; supra p. 29.

umbrae mortis, non timebo mala: quoniam tu mecum es [Psal. 23. a. 4]. Ambulare certe in caligine mortis est terrificum: nec fieri potest quin fideles, quantumvis firmitudinis habeant, id perhorrescant. Sed quoniam illa cogitatio superat, quod Deum habeant^a praesentem, et suae saluti consulentem, simul vincitur timor securitate. Quantaslibet autem machinas (ut Augustinus ait) adversum nos erigat Diabolus, quando non tenet locum cordis, ubi fides habitat, eiectus est foras^{b1}. || Ita si ex eventu iudicium fiat, non tantum ab omni pugna salvi evadunt fideles, ut paulo post recepto vigore rursus in arenam descendere sint parati: sed impletur quod dicit Iohannes in sua canonica, Haec est victoria quae vincit mundum,¹ fides vestra [1. Iohan. 5. a. 4]. Neque enim tantum in praelio uno, vel paucis, vel contra aliquem insultum affirmat fore victricem, sed superiorem toto mundo quanvis millies impetatur.

22. Altera est timoris ac trepidationis species, ex qua tamen adeo nihil decedit fidei securitati, ut solidius inde stabiliatur. Nempe dum fideles vel exempla divinae ultionis adversus impios edita documentorum vice sibi esse cogitantes, ne iisdem flagitiis iram Dei in se provocare sibi contingat, sollicite cavent: vel quum miseriam suam secum recognoscentes, a Domino toti pendere discunt, sine quo se quolibet vento fluxos magis et evanidos esse vident. Nam Apostolus, dum propositis flagellis, quibus in Israeliticum populum olim Dominus vindicarat, terrorem Corinthiis incutit ne similibus malis seipsos obstringant [1. Cor. 10. c. 11], eo fiduciam ipsorum nihil labefactat: sed torporem carnis modo excutit, quo fides obrui magis quam confirmari solet. Nec dum a Iudaeorum casu argumentum exhortandi sumit, ut qui stat videat ne cadat [Ibidem, c. 12; Rom. 11. c. 20], nos vacillare iubet, acsi nostrae stabilitatis parum certi essemus: sed arrogantiam duntaxat et temerariam propriae virtutis praefidentiam adimit, ne depulsis Iudaeis Gentes in eorum locum receptae, ferocius insultent. || Quanquam non fideles tantum illic alloquitur, sed oratione sua hypocritas etiam comprehendit, qui externa duntaxat specie gloriabantur^c. Neque enim singulos homines admonet, sed comparatione inter Iudaeos et Gentes posita, postquam illos ostenderat iustas incredulitatis et ingratitudinis suae in eo poenas dare quod reiecti essent, has etiam hortatur ne superbiendo ac sese efferendo gratiam adoptionis nuper ad se translatam amittant.

---

a) *1543-54* habent   b) *1543-54* + [Homil. in Ioan. 52.]; *iubente correctore 1550:* Ioan. 12   c) *1543-50* gloriarentur

1) Aug., In Ioh. tract. 52, 9 (in Ioh. 12, 31) MSL 35, 1772.

Quemadmodum autem in illa Iudaeorum reiectione supererant aliqui ex ipsis qui ab adoptionis foedere minime exciderant: ita poterant aliqui ex Gentibus emergere qui sine vera fide, tantum stulta carnis confidentia inflarentur, atque ita abuterentur in suam perniciem Dei benignitate. Verum etiamsi electis ac[a] fidelibus hoc dictum accipias, nihil ex eo sequetur incommodi. Aliud enim est temeritatem, quae ex carnis reliquiis interdum sanctis obrepit, reprimere ne inani confidentia lasciviat, aliud conscientiam timore percellere, ne plena securitate in Dei misericordia acquiescat.

23. Deinde ubi docet, ut cum timore et tremore operemur salutem nostram [Philip. 2. b. 12], non aliud exigit nisi ut in Domini virtutem, cum multa nostri deiectione, suspicere assuescamus. Enimvero nihil tam nos ad fiduciam certitudinemque animi[b] in Dominum reiiciendam expergefacit quam nostri diffidentia, et concepta ex conscientia nostrae calamitatis anxietas.[c] In quem sensum accipiendum est quod est apud Prophetam, In multitudine bonitatis tuae ingrediar templum tuum: adorabo[1] in timore [Psal. 5. b. 8]. Ubi decenter fidei audaciam, quae Dei misericordiae innititur, cum religioso timore coniungit, quo nos affici necesse est quoties in conspectu divinae maiestatis prodeuntes, ex eius splendore, quanta sit nostra obscoenitas, intelligimus. Vere etiam Solomo, dum beatum hominem pronuntiat qui terret assidue cor suum: quoniam induratione in malum corruitur [Prov. 28. b. 14]. At terrorem intelligit qui nos cautiores reddat, non autem quo afflicti concidamus: dum scilicet animus in se confusus, in Deo se recolligit: in illo erigitur, apud seipsum deiectus: diffisus sibi, illius fiducia respirat.[d] Proinde nihil obstat quin simul et terreantur fideles, et securissima consolatione potiantur: prout nunc in suam vanitatem oculos convertunt, nunc in Dei veritatem animi cogitationem referunt. || Quomodo (dicet quispiam) in eodem animo sedem habebunt pavor et fides? Nempe sicuti ex opposito torpor et anxietas. Nam quum impii indolentiam sibi accersant, nequis timor Dei eos sollicitet, urget tamen eos Dei iudicium ne assequantur quod appetunt. Ita nihil impedit quominus suos exerceat Deus ad humilitatem, ut fortiter militando, sub fraeno modestiae se cohibeant. Atque hoc fuisse Apostoli consilium liquet ex contextu, ubi metus et tremoris

---

a) elect. ac > *VG 1545 sqq.*   b) *VG 1541 sqq.* de nostre Foy
c) concepta — anx.: *VG 1541 sqq.* la destresse que nous avons apres avoir recongneu nostre calamité   d) illius — resp.: *VG 1541 sqq.* consiste en l'esperance qu'il ha en luy

causam assignat Dei beneplacitum, quo dat suis et bene velle et strenue prosequi.[1] In hunc sensum accipere convenit illud Prophetae, Pavebunt filii Israel ad Deum et ad bonitatem eius [Oseae 3. b. 5]: quia non solum pietas reverentiam Dei gignit, sed ipsa dulcedo et suavitas gratiae hominem in seipso deiectum timore simul et admiratione imbuit ut a Deo pendeat, seque humiliter subiiciat eius potentiae.

24. Neque tamen sic locum facimus pestilentissimae philosophiae, quam nonnulli semipapistae cudere hodie in angulis incipiunt. Quia enim crassam illam dubitationem, quae in scholis tradita fuit, tueri nequeunt, confugiunt ad aliud commentum, ut fiduciam incredulitate mixtam faciant. Quoties in Christum respicimus, fatentur illic nos invenire plenam bene sperandi materiam: sed quia semper indigni sumus illis omnibus bonis quae in Christo nobis offeruntur, volunt indignitatis nostrae intuitu nos fluctuari et haesitare. In summa, conscientiam sic statuunt inter spem et metum, ut per intervalla et vices huc atque illuc alternet: spem vero et metum sic inter se conferunt, ut illa exoriente, hic opprimatur: hoc resurgente, illa rursum concidat[a]. Ita Satan, ubi iam videt apertas machinas illas[b] quibus fidei certitudinem destruere antea solitus erat, nunc nihil valere, obliquis cuniculis eam labefacere conatur. Qualis autem erit illa fiducia quae subinde desperationi cedet? Si Christum (inquiunt) consideras, certa salus: si ad teipsum reverteris, certa damnatio. Ergo alternis diffidentiam et bonam spem in animo tuo regnare necesse est. Quasi[1] vero Christum, veluti procul stantem, et non potius in nobis habitantem debeamus cogitare. Ideo enim ab ipso salutem expectamus, non quia eminus nobis appareat: sed quia nos corpori suo insitos, non modo suorum omnium bonorum participes faciat, sed sui quoque ipsius. Proinde hoc ipsorum argumentum sic retorqueo, Si teipsum consideras, certa damnatio: sed quoniam Christus tibi cum omnibus suis bonis sic communicatus est, ut omnia eius tua fiant, ut fias eius membrum, adeoque unum cum ipso: iustitia eius tua peccata obruit, salus eius tuam damnationem abolet, ipse sua dignitate intercedit ne in conspectum Dei veniat tua indignitas. Sic est sane: Christum a nobis separare, aut nos ab ipso minime convenit: sed utraque manu fortiter retinere oportet eam qua se nobis agglutinavit societatem. Ita nos Apostolus instituit. Corpus quidem (inquit) mortuum est propter peccatum: sed Spiritus Christi qui in vobis

a) *1543–45* extinguatur   b) *1543–45* ill. mach.

1) Phil. 2, 12. 13.

habitat, vita est propter iustitiam [Rom. 8. b. 10]. Secundum istorum nugamentum dicere debuerat, Christus quidem vitam apud se habet: sed vos, ut estis peccatores, manetis morti et damnationi obnoxii. Atqui longe aliter loquitur. Docet enim, eam quam a nobis meremur damnationem, Christi salute absorptam esse: atque ad id confirmandum, ea quam attuli ratione utitur: quia Christus non extra nos est, sed in nobis habitat: nec solum individuo societatis nexu nobis adhaeret, sed mirabili quadam communione in unum corpus nobiscum coalescit in dies magis ac magis, donec unum penitus nobiscum fiat^a. || Neque tamen inficior, quod nuper dixi[1], quasdam interdum interruptiones fidei contingere, prout eius imbecillitas inter violentos impetus huc vel illuc flectitur. Ita in densa caligine tentationum suffocatur eius lumen. Quicquid tamen accidat, a quaerendi Dei studio non desistit.

25. Nec aliter disserit Bernardus, quum hoc argumentum ex professo tractat, Homilia in dedicatione templi quinta. Dei (inquam) beneficio nonnunquam de anima cogitans, videor mihi in ea veluti duo quaedam contraria invenire; si ipsam, prout in se est et ex se, intueor: de ea nihil verius dicere possum, quam ad nihilum esse redactam. Quid modo necesse est singulas eius miserias numerare, quam sit onerata peccatis, offusa tenebris, irretita illecebris, pruriens concupiscentiis, obnoxia passionibus, impleta illusionibus, prona semper ad malum, in vitium omne proclivis, postremo ignominiae et confusionis plena? Nimirum si ipsae quoque iustitiae omnes ad lumen veritatis inspectae, velut pannus menstruatae inveniuntur, iniustitiae deinceps quales reputabuntur [Iesa. 64. c. 6][2]? Si lumen quod in nobis est, tenebrae sunt, ipsae tenebrae quantae erunt [Matth. 6. c. 23]? Quid igitur? sine dubio vanitati similis factus est homo: in nihilum redactus est homo: nihil est homo. Quomodo tamen penitus nihil est quem magnificat Deus? Quomodo nihil, erga quem appositum est cor divinum? Respiremus fratres. Etsi nihil sumus in cordibus nostris, forte in corde Dei potest aliquid latere de nobis. O Pater misericordiarum, o Pater miserorum, quomodo apponis erga nos cor tuum? Cor enim tuum ubi est thesaurus tuus[3]. Quomodo autem thesaurus tuus sumus, si nihil sumus? Omnes gentes quasi non sint, sic sunt ante te: in nihilum reputabuntur.

---

a) mirab. — fiat: *VG 1545 sqq.* par une conionction admirable et surmontant nostre entendement, il s'unist iournellement de plus en plus à nous en une mesme substance

1) sect. 17 sq.; supra p. 27 sqq.   2) Ies. 64, 5 = vg. 64, 6.   3) Mtth. 6, 21.

Nimirum ante te: non intra te: sic in iudicio veritatis tuae, sed non sic in affectu pietatis tuae. Nimirum vocas ea quae non sunt, tanquam sint; et non sunt ergo, quia quae non sunt, vocas: et sunt, quia vocas. Licet enim non sint, quantum ad se: apud te tamen sunt, iuxta illud Pauli, Non ex operibus iustitiae, sed ex vocante [Rom. 9. c. 12]¹. Deinde mirificam esse hanc connexionem dicit utriusque considerationis.² Certe quae inter se connexa sunt, se invicem non destruunt. Quod etiam in conclusione apertius declarat his verbis, Iam si utraque consideratione diligenter inspexerimus nos quid sumus: imo in una quam nihil, in altera quam magnificati: puto temperata videtur gloriatio nostra: sed forsan magis aucta est, solidata quidem ᵃ, ut non in nobis sed in Domino gloriemur. Nimirum si cogitamus, si decreverit salvare nos, statim liberabimur: iam in hoc respirare licet. Sed in altiorem speculam ascendentes, quaeramus civitatem Dei, quaeramus templum, quaeramus domum, quaeramus sponsam ᵇ. Non oblitus sum ᶜ: sed cum metu et reverentia dico, Nos inquam sumus: sed in corde Dei. Nos sumus: sed illius dignatione, non nostra dignitate.³

26. Porro timor Domini, cuius testimonium passim defertur sanctis omnibus, et qui alias initium sapientiae, alias sapientia ipsa nuncupatur [Psal. 111 ᵈ. b. 10; Prover. 1. a. 7; Prov. 15. d. 33 ᵉ; Iob. 28 ᶠ. c. 28], tametsi unus est, gemino tamen ex sensu emanat. Habet enim in se Deus Patris reverentiam, et Domini. Itaque qui illum rite volet colere, et obedientem illi filium se praestare et obsequentem servum studebit. Obedientiam quae sibi ut Patri redditur, Dominus per Prophetam honorem vocat: obsequium quod ut Domino exhibetur, timorem. Filius (inquit) honorat patrem, et servus dominum. Si ego ᵍ Pater, ubi honor ʰ? Si Dominus, ubi timor [Malach. 1. b. 6 ⁱ]? Utcunque autem distinguat, vides ut confundat utrunque simul ᵏ. Timor ergo Domini, sit nobis reverentia honore illo et timore mixta. Nec mirum si utrunque affectum idem animus recipiat; nam qui secum reputat qualis sit nobis Pater Deus,

---

a) *1543–50* tamen   b) *VG 1545 sqq.* le secret du mariage qu'il a avec nous   c) Non — sum: *VG 1545 sqq.* en ce faisant nous n'oblirons point l'un pour l'autre   d) *sic 1553–54, 1561; 1559 falso* 11   e) *1539–54* 9. c. 10; *1559 falso* 23   f) *sic 1539–54; 1559–61 falso* 8   g) *1543–45* ergo   h) *VG 1541 sqq.* + que vous me debvez   i) *1553 –61 falso* 7   k) *VG 1541 sqq.* + comprenant l'un et l'autre soubz le nom d'honorer

1) Bernardus Claravall., In dedicatione ecclesiae sermo V, 3. 4 MSL 183, 531 A–D.   2) ibid. 5 col. 532 A.   3) ibid. 7. 8 col. 533 A —534 A.

DE MODO PERCIPIENDAE GRATIAE. CAP. II

satis habet causae, etiamsi nulli sint[a] inferi, cur eius offensionem qualibet morte gravius perhorrescat. Sed etiam (quae est ad peccandi licentiam carnis nostrae lascivia) quo eam modis omnibus cohibeamus, arripienda simul est haec cogitatio, Domino, sub cuius potestate degimus, esse abominationi[1] omnem iniquitatem[b]: cuius ultionem non evadent qui flagitiose vivendo, eius iram adversum se provocarint.

27. Quod autem Iohannes dicit, timorem non esse in charitate, sed perfectam charitatem expellere foras timorem [1. Iohan. 4. d. 18], quoniam timor poenam habet[c], nihil istis repugnat. De terrore enim incredulitatis loquitur, a quo longe differt iste fidelium timor. Neque enim Deum timent impii, quod in eius offensionem incurrere vereantur[d], siquidem impune id possent: sed quia vindictae potentia esse armatum sciunt, ad auditum irae eius, horrore concutiuntur. Ac iram quoque sic timent, quia sibi imminere arbitrantur, quia singulis momentis expectant dum in caput suum corruat. Fideles autem (ut dictum est) et offensam plus quam[e] poenam timent, nec timore poenae perturbantur, acsi cervicibus suis impenderet[f]: sed cautiores redduntur, ne ipsam accersant. Sic Apostolus, dum fideles alloquitur, Nolite falli, inquit: propter hoc venit ira Dei in filios diffidentiae [Ephes. 5. b. 6. Colos. 3. a. 6]. Non minatur in ipsos descensuram: sed admonet, ut impiis ob ea quae recensuerat flagitia iram Domini praeparatam cogitent: ne et ipsi eam experiri velint. || Quanquam raro contingit ut solis et simplicibus minis expergefiant reprobi: quin potius iam sua duritie tardi et hebetes, quoties verbis fulminat Deus e caelo, ad contumaciam se obdurant: sed manu eius percussi, timere, velint nolint, coguntur. Timorem hunc vulgo servilem vocant, et ingenuo voluntarioque opponunt, qui filios decet[1]. Alii mediam speciem subtiliter interserunt: quia servilis ille et coactus affectus animos interdum subigit ut ad timorem Dei sponte accedant[g] [2].

28. Iam in divina benevolentia, quam respiciere dicitur fides,

---

a) *1539* sunt   b) *1543–45* male + [1. Ioan. 4], *quod 1539 recte infra lin. 9 exstat; 1550 in utroque loco legitur; 1553–54 hic emendant* [1. Iohan. 3. a. 5. *(sqq.)*]   c) quon. — hab. > *VG 1541 sqq.*   d) *1539–50* videantur   e) pl. quam: *1539* prius quam; *1543* priusquam   f) acsi — imp.: *VG 1541 sqq.* comme si l'Enfer leur estoit desia present pour les angloutir   g) ut — acc.: *VG 1560* pour passer plus outre

1) Aug., In Ioh. tract. 85, 3 MSL 35, 1849; Lomb., Sent. III dist. 34, 5 sqq. MSL 192, 825 sqq.; Thomas, S. th. II, 2 q. 19. art. 2 sqq.
2) Lomb., Sent. III dist. 34, 8 MSL 192, 826; Thomas, S. th. II, 2 q. 19 art. 2 et 8.

intelligimus salutis ac vitae aeternae possessionem obtineri. Nam si, Deo propitio, nihil boni deesse potest: abunde nobis sufficit, ad salutis certitudinem, ubi suae dilectionis ipse nos certiores facit. Ostendat faciem suam, inquit Propheta, et salvi erimus [Psal. 80. a. 4]. Unde hanc salutis nostrae summam statuunt Scripturae, quod abolitis inimicitiis omnibus in gratiam nos recepit [Ephes. 2. c. 14]. Quo scilicet innuunt, Deo nobis reconciliato, nihil manere periculi quin omnia nobis bene succedant. Quare fides, dilectione Dei apprehensa, promissiones habet vitae praesentis et futurae, solidamque bonorum omnium securitatem: sed qualis e verbo percipi potest. Neque enim vitae huius aut longitudinem, aut honorem, aut opes sibi certo fides promittit: (quando nihil horum nobis esse constitutum voluit Dominus) sed hac certitudine contenta est, utcunque nos multa deficiant quae ad vitae huius subsidium pertinent, Deum tamen nunquam defuturum. Praecipua autem eius securitas in futurae vitae expectatione residet, quae extra dubium per Dei verbum posita est. Quaecunque tamen in terra[l] miseriae et calamitates eos maneant quos sua dilectione complexus est Deus, impedire nequeunt quin eius benevolentia, plena sit foelicitas. Proinde, quum summam beatitudinis vellemus exprimere, Dei gratiam posuimus: e qua scaturigine universae bonorum species nobis profluunt. Atque id passim observare in Scripturis licet, nos ad Domini charitatem revocari quoties non de aeterna modo salute, sed quolibet bono nostro agitur. Qua ratione David canit, divinam bonitatem, dum in pio corde sentitur, vita ipsa esse suaviorem et optabiliorem [Psal. 63. a. 4]. || Denique, si nobis affluant omnia pro voto, de amore autem Dei vel odio incerti simus, maledicta erit ac proinde misera nostra foelicitas. Quod si affulgeat paterna Dei facies, ipsae quoque miseriae beatae erunt, quia vertentur in salutis adiumenta. Sicuti Paulus res omnes adversas accumulans[a], gloriatur tamen, per illas nos ab amore Dei non disiungi [Rom. 8. g. 35]: et in suis precationibus semper incipit a Dei gratia, unde manat omnis prosperitas. Similiter David cunctis terroribus, qui nos conturbant, opponit solum Dei favorem. Si ambulavero in medio umbrae mortis (inquit) non timebo mala: quoniam tu mecum es [Psal. 23. a. 4]. Et sentimus semper animos nostros vacillare, nisi Dei gratia contenti, pacem suam in ea quaerunt, et penitus infixum habent quod dicitur in Psalmo, Beatus populus cuius Iehova est Deus, et gens quam elegit in haereditatem sibi [Psal. 33. c. 12].

---

a) *VG 1560* + qui nous peuvent advenir

29. Fidei fundamentum facimus gratuitam promissionem, quod in ipsa proprie fides consistat. Tametsi enim Deum per omnia veracem esse statuat, sive iubeat, sive prohibeat: sive promittat, sive minetur: iussa etiam eius obedienter excipiat, interdicta observet, ad minas animadvertat: proprie tamen a promissione incipit, in ipsa constat, in ipsam desinit. Vitam enim in Deo quaerit, quae non in mandatis, aut poenarum edictis, sed[a] misericordiae promissione reperitur, eaque nonnisi gratuita: quoniam conditionalis, qua ad opera nostra remitimur, non aliter vitam promittit, quam si perspiciamus esse in nobis sitam. Ergo, nisi fidem tremere ac vacillare volumus, illam salutis promissione fulciamus oportet: quae a Domino ultro ac liberaliter, potiusque miseriae nostrae quam dignitatis respectu offeratur. Quare Apostolus hoc Evangelio testimonium defert, quod sit verbum fidei:[1] Legis tum praeceptis, tum promissionibus adimit: quando nihil est quod fidem stabilire queat, nisi liberalis illa legatio qua sibi Deus mundum reconciliat. Inde et apud eundem crebra fidei et Evangelii correlatio, dum Evangelii ministerium sibi commissum docet in fidei obedientiam: illud esse virtutem Dei, in salutem omni credenti: in illo revelari Dei iustitiam ex fide in fidem [Rom. 1. a. 5 et b. 16. 17]. Nec mirum; siquidem, quum Evangelium sit reconciliationis ministerium [2. Cor. 5. d. 18], nullum aliud satis firmum divinae erga nos benevolentiae testimonium extat, cuius agnitionem fides requirit. Quum ergo fidem gratuitae promissioni inniti oportere dicimus, non negamus quin Dei verbum omni ex parte amplectantur et suscipiant fideles: sed misericordiae promissionem fidei in proprium scopum destinamus. Quemadmodum iudicem et ultorem scelerum Deum debent quidem agnoscere fideles, et tamen in eius clementiam proprie intuentur: quando talis considerandus[b] illis describitur qui benevolus sit et misericors, procul ira, multus bonitate, suavis universis, super omnia opera sua misericordiam suam effundens [Psal. 86. a. 5, et 103. b. 8, et 145. b. 8].

30. Nec vero Pighii aut similium canum latratus moror, dum hanc restrictionem exagitant, quasi fidem lacerando, frustum unum arripiat.[2] Fateor, ut iam dixi, generale fidei obiectum (ut loquuntur) esse Dei veritatem: sive minetur, sive spem faciat gratiae. Quare Apostolus fidei hoc adscribit, quod Noe mundi interitum, quum nondum videbatur, timuerit [Heb. 11. b. 7].

a) *1539-43* + in b) *1545-50* desiderandus

1) Rom. 10, 8.   2) Pighius, Controversiarum ... explicatio 1542 c. 2 fol. 59 a (f. 58 a sqq.).

Sia timor imminentis poenae, fidei fuit opus, non debent minae ab eius definitione excludib. Hoc quidem verum estc; sed nos immerito gravant calumniatores, acsi negaremus, fidem habere respectum ad omnes verbi Dei partes.¹ Tantum enim indicare haec duo volumus, nunquam scilicet ipsam consistere, donec ad gratuitam promissionem pervenerit: deinde non aliter nos per ipsam conciliari Deo, nisi quia nos Christo copulat. Utrunque notatu dignum. Fidem quaerimus quae Dei filios a reprobis discernat, et fideles ab incredulis. Siquis Deum et iuste praecipere quicquid praecipit et vere minari credat, an propterea fidelis vocabitur? Nihil minus. Firmus ergo fidei status non erit, nisi in Dei misericordia sistatur. Iam quorsum de fide disputamus? nonne ut teneamus viamd salutis? Quomodo autem fides salvifica nisi quatenus nos in Christi corpus inserit? Nihil ergo absurdi si in definitione praecipuum eius effectum ita urgemus, et loco differentiae subiicimus generi notam illam quae fideles ab incredulis separat. Denique nihil habent in hac doctrina malevoli quod carpant quin Paulum nobiscum involvant in eandem reprehensionem, qui Evangelium proprie appellat fidei sermonem [Rom. 10. b. 8].

31. Hinc vero rursum colligimus quod ante expositum fuit², non minus verbo opus habere fidem quam fructum viva radice arboris: quia non alii, teste Davide, sperare in Deo possunt, nisi qui noverunt nomen eius [Psal. 9. b. 11]. Haec autem cognitio ex cuiusque imaginatione non est: sed quatenus Deus ipse suae bonitatis testis est. Quod idem Propheta alibi confirmat, Salus tua secundum eloquium tuum [Psal. 119. 41e]: Item, Speravi in verbo tuo, salvum me fac.³ Ubi¹ notanda est fidei ad verbum relatio, deinde salutis consequentia. Neque tamen interea potentiam Dei excludimus, cuius intuitu nisi se fides sustentet, nunquam Deo tribuet suum honorem. Videtur Paulus frigidum quiddam aut vulgare referre de Abraham: quod crediderit, Deum, qui benedictum semen ei promiserat, potentem essef [Rom. 4. d. 21]. Item alibi de seipso, Scio cui crediderim, et certus sum quod potens sit depositum meum servare in diem illum [2. Tim. 1. c. 12]. Verum si quisque secum expendat quot identidem dubitationes de virtute Dei obrepant, satis agnoscet

---

a) *VG 1551 sqq.* Sur cela ces Sophistes arguent, que si   b) *VG 1551 sqq.* + desquelles Dieu veut estonner les pecheurs   c) Hoc — est > *VG 1551 sqq.*   d) ut — viam: *VG 1551 sqq.* pour savoir quel est le moyen   e) *1559–61 falso* 43   f) Deum — esse: *VG 1560* que Dieu estoit puissant pour faire ce qu'il avoit promis

1) Pighius, l. c.   2) sect. 6; supra p. 14.   3) Ps. 119, 42. 40.

qui eam magnifaciunt ut digna est, non parvos fecisse progressus in fide. Fatebimur omnes Deum posse quicquid vult: sed dum nos metu consternat et horrore attonitos reddit minima quaeque tentatio, hinc palam est nos derogare potentiae Dei, cui praeferimus quae contra eius promissiones minatur Satan[a]. Haec ratio est cur Iesaias, dum salutis certitudinem vult imprimere cordibus populi, tam magnifice de immensa Dei virtute disserat. Videtur saepe, ubi sermonem exorsus est de spe veniae et reconciliationis, alio digredi, et vagari per longas et supervacuas ambages, commemorans quam mirabiliter Deus caeli et terrae machinam cum toto naturae ordine gubernet; nihil tamen est quod non circunstantiae praesenti serviat: quia nisi virtus Dei, qua potest omnia, oculis nostris occurrat, verbum aures maligne admittent, vel non aestimabunt iusto pretio. Adde quod effectualis potentia hic notatur: quia pietas[b], ut alibi visum fuit[1], Dei potentiam semper ad usum et opus accommodat: praesertim opera Dei sibi proponit quibus se patrem esse testatus est. Hinc illa tam crebra in Scripturis redemptionis memoria, ex qua discere poterant Israelitae, Deum, qui semel author fuerat salutis, aeternum fore eius custodem. Suo etiam exemplo nos admonet David, quae privatim singulis beneficia contulit Deus, ad confirmationem fidei eius in posterum valere: imo ubi deseruisse nos videtur, sensus nostros longius extendere convenit, ut vetusta eius beneficia nos erigant, sicuti alio Psalmo dicitur, Memor fui dierum antiquorum: meditatus sum in cunctis operibus tuis, etc. [Psal. 143. b. 5]. Item, Recordabor operum Domini, et mirabilium eius ab initio [Psal. 77. c. 11 [2]]. Sed quia sine verbo evanidum est quicquid concipimus de potentia Dei et operibus: non temere asserimus nullam esse fidem donec gratiae suae testimonio praeluceat Deus. Posset hic tamen moveri quaestio, quid de Sara et Rebecca sentiendum sit, quarum utraque fidei zelo (ut videtur) impulsa, extra verbi fines egressa est. Sara quum arderet desiderio promissae sobolis, ancillam suam marito supposuit [Genes. 16. a. 5]. Quin multis modis peccaverit negandum non est: sed hoc vitium nunc attingo, quod zelo suo abrepta se intra verbi Dei metas non continuit. Certum tamen est, desiderium illud a fide profectum esse. Rebecca oraculo certior facta de electione filii sui Iacob, eius benedictionem malo artificio procurat: maritum suum[1] gratiae Dei testem ac

---

a) quae — Sat.: *VG 1560* les menaces de Satan, combien que nous ayons les promesses de Dieu pour nous munir à l'encontre   b) *VG 1560* la foy

1) lib. I 16, 3 sq.; vol. III p. 190 sqq.   2) Ps. 77, 12.

ministrum decipit: filium suum cogit mentiri: variis fraudibus et imposturis corrumpit Dei veritatem. Denique ludibrio exponens illius promissionem, quantum in se est eam abolet [Genes. 27]. Neque tamen hoc opus, quamlibet vitiosum et reprehensione dignum, fide vacuum fuit: quia superare multa offendicula necesse fuit ut tantopere appeteret quod sine spe terrenae utilitatis ingentibus molestiis et periculis refertum erat. Sicuti sanctum Patriarcham Isaac non omnino fide privabimus, eo quod admonitus eodem oraculo de honore ad minorem filium translato, non desinit tamen propensus esse in primogenitum suum Esau. Docent certe haec exempla, errores saepe fidei esse permixtos: sic tamen ut primatum semper teneat illa, ubi vera est. Sicuti enim Rebeccae particularis error non irritum benedictionis effectum reddidit, sic neque fidem, quae generaliter dominata est in eius animo, principiumque et causa fuit illius actionis. In eo nihilominus prodidit Rebecca quam lubricus sit humanae mentis flexus simul ac vel tantillum sibi permittit. Etsi autem defectus et imbecillitas fidem obscurat, non tamen extinguit: interim nos admonet quam sollicite pendere oporteat ex ore Dei: et simul confirmat quod docuimus, fidem nisi verbo suffultam effluere: sicuti et Sarae et Isaac et Rebeccae evanuissent animi in obliquis suis deflexionibus, nisi arcano Dei fraeno in verbi obedientia retenti essent.

32. Rursum non sine causa in Christo promissiones omnes concludimus: quando et eius agnitione totum Evangelium Apostolus concludit [Rom. 1. b. 17], et alibi docet, quotquot sunt Dei promissiones, in ipso esse etiam et Amen[a] [2. Cor. 1. d. 20]. Cuius rei in promptu est ratio. Siquid enim pollicetur Deus, eo benevolentiam suam testatur: ut nulla sit eius promissio, quae non sit dilectionis testimonium. Nec refert quod ingentibus atque assiduis divinae largitatis beneficiis dum impii cumulantur, eo graviori iudicio sese induunt. Quum enim ea sibi e Domini manu provenire nec cogitent, nec agnoscant, aut siquando agnoscant, eius tamen bonitatem nequaquam apud se reputent: non possunt inde magis de eius misericordia edoceri quam brutae pecudes, quae pro conditionis suae modo, eundem liberalitatis fructum recipiunt, neque tamen prospiciunt. Nihilo magis obstat quod destinatas plaerunque sibi promissiones respuendo, ultionem hac occasione maiorem sibi accersunt. Quanquam enim tum se demum profert promissionum efficacia ubi fidem apud nos invenerunt: vis[b] tamen ac proprietas earum nostra infidelitate aut ingratitudine nunquam extinguitur. Ergo quum Do-

---

a) *VG 1541 sqq.* + c'est à dire ratiffiées   b) *VG 1541 sqq.* verité

minus, suis promissionibus, non ad percipiendos modo suae benignitatis fructus, sed etiam cogitandos hominem invitet, suam illi dilectionem simul declarat. Unde huc redeundum est, promissionem quamlibet, esse divinae erga nos dilectionis testificationem. Atqui extra contro^lversiam est, neminem a Deo extra Christum diligi; ille est Filius dilectus in quo residet et acquiescit amor Patris [Matth. 3. d. 17, et 17. a. 5], ‖ et ad nos deinde ab eo se diffundit: sicut docet Paulus, nos gratiam adeptos esse in dilecto [Ephes. 1. b. 6]. ‖ Ipso igitur intercedente, ad nos derivetur ac perveniat oportet. Proinde Apostolus alibi pacem nostram ipsum vocat [Ephes. 2. c. 14], alibi ceu vinculum proponit, quo paterna pietate Deus nobiscum devinciatur^a [Rom. 8. a. 3]. Consequitur, in illum coniiciendos esse oculos, quoties ulla promissio nobis offertur: nec absurde a Paulo doceri, in ipso confirmari et adimpleri quaecunque sunt Dei promissiones [Rom. 15. b. 8]. ‖ Repugnant exempla quaedam: neque enim vel Naaman Syrum, quum de modo rite colendi Dei sciscitaretur ex Propheta, de Mediatore edoctum fuisse credibile est: laudatur tamen eius pietas^b[1]. Cornelius homo gentilis et Romanus vix tenere potuit quod non omnibus Iudaeis cognitum erat, et quidem obscure: eleemosynae tamen eius et preces gratae fuerunt Deo [Act. 10. e. 31]: et sacrificia Naaman, Prophetae responso probata [2. Reg. 5. e. 17. 18. 19], quod neuter potuit consequi nisi fide. Similis eunuchi ratio ad quem delatus est Philippus, qui nisi fide aliqua praeditus non sumpsisset longi ac difficilis itineris laborem et sumptus adorandi causa^c [Act. 8. e. 27]. Videmus tamen ut interrogatus a Philippo suam de Mediatore inscitiam prodat [Ibidem, f. 31]. Et quidem fateor aliqua ex parte implicitam fuisse eorum fidem, non modo quoad Christi personam, sed quoad virtutem et munus a Patre iniunctum. Interea certum est, principiis fuisse imbutos quae gustum aliquem Christi, licet tenuem, darent. Neque hoc novum videri debet: quia neque eunuchus ex longinqua regione ad Deum incognitum properasset Ierosolymam: et Cornelius, Iudaicam religionem semel amplexus, tantum temporis non transegit, quin rudimentis verae doctrinae^d assuesceret. Quod ad Naaman spectat, nimis absurdum fuisset, quum de rebus minutis ei praeciperet Elisaeus, tacuisse de praecipuo capite. Quanvis ergo obscura inter ipsos esset Christi cognitio, nullam tamen fuisse con-

---

a) quo — devinc.: *VG 1541 sqq.* par lequel la volunté du pere est conioincte à nous   b) laud. — piet. > *VG 1560*   c) *VG 1560* + en Ierusalem   d) *VG 1560* + de la Loy

1) 2. Reg. 5; cf. Luc. 4, 27.

sentaneum non est: quia Legis sacrificiis se exercebant, quae a fine ipso, hoc est Christo, discerni oportuit ab adulterinis Gentium sacrificiis.

33. Atque haec quidem nuda externaque verbi Dei demonstratio abunde ad fidem faciendam sufficere debebat, ªnisi caecitas pervicaciaque nostra impediret. Verum (quae mentis nostrae ad vanitatem est propensio) Dei veritati nunquam adhaerere potest: quae hebetudo est, ad eius lucem semper caecutit. Proinde, sine Spiritus sancti illuminatione, verbo nihil agitur. Unde etiam liquet fidem humana intelligentia multo superiorem esse. Nec satis fuerit mentem esse Dei Spiritu illuminatam, nisi et eius virtute cor obfirmetur ac fulciatur. In quo tota terra scholastici[b] aberrant, qui in fidei consideratione nudum ac simplicem ex notitia assensum[1] arripiunt, praeterita cordis fiducia et securitate.[1] Ergo singulare Dei donum utroque modo est fides, et quod mens hominis ad degustandam Dei veritatem purgatur[c], et quod animus in ea stabilitur. || Neque enim fidei tantum inchoator est Spiritus, sed per gradus eam auget, donec ea nos in regnum caeleste perducat. Egregium, inquit Paulus, deposito servato, per Spirtum sanctum qui habitat in nobis [2. Tim. 1. d. 14]. Quomodo autem Spiritum ex auditu fidei donari tradat Paulus [Galat. 3. a. 2[d]], nullo negotio expedire licet. Si unum duntaxat esset Spiritus donum, absurde Spiritum effectum fidei dixisset, qui author est et causa: sed quum dona praedicet quibus ornat Deus Ecclesiam suam, et per fidei incrementa[e] ad perfectionem deducit, non mirum est si ea fidei ascribat, quae ad ea recipienda nos comparat. || Habetur id quidem paradoxotaton, quum dicitur, neminem, nisi cui donatum sit, posse in Christum credere[2]: sed ideo partim quod non animadvertunt vel quam recondita sit ac sublimis caelestis sapientia, vel quanta sit in percipiendis Dei mysteriis humana hebetudo: partim quod ad firmam illam stabilemque cordis constantiam, hoc est, praecipuam fidei partem, non respiciunt.

34. [f]Atqui[g] si humanae voluntatis (ut Paulus concionatur[h]) nemo est testis nisi spiritus hominis qui in ipso est [1. Cor. 2.

---

a) *ad sqq. usque ad fin. sect. cf. Cat. 1538, CR V 334*   b) *VG 1541 sqq.* les Theologiens Sorboniques   c) *VG 1541 sqq.* est illuminé   d) *sic recte 1561; 1559 falso 5. a. 5.*   e) per — incr.: *VG 1560* par divers accroissemens   f) *VG 1541 sqq.* + Lequel erreur est facil' à convaincre — *sqq. usque ad p. 45, 4 (*capit*) exstant in Cat. 1538, CR V 334.*   g) *Cat.* Nam   h) *Cat.* ratiocinatur

1) cf. supra p. 7 not. 3 et p. 17 not. 3.   2) Ioh. 6, 65.

DE MODO PERCIPIENDAE GRATIAE. CAP. II

c. 11], divinae voluntatis qui certus esset homo? Et si Dei veritas apud nos in iis quoque[a] rebus vacillat quas oculo praesenti intuemur, qui firma stabilisque foret, ubi Dominus ea pollicetur quae nec oculus videt, nec ingenium[b] capit? Adeo autem hic consternatur et deficit humana perspicacia[c], ut primus in Domini schola proficiendi gradus sit, ab ea deficere. Nam ea, ceu obiecto velamine, impedimur quominus assequamur Dei mysteria, quae non revelantur nisi parvulis [Matth. 11. d. 25. Luc. 10. d. 21]. Neque enim caro et sanguis revelat [Matth. 16. c. 17], nec animalis homo percipit ea quae sunt Spiritus; quin potius stultitia est illi Dei doctrina: quia spiritualiter diiudicanda est [1. Cor. 2. d. 14]. Necessariae ergo sunt Spiritus sancti suppetiae, vel potius vis eius sola hic viget. Nemo est hominum qui sensum Dei noverit, aut consiliarius eius fuerit [Rom. 11. d. 34]: sed Spiritus omnia scrutatur, etiam profunda Dei [1. Cor. 2. c. 10]: per quem fit ut mentem Christi teneamus. Nemo potest venire ad me (inquit) nisi Pater, qui misit me, traxerit eum [Iohan. 6. e. 44]. Omnis ergo qui audivit a Patre, et didicit, venit[d]. Non quod Patrem viderit quisquam, nisi is qui est a Deo missus.[1] Quemadmodum ergo nisi Spiritu Dei tracti, accedere ad Christum nequaquam possumus: ita ubi trahimur, mente et animo evehimur supra nostram ipsorum intelligentiam. Nam ab eo illustrata anima novam quasi aciem sumit, qua caelestia mysteria contempletur, quorum splendore ante in seipsa perstrin'gebatur. Atque ita quidem Spiritus sancti lumine irradiatus hominis intellectus, tum vere demum ea quae ad regnum Dei pertinent gustare incipit: antea prorsus ad ea delibanda fatuus et insipidus. Quamobrem Christus regni sui mysteria duobus discipulis[e] praeclare edisserens, nihil tamen proficit, donec sensum illis aperit ut intelligant Scripturas [Luc. 24. d. 27, et g. 45]. Sic edoctis divino eius ore Apostolis Spiritus tamen veritatis mittendus est, qui ipsorum mentibus eandem instillet doctrinam quam auribus usurpaverant[f] [Iohan. 16. b. 13]. Verbum quidem Dei instar solis est omnibus affulgentis quibus praedicatur: sed nullo cum fructu inter caecos. Nos autem natura caeci sumus omnes hac in parte: proinde in mentem penetrare nequit, nisi interiore illo magistro Spiritu per suam illuminationem aditum faciente.

35. Alibi quum de naturae corruptione tractandum fuit, ple-

---

a) *Cat.* etiam   b) *Cat.* + hominis   c) hum. persp.: *VG 1541 sqq.* la prudence humaine   d) *1539–54* + ad me   e) *VG 1541 sqq.* + dont fait mention sainct *(1541 S.)* Luc   f) *1539–50* usurparant

1) Ioh. 6,45sq.

nius ostendimus quam non sint idonei homines ad credendum.[1] Itaque non fatigabo lectores eadem repetendo. Sufficiat Spiritum fidei vocari a Paulo fidem ipsam, qua donamur a Spiritu [2. Cor. 4. c. 13], non autem quam naturaliter habeamus. Ideo precatur ut in Thessalonicensibus impleat Deus omne beneplacitum suum et opus fidei in virtute [2. Thess. 1. d. 11]. Ubi fidem vocans opus Dei, et loco epitheti insigniens, appositive vocans beneplacitum, negat esse ex proprio hominis motu: neque eo contentus, adiungit, specimen esse virtutis divinae: ad Corinthios, ubi fidem non pendere ex sapientia hominum dicit, sed fundatam esse in potentia Spiritus[2]. Loquitur quidem de externis miraculis: sed quia ad eorum aspectum caecutiunt reprobi, comprehendit etiam interius illud sigillum, cuius alibi meminit. Ac quo magis in tam praeclaro dono suam liberalitatem illustret Deus, non omnes eo promiscue dignatur: sed singulari privilegio impertit quibus vult. Cuius rei ante citavimus testimonia; quorum fidus interpres Augustinus exclamat, ut servator doceret, ipsum quoque credere doni esse non meriti. Nemo (inquit) venit ad me, nisi Pater meus traxerit eum, et cui datum fuerit a Patre meo [Iohan. 6. e. 44]. Mirum est quod duo audiunt: unus contemnit, alter ascendit. Qui contemnit, imputet sibi: qui ascendit, non arroget sibi [Aug. de ver. Apost. lib. 2][3]. Alio loco, Quare uni datum est, non alteri? Non me piget dicere, Hoc est profundum crucis. De profundo nescio quo iudiciorum Dei, quae perscrutari non possumus, procedit omne quod possumus. Quod possum, video: unde possum, non video: nisi quia hactenus video, a Deo esse. Quare autem illum, et non illum? multum est ad me: abyssus est: profundum crucis. Admirare exclamare possum: non disputatione monstrare[4]. Huc redit summa, Christum, ubi nos in fidem illuminat Spiritus sui virtute, simul inserere in corpus suum, ut fiamus bonorum omnium participes.[1]

36. Restat deinde ut quod mens hausit, in cor ipsum transfundatur; neque enim si in summo cerebro volutatur Dei verbum, fide perceptum est: sed ubi in imo corde radices egit, ut ad sustinendas repellendasque omnes tentationum machinas invictum sit propugnaculum. [a]Quod si veram mentis intelligentiam, eius illuminationem[b] esse verum est: in tali cordis confirmatione multo evidentius eius virtus apparet: quo scilicet

---

a) *ad sqq. usque ad fin. sect. cf. Cat. 1538, CR V 334.*   b) eius ill.: *VG 1541 sqq.* illumination de l'Esprit de Dieu

1) II 2, 18 sqq.; vol. III 260 sqq.   2) 1. Cor. 2, 4 sq.   3) Aug., Serm. 131, 2 sq. MSL 38, 730.   4) Aug., Serm. 165, 5 MSL 38, 905.

et maior est cordis diffidentia quam mentis caecitas, et animum securitate instrui quam mentem cogitatione imbui difficilius est. Proinde Spiritus sigilli vice fungitur, ad eas ipsas promissiones in cordibus nostris obsignandas, quarum certitudinem prius mentibus impressit: atque ad confirmandas et constituendas arrhae locum tenet. Postquam credidistis (inquit Apostolus) obsignati estis Spiritu promissionis sancto, qui est arrhabo haereditatis nostrae [Ephes. 1. c. 13]. Vides ut Spiritu, velut sigillo, corda fidelium insculpi doceat? Ut hac ratione appellet promissionis Spiritum, quia ratum apud nos Evangelium facit? Similiter ad Corinthios, Qui unxit nos Deus (ait) qui et signavit nos, et dedit arrham Spiritus in cordibus nostris [2. Cor. 1. d. 22][1]. Et alibi, quum de fiducia audaciaque sperandi loquitur, eius fundamentum facit Spiritus arrham [Ibidem, 5. a. 5].

37. Neque vero oblitus sum quod ante dixi[2], et cuius memoriam assidue renovat experientia, fidem scilicet variis dubitationibus[a] impelli, ut raro sedatae sint piorum mentes, saltem non semper fruantur tranquillo statu: sed, quibuscunque machinis quatiantur, vel ex ipso tentationum gurgite emergant, vel in statione sua permanent. Securitas quidem haec sola fovet ac tuetur fidem, ubi statuimus quod in Psalmo dicitur, Dominus protectio nostra, auxilium in tribulatione: ideo non timebimus dum contremiscet terra, et transilient montes in cor maris [Psal. 46. a. 3][3]. Haec etiam suavissima quies alibi celebratur, Decubui, et somnum cepi, et surrexi: quia Dominus suscepit me [Psal. 3. b. 6]. Non quod aequabili tenore semper ad laetam hilaritatem compositus fuerit David[b]: sed quatenus Dei gratiam pro modo fidei gustabat, gloriatur se intrepide despicere quicquid mentis pacem inquietare poterat. Ideo Scriptura, dum ad fidem hortari vult, quiescere iubet. Apud Iesaiam, In spe et silentio erit fortitudo vestra [Iesa. 30. d. 15]. In Psalmo, Sile Iehovae, et expecta illum [Psal. 37. b. 7]. Quibus respondet illud Apostoli ad Hebraeos, Patientia opus est, etc. [Hebr. 10. g. 36].

38. Hinc iudicare licet quam perniciosum sit scholasticum illud dogma[c], nos de gratia Dei erga nos non aliter statuere posse quam ex coniectura morali, prout se unusquisque non indignum ea reputat.[4] Equidem si ab operibus aestimandum sit

---

a) *VG 1560* + solicitudes et destresses   b) *VG 1560* + qu'il ne sentist nul trouble   c) schol. — dogma: *VG 1541 sqq.* la doctrine des Theologiens Sophistes

1) 2. Cor. 1, 21. 22.   2) sect. 17 sqq.; supra p. 27 sqq.   3) Ps. 46, 2. 3.
4) Bonaventura, In sent. IV dist. 20 pars 1. dub. 1; opp. 4, 527 a; Thomas, S. th. II, 1 q. 112 art. 5.

qualiter affectus sit erga nos Dominus, id ne tenui quidem coniectura posse nos assequi fateor: sed quum simplici et gratuitae promissioni respondere[1] fides debeat, nullus ambigendi locus relinquitur. Nam quali (obsecro) fiducia armabimur[a], si hac conditione ratiocinemur, Deum esse nobis propitium, modo ita vitae nostrae puritas mereatur[b]? Sed quoniam his tractandis suum locum destinavimus[1], longius non prosequemur in praesens: quum praesertim abunde liqueat, fidei nihil esse magis adversum quam vel coniecturam, vel aliud quidpiam dubitationi affine. Ac pessime huc detorquent Ecclesiastae testimonium, quod identidem in ore habent, Nemo scit utrum odio dignus sit, an amore [Eccles. 9. a. 1][2]. Nam, ut praeteream hunc locum in vulgari interpretatione mendose redditum, latere tamen vel pueros ipsos non potest quid eiusmodi verbis sibi velit Solomo: nempe, siquis a praesenti rerum statu censere velit quos odio prosequatur Deus, quos amore complectatur, eum frustra laborare ac nullo operaepretio torqueri[c]: quum omnia pariter eveniant iusto et impio, immolanti victimas et non immolanti[d]. Unde sequitur, Deum non testari perpetuo amorem suum quibus omnia succedere prospere facit[e]: neque odium suum in eos semper prodere quos affligit. Idque facit ad vanitatem humani ingenii arguendam: quum in rebus scitu maxime necessariis tanta hebetudine teneatur. Quemadmodum paulo ante scripserat, non posse discerni quid hominis anima differat ab anima pecudis, quod eodem modo videtur interire [Ibidem, 3. d. 19[f]][3]. Siquis inde inferre velit, sola coniectura niti quam de animorum immortalitate sententiam tenemus, annon insanus merito habeatur? An igitur sani sunt isti qui nullam esse gratiae Dei certitudinem[g] colligunt, quoniam nulla ex carnali rerum praesentium aspectu comprehendi possit?

39. Atqui temerariae praesumptionis esse causantur, indubitatam voluntatis divinae notitiam sibi arrogare.[4] Id quidem illis

a) *VG 1541 sqq.* + contre le Diable   b) nostr. — mer.: *1539-45* puritate promereamur; modo — mer.: *VG 1541 sqq.* si nous meritons, qu'il nous le soit   c) ac — torqu. > *VG 1541 sqq.*   d) immol. vict. — immol.: *VG 1541 sqq.* tant à celuy qui sert à Dieu, qu'à celuy qui n'en tient compte   e) quib. — fac.: *VG 1541 sqq.* qu'il fait fructifier temporellement   f) *1553-61 falso* 9   g) *VG 1541 sqq.* + entre les hommes

1) cap. 15; infra p. 239 sqq.   2) Bonaventura et Thomas l. c.; De Castro, Adv. haer. VII f. 133 F; Cochlaeus, Philippicae III, 43.
3) Eccl. 3, 19.   4) Cochlaeus, Phil. III, 42; Facultatis Theologiae Parisiensis Instructio in articulos Melanchthonianos (1535) art. 9. (Gerdesius, Histor. Reform. IV monum. p. 84); cf. Pighium, De lib. arb. VII c. 3 fol. 130 sqq.

DE MODO PERCIPIENDAE GRATIAE. CAP. II 49

concederem, si tantum nobis sumeremus ut ingenii nostri tenuitati subiicere vellemus incomprehensibile Dei consilium. Sed ubi simpliciter cum Paulo dicimus, nos accepisse non spiritum huius mundi, sed Spiritum qui ex Deo est, quo docente scia-
5 mus quae a Deo donata sunt nobis [1. Cor. 2. c. 12]: quid contra obgannire possunt, quin Spiritum Dei contumeliose incessant? Quod si ab ipso profectam revelationem vel mendacii, vel incertitudinis, vel ambiguitatis insimulare, horrendum est sacrilegium: in asserenda certitudine quid delinquimus? Verum hoc
10 quoque non vacare magna temeritate exclamant, quod de Christi Spiritu sic audemus gloriari[1a]. Quis credat tantum esse istorum stuporem, qui orbis magistri haberi volunt, ut in primis religionis[b] elementis adeo turpiter impingant? Mihi certe credibile non esset, nisi testarentur quae extant eorum scripta.
15 Paulus eos demum filios Dei esse pronuntiat qui eius Spiritu
[430] aguntur [Rom. 8. c. 14]: hi agi proprio spiritu, divino[l] autem vacuos esse volunt qui sint filii Dei. Ille Deum a nobis Patrem appellari docet, Spiritum talem vocem dictante, qui solus testimonium reddere potest spiritui nostro quod filii Dei sumus
20 [Ibidem, c. 16]: hi tametsi a Dei invocatione non arcent, Spiritum tamen abstrahunt, cuius ductu rite invocandus erat. Ille Christi servos esse negat, qui non agantur Spiritu Christi[2]: hi Christianismum confingunt Spiritu Christi non indigentem. Ille nullam beatae resurrectionis spem facit, nisi Spiritum in nobis re-
25 sidentem sentiamus [Rom. 8. b. 11]: hi spem tali sensu vacuam
5, 30 confingunt. || Sed respondebunt forsan, non se inficiari quin illo praeditos esse oporteat, caeterum[c] modestiae et humilitatis esse, non agnoscere.[3] Quid ergo sibi vult quum iubet Corinthios tentare an sint in fide[d], semet probare an Christum habeant, quem
30 nisi quis in se habitantem agnoscat[e], reprobus est [2. Cor. 13. b. 5]? Ex Spiritu autem quem dedit nobis, inquit Iohannes, scimus quod in nobis manet [1. Johan. 3. d. 24][f]. Et quid aliud quam Christi promissiones in dubium revocamus, dum servi Dei sine ipsius Spiritu haberi volumus, quem super suos omnes
35 effusurum se denuntiavit [Iesa. 44.[g] a. 3][h]? Quid, quod[i] Spiritui sancto iniurii sumus, qui fidem, opus eius peculiare, ab ipso

---

a) *VG 1541 sqq.* + Enquoy il demonstrent grandement leur bestise.
b) *VG 1541 sqq.* de la Chrestienté   c) *1539–45* sed   d) an — fide: *VG 1541 sqq.* et   e) *1539–54* cognoscat   f) *1553–54* [1. Johan. 4.
40 c. 13.]   g) *1559–61 falso* 34.   h) *1539–54* [Ioel. 2. g. 28. *(3, 1 = vg. 2, 28)*]   i) *1539* quam

1) cf. Iac. Latomum, De fide et operibus, opp. fol. 141 b sq.; Pighium, Explic. c. 2. fol. 50 b. sqq.   2) Rom. 8, 9.   3) cf. Latom., l. c.

4

separamus? Haec, quum prima sint pietatis tyrocinia, miserrimae est caecitatis arrogantiae notari Christianos qui Spiritus sancti praesentia gloriari ausint: sine qua gloriatione Christianismus ipse non constat. Sed enim exemplo suo declarant, quam vere dixerit Christus, Spiritum suum mundo incognitum esse: ab ipsis modo agnosci[a] apud quos manet[b].

40. Ac ne uno duntaxat acto cuniculo, fidei firmitudinem diruere tentent, aliunde ipsam adoriuntur: nempe, [c] etiamsi secundum praesentem iustitiae statum, de gratia Dei iudicium sumere liceat, manere tamen in suspenso finalis perseverantiae notitiam.[1] Egregia vero salutis fiducia nobis relinquitur, si ad praesens momentum nos esse in gratia, coniectura morali aestimamus, quid in crastinum sit futurum nescimus. Longe aliter Apostolus: Certo, inquit, persuasus sum, quod neque Angeli, nec potestates, nec principatus, neque mors, neque vita, neque praesentia, neque futura diriment nos a dilectione, qua nos Dominus in Christo complectitur [Rom. 8. g. 38][2]. Evadere conantur frivola solutione, id habuisse Apostolum ex speciali revelatione garrientes[3]: sed pressius constringuntur quam ut effugiant. Siquidem illic quae in commune universis fidelibus ex fide proveniant bona tractat, non quae specialiter ipse experiatur. Atqui idem nos alibi nostrae imbecillitatis et inconstantiae mentione deterret. Qui bene stat (inquit) videat ne cadat [1. Cor. 10. c. 12][4]. Verum est: at non terrore quo consternemur, sed quo discamus nos sub potenti manu Dei humiliare, quemadmodum Petrus explicat [1. Pet. 5. b. 6]. De'inde quam praeposterum est, ad punctum temporis limitare fidei certitudinem cuius proprium est, superatis huius vitae spatiis, ad futuram immortalitatem protendi? Quum ergo id gratiae Dei fideles acceptum ferant, quod Spiritu eius illuminati, caelestis vitae contemplatione per fidem fruuntur[d], adeo procul abest ab arrogantia talis gloriatio, ut siquem confiteri pudet, eo extremam ingratitudinem prodat magis divinam bonitatem maligne supprimendo, quam modestiam aut submissionem testetur.

41. [e]Quoniam non aliunde melius aut magis perspicue fidei natura declarari posse videbatur quam a promissionis substan-

---

a) *1539–54* cognosci   b) *1539–54, 1561* + [Ioan. 14. b. 17.]
c) *1539* + quod   d) *sic recte 1539–54 (et 1561 iubente correctore); 1559 –61 falso* feruntur   e) *ad has lin. 36 — p. 51, 3 cf. Cat. 1538, CR V 334*

1) Latomus, De fide et op., opp. fol. 141 b.   2) Rom. 8, 38. 39.
3) Thomas, S. th. II 1 q. 112 art. 5; cf. I q. 23. art. 1. ad 4.   4) cf. Conc. Trid., Decr. de iustific. c. 13 ed. Richter p. 28.

tia, qua velut proprio fundamento sic nititur, ut ea sublata protinus corruat, vel potius evanescat: ideo nostram definitionem inde sumpsimus[a], || quae tamen ab illa Apostoli vel definitione vel descriptione potius[b], quam suae disputationi accommodat[c], minime aliena est: ubi docet esse rerum sperandarum subsistentiam[d], indicem non apparentium [Heb. 11. a. 1]. Nam per ὑπόστασιν (quo vocabulo utitur) quasi fulcrum intelligit, cui pia mens innitatur et incumbat. || Acsi diceret fidem ipsam certam quandam esse[e] ac securam possessionem eorum quae nobis a Deo promissa sunt; || nisi quis ὑπόστασιν pro fiducia accipere malit[1]; quod non displicet: quanquam illud quod receptius est amplector. || Rursum ut significaret ad supremum usque diem quo libri aperientur [Dani. 7. c. 10], sublimiora esse, quam quae sensu nostro percipi, aut oculis spectari, manuve contrectari possint: eaque non aliter interim[f] possideri a nobis, quam si captum omnem ingenii nostri excedamus, ac supra omnia quae in mundo sunt aciem nostram intendamus, nos denique ipsos superemus: addidit securitatem hanc possidendi, esse rerum quae in spe iacent, ideoque non videntur. Siquidem evidentia, (ut Paulus scribit) spes non est: nec ea quae videmus, speramus[g] [Rom. 8. e. 24]; dum vero indicem, aut probationem,|| aut (ut saepe reddidit Augustinus [Homil. in Iohan. 79. 95. De peccat. meri. et rem. lib. 2. cap. 31][2]) convictionem appellat rerum non praesentium: (nam Graece est ἔλεγχος)[h] || perinde loquitur acsi diceret evidentiam non apparentium rerum, visionem earum quae non videntur, perspicuitatem obscurarum, praesentiam absentium, demonstrationem occultarum. Mysteria Dei enim[i], cuiusmodi sunt quae ad salutem nostram pertinent, in se, suaque (ut dicitur) natura cerni non possunt: verum ipsa in eius verbo duntaxat[k] intuemur: cuius veritas sic persuasa esse nobis debet, ut pro facto impletoque habendum sit quicquid loquitur. || Ad talem vero divinae bonitatis gustum percipiendum quomodo se attollat animus, quin simul ad redamandum Deum totus accendatur? Vere enim cognosci illa suavi-

---

a) *1539–43* petimus b) vel def. — pot. > *1539 43* c) quam — accom. > *1539–45* d) *VG 1560* un soustenement e) > *1536* f) *1536* interim non alit. g) Siquid. — sper.: *1536* Nam (ut ipse alibi scribit) spes quae videtur, non est spes, nec quis ea quae videt, sperat h) (nam Graece ἔλεγχος *(1536* est elenchus)) appellat, rerum non apparentium i) *1536–39* enim Dei k) *1536* dunt. verbo

1) Lutherus in sua versione huius loci. 2) Aug., In Ioh. tract. 79, 1; 95, 2 MSL 35, 1837; 1872. De peccatorum meritis et remissione II, 31, 50 MSL 44, 181; CSEL 60, 121, 5 sqq.

tatis affluentia non¹ potest, quam Deus timentibus se recondidit, ut non simul vehementer afficiat. Quem autem semel affecit, penitus ad se rapit et effert. Proinde mirum non est si perversum cor et obliquum nunquam subit hic affectus: quo in caelum ipsum traducti, ad reconditissimos Dei thesauros admittimur, et ad sacratissima regni eius adyta, quae profanari impuri cordis ingressu non decet. Quod enim tradunt Scholastici[a], || charitatem fide ac spe priorem esse [Lib. 3. Sentent. Distinct. 25, et saepius]¹, merum est deliramentum: quandoquidem sola est fides quae in nobis charitatem primum generat². || Quanto rectius Bernardus: Testimonium, inquit, conscientiae, quod piorum gloriam vocat Paulus [2. Cor. 1. c. 12], in tribus consistere credo. Necesse enim primo omnium est, credere quod remissionem peccatorum habere non possis nisi per indulgentiam Dei: deinde quod nihil prorsus habere queas operis boni nisi et hoc dederit ipse: postremo quod vitam aeternam nullis potes operibus promereri nisi gratis detur et illa [Sermo 1. in Annuntiatione]³. Paulo post subiicit, haec non sufficere, sed esse quoddam fidei initium: quia credendo peccata non posse remitti nisi a Deo, simul tenere oporteat remissa nobis esse donec etiam Spiritus sancti testimonio persuasi simus salutem nobis esse repositam: quia Deus peccata condonat, merita ipse donat, et praemia idem redonat, non posse gradum in illo principio figere⁴. || Verum haec et alia suis locis tractanda erunt⁵: nunc tantum quid fides ipsa sit, habere sufficiat.

42.[b] Iam vero ubicunque viva erit haec fides, fieri non poterit quin spem aeternae salutis comitem[c] secum habeat individuam[d], vel potius ex se gignat et exerat: qua sublata, quamlibet diserte atque ornate de fide disseramus, nullam habere convincimur. Nam || si fides (ut auditum est⁶) certa est de veritate Dei persuasio, quod nec mentiri nobis, nec fallere, nec irrita esse queat[e]: qui hanc certitudinem conceperunt, simul profecto expectant fore ut promissiones suas Deus praestet, quae[f] eorum persuasione[g] nonnisi verae esse possunt[h]: ut in

---

a) VG 1541 sqq. les Sorboniques   b) hae sectiones 42–43 exstant 1539 in fine explicationis symboli (infra post III 25, 5), 1543 utroque loco.   c) > 1539–45   d) 1539 (et 1543 altero loco) + comitem   e) 1536 possit   f) 1536 cum   g) 1536 opinione   h) 1536 possint

1) Lomb., Sent. III. dist. 25, 5 MSL 192, 811; dist. 23, 9 MSL 192, 807; cf. Bonavent., In sent. III. dist. 36 art. un. q. 6. opp. 3, 805 sqq.
2) cf. Mel. Loc. comm. 1521 ed. Kolde⁴ p. 191 sq.   3) Bernardus Cl., In festo annuntiationis beatae Virginis sermo 1, 1 MSL 183, 383 AB.
4) ibid. 3. col. 383 D—384 A.   5) c. 18, 8; infra p. 278 sq.   6) c. 2, 6; supra p. 15, 13.

summa, nihil aliud sit spes quam eorum expectatio quae vere a Deo promissa fides credidit. Ita fides Deum veracem credit: spes expectat, ut in temporis occasione veritatem suam exhibeat; fides credit nobis esse patrem: spes expectat ut se talem erga nos semper gerat; fides datam nobis vitam aeternam credit: spes expectat ut aliquando reveletur; fides fundamentum est, cui spes incumbit: spes fidem alit ac sustinet. Ut enim^a expectare a Deo nemo quicquam potest nisi qui prius eius promissis crediderit: ita rursus^b fidei nostrae imbecillitatem, ne velut fessa concidat, sustineri ac foveri patienter sperando et expectando oportet. ǁ Qua ratione Paulus rite salu'tem nostram in spe collocat [Rom. 8. e. 24]. ǁ Nam ea dum in^c silentio Dominum expectat, fidem continet, ne nimis festinando praecipitet: confirmat, ne vacillet in Dei promissionibus, aut de earum veritate dubitare incipiat: ǁ recreat, ne fatigetur: extendit ad ultimam illam metam, ne in medio cursu aut etiam in carceribus deficiat. Denique assidue renovando et instaurando, facit ut seipsa subinde ad perseverantiam vegetior emergat. Atque omnino quot nominibus necessaria sint spei subsidia ad fidem stabiliendam, melius patebit si cogitemus quot tentationum formis impetantur et concutiantur qui verbum Dei amplexi sunt. Primum Dominus, promissiones suas differendo, diutius saepe quam pro votis nostris, suspensos animi nos tenet; hic officium est spei, praestare quod iubet Propheta: ut si moram illae fecerint^d, expectemus tamen [Habac. 2. a. 3].^e*Interdum non modo languere nos sinit, sed apertam indignationem prae se fert; hic spem multo magis succurrere necesse est, quo, secundum alterius Prophetae dictum, ^fpossimus expectare Dominum, qui absconderit faciem suam a Iacob^g [Iesa. 8. d. 17]. Insurgunt etiam illusores (quemadmodum ait Petrus^h) qui rogant, Ubi est promissio vel adventus eius? quando ex quo patres dormieruntⁱ, omnia sic perseverant ab initio creationis [2. Petr. 3. a. 4]. Imo eadem haec nobis insusurrant caro et mundus. Hic fidem spei tolerantia suffultam, in aeternitatis contemplatione defixam retineri oportet, quo mille annos instar diei unius reputet [Psal. 90. a. 4.; 2. Pet. 3. b. 8].

43. Propter hanc tum coniunctionem, tum affinitatem, Scriptura interdum Fidei et Spei vocabula confundit. Nam quum

---

a) Ut en.: *1536* Nam ut   b) *1536* rursum   c) *1539* + spe et
d) ill. fec.: *1543 (hoc loco) –54* ille fecerit   e) *1539 (et 1543 altero loco)* + Habac. 2.   f) *1539 (et 1543 clt. loc.)* + Iesa. 8.   g) a Iac.: *VG 1541 sqq.* de nous   h) *1539* + 2. Petr. 3.; *1543 altero loco* + 2. Petri. 3.   i) ex quo — dorm. > *VG 1541 sqq.*

Petrus docet, virtute Dei nos per fidem custodiri usque ad salutis revelationem [1. Pet. 1. a. 5]: quod spei magis quadrabat fidei tribuit: neque immerito: quando iam docuimus, nihil aliud spem esse quam fidei alimentum et robur[a]. || Interdum simul iunguntur, sicuti eadem epistola, quo fides vestra et spes esset in Deo [Ibidem, 1. d. 21]. Paulus vero ad Philippenses ex spe deducit expectationem: quia sperando patienter, vota nostra suspendimus, donec patefacta fuerit Dei opportunitas [Philip. 1. c. 20]. Quod totum melius intelligere licet ex decimo cap. ad Hebraeos, quod iam citavi.[1] Paulus alibi, quanvis improprie loquatur, hoc ipsum tamen intelligit, his verbis, Nos spiritu ex fide spem iustitiae expectamus [Galat. 5. a. 5]: nempe quia Evangelii testimonium de gratuito amore amplexi, expectamus dum palam ostendat Deus quod nunc sub spe est absconditum. || Neque iam obscurum est quam insulse Petrus Lombardus duplex spei fundamentum iaciat, Dei gratiam, et operum meritum[b][2]. Non huic alius scopus quam fidei esse potest;[1] fidei autem iam clarissime exposuimus unicum esse scopum, Dei misericordiam[3]: in quam utroque (ut ita loquar) oculo respicere debeat. Sed operaepretium est auscultare quam vividam afferat rationem. Si quippiam (inquit) sine meritis sperare audeas, non spes illa, sed praesumptio dicenda erit.[4] Quis non merito, amice lector, tales bestias execretur, quae temere et praesumptuose fieri pronuntiant siquis Deum veracem esse confidat? Nam quum Dominus nihil non a sua bonitate expectari velit, praesumptionem esse dicunt in ea recumbere et acquiescere. O magistrum talibus dignum discipulis quales in insanis[c] rabularum scholis nactus est[d]![5] Nos vero, quando videmus[e] Dei oraculis iuberi peccatores spem salutis concipere, libenter tantum praesumamus de veritate eius[f], ut sola eius[g] misericordia freti, abiecta operum fiducia, bene sperare audeamus. || Non fallet ipse, qui dixit, Secundum fidem vestram fiat vobis [Matth. 9. d. 29].

---

a) alim. et rob.: VG 1541 sqq. fermeté et perseverance   b) 1539 (et 1543 alt. loco) + [Lib. 3. sententia. distinct. 26.][2]   c) 1539 (et 1543 alt. loco) vesanis   d) qual. — est: VG 1541 sqq. qu'il ha eu ez escolles des Sophistes, c'est à dire Sorboniques   e) 1539 (et 1543 alt. loco) + non ambiguis   f) 1539–54 Dei   g) 1539 Domini

1) imo ex undecimo cap. ad Hebr., cf. sect. 41 supra p. 51.
2) Lomb., Sent. III dist. 26,1 MSL 192, 811.   3) sect. 7; supra p. 15, 35.   4) Lomb. l. c.   5) cf. Bonavent., In sent. III. dist. 26. art. 1. q. 4. opp. 3, 563 sq.

Fide nos regenerari; ubi de poenitentia. CAP. III. 1559

1. Etsi iam aliqua ex parte docuimus quomodo fides Christum possideat, et per ipsam fruamur eius bonis: hoc tamen adhuc obscurum esset nisi effectuum[a] quos sentimus accederet explicatio. Non abs re summa Evangelii statuitur in poenitentia et remissione peccatorum[1]. Ergo duobus illis capitibus omissis, ieiuna et mutila erit adeoque prope inutilis quaelibet de fide disputatio. Iam quum utrunque nobis conferat Christus, et untrunque fide consequamur, vitae scilicet novitatem, et reconciliationem gratuitam: ratio et docendi series postulat ut de utroque hoc loco disserere incipiam. || Proximus autem a fide ad poenitentiam nobis erit transitus[b]: || quia hoc capite probe cognito, melius patebit quomodo sola fide et mera venia[c] iustificetur homo, neque tamen a gratuita iustitiae imputatione separetur realis (ut ita loquar) vitae sanctitas[d]. || Poenitentiam vero non modo fidem continuo subsequi, sed ex ea nasci, extra controversiam esse debet[e][2]. || Quum enim venia et remissio per Evangelii praedicationem ideo[f] offeratur, || ut a tyrannide Satanae, peccati iugo, et misera servitute vitiorum liberatus peccator in regnum Dei transeat: certe[g] || Evangelii gratiam nemo amplecti potest quin ex erroribus[h] vitae prioris in rectam viam se recipiat, totumque[i] suum studium applicet ad poenitentiae meditationem[k]. Quibus autem[l] videtur fidem potius praecedere poenitentia[3] quam ab ipsa manare[1] ||

a) *VG 1560* des fruits et effects
b) Proximus a fide in poenitentiam transitus esse debet   1539
c) sola — ven.: *VG 1560* par seule et pure acceptation et pardon de ses pechez   d) *VG 1560* + c'est à dire, que cela s'accorde bien que nous ne soyons pas sans bonnes œuvres, et toutesfois que nous soyons reputez iustes sans bonnes œuvres
e) quae non fidem ipsam continuo subsequitur tantum, sed inde   1539
etiam nascitur   f) *1539-54* + peccatori
g) ut a misera peccati et mortis servitute liberatus, traducatur in   1539
regnum Dei: fide   h) *1539-54* errore   i) *1539-54* et totum   k) *1539
-54* ad poen. med. applicet   l) *1539-54* emergere

1) Lc. 24, 47; Act. 5, 31; cf. Buceri Enarrat. in Evang. 1530 f. 15b, 35a, 102b (1536, p. 35, 85, 259).   2) Lutherus, Rationis Latomianae ... confutatio 1521 WA 8, 109, 11 sqq.; Enarratio Psalmi 51 WA 40 II, 358, 30 sqq., 412, 27 sqq.; Enarrationes in primum librum Mose WA 44, 469, 12 sqq.; Melanchthon, Loci comm. 1521 ed. Kolde[4] p. 202; cf. Zwinglium, De vera et falsa religione commentarius 1525 CR Zw. opp. III 692, 10 sqq.   3) Melanchthon, Confessio Augustana art. 12; Apologia Conf. art. 12, 28. 35. 44. 45 (Die Bekenntnisschriften der ev. luth. Kirche, p. 64. 257 sqq.); Loci theologici 1535 CR Mel. opp. 21, 490.

vel proferri, tanquam fructus ab arbore, nunquam vis eius fuit cognita, || et^a nimium levi argumento ad id sentiendum moventur.

2. Christus (inquiunt) et Iohannes in suis concionibus populum ad resipiscentiam primum hortantur: deinde regnum caelorum appropinquasse subiiciunt [Matth. 3. a. 2; Matth. 4. c. 17]. Tale praedicandi mandatum accipiunt Apostoli: talem ordinem sequutus est Paulus, quemadmodum Lucas refert [Act. 20. d. 21][1]. Atqui dum in syllabarum contextu superstitiose haerent, non animadvertunt quo sensu inter se verba illa cohaereant. Nam dum in hunc modum concionantur Christus Dominus et Iohannes, Poenitentiam agite, appropinquavit enim regnum caelorum: annon resipiscendi causam ab ipsa gratia et salutis promissione ducunt? Perinde ergo valent eorum verba acsi dicerent[b], Quoniam appropinquavit regnum caelorum, ideo resipiscite. Nam Matthaeus, ubi sic praedicasse Iohannem narravit [Matth. 3. a. 2], impletum in ipso fuisse Iesaiae vaticinium docet de voce in deserto clamante, Parate viam Domini, rectas facite semitas Dei nostri [Iesa. 40. a. 3]. Verum apud Prophetam illa vox iubetur a consolatione et laeto nuntio inchoare.[2] Neque tamen, quum resipiscentiae originem ad fidem referimus, spatium aliquod temporis somniamus quo ipsam parturiat: sed ostendere volumus, non posse hominem poenitentiae serio studere nisi se Dei esse noverit. Dei autem se esse nemo vere persuasus est, nisi qui eius gratiam prius apprehenderit. Sed haec dilucidius in ipso progressu edisserentur. || Fefellit eos forte quod multi conscientiae pavoribus ante domantur, vel formantur ad obsequium, quam imbuti fuerint cognitione gratiae, imo eam gustaverint. Atque hic est initialis timor[c], quem inter virtutes quidam recensent, quia verae et iustae obedientiae propinquum esse cernunt[d][3]. Sed non hic agitur quam varie nos Christus ad se trahat, vel praeparet ad pietatis studium; tantum dico, nullam rectitudinem posse inveniri ubi non regnat Spiritus ille quem accepit ut eum membris suis communicaret. Deinde, secundum illud Psalmi, Apud te est propitiatio ut timearis [Psal. 130. a. 4]: nemo unquam Deum reverebitur, nisi qui sibi propitium confidet: nemo se

---

a) *1539–54* ii   b) *1539–43* docerent   c) At. — tim.: *VG 1560* Et c'est une crainte comme on la voit aux petis enfans, qui ne sont point gouvernez par raison   d) *VG 1560* + à laquelle elle prepare les hommes

1) Melanchthon, Apol. art. 12, 45 (l. c. p. 260).   2) Jes. 40, 1. 2.
3) Thomas Aq., S. th. II 2, q. 19. art. 2 et 8.

ad Legis observationem libenter accinget nisi qui persuasus erit ei placere sua obsequia; quae in ignoscendo et tolerandis vitiis indulgentia, signum est paterni favoris. Quod etiam demonstrat illa Oseae exhortatio, Venite, revertamur ad Iehovam: quia ipse rapuit, et sanabit nos: percussit, et curabit nos [Oseae 6. a. 1.]: quia spes veniae tanquam stimulus additur, ne in suis peccatis torpeant. || Omni autem rationis specie caret eorum deliramentum, qui ut a poenitentia exordiantur, certos dies suis neophytis praescribunt[a] per quos se in poenitentiam exerceant: quibus demum transactis, in Evangelicae gratiae communionem ipsos admittunt. De plurimis[1] Anabaptistarum loquor: iis praesertim qui spirituales haberi mire gaudent[1], || eorumque sodalibus Iesuitis[2], et similibus quisquiliis[b]. || Tales scilicet fructus profert spiritus ille vertiginis, ut poenitentiam, quae in totam vitam proroganda est homini Christiano, paucis dieculis terminet.

3. Caeterum[c] || de poenitentia docti quidam viri, longe etiam ante haec tempora, quum iuxta Scripturae regulam simpliciter et sincere loqui vellent, dixerunt constare duabus partibus, mortificatione et vivificatione.[3] Mortificationem interpretantur animae dolorem, et terrorem ex agnitione peccati et sensu iudicii Dei conceptum.[4] Ubi enim quis in veram peccati cognitionem adductus est, tum vere peccatum odisse et execrari incipit: tum sibiipsi[d] ex animo displicet, miserum se et perditum fatetur, et alium se esse optat. Adhaec ubi sensu aliquo iudicii Dei tactus est (alterum enim ex altero protinus sequitur) tum vero perculsus ac consternatus iacet, humiliatus ac deiectus tremit, animum despondet, desperat. Haec prior poenitentiae pars, quam vulgo Contritionem dixerunt.[5] Vivificationem interpretantur consolationem quae ex fide nascitur: ubi scilicet homo, peccati conscientia prostratus, ac Dei timore perculsus, postea in Dei bonitatem, in misericordiam, gratiam, salutem, quae est per Christum, respiciens, sese erigit, respirat, animum colligit, et velut c[e] morte in vitam redit.[6] || Ac voces quidem istae, si

---

a) qui — praescr.: *VG 1541 sqq.* qui inventent une nouvelle maniere de Chrestienté, c'est que, pour recevoir le Baptesme, on ayt certains iours   b) eor. — quisqu.: *VG 1560* et telle racaille comme sont les Iesuites et autres sectes   c) > *VG 1541 sqq.*   d) *1536* sibi ipse   e) *1536* a

1) cf. primum articulorum Schlattensium (CR VII 56; Zwinglii opp. ed. Schul. et Schulth. 3, 388).   2) cf. Exercitia spiritualia Sancti Ignatii de Loyola, Monumenta historica societatis Iesu, ser. 2, fasc. 1–7.   3) Melanchthon, Loci comm. 1521 ed. Kolde 1925[4], p. 234. 241.   4) l. c. p. 156 sq., 234 sq., 241.   5) sc. Scholastici; vide Melanchthonem l. c. p. 234.   6) l. c. p. 158, 164, 234, 241.

modo recta constet interpretatio, vim poenitentiae satis commode exprimunt: sed quod vivificationem accipiunt pro laetitia quam recipit animus ex perturbatione et metu sedatus[1], non assentior: quum potius sancte pieque vivendi studium significet, quod oritur ex renascentia: quasi diceretur hominem sibi mori ut Deo vivere incipat.

4. Alii, quia videbant varie hoc nomen in Scriptura acceptum, duas posuerunt poenitentiae formas: quas ut nota aliqua distinguerent, alteram legalem dixerunt, qua peccator peccati cauterio vulneratus, et terrore irae Dei attritus, in ea perturbatione constrictus haeret, nec se explicare potest. Evangelicam alteram, qua peccator graviter quidem apud se afflictus, altius tamen emergit, et Christum, vulneris sui medicinam, terroris consolationem, miseriae portum apprehendit.[2] Legalis poenitentiae exempla esse volunt[a], Cain, Saul, Iudam[b] [Gen. 4. b. 13; 1. Sam. 15. f. 30[c]; Matth. 27. a. 4[d]]: quorum poenitentiam dum Scriptura nobis commemorat, intelligit, peccati sui gravitate agnita, iram Dei timuisse: sed Deum duntaxat ultorem et iudicem cogitantes, in eo sensu defecisse[e]. Ergo eorum poenitentia non aliud fuit quam quoddam inferorum atrium, quo iam in hac vita ingressi, coeperunt a facie irae maiestatis Dei poenas dare.[3] Evangelicam poenitentiam videmus in omnibus qui peccati aculeo apud se exulcerati, fiducia autem[1] misericordiae Dei erecti et recreati, ad Dominum conversi sunt. Perterritus est Ezechias accepto mortis nuntio: sed flens oravit,

---

a) esse vol.: *1536 (et VG 1541 sqq.)* sunt   b) *1536 (et VG 1541 sqq.)* Iudas   c) *1553–54* e. 20.   d) *sic recte 1536–54, 1561; 1559 falso* 23. a. 7   e) *1536–39 defecerunt*

1) Calvinum, cum anno 1559 haec verba ad sectionem 3 adiungeret, fugit vocabulum laetitiae non apud Melanchthonem, ubi de poenitentia agit, inveniri, sed apud Bucerum, qui nihilominus poenitentiam studium quoddam interpretatur, ut Calvinus ipse vult. Cf. Buceri Enarrat. in Evang. 1530 fol. 35 b.   2) Haec vocabula „poenitentia legalis et Evangelica" in Buceri Enarrationibus in Evang. 1530 f. 35 b (1536, p. 86 sq.) exstant, at non res; haec in Apologia Conf. August. 12, 8. 36 (Bekenntnisschriften, p. 254. 258) invenitur. Calvinum et Enarrationes et Apologiam legisse vel ex hac sectione apparet; sed utrum hic ad alterum opus spectet, an ad utrumque, certum non est.   3) Exempla huius formae poenitentiae, quae constat ea contritione, quae „non prodest", in Apologia l. c. Saul et Judas afferuntur (cf. etiam Lutheri Enarr. in I. lib. Mose WA 44, 469, 14 sq.). At „poenitentia Legalis, sive animi contritio" secundum Bucerum l. c. f. 35 b (p. 87) „est impiis cum piis communis" et eius exempla sunt Ninivitae, Manasse, Iudaei illi compuncti (Act. 2, 37), Iudas (Bucerus, l. c. f. 35 b [p. 86 sq.]).

et in Dei bonitatem intuitus, fiduciam recepit [2. Reg. 20. a. 2; Iesa. 38. a. 1)][1]. Conturbati sunt Ninivitae horribili denuntiatione excidii: sed induti sacco et cinere orarunt, sperantes quod converti posset Dominus, et averti a furore irae suae [Ionae 3. b. 5]. Confessus est David se nimium peccasse in recensendo populo: sed adiecit, Aufer Domine iniquitatem servi tui [2. Sa. 24. b. 10]. Agnovit adulterii crimen, obiurgante Nathan, et se coram Domino prostravit: sed veniam simul expectavit [2. Sam. 12. c. 13, et d. 16]. Talis fuit eorum poenitentia qui ad praedicationem Petri compuncti sunt corde: sed Dei bonitate confisi, addiderunt, Quid faciemus viri fratres [Act. 2. f. 37]? Talis et Petri ipsius, qui flevit quidem amare, sed sperare non desiit [Matt. 26. g. 75; Luc. 22. g. 62][2].

5. Haec quanquam omnia vera sunt, nomen tamen ipsum poenitentiae (quatenus ex Scripturis assequi possum) aliter accipiendum est. Nam quod fidem sub poenitentia complectuntur, pugnat cum eo quod Paulus in Actis dicit, se Iudaeis ac Gentibus testificatum in Deum poenitentiam, et fidem in Iesum Christum [Act. 20. d. 21]. Ubi tanquam duo diversa, poenitentiam et fidem enumerat. Quid igitur? An vera poenitentia citra fidem consistere potest? Minime. Verum etsi[a] separari nun possunt, distingui tamen debent. Quemadmodum[b] sine spe fides non est, et tamen fides ac spes varia sunt: ita poenitentia et fides, quanquam perpetuo inter se vinculo cohaerent, magis tamen coniungi volunt quam confundi[c][3]. || Equidem nec me latet, sub poenitentiae nomine totam ad Deum conversionem comprehendi, cuius pars non postrema fides est: sed quo sensu, facillime apparebit ubi vis ac natura eius explicata fuerit. Poenitentiae nomen Hebraeis a conversione vel reditu[d], Graecis a mentis consiliique mutatione deductum est: nec utrique etymologiae res ipsa male respondet: cuius summa est, ut a nobis demigrantes, ad Deum convertamur: et deposita pristina mente,

---

a) *1536 &* si b) *1536* + enim; *VG 1541 sqq.* Car comme c) coni. — conf.: *1536-54* coniungendae sunt, quam confundendae d) vel red. > *1539-54*

1) Ies. 38, 2. 2) Exempla huius alterius formae poenitentiae, quae contritione et fide constat, sive ea contritione, ad quam „fides accedit", in Apologia l. c. sunt David et Petrus. At Evangelica poenitentia secundum Bucerum l. c. f. 35b (p. 87) „est accepta gratia peccatorum per fidem in Christum, perpetuum mortificandae carnis vitaeque ad voluntatem Domini formandae, studium, sed alacre, irremissaque, sed lubens meditatio" et eius exempla a Bucero l. c. f. 35b (p. 86) filius ille decoctor (Luc. 15, 11 sqq.) et Iudaei illi compuncti (Act. 2, 37) afferuntur. 3) vide sect. 19, p. 77, 15.

novam induamus. || Quamobrem non male, meo quidem iudicio, sic poenitentia definiri poterit, Esse veram ad Deum vitae nostrae conversionem, a sincero serioque Dei timore profectam¹, quae carnis nostrae veterisque hominis mortificatione, et spiritus vivificatione constet. || In eum sensum accipiendae sunt conciones omnes quibus vel Prophetae quondam, vel Apostoli postea sui temporis homines ad poenitentiam hortabantur. Hoc enim contendebant || unum, ut peccatis suis confusi, ac divini iudicii timore puncti, coram eo prociderent et humiliarentur in quem deliquerant, ac vera resipiscentia in rectam eius viam se reciperent. Ideo haec promiscue usurpantur apud ipsos eodem significatu, Converti seu reverti ad Dominum, Resipiscere,¹ et poenitentiam agere² [Matth. 3. a. 2]. || Unde etiam et Sacra historia poenitentiam dicit agi post Deum, ubi homines qui in suis cupiditatibus, eo posthabito, lasciviebant, incipiunt verbo eius obsequi [1. Sam. 7. a. 2]: et duci suo praesto sunt ad pergendum quo vocaverit. || Et fructus poenitentia dignos proferre dixerunt Iohannes et Paulus^a [Luc. 3. b. 8; Rom. 6. a. 4; Act. 26. e. 20], pro vitam ducere quae eiusmodi resipiscentiam in cunctis actionibus referat ac testetur.

6. Sed antequam ultra procedimus, definitionem a nobis positam dilucidius enarrare conducet. In qua tria sunt praecipue capita consideranda. Primum, quum vitae ad Deum conversionem nuncupamus, transformationem requirimus, non in operibus tantum externis, sed in anima ipsa: quae ubi vetustatem suam exuerit, tum demum operum fructus renovationi suae respondentes ex se pariat. Quod dum vult exprimere Propheta, iubet ut cor novum sibi faciant quos ad poenitentiam vocat [Ezec. 18. g. 31]. Unde Moses saepius ostensurus quomodo rite ad Dominum converterentur Israelitae poenitentia ducti, docet ut id fiat ex toto corde, et ex tota anima³ (quam locutionem videmus a Prophetis subinde repetitam⁴) || et cordis circuncisionem nominans, interiores affectus excutit⁵. || Nullus tamen locus est ex quo melius perspicere liceat quae sit germana poenitentiae proprietas, quam ex cap. 4. Ieremiae, Si reverteris Israel, inquit Dominus, ad me revertere. Arate vobis arvum, et nolite serere super spinas. Circumcidimini Domino, et auferte praeputia cordium vestrorum [Iere. 4. a. 1. 3. 4]. Vide quomodo nihil effecturos denuntiet in studio iustitiae capes-

---

a) *1543-54* + [Mat. 3. b. 7. *(lege: 8)*]

1) cf. Melanchthonis Locos comm. (1521) ed. Kolde⁴, p. 199.   2) ad praecedentia cf. Buceri Enarrat. in Evang., 1530, f. 35 a (1536, p. 85). 3) Deut. 30, 2. 10.   4) Ier. 24, 7.   5) Deut. 10, 16; 30, 6.

DE MODO PERCIPIENDAE GRATIAE. CAP. III

sendo nisi revulsa in primis ex penitissimo corde impietas fuerit. ‖ Et quo penitus eos afficiat, monet cum Deo esse negotium, apud quem tergiversando nihil proficitur: quia cor duplex odio habet. ‖ Eam ob rem praeposteros hypocritarum conatus irridet Iesaias, qui externam in ceremoniis resipiscentiam strenue quidem moliebantur: at interim fasciculos iniquitatis, quibus colligatos tenebant pauperes[a], dissolvere non curabant [Iesa. 58. b. 6]. Ubi etiam pulchre ostendit, in quibus proprie sita sit officiis poenitentia non ficta.

7. Secundum caput erat, quod ex serio Dei timore docuimus ipsam proficisci. Prius enim quam ad resipiscentiam mens[b] peccatoris inclinetur, divini iudicii cogitatione excitari oportet[c]. Ubi autem haec cogitatio penitus insederit, Deum aliquando tribunal conscensurum ad exigendam omnium dictorum factorumque rationem: miserum hominem interquiescere non sinet, nec punctum temporis respirare quin perpetuo ad meditandum aliud vitae institutum extimulet, quo se ad iudicium illud sistere secure queat. Quare Scriptura saepe, dum ad poenitentiam cohortatur, iudicii mentionem iniicit, ut apud Ieremiam, Ne forte egrediatur ut ignis furor meus, et non sit qui extinguat, propter malitiam[1] operum vestrorum [Iere. 4. a. 4]. In concione Pauli ad Athenienses, Et tempora quidem huius ignorantiae quum hactenus dissimularit Deus, nunc annuntiat hominibus ut omnes ubique poenitentiam agant: eo quod statuit diem in quo iudicaturus est orbem in aequitate [Act. 17. g. 30][1]; et aliis compluribus in locis. Interdum a punitionibus iam irrogatis, Deum esse iudicem declarat: quo peccatores secum reputent, peiora sibi imminere nisi mature resipuerint. Exemplum habes Deuteronomii vicesimo nono[2]. Quoniam vero a peccati horrore et odio conversio inchoatur, ideo tristitiam quae secundum Deum est, poenitentiae causam facit Apostolus. Tristitiam autem secundum Deum appellat [2. Cor. 7. c. 10], ubi non poenam modo exhorremus, sed peccatum ipsum, ex quo displicere Deo intelligimus, odimus et execramur; ‖ nec mirum, quia nisi acriter pungamur, non posset corrigi carnis nostrae pigrities: imo non sufficerent eius stupori et socordiae punctiones, nisi ferulas exerendo altius penetraret Deus. Accedit etiam contumacia, quam velut malleis contundi necesse est. Ergo severitatem, qua Deus utitur minando, ingenii nostri pra-

---

a) iniquit. — paup.: *1539–54 impietatis intus colligatos*   b) *VG 1541 sqq. la conscience*   c) div. — oport.: *VG 1541 sqq. il fault qu'elle soit premierement touchée du Iugement de Dieu*

1) Act. 17, 30. 31.   2) Deut. 29, 19 sqq.

vitas ab eo extorquet: quia dormientes frustra blande alliceret. Testimonia non recito quae passim occurrunt. Alia etiam ratione timor Dei poenitentiae principium est: quia etsi omnibus virtutum numeris absoluta sit hominis vita, nisi ad Dei cultum referatur, laudari quidem poterit a mundo: sed in caelo mera abominatio erit: quando praecipua iustitiae pars est, suum ius et honorem Deo reddere, quo impie fraudatur ubi nobis propositum non est subiicere nos eius imperio.

8. Tertio loco explicandum restat quale sit istud quod dicimus, poenitentiam duabus partibus constare: mortificatione scilicet carnis et spiritus vivificatione. Id Prophetae licet pro carnalis populi captu simplicius et rudius, liquido tamen exprimunt, quum dicunt, Desine a malo, et fac bonitatem [Psal. 34. c. 15]. Item, Lavamini, mundi estote, auferte malum operum vestrorum ab oculis meis. Quiescite agere perverse, discite benefacere, quaerite iudicium, subvenite oppresso [Iesa. 1. d. 16][1], etc. Quum enim a malitia revocant, totius carnis interitum exigunt[a], quae malitia et perversitate referta est. Res prorsus difficilis et ardua, nos ipsos exuere, et a nativo ingenio demigrare. Neque enim caro bene interiisse putanda est, nisi quicquid a nobis habemus, abolitum fuerit. Sed quum universus carnis affectus simultas sit adversus Deum[b] [Rom. 8. a. 4][2], primus ad obedientiam Legis eius ingressus est illa naturae nostrae abnegatio[c]. Postea renovationem designant[d] a fructibus qui consequuntur, iustitia, iudicio et misericordia. Siquidem non satis fuerit talibus officiis rite defungi, nisi mens primum ipsa et cor iustitiae, iudicii, misericordiae affectum induerint; id fit quum Dei Spiritus intinctas sua sanctitate[!] animas nostras novis et cogitationibus et affectibus ita imbuit, ut novae iure haberi queant. || Et certe ut naturaliter sumus aversi a Deo, nisi praecedat abnegatio nostri, nunquam ad id quod rectum est tendemus. Ideo toties iubemur exuere veterem hominem: renuntiare mundo et carni: concupiscentiis nostris valere iussis, renovari spiritu mentis nostrae. Nomen porro ipsum mortificationis admonet quam difficile sit

---

a) tot. — exig.: *VG 1541 sqq.* ilz requierent que toute leur chair, c'est à dire leur nature, soit mortifiée b) univ. — D.: *VG 1541 sqq.* toutes les cogitations et affections de nostre nature sont repugnantes à Dieu, et ennemyes de sa Iustice c) illa — abn.: *VG 1541 sqq.* de renoncer à nostre nature et à toute nostre volunté d) *1539* designat; Post. — desig.: *VG 1541 sqq.* En apres est signifié en ce passage du Prophete le renouvellement de vie

1) Ies. 1, 16. 17. 2) Rom. 8, 7.

oblivisci prioris naturae: quia hinc colligimus, non aliter nos formari ad Dei timorem, et pietatis initia discere nisi ubi gladio Spiritus violenter mactati in nihilum redigimur: quasi pronuntiaret Deus, ut censeamur inter suos filios, opus esse communis naturae interitu.

9. Utrunque ex Christi participatione nobis contingit. Nam si vere morti eius communicamus, eius virtute crucifigitur vetus noster homo, et peccati corpus emoritur^a, ne amplius vigeat primae naturae corruptio [Rom. 6. a. 6]. ‖ Si resurrectionis sumus participes, per eam suscitamur in vitae novitatem, quae Dei iustitiae respondeat. Uno ergo verbo poenitentiam interpretor, regenerationem, cuius non alius est scopus nisi ut imago Dei quae per Adae transgressionem foedata, et tantum non obliterata fuerat, in nobis reformetur. Sic docet Apostolus, quum ait, Nos autem revelata facie gloriam Domini repraesentantes, in eandem imaginem transformamur ex gloria in gloriam, tanquam a Domini Spiritu [2. Cor. 3. d. 18]. Item, Renovamini spiritu mentis vestrae, et induite novum hominem, qui secundum Deum creatus est in iustitia et sanctitate veritatis. Item alibi, Induentes novum hominem, qui renovatur ad agnitionem et imaginem eius qui creavit illum [Ephes. 4. f. 23; Coloss. 3. b. 10]. Proinde ista regeneratione in Dei iustitiam, Christi beneficio instauramur, a qua per Adam excideramus: quo modo in integrum restituere placet Domino quoscunque in vitae haereditatem coeptat^b. ‖ Atque haec quidem instauratio non uno

---

a) pecc. — emor.: *VG 1541 sqq.* la masse de peché qui reside en nous est mortifiée   b) *1559 falso* + [1. Cor. 7. c. 12]; *vide infra initium sect. 15. — ad sqq. usque ad fin. sect. cf. has duas sectiones, quae 1559-61 non iam inveniuntur:*

Haec Domini gratia, nunc appellatur, quaedam veluti manumissio, qua a peccati servitute liberamur [Ioan. 8. d. 32, et 36. Roma. 6. *(18. 22.; 1550 falso 9, unde 1553-54:* 8. a. 2*)* 2. Corin. 3. d. 17.]: nunc in integrum restitutio, qua, deposito veteris hominis ingenio, ad imaginem Dei instauramur *(1553-54 supra post* Rom. 8. a. 2*:* + *et* f. 29*)*: nunc regeneratio, qua in novos homines renascimur [Ioan. 3. a. 3. 5. 7.], nunc resurrectio, qua, nobis emortui, alii, Dei virtute, excitamur [Coloss. 2. c. 13. Ephe. 2. a. 5. b. 6. 8; Ioan. 5. d. 24.]; in qua tamen interim hoc est animadvertendum, nunquam ita nos liberari, quin peccati iugo pars nostri obnoxia maneat, nunquam ita instaurari, quin multae hominis terrenae *(1539-43* terreni*)* lineae semper appareant, nunquam ita renasci aut suscitari, quin de vetustate aliquid retineamus. Circumferimus enim semper reliquias carnis nostrae, quamdiu corporis huius carcere circumdamur, pro quarum modo a libertatis nostrae scopo distamus. Itaque fidelis anima, a regeneratione, in duas partes divisa est, quibus perpetuum

momento, vel die, vel anno impletur, sed per continuos, imo
etiam lentos interdum profectus abolet Deus in electis suis
carnis corruptelas: repurgat eos sordibus, sibique in templa
consecrat, sensus eorum omnes ad veram puritatem renovans,

inter se est dissidium [Roma. 7. d. 25]. Nam qua parte a spiritu
Dei possidetur, et erigitur *(1539* regitur*)*, ad immortalitatis amorem
studiumque evecta, in iustitiam, puritatem, sanctitatem, tota intenta est, unam coelestis regni beatitudinem meditatur, ad Dei societatem aspirat: qua parte naturalem adhuc affectum retinet, in
terrae corruptione volutatur, pravis cupiditatibus immersa, quid
pulchrum sit, ac beatum, non videt, in peccati luto defixa, Deum
iustitiamque eius aversatur. Inde conflictus nascitur, et durissima
palestra, quae pium hominem per totam vitam non leviter exercet:
dum spiritu sursum erigitur, a carne deorsum retrahitur: spiritu
festinat ad immortalitatem, carne ad mortalitatem deprimitur: spiritu iustitiam cogitat, carne sollicitatur ad iniquitatem: spiritu dirigitur in Deum, carne avertitur: spiritu contemnit mundum, carne
ad illecebras mundi allicitur. Non est haec evanida speculatio, cuius
in vitam usus non veniat, sed empyrica, ut ita loquar, doctrina, et
cuius certissimum experimentum sentire nos oportet, si filii Dei
sumus.

Atqui duo isti athletae, etsi suo certamine piam animam ita dis-
trahunt, dispari tamen conditione inter se congrediuntur. Neque
enim cum dicitur caro animam a Deo avertere, ab immortalitate
retrahere, a puritatis sanctimoniaeque studio avocare, a regno Dei
abducere, tantum valere proficereque, tentando, intelligitur, ut
contrarium opus spiritus omnino disiiciat, ac evertat, effectumque
extinguat. Absit. Quid ergo? Dum conatur abrumpere, obstaculis
suis remoratur: dum a cursu avertere vult, impedimentis retardat:
dum extinguere molitur, ardorem imminuit; dum studet atterere, incurvat et inflectit. Inter istas porro difficultates, sic Dei servum esse
animatum contendit, ut praecipuo cordis voto, et affectu, in Deum
adspiret, contendat, enitatur, pergat: et quod a carne sua impeditur
a iusta contentione, assidue ingemiscat. Hoc intelligit Paulus, cum
dicit, nos non secundum carnem ambulare, sed secundum spiritum [Rom. 8. a. 4.]: si tamen filii Dei sumus; descripto enim certamine, superiores partes debere penes dei spiritum stare, significat.
Nunc quantum sit discriminis inter animalem hominem, et regeneratum, licet videre. Ille quidem pungitur, ac lancinatur sua conscientia, ne solido torpore in vitiis suis acquiescat, illis tamen toto
cordis desiderio delectatur, sibi in illis placet, illis libenter obsequi-
tur, nec quidquam in illis horret, nisi poenam, quam imminere cernit.
Hic praecipua voluntatis parte iustitiae adhaerens, peccatum,
quod per imbecillitatem committit, odit et execratur, sibi ipsi
displicet, consensione alio potius fertur, dulcedine legis Dei magis
semper oblectatur, quam voluptatum blanditiis: nec unquam sciens
peccat, nisi repugnante, non modo conscientiae testimonio, sed etiam
cordis affectu.

DE MODO PERCIPIENDAE GRATIAE. CAP. III 65

quo se tota vita exerceant in poenitentia: sciantque huic militiae nullum nisi in morte esse finem. Quo maior est impuri rabulae et apostatae Staphyli cuiusdam improbitas: qui statum praesentis vitae cum gloria caelesti a me confundi nugatur,
5 dum imaginem Dei ex Paulo [2. Cor. 4. a. 4] interpretor sanctitatem et iustitiam veracem[1]. Quasi vero ubi res aliqua definitur, non quaerenda sit ipsa integritas et perfectio. Neque tamen locus negatur incrementis: sed quatenus ad Dei similitudinem propius quisque accedit, in eo dico fulgere imaginem
10 Dei. Huc ut perveniant fideles, stadium poenitentiae, in quo tota vita currant, illis Deus assignat.[1]

10. Sic ergo a peccati servitute liberantur filii Dei per regenerationem, non ut quasi plenam libertatis possessionem iam adepti, nihil amplius molestiae a carne sua sentiant: sed ut
15 illis maneat perpetua certaminis materia, unde exerceantur: neque exerceantur modo, sed infirmitatem quoque suam melius discant. Atque in ea re omnes sanioris iudicii scriptores inter se consentiunt, manere in homine regenerato mali fomitem[a][2], unde perpetuo scateant cupiditates quae ipsum ad pec-
20 candum illiciant et extimulent. Fatentur[b] etiam, sanctos illo concupiscendi morbo[c] adhuc ita implicitos teneri, ut obstare nequeant quin subinde vel ad libidinem, vel ad avaritiam, vel ad ambitionem, vel ad alia vitia titillentur et incitentur. Neque opus est multum investigando laborare quid hic veteres sen-
25 serint: quando unus Augustinus sufficere ad id potest, qui fideliter magnaque diligentia omnium sententias collegit [Lib. ad Bonif. 4[3]. Lib. 1. et 2. contra Iulianum[4]]. Ex illo igitur sumant lectores, siquid de sensu antiquitatis habere certi volent.[5] Porro inter illum et nos hoc discriminis videri potest inter-

---

30 a) *VG 1545 sqq.* une source et nourriture *(et nour.* > *1545–51)*
   b) *sic recte 1543–54; 1559–61 falso* Fatetur   c) illo — morbo: *VG 1545 sqq.* de ceste corruption

1) Fridericus Staphylus, Theologiae Martini Lutheri trimembris epitome 1558, pars II, opp. (1613) col. 35.   2) Lomb., Sent. II. dist.
35 30, 7 sq.; dist. 32, 1 sq. MSL 192, 722. 726 sq.; Thomas Aq., S. th. II 1 q. 74. art. 3. ad 2.   3) Aug., Contra duas epistolas Pelagianorum ad Bonifacium IV 10, 27 sq.; 11, 31 MSL 44, 629 sqq. 634; CSEL 60, 553 sqq. 563 sqq.   4) Aug., Contra Iulianum Pelagianum II c. 1, 3; c. 3–5. 8. 9 MSL 44, 673. 675 sqq. 688 sqq.   5) Augustinus ibi his
40 inter alios locis nititur: Cyprian., De opere et eleemosynis 3. 18 CSEL 3 I, 375, 1–15; 387, 23–25; De mortalitate 4 sq. 7 CSEL 3 I, 299, 12–25; 301, 1–4; De oratione Dominica 12. 16. 22 CSEL 3 I, 275, 4 sq.; 278, 8–22; 283, 15–25; Testimon. ad Quirinium 54 CSEL 3 I, 156, 5–11; — Hilar. Pictav., In Ps. 118 ad v. 115 CSEL 22, 490, 16 sqq.; Expos.

5

esse, quod ipse quidem quum fideles concedat, quandiu in corpore mortali habitant, sic illigatos teneri concupiscentiis ut non possint non concupiscere, eum tamen morbum peccatum vocare non audet: sed ad illum designandum infirmitatis nomine contentus, tunc demum fieri peccatum docet ubi vel opus vel consensus ad conceptionem vel apprehensionem accedit; hoc est, quando primae appetitioni cedit voluntas[1]; nos autem illud ipsum pro peccato habemus, quod aliqua omnino cupiditate contra legem Dei homo titillatur: imo ipsam pravitatem, quae eiusmodi cupiditates[a] nobis generat, asserimus esse peccatum. Docemus itaque in sanctis, donec mortali corpore exuantur, semper esse peccatum: quia in eorum carne residet illa concupiscendi pravitas quae cum rectitudine pugnat. || Neque tamen semper a peccati nomine abstinet: sicuti quum dicit, Hoc peccati nomine appellat Paulus unde oriuntur cuncta peccata in carnalem concupiscentiam[b]. Hoc quantum ad sanctos pertinet, regnum amittit in terra, perit in caelo [Sermone 6. de verbis Apost.][2]. Quibus verbis fatetur, quatenus obnoxii sunt fideles concupiscentiis carnis, peccati esse reos.

11. Quod autem Deus Ecclesiam suam purgare ab omni peccato dicitur, quod eam liberationis gratiam per Baptismum pollicetur, et in electis suis implet [Eph. 5. f. 26. 27]: ad reatum potius referimus quam ad ipsam peccati materiam. Praestat hoc quidem Deus, suos regenerando, ut peccati regnum in ipsis aboleatur: (virtutem enim Spiritus subministrat, qua superiores in certamine victoresque fiant) sed regnare tantum, non etiam habitare desinit. Proinde sic dicimus veterem hominem crucifixum esse, legem peccati sic abolitam esse in filiis Dei, ut reliquiae tamen supersint [Rom. 6. a. 6]: non ut dominentur, sed ut eos suae infirmitatis conscientia humilient. Et illas quidem fatemur non imputari, acsi non essent: sed hoc

---

a) *1543-45* + in   b) in — conc.: *sic male 1559-61; VG 1560 recte* assavoir la concupiscence, *nam apud Augustinum legitur:* „id est, ex carnali concupiscentia".

1. Psalmi (v. 1.) c. 9 CSEL 22, 24, 27 sqq.; In Ps. 51 c. 23 CSEL 22. 115, 22 sqq.; — Ambros., De bono mortis 3, 9 CSEL 32 I, 710, 6 sqq. 745, 18 sqq.; De poenitentia I 3, 13 MSL 16, 470; De Isaac vel anima c. 8, 65 CSEL 32 I, 688, 3 sqq.; De paradiso c. 11 sq. CSEL 32 I, 310, 12 sqq.; De fuga saeculi c. 1, 1 CSEL 32 II, 163, 1 sqq.; — Gregor. Nazianz., Orat. apologetica II c. 91 MSG 35, 494.

1) Aug., In Ioh. tract. 41, 8, 10 MSL 35, 1698; De peccat. mer. et remiss. II 7, 9 MSL 44, 156 CSEL 60, 79, 22; Contra duas ep. Pelag. III 3, 5 MSL 44, 590 sq. CSEL 60, 490, 6; Contra Iul. II 1, 3; 5, 12 MSL 44, 673. 682.   2) Aug., Sermo 155, 1 MSL 38, 341.

simul Dei misericordia fieri contendimus ut ab hoc reatu liberentur sancti, qui merito alias peccatores et rei coram Deo forent. Neque vero hanc sententiam confirmare difficile nobis erit: quando extant in eam rem clara Scripturae testimonia. Quid enim apertius volumus quam quod ad Ro. 7. clamat Paulus?[a] Primum, illic eum in hominis regenerati persona loqui [Rom. 7. b. 6], cum nos alibi ostendimus[1], tum Augustinus firmis rationibus evincit[2]. Taceo quod mali et peccati vocabulis utitur; ut voces illas cavillari possint qui reclamare nobis volent: quis tamen repugnantiam adversus Legem Dei, malum esse neget? quis impedimentum iustitiae neget esse peccatum? quis denique non concedat culpam inesse, ubi est spiritualis miseria? Atqui[b] ista omnia de hoc morbo a Paulo praedicantur. Deinde habemus certam a Lege demonstrationem, qua breviter tota haec quaestio expediri potest. Iubemur enim Deum diligere ex toto corde, ex tota anima, ex totis facultatibus.[3] Quum ita omnes animae nostrae partes Dei amore occupari deceat, certum est eos praecepto non satisfacere qui vel leviculam appetitionem corde recipere, vel ullam omnino cogitationem animo admittere possunt, quae eos ab amore Dei in vanitatem abducat. Quid enim? annon illae sunt animae facultates, subitis motionibus affici, sensu apprehendere, mente concipere? Istae igitur quum vanis et pravis cogitationibus aditum ad se patefaciunt, annon ostendunt se tantundem ab amore Dei esse vacuas? Quare qui non fatetur omnes carnis cupiditates esse peccata: illum vero concupiscendi morbum, quem fomitem appellant[4], esse peccati scaturiginem: ille transgressionem Legis peccatum esse neget necesse est.

12. Si cui absurdum videtur, ita in universum damnari cupiditates omnes quibus homo naturaliter afficitur, quum a Deo inditae sint naturae authore[5]: respondemus, nos nequaquam eas appetitiones damnare quas hominis ingenio Deus sic a prima creatione insculpsit, ut inde eradicari nisi cum ipsa humanitate non possint: sed tantum insolentes effraenesque motus qui cum Dei ordinatione pugnant. Iam vero quum ob naturae pravitatem omnes facultates adeo vitiatae sint ac corruptae, ut in omnibus actionibus emineat perpetua ἀταξία et intemperies:

---

a) ad — Paul.: *1543–54* clam. P. Rom. 7. *(1543–45* Roma. septi.*)*
b) *1543* Atque

1) lib. II 3, 27; vol. III 270, 15.   2) ex. gr. Aug., Sermo 154 MSL 38, 833 sqq.; In Ioh. tract. 41, 11 MSL 35, 1698.   3) Deut. 6, 5; Mtth. 22, 37.   4) vide supra p. 65, not. 2.   5) ex gr. Io. (Fisher) Roffensis, Assertionis Lutheranae Refutatio, art. 3. p. 150.

quia ab eiusmodi incontinentia separari nequeunt appetitiones, ideo vitiosas esse contendimus. Aut (si paucioribus verbis summam habere libet) omnes hominum cupiditates malas esse docemus, et peccati reas peragimus: non quatenus sunt naturales,[1] sed quia inordinatae: inordinatas autem esse, quia ex natura corrupta et polluta nihil puri nec synceri prodire potest. Neque vero ab hac doctrina tantum discedit Augustinus quantum in speciem apparet. Dum invidiam plus aequo reformidat, qua eum gravare studebant Pelagiani, a peccati nomine interdum abstinet [Ad Bonifac.][1]: quum tamen scribit, manente in sanctis peccati lege, tolli duntaxat reatum, satis indicat se non adeo a sensu nostro abhorrere[a][2].

13. Afferemus alias aliquot sententias[b] unde melius appareat quid senserit. Lib.[c] secundo[d] contra Iulianum: Lex ista peccati et remissa est regeneratione spirituali, et manet in carne mortali; remissa scilicet, quia reatus solutus est in sacramento quo regenerantur fideles; manet autem, quia operatur desideria, contra quae dimicant et fideles[3]. Item, Lex itaque peccati (quae in tanti quoque Apostoli membris erat) remittitur in baptismate, non finitur[4]. Item, Legem peccati, cuius manentis solutus est in baptismo reatus, Ambrosius vocavit iniquitatem: quia iniquum est ut caro concupiscat adversus spiritum[5]. Item, Mortuum est peccatum in eo reatu quo nos tenebat: et donec sepulturae perfectione sanetur, rebellat et mortuum[6]. Lib. quinto[e] etiamnum apertius: Sicut caecitas cordis et peccatum est, quo in Deum non creditur: et poena peccati, qua cor superbum digna animadversione punitur, et causa peccati quum aliquid caeci cordis errore committitur: ita concupiscentia carnis adversus quam bonus concupiscit spiritus, et peccatum est, quia illi inest inobedientia contra dominatum mentis: et poena peccati, quia reddita est meritis inobedientis[f]: et causa pec-

a) se non — abh.: *VG 1545 sqq.* qu'il est conforme en un mesme sens avec nous b) *VG 1545 sqq.* de ses livres c) *1543–50* Libro d) *1550–54* 2. e) Lib. qu.: *1543–54* Libro 5. f) quia red. — inob.: *VG 1545 sqq.* d'autant qu'elle nous est imposée pour la rebellion de nostre premier pere

1) Aug., Contra duas ep. Pelag. ad Bonif. I, 13, 27; III, 3, 5 MSL 44, 563. 590 sq.; CSEL 60, 445 sq. 490 sq.; cf. supra p. 66 not. 1.
2) cf. Aug., Retract. I, 15, 2 MSL 32, 609 CSEL 36, 73, 17 sq. (hic: lib. I 14, 3); De peccator. mer. II, 33, 53 MSL 44, 182 CSEL 60, 123, 12 sqq.; De nuptiis et concupiscentia I, 26, 29 MSL 44, 430 CSEL 42, 241, 13 sqq; Contra Iul. VI, 19, 61 MSL 44, 860. 3) Aug., Contra Iul. II, 3, 5 MSL 44, 675. 4) ibid. 4, 8 col. 678. 5) ibid. 5, 12 col. 682; cf. Ambros., De Isaac vel anima c. 8, 65 CSEL 32 I, 688, 6. 6) Aug., Contra Iul. II 9, 32 MSL 44, 696.

cati defectione consentientis, vel contagione nascentis.¹ Vocat hic sine ambiguitate peccatum: quia prostrato iam errore, et confirmata veritate, calumnias minus veretur. Quemadmodum et in Iohannem, homi.[a] 41, ubi ex animi sui sensu sine conten-
tione loquitur[b], Si carne servis legi peccati, fac quod ait ipse Apostolus, Non regnet peccatum in mortali vestro corpore, ad obediendum desideriis eius [Rom. 6. b. 12]. Non ait, non sit: sed, non regnet. Quandiu vivis peccatum necesse est esse in membris tuis: saltem regnum illi auferatur, non fiat quod iubet². Qui concupiscentiam non esse peccatum defendunt, illud Iacobi obiicere solent, Concupiscentia postquam conceperit, parit peccatum [Iacob. 1. b. 15]³. Atqui nullo negotio hoc refellitur: nisi enim de solis operibus malis, vel de peccatis actualibus intelligamus ipsum loqui, ne mala quidem voluntas in peccato deputabitur. Ex eo autem quod flagitia et prava facinora concupiscentiae partus vocat, atque iis ipsis peccati nomen tribuit, non protinus sequitur quin concupiscere, res mala sit, et coram Deo damnabilis.

14. Anabaptistae quidam hoc seculo, phreneticam nescio quam intemperiem pro spirituali regeneratione comminiscuntur: nempe in statum innocentiae restitutos Dei filios, iam non oportere sollicitos esse de libidine carnis refraenanda: Spiritum ducem sequendum[c] esse, sub cuius actione nunquam aberratur⁴. Incredibile esset hominis mentem eo vesaniae prolabi, nisi palam et fastuose suum hoc dogma deblaterarent. Prodigiosum certe quidem est: sed tales sacrilegae audaciae poenas luere aequum est qui veritatem Dei in mendacium vertere animum induxerunt. Itane delectus omnis turpis et honesti, iusti et iniusti, boni et mali, virtutis et vitii tolletur? Tale, inquiunt,

---

a) *1543-45* homilia; *1554* homili.   b) ubi — loqu. > *VG 1545 sqq.*
c) *1561* subsequendum

1) Aug., Contra Iul. V 3, 8 MSL 44, 787.   2) Aug., In Ioh. tract. 41, 12 MSL 35, 1698.   3) Fisher, Refutatio art. 3 p. 150.   4) Quamquam Calvinum cum Anabaptistis de regeneratione certavisse scimus (cf. Herminj. VI 192, CR Calv. opp. XI 25: Epistulam Calvini ad Farellum die 27. mensis Februarii 1540 datam, qua de Hermanno Anabaptista agit), tamen opiniones, quae in hac sectione impugnantur, iis, quas refutat capitulo duodevicesimo eius libri, qui „Contre la secte des Libertins" inscribitur (CR Calv. opp. VII 200 sqq.), tam similes sunt, ut hoc quoque Institutionis loco Quintinistas sive Libertinos significari sit verisimillimum. Cui rei, quod hoc loco „Anabaptistae quidam" vocantur, non adversatur; nam etiam in eo libello, quem in Anabaptistas scripsit, Quintinistas sive Libertinos genus quoddam Anabaptistarum iudicavit (CR Calv. opp. VII 53 sq.).

discrimen est ex maledictione veteris Adae, a qua nos per Christum exempti sumus. Ergo inter scortationem et castitatem, synceritatem et astutiam, veritatem et mendacium, aequitatem et rapinam, nihil iam intererit. Tolle (inquiunt) vanam formidinem: Spiritus nihil tibi mali imperabit, modo secure et 5 intrepide illius actioni te permittas.[1] Quis ad haec prodigia non obstupescat? Popularis tamen est philosophia apud eos, qui libidinum amentia excaecati, sensum communem exuerunt. Sed quem obsecro, Christum nobis fabricantur, et quem Spiritum eructant? Nos enim Christum unum, eius unum Spiritum 10 recognoscimus quem Prophetae commendarunt, Evangelium exhibitum praedicat, de quo nihil illic tale audimus. Spiritus ille non est homicidii, scortationis, ebrietatis, superbiae, contentionis, avaritiae, fraudis patronus: sed author dilectionis, pudicitiae, sobrietatis, modestiae, pacis, moderationis, veri- 15 tatis. Non est vertiginosus, et qui praeceps per fas et nefas inconsiderate ruat, sed plenus sapientiae et intelligentiae, qua rite inter iustum et iniustum discernat. Non instigat ad dissolutam effraenemque licentiam: sed prout licitum ab illicito discriminat, modum moderationemque servare docet[a]. Quid 20 tamen diutius in refellenda belluina ista rabie laboremus? Christianis Spiritus Domini non turbulentum est phantasma, quod vel ipsi per somnium pepererint, vel ab aliis confictum acceperint: sed eius notitiam a Scripturis religiose petunt, ubi duo haec de ipso traduntur, nobis in sanctificationem datum 25 esse, quo ab immunditiis et inquinamentis purgatos, in obedientiam divinae iustitiae deducat: quae obedientia constare nequit nisi domitis subactisque concupiscentiis, quibus isti habenas laxare volunt. Deinde sic nos eius sanctificatione purgari, ut multis vitiis multaque infirmitate obsideamur quan- 30 diu inclusi sumus mole corporis nostri. Quo fit ut longo intervallo a perfectione dissiti, proficere semper aliquid, et vitiis irretiti cum illis quotidie luctari necesse habeamus. Unde etiam consequitur, excussa desidia et securitate, intentis animis vigilandum esse, ne carnis nostrae insidiis incauti circunveniamur. 35 Nisi forte confidimus[b] nos maiores progressus fecisse quam Apostolum, qui tamen fatigabatur ab[c] angelo Satanae[d] [2. Cor. 12. b. 7[e]], quo virtus in infirmitate perfice¦retur[2]: et[f] qui illam

a) modum — doc.: *VG 1541 sqq.* aussi il enseigne de suyvre l'un, et fuyr l'autre   b) *1539–50* confidamus   c) > *1539–45*   d) ab — Sat.: *VG 1541 sqq.* des aiguillons de Satan   e) *1553 male 5;* *1559 falso 15*   f) > *1539–45*

1) cf. CR Calv. opp. VII 200 sq.   2) 2. Cor. 12, 9.

carnis et spiritus divisionem in sua carne non ficte repraesentabat [Rom. 7. b. 6]¹.

15. Quod autem Apostolus in descriptione poenitentiae septem[a] eius vel causas, vel effectus, vel partes enumerat, id optima causa facit; sunt autem studium aut sollicitudo, excusatio, indignatio, timor, desiderium, zelus, vindicta [2.[b] Cor. 7. c. 11]. Neque absurdum videri debet, quod statuere non audeo causaene an effectus censeri debeant; utrunque enim disputari potest. Possunt etiam vocari affectiones cum poenitentia coniunctae; sed quia omissis illis quaestionibus, intelligere licet quid Paulus velit, simplici expositione contenti erimus. Dicit ergo ex tristitia quae secundum Deum est, excitari sollicitudinem. Nam qui serio displicentiae sensu tangitur quod in Deum suum peccarit, simul extimulatur ad diligentiam et attentionem, ut a Diaboli laqueis penitus se explicet, ut ab eius insidiis melius sibi caveat, ne a Spiritus sancti gubernatione posthac excidat, ne securitate opprimatur. Proxima est excusatio, quae hoc loco non defensionem significat qua peccator ad effugiendum Dei iudicium, vel se deliquisse neget, vel culpam extenuet: sed purgationem, quae in deprecatione magis posita sit quam causae fiducia. Qualiter filii non reprobi dum errata sua agnoscunt et confitentur, deprecationem tamen adhibent; atque ut ea locum habeat, quibus possunt modis testantur, se minime abiecisse eam quam parentibus debent reverentiam[c]: denique sic excusant, non ut se iustos esse ac innocentes probent, sed tantum ut veniam obtineant. Sequitur indignatio, qua peccator secum intus fremit, secum expostulat, sibi irascitur, dum suam perversitatem suamque in Deum ingratitudinem recognoscit. Timoris nomine intelligit illam trepidationem quae mentibus nostris incutitur, quoties cogitamus et quid nos simus meriti, et quam horribilis sit irae divinae severitas in peccatores. Mirabili enim inquietudine tunc nos vexari necesse est, quae tum ad humilitatem nos erudit, tum cautiores in posterum reddit. Quod si oritur ex timore sollicitudo, de qua prius dixerat, videmus quo nexu haec inter se cohaereant. Desiderium videtur mihi posuisse pro sedulitate in officio et obsequendi alacritate, ad quam maxime provocare nos debet delictorum nostrorum agnitio. Huc quoque pertinet zelus quem continuo

---

a) *1543–54* sex   b) *sic recte 1543–54, 1561; 1559 falso* 1.   c) quibus — rev.: *VG 1545 sqq.* il *(sc.* un enfant*)* proteste tant qu'il peut de n'avoir iamais mesprisé son pere, et de ne l'avoir point offensé par un mechant cœur

1) Rom. 7, 6 sqq.

subiungit; ardorem enim significat quo accendimur ubi aculei illi nobis admoventur: Quid feci? Quo me praecipitaveram, nisi mihi Dei misericordia subveniret? Postrema est vindicta; quo enim severiores in nos sumus, et acriore censura quaestionem habemus de peccatis nostris, eo debemus sperare magis propitium ac misericordem Deum. Et certe fieri non[1] potest quin anima divini iudicii horrore perculsa, partes ultionis in exigenda de se poena occupet. Sentiunt sane pii quales poenae sint pudor, confusio, gemitus, displicentia sui, et reliqui affectus qui ex seria delictorum recognitione nascuntur. ‖ Meminerimus tamen modum esse tenendum, ne tristitia nos absorbeat: quia nihil magis proclive est trepidis conscientiis quam in desperationem ruina. Et hoc quoque artificio Satan quoscunque videt metu Dei prostratos, in profundum illum moeroris gurgitem magis ac magis demergit, ne unquam assurgant. Non potest quidem nimius esse timor qui in humilitatem desinit, neque discedit a spe veniae. Semper tamen ex Apostoli praecepto cavendum, ne peccator, dum se ad displicentiam sollicitat, nimia formidine oppressus deficiat [Hebr. 12. a. 3]: quia hoc modo refugitur Deus, qui per poenitentiam nos ad se vocat. Qua de re utilis etiam est admonitio Bernardi, Necessarius dolor pro peccatis si non sit continuus. Suadeo reflectere pedem interdum a molesta et anxia recordatione viarum vestrarum, et evadere ad planitiem serenae memoriae beneficiorum Dei. Misceamus absynthio mel, ut salubris amaritudo salutem dare queat: cum immisto dulcore temperata bibetur: et si de vobis in humilitate sentitis, sentite et de Domino in bonitate [Ser. 11. in Cant.]¹.

16. Iam et poenitentiae fructus[a] quales sint, intelligi potest: ‖ nempe officia pietatis erga Deum, charitatis erga homines, adhaec in tota vita sanctimonia ac puritas. ‖ Denique quo maiore quisque studio vitam suam exigit ad normam Legis Dei, eo certiora poenitentiae suae signa edit. Itaque Spiritus saepe dum nos ad poenitentiam hortatur, nunc ad singula Legis praecepta, nunc ad officia secundae tabulae nos revocat: quanquam aliis locis postquam immunditiem damnavit in ipso fonte cordis, deinde ad externa testimonia descendit quae sinceram resipiscentiam commendant. Cuius rei tabulam in descriptione vitae Christianae mox subiiciam lectorum oculis.[2] Non colligam ex Prophetis testimonia quibus partim subsannant eorum

a) *1539* fruct. poen.

1) Bernardus Cl., In cantica serm. 11, 2 MSL 183, 824 D, 825 B.
2) cap. 6–10, infra p. 146 sqq.

DE MODO PERCIPIENDAE GRATIAE. CAP. III

ineptias qui ceremoniis contendunt Deum placare, ostenduntque mera esse ludicra: partim vero externam vitae integritatem docent non esse caput poenitentiae, quia Deus cor intuetur. Quisquis mediocriter in Scriptura versatus fuerit, per se, absque alterius monitu, intelliget, ubi cum Deo negotium est, nihil agi nisi ab interiore cordis affectu incipimus. Et Ioelis locus aliis intelligendis non parum valebit, Scindite corda vestra, et non vestimenta vestra [Ioel. 2. c. 13]. Utrunque etiam breviter expressum est his Iacobi verbis, Mundate scelerati manus, purgate corda duplices [Iacob. 4. b. 8]; ubi priori quidem membro accessio ponitur, fons tamen et principium deinde monstratur, nempe abstergendas esse occultas sordes, ut altare in ipso corde erigatur Deo. || Sunt praeterea et externa ali|qua exercitia, quibus privatim veluti remediis vel ad nos humiliandos, vel ad domandam carnem nostram utimur: publice vero ad resipiscentiae testificationem [2. Cor. 7. c. 11]. Emanant autem ab illa vindicta de qua loquitur Paulus; siquidem haec afflicti animi sunt propria, in squalore, gemitu, lachrymis esse: fugere splendorem et quemlibet apparatum, omnibus deliciis se abdicare. Deinde is qui sentit quantum malum sit carnis rebellio, remedia omnia quaerit quibus coerceat. Praeterea qui bene cogitat quam grave sit violasse Dei iustitiam, quiescere non potest donec in sua humilitate gloriam dederit[a] Deo. Eiusmodi exercitia saepe commemorant vetusti scriptores, quum de poenitentiae fructibus loquuntur[1]. Quanquam autem vim poenitentiae minime in illis reponunt: veniam tamen mihi dabunt lectores si dixero quod sentio; plus aequo certe insistere in his mihi videntur. Ac[b] siquis prudenter expendat, mihi (ut spero) assentietur, dupliciter eos modum excessisse[c]. Nam quum tantopere urgerent, ac immodicis elogiis commendarent corporalem illam disciplinam, hoc quidem consequebantur ut plebs eam maiore studio amplecteretur[2]: sed, quod longe maioris momenti esse debet, quodammodo obscurabant. Deinde in exigendis castigationibus fuerunt aliquanto rigidiores quam ferat Ecclesiastica mansuetudo[d], quemadmodum alibi tractandum erit[e][3].

---

a) *1543-50* dedit b) *1543* At c) mihi — exc.: *VG 1545 sqq.* m'accordera comme i'espere ce que ie dy d) Deinde — mans.: *VG 1545 sqq.* Il y avoit aussi un autre vice en eux, qu'ilz estoyent un peu trop extremes et rigoreux aux corrections e) *1539-54* tractatum est

1) cf. ex. gr. Tert., De poenit. c. 9. 11. ed. Oehler t. I 659 sq., 662 sq.; Cypr., Epist. 59, 13; 65, 1 CSEL 3 II, 680 sq., 721 sq.; Cassiod., Hist. trip. IX 35 MSL 69, 1151 C; cf. Ambros., Apol. David I 4, 15 CSEL 32 II, 309, 1 sqq. 2) cf. Hieronym., In Ioël 1, 13 MSL 25, 958. 3) lib. IV 12, 8-13; vol. V.

17. Sed quia nonnulli, dum fletum, ieiunium et cinerem cum alibi frequenter, tum praesertim apud Ioelem commemorari audiunt [Ioel 2. c. 12], praecipuam resipiscentiae partem ieiunio et fletu metiuntur[1], tollenda est eorum hallucinatio. Quod de conversione totius cordis ad Dominum, deque scissione non vestimentorum sed cordis illic dicitur, resipiscentiae proprium est: fletus autem et ieiunium, non ut perpetua aut necessaria eius effecta subnectuntur, sed specialem habent circunstantiam. Quoniam gravissimum Iudaeis excidium imminere vaticinatus fuerat, iram Dei suadet antevertere, non tantum resipiscendo, sed moeroris indicia prae se ferendo. Qualiter enim promissa barba, impexo capillo, pulla veste, suppliciter se demittere solet reus ad conciliandam iudicis misericordiam: ita illos, quum rei agerentur coram Dei tribunali, eius severitatem miserabili habitu deprecari oportebat. Quanquam autem cinis et saccus illis forte temporibus magis conveniebant: fletus tamen et ieiunii valde opportunum fore inter nos usum constat[a] quoties cladem aliquam aut calamitatem nobis minari visus fuerit Dominus. Se enim ad ultionem apparari et quodammodo armari denuntiat, ubi periculum apparere facit. Bene igitur Propheta, qui suos ad fletum et ieiunium, hoc est ad reorum moestitiam, cohortatur,[1] de quorum flagitiis constitutam quaestionem paulo ante dixerat. Quemadmodum[b] nec male hodie fecerint Ecclesiastici pastores, si dum impendentem suorum cervicibus ruinam[c] vident, ad ieiunium et fletum properandum vociferentur: modo quod est praecipuum maiore et intentiore cura et opera semper urgeant, scindenda scilicet esse corda, non vestimenta. Extra dubium est, non semper poenitentiae cohaerere ieiunium, sed calamitosis temporibus peculiariter destinari[d]; unde et cum luctu coniungitur a Christo, dum Apostolos ab eius necessitate absolvit, donec sua praesentia orbati moerore conficerentur [Matth. 9. b. 15]; de solenni ieiunio loquor. Nam piorum vita frugalitate et sobrietate temperata esse debet, ut in toto eius decursu quaedam ieiunii species continenter appareat. ‖ Verum tota illa res, quia rursus, ubi de Ecclesiae disciplina agetur, expedienda erit[e][2], nunc parcius a me attingitur.

---

a) *1539–43* non negamus   b) > *1539*   c) impend. — ruin.: *VG 1541 sqq.* quelque calamité prochaine, soit de guerre, de famine, ou de pestilence   d) sed — dest.: *VG 1541 sqq.* mais convient particulierement à ceux, qui veulent testifier qu'ilz se recongnoyssent avoir merité l'ire de Dieu: et neantemoins requierent pardon de sa clemence   e) rurs. — erit: *1543–54* superius fuit expedita

1) cf. Hieron., In Ioël 2, 12 MSL 25, 967.   2) lib. IV 12, 14–21; vol. V.

18.ᵃ Hoc tamen adhuc inseram, quum ad hanc externam professionem transfertur nomen poenitentiae, improprie a genuino illo sensu quem posui deflecti. Neque enim tam est conversio ad Deum quam culpae confessio, cum poenae et reatus deprecatione. Sic poenitentiam agere in cinere et cilicio, nihil aliud est quam testari displicentiam, ubi Deus ob graves offensas nobis irascitur [Matth. 11. c. 21; Luc. 10. c. 13]. Atque haec quidem confessionis species publica est, qua nos damnantes coram Angelis et mundo, praevenimus iudicium Dei. Nam eorum segnitiem coarguens Paulus qui peccatis suis indulgent, Si iudicaremus nosipsos (inquit) non a Deo iudicaremur [1. Cor. 11. g. 31]. Sed homines facere palam conscios et testes nostrae resipiscentiae, non semper est necessarium: privatim autem Deo confiteri, pars est verae poenitentiae quae omitti non potest. Nihil enim minus consentaneum quam ut peccata ignoscat Deus, in quibus nobis ipsi blandimur: et ne in lucem proferat, praetegimus per hypocrisin. Nec tantum quae quotidie admittimus peccata fateri convenit: verum graviores lapsus longius trahere nos debent: atque in memoriam revocare quae videntur pridem sepulta: quod exemplo suo nobis praescribit David. Tactus enim recentis flagitii pudoreᵇ, seipsum examinat usque ad matris uterum, et agnoscit iam tunc fuisse corruptum et infectum carnis labe [Psal. 51. b. 7]; neque id ut culpam suam extenuet: sicuti multi in turba se occultant, et alios secum involvendo, impunitatem captant. Longe aliter David, qui ingenue culpam exaggerat, quod a prima infantia corruptus, non desierit mala malis cumulare. Alio etiam loco tale praeteritae vitae examen suscipit, ut adolescentiae suae peccatis misericordiam Dei imploret [Psal. 25. b. 7]. Et certe tunc demum saporem nobis esse excussum probabimus si gemendo sub onere, malaque nostra deflendo, levationem a Deo petemus. Notandum praeterea est, poenitentiam, cui assidue incumbere iubemur, ab ea differre quae velut a morte excitat qui vel turpius ceciderant, vel effraeni licentia se proiecerant ad peccandum, vel quadam defectionis specie excusserant iugum Dei. Nam Scriptura saepe dum hortatur ad poenitentiam, quasi transitum et resurrectionem a morte in vitam significatᶜ: et dum refert populum egisse poenitentiam, ab idolo-

---

a) *sic VG 1560;* > *1559—61, ubi haec sectio nullo intervallo intermisso praecedentem subsequitur.* b) Tact. — pud.: *VG 1560* car ayant honte du grand forfait qu'il avoit commis quant à Bethsabé c) quasi — sign.: *VG 1560* parle comme d'un tel changement, qui nous retire des enfers pour nous mener au royaume de Dieu: et comme d'une resurrection

latria aliisque crassis sceleribus conversum fuisse intelligit. Qua ratione Paulus luctum peccatoribus denuntiat, qui poenitentiam non egerunt super lasciviis, scortatione et impudicitia [2. Cor. 12. g. 21]; hoc discrimen diligenter observandum est, ne ubi paucos audimus ad poenitentiam citari, nobis supina obrepat securitas, quasi nihil amplius ad nos pertineret carnis mortificatio: cuius curam remittere non permittunt quae nos semper titillant pravae cupiditates, et quae subinde pullulant vitia. Specialis ergo poenitentia quae a quibusdam tantum exigitur, quos Diabolus a Dei timore abreptos exitialibus laqueis implicuit,[a] ordinariam non tollit, cui per totum vitae curriculum operam dare nos cogit naturae corruptio.

19. Porro si verum est quod clarissime constat, ‖ totam Evangelii summam duobus istis capitibus contineri[1], poenitentia, et peccatorum remissione: annon videmus, Dominum ideo gratis suos iustificare, quo eos simul Spiritus sui sanctificatione, in veram iustitiam instauret ? ‖ Iohannes[b] angelus ante faciem Christi missus ad vias eius praeparandas[c] [Matth. 11. b. 10], praedicabat, Poenitentiam agite: appropinquavit enim[d] regnum caelorum [Matth. 3. a. 2]. Ad poenitentiam invitando[e], monebat ut se peccatores agnoscerent[2], suaque omnia coram Domino[f] damnata, quo carnis suae mortificationem, ac novam in Spiritu regenerationem totis votis expeterent. Regnum Dei annuntiando, ad fidem vocabat; siquidem per regnum Dei quod docebat in propinquo esse, remissionem peccatorum, salutem, vitam, et quicquid omnino in Christo assequimur, significabat; quare apud alios Evangelistas legitur, Venit Iohannes praedicans baptismum poenitentiae, in remissionem peccatorum [Marc. 1. a. 4; Luc. 3. a. 3]. Quod quid aliud est, quam[g] ut peccatorum mole pressi et fatigati, ad Dominum se converterent, ac de remissione et salute spem[h] conciperent? Sic et Christus suas conciones auspicatus est[i], Appropinquavit regnum Dei: poenitentiam agite, et credite Evangelio [Marc. 1. b. 15]. Primum declarat, thesauros misericordiae Dei in se aper-

---

a) *VG 1560* + n'empesche pas qu'en general tous ne doivent estre repentans   b) *1536* + enim; *VG 1541 sqq.* + Baptiste   c) *1536* ad praep. vias eius   d) > *1536*   e) *1536* vocando   f) *1536 (et VG 1541 sqq.)* Deo   g) Quod — quam: *VG 1541 sqq.* Ce qui n'est autre chose à dire (à d. > *1541–51)*, sinon qu'il a enseigné les hommes   h) *VG 1560* une certaine esperance   i) *VG 1560* + apres son Baptesme, disant

1) cf. Buceri Enarrat. in Evang. 1530. f. 15 b., 35 a, 102 b (1536, p. 35, 85, 259).   2) cf. l. c. f. 35 a (p. 85).

tos: deinde poenitentiam exigit: tum postremo fiduciam erga
Dei promissiones. Itaqueᵃ quum totam Evangelii summamᵇ
breviter complecti voluitᶜ, dixit se oportuisse pati, ᵈresurgere
a mortuis, praedicari in nomine suo poenitentiam, et remissionem peccatorum [Luc. 24. d. 26, et g. 46][1]. Id et Apostoli post
eius resurrectionem praedicarunt, excitatum a Deo, ad dandam poenitentiam Israeli, et remissionem peccatoⁱrum [Act. 5.
f. 31]. Praedicatur poenitentia in nomine Christi, quum per Evangelii doctrinam audiunt homines suas omnes cogitationes, suos
affectus, sua studia corrupta et vitiosa esse: 'propterea necesse
esseᵉ ut renascantur, si volunt ingredi in regnum Dei.ᶠ Remissio
peccatorum praedicatur, quum docentur homines, Christum
sibi factum esse redemptionem, iustitiam, ‖ salutem, et vitam
[1. Cor.ᵍ 1. d. 30]: cuius nomine, gratis in Dei conspectu iusti
habeantur et innocentes. ‖ Utraque gratiaʰ quum fide apprehendatur (ut alibi demonstratum est)[2] quia tamen proprium fidei
obiectum est Dei bonitas qua peccata remittuntur, eam a poenitentia diligenter distingui operaepretium fuit.

20. Porro ut peccati odium, quod poenitentiae exordium est,ⁱ
primum nobis ad Christi cognitionem ingressum aperit, qui
nullis se exhibet nisi miseris et afflictis peccatoribus, qui gemunt,
laborant, onerati sunt, esuriunt, sitiunt, dolore et miseria ta-
bescunt ‖ [Iesa. 61. a. 1; Matth. 11. a. 5; Luc. 4. c. 18]: ita in
poenitentiam ipsam eniti, tota vita in eam incumbere, eam ad
ultimum prosequi nos oportet, si in Christo consistere volumus. ‖
Ad peccatores enim vocandos venit, sed ad poenitentiam [Matth.
9. b. 13]. Missus est ad benedicendum indignis: sed quo se con-
vertat unusquisque a nequitia sua [Act. 3. d. 26, et 5. f. 31].
Plena est Scriptura eiusmodi vocibus. ᵏQuare ubi peccatorum
remissionem offert Deus, resipiscentiam vicissim stipulari fere
solet: innuens suam misericordiam, resipiscendi causam hominibus esse debere. Facite, inquit, iudicium et iustitiam: quia salus
appropinquavit [Iesa. 56. a. 1]. Item, Veniet Sioni redemptor,
et iis qui in Iacob resipiscunt a peccatis [Ibidem, 59. d. 20].
Item, Quaerite Dominum dum inveniri potest, invocate eum
dum prope est. Derelinquat impius viam suam, et iniquitatem
cogitationum suarum, et ad Dominum convertatur: et mi-

---

a) *VG 1541 sqq.* + en un autre passage   b) *1536–54* negocium
c) *1536* + Christus   d) *1561* + et   e) *1539* est   f) *1536 I 172 hic
nonnulla inseruntur.*   g) 1. Cor.: *sic recte 1536; 1559–61 falso* Rom.
h) > *1539–45*   i) Porro — est: *1536* Haec poenitentia   k) *ad sqq.
usque ad p. 78, 9 cf. 1536 I 92, 25–42*

1) Luc. 24, 46. 47.   2) sect. 1 sq., supra p. 55 sqq.

serebitur eius [Ibidem, 55. b. 6]¹. Item, Convertimini, et resipiscite, ut deleantur peccata vestra [Act. 3. d. 19ª]. Ubi tamen adnotandum est, non eam conditionem sic apponi quasi emerendae veniae fundamentum sit nostra resipiscentia: quin potius (quia in hunc finem hominum misereri statuit Dominus ut resipiscant) quo sit tendendum indicat, si gratiam obtinere volunt. Proinde donec in carcere corporis nostri habitabimus, assidue nobis cum naturae nostrae corruptae vitiis luctandum est, adeoque cum naturali nostra animaᵇ. ‖ Dicit aliquotiesᶜ Plato, vitam Philosophi meditationem esse mortis [Id cum alibi tum in Phaedone multis disputat]ᵈ². Verius nobis dicere licet, vitam Christiani hominis perpetuum esse studium et exercitationem mortificandae carnis³ donec ea plane interempta, Spiritus Dei regnum in nobis obtineatᵉ. Quare illum arbitror plurimum profecisse, qui sibi plurimum displicere didiⁱcit: non ut in hoc luto haereat, nec ultra progrediatur: sed magis ut ad Deum festinet et suspiret: quoᶠ morti vitaequeᵍ Christi insertus, perpetuam poenitentiam meditetur: ‖ ut certe non aliter possunt, quos genuinum peccati odium tenet; nemo enim peccatum unquam odit nisi prius iustitiae amore captus.⁴ ‖ Haec sententia, ut erat simplicissima omnium, ita mihi cum Scripturae veritate optime consentire visa est.

21. Porro singulare esse Dei donum Poenitentiam, notius ex superiore doctrina esse arbitror quam ut longum sermonem retexere opus sit. Itaque beneficium Dei laudat, et miratur Ecclesia, quod Gentibus dederit poenitentiam ad salutem [Act. 11. c. 18]: et Paulus Timotheum patientem et mansuetum erga incredulos esse iubens, Siquando, inquit, Deus illis det poenitentiam qua resipiscant a diaboli laqueisʰ [2. Tim. 2. d. 25. 26]. Affirmat quidem Deusⁱ se velle omnium conversionem: et exhortationes communiter omnibus destinat: efficacia tamen pendet a Spiritu regenerationis. Quia facilius esset creare nos homines, quam proprio marte induere praestantiorem naturam.

---

a) *sic rectius 1561; 1539–59* 2. f. 38   b) nostra an.: *1539–45* nostro ingenio; adeoque — an.: *VG 1541 sqq.* et tout ce qui est de naturel en nous   c) Dic. aliqu.: *1536* Dicebat   d) [ ] > *1536, VG 1541–51*   e) ea pl. — obt.: *1536* plane intereat   f) *1536* ut; *VG 1541 sqq.* et que   g) > *1536; VG 1541 sqq.* et resurrection   h) qua — laqu.: *VG 1560* pour cognoistre la verité et se retirer des liens du diable esquels ils sont detenuz   i) *VG 1560* + en passages infinis de l'Escriture

1) Ies. 55, 6. 7.   2) Plato, Phaedo 64 A B, 67 A–E; 81 A; Apol. 29 A, 41 C D; Pol. 361 D.   3) cf. Buceri Enarr. in Evang. 1530. f. 35 b (1536, p. 87).   4) cf. Lutheri Sermonem de poenitentia WA 1, 320, 24 sqq.

Itaque toto regenerationis cursu non abs re vocamur Dei figmentum creati ad bona opera quae praeparavit ut in illis ambulemus^a [Ephes. 2. b. 10]. Quoscunque eripere vult Deus ab interitu, hos Spiritu regenerationis vivificat^b: non quod poenitentia proprie sit salutis causa, sed quia iam visum est inseparabilem esse a fide et misericordia Dei: quando, teste Iesaia, venit Sioni redemptor, et iis qui in Iacob reversi sunt ab iniquitate [Iesa. 59. d. 20]. Stat quidem hoc firmum, ubicunque viget Dei timor, Spiritum in salutem hominis operatum esse. Itaque fideles apud Iesaiam, dum queruntur et deplorant a Deo se derelictos, hoc quasi reprobationis signum ponunt, obdurata fuisse divinitus corda sua [Iesa. 63. d. 17]. Apostolus quoque excludere volens apostatas^c a spe salutis, rationem asserit, esse impossibile eos renovari ad poenitentiam [Heb. 6. b. 6][1]: quia scilicet Deus renovans quos perire non vult, signum ostendit paterni favoris, et quodammodo radiis sereni et laeti vultus^d eos ad se attrahit: rursum obduratione fulminat contra reprobos, quorum irremissibilis est impietas. Quod genus vindictae Apostolus denuntiat voluntariis apostatis, qui dum a fide Evangelii deficiunt, Deum ludibrio habent, gratiam eius contumeliose respuunt, profanant ac conculcant Christi sanguinem [Ibidem, 10. e. 29]: imo quantum in se est, rursus ipsum crucifigunt.[2] Neque enim, ut volunt quidam praepostere austeri^e, voluntariis omnibus peccatis spem veniae praecidit[3]: sed apostasiam docet omni excusatione indignam esse, ut mirum non sit Deum inexorabili rigore tam sacrilegum sui contemptum ulcisci^f. ‖ Impossibile^l enim esse tradit, eos qui semel illuminati fuerint, gustaverint donum caeleste, participes facti sint Spiritus sancti, gustaverint bonum Dei verbum, virtutesque venturi seculi, si prolabantur, rursum renovari ad poenitentiam, ab integro cruci-

---

a) Itaque — amb.: *VG 1560* Parquoy non sans cause nous sommes appellez la facture de Dieu, estans creez à bonnes œuvres, lesquelles il a apprestées pour nous y faire cheminer; et ce non seulement au regard d'un iour, mais de tout le cours de nostre vocation   b) hos — vivif.: *VG 1560* il les vivifie et renouvelle par son Esprit, pour les reformer à soy   c) *VG 1560* + qui ont du tout renoncé Dieu   d) ser. — vult.: *VG 1560* de sa clarté   e) ut — aust. > *VG 1560*
f) *ad praecedentia cf. haec, quae 1539–54 exstant:*
  Sed qui tam acerbi sunt adversus peccata voluntaria censores, Apostoli autoritatem praetendunt, qui videtur omnem illis veniam praecidere.

1) Hebr. 6, 4–6. 2) Hebr. 6, 6. 3) cf. 1. Clem. c. 2, 3; haec Anabaptistarum quoque opinio est secundum Calvinum („Brieve instruction", CR Calv. opp. VII 73 sq.; ad id vide secundum articulorum Schlattensium l. c. p. 65).

figentes Filium Dei, et ludibrio exponentes [Ibidem, 6. a. 4].
Item alibi, Si volentes, ait, peccaverimus post acceptam notitiam veritatis, non ultra pro peccatis reliqua est hostia: sed formidabilis quaedam expectatio iudicii, etc. [Ibidem, 10. e. 26ᵃ].
Hi quoque loci sunt ex quorum prava intelligentia insaniendi materiam olim Novatiani hauserunt[1]: quorum asperitate offensi boni quidam viri, hanc supposititiam Epistolam crediderunt[2], quae omni tamen ex parte[b] Apostolicum spiritum vere redolet. Quoniam autem nobis contentio non est nisi cum iis qui eam amplexantur, facile est ostendere quam nihil illae sententiae ipsorum suffragentur errori. Primum necesse est, Apostolum cum magistro suo consentire, qui omne peccatum et blasphemiam remissum iri affirmat, excepto peccato in Spiritum sanctum, quod neque in hoc seculo, neque in futuro remittitur[c]. Hac, inquam, exceptione contentum fuisse Apostolum certum est, nisi volumus illum gratiae Christi adversarium facere. Unde conficitur, ‖ nullis singularibus peccatis veniam negari praeterquam uni, quod ex desperato furore profectum neque infirmitati ascribi potest, et palam demonstrat hominem a diabolo esse possessum[d].

22. Ut tamen hoc[e] expediatur, quod sit tam horrendum eiusmodi flagitium quod nullam remissionem habiturum est, quaerere convenit. Quod Augustinus alicubi definit obstinatam ad mortem usque pervicaciam cum veniae diffidentia[3], non satis quadrat ipsis Christi verbis, Non remissum iri in hoc seculo. Nam aut hoc frustra dicitur, aut in hac vita committi potest. Si autem vera est Augustini definitio[f], non committitur nisi ad mortem usque perseveret[g]. Quod alii dicunt, in Spiritum sanctum[h] peccare qui gratiae in fratrem collatae invidet[4]: non video unde sumptum fuerit. Sed veram definitionem[i] afferamus:

a) *sic recte 1553; 1559-61 falso* 25   b) *1539* ex p. tam.   c) *1553 -54, 1561* + [Matth. 12. e. 31 *(31 sq.;* e. 31 > *1561*)]; *VG 1541* + [Marc. 3. *(28 sq.)*]; *VG 1541 sqq.* + [Luc 12. *(10)*]
d) de solo in spiritum sanctum peccato intelligendum, quod utroque loco docet. Quod si haec ratiocinatio illis non sufficit: ostendam demum, et eius verba huc convenire   e) *1539-54* prius illud   f) Si — def.: *1539* si illud verum est   g) *1539-45* perseverat   h) > *1539*
i) *1539-50* diffinitionem

1) Epiphanius, Panarion haer. 59, 2 GCS 31, 365; Filastrius, Haer. 89, 3-8 CSEL 38, 49; Ambrosius, De poenitentia II, 2, 6 MSL 16, 497; cf. Tert., De pudicitia 20 CSEL 20, 266, 22 sqq.—267, 6.   2) Filastrius, Haer. 89, 2 CSEL 38, 49.   3) Aug., Inchoata expositio ep. ad Rom. 22 MSL 35, 2104; cf. Ep. 185, 11, 49 (ad Bonifacium tribunum) MSL 33, 814 CSEL 57, 42, 27 sqq.   4) Aug., De sermone Domini in monte I 22, 73 MSL 34, 1266; Beda Venerabilis, In Matth. Ev. expos. II 12 MSL 92, 63 B.

DE MODO PERCIPIENDAE GRATIAE. CAP. III

quae ubi firmis testimoniis comprobata fuerit, facile per seipsam[a] omnes alias evertet. Dico igitur in Spiritum sanctum peccare qui divinae veritati, cuius fulgore sic perstringuntur ut ignorantiam causari nequeant, tamen destinata malitia resistunt, in hoc tantum ut resistant. Christus enim explicaturus quod dixerat, continuo subiungit, Qui dixerit verbum in Filium hominis, remittetur ei: qui autem blasphemaverit contra Spiritum, non remittetur [Matth. 12. e. 31; Marc. 3. d. 29; Luc. 12. b. 10]. Et Matthaeus pro blasphemia in Spiritum, ponit Spiritum blasphemiae[1]. Quomodo in Filium quis probrum iacere possit quin simul in Spiritum torqueatur? Nempe qui in veritatem Dei incognitam imprudentes impingunt, qui Christo ignoranter maledicunt, hoc interim animo praediti ut patefactam[b] sibi Dei veritatem extinguere nolint, aut quem noverint esse Christum Domini, verbo uno laedere[c]: illi in Patrem ac Filium peccant. Sic multi sunt hodie, qui Evangelii doctrinam pessime execrantur: quam si Evangelii esse scirent, toto corde venerari parati essent[d]. Quorum autem convicta est conscientia, Dei verbum esse quod repudiant atque impugnant, impugnare[e] tamen non desinunt: illi in Spiritum blasphemare dicuntur: quandoquidem adversus illuminationem (quae opus est Spiritus sancti) luctantur. Tales erant ex Iudaeis nonnulli, qui quum resistere Spiritui per Stephanum loquenti non possent, resistere tamen contendebant [Act. 6. c. 10]. Non dubium est quin ex illis multi, Legis zelo[f] ad id raperentur: sed fuisse alios apparet qui malitiosa impietate in Deum ipsum furerent, hoc est in doctrinam quam esse a Deo non nesciebant. Tales et ipsi Pharisaei, in quos Dominus invehitur, qui Spiritus sancti virtutem ut disiicerent, Beelzebub nomine infamabant [Matt. 9. d. 34, et 12. b. 24]. Hic ergo est Spiritus blasphemiae, ubi hominis audacia in contumeliam divini nominis data opera prosilit. Quod innuit Paulus, quum docet se misericordiam consequutum, quod ignorans ea per incredulitatem commiserat[g] [1. Tim. 1. c. 13], quorum merito indignus alioqui fuisset[h] gratia Domini. Si ignorantia cum incredulitate iuncta fecit ut veniam obtineret, hinc sequitur, non esse veniae locum ubi scientia ad incredulitatem accessit.

---

a) *1539* se ipsa   b) *1539-54* revelatam   c) *1539-54* taxare
d) vener. — ess.: *1539-54* venerarentur   e) *VG 1541 sqq.* + et tascher de la destruyre   f) *VG 1541 sqq.* + inconsideré   g) *1539-54* commisisset   h) al. fuiss.: *1539* erat

1) sic ex. gr. Biblia utriusque Testamenti iuxta vulgatam translationem, Basil. 1538 (Froben.); (cf. quoque textum Sixtinum vulgatae).

23. Apostolum vero non de particulari uno lapsu vel altero, sed de universali defectione loqui qua se reprobi a salute abdicant, si bene animadvertas, intelliges ᵃ. ‖ Eos autem implacabilem Deum sentire mirum non est, quos Iohannes in sua Canonica affirmat non fuisse ex electis a quibus exierunt [1. Iohan. 2. c. 19]. ‖ Sermonem siquidem in eos dirigit qui religionem Christianam se repetere posse imaginabantur, etsi ᵇ semel ab ea defecerant ᶜ: quos ab hac falsa et perniciosa opinione avocans, dicit quod verissimum est, non patere iis reditum ad Christi communionem qui eam scientes volentes proiecerint. Proiiciunt ᵈ autem non qui simpliciter dissoluta vitae licentia verbum Domini transgrediuntur: sed qui totam eius doctrinam ex professo reiiciunt ᵉ. Ergo paralogismus est in verbo Prolabendi¹ et Peccandi ᶠ; quoniam Prolabi Novatiani interpretantur, siquis Lege Domini non furandum nec scortandum edoctus, a furto aut scortatione non abstineat². At contra subesse tacitam antithesin affirmo, in qua repeti debeant contraria omnia iis quae prius dicta fuerant ᵍ: ‖ ut hic non particulare aliquod vitium, sed universalis aversio a Deo, et totius (ut ita loquar) hominis apostasia exprimatur ʰ. ‖ Quum ergo dicit, eos qui prolapsi sint, postquam semel illuminati fuerunt, gustaverunt donum caeleste, participes facti sunt Spiritus sancti, gustaverunt etiam bonum Dei verbum, virtutesque venturi ⁱ seculi [Heb. 6. a. 4]³: intelligendum est, qui lumen Spiritus deliberata impietate suffocarint ʲ, doni caelestis gustum respuerint, a sanctificatione Spiritus se alienarint, verbum Dei et seculi venturi virtutes conculcarint. Ac quo magis exprimeret illam impietatis certam destinationem, alio postea loco nominatim adiecit dictionem, Voluntarie. Nam quum dicit, nullam fieri reliquam hostiam iis qui volentes, post acceptam veritatis notitiam, peccarint [Hebr. 10. e. 26], non negat Christum esse perpetuam hostiam, ad expiandas sanctorum iniquitates: (quod tota fere epistola diserte clamat, inter explicandum Christi sacerdotium) sed nullam aliam ᵏ restare dicit ubi ab ea discessum est. Disceditur autem, abnegata ex professo Evangelii veritate.

---

a) In hunc sensum Apostolum loqui, si bene animadvertas, intelliges b) *1539–54* si c) *1539–54* defecissent d) proiecerint. Proiic.: *1539–45* abiurarint. Abiurant e) *1539–45* proiiciunt f) Ergo — Pecc.: *VG 1541 sqq*. Les Novatiens et leurs sectateurs donc, s'abusent en ces motz, de cheoir et tomber g) At — fuer. *VG 1541 sqq*. Mais ie diz qu'il fault icy entendre une comparaison de choses contraires h) ut hic — expr. > *VG 1551 sqq.* i) *1539* praefocarint; *1543* provocarint k) > *1539*

1) Hebr. 6, 6. 2) Quo loco Calvinus hic nitatur explorari non potuit. 3) Hebr. 6, 4 sq.

24. Quod autem nimis durum et Dei clementia alienum videtur quibusdam, a remissione ullos omnino depelli qui ad implorandam Domini misericordiam confugiant[1], id facile diluitur. Non enim denegari veniam dicit si ad Dominum se converterint: sed omnino negat posse ad poenitentiam surgere: quod scilicet aeterna caecitate, ob suam ingratitudinem iusto Dei iudicio percussi sint. Neque obstat quod idem exemplum Esau huc postea accommodat, qui frustra lachrymis et eiulatu tentaverit amissam primogenituram recuperare[a]. Nihilo etiam magis illa Prophetae comminatio, Quum clamaverint, non exaudiam [Zach. 7. d. 13][b]. Neque enim talibus loquendi formulis aut vera conversio, aut Dei invocatio designatur: sed illa impiorum anxietas, qua[c] in rebus extremis constricti[d] coguntur respicere quod antea secure negligebant, sibi nihil esse boni, nisi in Domini auxilio. Illud autem non tam implorant, quam sibi ablatum esse gemunt. Itaque nihil aliud significat Propheta per clamorem, Apostolus per lachrymas[2], quam tormentum illud horribile quod impios ex desperatione urit et discruciat[e]. || Hoc diligenter notare operaepretium est: quia secum alioqui pugnaret Deus, qui per Prophetam clamat, se propitium fore simulac conversus fuerit peccator [Ezech. 18. e. 20. 21][3]. Et (quemadmodum iam dixi)[4] animum hominis in melius mutari nonnisi praeveniente illius gratia certum est. De invocatione etiam nunquam fallet promissio; sed conversio et precatio improprie vocatur caecum illud tormentum quo distrahuntur reprobi, quum Deum sibi quaerendum esse vident ut inveniant malis suis remedium, et tamen eius accessum refugiunt.

25. Quaeritur tamen, quum neget Apostolus ficta poenitentia placari Deum, quomodo veniam adeptus sit Achab, et poenam sibi indictam averterit [1. Reg. 21. g. 28. 29]: quem tamen nonnisi subito pavore fuisse consternatum ex reliquo tenore vitae apparet. Induit quidem saccum, aspersus est cinere, iacuit humi[5], et (quemadmodum testimonium illi redditur) humiliatus est coram Deo: sed parum fuit vestes scindere, quum[l] maneret cor obstipum et malitia turgidum. Videmus tamen ut Deus ad clementiam flectatur. Respondeo, sic interdum hypocritis parci

---

a) *1553-54* + [Hebr. 12. e. 12 *(lege 12, 16 sq.)*]   b) *VG 1541-51* [Mich. 3. *(4)*]   c) *1539-54* + dum   d) *1539-54* constringuntur
e) *VG 1541 sqq.* + voyans qu'ilz n'ont nul remede de leur malheureté, synon la bonté de Dieu, en laquelle ilz ne se peuvent aucunement fier

1) Melanchthon, Loci comm. 1535, CR Mel. opp. XXI 488.   2) Hebr. 12, 16 sq.   3) Ez. 18, 21 sq.   4) sect. 21, supra p. 78 sq.   5) 1. Reg. 21, 27.

ad tempus, ut tamen semper illis incumbat ira Dei: idque fieri non tam eorum gratia quam in commune exemplum. Nam quod mitigata fuit poena ipsi Achab, quam inde utilitatem consequutus est nisi ut eam vivus in terra non sentiret? Ergo Dei maledictio, quanvis recondita, fixam habuit sedem in eius domo: ipse autem in aeternum exitium perrexit. Idem videre est in Esau; etsi enim repulsam passus est, temporalis tamen benedictio concessa fuit eius lachrymis [Genes. 27. f. 18. 19][1]. Sed quia spiritualis haereditas ex Dei oraculo nonnisi penes unum ex fratribus residere poterat, dum praeterito Esau electus est Iacob, abdicatio illa misericordiam Dei exclusit: solatium hoc quasi homini belluino fuit residuum, ut pinguedine terrae et rore caeli saginaretur.[2] Atque id est quod nuper dixi ad exemplum aliorum referri debere, quo alacrius ad sinceram poenitentiam adiicere animos et studia nostra discamus: quia minime dubitandum est vere et ex animo conversis Deum fore ad ignoscendum facilem, cuius clementia se ad indignos usque extendit, dum aliquid displicentiae prae se ferunt. Eadem etiam opera docemur quam horribile iudicium praefractos omnes maneat, quibus Dei minas improba fronte non minus quam corde ferreo spernere et pro nihilo ducere ludus est. In hunc modum saepe filiis Israel manum porrexit ad levandas eorum clades, quanvis simulati essent eorum clamores, duplexque et perfidus animus: sicut ipse in Psalmo conqueritur, statim ad ingenium fuisse reversos [Psal. 78. d. 36. 37][3]; atque ita voluit tam amica facilitate ad seriam conversionem eos adducere, vel reddere inexcusabiles. Neque tamen, poenas ad tempus remittendo, perpetuam sibi legem imponit: quin potius severius interdum contra hypocritas insurgit et poenas duplicat, ut inde appareat quantopere ei displiceat fictio. Sed quaedam (ut iam dixi) exempla profert suae ad dandam veniam propensionis, ex quibus pii animentur ad vitae correctionem, et gravius damnetur eorum superbia qui proterve adversus stimulum calcitrant.

Quam procul absit ab Evangelii puritate quicquid de poenitentia garriunt Sophistae in suis scholis[a]; ubi de confessione et satisfactione agitur. CAP. IIII.

1. Nunc venio ad excutienda ea quae de poenitentia scholastici sophistae tradiderunt, quae quam[1] paucissimis fieri pot-

a) Soph. — schol.: *VG 1560* les theologiens Sorbonistes

1) imo Gen. 27, 40.   2) Gen. 27, 28; sed Calvinus benedictionem Esau cum benedictione Iacobi confundit.   3) Ps. 78, 36 sq., 57.

erit percurram; quia omnia persequi animus non est: ne hic liber[a], quem ad docendi compendium aptare studeo[b], in immensum extrahatur. Et illi rem alioqui non valde implicitam tot voluminibus involverunt, ut non futurus sit facilis exitus
5 si te paulum in eorum faeces immerseris. Principio, in danda definitione plane ostendunt nunquam se intellexisse quid esset poenitentia. Arripiunt enim quaedam e libris veterum dicteria, quae vim poenitentiae minime exprimunt: Quod poenitere sit anteacta peccata deflere, et flenda non committere [Pri. est
10 Greg. et refert. lib. 4. Sent. Dist. 14. cap. 1][1]. Item, quod sit mala praeterita plangere, et plangenda iterum non committere [Sec. Ambr. refert. illic, et in Decr. Dist. 3. de poenitent. c. Poeni. priore][2]. Item, quod sit quaedam dolens vindicta, puniens in se quod dolet commisisse [Tert. August. refert. ea. dist.
15 c. Poeni. post.][3]. Item, quod sit dolor cordis et amaritudo animae pro malis quae quisque commisit, vel quibus consensit [Quart. Amb. refert. dist. 1. de poen. c. Vera poenit.][4]. Haec enim ut a Patribus bene dicta concedamus (quod inficiari tamen[c] contentioso difficile non esset) non tamen in eam partem dice-
20 bantur ut poenitentiam describerent, sed tantum ut suos hortarentur ne in eadem delicta rursum inciderent[d] a quibus extracti erant. || Quod si elogia istiusmodi omnia in definitiones 1539 convertere placet, alia quoque non minori iure assuenda erant. Quale est hoc Chrysostomi, Poenitentia est medicamentum pec-
25 catum extinguens, donum caelitus datum, virtus admirabilis, gratia vim legum superans[5]. || Adde quod doctrina, quam postea 1543 tradunt, istis definitionibus est aliquanto deterior. Sic enim sunt in externis exercitiis mordicus infixi, ut nihil aliud ex immensis voluminibus colligas quam poenitentiam esse disciplinam
30 et austeritatem, quae partim domandae carni, partim castigandis puniendisque vitiis serviat: de interiori mentis renovatione,

---

a) *1536–54* hic noster libellus   b) ad — stud.: *1536–54* ad enchiridii brevitatem exigere volo   c) > *1536 (et VG 1541 sqq.)*   d) *1536* reciderent; *VG 1541 sqq. (de ne)* recheoir

35 1) Gregorius I., Homil. in Evang. lib. II hom. 14, 15 MSL 76, 1256 B; ref. a P. Lomb., Sent. IV. dist. 14, 1 MSL 192, 869.   2) Pseudo-Ambrosius, Serm. 25, 1 MSL 17, 655 A; ref. a P. Lomb., Sent. IV dist. 14, 1 MSL 192, 869; Decr. Grat. II, De poenit. dist. 3. c. 1 Friedberg I. col. 1211.   3) Pseudo-Aug., De vera et falsa poenitentia
40 c. 8, 22 MSL 40, 1120; ref. Decr. Grat. II, De poenit. dist. 3. c. 4 Friedb. I. col. 1211.   4) Pseudo-Ambrosius, Sermo 25, 1 MSL 17, 655A; Decr. Grat. II. De poenit. dist. 1. c. 39 Friedb. I. col. 1168.   5) Chrysostomus, De poenitentia homil. 7, 1 opp. (Paris. 1834 sqq.) t. II 385 B.

quae veram vitae correctionem secum trahit, mirum silentium. ||
De contritione quidem et attritione multus apud eos sermo[1]:
multis scrupulis animas torquent: et plurimum molestiae et
anxietatis ingerunt: sed ubi visi sunt corda penitus vulnerasse,
levi ceremoniarum aspersione totam amaritudinem sanant. || 5
Poenitentiam tam argute definitam, in contritionem cordis,
confessionem oris, satisfactionem operis[a] partiuntur [Lib. 4.
Sent. 16. c. 1. de poenit. dist. 1. c. Perfecta poenit.][2], nihilo magis dialectice quam[b] definierunt: etsi[c] videri volunt totam
aetatem in syllogismis contexendis detrivisse[d]. Verum siquis 10
a definitione ratiocinetur (quod genus argumentandi apud dia-
lecticos valet) posse aliquem anteacta peccata deflere, et flenda
non committere: posse praeterita mala plangere, et plangenda
non committere: posse punire, quod doleret[e][f] commisisse, etc.[f],
quanvis ore non confiteatur: quomodo suam partitionem tue- 15
buntur? Si enim ille vere poenitens non confitetur, poenitentia
sine confessione esse potest. Quod si respondeant, hanc partitionem ad poenitentiam referri quatenus est sacramentum, vel
de tota poenitentiae perfectione intelligi, quam suis definitioni-
bus non comprehendunt, non est unde accuser: sibi ipsi im- 20
putent, qui non purius ac dilucidius definiunt. Ego certe pro
mea crassitie, quum de re aliqua disputatur, ad ipsam definitionem omnia refero, quae est totius disputationis cardo ac
fundamentum. Sed sit illa magistralis licentia; iam partes ipsas
ordine perlustremus. || Quod neglectim quasi frivola transilio 25
quae ipsi gravi supercilio pro mysteriis venditant, non facio
inscitia: (neque enim mihi valde laboriosum esset excutere

---

a) satisf. op. > *1539*   b) > *1539*   c) *1539–45* Et si   d) etsi
— detr.: *VG 1541 sqq.* Combien qu'ilz n'estudient autre chose en
toute leur vie que la Dialectique, qui est l'art de bien diffinir et
partir   e) *1536* doleat   f) posse praeterita — etc. > *VG 1541 sqq.*

1) Alanus de insulis, Theologiae regulae, reg. 85 MSL 210, 665;
Alex. Ales., Summa theol. IV. q. 74 (ed. Nuremb. 1482); Bonaventura,
In sent. IV. dist. 17. p. 1. art. 2. q. 3; p. 2. art. 2. q. 3. opp. 4, 429 sq.,
477; Thomas Aq., S. th. III. suppl. q. 1. art. 2. 3; Scotus, In sent. IV.
dist. 14. q. 2, 14. opp. 18, 74 b sqq.; attritionem rejicit G. Biel, In
sent. IV. dist. 14. q. 2. art. 1. not. 2. coroll. 4.   2) Lomb., Sent. IV.
dist. 16, 1 MSL 192, 877; Decr. Grat. II De poenit. dist. 1. c. 40
Friedbg. I col. 1168, ex hom. suppositicia inter opp. Chrysostomi,
quae incipit „Provida mente", omissa a Maurinis, in ed. Erasmi Basil.
1530 t. II 347 A; cf. Gregor. I., In 1. reg. VI 2, 33 MSL 79, 439 A;
Thom. Aq., S. th. III. q. 90. art. 2; Bullam Eugenii IV. „Exultate
Deo" in concilio Florent. 1439 promulgatam, Mansi, collectio conc.
XXXI 1057 (Denzinger, Enchiridion [16/17] No. 699).

quaecunque argute et subtiliter ipsi existimant a se disputari) sed mihi religio esset fatigare talibus ineptiis lectores absque fructu. Certe de rebus ignotis eos garrire, ex quaestionibus quas movent et agitant, et quibus misere se impediunt, cognitu facile
5 est; qualis illa est, An unius peccati poenitentia Deo placeat, ubi in aliis durat obstinatio.[1] Item, an poenae divinitus inflictae ad satisfactionem valeant.[2] Item, an saepius iterari possit pro mortalibus peccatis[3]; ubi turpiter et impie definiunt nonnisi de venialibus peccatis quotidie agi poenitentiam.[4] Similiter
10 crasso errore valde se torquent in dicto Hieronymi, poenitentiam esse secundam tabulam post naufragium[a][5]; in quo ostendunt se nunquam a bruto stupore evigilasse, ut millesimam vitiorum suorum partem vel procul sentirent.

2. Velim autem animadvertant lectores, non hic de asini
15 umbra rixam esse[b], sed rem omnium maxime seriam tractari: nempe de peccatorum remissione. Quum enim tria ad poenitentiam requirunt, compunctionem cordis, oris confessionem, operis satisfactionem: simul ad impetrandam peccatorum remissionem necessaria esse docent. Siquid autem in tota[c] religione scire no-
20 stra refert, id certe refert maxime, nempe[d] intelligere ac probe tenere, qua ratione, qua lege, qua conditione, qua facilitate aut difficultate obtineatur peccatorum remissio. Haec notitia nisi perspicua certaque constat, nullam omnino[e] requiem, nullam cum Deo pacem, nullam fiduciam aut securitatem habere potest
25 conscientia: sed assidue trepidat, fluctuatur, aestuat, cruciatur, divexatur, horret, odit, ac fugit conspectum Dei. Quod si ab his conditionibus pendet peccatorum remissio quibus eam ipsi alligant: nihil nobis miserius nec deploratius. Contritionem, primam obtinendae veniae partem faciunt, eamque debitam exi-
30 gunt, hoc est iustam et plenam[6]: sed interim non constituunt

a) poen. — naufr.: *VG 1560* que la penitence est une seconde planche, sur laquelle celuy qui estoit pour perir en la mer, nage pour venir au port   b) non — esse: *VG 1541 sqq.* que nous ne sommes pas en un combat frivole   c) *1536-54* + nostra   d) > *1536-54*
35 e) > *1536 (et VG 1541 sqq.)*

1) Lomb., Sent. IV. dist. 15, 1 MSL 192, 872 sq.; Bonaventura, In sent. IV. dist. 15. art. un. q. 2. opp. 4, 351 sq.; Thomas Aq., S. th. III. suppl. q. 14. art. 1.   2) Thomas Aq., S. th. III. suppl. q. 15. art. 2. 3) Thomas Aq., S. th. III. q. 84. art. 10.   4) Lomb., Sent. IV. dist.
40 16, 3 sq. MSL 192, 879; Thomas Aq., S. th. III. q. 87. art. 1.   5) Hieronymus, Ep. 84, 6 CSEL 55, 128; Ep. 130, 9, 2 CSEL 56, 189; Lomb., Sent. IV. dist. 14, 1 MSL 192, 869; Decr. Grat. II De poenit. dist. 1. c. 72 Friedbg. I col. 1179; Thomas Aq., S. th. III. q. 84. art. 6. 6) cf. Cypr., Ep. 55, 18 CSEL 3 II, 636, 14.

quando securus aliquis esse possit, se hac contritione ad iustum modum defunctum esse. ‖ Equidem sedulo et acriter instandum esse fateor, ut quisque amare deflendo sua peccata, se ad eorum displicentiam et odium¹ magis acuat. Haec enim est non poenitenda tristitia, quae poenitentiam gignit in salutem; sed ubi exigitur doloris acerbitas, quae culpae magnitudini respondeat, et quae in trutina appendatur cum fiducia veniae: ‖ hic vero miserae conscientiae miris modis torquentur, et exagitantur, dum sibi debitam peccatorum contritionem imponi vident, nec assequuntur debiti mensuram, ut secum decernere possint, se persolvisse quod debebant. Si dixerint faciendum quod in nobis est¹, eodem semper revolvimur; quando enim audebit sibi promittere quispiam, omnes se vires contulisse ad lugenda peccata? Ubi ergo diu secum luctatae, et longis certaminibus exercitae conscientiae, portum tandem in quo resideant non inveniunt: ut se aliqua saltem parte leniant, dolorem a se extorquent, et lachrymas exprimunt, quibus suam contritionem perficiant.

3. Quod si me calumniari aiunt, prodeant sane, et unum aliquem ostendant qui huiusmodi contritionis doctrina vel non sit ad desperationem adactus: vel simulationem doloris iudicio Dei, pro vero dolore, non opposuerit. Diximus et nos quodam loco, nunquam sine poenitentia obvenire peccatorum remissionem, quod nulli nisi afflicti, et peccatorum conscientia vulnerati, Dei misericordiam implorare syncere possunt²: sed simul adiecimus, poenitentiam non esse causam remissionis peccatorum.³ Illa autem animarum tormenta sustulimus, quod debita praestanda sit. Peccatorem docuimus non in suam compunctionem neque in suas lachrymas intueri, sed utrunque oculum in solam Domini misericordiam defigere.⁴ Tantum admonuimus, vocari a Christo laborantes et oneratos, quando missus sit ad evangelizandum pauperibus, ad sanandum contritos corde, praedicandum captivis remissionem, ac educendos vinctos, consolandos lugentes [Matt. 11. d. 28; Iesa. 61. a. 1; Luc. 4. c. 18].⁵ Quo excluderentur et Pharisaei, qui sua iustitia saturi, paupertatem suam non agnoscunt: et contemptores, qui securi irae Dei, malo suo remedium non quaerunt. Tales enim non laborantᵃ, nec onerati sunt, nec contriti corde, nec vincti, nec captiviᵇ. Mul-

---

a) non lab.: *1536* nec lab.; *VG 1541 sqq.* ne travaillent point   b) *1536* + nec lugent; *VG 1541 sqq.* + et ne plourent *(1541* pleurent*)* point

1) G. Biel, In sent. IV. dist. 14. q. 1 art. 2. concl. 5 U.   2) III 3, 20; supra p. 77 sq.   3) III 3, 20. 21; supra p. 78 sq.   4) III 3, 20; supra p. 78, 14 sqq.; cf. etiam Melanchthonis Locos comm. 1521 ed. Kolde⁴, p. 235.   5) III 3, 20 supra p. 77.

tum vero interest doceasne emereri peccatorum remissionem iusta et plena contritione[1] (qua nunquam defungi possit peccator[a]) an eum[b] instituas ad esuriendam et sitiendam[c] Dei misericordiam, quo[d] per miseriae suae agnitionem, suum aestum, lassitudinem, captivitatem illi ostendas ubi quaerere[e] refrigerium, requiem, libertatem[f] debeat[g]: illum denique doceas in sua humilitate dare Deo gloriam.

4. De confessione semper ingens fuit pugna inter Canonistas et Theologos scholasticos: his contendentibus mandari divino praecepto confessionem: illis reclamantibus, Ecclesiasticis duntaxat constitutionibus praecipi[h 2]. In eo vero certamine insignis[i] Theologorum impudentia apparuit, qui tot locos Scripturae depravarunt, et vi detorserunt, quot[1] in rem suam citabant. Et quando ne sic quidem obtineri posse viderunt quod postulabant, qui arguti volebant prae aliis videri, hoc effugio elapsi sunt, confessionem a iure divino profectam, quantum ad substantiam: sed formam postea accepisse a iure positivo.[3] Nempe sic qui inter leguleios sunt ineptissimi, citationem ad ius divinum referunt, quia dictum sit, Adam ubi es? Exceptionem item, quia responderit Adam quasi excipiens, Uxor quam dedisti mihi, etc [Gen. 3. b. 9. 12]; utrique tamen formam a iure civili datam. Sed videamus quibus argumentis confessionem hanc vel formatam vel informem Dei esse mandatum probant. Misit (inquiunt) leprosos Dominus ad Sacerdotes[4] [Matth. 8. a. 4;

---

a) poss. pecc.: *1536* possis   b) *1536* peccatorem   c) ad — sitiend.: *1536* esurire et sitire   d) > *1536 (et VG 1541 sqq.)*   e) ubi quaer.: *1536* ut quaerat; *VG 1541 sqq.* pour luy faire chercher   f) *1536* liberationem; *VG 1541 sqq.* delivrance   g) > *1536; VG 1541 sqq: vide not. e*   h) Eccl. — praec.: *VG 1541 sqq.* qu'elle estoit seulement ordonnée de droit positif, c'est à dire par les constitutions Ecclesiastiques   i) *1539–43* quos

1) cf. Thom. Aq., S. th. III. suppl. q. 5. art. 2. corp.   2) cf. Gratianum in Decreto II. De poenitentia dist. I c. 30–37 Friedbg. I col. 1165–67; ab altera parte Lomb., Sent. IV. dist. 17, 1–4 MSL 192, 880 sqq.; Thom. Aq., S. th. III. suppl. q. 6 art. 2. 3; Scot., In sent. IV. dist. 17. q. un. opp. 18, 503 sqq.; Biel, In sent. IV. dist. 17. q. 1 art. 1 DE; Bullam Sixti IV. „Licet ea" a. 1479 (Errores Petri de Osma de sacramento poenitentiae c. 2), Bull. Rom. (Taur.) V 265 a, (Denzinger, Enchiridion [16/17] No. 725); cf. quoque Io. Eckii Enchiridion 1532 c. 8 C 7 ab; Alf. de Castro, Adv. haer. fol. 82 ab.   3) non verba, sed res occurit apud Io. Eckium, Enchir. c. 8. C 7 b.   4) Pseudo-Aug., De vera et falsa poenitentia c. 10, 25 MSL 40, 1122; Decr. Grat. II De poenit. dist. 1 c. 88 Friedbg. I, 1188; Lomb., Sent. IV. dist. 18, 6 MSL 192, 887; etc. Eckius, l. c.

Luc. 5. c. 14, et 17. c. 14][a]. Quid? misitne ad confessionem? quis unquam fando audivit, audiendis confessionibus praefectos Leviticos sacerdotes [Deut. 17. b. 8. 9]? Confugiunt ergo ad allegorias: sancitum erat Lege Mosaica ut sacerdotes discernerent inter lepram et lepram[1]: peccatum, spiritualis est lepra: de hac pronuntiare, Sacerdotum est[2]. Antequam respondeo, quaero obiter si hic locus spiritualis leprae eos iudices facit, cur naturalis et carnalis leprae cognitionem ad se trahunt? Scilicet hoc non est Scripturis ludere. Lex cognitionem leprae defert Sacerdotibus Leviticis; hanc nobis usurpemus. Peccatum est lepra spiritualis; simus et peccati cognitores. Nunc respondeo: Translato sacerdotio, necesse est Legis translationem fieri [Heb. 7. b. 12]. Omnia sacerdotia ad Christum translata sunt, in eo impleta et finita: ad eum igitur unum ius omne et honor sacerdotii translatus est. Si tantopere amant allegorias sectari, unicum sacerdotem Christum sibi proponant, et rerum omnium libera iurisdictione tribunal eius cumulent: facile id feremus. Adhaec importuna est ipsorum allegoria, quae Legem mere politicam, inter ceremonias reponit. || Cur igitur Christus ad Sacerdotes leprosos mittit? Ne calumniarentur Sacerdotes, ipsum Legem violare, quae iubebat[b] coram Sacerdote repraesentari a lepra curatum, et oblato sacrificio expiari: iubet mundatos leprosos facere ea quae Legis erant. Ite, inquit, ostendite vos Sacerdotibus: et offerte munus quod praecepit Moses in Lege, ut sit in testimonium ipsis[3]. Et vere futurum erat illis in testimonium miraculum hoc: pronuntiaverant[c] eos leprosos, nunc curatos pronuntiant. Nonne velint, nolint, coguntur fieri testes miraculorum Christi? Explorandum illis Christus suum miraculum permittit, diffiteri non possunt: quia autem adhuc tergiversantur, est illis hoc opus in testimonium. Sic alibi, Praedicabitur Evangelium hoc in universo orbe, in testimonium omnibus gentibus [Matth. 24. b. 14]. Item, Ante Reges et Praesides ducemini, in testimonium ipsis [Matth. 10. b. 18]. Id est, quo in iudicio Dei fortius convincan'tur. || Quod[d] si Chrysostomo acquiescere malunt, ille etiam propter Iudaeos a Christo id factum docet, ne Legis praevaricator haberetur [Homil. 12. de mu-

---

a) *1536* + [Mar. 1 *(44)*]   b) *1536-50* iuberet   c) *1539-43* pronunciaverunt   d) *1539-43* Quid

1) Lev. 14, 2 sq.   2) Hieronymus, In Matth. III. c. 16. v. 19 MSL 26, 118 A B; Pseudo-Aug., De vera et f. poenit. l. c.; Lomb. l. c.; Bonav., In sent. IV. dist. 17. p. 3. art. 1. q. 1. opp. 4, 451; Thomas Aq., S. th. III. suppl. q. 6 art. 4 ad. 3; art. 6 ad. 2.   3) Luc. 17, 14; Matth. 8, 4.

DE MODO PERCIPIENDAE GRATIAE. CAP. IIII 91

liere Chananaea][1]. || Quanquam in re tam clara suffragium ullius hominis accersere pudet: ubi Christus pronuntiat se ius legale relinquere Sacerdotibus integrum, tanquam professis Evangelii hostibus, qui semper ad obstrependum intenti erant, nisi os fuisset occlusum. Quare ut hanc possessionem retineant papales sacrifici, palam concedant in eorum partes quos necesse est vi compesci ne Christo maledicant. Nam ad veros eius ministros nihil hoc pertinet.

5. Secundum argumentum ex eodem fonte ducunt, hoc est ex allegoria; quasi multum valeant allegoriae ad dogma aliquod confirmandum. Sed valeant sane, nisi eas ipsas ostendero speciosius a me obtendi, quam ab ipsis posse. Dicunt ergo, Dominus discipulis praecepit, ut suscitatum Lazarum fasciis solverent et expedirent[2] [Iohan. 11. f. 44]. Hoc primum mentiuntur: nusquam enim legitur, hoc dixisse Dominum discipulis, estque multo verisimilius dixisse Iudaeis astantibus: quo citra ullam fraudis suspicionem evidentius fieret miraculum, et maior sua virtus eluceret, quod nullo tactu, sua sola voce mortuos suscitaret. Sic equidem interpretor, Dominum, quo omnem sinistram suspicionem Iudaeis tolleret, voluisse illos revolvere lapidem, foetorem percipere, certa mortis signa spectare, sola verbi virtute surgentem videre, viventem primos attrectare. || Atque haec Chrysostomi sententia est [Serm. contra Iudaeos, Gentiles et haeret.][3]. || Sed demus hoc dictum discipulis, quid tum obtinebunt? Dominum dedisse Apostolis solvendi potestatem; quanto aptius et magis dextre haec allegorice tractari poterunt, si dicamus hoc symbolo Deum[a] voluisse fideles suos instituere, ut solverent a se suscitatos: hoc est, ne in memoriam peccata revocarent, quae ipse oblitus esset: ne ceu peccatores damnarent quos ipse absolvisset: ne adhuc exprobrarent quae ipse condonasset: ne ubi misericors ipse esset, et ad parcendum facilis, ipsi ad puniendum severi et morosi essent? || Certe nihil ad ignoscentiam flectere nos magis debet quam iudicis exemplum, qui se nimium rigidis et inhumanis implacabilem fore minatur. || Eant nunc et allegorias suas venditent[b].

---

a) *1536 (et VG 1541 sqq.)* Dominum   b) *1536-45* ventilent

1) Chrysostomus, Homil. de Chananaea c. 9. opp. t. III. 524 A.
2) Pseudo-Aug., De vera et falsa poenit. c. 10, 25 MSL 40, 1122; Decr. Grat. II De poenit. dist. 1. c. 88. Friedbg. I, 1188; Lomb., Sent. IV. dist. 18, 6 MSL 192, 887; Thomas Aq., S. th. III. suppl. q. 8. art. 1; etc. (cf. ex. gr. Eckium, Enchir. c. 8. C 7b); — auctor huius allegoriae est Augustinus, Enarr. in Ps. 101 serm. 2, 3 MSL 37, 1306 sq.   3) Pseudo-Chrysost., Contra Iudaeos, Gentiles et haereticos, opp. t. I 1011 A.

6. Iam propius manus conserunt, dum apertis (ut sibi videntur) sententiis[a] pugnant, Qui ad Iohannis baptismum veniebant, confitebantur peccata sua[1] [Matth. 3. b. 6]: et Iacobus vult ut alter alteri peccata confiteamur[2] [Iacob. 5. d. 16]. Nihil mirum si confitebantur peccata sua qui volebant baptizari; dictum enim ante est, Iohannem praedicasse Baptismum poeniten|tiae, baptizasse aqua in poenitentiam. Quos igitur baptizasset, nisi qui se peccatores confessi essent? Baptismus symbolum est remissionis peccatorum: et qui ad hoc symbolum admitterentur, nisi peccatores, et qui se tales agnoscunt? Confitebantur itaque peccata sua, ut baptizarentur. Nec sine causa praecipit Iacobus ut alii aliis[b] confiteamur. Verum si animadverterent quod proxime sequitur intelligerent, parum etiam hoc sibi suffragari. Confitemini, inquit, alter alteri peccata vestra, et orate pro invicem. Mutuam confessionem et mutuam orationem simul iungit. Si solis sacrificulis confitendum est: ergo et pro illis solis orandum. Quid, quod sequeretur ex verbis Iacobi, solos sacrificulos confiteri posse? siquidem dum vult ut mutuo confiteamur, eos solos alloquitur qui aliorum confessionem audire possint; ἀλλήλοις[c], inquit[d], mutuo, invicem[e], vicissim[f], aut si malunt, reciproce. ‖ Confiteri autem reciproce nequeunt nisi qui sunt audiendis confessionibus idonei. Qua praerogativa quando solos sacrificulos dignantur nos quoque confitendi munus ad eos solos ablegamus. ‖ Facessant igitur hoc genus nugamenta, et ipsam Apostoli mentem accipiamus: quae simplex est et aperta, nempe ut nostras infirmitates vicissim alter in alterius sinum deponamus, mutuum consilium, mutuam compassionem, mutuam inter nos consolationem accepturi. Deinde ut fraternis infirmitatibus[g] mutuo conscii, pro illis ad Dominum oremus. Quid ergo contra nos Iacobum citant, qui tantopere confessionem misericordiae Dei urgemus? Confiteri autem Dei misericordiam nemo potest nisi miseriam suam prius confessus. Quin potius anathema esse pronuntiamus, quicunque non se coram Deo, coram Angelis eius, coram Ecclesia, coram omnibus denique hominibus peccatorem confessus fuerit. Omnia enim conclusit Dominus sub peccatum, ut omne os obstruatur, et

---

a) *VG 1541 sqq* + de l'Escriture   b) alii aliis*: 1536–50* alter alteri
c) *sic recte 1536–54; 1559–61 falso* ἀλλήλους   d) > *1536–39*   e) > *1536*
f) ἀλλ. — vic.: *VG 1541 sqq.* Car il dit mutuellement   g) fr. infirm.:
1536 fraternae infirmitatis

1) Thomas, S. th. III. suppl. q. 6 art. 6. ad. 2. (Eckius, l. c. C 8b).
2) Thomas, S. th. l. c. et q. 8. art. 1 ad. 1 (Eckius, l. c.).

DE MODO PERCIPIENDAE GRATIAE. CAP. IIII 93

humilietur omnis caro coram Deo [Galat. 3. d. 22; Rom. 3. b. 9, et c. 19]: solus autem ipse iustificetur[1] et exaltetur.

7. Miror autem qua fronte ausint contendere confessionem, de qua loquuntur, iuris esse divini: cuius equidem vetustissimum esse usum fatemur: sed quem facile evincere possumus olim fuisse liberum. Certe nullam de ea statam fuisse legem aut constitutionem ante Innocentii tertii tempora [Fuit ille Papa 183.][a 2], eorum quoque annales narrant[3]. || Certe si lex illis fuisset antiquior, potius eam arripuissent quam contenti Lateranensis concilii decreto, pueris quoque ipsis ridiculos se fecissent. Non dubitant in aliis rebus excudere fictitia decreta, quae vetustissimis conciliis[b] ascribunt, ut ipsa antiquitatis veneratione simplicium oculos perstringant. In hoc capite talem fallaciam obiicere non venit illis in mentem. Itaque (ipsis testibus) nondum[1] elapsi sunt anni trecenti ex quo iniectus ab Innocentio tertio laqueus, et imposita confitendi necessitas. Atque ut de tempore taceam, sola verborum barbaries fidem legi abrogat. Nam quod iubent boni patres, omnem utriusque sexus quotannis semel proprio sacerdoti confiteri omnia peccata, faceti homines lepide excipiunt hoc praecepto teneri solos hermaphroditos, ad neminem vero spectare, qui sit vel mas vel foemina. Crassior deinde insulsitas in discipulis se prodidit, dum explicare nequeunt quid sit proprius sacerdos.[4] Quicquid blaterent omnes conductitii Papae rabulae, tenemus neque Christum huius legis authorem esse quae ad enumeranda peccata homines cogit: imo fluxisse annos mille et ducentos a resurrectione Christi antequam talis ulla lex ferretur. Itaque tyrannidem hanc fuisse demum invectam quum extincta pietate et doctrina, sine delectu quidvis licentiae sibi iam sumpsissent larvae Pastorum. || Deinde[c] luculenta testimonia extant tum in historiis, tum apud antiquos alios scriptores, quae doceant hanc fuisse politicam disciplinam, ab Episcopis institutam, non legem a Christo aut Apostolis po-

---

a) *1536–39* [Pontif. 183 Platina autor est in vita Zepherini.][3]; *1543–50* [Pontif. 183[2] Factum in concil. late.]   b) *VG 1560* concilies; *1559 –61 male* consiliis   c) *1536–54* et

1) Rom. 3, 4.   2) vide not. 3.   3) Platynae historici Liber de vita Christi ac omnium pontificum. Rerum italicarum scriptores t. III p. I pg. 32. Innocentius tertius a Platina ut 183. enumeratur, pg. 32; Decretalia Gregorii IX. lib. V tit. 38 (De poenitentiis et remissionibus) Corp. iur. can. II ed. Friedbg. col. 887; Mansi XXII 1007 sqq.; Denzinger, Enchir. [16/17] No. 437. Vide infra sect. 15 p. 101 sq.   4) cf. Bonavent., In sent. IV. dist. 17. p. 3. art. 1. q. 2. opp. 4, 452 sqq.; Thom. Aq., S. th. III. suppl. q. 8. art. 4–6.

sitam. Unum duntaxat e multis proferam, quod non obscurum[a] eius rei documentum[b] erit. Refert Sozomenus[c] fuisse hanc Episcoporum constitutionem diligenter observatam in[d] Ecclesiis occidentalibus, praesertim vero Romae [Tripart. hist. lib. 9][1]. Quo significat non fuisse universale omnium Ecclesiarum institutum: unum autem e Presbyteris peculiariter destinatum fuisse dicit qui huic muneri praeesset.[2] Quo abunde confutat quod isti de clavibus universo sacerdotali ordini in hunc usum[e] promiscue datis mentiuntur; siquidem non omnium Sacerdotum communis erat functio, sed singulares unius partes, qui ad id electus ab Episcopo fuerat. || Is est quem hodie quoque in singulis cathedralibus Ecclesiis poenitentiarium vocant, graviorum criminum, et quorum censura ad exemplum pertinet, cognitor[f][3]. || Subiicit deinde, eum quoque morem Constantinopoli fuisse, donec matrona quaedam, confitentem simulans, ea specie consuetudinem[g] quam habebat cum Diacono, praetexuisse deprehensa esset[h]. Ob id facinus Nectarius, vir et[i] sanctitate et eruditione clarus, illius Ecclesiae Episcopus, confitendi ritum abrogavit[4]. Hic, hic aures asini isti arrigant. Si Lex Dei erat auricularis confessio, qui ausus esset Nectarius eam refigere ac convellere? Nectarium sanctum Dei hominem, omnibus veterum suffragiis probatum, haereseos et schismatis accusabunt? Sed eodem calculo damnabunt Ecclesiam Constantinopolitanam, in qua confitendi morem non ad tempus modo dissimulatum fuisse, sed ad suam usque memoriam obsolevisse[k] affirmat Sozomenus. Imo non Constantinopolitanam, sed[l] Orientales omnes Ecclesias[l] defectionis reas agant[m], quae inviolabilem (si verum dicunt) legem, et Christianis omnibus mandatam neglexerunt.

8. Hanc autem abrogationem tot locis evidenter Chrysostomus testatur, Constantinopolitanae et ipse Ecclesiae praesul, ut mirum sit istos audere contra mutire. Peccata, inquit, tua

---

a) *1536* obscuro   b) *1536* documento   c) *VG 1541 sqq.* l'un des autheurs de l'hystoire Ecclesiastique   d) > *1536; VG 1541 sqq.* par   e) in — us. > *1536-39*   f) grav. — cogn.: *VG 1560* lequel a quelque reserve des crimes les plus enormes   g) *1536 iubente correctore* + stupri   h) *1536-45* est   i) > *1536-54*   k) *1536-39* obsolvisse   l) in qua confit. — sed: *VG 1541 sqq.* voire mesme   m) *1536-39* agent

1) Cassiodorus, Hist. trip. 9, 35 MSL 69, 1151 A–C.; cf. Sozomeni histor. eccles. VII, 16 ed. Hussey II 724 sqq.; affertur a Melanchthone in Locis comm. 1521 ed. Kolde[4] p. 437 sq.   2) Cassiod., l. c. col. 1151 B.   3) cf. Thom. Aq., S. th. III. suppl. q. 8. art. 5. ad 3.   4) Cassiod., l. c. col. 1151 D. 1152 A.

DE MODO PERCIPIENDAE GRATIAE. CAP. IIII   95

dicito, ut deleas illa; si confunderis alicui dicere quae peccasti,
dicito quotidie ea in anima tua. Non dico ut confitearis conservo
tuo, qui exprobret: dicito Deo qui curat ea. Peccata tua super
stratum confitere, ut ibi sua mala quotidie conscientia tua
5 recognoscat [Homil. 2. in Psal. 50][1]. Item, Nunc autem neque
necessarium est praesentibus testibus confiteri; cogitatione tua
fiat delictorum exquisitio: sine teste sit hoc iudicium: solus
Deus te confitentem videat [Serm. de Poeniten. et confess.][2].
Item, Non te in conservorum tuorum theatrum duco[a], non
10 hominibus peccata tua detegere cogo: repete coram Deo conscientiam tuam, et explica. Ostende Domino, praestantissimo
medico, tua vulnera, et pete ab eo medicamentum: ostende ei
qui nihil opprobret, sed humanissime curet [Homil. 5. de in-
comprehen. Dei natura, contra Anomoeos.][3]. Item, Certe ne[b]
15 homini dixeris, ne tibi opprobret; neque enim conservo est confitendum, qui in publicum proferat[c]: sed Domino (qui tui curam
gerit, et qui[d] humanus est, et medicus) ostende[e] vulnera. Postea
Deum[f] ita loquentem inducit, Non cogo te in medium prodire
theatrum, ac multos adhibere testes[g]: mihi soli dic peccatum
20 tuum privatim, ut sanem ulcus [Homil. 4. de Lazaro][4]. Dice-
musne Chrysostomum eo progredi temeritatis, quum haec et
similia scribit, ut conscientias hominum liberet his vinculis quibus divina Lege constringuntur? Minime vero; sed quod Dei
verbo intelligit nequaquam esse praescriptum, exigere ceu ne-
25 cessarium non audet.

9, 24   9. Verum, ut res tota planior et expeditior fiat, primum bona   1536
fide referemus quod genus confessionis verbo Dei nobis traditum   (I 179)
sit: deinde et eorum commenta[h] subiiciemus, non quidem omnia
(quis enim immensum illud mare exhauriret?) sed ea duntaxat
30 quibus summam arcanae[i] suae confessionis complectuntur. ||
Hic commemorare piget quam frequenter vetus interpres[k] ver-   1559*
(1536 I 179)

---

a) Non — duco > VG 1541 sqq.   b) Certe ne: 1539-54 cave
c) ne tibi — prof.: VG 1541 sqq. lequel te puisse reprocher apres, ou
te diffamer, en publiant tes faultes   d) 1539-50 qui et   e) 1539-50
35 ostendes   f) 1539-54 Dominum   g) ac — test. > VG 1541 sqq.
h) 1536-54 + de confessione   i) > 1536-54   k) vet. interpr.:
VG 1560 le translateur tant Grec que Latin

1) Pseudo-Chrysost., In Ps. 50 homil. 2, 5 sq. opp. t. V. 716 sq. ADE.
2) Pseudo-Chrysost., Sermo de Poenitentia et confessione (incipit:
40 Obsecro, flagito, supplico), omissa a Maurinis; in ed. Erasmi Basileae
1530 t. V. p. 512.   3) Chrysostomus, De incomprehensibili Dei natura contra Anomoeos homil. V, 7. opp. t. I. 600 CD.   4) Chrysostomus, De Lazaro concio IV, 4. opp. t. I 928 E, 929 A.

bum Confiteri reddiderit pro laudare[1], quod rudissimis idiotis vulgatum est: nisi quod eorum audaciam traduci expedit, dum ad tyrannicum suum edictum transferunt quod de laudibus Dei scriptum erat. Ut confessionem probent valere ad exhilarandas mentes, obtrudunt illud Psalmi, In voce exultationis et confessionis [Psal. 42. a. 5]. Atqui si talis metamorphosis valeat, quodlibet nobis ex quolibet nascetur. Verum quando ita illos depuduit, meminerint pii lectores iusta Dei vindicta in reprobam mentem fuisse coniectos, quo magis detestabilis esset eorum audacia. Quod si nobis in simplici Scripturae doctrina acquiescere libet, periculum non erit nequis talibus fucis nobis illudat. Illic enim una praescribitur confitendi ratio, nempe[a], || quando Dominus est qui peccata remittit, obliviscitur, delet: huic peccata nostra ut[b] confiteamur, veniae obtinendae causa[c]. Ille medicus est: vulnera igitur nostra illi exponamus. Ille laesus est et offensus: ab illo pacem petamus. Ille est cordium cognitor, et cogitationum omnium conscius: coram ipso corda nostra effundere properemus[d]. Ille est denique qui peccatores vocat, ad ipsum accedere ne moremur[e]. Peccatum meum, inquit David, cognitum tibi feci, et iniustitiam meam non abscondi. Dixi, confitebor adversum me iniustitiam meam Domino: et tu remisisti iniquitatem cordis mei [Psal. 32.[f] b. 5]. Talis est altera ipsius Davidis confessio, Miserere mei Deus, secundum magnam misericordiam tuam [Psal. 51. a. 1][2]. Talis et Danielis, Peccavimus Domine, perverse egimus, impietates fecimus, et rebelles fuimus, declinando a mandatis tuis [Dan. 9. a. 5]. Et aliae quae passim in Scripturis occurrunt: || quarum recitatio volumen fere impleret. || Si confitemur[g] peccata nostra (inquit Iohannes) fidelis est[h] Dominus, ut remittat nobis peccata nostra [1. Iohan. 1. d. 9]. Cui confiteamur? ipsi scilicet; hoc est, si afflicto et humiliato corde coram ipso procidamus, si apud ipsum nos ex

---

a) Non hic commemorarem, vulgatum esse in multis scripturae partibus, confessionem pro laude accipi, nisi adeo eos depuduisset, ut talibus quoque locis se instruerent; veluti cum dicunt, confessionem valere ad mentis iucunditatem: iuxta illud, In voce exultationis et confessionis [Psal. 42. b. 5]. Hanc ergo acceptionem observent simplices, et diligenter ab illa distinguant, ne sibi talibus fucis illudatur. De peccatorum confessione sic docet.   b) > *1536–54*   c) ven. — causa: *1536–54* ut veniam obtineamus   d) eff. prop.: *1536–54* effundamus   e) acced. — mor.: *1536–54* accedamus   f) *sic recte 1536–54, 1561; 1559 falso* 51.   g) *1536* confiteamur   h) > *1536*

1) cf. in versione vulgata ex. gr. Ps. 7, 18; 9, 2; 95 (94), 2; 100 (99), 4; 118 (117), 1 etc.   2) Ps. 51, 3.

DE MODO PERCIPIENDAE GRATIAE. CAP. IIII

animo accusantes et damnantes, bonitate eius et misericordia absolvi petamus[1].

10. Qui animo et coram Deo hanc confessionem amplexus fuerit, habebit haud dubie et linguam ad confessionem paratam, quoties opus fuerit apud homines Dei misericordiam praedicare: neque tantum ut uni et semel et in aurem cordis secretum insusurret: sed saepius, sed palam, sed toto orbe audiente, ingenue et suam ignominiam[a], et Dei[b] magnificentiam ac decus[c] commemoret. In hunc modum, quum David a Nathan argueretur, conscientiae aculeo punctus, peccatum et coram Deo et coram hominibus confitetur. Peccavi, inquit, Domino [2. Sam. 12. c. 13]; hoc est, Iam nihil excuso, non tergiversor quominus peccatorem me omnes iudicent, et quod clam Domino esse volui, hominibus quoque ipsis patefiat. ‖ Arcanam ergo illam confessionem, quae Deo fit, sequitur voluntaria apud homines confessio, quoties id vel divinae gloriae, vel humiliationis nostrae interest. Hac ratione instituit Dominus olim in populo Israelitico, ut praeeunte verba[d] sacerdote, populus suas[e] iniquitates palam in templo confiteretur [Levit. 16. e. 21]. Siquidem hoc adminiculum illis necessarium esse providebat, quo unusquisque melius adduceretur ad iustam sui recognitionem. Et aequum est ut miseriae nostrae confessione, bonitatem ac misericordiam Dei nostri inter nos et coram toto mundo illustremus.

11. Hoc vero confitendi genus et ordinarium esse in Ecclesia convenit, et tunc extra ordinem singulari modo usurpari, siquando populum communi aliquo delicto obstringi contigerit. ‖ Huius secundi generis exemplum habemus in solenni illa confessione[f], ‖ qua populus universus auspiciis ductuque Esdrae et Nehemiae[g] defungitur [Nehem. 1. c. 7][2]. ‖ Nam quum exilium illud diuturnum, urbis, ac templi excidium, religionis dissipatio, communis omnium defectionis fuisset poena, non poterant liberationis beneficium ut par erat agnoscere, nisi se ante reos peragerent. Neque refert si in una congregatione pauci aliqui interdum sint insontes; quando enim membra sunt languidi ac male affecti corporis, non debent sanitatem iactare. ‖ Imo fieri non

---

a) *1536–54* paupertatem   b) *1536–54* Domini   c) ac dec. > *1536–54*
d) *quod 1559 typis casu quodam paululum separatis legitur:* verb a, *1561 ex inutili coniectura factum est:* verbo a   e) *1545–54* suus
f) Sic et solennis illa confessio accipienda est
g) *1539* Nehemiah et Esra

1) ad hanc confessionem cf. Melanchthonis Locos comm. 1521 ed. Kolde[4] p. 236, 239.   2) rectius Neh. 9, 1 sq.

potest quin aliqua labe contracta aliquid ipsi etiam culpae sustineant. || Ergo quoties vel peste vel bello, vel sterilitate, vel alia qualibet calamitate affligimur: si officii nostri est, ad luctum, ad ieiunium, et alia reatus signa confugere: ipsa confessio, ex qua alia omnia dependent, minime est negligenda. Ordinariam illam, praeterquam quod[a] ore Domini commendata est, nemo sanus, expensa eius utilitate, improbare audeat. Nam quum in omni sacro conventu sistamus nos in conspectum Dei et Angelorum: quod erit aliud initium actionis nostrae, quam indignitatis nostrae recognitio? Atqui illa, inquies, fit qualibet precatione; quoties enim precamur veniam, peccata nostra confitemur. Fateor. At si consideres quanta sit nostra vel securitas, vel somnolentia, vel socordia, concedes mihi salutare fore institutum, si solenni aliquo confitendi ritu Christiana plebs ad humiliationem exerceatur. Tametsi enim ceremonia quam Dominus Israelitis praecepit, ex Legis paedagogia erat: res tamen ipsa aliquo modo ad nos quoque pertinet. || Et sane videmus hunc morem in Ecclesiis bene moratis cum fructu observari, ut singulis diebus Dominicis minister formulam confessionis suo et populi nomine concipiat, qua reos omnes iniquitatis peragit, et veniam a Domino comprecatur[b1]. || Denique hac clave tam singulis privatim, quam omnibus publice aperitur ad precandum ianua.

12. Duas praeterea privatae confessionis formas Scriptura probat. Unam quae nostra causa fiat; quo pertinet illud Iacobi, ut alter alteri peccata confiteamur [Iacob. 5. d. 16]; sentit enim ut nostras infir|mitates alter alteri detegentes[c], consilio et consolatione mutua[d] nos iuvemus. Alteram, quae in proximi gratiam facienda est, ad ipsum placandum, et nobis reconciliandum, siqua in re nostro vitio laesus fuerit. || [e]Ac in priore quidem specie, tametsi Iacobus[f] neminem nominatim assignando, in cuius sinum nos exoneremus, liberum permittit delectum, ut ei confiteamur qui ex Ecclesiae grege maxime idoneus fuerit

---

a) praet. quod: *VG 1545 sqq.* qui se faict en commun de tout le peuple, outre ce qu'elle
b) quod exemplum imitari omnes ecclesiae debent, quoties ad Domini misericordiam confugiunt, ut certe in ecclesiis bene moratis observatur   c) *1536–54* communicantes   d) *1536–43* mutuo   e) *sqq. lin. 30–99, 6 et 99, 15–24 collocantur 1539 infra post p. 100, 3*   f) *1539* scriptura

1) cf. Calvinum, La forme des prieres et chantz ecclesiastiques ... selon la coustume de l'eglise ancienne 1542 CR Calv. opp. VI 173 sq.

DE MODO PERCIPIENDAE GRATIAE. CAP. IIII

visus: quia tamen pastores prae aliis ut plurimum iudicandi sunt idonei[a], potissimum etiam nobis eligendi erunt[b]. Dico autem ideo prae aliis appositos, quod ipsa ministerii vocatione nobis a Domino designantur, quorum ex ore[c] erudiamur[d] ad subigenda et corrigenda[e] peccata, tum[f] consolationem ex veniae fiducia[g] percipiamus[h] [Matth. 16. c. 19; Matth. 18. c. 18; Iohan. 20. e. 23[1]]. ‖ Quemadmodum enim mutuae admonitionis et correp- tionis officium Christianis quidem omnibus demandatum est, ministris tamen specialiter est iniunctum: sic quum omnes mutuo nos debeamus consolari, et in fiducia divinae misericordiae confirmare[k], videmus tamen ministros ipsos, ut de remissione peccatorum certiores reddant conscientias, testes eius ac sponsores constitui; adeo ut ipsi dicantur remittere peccata, et animas solvere. Quum audis hoc illis tribui, in usum tuum esse cogita. ‖ Ergo id officii sui unusquisque fidelium esse meminerit, si ita privatim angitur et afflictatur peccatorum sensu ut se explicare nisi alieno adiutorio nequeat[l], non negligere quod illi a Domino offertur remedium[m]: nempe ut ad se sublevandum privata confessione apud suum pastorem utatur: ac ad solatia sibi adhibenda privatam eius operam imploret, cuius officium est et publice et privatim populum Dei Evangelica doctrina consolari. Verum ea moderatione semper utendum est, ne ubi Deus nihil certum praescribit, conscientiae certo iugo alligentur. ‖ Hinc sequitur, eiusmodi confessionem liberam esse oportere, ut non ab omnibus exigatur, sed iis tantum commendetur qui ea se opus habere intelligent. Deinde ne hi[n] ipsi qui illa utuntur pro sua necessitate, ad enumeranda omnia peccata vel praecepto aliquo cogantur, vel arte inducantur: sed quoad interesse sua putabunt, ut solidum consolationis fructum referant. Hanc Ecclesiis libertatem non modo relinquere, sed tueri quoque et fortiter vindicare debent fidi Pastores, si volunt et tyrannidem abesse a suo ministerio, et a populo superstitionem.

13. De altera autem loquitur[o] Christus apud Matthaeum, Si offers munus tuum ad altare, et ibi recordatus fueris quod frater tuus habet aliquid adversum te, relinque ibi munus tuum, et abi, priusque reconciliare fratri tuo: et tunc veniens offeres

---

a) ut pl. — idon.: *1539* ad hanc rem videntur appositi   b) *1539* sunt   c) *1543–45* + tum   d) *1539* + tum   e) et corr. > *1539–54*   f) *1539* + ad   g) ex — fid. > *1539–54*   h) *1539* percipiendam   i) > *1539–54, 1561; 1559 falso* Iohan. 3. e. 23.   k) et in — confirm. > *VG 1545 sqq.*   l) *1539* non possit   m) quod — off. remed.: *1539* remed. quod — off.   n) *1543–45* ii   o) alt. — loqu.: *1536–39* qua

munus tuum [Matth. 5. d. 23][1]. Sic enim sarcienda est charitas quae nostra culpa dissilierit[a], culpam quam admisimus agnoscendo et deprecando. ‖ Sub hoc genere comprehenditur eorum confessio qui usque ad totius[f] Ecclesiae offensionem peccarunt[b]. Nam si tanti privatam unius hominis offensam aestimat Christus, ut a sacris arceat eos omnes qui in fratres aliquid peccarunt, donec iusta satisfactione redierint in gratiam: quanto maior est ratio ut qui Ecclesiam laesit malo aliquo exemplo, eam sibi culpae agnitione reconciliet?[2] Ita receptus est Corinthius ille in communionem, quum se obsequentem correptioni praebuisset [2. Cor. 2. b. 6]. Haec etiam forma confitendi in veteri Ecclesia fuit: quemadmodum et Cyprianus meminit. [c]Poenitentiam, inquit, agunt iusto tempore: deinde ad exomologesin veniunt, et per manuum impositionem[d] Episcopi et cleri, ius communionis accipiunt[e][3]. ‖ Aliam confitendi vel rationem vel formam Scriptura prorsus ignorat; ‖ neque nostrum est adstringere novis vinculis conscientias, quas in servitutem redigere Christus severissime vetat. Interim quin sistant se Pastori oves, quoties sacram Coenam participare volunt, adeo non reclamo, ut maxime velim hoc ubique observari[4]. Nam et qui habent impeditam conscientiam, referre inde possunt singularem fructum: et qui admonendi sunt, monitionibus locum ita praebent, modo semper absit tyrannis et superstitio.

14. In tribus illis confessionis generibus potestas clavium locum habet, vel quum[f] solenni recognitione vitiorum suorum veniam deprecatur tota Ecclesia: vel quum privatus, qui aliquo notabili delicto commune offendiculum peperit, poenitentiam suam testatur: vel quum is, qui ob conscientiae inquietudinem ope ministri indiget, suam illi infirmitatem aperit. ‖ Tollendae vero offensionis[g] diversa est ratio: quia etsi tunc quoque conscientiae paci consulitur, praecipuus tamen finis est ut sublato odio inter se uniantur animi vinculo pacis. Sed fructus ille quem dixi, minime spernendus est, quo libentius confiteamur peccata nostra. ‖ Quum enim tota Ecclesia velut

---

a) *1536–39* dissoluta fuerit   b) qui — pecc.: *VG 1545 sqq.* qui ont commis quelque scandale notoire, en l'Eglise   c) *VG 1545 sqq.* + Car en parlant des pecheurs publiques: d) *1543* +, manuum   e) *1543* + [Epist.][3]   f) *1543–45* + poenitentia   g) Toll. — off.: *VG 1560* Quant est de reparer les offenses et appointer avec son prochain

1) Mtth. 5, 23 sq.; cf. Melanchthonem l. c.   2) cf. Calvini Projet d'ordonnances ecclesiastiques 1541 CR Calv. opp. X 1, 29 sq.   3) Cyprianus, Ep. 16, 2 CSEL 3 II, 518, 17 sqq.   4) cf. Melanchthonis Locos comm. 1535 CR Mel. opp. XXI 494.

coram Dei tribunali adstat, ream se confitetur, unum refugium habet in Dei misericordia: non vulgare aut leve solatium est habere illic praesentem Christi legatum, reconciliationis mandato praeditum, a quo denuntiari sibi absolutionem audiat[a].
Hic utilitas clavium merito commendatur, quum rite, quo ordine et qua religione decet, ista peragitur legatio. Similiter quum is qui se ab Ecclesia quodammodo alienaverat, restituitur in fraternam unitatem accepta venia, quantum beneficium est quod sibi ab iis ignosci intelligit quibus dixit Christus, Quibuscunque remiseritis peccata in terris, remissa in caelo erunt [Matth. 18. c. 18[b]; Iohan. 20. c. 23]? Nec minoris efficaciae aut fructus est privata absolutio, ubi ab iis petitur qui singulari remedio ad infirmitatem suam sublevandam opus habent. Accidit enim non raro ut qui generales promissiones audit, quae ad totam fidelium congregationem destinantur, maneat nihilominus in[1] aliqua dubitatione, ac velut remissione nondum impetrata, inquietum adhuc animum habeat. Idem si pastori suo secretum animi vulnus aperuerit, atque illam Evangelii vocem peculiariter ad se directam audierit, Remittuntur tibi peccata tua, confide [Matth. 9. a. 2]: animum confirmet ad securitatem, illaque qua prius aestuabat trepidatione liberetur. At vero quum de clavibus agitur, semper cavendum est ne facultatem aliquam[c] somniemus ab Evangelii praedicatione separatam. || Alio iterum loco plenius haec res explicanda erit, ubi de Ecclesiae regimine agetur: atque illic videbimus verbo alligatum esse quicquid iuris ad ligandum vel solvendum Christus Ecclesiae suae contulit[d1]. || Hoc tamen in ministerio clavium maxime verum est, cuius tota vis in eo posita est, ut Evangelii gratia, per eos quos Dominus ordinavit, fidelium animis publice ac privatim obsignetur: quod fieri, nisi sola praedicatione, nequit[2].

15. Quid Romanenses theologi[e]? Statuunt ut omnes utriusque sexus, statim atque ad discretionis annos pervenerint, se-

a) reconcil. — aud.: *VG 1545 sqq.* lequel ait charge de l'absouldre, et qu'il luy denonce qu'il l'absoult au Nom de son Maistre, et par l'authorité de iceluy, suyvant le mandement qui luy est donné   b) *1559-61 falso* 19   c) fac. aliqu.: *VG 1545 sqq.* quelque puissance qui soit donnée à l'Eglise

d) Superius in disputatione de Ecclesia, cum locos istos interpretaremur, Quodcunque ligaveritis et caetera. Item. Quorumcunque remiseritis et caetera. Ostendimus verbo esse alligatum, quidquid omnino potestatis Ecclesiae suae Deus contulit.   e) Rom. theol.: *1536-54* illi

1) lib. IV c. 11 et 12; vol. V.   2) cf. lib. IV 11, 1 sq.

mel ad minimum quotannis confiteantur omnia sua peccata proprio sacerdoti [C. Omnis utriusque sexus. De summa trinitate et fide catho. decretum est Innocentii in concilio Lateranen ᵃ.]¹: nec peccatum dimitti nisi confitendi votum firmiter conceptum fuerit²; quod votum nisi oblata facultate persolutum fuerit, iam nullum patere paradisi ingressum ᵇ [ᶜ lib. 4. Sentent. dist. 17.ᵈ cap. 3.ᵉ]³. Sacerdotem vero potestatem habere clavium, quibus peccatorem solvat ac liget; quia non sit irritum Christi verbum, Quodcunque ᶠ ligaveritis ᵍ, etc. [Lib. 4. Sent. dist. 18. cap. 2⁴; Matt. 18. c. 18ʰ]. De hac vero potestate pugnaciter inter se belligerantur. Alii dicunt, unicam esse clavem in essentia, scilicet potestatem ligandi et solvendi: scientiam ad bonum quidem usum requiri, sed tantum instar accessorii esse, non essentialiter cohaerere⁵. Alii, quia videbant hanc nimium effraenatam licentiam, duas claves recensuerunt, discretionem et potestatem⁶. Alii rursum, quum tali moderatione cohiberi sacerdotum improbitatem viderent, alias claves excuderunt, authoritatem discernendi, qua in definiendo uterentur: et potestatem, quam exequutione suae sententiae exercerent: scientiam accedere velut consiliarium¹ ⁷. Istud autem ligare et solvere non audent interpretari simpliciter, peccata remittere et delere: quia Dominum clamantem audiunt apud Prophetam, Ego sum, et non alius praeter me ᵏ; ego sum, ego sum qui deleo

---

a) decr. — Lat.: *1536–50* in antiq.   b) null. — ingr.: *1536 (et VG 1541 sqq.)* nullus patet paradisi ingressus   c) *1553–54 male* + refertur, *1559–61* Refertur   d) *sic recte 1536; 1539–61 falso* 14   e) *1536–54*: 2   f) *1536* Quoscunque   g) *1536–39* ligaveris   h) *1559 –61 falso* 19, *quod 1539–54 legitur* 16. c. 19.   i) *1536–50* + [Postrema opinio fuit Hugonis]⁷   k) Ego — me > *1536 (et VG 1541 sqq.)*

1) Decretalia Gregorii IX. lib. V tit. 38 (De poenitentiis et remissionibus) c. 12 Corp. iur. can. II ed. Friedberg col. 887 sq., ex concilio Lateran. IV (1215) cap. 21; Mansi XXII, 1007 sqq.; Denzinger, Enchiridion ¹⁶/¹⁷ No. 437.   2) Lomb., Sent. IV. dist. 17, 2 MSL 192, 881; Thomas, S. th. III suppl. q. 10 art. 1; Gabr. Biel, In sent. IV. dist. 18. q. 1. art. 2. concl. 1 G.   3) Lomb., Sent. IV. dist. 17, 4 MSL 192, 883; cf. Thom. Aq., S. th. III. suppl. q. 10. art. 3 ad. 2.   4) Lomb., Sent. IV. dist. 18, 1 MSL 192, 885.   5) haec opinio sine auctore allegatur et rejicitur ab Alexandro Alesio, Summa th. IV. q. 19. m. 3. art. 1, et ab Alberto Magno, In sent. IV. dist. 18. art. 3. opp. 29, 766 sq.   6) Lomb., Sent. IV. 18, 2 MSL 192, 885; cf. Bedam In Matth. 16, 19 MSL 92, 79.   7) Hugo de Sto. Vict., Summa sent. tr. 6. c. 14 MSL 176, 152 A; Thomas Aq., S. th. III. suppl. q. 17. art. 3. corp.; D. Scotus, In sent. IV. dist. 18. q. un. §§ 3. 8; G. Biel, In sent. IV. dist. 18. q. 1. not. 4 D.

DE MODO PERCIPIENDAE GRATIAE. CAP. IIII

iniquitates tuas Israel[a] [Iesa. 43. b. 11, et d. 25].[1] Sed dicunt Sacerdotis esse pronuntiare qui ligati sint aut soluti, et declarare quorum remissa aut retenta sint peccata[2]: declarare autem, vel per confessionem, quum absolvit et peccata retinet: vel per sententiam, quum excommunicat, et recipit ad Sacramentorum communionem.[3] Demum quum intelligunt nondum se hoc nodo[b] explicari, quin semper[c] obiici possit, indignos saepe ligari et solvi a suis Sacerdotibus, qui propterea non[d] ligentur aut solvantur in caelo: quod ultimum refugium est, respondent, collationem clavium cum limitatione accipiendam esse: quod Christus promiserit, apud tribunal suum approbatum iri sacerdotis sententiam, quae iuste prolata fuerit, secundum quod merita ligati aut soluti postulabant.[4] Porro has claves omnibus sacerdotibus a Christo datas esse, quae illis ab Episcopis in promotione conferuntur[5]: sed liberum usum penes eos duntaxat esse qui muneribus Ecclesiasticis[e] funguntur: apud excommunicatos et suspensos manere quidem ipsas claves, sed rubiginosas ac ligatas.[6] Et qui haec dicunt, modesti ac sobrii iure videri[f] possint prae aliis, qui sub nova incude novas claves fabricati sunt quibus thesaurum Ecclesiae obserari tradunt[7]: || quas[g] postea suo loco excutiemus.[8]

16. Ad singula paucis respondebo. Taceo autem ad praesens quo iure quave iniuria fidelium animas suis legibus[h] obstringant: quando id suo loco dispicietur.[9] Quod autem legem im-

---

a) *1536 (et VG 1541 sqq.)* + Ego, et non alius praeter me   b) *1539 –50* modo   c) *1536 (et VG 1541 sqq.)* + sibi   d) > *1543*   e) *1536* eccles. mun.   f) *1536* vocari   g) *1543* quam   h) fid. — leg.: *1536* suis leg. fid. anim.

1) Lomb., Sent. IV. dist. 18, 4 MSL 192, 886; cf. Gabr. Biel, In sent. IV. dist. 18. q. 1. art. 1. not. 2 B.   2) Lomb., Sent. IV. dist. 18, 6 MSL 192, 887 sq.; cf. Bonavent., In sent. IV. dist. 18. p. 1. art. 1. q. 1. opp. 4, 470; D. Scot., In sent. IV. dist. 19. q. un. §§ 4. 5. 6; Guilh. de Ockam, In sent. IV. q. 8. 9. Q; Gabr. Biel, In sent. IV. dist. 18. q. 1. art. 2. concl. 3. 4. I K.   3) Lomb., Sent. IV. dist. 18, 7 MSL 192, 888.   4) Lomb., Sent. IV. dist. 18, 8 MSL 192, 888.   5) Lomb., Sent. IV. dist. 19, 1 MSL 192, 889.   6) cf. Alex. Ales., S. th. IV. q. 79. m. 8. art. 2 (ed. Nuremb. 1482); Thom. Aq., S. th. III. suppl. q. 19. art. 6.   7) Alex. Ales., Summa th. IV. q. 83. m. 1. m. 3. art. 1; m. 5 (Nuremb. 1482); Alb. Magnus, In sent. IV. dist. 20 art. 26 opp. 29, 848; Bonaventura, In sent. IV. dist. 20. p. 2. art. un. q. 3. opp. 4, 534b; Thomas Aq., S. th. III. suppl. q. 25. art. 2 ad 1; Clementis VI. constitutio „Unigenitus" (1343). Extravagantes communes lib. V tit. 9. c. 2 Corp. iur. can. II ed. Friedberg col. 1304 sqq.; Denz. Enchir. [16/17] No. 550.   8) lib. III. c. 5, 2; infra p. 133 sq.   9) lib. IV. c 10; vol. V.

ponunt de omnium peccatorum enumeratione[1]: quod peccatum dimitti negant nisi sub conditione, si votum confitendi firmiter conceptum fuerit[2]: quod nullum superesse ingressum Paradisi garriunt, si facultas confitendi neglecta fuerit[3]: istud vero nullo modo ferendum est. Omniane peccata enumeranda sunt? At David, qui secum probe (ut arbitror) meditatus erat peccatorum confessionem, tamen exclamabat, Errores quis intelliget? Ab occultis meis munda me Domine [Psal. 19. d. 13]. Et alibi, Iniquitates meae transierunt super[a] caput meum, et sicut onus grave, gravatae[b] sunt ultra vires meas [Psal. 38. a. 5]. Nimirum intelligebat quanta esset peccatorum nostrorum abyssus, quam multae scelerum facies, quot capita ferret, et quam longam caudam traheret haec hydra. Non ergo ad recensendum catalogum se conferebat: sed e profundo malorum clamabat ad Dominum, Obrutus sum, sepultus sum et[c] suffocatus[d]: inferorum portae circundederunt me, immersum alto puteo, deficientem et moribundum manus tua extrahat.[4] Quis suorum peccatorum nunc supputationem cogitet, ubi Davidem videt suorum numerum inire non posse?

17. Hac carnificina[5] plusquam crudeliter divexatae sunt eorum animae[e] qui[f] aliquo Dei sensu afficiebantur. Principio sese vocabant ad calculum, peccata in brachia, in ramos, in ramusculos, in frondes, iuxta istorum formulas[g] dissecabant[6]; tum appendebant qua'litates, quantitates, circunstantias[7]; atque aliquantulum quidem res procedebat. Ubi vero longius progressi fuerant, caelum undique et undique pontus[8]: nullus portus, nulla statio; quo plura transmiserant[h], maior semper congeries oculis ingerebatur: imo vero velut altae moles assurgebant: nec spes ulla, vel saltem post longas ambages, eva-

a) *1536* supra   b) *1536* aggravatae   c) > *1536-43*   d) *1536-43* + sum   e) *1536 (et VG 1541 sqq.)* conscientiae   f) *1539-43* quae   g) iuxta — form.: *VG 1541 sqq.* selon les distinctions des Docteurs confessionaires   h) *1536 (et VG 1541 sqq.)* transiverant

1) vide supra p. 102 not. 1 et Eugenii IV. Bullam „Exultate Deo" in concilio Florent. 1439 promulgatam, Mansi XXXI 1057 E; Denzinger, Enchir. 16/17 No. 699.   2) supra p. 102 not. 2.   3) ibid. not. 3. 4) cf. Ps. 18, 6; 69, 2 sq. 15 sq.   5) cf. Melanchthonis Locos comm. 1521 ed. Kolde[4], p. 138.   6) cf. ex. gr. Io. Gersonium, De praeceptis decalogi, de confessione etc., opp. (du Pin) I. col. 442 sqq.; Tract. de differentia peccatorum venialium et mortalium, opp. II 486 sqq. 7) Lomb., Sent. IV. dist. 16, 1 MSL 192, 877 sq.; Bonavent., In sent. IV. dist. 16. p. 1. dub. 7. opp. 4, 399; dist. 17. p. 3. art. 2. q. 3. opp. 4, 461 sq.; Biel, In sent. IV. dist. 17. q. 1. art. 2. concl. 4. NO.   8) Verg. Aen. III. 193.

dendi apparebat. Haerebant itaque inter sacrum et saxum¹:
nec alius tandem exitus reperiebatur quam desperatio. Ibi saevi
isti carnifices, ut vulnera levarent^a quae fecerant, fomenta
quaedam adhibuerunt: ut faceret scilicet quisque quod in se
esset². Sed novae rursum curae obstrepebant, imo novi cruciatus excoriabant miseras animas: Non satis temporis impendi,
non iusta opera incubui, multa per negligentiam^b praeterii, et
oblivio quae ex incuria provenit, non est excusabilis. Suggere-
bantur adhuc alia pharmaca quae eiusmodi dolores demulce-
bant^c: Age^d negligentiae tuae poenitentiam, modo supina non
sit, condonabitur. Verum omnia ista cicatricem obducere non
possunt: nec tam mali sunt levamenta^e quam venena melle
oblita, ne sua acerbitate primum gustum offendant: sed in in-
tima penetrent, antequam sentiantur. Urget ergo semper ter-
ribilis illa vox, et auribus insonat, Confitere omnia peccata
tua: nec potest horror iste pacari nisi certo solatio. || Hic cogi-
tent lectores quam possibile sit ad rationem vocare totius anni
acta, et quid singulis diebus peccarint colligere: quando experientia unumquenque convincit, ubi ad vesperam excutienda
sunt unius tantum diei delicta, memoriam confundi: tanta se
turba et varietas ingerit. Neque enim de crassis et stupidis
hypocritis loquor, qui, tribus vel quatuor gravioribus animad-
versis, defunctos se putant, sed de veris Dei cultoribus, qui
postquam se examine peracto obrui vident, addunt etiam illud
Iohannis, Si cor nostrum arguit nos, maior est Deus corde
nostro [1. Iohan. 3. d. 20], itaque expavescunt ad iudicis illius
conspectum, cuius cognitio sensum nostrum longe superat.

18. Quod autem bona pars orbis talibus blandimentis, quibus tam exitiale venenum temperabatur, acquievit, non id
factum est quod Deo satisfactum crederet, aut sibi etiam plane
satisfaceret: sed ut, quasi in medio mari fixa anchora, paulum
interquiesceret a navigatione, vel quasi fessus et fatiscens via-
tor, in via decumberet^f. In facienda eius rei fide non laboro.
Sibi enim quisque testis apud se^g esse potest. Dicam in summa
qualis lex illa fuerit. Primum simpliciter est impossibilis; itaque nonnisi perdere, damnare, confundere, in ruinam et desperationem coniicere potest. Deinde peccatores, a vero pecca-

---

a) *1536 (et VG 1541 sqq.)* sanarent   b) per negl.: *1536* negligentia
c) *1536* demulcerent   d) *1536* + et   e) *1536* lenimenta   f) *VG
1541 sqq.* + en telle maniere ilz prenoient ce repoz, combien qu'il
ne leur feust suffisant   g) *1536* apud se test.

1) cf. Plaut. Capt. 617.   2) ad id et sequentia cf. Alexandri Alesii
Summam theol. IV. q. 69. m. 8 (Nuremb. 1482).

torum suorum sensu abductos, hypocritas facit, Deique ac sui ipsorum ignorantes. Siquidem, dum in peccatorum enumeratione toti occupantur, interim obliviscuntur latentem illam vitiorum lernam^a, occultas suas iniquitates, et interiores sordes, quarum¹ potissimum notitia miseriam suam^b reputare debuerant. At certissima erat confessionis regula, tantam mali nostri abyssum agnoscere ac fateri, quae sensum quoque nostrum superet. Hac regula videmus compositam Publicani confessionem, Domine, propitius esto mihi peccatori [Luc. 18. c. 13]. Quasi diceret, Quantus quantus sum, totus sum peccator, nec ipsam peccatorum meorum magnitudinem aut mente aut lingua assequi possum: abyssus misericordiae tuae^c hanc peccati^d abyssum absorbeat. || Quid, inquies, ergone confitenda non sunt singula delicta? ergo nulla confessio Deo acceptae^e, nisi duobus istis verbis conclusa, Peccator sum? Imo vero danda potius opera ut quantum in nobis est totum cor effundamus coram Domino: nec modo nos peccatores uno verbo fateamur, sed ut tales nos vere et ex animo agnoscamus: quanta sit et quam varia peccatorum labes, tota cogitatione recognoscamus: non modo nos immundos, sed qualis sit et quanta, quamque in multis partibus nostra^f immundities: non modo debitores, sed quantis debitis gravati, et quot nominibus obstricti: non modo vulneratos, sed quam multis et lethalibus plagis saucii simus^g. Hac tamen recognitione quum se totum peccator coram Deo^h effuderit, serio ac sincere cogitet plura adhuc restare, ac profundiores esse malorum suorum recessus quam quos penitus excutere possit. Atque adeo exclamet cum Davide, Errores quis intelligit? ab occultis meis munda me Domine [Psal. 19. d. 13]. Iam vero quod affirmantⁱ non dimitti peccata, nisi voto confitendi firmiter concepto, et clausam esse paradisi portam ei qui facultatem confitendi sibi oblatam neglexerit¹, absit ut istud eis concedamus. Non enim alia nunc est peccatorum remissio quam semper fuit. Quotquot remissionem peccatorum a Christo obtinuisse leguntur, non leguntur in aurem sacrificuli cuiuspiam^k confessi. Nec sane confiteri poterant, ubi nec sacrificuli confessionarii erant, nec ipsa etiam confessio. Et multis postea seculis inaudita fuit haec confessio, quibus sine hac

---

a) lat. — lern.: *VG 1541 sqq.* le secret abysme de vice qu'ilz ont au profond du cœur   b) *1536* suam mis.   c) *1536* tuae mis.   d) *1536 (et VG 1541 sqq.)* + mei   e) *1536* Deo acc. conf.   f) > *1536-39*   g) > *1536-39*   h) *1536* Domino   i) *1536* asseverant   k) sacrif. cuiusp.: *VG 1541 sqq.* de quelque messire JEAN

1) vide supra p. 102 not. 2. 3.

conditione remittebantur peccata. Sed ne quasi de re dubia longius disceptemus, verbum Dei apertum est, quod aeternum manet, Quotiescunque ingemuerit peccator, omnium iniquitatum eius non recordabor [Ezech. 18. e. 21][1]. Huic verbo qui aliquid audet adiicere, non peccata ligat, sed Domini misericordiam. ‖ Nam quod contendunt non posse ferri iudicium nisi causa cognita[a][2], in promptu est solutio, temere hoc sibi arrogare qui sunt a seipsis iudices creati. Ac mirum est tam secure sibi fabricare principia quae nemo sanae mentis admittet. Iactant sibi ligandi et solvendi munus esse mandatum, acsi quaedam esset iurisdictio quaestioni adiuncta. Porro hoc ius Apostolis fuisse incognitum tota eorum doctrina clamat. Nec vero certo scire solvaturne peccator, ad sacerdotem pertinet, sed ad eum a quo petitur absolutio[b]: quando nunquam scire potest qui[!] audit, sitne iusta et integra enumeratio. Ita nulla esset absolutio, nisi ad verba eius qui iudicandus est restricta. Adde quod tota solvendi ratio ex fide et poenitentia[c] constat: quae duae res cognitionem hominis fugiunt, ubi de altero ferenda est sententia. Sequitur ergo ligandi et solvendi certitudinem non subiici terreni iudicis arbitrio: quia minister verbi, ubi partes suas rite exequitur, non potest nisi conditionaliter absolvere: sed in gratiam peccatoris hoc dici, Quorum remiseritis peccata[3]: ne dubitent veniam, quae promittitur ex Dei mandato et voce, in caelis fore ratam.

19. Nihil itaque mirum si auricularem istam confessionem, rem adeo pestilentem totque nominibus Ecclesiae noxiam, damnamus, ac sublatam e medio cupimus. Quod si per se res esset indifferens, quando tamen nulli usui est nec fructui, tot autem impietatibus, sacrilegiis, erroribus causam dedit: quis non protinus abolendam censeat? Recensent quidem aliquot usus, quos ut valde fructuosos venditant: sed illos aut ementitos, aut nullius prorsus momenti. Unum tantum[d] singulari praerogativa commendant, erubescentiam confitentis gravem esse poenam, qua et peccator fit in posterum cautior, et Dei vindictam antevertit, seipsum puniens[e][4]. Quasi non satis magna verecundia hominem humiliemus[f], dum ad summum illud tribunal cae-

---

a) *VG 1560* + et pourtant qu'un prestre ne peut absoudre devant que d'avoir entendu le mal   b) *VG 1560* + assavoir à Dieu   c) *VG 1560* + de celuy qui demande pardon   d) *1536* tamen   e) *1536* + [lib. 4. sent. dist. 17. c. 4.][4]   f) *1536-54* confundamus

1) Ez. 18, 21 sq.   2) Thomas Aq., S. th. III. suppl. q. 6 art. 1. corp.   3) Ioh. 20, 23.   4) Lomb., Sent. IV. dist. 17, 4. 6 MSL 192, 882 sq., 885.

leste, ad Dei, inquam^a, cognitionem vocamus. Egregie vero profectum est si unius hominis pudore peccare desinimus, Deum non erubescimus habere malae conscientiae nostrae^b testem. Quanquam id quoque ipsum falsissimum est; nulla enim re fieri maiorem peccandi confidentiam aut licentiam passim videre est, quam dum, confessione sacerdoti facta, homines existimant se posse tergere os, et dicere, non feci. Nec toto solum anno fiunt ad peccandum audaciores: sed in reliquum anni tempus de confessione securi, nunquam ad Deum suspirant, nunquam ad se redeunt, sed peccata peccatis accumulant: donec omnia, ut opinantur, simul evomant. Ubi autem evomuerunt, sarcina sua exonerati sibi videntur, iudiciumque^c a Deo transtulisse, quod sacerdoti detulerunt: Deo oblivionem induxisse, ubi conscium saderdotem fecerunt. Porro quis confessionis diem laetus instare videt? quis ad confitendum alacri animo pergit? ac non potius, quasi obtorto^d collo in carcerem trahatur, invitus ac reluctanti similis venit? nisi forte ipsi sacrificuli, qui mutuis facinorum suorum narrationibus, quasi iocosis fabulis, se delicate oblectant. Non multas chartas inficiam referendis prodigiosis abominationibus, quibus scatet auricularis confessio. Tantum dico, si non inconsulte fecit sanctus ille vir, qui ob unum scortationis rumorem, confessionem ex ecclesia sua, vel potius a^e suorum memoria sustulit[1]: infinitis hodie stupris, adulteriis, incestis^f, lenociniis, quid facto^g opus sit admonemur.^I

20. Quod huc obtendunt potestatem clavium, et in ea^h regni sui[1] proram (ut aiunt) et puppim[2] confessionarii locant, videndum quantum valere debet^k. Ergo sine causa (inquiunt) datae sunt claves? ergo sine causa dictum est, Quaecunque solveritis super terram, erunt soluta et in caelis [Matt. 18. c. 18]?[3] Frustramur[l] ergo verbum Christi? Respondeo, gravem fuisse causam cur darentur claves: ‖ quemadmodum et nuper exposui[4], et ubi de excommunicatione agetur, explicatius iterum docebo^m[5]. ‖

a) > *1536–43* b) *1536* nostr. consc. c) *1536* iudicium d) *1539 –43* detorto e) *1536* e f) *1536* incestibus g) *1536* factu h) Quod — ea: *1536–54* Nunc videndum de potestate clavium, in qua i) regni sui: *1536 post:* confessionarii, k) vid. — deb. > *1536–54* l) *1536* frustramus

1543 m) quemadmodum et hoc loco, et superius, cum de excommunicatione agerem, exposui

1) sc. Nectarius; cf. supra sect. 7. p. 94, 17. 2) Cicero, ad fam. 16, 24, 1. 3) Lomb., Sent. IV. dist. 17, 1 MSL 192, 880. 4) supra sect. 14. p. 100 sq. 5) lib. IV. c. 12; vol. V.

Sed quid, si uno gladio eiusmodi omnibus[a] eorum[b] postulatis ansam praecidam, sacrificulos non esse Apostolorum vicarios nec successores? Verum istud quoque alibi tractandum erit[c][1]; nunc, unde se munire maxime volunt, arietem erigunt quo molitiones omnes suae deiiciantur. Christus enim non ante Apostolis ligandi et solvendi potestatem fecit quam eos Spiritu sancto donavit. Nego igitur ullis competere clavium potestatem, qui non prius[d] acceperint[e] Spiritum sanctum. Nego quenquam clavibus uti posse nisi praeeunte docenteque Spiritu sancto, et dictante quid agendum sit. Spiritum sanctum habere se illi nugantur[2]: sed re ipsa negant; nisi forte Spiritum sanctum rem esse vanam et nihili fingunt, ut certe fingunt: sed illis non credetur. Atque hac quidem machina in universum subvertuntur, ut cuiuscunque ostii clavem se habere iactent, semper interrogandi sint habeantne Spiritum sanctum, qui clavium est arbiter et[f] moderator. Si habere se respondeant, rursum interpellandi sunt an errare possit Spiritus sanctus? Istud diserte profari non audebunt, tametsi oblique sua doctrina insinuant. Inferendum ergo erit, nullos sacrificulos habere clavium potestatem, qui passim sine delectu solvunt quae ligari Dominus voluerat, ligant quae solvi iusserat.

21. Quando clarissimis experimentis evinci se vident, quod dignos et indignos promiscue solvant et ligent[3], potestatem usurpant sine scientia.[4] Et quanquam negare non audent ad bonum usum requiri scientiam[5], potestatem tamen ipsam malis dispensatoribus traditam scribunt[6]. Atqui haec potestas est, Quodcunque ligaveris aut solveris in terra, erit in caelis ligatum aut solutum[7]. Aut promissum Christi mentiri oportet, aut bene ligant et solvunt qui sunt hac potestate praediti. Nec est quod tergiversentur, Christi dictum[g] limitari secundum eius merita qui ligatur aut solvitur[8]. Et nos etiam fatemur nec ligari nec solvi[h] posse nisi dignos qui ligentur aut solvantur[i]. Sed habent Evangelii nuntii et Ecclesia verbum quo dignitatem hanc metiantur. In hoc verbo nuntii Evangelii[k] possunt omnibus remissionem peccatorum in Christo polliceri per fidem:[l] possunt

---

a) *1536* omn. eiusm.   b) > *1536–39*   c) *1536–39* tractabitur; *1543–54* tractatum fuit   d) > *1536–43*   e) *1539–43* acceperunt   f) *1536* ac   g) *1536 (et VG 1541 sqq.)* promissum; *1539* meritum   h) *1536* nec solvi nec ligari   i) *1536* solv. aut lig.   k) *1536–54* Ev. nun.

1) lib. IV. c. 2; vol. V.   2) Lomb., Sent. IV. dist. 18, 5 MSL 192, 887.
3) ibid. dist. 18, 8 col. 888.   4) ibid. dist. 19, 3 col. 890.   5) ibid. dist. 19, 1 col. 889.   6) ibid. dist. 19, 3 col. 890.   7) Mtth. 16, 19.
8) Lomb., Sent. IV. dist. 18, 8 MSL 192, 888.

damnationem edicere in omnes et super omnes qui Christum non amplectuntur. In hoc verbo Ecclesia pronuntiat, scortatores, adulteros, fures, homicidas, avaros, iniquos partem in regno Dei non habere [1. Cor. 6. b. 9][1]: talesque certissimis vinculis ligat. Eodem verbo solvit quos[a] resipiscentes consolatur. Sed quae erit isthaec potestas, nescire quid ligandum sit aut solvendum? ligare autem non[b] posse aut solvere, nisi scias? Cur ergo dicunt se absolvere authoritate sibi data, quum incerta sit absolutio? quo nobis imaginaria haec potestas, si nullus sit usus? Iam autem[c] habeo, aut nullum esse, aut tam incertum esse ut pro nullo habendus sit. Quum enim fateantur bonam esse sacerdotum partem qui non rite utantur clavibus[2], potestatem vero sine legitimo usu inefficacem[d][3]: quis mihi fidem faciet, eum a quo solvor bonum esse clavium dispensatorem? quod si malus est, quid aliud habet quam frivolam istam dispensationem[e]? Quid in te ligandum sit aut solvendum, nescio, quando iusto clavium usu careo: sed si mereris, te absolvo. Ac tantundem posset, non dico laicus (quando id aequis auribus non ferrent) sed Turca, aut Diabolus. Id enim est dicere, Verbum Dei non habeo, certam solvendi regulam: sed authoritas mihi data est te absolvendi, si ita sunt tua merita. Videmus igitur quorsum spectarint, quum diffinierunt, claves esse authoritatem discernendi, et exequutionis potestatem: scientiam accedere consiliarium, et instar consiliarii ad bonum usum esse[4]. Nempe libidinose,[f] licenter, sine Deo et verbo eius voluerunt regnare.

22. Si excipiat quispiam, legitimos Christi ministros non minus perplexos fore in suo officio, quia absolutio quae a fide pendet semper ambigua erit: deinde nullum peccatoribus aut frigidum solatium fore quia minister ipse, qui idoneus iudex non est eorum fidei, de eorum absolutione certus non est: in promptu est solutio. Dicunt enim illis[g], non remitti a sacerdote peccata nisi quorum ipse est cognitor[5]; ita secundum eos remissio ex sacerdotis[h] iudicio pendet; qui nisi prudenter discernat quinam venia digni sint, tota actio cassa est ac irrita. Deni-

---

a) *1543—45* quo   b) lig. — non*: 1536* nec lig.   c) Iam aut.*: 1536 —43* Uno autem loco   d) *1536 (et VG 1541 sqq.)* + esse   e) *1536 (et VG 1541 sqq.)* solutionem   f) *1536—54* + et   g) *VG 1560* les Papistes   h) *VG 1560* d'un homme mortel

1) 1. Cor. 6, 9 sq.   2) Lomb., Sent. IV. dist. 19, 1 MSL 192, 889.
3) ibid. dist. 19, 5 col. 892.   4) cf. supra sect. 15 p. 102 not. 7.
5) Thomas Aq., S. th. III. suppl. q. 6. art. 1. corp.; concil. Trid., Doctr. de sacram. poenit. c. 5. ed. Richter p. 78; Denz. [16/17] No. 899.

DE MODO PERCIPIENDAE GRATIAE. CAP. IIII

que potestas de qua loquuntur[a], iurisdictio est examini annexa, ad quod restringitur venia et absolutio[1]. In hac parte nihil firmum reperitur: imo profunda est abyssus: quia ubi integra non est confessio, mutila etiam est spes veniae[2]; deinde sacerdos ipse suspensus haereat necesse est, dum nescit an bona fide enumeret peccator sua mala: postremo (quae inscitia et ruditas sacerdotum est) maior pars ad hoc munus exercendum nihilo aptior est quam sutor ad agros colendos: alii fere omnes sibi merito suspecti esse debent. Hinc igitur perplexitas et dubitatio de absolutione papali, quod eam fundatam esse volunt a sacerdotis persona: neque id modo, sed a cognitione, ut tantum de rebus delatis, quaesitis et compertis iudicet. Iam siquis a bonis istis doctoribus quaerat, reconcilieturne Deo peccator, peccatis quibusdam remissis, non video quid respondeant: nisi quod fateri cogentur infructuosum esse quicquid pronuntiat sacerdos de remissis peccatis, quorum recitationem audierit, quandiu alia non eximuntur a reatu. Ex parte confitentis, quam perniciosa anxietas conscientiam devinctam teneat, hinc patet, quod dum recumbit in sacerdotis discretionem, ut loquuntur[3], nihil ex verbo Dei statuere potest. Ab his omnibus absurdis libera et immunis est doctrina quam tradimus. Conditionalis enim est absolutio ut confidat peccator sibi propitium esse Deum, modo syncere in Christi sacrificio expiationem quaerat, et acquiescat oblatae sibi gratiae. Ita errare non potest qui pro officio praeconis, quod sibi ex Dei verbo dictatum est, promulgat. Peccator vero certam et liquidam absolutionem amplecti potest, ubi simplex illa conditio apponitur de amplexanda Christi gratia, secundum generalem illam magistri ipsius regulam, quae impie spreta in papatu fuit, Secundum fidem tuam fiat tibi [Matth. 9. d. 29].[4]

23. Quam insulse misceant quae de clavium potestate docet Scriptura, promisi me alibi dicturum: et locus erit opportunior in tractando regimine Ecclesiae.[5] Meminerint tamen lectores praepostere ad auricularem et secretam confessionem torqueri quae partim de Evangelii praedicatione, partim de excommunicatione a Christo dicta sunt.[6] Quare dum obiiciunt, ius solvendi datum esse Apostolis, quod sacerdotes exerceant, peccata sibi agnita remittendo[7], falsum et frivolum principium sumi palam

---

a) de — loqu.: *VG 1560* laquelle ils s'attribuent

1) Thom. l. c. q. 17. art. 3. corp.   2) ibid. q. 19. art. 2.   3) ibid. q. 17. art. 3. corp.; q. 18. art. 4.   4) cf. Mtth. 8, 13.   5) lib. IV. c. 10; vol. V; cf. sect. 16, supra p. 103.   6) sc. Mtth. 16, 19; 18, 15–18; Ioh. 20, 23.   7) cf. concil. Trid. l. c.

est: quia absolutio quae fidei servit, nihil aliud est quam testimonium veniae ex gratuita Evangelii promissione sumptum[a]; altera autem quae ex disciplina Ecclesiae pendet, nihil ad secreta peccata, sed ad exemplum magis pertinet, ut tollatur publica Ecclesiae offensio. Quod autem hinc inde testimonia corradunt quibus probent non sufficere vel soli Deo vel laicis confiteri peccata, nisi sacerdos sit cognitor[1], putida ac pudenda est eorum diligentia. Nam siquando peccatoribus suadent vetusti patres ut se exonerent apud suum pastorem, de recitatione accipi non potest quae tunc in usu non fuit. Deinde, ut sinistri fuerunt Lombardus et similes, videntur data opera libris adulterinis fuisse addicti, quorum praetextu deciperent simplices.[2] Recte quidem fatentur, quia poenitentiam semper comitatur solutio, nullum proprie vinculum manere ubi quis poenitentia tactus est[b], quanvis nondum confessus fuerit: ideoque tunc sacerdotem non tam remittere peccata quam pronuntiare et declarare remissa esse.[3] Quanquam in verbo Declarandi crassum errorem insinuant, ceremoniam subrogantes[c] in locum doctrinae. Quod autem attexunt, in facie Ecclesiae absolvi, qui iam coram Deo veniam[1] adeptus erat[4], intempestive trahunt ad peculiarem cuiusque usum, quod iam diximus communi disciplinae esse destinatum ubi tollenda est gravioris et notae culpae offensio. Sed paulo post moderationem pervertunt et corrumpunt, addentes alium modum remittendi: nempe cum iniunctione poenae et satisfactionis[5]; in quo suis sacrificiis ius arrogant dimidiandi quod Deus ubique in solidum nobis promisit. Quum enim simpliciter poenitentiam et fidem exigat, partitio haec vel exceptio prorsus sacrilega est. Perinde enim

---

a) *VG 1560* + pour annoncer au pecheurs que Dieu leur a fait mercy   b) ubi — est: *VG 1560* quand le pecheur est touché au vif   c) cerem. subr.: *VG 1560* c'est de supposer la ceremonie de faire une croix sur le dos

1) Lomb., Sent. IV. dist. 17, 4. 5 MSL 192, 882 sq.; Petr. Lombardus his testimoniis nititur: (Pseudo-?) Aug., Serm. 351, 4, 9 MSL 39, 1545; Aug., Ep. 54 (ad Ianuarium) 3, 4 MSL 33, 201; Leo I., Ep. 108, 2 MSL 54, 1011 sq., ref. Decr. Grat. II C. 33. q. 3 (De poenitentia) c. 49 Corp. iur. can. ed. Friedberg I 1170; Pseudo-Aug., De vera et falsa poenit. 10, 25 MSL 40, 1122; Leo I., Ep. 168, 2 MSL 54, 1210 sq., ref. Decr. Grat. II De poenit. c. 89. ed. Friedbg. I 1189; Pseudo-Aug., De vera et falsa poenit. 10, 25; 11, 26; 12, 27 MSL 40, 1122 sq.; Beda, In Iac. 5, 16 MSL 93, 39 sq.   2) cf. Otto Baltzer, Die Sentenzen des Petrus Lombardus. Ihre Quellen und ihre dogmengeschichtliche Bedeutung 1902, p. 3 sq.   3) vide supra p. 103 not. 1. 2.   4) Lomb., Sent. IV. dist. 18, 6 MSL 192, 887.   5) ibid. dist. 18, 7 col. 888.

valet acsi sacerdos, tribuni personam sustinens, Deo intercederet[a] nec vellet Deum pati mera sua liberalitate in gratiam recipere nisi qui ad tribunitium subsellium prostratus iacuerit[b], illicque sit mulctatus.

24. Tota huc summa redit; si Deum facere velint confessionis huius fictitiae authorem, eorum vanitatem coargui: sicuti monstravi falsarios in paucis quos citant locis. Quum vero palam sit legem esse ab hominibus impositam, dico et tyrannicam esse et cum Dei iniuria latam, qui verbo suo conscientias astringens, vult ab hominum imperio solutas esse. Iam quum ad obtinendam veniam necessitas eius rei praescribitur quam Deus voluit esse liberam, dico sacrilegium esse minime tolerabile; quia nihil Deo magis proprium, quam peccata remittere, in quo nobis sita est salus. Adhaec ostendi invectam demum fuisse hanc tyrannidem, quum foeda barbarie oppressus esset mundus. Docui praeterea legem esse pestiferam quae vel in desperationem praecipitat miseras animas, ubicunque viget Dei timor: vel, ubi est securitas inanibus blanditiis demulcens, magis hebetat. Postremo exposui quascunque afferunt mitigationes non alio tendere nisi ut involvant, obscurent ac depravent puram doctrinam, fucosis autem coloribus impietates tegant.

25. Tertium locum satisfactioni in poenitentia assignant [Lib. 4. Sent. Dist. 16.[c] c. 4.][1], de qua quicquid blaterant, uno verbo subverti potest. Dicunt non sufficere poenitenti a praeteritis malis abstinere, et mores in melius commutare, nisi de iis quae facta sunt satisfaciat Deo[d] [c. non sufficit. de poeniten.[e] [2]]. Esse autem multa adminicula[f], quibus peccata redimamus: lachrymas, ieiunia, oblationes, [g] charitatis officia. Iis Dominum propitiandum, iis debita iustitiae Dei persolvenda, iis compensanda delicta, iis veniam emerendam [c. med. eadem disti.][3]; quanvis enim[h] largitate misericordiae culpam remiserit, poenam tamen retinere disciplina iustitiae; hanc esse poenam quae satis-

---

a) sacerd. — interc.: *VG 1560* les prestres se faisoyent contrerolleurs de Dieu, pour s'opposer à sa parolle   b) nisi — iac.: *VG 1560* sinon qu'ils soyent auparavant comparus devant leur sollette   c) *sic recte 1536–45; 1550–61 falso* 10   d) *1536–54* Domino   e) *sic recte 1536–45; 1550–61 falso* pont.; *1536–45 recte* + dist. 1[2]   f) *1536–54* praesidia   g) *1536 (et VG 1541 sqq.)* + eleemosynas, caeteraque   h) quanv. en.: *1536–39* et quanquam; *1536–54* + Dominus

1) ibid. dist. 16, 4 col. 879; ex (Pseudo-?)Aug., Serm. 351, 5, 12 MSL 39, 1549.   2) Decr. Grat. II Causa 33 q. 3 (de poenitentia) dist. 1. c. 63 ed. Friedbg. I 1177.   3) ibid. c. 76. col. 1180; ex Ambrosio, Serm. de Helia et jejunio c. 20, 75 CSEL 32 II, 458, 4 sqq.

factionibus redimenda sit [C. nullus; eadem dist.]¹. ‖ In hanc tamen summam recidunt omnia, nos quidem a Dei clementia delictorum veniam impetrare, sed intercedente merito operum, quibus peccatorum noxa compensetur, quo debita¹ iustitiae Dei satisfactio persolvatur. ‖ Talibus mendaciis oppono gratuitam peccatorum remissionem, qua nihil in Scriptura clarius praedicatur [Iesa. 52. a. 3; Rom. 5. b. 8ᵃ; Colos. 2. c. 14²ᵇ; Tit. 3. b. 5ᶜ]. Primum, quid est remissio nisi merae liberalitatis donum? Non enim remittere dicitur creditor, qui antapocha testatur sibi numeratam pecuniam: sed qui nulla solutione ultro sua beneficentia nomen expungit. Cur deinde gratis additur, nisi ad tollendam omnem satisfactionis opinionem? Qua igitur confidentia suas satisfactiones adhuc erigunt, quae tam valido fulmine prosternuntur? ‖ Quid autem? quum Dominus per Iesaiam clamat, Ego sum, ego sum qui deleo iniquitates tuas propter me [Iesa. 43. d. 25]: et peccatorum tuorum non ero memor: annon aperte denuntiat, causam et fundamentum remittendi a sola sua bonitate se petere? ‖ Praeterea quum Scriptura universa testimonium Christo deferat, quod per nomen eius sit accipienda peccatorum remissio [Act. 10. g. 43], nonne alia omnia nomina excludit? Quomodo igitur per satisfactionum nomen accipi docent? Neque vero hoc se dare satisfactionibus negentᵈ, etiam si ipsaeᵉ intercedant quasi subsidiaᶠ. Nam quod Scriptura ait Per nomen Christi, intelligit nihil nos affere, nihil nostrum praetendere, sed sola Christi commendatione niti; quemadmodum Paulus asserensᵍ, quod Deus erat mundum sibi in Christoʰ reconcilians, non imputans propter ipsum hominibus delicta [2. Cor. 5. d. 19], ‖ modum rationemque mox subiicit, quia pro nobis factus est peccatum qui peccati expers erat.

26. Verumⁱ qua sunt perversitate, et peccatorum remissionem, et reconciliationem fieri semel dicuntᵏ, quum in gratiam Dei per Christum in Baptismo recipimur: post baptismum, resurgendum esse per satisfactiones; sanguinem Christi nihil prodesse, nisi quatenus per claves Ecclesiae dispensatur. ‖ Nec de re dubia loquor,ˡ quum suam impuritatem clarissimis scriptis

---

a) *1536* Rom. 3 *(24 sq.)*   b) *1554* + 2. Tim. 1. c *(9)*   c) *1536–54* + et alibi.   d) vero — neg.: *1536–43* per satisfactionum nomen accipi negent, sed per Christi nomen   e) > *1536–54*   f) quasi subs.: *1536–54* satisfactiones   g) *1536–54* ait   h) *1536 (et VG 1541 sqq.)* filio   i) *1536–45* Vereor ne   k) *1536–45* dicant   l) Nec — loqu.: *1539–45* Quid tamen vereri me dico?

1) ibid. c. 42 col. 1168; ex Aug., De continentia 6, 15 MSL 40, 358.
2) Col. 2, 13 sq.

DE MODO PERCIPIENDAE GRATIAE. CAP. IIII 115

prodiderint[a]: nec unus aut alter, sed universi scholastici[b]. Nam ipsorum magister, postquam Christum in ligno poenam peccatorum solvisse, iuxta Petri doctrinam [1. Pet. 2. d. 24][c], confessus est: subiuncta illico exceptione sententiam illam corrigit, quod in Baptismo omnes peccatorum poenae temporales relaxantur: sed post baptismum, poenitentiae beneficio minorantur: ut ita simul cooperetur crux Christi et nostra poenitentia [Lib. 3. Sent. dist. 19[d]][1]. ‖ Sed longe aliter Iohannes, Si quis peccaverit, ait, habemus advocatum apud Patrem, Iesum Christum: et ipse est propitiatio pro peccatis nostris. [e]Scribo vobis filioli: quia remittuntur vobis[f] peccata propter nomen eius [1. Iohan. 2. a. 2[g] et b. 12]. Certe fidelibus loquitur, quibus dum Christum proponit peccatorum propitiationem, non aliam esse satisfactionem ostendit qua offensus Deus propitiari placarive possit. Non di[i]cit, Semel vobis per Christum reconciliatus est Deus, nunc vobis alias[h] rationes quaerite: sed perpetuum facit advocatum, qui sua intercessione in Patris gratiam nos semper restituat: perpetuam propitiationem, qua peccata expientur[i]. Est enim illud perpetuo verum, quod alter[k] Iohannes dicebat, Ecce Agnus Dei, ecce qui tollit peccata mundi [Iohan. 1. e. 36][2]. Tollit (inquam) ipse, non alius; hoc est, quando ipse solus est Agnus Dei, solus quoque oblatio est[l] pro peccatis, solus expiatio, solus satisfactio. ‖ Nam quum ius et potestas ignoscendi proprie competat in Patrem, ubi a Filio distinguitur, ut iam visum est[m][3]: in altero gradu Christus hic locatur[n], quod poenam nobis debitam in se transferens, reatum nostrum[o] deleverit coram Dei iudicio. Unde sequitur, non aliter nos fore participes expiationis a Christo peractae, nisi apud eum resideat honor ille quem sibi rapiunt qui Deum placare tentant suis compensationibus.

27. Ac[p] duo hic perpendere convenit: ut integer et illibatus suus honor Christo servetur: ut conscientiae de peccati venia

---

a) *VG 1541 sqq.* + en cest endroit   b) univ. schol.: *VG 1541 sqq.* mais toutes leurs Escoles   c) *1559–61 male* + [2. Tim. 1. c. 9]   d) *sic recte 1539–1554; 1559–61 falso:* 9.   e) *1536 (et VC 1541 sqq.)* + item [Eod. loco.]:   f) *1539–50* nobis   g) *1553 a. 1, (recte: a. 1 sq.)*   h) *1536–54* + reconciliandi   i) *1536* expiantur   k) > *1536–39*   l) *1536* est obl.   m) *ubi — est* > *VG 1560*   n) *VG 1560* + comme moyen   o) reat. nostr.: *VG 1560* la memoire de nos offenses   p) > *1536–54*

1) Lomb., Sent. III. dist. 19, 4 MSL 192, 797; Bonavent., In sent. III. dist. 19 art. 1. q. 4 ad 3; Thomas Aq., S. th. III. q. 83 art. 4. ad 3.
2) Joh. 1, 29.   3) lib. II 16, 3 sqq., vol. III 484 sqq.

securae, pacem apud Deum habeant. Iesaias ait[a], Patrem posuisse in Filium nostras omnium iniquitates, ut livore eius sanemur[b] [Iesa. 53. a. 4, et b. 6]. Quod aliis verbis repetens Petrus ait, Christum pertulisse in corpore suo peccata nostra super lignum [1. Pet. 2. d. 24]. Paulus scribit damnatum esse peccatum in eius carne, quum pro nobis peccatum factus est [Rom. 8. a. 3; Galat. 3. b. 13]: hoc est vim et maledictionem peccati in eius carne interemptam, quum in hostiam datus est, in quam tota peccatorum nostrorum moles, cum sua maledictione et execratione, cum horrendo[c] iudicio Dei, et mortis damnatione, reiiceretur. || Hic nequaquam audiuntur nugamenta illa: quod post initialem purgationem[d], passionis Christi efficaciam non aliter nostrum unusquisque sentiat quam pro satisfactoriae poenitentiae modo[1]: sed ad unicam Christi satisfactionem, quoties lapsi fuerimus, revocamur. Nunc tibi pestilentes eorum naenias propone. Gratiam Dei in prima peccatorum remissione solam operari: si postea ceciderimus, ad secundam veniam impetrandam opera nostra cooperari[2]. || Haec si locum habeant, anne quae Christo superius sunt attributa, illi salva manent? || Immane quantum haec differunt, iniquitates nostras positas esse in Christo ut in ipso expiarentur, et nostris operibus expiari: Christum esse propitiationem pro peccatis nostris, et Deum operibus propitiandum. Quod si de pacificanda conscientia agitur: quae isthaec erit pacificatio, si audiat peccata redimi satisfactionibus? quando tandem illi satisfactionis modus constare poterit? Ergo semper dubitabit an Deum habeat propitium, semper aestuabit, semper horrescet. Nam qui levibus satisfactiunculis acquiescunt, nimis contemptim iudicium Dei aestimant: et parum reputant quanta sit peccati gravitas: ut alibi dicemus[e] [3]. Et ut ipsis conceda[f]mus[f], peccata aliquot iusta satisfactione redimere, quid tamen facient[g] ubi tot peccatis obruuntur, quorum satisfactionibus nec centum vitae, vel si totae in hoc sint, sufficere queant? || Adde quod loci omnes quibus asseritur peccatorum remissio[h], non ad catechumenos pertinent, sed ad regenitos Dei filios, et qui in Ecclesiae sinu fuerunt diu nutriti. Legatio illa quam tam splendide extollit

---

a) *1536* dicit   b) *1536–45* sanaremur   c) > *1536 (et VG 1541 sqq.)*
d) post — purg.: *VG 1541 sqq.* depuis le Baptesme   e) *1536–39* diximus   f) ipsis conced.: *1536* in ipsis esse demus   g) *1536* faciant
h) quib. — rem.: *VG 1560* où il est parlé de la pure gratuité de Dieu en pardonnent les pechez

1) cf. Thom. Aq., S. th. III. q. 84. art. 5. corp.   2) ibid. et q. 86 art. 4 ad 3.   3) cap. 12, infra p. 207 sqq.

DE MODO PERCIPIENDAE GRATIAE. CAP. IIII

Paulus, Obsecro vos Christi nomine, reconciliamini Deo [2. Cor. 5. d. 20]: non ad exteros dirigitur, sed ad eos qui pridem regeniti fuerant. Atqui satisfactionibus valere iussis ᵃ, ad Christi crucem eos ablegat. Sic quum scribit Colossensibus Christum pacificasse per sanguinem crucis quae sunt in caelo vel in terra [Coloss. 1. c. 20], non restringit hoc ad momentum quo recipimur in Ecclesiam, sed ad totum cursum extendit. Quod facile ex contextu patet, ubi dicit fideles habere redemptionem per sanguinem Christi, nempe remissionem peccatorum[1]. Quanquam plures locos congerere supervacuum est qui subinde occurrunt.

28. Hic in asylum confugiunt ineptae distinctionis, Peccata quaedam venialia esse, quaedam mortalia: pro mortalibus gravem satisfactionem deberi: venialia facilioribus remediis purgari, oratione dominica, aquae benedictae aspersione, absolutione Missae[2]. Sic cum Deo ludunt et ineptiunt. Quum tamen assidue peccatum veniale et mortale in ore habeant, nondum alterum ab altero discernere potuerunt[3], nisi quod impietatem et immunditiem cordis ᵇ, peccatum veniale faciunt. Nos autem (quod Scriptura iusti et iniusti regula docet) peccati stipendium pronuntiamus esse mortem: et Animam, quae peccaverit, morte dignam [Rom. 6. d. 23; Ezec. 18. e. 20]. Caeterum fidelium peccata venialia esse: non quia non mortem mereantur, sed quia Dei misericordia, nulla est condemnatio iis qui sunt in Christo Iesu [Rom. 8. a. 1]: quia non imputantur, quia venia delentur ᶜ [4].

Scio quam inique doctrinam hanc nostram calumnientur; dicunt enim paradoxum esse Stoicorum, de peccatorum aequalitate[5]: sed suo ipsorum ore nullo negotio convincentur. Quaero enim, annon inter ea ipsa peccata quae mortalia fatentur, aliud alio minus agnoscant. Non igitur protinus sequitur, paria esse peccata quae simul mortalia sint. Quum Scriptura definiat, stipendium peccati mortem esse: Legis obedientiam, esse vitae viam: transgressionem, mortem: hanc sententiam evadere non possunt. Quem ergo satisfaciendi exitum invenient ᵈ in tanto

---

a) satisf. — iuss.: *VG 1560* en mettant bas toute satisfaction, et leur commendent de s'en deporter b) *VG 1541 sqq.* + (qui est le plus horrible peché devant Dieu) c) *1536* + [Psal. 32 *(1 sq.)*] d) *1539–50* inveniunt; *VG 1541 sqq.* trouveront-ilz

1) Col. 1, 14. 2) Lomb., Sent. IV. dist. 16, 4 MSL 192, 879; Thomas Aq., S. th. III. q. 87. art. 3. 3) cf. Thom. Aq., S. th. II 1, q. 88. 4) cf. Melanchthonis Locos comm. 1521 ed. Kolde ⁴ p. 223. 5) cf. Jo. Roffens., Confut. c. 5 p. 160; — Cic., Pro Mur. 61; Diog. Laërt., VII 120; Lact. div. inst. III 23, 8 CSEL 19, 253, 9; Cypr., Ep. 55, 16 CSEL 3 II, 635, 5 sq.

peccatorum cumulo? si unius diei est satisfactio peccati unius: dum illam meditantur, pluribus se involvunt[a]: || quando diem nullum praeterit iustissimus quisque, quo non aliquoties labatur [Prov. 24. b. 16]. Ad eorum vero satisfactiones dum se accingent, numerosa, vel potius innumera[1] cumulabunt. || Iam praecisa est satisfaciendi fiducia; quid[b] morantur? quomodo adhuc de satisfaciendo cogitare audent?

29.[c] Conantur quidem se expedire: sed aqua (ut dicitur) illis haeret[1]. Fingunt[d] sibi distinctionem poenae et culpae: culpam remitti fatentur Dei misericordia: sed culpa remissa, poenam restare quam persolvi Dei iustitia postulat[2]. Ad poenae igitur remissionem proprie spectare satisfactiones[3]. || Quae ista bone Deus, desultoria levitas? culpae remissionem nunc gratuitam prostare confitentur, quam precibus et lachrymis, aliisque omne genus praeparationibus emereri subinde docent. || Verum adhuc[e] cum ista distinctione ex diametro pugnat quicquid de peccatorum remissione in Scriptura nobis traditur. || Quod tametsi satis superque existimo iam a me confirmatum, subnectam tamen quaedam alia testimonia, quibus adeo constringantur tortuosi isti angues, ut ne summam quidem caudam complicare posthac queant. || [f] Hoc est testamentum novum quod Deus in Christo suo nobiscum pepigit, Quod iniquitatum nostrarum non recordabitur [Ier. 31. f. 31. 34]. Quid his significaverit, discimus ex altero Propheta, ubi Dominus, Si iustus (inquit) a iustitia sua deflexerit, omnium iustitiarum eius non recordabor; si impius ab impietate sua recesserit, omnium iniquitatum eius non recordabor [Ezech. 18. e. 24. f. 27 [4]]. Quod se iustitiarum recordaturum negat, utique hoc est, nullam se earum habiturum rationem, ut remuneretur. Ergo et peccatorum non recordari, est ea non postulare ad poenam. Idipsum alibi dicitur, || proiicere post tergum [Iesa. 38. d. 17[g]], delere instar nubis [Ies. 44. d. 22], demergere in profundum maris [Mich. 7. d. 19], || non imputare, tectumque[h] habere [Psal. 32. a. 1[1]][5]. Talibus loquendi formulis non obscure sensum suum nobis explicuerat Spiritus sanctus,

---

a) pl. — inv.: *1536 septies peccant* b) *VG 1541 sqq.* Qu'est-ce qu'ilz songent ou c) *1559 falso* 39 d) *1539–45* + enim ad postremum; enim — postr. > *VG 1541 sqq.* e) > *1536* f) *VG 1541 sqq.* + Ainsi que dit Ieremie, g) *1553–59 falso* +, et 22 h) *1536 tecta* i) a. 1: *1559 falso* ait

1) cf. Cic., De off. 3, 33, 117. 2) Thomas Aq., S. th. III. q. 86. art. 4. corp. 3) Thom. Aq., S. th. III. suppl. q. 15. art. 1. corp.; Bonavent., In sent. IV. dist. 18. p. 1. art. 2. q. 2. opp. 4, 477 b. 4) rectius 18, 21 sq. 5) Ps. 32, 1 sq.

DE MODO PERCIPIENDAE GRATIAE. CAP. IIII

si dociles aures illi accommodaremus. Certe si punit Deus peccata, imputat: si vindicat, recordatur: si ad iudicium vocat, tecta non habet: || si examinat, post tergum non proiecit: si inspicit, non obliteravit instar nebulae: si ventilat, non proiecit in profundum maris. || Atque in hunc modum interpretatur Augustinus claris verbis, Si texit peccata Deus, noluit advertere: si noluit advertere, noluit animadvertere: si noluit animadvertere, noluit punire: noluit agnoscere, maluit ignoscere. Tecta ergo peccata quare dixit? Ut non viderentur. Quid erat, Deum videre peccata, nisi punire[a]?[1] || Audiamus vero et ex alio Prophetae loco[b], quibus legibus peccata remittat Dominus. Si fuerint (inquit) peccata vestra ut coccinum, quasi nix albescent: et si rubuerint ut vermiculus, erunt quasi lana [Jesa. 1. e. 18]. || Apud Ieremiam autem sic legitur, In illa die relquiretur iniquitas Iacob, et non invenietur: peccatum Iehudah, et non erit: quia propitiabor reliquiis quas servavero [Iere. 50. d. 20]. Vis breviter tenere quis sit verborum istorum sensus? Expende quid e converso sibi velint locutiones illae, Dominum in sacculo iniquitates colligare [Iob. 14. d. 17], in fasciculum colligere et recondere [Oseae. 13. c. 12], stylo ferreo exarare in lapide adamantino [Iere. 17. a. 1]. Nempe si vindictam repensum iri significant (quod extra dubium est) neque etiam dubitandum est quin contrariis sententiis omnem vindictae repensionem Dominus se remittere affirmet. || Hic mihi obtestandi sunt lectores, non ut glossis meis auscultent: sed tantum ut verbo Dei locum aliquem esse sinant.

30. Quid, quaeso, nobis praestitisset Christus, si adhuc pro peccatis poena exigeretur? Nam quum dicimus eum pertulisse omnia peccata nostra in corpore suo super lignum [1. Pet. 2. d. 24], non aliud significamus quam defunctum poena et vindicta quae peccatis nostris debebatur. Idipsum significantius declaravit Iesaias, quum dicit, Castigationem (sive correctionem) pacis nostrae fuisse super eum [Iesa. 53. b. 5]. Quid vero est correctio pacis nostrae, nisi poena peccatis debita, et a[c] nobis persolvenda, antequam Deo reconciliari possemus nisi vices nostras ipse subiisset? En clare vides, Christum peccatorum poenas sustinuisse, ut suos ab illis eximeret. || Et quoties de redemptione per eum facta meminit Paulus[d], vocare solet ἀπολύτρωσιν [Rom. 3. c. 24; 1. Cor. 1. d. 30; Ephes. 1. b. 7; Co-

---
a) *1543-50* + [Psal. 31.][1]; *1553-54* + [Psal. 32. a. 1.]; *1559-61 falso* [Psal. 52. a. 1] b) Proph. loco: *1536* propheta c) > *1536-43* d) > *1536*

1) Aug., In Psal. 31 enarr. 2, 9 MSL 36, 264.

los. 1. b. 14ª], quo non simpliciter redemptionem indicat, qualiter vulgo intelligitur[b]: sed pretium ipsum et satisfactionem[c] redemptionis[d]. Qua ratione et Christum ipsum se pro nobis ἀντί-
1543 λυτρον dedisse scribit[e] [1. Tim. 2. b. 6]. ∥ Quae apud Dominum propitiatio est (inquit Augustinus) nisi sacrificium ? Et quod est sacrificium, nisi quod pro nobis oblatum est in morte Chri-
1539 sti ?[f][1] ∥ Validum autem in primis arietem nobis suppeditat quod de expiandis peccatorum noxis in Lege Mosaica praescribitur. Neque enim illic Dominus hanc aut illam satisfaciendi rationem constituit: sed totam in sacrificiis compensationem requirit. Ubi tamen alioqui diligentissime atque exactissimo ordine omnes expiandi ritus[g] exequitur[2]. Qui fit autem ut nullis prorsus operibus admissa delicta procurare iubeat[h], sed sola in expiationem sacrificia requirat, nisi quod ita testari vult unicum esse satisfactionis genus, quo iudicium suum[i] placatur? Nam quae tum immolabant sacrificia Israelitae, non hominum opera censebantur: sed a sua veritate, hoc est unico Christi sacrificio, aestimabantur. Qualem autem compensationem a nobis recipiat Dominus, paucis verbis eleganter Oseas ex¹pressit. Omnem [482] (inquit) tolles iniquitatem o Deus, En peccatorum remissio, et vitulos labiorum persolvemus [Oseae 14. a. 3]. En satisfactio[k]. ∥
1550 Scio quidem subtilius adhuc ipsos elabi, dum inter aeternam poenam et temporales distinguunt[3]; sed quum temporalem poenam quodvis supplicium esse tradant, quod tam de corpore quam de anima sumit Deus, excepta modo aeterna morte, parum eos sublevat haec restrictio. Nam superiores loci quos citavimus, hoc nominatim volunt, hac nos conditione recipi a Deo in gratiam, ut quicquid eramus poenae meriti, remittat, culpam ignoscendo. Et quoties David aut alii Prophetae peccatorum veniam petunt, simul poenam deprecantur. Imo divini iudicii sensus huc eos impellit. Rursum, quum a Domino misericordiam promittunt, semper fere ex professo de poenis earum-

---

a) *1536 +* et alibi.   b) *quo — intell.: 1536* id autem est, non simpliciter redemptio   c) *1536* satisfactio   d) *red.: VG 1541 sqq.* que nous appellons ranceon en francois   e) *1536* alibi tradit; Qua — scrib.: *VG 1541 sqq.* Pour laquelle cause il dit en quelque lieu, que Christ s'est faict ranceon pour nous: c'est à dire, qu'il s'est constitué pleige en nostre lieu à fin de nous delivrer pleinement de toutes les debtes de noz pechez   f) *1543–54* + [In Psal. 129]¹   g) omn. — rit.: *VG 1541 sqq.* tous les sacrifices qu'il falloit faire, selon la diversité des pechez   h) *1539–54* doceat   i) *iud. suum: 1539–54* iustitia sua   k) *VG 1541 sqq.* + qui n'est que action de graces

1) Aug., In Psal. 129, 3 MSL 37, 1697.   2) Ex. 30, 10; Lev. 4—7. 16; Num. 15, 22 sqq.   3) Thomas Aq., S. th. III. q. 86. art. 4 concl.

DE MODO PERCIPIENDAE GRATIAE. CAP. IIII

que remissione concionantur. Certe quum Dominus apud Ezechielem pronuntiat finem se impositurum Babylonico exilio, idque propter se, non propter Iudaeos [Ezec. 36. e. 22, et f. 32]: gratuitum esse utrunque satis demonstrat. Denique, si a reatu liberamur per Christum, poenas quae inde proveniunt cessare oportet.

31. Verum quando et ipsi Scripturae testimoniis sese armant, videamus qualia sint quae ipsi obtendunt argumenta. David (inquiunt) de adulterio et homicidio a propheta Nathan obiurgatus, veniam peccati accipit: et tamen morte filii, quem ex adulterio sustulerat, postea plectitur [2. Sam. 12. c. 13].[1] Tales poenas, quae post culpae etiam remissionem infligendae essent, satisfactionibus redimere docemur.[2] Hortabatur enim Daniel Nebuchadnezer ut eleemosynis peccata redimeret [Dan. 4. e. 24].[3] Et Solomo scribit, propter aequitatem et pietatem remitti iniquitates. Alibi etiam[a], charitate operiri multitudinem peccatorum [Prov. 16. a. 6, et 10. b. 12]. ‖ Quam sententiam confirmat et Petrus [1. Pet. 4. b. 8].[4] ‖ Item[b] apud Lucam Dominus de muliere peccatrice ait, remissa esse illi peccata multa, quia dilexerit multum [Luc. 7. g. 47].[5] Ut perverse semper et praepostere facta Dei aestimant! At si observassent, (quod minime praetereundum erat) duo esse divini iudicii genera: longe aliam[c] in hac Davidis correptione vidissent poenae formam quam quae ad ultionem tendere putanda sit[d]. ‖ Quoniam autem nostra omnium non mediocriter refert intelligere quorsum pertineant Dei castigationes quibus in peccata nostra animadvertit: et quantum ab exemplis differant[e] quibus impios et reprobos cum indignatione persequitur: summatim perstringere non abs re, arbitror, fuerit. ‖ Iudicium unum, docendi causa, vocemus vindictae: alterum, castigationis. ‖ Porro iudicio vindictae sic intelligendus est Deus[f] inimicos suos ulcisci, ut iram adversus illos suam exerceat, confundat, dissipet, in nihilum redigat. Id ergo sit nobis proprie Dei vindicta, ubi punitio cum

---

a) propter — etiam > *1536*   b) *1536 (et VG 1541 sqq.)* Et   c) *1536 aliud; VG 1541 sqq.* autre chose   d) poenae — sit: *1536 (et VG 1541 sqq.)* quam peccati poenam et ultionem   e) *1539–54* differunt   f) *1539–54* Dominus

1) 2. Sam. 12, 13 sq.; Thomas Aq., S. th. III. q. 86. art. 4; Eck., Enchir. c. 8. E 1 a b; De Castro, Adv. haer. fol. 181 A B; Jo. Roff., Confut. p. 160 sq. 300.   2) Thom. Aq., S. th. III. q. 86 art. 4 ad 3. fin.; De Castro, Adv. haer. fol. 181 C; Jo. Roff., Conf. p. 160 sq.   3) Hugo, Summa VI. 11 MSL 176, 149 A; Eck., Enchir. c. 9. E 2 a; De Castro, Adv. haer. fol. 181 B.   4) Jo. Roff., Confut. p. 302.   5) Eck., Enchir. c. 9. E 4 a; cf. Thom. Aq., S. th. III. q. 49. art. 1. corp.

eius indignatione coniuncta est. Iudicio[l] castigationis non ita
saevit ut irascatur: nec vindicat ut perdat vel fulminet ad interitum[a]. Unde non est supplicium proprie || aut vindicta, sed correctio et admonitio. Alterum iudicis est, alterum patris. Iudex
enim quum facinorosum punit, in ipsum delictum animadvertit, et de facinore ipso[b] poenam expetit. Pater quum filium severius corrigit, non hoc agit ut vindicet aut mulctet[c], sed magis
ut doceat et cautiorem in posterum reddat. || Paulo diversa similitudine Chrysostomus alicubi utitur, quae tamen eodem recidit. Verberatur (inquit) filius: verberatur et famulus; sed hic
ut servus, quia peccavit, punitur[d]: ille vero, ut liber et filius
disciplina indigens, castigatur. Huic correptio in probationem
et emendationem cedit, illi in flagella et poenas[e1].

32. Ut breviter et expedite rem totam teneamus, haec ex
duabus[f] statuatur prima distinctio; ubicunque poena est ad
ultionem, ibi maledictio et ira Dei se exerit, quam semper a
fidelibus continet. Castigatio contra, et Dei benedictio est et
amoris habet testimonium, ut docet Scriptura [Iob. 5.[g] c. 17;
Prov. 3. b. 11[2]; Hebr. 12. b. 5[3]]. || Hoc discrimen satis Dei verbo
passim notatur. Quicquid enim afflictionum in praesenti vita
sustinent impii, nobis depingitur ceu quoddam inferorum atrium,
unde aeternam suam damnationem eminus iam conspiciunt;
tantumque abest ut inde emendentur, aut fructum aliquem percipiant, ut potius talibus praeludiis ad dirissimam, quae tandem eos manet, gehennam[h] apparentur. Castigans autem castigat servos suos Dominus, sed morti non tradit eos [Psal. 118.
c. 18]; quare eius ferula verberati, bonum id sibi fuisse fatentur
ad veram eruditionem [Psal. 119, 71]. || Ut autem sanctos ubique legimus tales poenas placido animo suscepisse, ita superioris generis flagella semper vehementer sunt deprecati. || Castiga
me Domine (inquit Ieremias) sed in iudicio, non in ira tua: ne
forte imminuas me. Effunde furorem tuum[i] || in gentes quae
te non noverunt, et in regna quae nomen tuum non invocarunt

---

a) vel — int.: *1539-54* et confundat   b) *1536* ipso fac.   c) *1536*
+ eius admissa; ut — mulct.: *VG 1541 sqq.* de faire vengeance de
sa faulte   d) *VG 1541 sqq.* + recevant ce qu'il a merité   e) *1539-45*
+ [De fide et lege naturae.][1]; Huic — poen.: *VG 1541 sqq.* Pourtant
le chastiement est faict au filz, pour l'amender et le reduire en bonne
voye: le serviteur receoit ce qu'il a desservy pource que le maistre
est indigné contre luy   f) ex duab. > *1539-54*   g) *sic recte 1539-54,
1561; 1559 falso 3.*   h) *1539-54* confusionem   i) *1536* + etc.

1) Pseudo-Chrysostomus, De fide et lege naturae c. 3. opp. t. I 1022 C.
2) Prov. 3, 11 sq.   3) Hebr. 12, 5 sq.

DE MODO PERCIPIENDAE GRATIAE. CAP. IIII

[Iere. 10. d. 24][1]. David autem, Domine ne in furore tuo arguas me, neque in ira tua corripias me [Psal. 6. a. 2, et 38. a. 2]. ‖ Neque obest quod saepiuscule sanctis suis irasci dicitur Dominus, quum in eorum peccata animadvertit. Qualiter apud Iesaiam, Confitebor tibi Domine, quoniam iratus es mihi: conversus est furor tuus, et consolatus es me [Iesa. 12. a. 1]. Item Habacuc, Quum iratus fueris, misericordiae recordaberis [Habac. 3. a. 2]. ‖ Michaeas vero, Iram Dei portabo, quia peccavi ei [Michae 7. b. 9]. Ubi admonet non solum nihil obstrependo proficere qui iuste plectuntur, sed doloris mitigationem suppetere fidelibus, consilium Dei reputando. ‖ Eadem enim ratione haereditatem suam profanare dicitur[a]: quam tamen, ut scimus, in aeternum non profanabit. Id autem non ad Dei punientis consilium vel affectum[b], sed ad vehementem doloris sensum refertur, quo afficiuntur qui vel qualem¹cunque eius severitatem sustinent. Atqui fideles suos non mediocri tantum austeritate pungit, sed interdum ita vulnerat ut sibi non longe ab inferorum exitio distare videantur. Sic quidem testatur iram suam promeritos, ‖ atque ita expedit ut sibi in malis suis displiceant, Dei placandi maiore cura tangantur, et sollicite ad veniam petendam festinent: ‖ sed in eo ipso luculentius interim clementiae quam irae suae testimonium profert. Stat enim foedus in vero nostro Solomone nobiscum percussum[2], cuius fidem nunquam fore irritam is qui fallere non potest affirmavit[c]. Si dereliquerint, inquit, filii eius Legem meam, et in iudiciis meis non ambulaverint: si statuta mea profanaverint, et mandata mea non custodierint: visitabo in virga iniquitates eorum, et in verberibus peccata eorum: misericordiam autem meam[d] non auferam ab eo [Psal. 89. e. 31][3]. Cuius misericordiae quo nos certiores faceret, virgam, qua Solomonis posteritatem arguet[e], dicit fore virorum, et verbera filiorum hominum [2. Sam. 7. b. 14]. Quibus particulis dum moderationem et lenitatem significat, simul innuit non posse nisi extremo lethalique horrore confundi qui Dei manum sibi adversam esse sentiunt. Huius lenitatis quantam habeat rationem in Israele suo castigando, ostendit apud Prophetam, In igne repurgavi te, inquit, sed non velut argentum; nam et ipse totus ab-

---

a) *1539–54* [Iesa. 42. d. 24, et 47. b. 6.]   b) *VG 1541 sqq.* la volunté
c) Stat — aff.: *VG 1541 sqq.* Car l'alliance qu'il a une fois faicte avec Iesus Christ et ses membres, demeure comme il a promis, que iamais elle ne pourroit estre cassée   d) > *1539–45*   e) virg. — arg.: *VG 1541 sqq.* les verges dont il nous frappera

1) Jer. 10, 24 sq.   2) 2. Sam. 7, 12 sq.   3) Ps. 89, 31–34.

sumptus^a esses [Iesa. 48. b. 10]¹. Quanquam purgationis loco castigationes illi esse docet: eas tamen ipsas addit^b ita se temperare^c, ne plus iusto per eas deteratur. || Idque omnino necesse est; quia ut quisque Deum magis revereretur, et ad colendam pietatem se addicit, sic tenerior est ad ferendam eius iram. Reprobi enim, quanvis sub flagellis gemant, quia tamen non expendunt causam, quin potius tam suis peccatis quam Dei iudicio tergum obvertunt, ex socordia illa contrahunt duritiem; vel quia fremunt et calcitrant, adeoque tumultuantur contra suum iudicem, furiosus ille impetus amentia et furore eos obstupefacit. Fideles autem Dei ferulis admoniti, statim descendunt ad reputanda peccata, et metu horroreque perculsi, ad deprecationem supplices confugiunt. Hos dolores, quibus se cruciant miserae animae, nisi leniret Deus, succumberent centies etiam in mediocribus irae eius signis.

33. Sit deinde haec altera distinctio, quod dum flagellis Dei reprobi feriuntur, iam poenas illius iudicio quodammodo pendere incipiunt; et quanquam illis non impune cedet talibus irae divinae documentis non auscultasse, non tamen ideo plectuntur quo ad meliorem mentem redeant: sed tantum ut Deum magno suo malo iudicem et ultorem experiantur^d. Ferulis autem verberantur filii,¹ non ut mulctam delictorum Deo persolvant, sed ut inde ad resipiscentiam proficiant^e. Proinde in futurum eas potius quam in praeteritum tempus respicere intelligimus. Id Chrysostomi verbis malim quam meis exprimere. Propter hoc, inquit, imponit nobis poenam, non de peccatis sumens supplicium, sed ad futura nos corrigens [In serm. de poenit. et confess.²]. ||
Sic et Augustinus, Quod pateris, unde plangis, medicina est tibi, non poena: castigatio, non damnatio. Noli repellere flagellum, si non vis repelli ab haereditate, etc.³ Tota ista miseria generis humani in qua gemit mundus, noveritis fratres quia dolor medicinalis est, non sententia poenalis, etc.⁴ Has sen-

---

a) *sic recte 1539–50, 1554; 1553, 1559–61 falso* assumptus   b) > *1539 –45*   c) *1539* + addit   d) ut — exp.: *VG 1541 sqq.* à fin de leur donner à cognoistre qu'ilz ont un iuge, qui *(1541–51* lequel*)* ne les laissera point eschapper, qu'il ne leur rende selon leurs merites   e) non — prof.: *VG 1541 sqq.* non point pour satisfaire à l'ire de Dieu, ou payer ce qui est deu à son Iugement, mais à fin de proffiter à repentance et se reduyre en bonne voye

1) cf. Ies. 43, 2.   2) Pseudo-Chrysostomus, Sermo de Poenitentia et confessione, omissa a Maurinis, in ed. Erasmi Basileae 1530 t. V p. 514; cf. supra p. 95 not. 2.   3) Aug., In Ps. 102, 20 MSL 37, 1332.   4) Aug., In Ps. 138, 15 MSL 37, 1793.

tentias ideo citare placuit, necui videretur nova aut minus usitata locutio quam posui. ‖ Atque huc pertinent querimoniae indignationis plenae, quibus Deus saepe de populi ingratitudine expostulat, quod pervicaciter contempserit omnes poenas. Apud Iesaiam, Ad quid percuterem vos ultra? a planta pedis ad verticem non est sanitas [Iesa. 1. b. 5][1]. Sed quia talibus sententiis abundant Prophetae, breviter indicasse satis fuerit, non alio consilio Deum punire suam Ecclesiam nisi ut subacta resipiscat. ‖ Ergo[a] quum Saulem regno abiecit, puniebat ad vindictam[b] [1. Sam. 15. e. 23]: quum Davidem parvulo filio orbavit [2. Sam. 12. d. 18], ad emendationem[c] corripiebat. In hanc sententiam accipiendum est quod ait Paulus, Quum[d] iudicamur a Domino, corripimur, ne cum hoc mundo damnemur [1. Cor. 11. g. 32]. Hoc est, dum nos filii Dei manu caelestis Patris affligimur, non haec poena est qua confundamur: sed castigatio duntaxat[e] qua erudiamur. ‖ Qua in re plane nobiscum est Augustinus; docet enim, poenas, quibus homines pariter castigantur a Deo, varie considerandas esse: quia sanctis sunt, post peccatorum remissionem, certamina et exercitationes: reprobis, sine remissione, supplicia iniquitatis. Ubi poenas Davidi aliisque piis inflictas commemorat, et eo spectasse dicit ut eorum pietas huiusmodi humilitate exerceretur ac probaretur [Lib. de Peccato. meritis ac remiss. 2. c. 33, et 34.][2]. Neque vero quod dicit Iesaias, remissam esse populo Iudaico iniquitatem, quod plenam accepisset castigationem de manu Domini [Iesa. 40. a. 2], a poenae solutione pendere delictorum veniam arguit: sed perinde est acsi diceret, Satis iam poenarum exactum est: quarum ob gravitatem et multitudinem, quia iam diuturno luctu et moerore confecti fuistis, tempus est ut accepto plenae misericordiae nuntio, animi vestri in laetitiam diffusi me patrem sentiant[f]. ‖ Nam illic Deus patris induit personam, quem iustae quoque severitatis poenitet, ubi coactus est asperius in filium animadvertere.[l]

34. His cogitationibus[g] fidelem instrui necesse est in afflictionum acerbitate. Tempus est ut iudicium incipiat a domo Domini, in qua invocatum est nomen eius [1. Pet. 4. d. 17; Iere. 25. f. 29]. Quid facerent filii Dei si severitatem quam sentiunt, ultionem eius[h] esse crederent? Qui enim manu Dei per-

---

a) *1536–54* Sic   b) ad vind. > *1536*   c) ad em. > *1536*   d) *1536 –43* Dum   e) > *1536 (et VG 1541 sqq.)*   f) diff. — sent.: *1539–54* diffundantur   g) *1536 (et VG 1541–45)* Hac cogitatione   h) *1536 –54* Dei

1) Ies. 1, 5 sq.   2) Aug., De pecc. mer. et. rem. II 33,53–34,56 MSL 44, 182 sq.; CSEL 60, 123 sqq.

cussus, Deum iudicem punientem cogitat, non potest nisi iratum et adversum sibi concipere: ipsum vero Dei flagellum, ut maledictionem et damnationem, detestari; denique se a Deo diligi nunquam persuaderi[a] poterit qui sic erga se affectum sentiet ut adhuc punire velit. || Sed ille demum sub[b] Dei flagellis proficit qui suis vitiis irascentem, sibi autem propitium ac benevolum ipsum reputat. || Alioqui enim necesse esset evenire quod Propheta se expertum conqueritur, Super me transierunt furores tui Deus: terrores tui oppresserunt me [Psal. 88. d. 17]. Item quod scribit Moses, Quoniam defecimus in ira tua, et in indignatione tua conturbati sumus. Posuisti iniquitates nostras in conspectu tuo, occulta nostra in lumine vultus tui. Quoniam omnes dies nostri recesserunt in ira tua: consumpti sunt anni[c] nostri, sicut verbum ex ore emissum [Psal. 90. b. 7][1]. Contra vero David[d] de paternis castigationibus, ut illis adiuvari magis fideles quam opprimi doceat, sic canit, Beatus homo quem tu corripueris, Domine, et in Lege tua erudieris, ut praestes illi quietem a diebus malis, dum foditur peccatori fovea [Psal. 94. b. 12][2]. || Dura certe tentatio, ubi Deus parcens incredulis, et eorum scelera dissimulans rigidior erga suos apparet. Ideoque solatii causam addit Legis admonitionem, qua discant saluti suae consuli dum revocantur in viam, impii vero praecipites ferantur in suos errores, quorum finis est fovea. || Nec refert sitne aeterna poena an temporaria. Tam enim bella, fames, pestilentiae, morbi, maledictiones Dei sunt, quam ipsum mortis aeternae iudicium: || dum inferuntur in eum finem, ut sint adversus reprobos irae vindictaeque Domini instrumenta.

35. Perspiciunt nunc[e] omnes (ni fallor) quo spectet illa Domini animadversio in Davidem: nempe ut documentum esset, graviter Deo displicere homicidium et adulterium, adversum quod tantam[f] offensionem in dilecto et fideli servo[g] declarasset: ut erudiretur[h] ipse[i] David ne postea tale facinus auderet: non autem ut poena esset qua compensationem quandam Deo solveret[k]. Sic et de altera correptione iudicandum est, qua Dominus populum vehementi peste affligit[l] [2. Sam. 24. c. 15], ob Davidis inobedientiam, ad quam in recensendo ipso populo pro-

---

a) *1536 persuadere* b) *> 1539-54* c) *1543-50 male animi*
d) *> 1543-54* e) *> 1536 (et VG 1541 sqq.)* f) *1539-43 totam;*
VG 1541 sqq. tel g) *in — servo > 1536-54* h) *1539-54 eruditus esset* i) *erud. — ipse: 1536 (et VG 1541 sqq.) eruditio esset ipsi*
k) *1536-54 penderet* l) *1536 (et VG 1541 sqq.) adflixit*

1) Ps. 90, 7-9. 2) Ps. 94, 12 sq.

lapsus fuerat^a. Nam peccati quidem noxam Davidi gratis remisit: sed quia tum ad publicum omnium seculorum exemplum, tum ad Davidis quoque humiliationem pertinebat, tale facinus non impunitum manere: ipsum flagello suo asperrime castigavit. ‖ Quem scopum in universali quoque[b] humani generis maledictione prae oculis habere decet[c]. Quum enim im┤petrata gratia, omnes tamen adhuc perpetimur quae in peccati poenam parenti nostro[d] indictae fuerant, miserias: talibus exercitamentis admoneri nos sentimus quam graviter Deo Legis suae transgressio displiceat: quo miserae nostrae sortis conscientia deiecti et humiliati, ad veram beatitudinem ardentius aspiremus. Stultissimus vero fuerit siquis arbitretur praesentis vitae calamitates in peccati noxam esse nobis impositas. Id mihi videtur Chrysostomus voluisse, quum ita scripsit, Si ob hoc poenas infert Deus ut in malis perseverantes ad poenitentiam vocet, ostensa poenitentia, superflua iam erit poena [Homil. 3 de provid. ad Stagirium[e].][1]. Quare, prout uniuscuiusque ingenio expedire novit, ita hunc maiori asperitate, illum benigniore tractat indulgentia. ‖ Itaque ubi docere vult se non esse in poenis exigendis immodicum, exprobrat duro et obstinato populo[f] quod percussus non tamen faciat finem peccandi [Iere. 5. a. 3]. Hoc sensu conqueritur Ephraim esse quasi placentam ab una parte torridam, ab altera parte incoctam [Oseae 7. b. 8]: quia scilicet non penetrabant in animos ferulae, ut vitiis excoctis populus ipse capax veniae fieret. Certe qui sic loquitur, ostendit, simulac quisque resipuerit, se mox fore placabilem, sibique nostra pervicacia exprimi quem exercet rigorem in castigandis delictis, cui voluntaria correctio occurreret. ‖ Quando tamen ea est nostra omnium durities et ruditas[g] quae castigatione in universum opus habeat[h], visum est prudentissimo[i] Patri omnes sine exceptione communi flagello per totam vitam exercere. ‖ Mirum autem est cur sic in unum Davidis exemplum oculos coniiciant, tot exemplis non permoveantur, in quibus gratuitam peccatorum remissionem licebat contemplari. Legitur publicanus descendisse e templo iustificatus: poena nulla sequitur

---

a) ad quam — prol. fuerat: *1536-54* quam — perpetraverat b) > *1539-45* c) prae — dec.: *1539-45* contemplamur; *VG 1541-51* + [Gene. 3. *(16-19)*] d) *VG 1541 sqq.* + Adam e) *1539-61 male* Stargirium f) *1559* Populo g) *1539-54* rud. et dur. h) Quando — hab.: *VG 1541 sqq.* Toutesfois pource qu'il n'y a celuy de nous qui ne desvoye, et que nous avons tous besoing de chastiement i) *1539* providentissimo

1) Chrysostomus, Ad Stagirium lib. III, 14. opp. t. I. 277 C.

[Luc. 18. c. 14]. Petrus delicti veniam obtinuit [Luc. 22. g. 61]: lachrymas eius, inquit Ambrosius, legimus: satisfactionem non legimus[1]. Et audit paralyticus, Surge, remittuntur tibi peccata tua [Matth. 9. a. 2]; poena non imponitur. Omnes quae in Scriptura commemorantur absolutiones, gratuitae describuntur. Ex hac exemplorum frequentia regula potius peti debuerat, quam ab unico illo, quod nescio quid singulare continet.

36. Daniel sua exhortatione, qua suadebat Nebuchadnezer ut peccata sua iustitia redimeret, et iniquitates suas miseratione pauperum [Dan. 4. e. 24]: non voluit significare iustitiam et misericordiam esse Dei propitiationem et poenarum redemptionem: (absit enim ut alia unquam fuerit ἀπολύτρωσις quam sanguis Christi) sed illud redimere, ad homines potius quam ad Deum retulit; acsi dixisset, Exercuisti,[1] o rex, iniustam et violentam dominationem, oppressisti humiles, spoliasti pauperes, dure et inique tractasti populum tuum: pro iniustis exactionibus, pro violentia et oppressione nunc refer misericordiam et iustitiam. Similiter Solomon charitate operiri multitudinem peccatorum ait [Prov. 10. b. 12]: non apud Deum, sed inter homines ipsos. Sic enim habet integer versus, Odium excitat contentiones: charitas vero operit cunctas iniquitates. Quo versu[a], more suo, per antithesin, mala quae ex odiis nascuntur[b], cum fructibus charitatis confert, in hunc sensum[c], Qui inter se oderunt, vicissim mordent, carpunt, exprobrant, lacerant[d], omnia vitio vertunt: at vero[e] qui se diligunt, multa inter se mutuo dissimulant, ad multa connivent, multa vicissim condonant: non quod alter alterius vitia probet, sed tolerat, et admonendo medetur, potius quam insectando exulceret[f]. Eodem sensu citatum locum hunc a Petro[g] nihil ambigendum est: nisi depravatae vafreque detortae Scripturae insimulare eum volumus. ‖ Ubi vero misericordia et benignitate docet expiari peccatum[h], non intelligit illis coram facie Domini compensari, ut tali satisfactione pacatus[i] Deus, poenam, quam alioqui erat expetiturus, remittat: sed familiari Scripturae more indicat quod ipsum

---

a) *1536 (et VG 1541 sqq.)* Solomon   b) *1536–50* nascantur   c) in — sens.: *1536 (et VG 1541 sqq.)* estque sensus   d) > *1536 (et VG 1541 sqq.)*   e) at vero > *1536 (et VG 1541 sqq.)*   f) *1536–39* ulceret; *1543* ulcisceret   g) *1536–54, 1561* + [1. Pet. 4. b. 8.]   h) *1536–54, 1561* + [Prove. 16. a. 6.]   i) *1539–43* placatus

1) Ambrosius, Expos. evang. Luc. lib. X 88; CSEL 32 IV 489, 8; refertur Decr. Grat. II C. 33. q. 3. (de poenit.) dist. 1. c. 1. Friedberg I 1159; cf. etiam Maximum Taurinensem, hom. 53 (de poenitentia Petri) MSL 57, 351 A.

DE MODO PERCIPIENDAE GRATIAE. CAP. IIII 129

sibi propitium reperturi sint qui vitiis ac nequitiis prioribus valere iussis, per pietatem et veritatem[a] ad ipsum convertuntur; acsi diceret iram Domini residere, ac quiescere eius iudicium ubi a flagitiis nostris quiescimus. || Nec vero causam veniae, sed potius modum verae conversionis describit. Sicuti frequenter denuntiant Prophetae frustra Deo hypocritas ingerere fictitios ritus pro poenitentia, quem oblectat integritas cum officiis charitatis. Sicut etiam admonet author epistolae ad Hebraeos, beneficentiam et humanitatem commendans, eiusmodi sacrificia placere Deo [Hebr. 13. c. 16[b]]. Nec certe Christus, dum Pharisaeos subsannans quod purgandis tantum catinis intenti, cordis munditiem negligerent, iubet eos, quo omnia munda sint, dare eleemosynas [Mat. 23. c. 25; Luc. 11. f. 39[1]], ad satisfaciendum hortatur: sed tantum docet qualis probetur Deo munditíes. || De qua loquutione alibi tractatum[c] est.[2]

37. Quantum attinet ad locum Lucae [Cap. 7. f. 36][3], nemo, qui parabolam illic a Domino propositam sano iudicio legerit, nobis ex eo controversiam faciet. Pharisaeus apud se cogitabat, non cognosci a Domino mulierem quam tanta facilitate ad se admisisset. Sentiebat enim non fuisse admissurum, si peccatricem, qualis erat cognovisset. Atque ex eo colligebat non esse Prophetam, qui eum in modum falli posset. Dominus, ut peccatricem non esse[i] ostenderet cui iam remissa essent peccata, parabolam proposuit, Duo debitores erant uni foeneratori; alter quinquaginta[d] debebat, alter quingenta[e]: utrique remissum est debitum; uter maiorem gratiam habet? Respondet Pharisaeus, Is utique cui plus donatum est. Subiicit Dominus, Hinc agnosce remissa esse huic mulieri peccata, quia dilexit multum. Quibus verbis (ut vides) eius dilectionem non facit causam remissionis peccatorum, sed probationem. Sunt enim sumpta a simili eius debitoris, cui remissa erant quingenta[f], cui non dixit ideo remissa quia multum dilexisset: sed ideo multum diligere, quia remissa sint. Atque huc[g] eam similitudinem applicari convenit, in hanc formam. Putas mulierem hanc esse peccatricem; atqui talem non esse, agnoscere debueras, quando ei remissa sint peccata. Remissionis autem peccatorum fidem tibi facere debuerat eius dilectio, qua ob beneficium gratiam refert. Est autem argumentum a posteriori, quo aliquid demonstratur a

---

a) per — ver.: *VG 1541 sqq.* en saincteté et bonnes œuvres   b) *sic recte 1561; 1559 falso* 10. c. 14   c) *1539* tractandum   d) *1536* quingenta; *VG 1541 sqq.* + francs   e) *1536* quinquaginta   f) *VG 1541 sqq.* + francz   g) *1536—54* ad

1) Luc. 11, 39—41.   2) c. 14, 21; infra p. 238 sq.   3) Luc. 7, 36—50.

9

signis sequentibus. Qua autem ratione peccatorum remissionem illa obtinuerit, palam Dominus testatur. Fides, inquit, tua te salvam fecit. Fide igitur remissionem assequimur: charitate gratias agimus, et Domini beneficentiam testamur.

38. Parum autem me movent quae in veterum scriptis de satisfactione passim occurrunt. Video quidem eorum nonnullos (dicam simpliciter, omnes fere quorum libri extant) aut[a] hac in parte lapsos esse, aut nimis aspere ac dure loquutos[b][1]: sed non concedam eos ipsos adeo fuisse rudes et imperitos, ut eo sensu illa scripserint quo a novis istis satisfactionariis leguntur. ‖ Chrysostomus alicubi ita scribit, Ubi misericordia flagitatur, interrogatio cessat: ubi misericordia postulatur, iudicium non saevit: ubi misericordia petitur, poenae locus non est: ubi misericordia, quaestio nulla: ubi misericordia, condonata responsio est [Homil. 2. in Psal. 50][2]. Quae verba utcunque torqueantur, cum dogmatibus tamen scholasticis conciliari nunquam poterunt. In libro autem de dogmatibus Ecclesiasticis qui Augustino inscribitur, sic legis[c], Poenitentiae satisfactio est, causas peccatorum excidere, nec eorum suggestionibus aditum indulgere [Cap. 54][3]. Quo apparet, illis quoque seculis irrisam passim fuisse satisfactionis doctrinam, quae pro admissis delictis rependi diceretur: quum omnem satisfactionem ad cautionem referat se in posterum a peccatis abstinendi. Nolo citare quod tradit idem Chrysostomus, eum[d] nihil a nobis ultra requirere quam ut delicta nostra cum lachrymis apud se confiteamur [Homil. 10. in Gene.][4]: quando eiusmodi sententiae subinde in eius et aliorum scriptis recurrunt. Augustinus quidem alicubi opera misericordiae[e] remedia nuncupat obtinendae peccatorum remissionis [Enchir. ad Laurentium][f][5]: sed ne in verbulo isto quis impingat, ipse alio loco occurrit. Caro Christi, inquit, verum est et[g] unicum pro peccatis sacrificium, non modo iis quae universa in baptismate delentur, sed quae postea ex infirmitate subrepunt: propter quae universa quotidie clamat Ecclesia, Remitte nobis debita nostra [Matth. 6. b. 12]. Et remittuntur per singulare illud sacrificium.[6]

---

a) > *1536*   b) aut nim. — loqu. > *1536*   c) *1539-43* + C. 54
d) *1539-54* Dominum; *1559-61 legendum:* Deum?   e) *VG 1541 sqq.* +
envers les povres   f) > *1539-50*   g) est et: *1539* etsi; *1543-45* esset

1) cf. Jo. Roff. Refutationem, art. 5 p. 156 sqq.   2) Pseudo-Chrysostomus, In Ps. 50 homil. 2, 2 opp. t. V 711 CD.   3) Pseudo-Aug., De ecclesiasticis dogmatibus c. 24 (al. c. 54) MSL 42, 1218.   4) Chrysostomus, In Genesin hom. 10, 2 opp. t. IV. 89 A.   5) Aug., Enchir. 72 MSL 40, 266; ed. Scheel c. XIX, 72 p. 46.   6) Aug., Contra duas epist. Pelagianorum III, 6, 16 MSL 44, 600; CSEL 60, 505. 5 sqq.

39. Vocarunt autem^a ut plurimum satisfactionem, non compensationem quae Deo redderetur, sed publicam testificationem, qua qui excommunicatione mulctati fuerant quum in communionem recipi vellent, Ecclesiam reddebant de sua poenitentia certiorem. Indicebantur enim illis poenitentibus certa ieiunia, et alia quibus se prioris vitae vere et ex animo pertaesos esse approbarent, vel potius priorum memoriam obliterarent; atque ita dicebantur non Deo sed Ecclesiae satisfacere. || Quod etiam his ipsis verbis ab Augustino expressum est in Enchiridio ad Laurentium [Cap. 65. Citatur in Decr. cap. in actione de poenit. dist. 1]¹. || Ex antiquo eo ritu sumpserunt originem confessiones et satisfactiones quae hodie in usu sunt. Viperei sane partus, quibus factum est, ut ne umbra quidem melioris illius formae supersit. Scio veteres interdum duriuscule loqui: nec, ut nuper dixi², forsan^b lapsos esse nego; sed quae pauculis naevis aspersa erant, dum illotis istorum manibus tractantur, prorsus inquinantur^c. Et si veterum authoritate pugnandum est, quos, Deus bone, veteres nobis obtrudunt? Bona pars eorum quibus Lombardus eorum coryphaeus centones suos contexuit, ex insulsis quorundam monachorum deliriis quae sub Ambrosii, Hieronymi, Augustini et Chrysostomi nomine feruntur, decerpta est³; ut in praesenti argumento omnia fere sumit e libro Augustini De poenitentia, qui a rhapsodo aliquo inepte ex bonis pariter ac malis authoribus consarcinatus, Augustini quidem nomen praefert, sed quem nemo, vel mediocriter doctus, agnoscere pro suo dignetur⁴. || Quod autem in eorum ineptias non tam argute exquiro, ignoscant lectores, quos volo molestia levare. Mihi certe nec valde laboriosum, et tamen plausibile esset traducere cum maximo probro quae antehac pro mysteriis iactarunt: sed quia fructuose docere propositum est, supersedeo.

De supplementis quae^d ad satisfactiones adiiciunt, nempe indulgentiis et purgatorio. CAP. V.

1. Ex hac porro^e satisfactionis doctrina scaturiunt¹ indulgentiae. Nam quod ad satisfaciendum facultatibus nostris deest,

---

a) *1536* enim   b) > *1536*   c) sed — inqu.: *VG 1541 sqq.* mais leurs livres qui estoient seulement entaschez de petites tasches, sont du tout souillez, quand ilz sont maniez par ces porceaux   d) *VG 1560* + les Papistes   e) > *1543-54*

1) Aug., Enchir. 65 MSL 40, 263; ed. Scheel c. XVII, 65 p. 41; Decr. Grat. II C. 33. Q. 3 (De poenit.) c. 84 Friedberg I, 1183.   2) sect. 38 supra p. 130.   3) cf. O. Baltzer, Die Sentenzen des Petrus Lombardus, p. 3.   4) cf. Lomb., Sent. IV. dist. 14–22. MSL 192, 868–899.

132 INSTITUTIONIS LIB. III

^{1559*} istis suffici nugantur^{a1}: ‖ ^b atque eo prosiliunt insaniae ut dis- 9, 60
(1536 I 189) pensationem esse definiant meritorum Christi et martyrum,
quam Papa suis bullis partitur². Etsi autem helleboro magis
¹⁵³⁶ quam argumentis digni sunt^c, ‖ ut non magnum operaepretium 9, 38
(I 189) sit tam frivolis erroribus refellendis incumbere, qui^d multis 5
arietibus percussi^e sua^f sponte consenescere et ad inclinationem
1559 spectare incipiunt: ‖ quia tamen imperitis quibusdam utilis erit
¹⁵³⁶ brevis refutatio, eam non omittam. ‖ Et sane quod tandiu sal-
(I 189 sq.) vae constiterint indulgentiae^g ac in tam impotenti et furiosa
lascivia tam diuturnam impunitatem retinuerint, id vero docu- 10
mento esse potest quam alta errorum nocte immersi fuerint
aliquot seculis homines. Videbant se a Papa et suis bulligerulis
palam nec dissimulanter ludibrio haberi: quaestuosas nun-
dinationes de animarum suarum salute exerceri, pauculis
nummis salutis pretium taxari, nihil gratuitum prostare: hac 15
specie emungi se oblationibus, quae in scorta, in lenones, in

---

a) ist. — nug.: *1543* istae sufficiunt; *1543* + Quare his quoque locum
dare convenit; *1545–54* + sed quia superius satis diligenter excussae
sunt: eas iam valere sinamus   b) *1536–54 haec praemittunt:*
¹⁵³⁶   Porro quod suas claves tot seris aptant et ostiis, nunc ut iuris- 20 9, 60
(I 189) dictioni suae serviant, nunc confessionibus, nunc constitutionibus,
nunc devotionibus, paucis dicam. In illo mandato, quod de remit-
tendis et retinendis peccatis Christus apud Ioannem dat suis discipulis [Cap. 20. c. 23.], non legislatores, non confessionum secretarios,
non officiales, non datarios, non bullarios facit: sed, quos verbi sui 25
ministros fecerat, insigni testimonio ornat. Apud Matthaeum, cum
ligandi et solvendi arbitrium ecclesiae suae defert [Cap. 18. c. 18.],
non iubet, ut autoritate reverendi alicuius mitrati aut bicornis, eli-
minentur et exterminentur, pulsuque cymbalorum, et candela extincta, diris omnibus devoveantur pauperes, qui solvendo non sunt: sed, 30
ut disciplina excommunicationis, improborum nequitia corrigatur;
idque verbi sui autoritate, et *(> 1536–50)* ecclesiae ministerio.
¹⁵³⁶   c) Iam vero insanos illos *(1536–45* insani illi*)*, qui claves ecclesiae,
(I 189) dispensationem meritorum Christi et martyrum esse fingunt, quam
Papa suis bullis et indulgentiis partitur *(1536–39* partiatur*)*, elle- 35
boro magis quam argumentis dignos esse *(1536–43* digni sunt; elleb.
— esse: *VG 1541–51* ont plus à faire de medicine pour purger leur
1545 cerveau, que de raisons pour estre convaincuz *)*, ‖ satis clare rationibus
ante exposuimus. — *haec omnia, quae notae b et c continent, 1536–39
iis verbis praeposita sunt, quae 1559 nunc sequuntur.*   d) ut — qui: 40
1536–54 Nec in refellendis indulgentiis magnopere laborare opus
est, quae   e) *1536–54* percussae; *1536* + nunc   f) *1536* suapte
g) *> 1536–54*

1) cf. Th. Brieger, Das Wesen des Ablasses am Ausgange des Mittelalters, p. 16 sqq.   2) cf. Thom. Aq., S. th. III suppl. q. 25. art. 1. corp. 45

DE MODO PERCIPIENDAE GRATIAE. CAP. V 133

comessationes turpiter absumerentur: summos indulgentiarum buccinatores, summos esse contemptores: monstrum istud maiori in dies licentia grassari ac luxuriari, nec finem ullum fieri, plumbum semper novum afferri, novos nummos elici.[1] Ex-
5 cipiebant tamen summa veneratione indulgentias, adorabant, redimebant: et qui cernebant inter alios acutius, existimabant tamen pias esse fraudes, quibus cum fructu aliquo falli possent.[2] Tandem ubi orbis aliquantum[a] sibi sapere permisit, frigent indulgentiae, et paulatim etiam congelascunt, donec plane
10 evanescant.

9, 39   2. Verum quoniam plurimi, qui sordes, imposturas, furta, rapacitates (quibus luserunt hactenus, et nos ludificati sunt indulgentiarii) vident, fontem ipsum impietatis non conspiciunt: operaepretium est indicare non solum quales sint indulgentiae,
15 sed quid omnino sint omni macula abstersae. ‖ Thesaurum Ecclesiae vocant[b], Christi et sanctorum Apostolorum Martyrumque merita[c 3]. Huius horrei radicalem custodiam (ut attigi)[d 4] Romano Episcopo traditam fingunt, penes quem sit[e] tantorum bonorum dispensatio, ut et ipse per se elargiri possit, et[f] elar-
20 giendi iurisdictionem aliis[g] delegare. Hinc nunc plenariae indulgentiae a Papa, nunc certorum annorum: a Cardinalibus, centum dierum: ab Episcopis, quadraginta[5]. ‖ Sunt autem illae[h] (ut genuine describam) sanguinis Christi profanatio, Satanaeque ludibrium, quo Christianum populum a Dei gratia,
25 a vita quae est in Christo abducant[i], et a vera salutis via avertant[k]. Qui enim poterat foedius profanari Christi sanguis, quam dum negatur sufficere ad peccatorum remissionem, ad reconciliationem, ad[l] satisfactionem, nisi velut arescentis et exhausti

1536 (I 181)

1536 (I 190)

[492]

a) *1536* aliquantulum   b) > *1536-39*   c) *1539* + nuncupant;
30 Christi — merita: *1536 (et VG 1541)* merita Christi, sanct. Apost., Petri, Pauli *(Pet., P.* > *VG 1541)*, martyrum, et caetera nuncupant
d) (ut att.) > *1536-54*   e) *1536 (et VG 1541)* + radicalis   f) *1536 -39* + aliis   g) > *1536-39*   h) > *1536-39*   i) *1536-39* abducat
k) *1536-39* avertat

35   1) cf. ex. gr. Gravamina nationis Germanicae adversus curiam Romanam, ed. Walch, Monimenta medii aevi I 1 p. 109.   2) Io. de Vesalia, Adv. indulgentias disp. c. 50 Walch, Monim. I 1 p. 152.
3) Alex. Ales., S. th. IV. q. 83 m. 1. art. 1, m. 3, m. 5 (Nuremb. 1482); Thomas Aq., S. th. III. suppl. q. 25. art. 1; Clementis VI. Bulla
40 Iubilaei „Unigenitus" 1343, Extravag. comm. V tit. 9. c. 2. Corp. iur. can. ed. Friedbg. II 1304, Denz. Enchir.[16/17] No. 550.   4) sect. 1 supra p. 132.   5) Innocentius III. in concil. Later. IV. 1215, Decretal. lib. V tit. 28 c. 14 Corp. iur. can. ed. Friedbg. II 889; Thomas Aq., S. th. III. suppl. q. 26. art. 3.; cf. Jo. Roff. Confut. art. 17 p. 305 sqq.

defectus aliunde suppleatur et sufficiatur? Christo Lex et Prophetae[a] omnes (inquit Petrus) testimonium perhibent, quod per ipsum accipienda sit remissio peccatorum [Act. 10. g. 43]; indulgentiae remissionem peccatorum per Petrum, Paulum et Martyres largiuntur. Sanguis Christi emundat nos a peccato, inquit Iohannes [1. Iohan. 1. c. 7]: indulgentiae sanguinem Martyrum faciunt peccatorum[b] ablutionem. Christus (inquit Paulus) qui peccatum non noverat, factus pro nobis est peccatum (id est peccati satisfactio) ut iustitia Dei efficeremur in illo [2. Cor. 5. d. 21]: indulgentiae peccatorum satisfactionem in sanguine Martyrum reponunt. Clamabat Paulus et Corinthiis testificabatur, solum Christum pro ipsis crucifixum et mortuum esse [1. Cor. 1. b. 13]: indulgentiae pronuntiant, Paulum et alios pro nobis mortuos. Alibi dicit, Christum acquisivisse Ecclesiam suo sanguine [Act. 20. f. 28]: indulgentiae aliud pretium acquisitionis in Martyrum sanguine statuunt. Una oblatione Christus consummavit in perpetuum sanctificatos, ait Apostolus [Hebr. 10. c. 14]: indulgentiae reclamant, a Martyribus perfici sanctificationem, quae alioqui[c] non sufficeret[d]. Iohannes dicit sanctos omnes lavisse stolas in sanguine Agni [Apoc. 7. d. 14]: indulgentiae docent lavare stolas[e] in sanguine sanctorum.

3. Praeclare adversus haec sacrilegia[f] Leo Romanus Episcopus ad Palaestinos[g], Quanvis (inquit) multorum sanctorum in conspectu Domini pretiosa mors fuerit [Psal. 116, 15], nullius tamen insontis occisio propitiatio fuit mundi. Accepere iusti, non dederunt coronas, et de fortitudine fidelium nata sunt exempla patientiae, non dona iustitiae; singulares quippe eorum mortes fuere, nec alterius quispiam debitum suo fine persolvit: quum unus extiterit Dominus Christus, in quo omnes crucifixi, omnes mortui, sepulti, suscitati [Epist. 81][h][1]. Quam sententiam, ut erat memorabilis, alibi quoque repetiit [Epist. 95][2]. Nihil certe clarius ad confodiendum impium hoc dogma desiderari queat. Nec tamen minus apposite Augustinus in eandem

---

a) *1536* prophetiae   b) *1536* peccati   c) *1539-50* alioquin   d) *1536-43* sufficiebat; a Mart. — suff.: *VG 1541 sqq.* affirmantz que la sanctification de Christ, qui autrement ne suffisoit point, est parfaicte au sang des martirs   e) *1536 (et VG 1541 sqq.)* + suas   f) adv. — sacr.: *1543* enim   g) ad Pal.: *VG 1545 sqq.* en son epistre aux Evesques de Palestine   h) [Ep. 81.] *1559-61 supra ante* [Psal.—] *exstat.*

1) Leo I., Ep. 124, 4 (olim 97) MSL 54, 1064/65.   2) idem Ep. 165, 5 (olim 134) MSL 54, 1161/63; eadem sententia occurrit serm. 65, 3 MSL 54, 359/60.

DE MODO PERCIPIENDAE GRATIAE. CAP. V.

sententiam, Etsi fratres (inquit) pro fratribus morimur, nullius tamen sanguis Martyris in peccatorum remissionem funditur: quod fecit Christus pro nobis: neque in hoc quod imitaremur, sed quod gratularemur contulit nobis [Tract. in Iohan. 84][1].
Item alibi, Sicut solus Filius Dei factus est Filius hominis, ut nos secum filios Dei faceret: ita pro nobis solus suscepit sine malis meritis poenam, ut nos per ipsum sine bonis meritis consequeremur indebitam gratiam [Lib. ad Bon. 4. cap. 4][2]. ‖ Equidem quum tota eorum doctrina ex horrendis sacrilegiis et blasphemiis consuta sit, haec tamen prae aliis[1] prodigiosa est blasphemia. Agnoscant annon haec sint sua placita, Martyres plus morte sua Deo praestitisse ac meritos esse quam sibi opus esset: tantamque illis meritorum largitatem superfuisse quae in alios redundaret. Ne igitur supervacuum sit tantum bonum, commisceri eorum sanguinem sanguini Christi, et ex utroque thesaurum Ecclesiae confici, ad remissionem et satisfactionem peccatorum.[3] Atque ita accipiendum quod ait Paulus, Suppleo in corpore meo ea quae desunt passionum Christi pro corpore eius, quod est Ecclesia [Coloss. 1. d. 24][4]. Quid hoc est, nisi Christo nomen relinquere, caeterum vulgarem sanctulum facere, qui in turba vix dignoscatur? Unum, unum illum praedicari decebat, unum proponi, unum nominari, unum respici quum de obtinenda peccatorum remissione, expiatione, sanctificatione[a] agitur. Sed audiamus eorum enthymemata. Ne sine fructu effusus sit sanguis Martyrum, in commune Ecclesiae bonum conferatur[5]. Itane? an vero nullus erat fructus glorificare Deum per mortem? veritati eius suo sanguine subscribere? testificari praesentis vitae contemptu, meliorem se vitam quaerere? fidem Ecclesiae sua constantia confirmare, hostium autem pertinaciam[b] frangere? Sed hoc est scilicet, nullum fructum agnoscunt, si solus Christus est propitiator, si solus mortuus est propter peccata nostra, si solus est oblatus pro nostra redemptione. ‖ Nihilominus (inquiunt) coronam victoriae adepti essent Petrus et Paulus si in lectulis defuncti essent sua morte. Quod autem ad sanguinem usque certarunt, id sterile et infructuosum relinquere, iustitiae Dei non quadraret. Quasi vero pro donorum

---

a) *1536 (et VG 1541 sqq.)* satisfactione b) *1536* pervicaciam; *VG 1541 sqq.* l'obstination

1) Aug., In Ioh. tract. 84, 2 MSL 35, 1847. 2) Aug., Contra duas ep. Pelag. ad Bonif. IV 4, 6 MSL 44, 613; CSEL 60, 526, 19 sqq. 3) Thomas Aq., S. th. III. suppl. q. 25. art. 1. corp.; cf. Io. Eckii Enchir. cap. 24 J 5 a sqq. 4) Thomas Aq., l. c.; Eck., Enchir. J 5 a; Jo. Roff., Confut. p. 306. 5) Jo. Roff., l. c.

suorum mensura gloriam in servis suis augere Deus non noverit. Utilitas autem satis magna in commune ab Ecclesia percipitur, ubi illorum triumphis accenditur ad pugnandi zelum.

4. Quam vero malitiose Pauli locum detorquent, ubi dicit se supplere in corpore suo ea quae deerant passionum Christi [Colos. 1. d. 24]!¹ Non enim defectum illum supplementumve illud ad redemptionis, satisfactionis, expiationis^a opus refert, sed ad eas afflictiones quibus Christi membra, nempe fideles omnes, exerceri oportet, quandiu in hac carne agent. Dicit ergo hoc restare passionum Christi, quod in seipso semel passus, quotidie in membris suis patitur. Eo nos honore dignatur Christus, ut nostras afflictiones suas reputet ac ducat^b. Quod autem addidit Paulus, pro Ecclesia: non intelligit^c pro redemptione, pro reconciliatione, pro satisfactione Ecclesiae: sed pro aedificatione et profectu. Quemadmodum alibi ait, se sustinere omnia propter electos, ut salutem consequantur, quae est in Christo Iesu [2. Tim. 2. b. 10]. Et Corinthiis scribebat, pro eorum consolatione et salute se perferre quascunque tribulationes patiebatur [2. Cor. 1. b. 6]. ‖ Et continuo ibidem seipsum explicat, quum addit se factum Ecclesiae ministrum, non ad redemptionem, sed secundum dispensationem quae illi commissa erat, ad praedicandum Christi Evangelium.² Quod si alium quoque interpretem requirunt, audiant Augustinum. Passiones (inquit) Christi in solo Christo, ut in capite: in Christo et Ecclesia, ut in toto corpore. Unde dicit membrum unum Paulus, Suppleo in corpore meo quod deest passionibus Christi. Si ergo in membris Christi es, quisquis haec audis, quicquid pateris ab iis qui non sunt Christi membra, deerat passionibus Christi [In Psal. 61.^d]³. Passiones vero Apostolorum pro Ecclesia susceptae quorsum tendant, alibi exponit, Christus mihi ianua est ad vos; quia oves Christi estis, sanguine eius comparatae: agnoscite pretium vestrum, quod a me non datur, sed per me praedicatur. Deinde subnectit, Quo modo ipse^e animam suam posuit, sic et nos debemus animas pro fratribus ponere, ad aedificandam pacem, ad fidem asserendam^f [Tract. in Iohan. 47]⁴. Haec Augustinus^g. ‖ Absit autem ut deesse aliquid putaverit Paulus passionibus Christi quantum ad omnem iustitiae, salutis ac vitae plenitudinem attinet: aut addere aliquid voluerit, qui adeo luculenter

---

a) *1536 (et VG 1541 sqq.)* exp., satisfact.   b) *1536–54* dicat
c) *1536* intellexit   d) *sic recte 1543; 1545–61 falso* 16   e) *1545* ipsam
f) *1545–50* + [Coloss. 1. *(20–23)*]   g) Haec Aug. > *1543–45*

1) vide supra sect. 3 p. 135 not. 4.   2) Col. 1, 25.   3) Aug., In Ps. 61, 4 MSL 36, 730 sq.   4) Aug., In Ioh. tract. 47, 2 MSL 35, 1733.

et magnifice concionatur, exuberantiam gratiae per Christum tanta largitate effusam, ut omnem vim peccati longe supergressa fuerit [Rom. 5. c. 15]. Hac sola sancti omnes salvi facti sunt, non vitae aut mortis suae merito, quemadmodum Petrus diserte testatur [Act. 15. c. 11]: ut in Deum et Christum eius contumeliosus fuerit qui ullius sancti dignitatem alibi quam in sola Dei misericordia reposuerit. Sed quid hic diutius, perinde atque in re adhuc obscura, moror, quum talia prodigia traducere, vincere sit?

5. Porro, ut tales abominationes praetereamus, quis docuit Papam plumbo et membranae[a] gratiam Iesu Christi includere, quam Dominus verbo Evangelii dispensari voluit? Sane aut mendax Dei Evangelium esse oportet, aut mendaces indulgentias. Nam Evangelio Christum[b], cum omni affluentia bonorum caelestium, cum omnibus suis meritis, omni sua iustitia, sapientia, gratia, nulla exceptione, nobis offerri[c] || testis est Paulus, quum dicit depositum esse apud ministros verbum reconciliationis, quo hac legationis forma fungantur, ceu Christo per ipsos hortante, Obsecramus, reconciliamini Deo. Eum qui peccatum non noverat, pro nobis peccatum fecit, ut iustitia Dei efficeremur in illo [2. Cor. 5. d. 18][1]. || Et quid valeat Christi κοινωνία, quae (eodem Apostolo teste) fruenda nobis in Evangelio offertur [1. Cor. 1. b. 9[d]], norunt fideles. || Contra[e] indulgentiae demensum aliquod gratiae[f] ex armario Papae reclusum, plumbo, membranae, loco etiam affigunt, a verbo Dei avel¹lunt. || Siquis autem originem requirat, hinc videtur hic abusus emanasse, quod quum iniungerentur olim severiores satisfactiones poenitentibus quam ut ab omnibus ferri possent, qui poenitentia sibi imposita gravari se ultra modum sentiebant, petebant ab Ecclesia relaxationem. Remissio, quae talibus fiebat, Indulgentia vocabatur.[2] Ubi autem satisfactiones ad Deum transtulerunt, ac compensationes esse dixerunt quibus se redimant homines a iudicio Dei, simul etiam indulgentias eo traxerunt ut essent expiatoria remedia, quae nos poenis meritis liberent.[3] Illas vero quas retulimus blasphemias, tanta impudentia confinxerunt, ut nullum praetextum habere queant.

a) *1536–39* membrana   b) *1536 (et VG 1541 sqq.)* Christus   c) *1536 (et VG 1541 sqq.)* offertur   d) *1559–61 falso* d. 17   e) > *1536*   f) *1536 (et VG 1541 sqq.)* + Christi

1) 2. Cor. 5, 18–21.   2) vide Th. Brieger, Das Wesen des Ablasses ... p. 17; cf. Bonavent., In sent. IV. dist. 20. p. 2. art. un. q. 2. opp. 4, 533 a.   3) vide Th. Brieger, l. c. p. 54 sqq.; cf. etiam Lutheri Disputationem pro declaratione virtutis indulgentiarum, pos. 33 WA 1, 235, 1.

6. Iam nec de suo Purgatorio molesti nobis sint[1]: quod hac securi fractum, dirutum, et a fundamentis prorsus eversum est. Neque enim quibusdam assentior, qui dissimulandum hac in parte censent, et mentionem Purgatorii omittendam, .ex qua acres (ut aiunt) pugnae oriuntur, minimum aedificationis referri potest[2]. Equidem et ipse tales nugas negligendas consulerem, nisi seria ducerent. Sed quum ex[a] multis blasphemiis constructum sit purgatorium, et novis quotidie fulciatur, quum multas et graves offensiones suscitet: profecto connivendum non est. Illud forte utcunque ad tempus dissimulari poterat, quod sine Dei verbo curiosa audacique temeritate excogitatum erat: quod de ipso creditum erat nescio quibus revelationibus Satanae arte confictis: quod ad ipsius confirmationem aliquot Scripturae loci inscite detorti erant. Quanquam non[b] fert Dominus humanam audaciam sic in abditos iudiciorum suorum recessus perrumpere: et severe prohibuit, neglecta voce sua, sciscitari a mortuis veritatem [Deut. 18. c. 11]: nec verbum suum tam irreligiose contaminari permittit. Demus tamen, illa omnia tolerari aliquantisper potuisse ut res non magni momenti; at ubi peccatorum expiatio alibi quam in Christi sanguine quaeritur, ubi satisfactio alio transfertur, periculosissimum silentium. Clamandum ergo non modo vocis sed gutturis ac laterum contentione, purgatorium exitiale Satanae esse commentum, quod Christi crucem evacuat, || quod contumeliam Dei misericordiae non ferendam irrogat[c], || quod fidem nostram labefacit et evertit. Quid enim[d] illis est purgatorium nisi quae post mortem a defunctorum animis pendatur pro peccatis satisfactio[e] ? || ut diruta satisfaciendi opinione, ipsum ab imis radicibus extemplo evertatur. || Quod si proxima disputatione plus quam perspicuum est, Christi sanguinem unicam esse pro fidelium peccatis satisfactionem, expiationem, purgatio'nem[3]: quid superest nisi Purgatorium meram esse eamque horribilem[f] in

---

a) > *1539-43* b) *1536-45* + leviter; *1550 male* + aliter c) quod cont. — irr.: *in VG 1541 sqq. supra ante:* quod Chr. —, exstant. d) *1536 autem* e) quae — satisf.: *1536 poena quam luunt animae defunctorum pro peccatorum satisfactione; VG 1541 sqq. une peine que souffrent les ames des trespassez: en satisfaction de leurs pechez* f) eamque horr. > *1536*

1) Lomb., Sent. IV. dist. 21, 1–4 MSL 192, 895 sq.; Bonaventura, In sent. IV. dist. 20. p. 1. art. un. q. 1–6. opp. 4, 517 sqq.; dist. 21. p. 2. art. 2 et 3. q. 1. opp. 4, 550 sq.   2) ad Melanchthonem silentem de purgatorio in Conf. Aug. et Apologia spectat.   3) sect. 2. supra p. 133 sq.

Christum blasphemiam? Praetereo sacrilegia quibus quotidie defenditur, offendicula quae in religione parit, aliaque innumera, quae ex tali impietatis fonte prodiisse conspicimus^a.

7. Quos tamen e Scriptura locos arripere falso et perperam solent, illis e manibus excutere operaepretium est. Quum Dominus (inquiunt) peccatum in Spiritum sanctum, neque in hoc neque in futuro seculo remittendum asseverat [Matt. 12. e. 32; Marc. 3. d. 28¹; Luc. 12. b. 10], ex eo simul innuit, quorundam esse in futuro seculo peccatorum remissionem². Verum quis non videat, Dominum illic de peccati culpa loqui? Quod si ita est, quid ad eorum Purgatorium, utpote quorum illic poena, ex eorum opinione, luitur, culpam in praesenti vita remissam esse non inficiantur? Ne tamen adhuc nobis obstrepant, planiorem habebunt solutionem. Quum Dominus spem omnem veniae praecidere vellet tam flagitiosae nequitiae, non satis habuit dicere, nunquam remissum iri: sed quo magis amplificaret, partitione usus est, qua et iudicium complexus est quod sentit in hac vita uniuscuiusque conscientia, et postremum illud quod palam in resurrectione feretur; acsi diceret, Vos a malitiosa rebellione, non secus ac praesentissimo exitio, cavete. Nam qui oblatam Spiritus lucem destinato extinguere conatus fuerit, neque in hac vita, quae peccatoribus ad conversionem data est, veniam consequetur, neque ultimo die, quo per Angelos Dei agni ab hoedis segregabuntur, et regnum caeleste omnibus scandalis repurgabitur. Proferunt deinde illam ex Matthaeo parabolam, Concordiam habe cum adversario tuo: ne quando te ille iudici tradat, iudex lictori, lictor carceri: unde non exeas donec persolveris ultimum quadrantem [Matt. 5. d. 25]³. Si iudex hoc loco Deum significat, litigator Diabolum, lictor Angelum, carcer Purgatorium, libenter dabo manus. Verum si nulli non constat, voluisse illic Christum ostendere quot periculis ac malis se obiiciant qui summum ius obstinate pertentare malunt quam ex aequo et bono agere, quo vehementius ad aequam concordiam suos exhortaretur: ubi, quaeso, reperietur Purgatorium?

8. Petunt^b ex Pauli dicto argumentum, ubi caelestium, terrestrium et infernorum genua Christo flecti affirmat [Philip. 2.

---

a) prod. consp.: *1536* prodire solent; *VG 1541 sqq.* sont sortiz
b) *1539-54* + et

1) Mc. 3, 28 sq.   2) Lomb., Sent. IV. dist. 21, 1 MSL 192, 895; cf. Gregor. I., Dial. IV 39 MSL 77, 396; Bernard. Cl., Serm. in Cant. 66, 11 MSL 183, 1100 A; — Eck., Enchir. c. 25 J 7a; De Castro, Adv. haer. fol. 188 E F.   3) Matth. 5, 25 sq.; cf. Io. Eckium, Enchir. l. c.

b. 10]¹. Infernos enim non posse intelligi, qui aeternae damnationi addicti sunt, pro confesso assumunt². Proinde superest ut sint animae in Purgatorio laborantes. Non pessime ratiocinarentur si Apostolus verum pietatis cultum[a] per geniculationem designaret: sed quum simpliciter doceat, delatam esse Christo dominationem qua subiugandae¹ sint universae creaturae: quid obstat quominus per infernos, Diabolos intelligamus, qui sane ad Domini tribunal sistentur, iudicem suum agnituri, cum terrore et trepidatione? Qualiter eandem prophetiam Paulus ipse alibi interpretatur, Omnes (inquit) sistemur ad tribunal Christi. Scriptum est enim, Vivo ego, mihi flectetur omne genu, etc. [Rom. 14. b. 10]³. Atqui in eum modum interpretari non licet, quod in Apocalypsi habetur, Omnem creaturam, quae in caelo, et quae super terram, et quae sub terra, et quae in mari, et quae in ipsis sunt, omnia audivi dicentia, Sedenti in throno, et Agno, benedictio et honor et gloria et potestas in secula seculorum [Apoca. 5. d. 13]⁴. Id quidem facile concedo; sed quales hic creaturas recenseri putant? Certo enim certius est, et ratione carentes et inanimatas comprehendi. Quo non aliud affirmatur quam singulas orbis partes, a summo caelorum vertice ad usque terrae centrum, suo modo creatoris gloriam enarrare. Quod ex Machabaeorum historia [2. Machab. 12. g. 43] proferunt⁵, responsione non dignabor, ne opus illud videar in sacrorum librorum catalogum referre. ‖ At Augustinus pro canonico recepit. Primum quam certa fide? Scripturam (inquit) Machabaeorum non habent Iudaei sicut Legem, Prophetas, et Psalmos, quibus testimonium perhibet Dominus tanquam testibus suis, dicens, Oportebat impleri omnia quae scripta sunt in Lege, et Psalmis, et Prophetis de me [Luc. 24. f. 44]. Sed recepta est ab Ecclesia non inutiliter, si sobrie legatur vel audiatur, etc. [Contra secund. Gauden. epist. cap. 23]⁶. Hieronymus autem sine dubitatione, minime valere eius authoritatem ad asserenda dogmata docet[b]⁷. Et ex libello illo vetusto qui sub nomine Cypriani de expositione Symboli inscribitur, aperte con-

---

a) ver. — cult.: *VG 1541 sqq.* la vraye adoration que rendent les fideles à Dieu   b) Hier. — doc.: *VG 1545 sqq.* Sainct Hierome, sans difficulté prononce que ce n'est pas un livre qui doyve avoir authorité, pour y prendre fondement, pour y prendre quelque doctrine ou article de foy

1) Eckius, Enchir. c. 25 J 7ab.   2) ibidem.   3) Rom. 14, 10 sq.
4) Eckius, Enchir. c. 25 J 7b.   5) ibidem.   6) Aug., Contra Gaudentium I 31, 38 MSL 43. 729.   7) Hieronymus, Praef. in libros Salomonis, Migne, SL 28, 1308.

DE MODO PERCIPIENDAE GRATIAE. CAP. V

stat locum nullum in veteri Ecclesia habuisse[1]. Et quid frustra hic contendo? Quasi author ipse non satis ostendat quantum sibi deferendum sit, quum veniam in fine precatur, siquid minus bene dixerit [2. Mach. 15. g. 39ᵃ]. Certe qui scripta sua indigere venia fatetur, Spiritus sancti oracula non esse clamat. || Adde quod non alio nomine laudatur Iudae[b] pietas, nisi quia spem firmam de ultima resurrectione habuerit, ubi oblationem misit pro mortuis Hierosolymam. Neque enim ad pretium redemptionis trahit scriptor historiae quod ille egit: sed ut consortes aeternae vitae essent cum reliquis fidelibus qui pro patria et religione[c] occubuerant. Superstitione quidem et praepostero zelo non caruit hoc factum: sed plusquam fatui sunt qui sacrificium legale ad nos usque trahunt: quando adventu Christi scimus cessare quae in usu tunc fuerunt.

9. Verum habent invictum cuneum in Paulo, qui non ita facile percelli queat[d]. Siquis superaedificat, inquit, super fundamentum[f] hoc, aurum, argentum, lapides pretiosos, ligna, foenum, stipulam: uniuscuiusque opus quale sit, dies Domini manifestabit: quod in igne revelabitur; et uniuscuiusque opus quale sit, ignis probabit. Si cuius opus arserit, detrimentum patietur; ipse autem salvus erit: sed quasi per ignem [1. Cor. 3.ᵉ c. 12ᶠ]. Quis (inquiunt)[g] ille ignis esse potest nisi purgatorius, per quem peccatorum sordes absterguntur, quo puri ingrediamur in regnum Dei?[2] Atqui alium esse senserunt veterum plerique, nempe tribulationem seu crucem, per quam Dominus suos examinat, ne in carnis sordibus acquiescant [Chrysost. August. et alii.][h 3]: idque multo probabilius quam purgatorium confingendo. Quanquam nec illis assentior: quia mihi videor certiorem multo et lucidiorem eius loci intelligentiam assequutus. || Antequam tamen eam profero, velim mihi respondeant putentne Apostolis ac Sanctis omnibus per hunc ignem purgatorium transeundum

---

a) *1559-61 falso* 36   b) *VG 1560* + Machabée   c) pro — rel.: *VG 1560* pour maintenir la vraye religion   d) perc. qu.: *1539-54* percellatur   e) > *falso 1559*   f) *1561* 15 *(12—15)*   g) (inqu.) > *1539-54*   h) > *1539*

1) Rufinus, Comment. in symbolum apostolor. c. 38 MSL 21, 374 B — (olim inter opera Cypriani, cf. edd. Erasmi Basileae 1530 p. 356 sqq.; 1540 p. 356 sqq.).   2) Lomb., Sent. IV. dist. 21, 1 sqq. MSL 192, 895 sq.; Eck., Enchir. c. 25 J 6b; De Castro, Adv. haer. fol. 188 F.
3) Chrysostomus, De poenit. homil. 6, 3 opp. t. II 377 E; Aug., De civ. Dei XXI, 26, 1. 2 MSL 41, 743 sq., CSEL 40 II 569, 10; Enchir. 68. MSL 40, 264 sq.; ed. Scheel c. XVIII, 68. p. 43 sq.; cf. Clem. Alexandr., Strom. VII 6, 34 GCS 17, 27; Gregor. I., Dial. IV 39. MSL 77, 392.

fuisse. Negabunt, scio; nimis enim absonum foret eos purgari oportuisse quorum merita ultra mensuram ad universa Ecclesiae membra redundare somniant. Verum Apostolus hoc affirmat; neque enim dicit, quorundam opus probatum iri, sed omnium^a. Neque hoc meum argumentum est, sed Augustini, qui sic interpretationem illam oppugnat. Et (quod magis absurdum est) non dicit transituros ob quaelibet opera^b: sed si Ecclesiam^c summa fidelitate aedificarint, mercedem recepturos, ubi opus eorum igni fuerit examinatum [Enchirid. ad Laurent. 68.][1]. || Principio, videmus Apostolum metaphora usum esse, quum doctrinas hominum capite excogitatas, lignum, foenum, et stipulam vocavit. Ratio quoque metaphorae prompta est: nempe quod velut lignum, statim atque igni admotum fuerit, consumitur et deperditur, sic neque illae perdurare poterunt, quum eas examinari contigerit. Porro eiusmodi examen a Spiritu Dei proficisci neminem latet. Quo igitur filum metaphorae prosequeretur, ac partes iusta correlatione inter se aptaret, ignem appellavit examen Spiritus sancti. Perinde enim atque aurum et argentum, quo propius ad ignem admoventur, eo certiorem probitatis puritatisque probationem referunt: ita Domini veritas, quo exactius spirituali examine expenditur, eo maiorem sumit authoritatis confirmationem. Quemadmodum foenum, lignum, stipula, igni admota, corripiuntur in subitam consumptionem: ita hominum inventa, Domini verbo non stabilita, Spiritus sancti examen ferre nequeunt, quin concidant protinus et dispereant. Denique si commentitiae doctrinae, ligno, foeno, stipulae comparantur, quod instar ligni, foeni, stipulae comburantur ab igne, et corrumpantur in interitum, non autem conficiuntur aut profligantur nisi a Do¹mini Spiritu: sequitur, Spiritum esse ignem illum a quo probabuntur; cuius probationem vocat Paulus diem Domini, vulgato Scripturae usu. Dies enim Domini esse dicitur quoties suam praesentiam hominibus aliquo modo manifestat. Tum vero potissimum facies eius lucet ubi veritas eius illucet. Iam evictum est, non alium esse ignem Paulo, quam Spiritus sancti examen. Quomodo autem per ignem illum salvi fiunt qui operis iacturam patiuntur? Idipsum intelligere non erit difficile, si consideremus de quo genere hominum loquatur. Siquidem eos Ecclesiae archi-

---

a) *VG 1545 sqq.* + auquel nombre universel sont encloz les Apostres
b) Et — op.: *VG 1545 sqq.* Il y a encore plus, que sainct Paul ne dit pas que ceux qui passeront par le feu, endureront pour leurs pechez
c) *1543* eam

1) Aug., Enchir. l. c.

tectos notat qui retento legitimo fundamento, disparem materiam superstruunt: hoc est, qui non deflectentes a praecipuis et necessariis fidei capitibus, in minoribus nec ita periculosis hallucinantur, commenta sua Dei verbo admiscentes. Tales, inquam, operis iacturam facere oportet, abolitis eorum commentis: ipsi autem salvi fiunt, sed quasi per ignem, hoc est, non quod eorum ignorantia et hallucinatio coram Domino sit probabilis: sed quia Spiritus sancti gratia et virtute ab illa repurgantur. Proinde quicunque auream divini verbi puritatem isto purgatorii stercore infecerunt, operis iacturam facere necesse est.

10. At vetustissima fuit Ecclesiae observatio[1]. Hanc obiectionem solvit Paulus, dum suam quoque aetatem in ea sententia comprehendit, ubi denuntiat, iacturam operis sui facere oportere omnes qui in Ecclesiae structura aliquid fundamento minus consentaneum posuerint[2]. Quum ergo mihi obiiciunt adversarii, ante mille et trecentos annos usu receptum fuisse ut precationes fierent pro defunctis[3], eos vicissim interrogo, quo Dei verbo, qua revelatione, quo exemplo factum sit. Neque enim hic Scripturae testimonia desunt tantum: sed quaecunque illic leguntur Sanctorum exempla, nihil tale ostendunt. De luctu et officio sepulturae habentur illic multae et interdum longae narrationes: de precibus ne minimum quidem apicem videas. Atqui quo maioris momenti res est, eo magis debuerat commemorari; atque ipsi etiam veteres[a] qui preces fundebant pro mortuis, et mandato Dei, et legitimo exemplo hic se destitui videbant[4]. Cur ergo audebant? In eo dico aliquid humani passos esse: ideoque ad imitationem trahendum non esse contendo quod fecerunt. Nam quum nihil operis debeant aggredi fideles, nisi certa conscientia, ut Paulus praecipit [Rom. 14. d. 23], in oratione potissimum requiritur haec certitudo. Credibile tamen est aliqua ratione ad id impulsos: nempe solatium quaerebant quo sublevarent suum moerorem: et inhumanum videbatur non edere coram Deo aliquod suae erga mortuos dilectionis testimonium.

---

a) *VG 1545 sqq.* les anciens Peres de l'Eglise Chrestienne

1) Origenes, Contra Celsum V 15 GCS 3, 16; Tert., De anima 58 CSEL 20, 394 sqq.; cf. De corona milit. c. 3 MSL 99 A; Aug., Enchir. 109 MSL 40, 283; ed. Scheel c. XXIX 109 p. 68; Basilius Caesar., Comment. in Ies. c. 6, 186; c. 9, 231 MSG 30, 435. 522; Gregorius Naz., Orat. 39, 21 MSG 36, 357/8 C; Gregorius Nyssenus, Adversus eos qui differunt baptismum MSG 46, 427/8; Gregor. I., Dial. IV 39 MSL 77, 393 sqq. 2) 1. Cor. 3, 11-15. 3) Iac. Latomus, De quibusdam articulis in ecclesia controversis, opp. f. 199a. 4) cf. Tert., De exhort. cast. c 11 ed. Oehler t. I 753; De monogamia c. 10. ed. Oehler t. I 776; vide infra p. 144, 22 sqq.

Ad hunc affectum quam sit propensum hominis ingenium, omnes experiuntur[a]. || Fuit etiam instar facis recepta consuetudo, quae ardorem multorum animis iniiceret. Scimus apud cunctas Gentes,[1] et seculis omnibus iusta fuisse soluta mortuis, et lustratas quotannis fuisse eorum animas[b]. Etsi autem his praestigiis stultos mortales delusit Satan, fallendi tamen occasionem ex recto principio sumpsit: mortem non esse interitum, sed transitum ex hac vita ad[c] alteram. Nec dubium est quin gentiles etiam ipsa superstitio convictos apud Dei tribunal teneat, quod futurae vitae, quam se credere profitebantur, curam negligerent. Iam ne deteriores essent profanis hominibus Christiani, puduit eos[d] nullum mortuis officium praestare, acsi penitus extincti forent. Hinc male consulta sedulitas: quia si pigri essent in curandis funeribus, in epulis et oblationibus, putabant se magno probro expositum iri. Quod autem ex perversa aemulatione fluxerat, novis subinde incrementis sic auctum est, ut praecipua sanctitas Papatus sit mortuis laborantibus opem afferre. || Verum aliud solatium longe melius ac solidius suppeditat Scriptura, quum beatos mortuos testatur qui in Domino moriuntur [Apoc. 14. c. 13]. Et rationem addit: quia ex eo requiescunt a laboribus suis. Amori autem nostro non debemus eousque indulgere, ut perversum orandi morem in Ecclesia erigamus. || Certe quisquis mediocri prudentia pollet, facile agnoscit, quicquid de hac re legitur apud veteres, publico mori et vulgi imperitiae fuisse datum. Abrepti etiam ipsi, fateor, in errorem fuerunt: nempe ut inconsiderata credulitas privare iudicio solet hominum mentes. Interea quam dubitanter preces pro mortuis commendent lectio ipsa demonstrat[e]. Monicam matrem suam in libris confessionum Augustinus narrat vehementer rogasse ut sui memoria in peragendis mysteriis fieret ad altare. Anile scilicet votum quod filius non exegit ad normam Scripturae: sed pro naturae affectu probari aliis voluit[1]. Liber autem De cura pro mortuis

---

. a) *1543-54* experimur   b) Sc. — an.: *VG 1560* Nous savons que ç'a esté une façon commune à toutes gens et en tous aages, de faire obseques au trespassez, et purger les ames, comme ils cuydoyent. Et pour ce faire avoyent un iour solennel chacun an   c) *1561* in   d) *1561* illos   e) Abrepti — dem.: *VG 1560* Je confesse, selon que les esprits estans preoccupez d'une credulité volage sont souvant aveuglez, que mesme les Docteurs ont esté embrouillez de la fantasie commune: mais cependant on voit par leurs livres que ce n'est pas sans scrupule qu'ils parlent de prier pour les trespassez, comme gens mal asseurez et qui sont comme en branle

1) Aug., Confess. IX 11, 27 et 13, 37 MSL 32, 775. 779 sq., CSEL 33, 219, 1 sq. 225, 19.

agenda, ab eo compositus tot haesitationes continet, ut suo frigore merito debeat stulti zeli calorem extinguere, siquis mortuorum patronus esse appetat; frigidis certe verisimilitudinibus securos reddet qui prius erant solliciti[1]. Haec enim una est fultura, quia invaluit consuetudo ut preces adhibeantur pro mortuis, non esse spernendum hoc officium. Caeterum ut concedam vetustis Ecclesiae scriptoribus pium esse visum suffragari mortuis, regula quae fallere nequit semper tenenda est, fas non esse in precibus nostris quicquam afferre proprium, sed vota nostra Dei verbo subiicienda esse: quia penes eius arbitrium est praescribere quid peti velit. Nunc quum tota Lex et Evangelium ne una quidem syllaba libertatem suggerant orandi pro mortuis, profanatio invocationis Dei est tentare plusquam nobis praecipiat[a]. || Verum ne glorientur adversarii nostri quasi veterem Ecclesiam erroris sui sociam[b] habeant, dico esse longum discrimen. Agebant illi memoriam mortuorum, ne viderentur omnem de ipsis curam abiecisse: sed simul fatebantur se dubitare de ipsorum statu; de purgatorio certe adeo nihil asserebant, ut pro re incerta haberent[c][2]. Isti[d] quod de purgatorio somniarunt, pro fidei dogmate haberi sine quaestione postulant. Illi parce et tantum ut defungerentur, in communione sacrae Coenae suos mortuos Deo[e] commendabant[f][3]. Hi mortuorum curam assidue urgent: et importuna praedicatione efficiunt ut omnibus charitatis officiis praeferatur[4]. || Quinetiam nonnulla veterum testimonia proferre nobis haud difficile esset, quae totas illas pro mortuis preces, quae tunc usitatae erant, manifeste evertunt. Quale est hoc Augustini: quum resurrectionem carnis et aeternam gloriam expectari docet ab omnibus: requiem vero, quae post mortem sequitur, tunc unumquenque accipere, si

a) *VG 1560* a permis   b) *1543* socium   c) *1543-45* + [Augu. hoc dicit; in Enchir. ad Laurent.][2]; de purg. — hab.: *VG 1545* Certes sainct Augustin laisse en doute et en suspens l'opinion du Purgatoire   d) *VG 1551 sqq.* Ces nouveaux prophetes   e) *1543-54* Domino   f) Illi — comm.: *VG 1545 sqq.* Les anciens Peres ont faict quelque *(> 1545)* mention des mortz en leurs prieres, sobrement, et peu souvent, et comme par forme d'acquit

1) Aug., De cura pro mortuis MSL 40, 591-610.   2) Aug., Enchir. 69 MSL 40, 265; ed. Scheel c. XVIII, 69 p. 44 sq.   3) Aug., Enchir. 110 MSL 40, 283 sq.; ed. Scheel c. XXIX, 110 p. 68 sq.; Tert., De exhort. cast. c. 11; De monog. c. 10 ed. Oehler I 753. 776.   4) Thomas, S. th. III. suppl. q. 71; Facultatis Theologiae Parisiensis Instructio in articulos Melanchthonianos 1535. art. 12, Gerdes., Hist. Ref. IV Monumenta p. 86; Iac. Latomus, De quibusdam articulis in ecclesia controversis, opp. f. 199 a b.

dignus est, quum moritur. Itaque pios omnes non minus quam Prophetas et Apostolos et Martyres statim a morte, beata quiete frui testatur [Homil. in Iohan. 49][1]. Si talis est eorum conditio, quid illis, obsecro, conferent nostrae preces? || Crassiores illas superstitiones, quibus simplicium animos fascinarunt, omitto: quae tamen sunt innumerae, et pleraeque adeo portentosae, ut nullo honesto colore praetexere ipsas possint[a]. Illas quoque turpissimas nundinationes taceo, quas in tanto mundi stupore[b] sua libidine exercuerunt. Nam nec ullus futurus esset finis, et sine commemoratione satis habebunt hic pii lectores unde conscientias suas stabiliant.

De vita hominis Christiani: ac primum, quibus argumentis ad eam nos hortetur Scriptura. CAP. VI.

1. Scopum regenerationis esse diximus ut in vita fidelium appareat inter Dei iustitiam et eorum obsequium symmetria et consensus: atque ita adoptionem confirment qua recepti sunt in filios.[2] Etsi autem novitatem illam qua imago Dei in nobis instauratur, lex ipsius in se continet, quia tamen tarditas nostra multis tam stimulis quam adminiculis opus habet, proderit ex variis Scripturae locis rationem vitae formandae colligere, ne in studio suo aberrent quibus resipiscentia cordi est. Porro || dum vitam Christiani hominis formandam suscipio, argumentum me ingredi non ignoro[c] varium et copiosum, et quod magnitudine sua longum volumen explere possit, si numeris suis omnibus ipsum absolvere libeat. Videmus enim in quantam prolixitatem diffundantur veterum paraeneses de singulis tantum virtutibus[1] compositae. Neque id loquacitate nimia; siquidem quamcunque virtutem commendare oratione propositum sit, ultro stylus in eam amplitudinem materiae copia deducitur, ut rite disseruisse non videaris nisi multa dixeris. Mihi vero animus non est, quam me traditurum nunc profiteor vitae institutionem eousque extendere, ut et peculiariter singulas prosequatur virtutes, et in exhortationes expatietur. Ex aliorum scriptis, praesertim vero ex veterum homiliis[d], haec petantur.

---

a) quae — poss.: *VG 1551 sqq.* et toutesfois il y auroit matiere assez ample de les pourmener en ceste campagne, veu qu'ilz n'ont nulle couleur pour s'excuser, qu'ilz ne soyent conveincuz d'estre les plus vilains trompeurs qui furent iamais   b) *1543-54* + pro   c) me — ign.: *1539-54* ingredior   d) *VG 1541 sqq.* + c'est à dire: sermons populaires

1) Aug., In Ioh. tract. 49, 10 MSL 35, 1751.   2) c. 3, 9 supra p. 63.

DE MODO PERCIPIENDAE GRATIAE. CAP. VI

Mihi abunde erit si methodum ostendero qua vir pius ad rectum constituendae vitae scopum deducatur ac regulam quandam universalem breviter finiero, ad quam officia sua non male exigat. Declamationibus suum aliquando forte tempus erit[a]: || vel aliis partes quibus non adeo sum idoneus relinquam. Amo natura brevitatem: et forte, si copiosius loqui vellem, non succederet. Quod si maxime plausibilis[b] esset prolixior[c] docendi ratio experiri tamen vix liberet;[d] || praesentis autem operis ratio postulat ut simplicem doctrinam quanta licebit brevitate perstringamus. Quemadmodum autem certos recti et honesti fines habent philosophi, unde particularia officia totumque virtutum chorum deducunt: ita nec ordine suo caret in hoc Scriptura: quin pulcherrimam oeconomiam tenet, ac philosophicis omnibus multo certiorem. Hoc tantum interest quod illi (ut erant ambitiosi homines) exquisitam dispositionis perspicuitatem, qua ingenii dexteritatem ostentarent, sedulo affectarunt: Spiritus vero Dei, quia sine affectatione docebat, non ita exacte nec perpetuo methodicam rationem observavit; quam tamen dum alicubi ponit, satis innuit non esse a nobis negligendam.

2. Porro duabus potissimum partibus incumbit haec, de qua loquimur, Scripturae institutio: Prior est, ut iustitiae amor, ad quem alioqui natura minime propensi sumus, animis nostris instilletur ac inferatur[e]: altera, ut nobis norma praescripta sit[f], quae nos in iustitiae studio aberrare non sinat. Commendandae autem iustitiae rationes habet plurimas et optimas, ex quibus multas supra diversis locis notavimus, nonnullas adhuc breviter hic attingemus. A quo fundamento melius exordiatur quam dum admonet nos sanctificari oportere, quia Deus noster sanctus est[g]? Siquidem quum instar disiectarum ovium dispersi essemus, ac per mundi labyrinthum dissipati, ipse nos recollegit, ut sibi aggregaret. Quum nostrae cum Deo coniunctionis mentionem audimus, meminerimus sanctitatem oportere eius esse copulam: non quia sanctitatis merito veniamus in eius communionem: (quum potius adhaerere primo illi oporteat ut eius sanctitate perfusi sequamur quo vocat[h]) sed quoniam ad eius gloriam magnopere pertinet, non esse illi consortium cum iniquitate et immun|ditia[i]. Quare et hunc vocationis nostrae finem esse docet in quem respicere semper convenit[k], si vocanti Deo

---

a) *VG 1541 sqq.* + qu'il en y a aux sermons des anciens Docteurs b) *sic 1561; 1559 falso* plausibiles c) *sic 1561; 1559 falso* + sed d) vel aliis — lib. > *VG 1560* e) *1539-45, 1554* inseratur f) *1539-54* praescribatur g) *1539-54, 1561* + [Levit. 19. a. 2; 1. Pet. 1. c. 16.] h) perf. — voc.: *1539-54* perfundamur i) *VG 1541 sqq.* + il nous luy fault resembler, puis que nous sommes riens k) *1539-54* conveniat

velimus respondere [Iesa. 35. c. 8, et alibi]. Quorsum enim a mundi nequitia et pollutione, in quibus demersi eramus, nos erui attinebat, si nobis permittimus tota vita in illis volutari? Adhaec simul etiam admonet nos, ut in Domini populo censeamur, sanctam civitatem Ierusalem oportere inhabitare: quam ut ipse sibi consecravit, ita incolarum impuritate nefas est profanari; unde sunt eae voces, Locum iis futurum in Dei tabernaculo qui incedunt sine macula, et iustitiae student, [Psal. 15. a. 2, et 24] etc; || quia sanctuarium in quo habitat, minime decet instar stabuli sordibus esse refertum.

3. Ac, quo melius nos expergefaciat, ostendit Deum Patrem, quemadmodum nos sibi in Christo suo conciliavit, ita in eo nobis imaginem signasse ad quam nos conformari velit [Rom. 6. d. 18]. Age, praestantiorem oeconomiam mihi apud philosophos reperiant qui apud eos solos rite atque ordine dispositam putant philosophiam moralem. Illi, dum ad virtutem egregie volunt adhortari, nihil aliud afferunt quam ut naturae convenienter vivamus[1]. Scriptura autem a vero fonte deducit exhortationem, quum non modo vitam nostram ad Deum authorem cui obstricta est, referre praecipit: sed, postquam degenerasse nos docuit a vera creationis nostrae origine ac lege, subiungit, Christum, per quem in gratiam cum Deo rediimus, nobis propositum esse exemplar[a] cuius formam in vita nostra exprimamus. Quid hoc uno efficacius requiras? imo quid ultra hoc unum requiras? Hac enim conditione si adoptamur in filios a Domino, ut Christum, nostrae adoptionis vinculum, vita nostra repraesentet: nisi nos iustitiae addicimus ac devovemus, non modo a Creatore nostro deficimus pessima perfidia, sed ipsum quoque servatorem eiuramus. Deinde ab omnibus Dei beneficiis quae nobis commemorat, ac singulis salutis nostrae partibus sumit exhortandi materiam. Ex quo se nobis Patrem Deus exhibuit, extremae ingratitudinis nos esse arguendos, nisi vicissim illi filios exhibeamus [Malach. 1. b. 6; Ephe. 5. a. 1; 1. Iohan. 3. a. 1]. Ex quo nos Christus sanguinis sui lavacro purificavit, atque hanc purgationem per baptismum communicavit, non decere ut novis sordibus inquinemur [Ephe. 5. f. 26; Hebr. 10. b. 10; 1. Cor. 6. b. 11[b]; 1. Pet. 1. c. 15, et d. 19]. Ex quo nos suo corpori inseruit, sollicite cavendum ne nobis, qui sumus eius membra, maculam aut labem ullam aspergamus [1. Cor. 6. c. 15; Iohan. 15. a. 3[2]; Ephe. 5. e. 23[3]]. Ex quo ipse idem, qui caput est no-

---

a) *VG 1541 sqq.* + d'innocence   b) *1539-50* + 7. *(sc. cap. 7.)*

1) Cic., De off. III 3, 13; De fin. II 11, 34; III 7, 26; IV 15, 41; Seneca, Dial. VII 8, 2.   2) Ioh. 15, 3-6.   3) Eph. 5, 23-33.

strum, in caelum ascendit, convenire ut deposito terrae affectu,
illuc toto pectore aspiremus [Coloss. 3. a. 1]. Ex quo nos Spiritus
sanctus templa Deo dedicavit, dandam operam ut Dei gloria
per nos illustretur: nec vero esse committendum ut peccati spurcitia profanemur [1. Cor. 3. c. 16, et 6. d. 19; 2. Cor. 6. d. 16].[1]
Ex quo et anima nostra et corpus caelesti incorruptioni et im-
marcescibili coronae destinata sunt, strenue enitendum esse ut
pura et incorrupta in diem Domini conserventur [1. Thess. 5.
d. 23]. Haec, inquam, auspicatissima sunt bene constituendae
vitae fundamenta, quibus nequaquam similia deprehendas apud
philosophos: qui in commendatione virtutis[a], nunquam supra
hominis naturalem dignitatem conscendunt.[1]

4. Atque hic locus est compellandi eos qui nihil habentes
Christi praeter titulum ac symbolum, Christiani tamen nominari volunt. Qua tandem fronte sacro eius nomine gloriantur?
Siquidem nihil est commercii cum Christo nisi his[b] qui rectam
eius cognitionem ex verbo Evangelii perceperunt. Atqui eos
omnes Christum recte didicisse negat Apostolus, qui non edocti
sunt, abiecto veteri homine, qui corrumpitur secundum desideria erroris, ipsum esse induendum [Ephes. 4. e. 22][2]. Falso
igitur atque etiam iniuria Christi cognitionem obtendere arguun-
tur, quamlibet diserte interim ac volubiliter de Evangelio garriant. Non enim linguae est doctrina, sed vitae: nec intellectu
memoriaque duntaxat apprehenditur, ut reliquae disciplinae, sed
tum recipitur demum ubi animam totam possidet, sedemque et
receptaculum invenit in intimo cordis affectu[c]. Aut ergo desinant cum Dei contumelia iactare id quod non sunt, aut se non
indignos Christo magistro discipulos praestent. Doctrinae, qua
religio nostra continetur, priores dedimus partes: quandoquidem ab ea salus nostra inchoatur; verum ea in pectus transfundatur atque in mores transeat oportet, adeoque nos in se
transformet ut sit nobis non infructuosa. Si iure in eos philosophi excandescunt, eosque probrose a grege suo abigunt, qui
quum artem profiteantur quae magistra vitae esse debeat[3],
eam in sophisticam loquacitatem convertunt[4]: quanto meliori
ratione nugaces istos sophistas detestabimur, qui Evangelium

---

a) in — virt.: *VG 1541 sqq.* quand il est question de luy monstrer quel est son devoir   b) *1539–50* iis   c) *VG 1541 sqq.* autrement il n'est pas bien receu

1) ex. gr. Cic., Tusc. V 15, 45; De fin. II 21, 68; 23, 76; Seneca, Ep. 84, 13.   2) Eph. 4, 22–24.   3) Cic., Tusc. II 6, 16; V 2, 5; Seneca, Ep. 94, 39.   4) Seneca, Ep. 108, 23; Ep. 48.

in summis labris volutare contenti sunt[a], cuius efficacia centuplo magis quam frigidae philosophorum paraeneses, in affectus cordis intimos penetrare, animae insidere, ac totum hominem afficere debuerat?

5. Neque requiro ut nihil quam absolutum Evangelium Christiani hominis mores spirent; quod tamen ipsum et optandum est et conari necesse est. Sed non ita severe requiro Evangelicam perfectionem, ut non sim pro Christiano agniturus, qui nondum ad eam pertigerit; sic enim ab Ecclesia excluderentur omnes: quando nemo reperitur qui non sit longo adhuc intervallo dissitus[b]: multi vero parum adhuc progressi sunt, qui tamen immerito abiicerentur. Quid ergo? scopus ille ante oculos praefigatur, ad quem solum[c] dirigatur studium nostrum[d]. Praestituatur meta illa, ad quam et enitamur et contendamus. Non enim ita partiri cum Deo fas[f] est ut ex iis quae tibi eius verbo praescribuntur partem suscipias, partem arbitrio tuo praetereas. Primo enim loco integritatem tanquam praecipuam cultus sui partem, ubique commendat[e]; quo nomine synceram animi simplicitatem intelligit, quae fuco et fictione careat: cui cor duplex opponitur; ‖ acsi diceretur spirituale esse recte vivendi principium, ubi interior animi affectus sine fictione ad sanctitatem et iustitiam colendam Deo addicitur. ‖ Sed quoniam nemini tantum suppetit in terreno hoc corporis carcere roboris, ut iusta cursus alacritate festinet, maiorem vero numerum tanta premit debilitas ut vacillando et claudicando, humi etiam reptando modice promoveant, eamus quisque pro facultatulae suae modo, et incoeptum iter prosequamur. Nemo tam infoeliciter incedet, quin aliquantum saltem viae quotidie emetiatur. Hoc ergo agere non desinamus, ut aliquid assidue in via Domini proficiamus: neque[f] successus tenuitatem desperemus; utcunque enim successus voto non respondeat, non tamen perdita est opera ubi hodiernus dies hesternum vincit: syncera modo simplicitate in scopum nostrum respiciamus, et ad metam aspiremus, non assentatorie blandientes nobisipsis, nec malis nostris indulgentes, sed perpetuo conatu in hoc incumbentes ut meliores nobis ipsis evadamus, donec ad ipsam perventum fuerit bonitatem: quam quidem[g] toto vitae spatio quaerimus ac sequimur, tum apprehendemus quum nos carnis infirmitate exuti, in plenum eius consortium recepti fuerimus.

---

a) *VG 1541 sqq.* + le mesprisant en toute leur vie   b) *VG 1541 sqq.* + iasoit qu'il ayt bien proffité   c) > *1539-54*   d) *VG 1541 sqq.* + c'est de tendre à la perfection que Dieu nous commande   e) *1539-54* + [Gen. 17 (1) et alibi.]; *1545-54* + [Psal. 12.]   f) *1539-54* + ob   g) > *1539*

Summa vitae Christianae: ubi de abnegatione nostri. CAP. VII.

1. Etsi[a] optimam et aptissime dispositam constituendae vitae methodum habet lex Domini, visum tamen est caelesti magistro, accuratiore etiamnum ratione ad ipsam quam in Lege praescripserat regulam suos formare. Atque huius quidem rationis principium hoc est: quod fidelium officium est, praebere Deo sua corpora hostiam viventem, sanctam, et illi acceptam: atque in eo situm esse legitimum eius cultum [Rom. 12. a. 1]. Unde exhortandi argumentum ducitur, ne se accommodent ad figuram seculi huius, sed transformentur renovatione mentis suae, ut probent quae sit voluntas Dei. Iam hoc magnum est, nos esse Deo consecratos, ac dedicatos: nequid posthac cogitemus, loquamur, meditemur, agamus, nisi in eius gloriam. Sacrum enim non sine insigni in eum[b] iniuria ad profanos usus applicatur. Quod si nostri non sumus, sed Domini: et quis error sit fugiendus, et quorsum dirigendae sint vitae nostrae actiones universae, apparet. Nostri non sumus: ergo ne vel ratio nostra, vel voluntas in consiliis nostris factisque dominetur. Nostri non sumus: ergo ne statuamus nobis hunc finem, ut quaeramus quod nobis secundum carnem expediat. Nostri non sumus: ergo quoad licet obliviscamur nosmetipsos, ac nostra omnia. Rursum, Dei[c] sumus: illi ergo vivamus ac moriamur. Dei[c] sumus: cunctis ergo nostris actionibus praesideat sapientia eius et voluntas. Dei[c] sumus: ad illum igitur, tanquam solum legitimum finem, contendant omnes vitae nostrae partes [Rom. 14. b. 8]. O quantum ille profecit qui se non suum esse edoctus, dominium regimenque sui propriae rationi abrogavit, ut Deo[d] asserat! Nam ut haec ad perdendos homines efficacissima est pestis, ubi sibiipsis obtemperant, ita unicus est salutis portus, nihil nec sapere, nec velle per seipsum, sed Dominum praeeuntem duntaxat sequi. Sit hic itaque primus gradus, hominem a seipso discedere, quo[e] totam ingenii vim applicet ad Domini obsequium. Obsequium dico non modo quod in verbi obedientia iacet, sed quo mens hominis, proprio carnis sensu vacua, eo ad Spiritus Dei nutum tota convertit. Hanc transformationem (quam renovationem mentis Paulus appellat [Ephes. 4. f. 23]) quum primus sit ad vitam ingressus, philosophi omnes ignorarunt. Solam enim rationem homini moderatricem praeficiunt, hanc so-

---

a) *1539–50 Et si; VG 1541 sqq.* Venons maintenant au second poinct. Combien que   b) insig. — eum > *1539–43*   c) *1539–54 Domini*   d) *1539–54 Domino*   e) *1543 qui*

Iam putant audiendam, huic denique uni morum imperium deferunt ac permittunt; at Christiana philosophia illam loco cedere, Spiritui[a] sancto subiici ac subiugari iubet: ut homo iam non ipse vivat, sed Christum in se ferat viventem ac regnantem [Galat. 2. d. 20].

2. Inde consequitur et illud alterum, Ut ne quaeramus quae nostra sunt, sed quae et ex Domini sint voluntate, et faciant ad gloriam eius promovendam. Magni et hoc profectus, ut nostri paene obliti, certe ratione nostri posthabita, Deo[b] eiusque mandatis fideliter studium nostrum impendere conemur[c]. Quum enim nos privatam nostri rationem omittere iubet Scriptura, non modo habendi cupiditatem, potentiae affectationem, hominum gratiam[d] ex animis nostris eradit: sed ambitionem quoque et omnem gloriae humanae appetitum, aliasque secretiores pestes eradicat. Ita sane compositum et comparatum esse convenit hominem Christianum, ut sibi in tota vita negotium cum Deo esse reputet. Hac ratione, ut omnia sua ad arbitrium calculumque eius revocabit, ita totam mentis intentionem religiose ad eum referet. Nam qui Deum in omni re agenda intueri didicit, simul ab omni vana cogitatione avertitur. Haec illa est nostri abnegatio, quam discipulis suis a primo tyrocinio mandat tanta[1] diligentia Christus[e]: quae ubi semel in animo obtinuit, primum neque superbiae, neque fastui, neque ostentationi, deinde neque avaritiae, neque libidini, neque luxuriae, neque mollitiae[f], neque aliis quae ex amore nostri generantur, malis locum ullum relinquit. Contra ubicunque non regnat, illic vel spurcissima vitia sine pudore pervagantur: vel siqua est virtutis species, prava gloriae cupidine vitiatur. Ostende enim hominem, si potes, qui nisi sibi, iuxta Domini mandatum, renuntiarit, gratis exercere bonitatem inter homines velit. Nam quicunque non fuerunt hoc sensu occupati, laudis saltem gratia virtutem sequuti sunt. Qui autem unquam ex philosophis virtutem propter se expetendam maxime contenderunt[1], tanta arrogantia inflati fuerunt, ut appareat non ob aliud virtutem expetiisse, nisi ut superbiendi haberent materiam. Atqui adeo non oblectatur Deus neque illis popularis aurae captatoribus,

---

a) *1539* spirituique   b) *1539–54* Domino   c) imp. con.: *1539–54* impendamus   d) potent. — grat.: *VG 1541 sqq.* cupidité de regner, de parvenir à grandz honneurs, ou alliances   e) *1539–54* + [Matth. 16. d. 24.]   f) *1539–45, 1561* mollitiei

1) Cic., De fin. III 11, 36; De leg., I 14, 40; Seneca, Dial. VII 9, 4; Diog. Laërt. VII 89. 127; Lact., Div. inst. V 17, 16 CSEL 19, 454, 16 sqq.

nec turgidis illis pectoribus, ut pronuntiet illos in mundo suam recepisse mercedem¹, his propiores regno caelorum faciat meretrices et publicanos.² Necdum tamen ad liquidum exposuimus quot et quantis obstaculis impediatur homo a recti studio quandiu seipsum non abnegaverit. Vere enim dictum est olim, Mundum vitiorum esse reconditum in hominis anima. Nec aliud remedium invenias, quam si te abnegato, ac praeterita tui ratione, mentem ad ea quaerenda totam intendas quae abs te Dominus requirit, et ideo tantum quaerenda quia illi placent.

3. Alibi distinctius idem Paulus singulas vitae bene compositae partes, quanvis breviter, exequitur. Illuxit gratia Dei salutifera omnibus hominibus, erudiens nos ut ablegata impietate et mundanis concupiscentiis, sobrie et iuste et pie vivamus in praesenti seculo, expectantes beatam spem, et manifestationem gloriae magni Dei, et servatoris nostri Iesu Christi: qui dedit se pro nobis, ut redimeret nos ab omni iniquitate, et purificaret sibi populum peculiarem, studiosum bonorum operum [Tit. 2. c. 11]³. Postquam enim ad nos animandos gratiam Dei proposuit, ut nobis ad Deum vere colendum viam sternat, duo tollit obstacula quae maxime impediunt, impietatem scilicet, ad quam natura sumus nimium proclives, deinde mundanas cupiditates quae se longius extendunt. Ac sub impietate quidem non modo superstitiones notat, sed comprehendit etiam quicquid pugnat cum serio timore Dei. Mundanae autem cupiditates tantundem valent atque carnis affectus. Ita quo ad utranque Legis tabulam iubet nos proprium ingenium exuere, et abnegare quicquid ratio et voluntas dictat. Iam omnes vitae actiones ad tria membra restringit, sobrie¹tatem, iustitiam et pietatem; ex quibus sobrietas haud dubie tam castitatem et temperantiam quam purum et frugalem temporalium bonorum usum, et inopiae tolerantiam denotat. Iustitia autem omnia aequitatis officia complectitur, ut reddatur unicuique quod suum est. Sequitur pietas, quae nos a mundi inquinamentis segregatos vera sanctitate cum Deo coniungit. Haec ubi insolubili vinculo inter se connexa sunt, solidam efficiunt perfectionem. Verum quia nihil magis difficile est, quam ratione carnis valere iussa, et domitis cupiditatibus, imo abnegatis, Deo et fratribus nos addicere, et Angelicam vitam in terrae sordibus meditari: Paulus, ut animos nostros ab omnibus laqueis extricet, revocat nos ad spem beatae immortalitatis: non frustra nos certare admonens: quia ut semel apparuit Christus redemp-

---

1) Matth. 6, 2. 5. 16.   2) Matth. 21, 31.   3) Tit. 2, 11–14.

tor, ita ultimo suo adventu fructum salutis a se partae ostendet. Atque hoc modo illecebras omnes discutit quae nos obnubilant, ne aspiremus, ut decet, ad caelestem gloriam: imo docet peregrinandum esse in mundo, ne pereat vel excidat nobis caelestis haereditas.

4. Porro in his verbis perspicimus abnegationem nostri[a] partim quidem in homines respicere[b], partim vero (idque praecipue) in Deum. Quum enim sic nos cum hominibus gerere iubet Scriptura ut illos honore nobis anteferamus, ut procurandis eorum commodis totos nos bona fide impendamus [Rom. 12. c. 10; Philip. 2. a. 3]: ea dat mandata quorum minime capax est animus noster, nisi ante naturali sensu evacuatus. Nam (qua caecitate omnes in amorem nostri ruimus) sibi quisque iustam causam habere videtur se efferendi, alios autem prae se omnes contemnendi. Siquid in nos contulit Deus non poenitendum, eo freti, statim animos tollimus: nec tantum intumescimus, sed pene rumpimur superbia. Vitia, quibus abundamus, et occultamus sedulo apud alios, et nobis ipsis levia minutaque esse fingimus, blandiendo, imo interdum pro virtutibus osculamur. Eaedem, quas in nobis admiramur, dotes, si in aliis apparent, vel etiam superiores, ne cogamur illis cedere, nostra malignitate deterimus ac carpimus: siqua sunt vitia, severa acrique animadversione ea observare non contenti, odiose amplificamus. Hinc illa insolentia, ut quisque nostrum, ceu communi lege exemptus, supra reliquos velit eminere: neminem vero mortalium non secure et ferociter contemnat, vel certe tanquam inferiorem despiciat. Cedunt divitibus pauperes, plebeii nobilibus, servi dominis, literatis indocti: sed nemo est qui non aliquam praestantiae opinionem intus alat. Ita singuli sibi adulando regnum quoddam gerunt in pectore; sibi enim arrogantes quo sibi placeant, de aliorum ingeniis et moribus censuram agunt: si vero ad contentionem ventum fuerit, illic erumpit venenum. Nam multi sane nonnullam mansuetudinem prae se ferunt quandiu blanda omnia et ama'bilia experiuntur: at vero[c] qui eundem servet modestiae tenorem ubi pungitur et irritatur, quotusquisque est? Nec aliud remedium est quam ut revellatur ex imis visceribus haec noxiosissima τῆς φιλονεικίας καὶ φιλαυτίας pestis: quemadmodum etiam Scripturae doctrina revellitur. Sic enim instituimur, ut quas Deus nobis largitus est dotes, meminerimus non nostra esse bona, sed gratuita Dei dona: quibus siqui superbiant, ingratitudinem suam produnt. ‖ Quis te

---

a) in — nostri: *1539–54* haec nostri abnegatio   b) *1539–54* respicit   c) > *1539*

praestantiorem reddit? inquit Paulus; quod si acceperis omnia, quid gloriaris acsi tibi data non essent [1. Cor. 4. b. 7]? || Deinde 1539 assidua vitiorum nostrorum recognitione ad humilitatem nos revocemus. Ita nihil in nobis restabit quo turgeamus: multa vero erit deiectionis materia. Rursum iubemur, quaecunque in aliis respicimus Dei dona, sic revereri ac suspicere ut eos quoque honoremus penes quos resident. Nam, quo ipsos honore dignatus est Dominus, magnae improbitatis foret eum illis adimere. Ad vitia autem docemur connivere, non equidem ut adulando foveamus, sed ne illorum causa insultemus iis quos benevolentia et honore fovere convenit. Ita fiet ut cum quocunque mortalium negotium nobis sit, non tantum moderate nos et modeste, sed comiter et amice etiam geramus. Quemadmodum ad veram mansuetudinem nunquam alia via pervenies quam si et tui deiectione, et alterius reverentia imbutum pectus habueris.

5. Iam in quaerenda proximi utilitate officium praestare, quantum habet difficultatis? Nisi a tui consideratione discedas, et te quodammodo exuas, nihil hic efficies. Quomodo enim opera[a] exhibeas quae charitatis esse Paulus docet, nisi tibi renuntiaveris, ut aliis totum te addicas? Charitas (inquit) patiens est, benigna, non procax, non fastidiosa, non invidet, non inflatur, non quaerit quae sua sunt, non irritatur, etc. [1. Cor. 13. b. 4].[1] Hoc unum si exigatur, ne quaeramus quae nostra sunt, non tamen minima vis erit afferenda naturae: quae sic in solam nostri dilectionem nos inclinat, ut non tam facile[b] patiatur nos ac nostra negligenter transire, quo alienis commodis invigilemus: imo iure nostro sponte cedere, quod alteri resignemus. At Scriptura, ut eo nos manu ducat, praemonet, quicquid a Domino gratiarum obtinemus, esse nobis hac lege concreditum ut in commune Ecclesiae bonum conferatur; ideoque legitimum gratiarum omnium usum esse, liberalem ac benignam cum aliis communicationem. Nulla nec certior regula, nec validior ad eam tenendam exhortatio excogitari poterat, quam ubi docemur, omnes quibus pollemus dotes, Dei esse deposita, ea lege fidei nostrae commissa, ut in proximorum bonum dispensentur. Sed ulterius etiamnum porgit Scriptura, dum illas[c] facultatibus comparat quibus praedita sunt humani corporis membra[d].[1] Nullum membrum suam facultatem sibi habet, nec in privatum usum applicat: sed ad socia membra transfundit: nec

---

a) *1539–43* opere   b) tam fac.: *1539–43* ita   c) *1539–54* illis
d) *1561* + [1. Cor. 12 *(12 sqq.)*]

1) 1. Cor. 13, 4 sq.

ullam inde utilitatem capit nisi quae ex communi corporis totius commoditate procedit. Sic pius vir quicquid potest, fratribus debet posse: sibi non aliter privatim consulendo quam ut ad communem Ecclesiae aedificationem intentus sit animus. Haec itaque sit nobis ad benignitatem beneficentiamque methodus: quicquid in nos Deus contulit quo proximum queamus adiuvare, eius nos esse oeconomos, qui ad reddendam dispensationis rationem astringimur. Eam porro demum rectam esse dispensationem, quae ad dilectionis exigatur regulam. Ita fiet ut non modo alieni commodi studium cum propriae utilitatis cura semper coniungamus, sed hanc illi subiiciamus. Ac ne forte nos lateret, eam esse legem rite administrandi quaecunque a Deo dona suscipimus, in minimis quoque benignitatis suae muneribus eam olim posuit. Primitias enim frugum offerri sibi mandavit [Exod. 22. d. 29,¹ et 23. d. 19], quibus testaretur populus nefas sibi esse aliquem percipere fructum ex bonis non illi ante consecratis. Quod si ita demum sanctificantur nobis Dei dona postquam ipsi authori manu nostra ea dedicavimus: impurum esse abusum constat qui non eiusmodi dedicationem redoleat. Atqui Dominum frustra rerum tuarum communicatione locupletare contendas; ad eum igitur quum pervenire benignitas nequeat tua, (ut Propheta inquit) ea tibi erga sanctos eius, qui in terra sunt, exercenda est [Psal. 16. a. 3]²; ‖ ideoque sacris oblationibus comparantur eleemosynae, ut legalibus illis nunc respondeantᵃ [Hebr. 13. c. 16]ᵇ.

6. Porro ne benefaciendo fatiscamus³ (quod protinus fieri alioqui necesse foret) accedere oportet alterum illud quod ponit Apostolus, Patientem esse charitatem, nec irritari [1. Cor. 13. a. 4].⁴ Omnibus in universum benefacere Dominus praecipit, quorum magna pars indignissimi sunt, si proprio merito aestimentur: sed hic optima ratione subvenit Scriptura, quum docet non esse respiciendum quid ex seipsis mereantur homines, sed imaginem Dei in cunctis considerandam, cui nihil non et honoris et dilectionis debeamus. In domesticis autem fidei illam eandem diligentius observandam [Galat. 6. c. 10], quatenus per Christi Spiritum renovata est et instaurata. Ergo quisquis hominum tibi nunc offeratur qui officio tuo indigeat, causam non habes cur illi te impendere detrectes. Dic extraneum esse; at

---

a) ut leg. — *resp.: VG 1560* pour monstrer que ce sont exercices correspondans maintenant à l'observation ancienne qui estoit sous la Loy, dont ie viens de parler   b) *1561* + [2. Cor. 9. a. 5]

1) Exod. 22, 28 = vg. 22, 29.   2) Ps. 16, 2 sq.; cf. vg. 15, 2 sq.
3) Gal. 6, 9.   4) 1. Cor. 13, 4 sq.

DE MODO PERCIPIENDAE GRATIAE. CAP. VII

Dominus notam illi impressit quae familiaris esse tibi debet: ‖ qua ratione vetat carnem tuam despicere [Iesa. 58. b. 7]. ‖ 1559
Dic contemptibilem ac nihili; at eum Dominus esse demonstrat, quem imaginis suae decore dignatus sit. Dic nullis eius officiis te esse obaeratum; at eum velut in vicem suam substituit Deus, erga quem tot ac tanta recognoscas beneficia[1] quibus te sibi devinxit. Dic indignum esse cuius causa vel minimum labores; at digna est imago Dei, qua tibi commendatur, cui te et omnia tua exhibeas. Quod si non modo nihil boni promeritus est, sed iniuriis quoque ac maleficiis te provocavit, ne haec quidem iusta causa est cur illum et dilectione complecti et dilectionis officiis prosequi desinas [Matt. 6. b. 14, et 18. d. 35; Luc. 17. a. 3]. Longe aliter (inquies) de me promeritus est. At quid meritus est Dominus? qui dum illi iubet remitti quicquid in te peccavit, sibi certe vult imputari. Hac profecto una via pervenitur ad id quod humanae naturae prorsus adversum est, nedum difficile: ut diligamus eos qui nos odio habent, beneficiis mala pensemus, probris benedictiones referamus [Matt. 5. g. 44]: si meminerimus non hominum malitiam reputandam[a] esse, sed inspiciendam[b] in illis Dei imaginem: quae inductis ac obliteratis eorum delictis[c], ad eos amandos amplexandosque sua pulchritudine ac dignitate nos alliciat.

7. Haec ergo mortificatio tum demum habebit in nobis locum, si charitatis numeros impleamus. Ille autem implet non qui omnibus charitatis officiis solummodo defungitur, etiamsi nullum praetermittat: sed qui ex syncero amoris[d] affectu id facit. Potest enim accidere ut quis exolvat quidem ad plenum omnibus quod debet, quantum attinet ad externa officia: interim tamen longe absit a vera exolvendi ratione. Quosdam enim videas qui valde liberales videri volunt, qui tamen nihil largiuntur quod non superbia vultus aut etiam verborum insolentia exprobrent. Atque huc calamitatis hoc infoelici seculo deventum est, ut nullae prope eleemosynae, saltem a maxima parte hominum, sine contumelia porrigantur. Quae pravitas ne inter ethnicos quidem tolerabilis esse debuerat; nam a Christianis plus aliquid etiamnum requiritur quam ut hilaritatem in vultu prae se ferant, et verborum comitate[e] amabilia reddant sua officia. Primum, eius quem ope sua indigere conspiciunt personam suscipiant oportet, ac fortunae perinde misereantur acsi eam sentirent ipsi ac sustinerent: ut misericordiae atque hu-

---

a) *1539–54* perspiciendam   b) *1539–54* contemplandam   c) *VG 1541 sqq.* + qui nous pourroient destourner de cela   d) *VG 1541 sqq.* d'amitié   e) verb. com.: *VG 1541 sqq.* par humanité et doulceur

manitatis sensu ad ferendas illi suppetias non aliter quam sibi, ferantur. Qui sic animatus ad operam fratribus suis dandam accedet, non modo nulla vel arrogantia vel exprobratione officia sua contaminabit: sed nec fratrem, cui benefacit, vel tanquam opis egenum despiciet, vel tanquam sibi obligatum subiugabit; non magis scilicet quam vel aegro membro insultamus, cui refocillando reliquum corpus laborat: vel reliquis membris putamus specialiter obligatum, quia plus operae ad se traxerit quam rependerit. Siquidem officiorum inter membra communicatio nihil gratuitum habere creditur, sed potius solutio esse eius quod naturae lege debitum negare prodigiosum esset[a]. Hac quoque ratione fiet[l] ut ne liberatum se putet qui uno genere officii defunctus fuerit: quemadmodum vulgo fieri solet ut dives, postquam aliquid de suo erogavit, alia onera, tanquam nihil ad se pertinentia, aliis deleget. Sed ita potius secum quisque cogitabit, se, quantus quantus est, proximis debitorem sui esse: nec alium exercendae erga ipsos beneficentiae statuendum esse finem nisi quum facultates deficiunt: quae, quam late extenduntur, ad charitatis regulam limitari debent.

8. Praecipuam abnegationis nostri partem, quam diximus in Deum spectare, iterum plenius[b] exequamur; ac multa quidem de ea iam dicta sunt, quae repetere supervacuum foret; sufficiet tractare quatenus ad aequanimitatem tolerantiamque nos format. Principio igitur in quaerenda vitae praesentis vel commoditate vel tranquillitate, huc nos Scriptura vocat, ut Domini arbitrio nos nostraque omnia resignantes, domandos ac subiugandos cordis nostri affectus illi tradamus. Ad opes honoresque expetendos, ad ambiendam potentiam, ad cumulandas divitias, ad eas omnes ineptias, quae ad magnificentiam pompamque facere videntur, congerendas, furiosa est nostra libido, infinita cupiditas. Rursum paupertatis, ignobilitatis, humilitatis mirus timor, mirum odium: quibus ad illa modis omnibus amolienda stimulamur. Hinc videre est quam irrequieto sint ingenio, quot tentent artes, quibus studiis se fatigent quicunque vitam proprio consilio componunt: quo scilicet adipiscantur quae vel ambitionis vel avaritiae fert affectus; rursum quo pauperiem humilitatemque defugiant. Piis ergo hominibus, ne talibus laqueis implicentur, haec tenenda est via. Principio non aliunde prosperandi rationem vel appetant, vel sperent, vel cogitent quam ex Domini benedictione: ideoque in eam se tuto ac confidenter reiiciant ac reclinent. Nam utcunque sibi pulchre sufficere videatur caro, dum vel propria industria ad honores opes-

---

a) deb. — esset: *1539-54* debeatur   b) it. plen.: *1539-54* nunc que contendit, vel studio enititur, vel adiuvatur hominum gratia: certum est tamen omnia haec nihil[a] esse, neque aliquid vel ingenio vel labore nos profecturos, nisi quatenus utrunque Dominus prosperabit. At e converso sola ipsius[b] benedictio[c] etiam per omnia impedimenta viam reperit, ut nobis in laetum faustumque exitum succedere omnia faciat: deinde, ut maxime sine ipsa possimus aliquid gloriae atque opulentiae nobis comparare: (quemadmodum videmus quotidie impios magnis et honoribus et opibus cumulari) quando tamen ne minimam quidem foelicitatis particulam degustant quibus incumbit Dei maledictio, sine ipsa nihil nisi quod male nobis vertat consequemur. Porro nequaquam appetendum quod homines magis miseros facit.

9. Ergo si omnem prosperi successus atque optabilis[d] rationem in sola Dei benedictione credimus esse positam, qua absente miseriae nos omne[l] genus et calamitatis maneant[e]: restat etiam ut ne propria vel ingenii dexteritate vel sedulitate freti, ne[f] hominum favore subnixi, vel inani fortunae imaginatione confisi, ad opes honoresque cupide contendamus: sed in Dominum semper respiciamus, ut eius auspiciis ad quancunque ille providerit sortem deducamur. Ita primum fiet ut non per nefas, et[g] dolis ac malis artibus, vel rapacitate, cum proximorum iniuria ruamus ad captandas opes, ad honores invadendos: sed eas tantum fortunas sequamur quae nos ab innocentia non abducant. Quis enim speret divinae benedictionis, inter fraudes, rapinas, aliasque nequitiae artes, auxilium? Nam ut illa nisi pure cogitantem ac recte agentem non sequitur: ita eos omnes a quibus expetitur ab obliqua cogitatione pravisque facinoribus revocat. Deinde iniectum erit nobis fraenum, ne immodica ditescendi cupiditate ardeamus, neve honoribus[h] ambitiose inhiemus. Qua enim fronte quis a Deo se adiutum iri confidat, ad ea consequenda quae contra eius verbum desiderat? Absit enim ut quod ore suo Deus maledicit, benedictionis suae adiutorio prosequatur. Postremo, si pro voto ac spe non succedat, cohibebimur tamen ab impatientia, et qualiscunque nostrae conditionis detestatione: quod sciemus id esse murmurare adversus Deum, cuius arbitrio divitiae et paupertas, contemptus et honores dispensantur. In summa, qui se eo quo dictum est modo in Dei benedictionem reclinarit, nec ea quae furiose expeti ab hominibus solent, malis artibus aucupabitur, quibus se nihil profecturum cogitabit: nec, si quid prospere acciderit, sibi impu-

---

a) *1539–43* nihili b) > *1539–54* c) *1539–54* + Domini d) prosp. — opt.: *1539–54* prosperandi e) *1539–43* maneat f) *1554* nec g) per — et: *1539* per fas et nefas h) *1539–45* honores

tabit, ac suae vel sedulitati, vel industriae, vel fortunae: sed Deo authori acceptum feret. Quod si florentibus aliorum rebus, ipse parum promoveat, imo etiam retro delabatur: maiori tamen aequitate ac moderatione animi suam tenuitatem feret quam profanus quispiam mediocrem successum, qui voto duntaxat non respondeat: habens scilicet solatium, in quo tranquillius acquiescat quam in summo vel opulentiae vel potentiae fastigio: quia ut saluti suae conducit, ita res suas ordinari a Domino reputat. ‖ Sic Davidem fuisse affectum videmus, qui dum sequitur Deum, seque ei regendum tradit, similem se testatur puero ablactato, neque ambulare in rebus altis vel mirabilibus supra se [Psal. 131. a. 1][1].

10. Neque in hac tantum parte constare piis animis debet illa tranquillitas et tolerantia: verum ad omnes etiam casus, quibus obnoxia est praesens vita, extendatur necesse est. Ergo nemo se rite[1] abnegavit, nisi qui se totum ita resignavit Domino ut omnes vitae suae partes eius arbitrio gubernari ferat. Qui vero sic animo compositus erit, quicquid accidat[a], nec miserum se reputabit, nec de sua sorte cum Dei invidia conqueretur. Quam vero necessaria sit haec affectio, inde patebit, si consideres quot accidentibus subiecti simus. Alii atque alii morbi nos identidem infestant: nunc saevit pestilentia, nunc belli calamitatibus crudeliter vexamur: nunc gelu aut grando, spe anni devorata, sterilitatem inducit, quae nos ad penuriam redigat: uxor, parentes, liberi, propinqui morte abripiuntur: incendio absumitur domus: haec sunt quorum eventu, vitae suae maledicunt homines, suum natalem detestantur, caelum et lucem execrationi habent, obloquuntur Deo: et (ut sunt facundi ad blasphemias) iniquitatis eum et saevitiae accusant. Fidelem vero in his quoque oportet Dei clementiam et vere paternam indulgentiam intueri. Proinde, sive suas aedes, sublatis propinquis, in solitudinem redactas videat, ne sic quidem desinet benedicere Domino: quin potius ad hanc cogitationem se convertet, Gratia tamen Domini, quae domum meam inhabitat, eam desolatam non relinquet. Sive adustis pruina segetibus[b], aut gelu consumptis, aut grandine proculcatis, imminere famem videat: non tamen despondebit animum, nec Deo invidiam faciet: sed in hac fiducia permanebit, Nos tamen in tutela Domini sumus, et oves in pascuis eius educatae [Psal. 79. c. 13]: ille igitur alimenta nobis etiam in extrema sterilitate suppeditabit. Sive morbo afflictabitur, ne tum quidem frangetur doloris acerbitate,

---

a) *1553-54* accedat   b) *VG 1541 sqq.* ses bledz et vignes

1) Ps. 131, 1 sq.

ut ad impatientiam prorumpat, atque ita cum Deo expostulet: sed iustitiam ac lenitatem in Dei ferula considerando, ad tolerantiam se revocabit. Denique, quicquid eveniet, quia sciet manu Domini ordinatum, placido gratoque animo suscipiet, ne contumaciter eius imperio resistat, cuius in potestate se suaque omnia semel permisit. Facessat imprimis a pectore Christiani hominis stulta illa et miserrima ethnicorum consolatio, qui ut animum contra res adversas confirmarent, eas fortunae imputabant: contra quam indignari stultum esse iudicabant, quod ἄσκοπος esset ac temeraria, quae caecis oculis merentes simul ac immerentes vulneraret[1]. Haec enim e converso pietatis est regula, solam Dei manum utriusque fortunae arbitram esse et moderatricem: ac eam quidem ipsam non ruere inconsiderato impetu, sed ordinatissima iustitia nobis bona simul ac mala dispensare.[1]

De crucis tolerantia, quae pars est abnegationis. 1559
CAP. VIII.

1. Quin altius etiamnum conscendere piam mentem decet; 1539 nempe quo discipulos suos vocat Christus, ut suam unusquisque crucem tollat [Mat. 16. d. 24]. Quoscunque enim Dominus cooptavit, ac suorum consortio dignatus est, ii se ad duram, laboriosam, inquietam, plurimisque ac variis malorum generibus refertam vitam praeparare debent. Sic est caelestis Patris voluntas, ut certum de suis experimentum capiat, eos talem in modum exercere. A Christo primogenito suo exorsus, erga filios omnes suos hunc ordinem prosequitur; nam quum esset ille Filius prae aliis dilectus [Mat. 3. d. 17, et 17. a. 5], et in quo Patris animus acquiescebat, videmus tamen quam non indulgenter ac molliter habitus fuerit: ut vere dici queat, non modo perpetua cruce exercitatum fuisse, quandiu terram incoluit: sed totam eius vitam nihil aliud fuisse quam perpetuae crucis speciem. || Causam Apostolus assignat, quod obedientiam discere 1559 oportuerit ex iis quae passus est[a]. || Cur nos ergo ab ea conditione 1539 eximamus, quam subire Christum caput nostrum oportuit: praesertim quum nostra causa subierit, ut nobis in seipso patientiae exemplar exhiberet? Quamobrem Apostolus omnibus filiis Dei hunc esse destinatum finem docet, ut conformes eius fiant [Rom. 8. e. 29[b]]. Unde etiam insignis consolatio ad nos

a) *1561* + [Hebr. 5. c. 8]   b) *sic recte 1561; 1559 falso* f. 2; *1553* f. 29.

1) Seneca, Dial. I 5; Ep. 76, 23; Ep. 107, 7 sqq.

redit, in rebus duris atque asperis, quae adversae malaeque existimantur, nos Christi passionibus[a] communicare: ut quemadmodum ille a malorum omnium labyrintho in gloriam caelestem ingressus est, ita in eandem per varias tribulationes deducamur [Act. 14. d. 22]; sic enim loquitur alibi Paulus ipse: quod dum communionem discimus afflictionum eius, simul apprehendimus potentiam resurrectionis: ac dum conformes reddimur morti eius, ita praeparamur ad gloriosae resurrectionis consortium [Philip. 3. b. 10][1]. Quantum hoc valere potest ad leniendam omnem crucis acerbitatem, quod quo magis rebus adversis afflictamur, eo certius confirmatur nostra cum Christo societas? cuius communione passiones ipsae non modo benedictae nobis fiunt, sed ad promovendam quoque nostram salutem multum afferunt adiumenti.

2. Adde quod Dominus noster crucem ferendam suscipere nihil necesse habuit nisi ad testandam approbandamque Patri suam obedientiam; nobis vero multis rationibus necesse est sub assidua cruce vitam degere. Primum (ut natura nimium[1] propensi sumus ad omnia carni nostrae tribuenda) nisi nobis imbecillitas nostra velut oculo demonstrata fuerit, facile virtutem nostram supra iustum modum aestimamus, nec dubitamus, quicquid eveniat, contra omnes difficultates infractam fore et invictam. Unde in stolidam et inanem carnis confidentiam evehimur: qua freti, contumaciter deinde superbimus in Deum ipsum, perinde acsi propriae nobis facultates citra eius gratiam sufficerent. Hanc arrogantiam melius retundere non potest quam dum experimento nobis comprobat quanta non modo imbecillitate, sed etiam fragilitate laboremus. Ergo vel ignominia, vel paupertate, vel orbitate, vel morbo, vel aliis calamitatibus nos affligit: quibus sustinendis longe impares, quantum ad nos attinet, mox succumbimus. Sic humiliati discimus invocare eius virtutem: quae sola sub pondere afflictionum consistere nos facit. Quinetiam sanctissimi, utcunque Dei[b] gratia non propriis viribus stare se noverint, de sua tamen fortitudine et constantia plus iusto securi sunt, nisi eos crucis probatione in penitiorem sui notitiam[c] adducat. || Haec socordia Davidi quoque obrepsit[d], Ego dixi in quiete mea, Non movebor perpetuo. Iehova stabilieras in beneplacito tuo monti meo robur, abscondisti faciem tuam: fui perculsus [Psal. 30. a. 7][2]. Fatetur

---

a) Chr. pass.: *VG 1541 sqq.* à la Croix de Christ   b) *1539-54* domini
c) *1539-54* + Dominus   d) *VG 1560* + pour estre rendu comme insensé, comme il le confesse

1) Phil. 3, 10 sq.   2) Ps. 30, 7 sq.

enim torpore in rebus prosperis obstupefactos fuisse suos sensus, ut posthabita Dei gratia, a qua pendere debuerat, sibi innixus fuerit ut perpetuitatem sibi promitteret. Si hoc tanto Prophetae accidit, quis nostrum non timeat ut caveat? || Quod ergo, rebus tranquillis, maioris constantiae et patientiae opinione sibi blandiebantur, rebus asperatis humiliati, hypocrisin fuisse discunt. Talibus, inquam, documentis admoniti suorum morborum fideles, proficiunt ad humilitatem: ut prava carnis confidentia exuti, ad Dei[a] gratiam se conferant. Porro ubi se contulerunt, divinae virtutis praesentiam, in qua satis superque praesidii inest, experiuntur.

3. Atque id est quod Paulus docet, tribulationibus generari patientiam, [b]patientia probationem [Rom. 5. a. 3][1]. Nam quod Deus promisit fidelibus se adfuturum in tribulationibus, id verum esse sentiunt dum patienter subsistunt, eius manu suffulti: quod suis viribus nequaquam possent. Patientia igitur experimentum affert sanctis, quod Deus[c], quam pollicitus est opem, re ipsa dum opus est exhibeat. Inde spes quoque eorum confirmatur: quando ingratitudinis nimiae foret, non expectare in posterum quam constantem ac firmam experti sint Dei veritatem. Videmus iam quot uno contextu bona ex cruce nascantur. Illam enim quam falso de pro|pria virtute praesumimus opinionem evertens, nostramque hypocrisin, quae delicias nobis facit, detegens, perniciosam carnis confidentiam excutit; sic humiliatos[d], in Deum unum reclinare docet: quo fit ut non opprimamur, nec succumbamus. Victoriam autem spes sequitur: quatenus scilicet Dominus, quod promisit praestando, suam in futurum veritatem stabilit. Sane ut solae sint istae rationes, apparet quam necessaria nobis sit crucis exercitatio. Neque enim parvi momenti est caecum tui amorem abstergi: ut imbecillitatis tuae conscius prope[e] fias. Imbecillitatis propriae sensu affici, ut diffidere tibi discas. Diffidere tibi, ut fiduciam in Deum transferas. Cordis fiducia in Deum recumbere, ut ipsius auxilio fretus ad ultimum invictus persevres. Consistere ipsius gratia, ut veracem esse in suis promissis intelligas. Certitudinem promissionum eius habere compertam, ut spes tua inde roboretur.

4. Alium quoque finem habet Dominus affligendi suos, ut ipsorum patientiam exploret, et ad obedientiam eos[f] erudiat.

---

a) *1539-54* Domini b) *1539-43* + a c) *1539-54* Dominus d) *1539* humilitatos e) *1539-50, 1554* probe f) *sic 1539-43, 1561; 1545-59 male* nos

1) Rom. 5, 3 sq.

Non equidem quod possint illi obedientiam praestare, nisi quam ipse dederit: sed ita placet ei praeclaris documentis testatas facere ac illustres quas in sanctos contulit gratias: ne intus otiosae lateant. Ergo tolerandi[a] virtutem ac constantiam[b], qua servos suos instruxit, in apertum proferendo, dicitur eorum patientiam explorare. Unde illae sunt locutiones, quod tentaverit Deus Abraham, et pietatem eius compertam habuerit ex eo quod non detrectasset proprium filium et unicum immolare[c] [Gene. 22. a. 1, et c. 12]. Quare Petrus non secus fidem nostram tribulationibus docet probari, quam aurum in fornace igni examinatur [1. Pet. 1. b. 7]. Quis autem non expedire dicat ut praestantissimum patientiae donum, quod a Deo suo fidelis accepit, in usum producatur, ut certum manifestumque fiat? Neque enim aliter unquam homines ipsum pro merito aestimabunt. Quod si Deus ipse[d], ne in obscuro lateant, imo inutiles iaceant ac depereant quas fidelibus suis virtutes contulit iure facit, dum illis excitandis materiam suppeditat: optimam rationem habent sanctorum afflictiones, sine quibus nulla foret eorum patientia. Ad obediendum[e] quoque erudiri cruce dico: quia sic non ad proprium votum, sed Dei arbitrium vivere docentur. Sane, si omnia illis ex sententia fluerent, nescirent quid esset Deum sequi. Atque[f] illud Seneca[g] commemorat fuisse vetus proverbium, quum ad res adversas tolerandas quempiam hortarentur, Deum sequere [De vita be. cap. 15.].[1] Quo scilicet innuebant, tum vere demum iugum Dei subire hominem, quum eius ferulae manum ac tergum praeberet. Quod si aequissimum est ut caelesti Patri nos per omnia obsequentes esse approbemus, non est certe detrectandum, ut ad reddendam sibi obedientiam modis omnibus nos assuefaciat.

5. Necdum tamen perspicimus quam necessaria sit nobis isthaec obedientia, nisi simul reputamus quanta sit ad excutiendum Dei iugum carnis nostrae lascivia, simulatque mollius aliquantisper atque indulgentius habita est. Idem enim prorsus accidit illi quod equis refractariis, qui si[h] aliquot dies otiosi saginantur, prae ferocitate domari postea nequeunt: nec sessorem recognoscunt, cuius imperio utcunque antea obtemperabant. Atque omnino illud in nobis perpetuum est quod fuisse in po-

---

a) *1539-54* patientiae   b) ac const. > *1539-54*   c) *VG 1541 sqq.* + pour luy complaire   d) D. ipse: *1539-54* Dominus   e) *1539-54* obedientiam   f) *1550-54* Atqui   g) *VG 1541 sqq.* + Philosophe Payen   h) *1539-43* + ad

1) Seneca, De vita beata 15, 5; cf. Dial. VII 15, 5; De benef. IV 25, 1, cf. VII 31, 2; Ep. 16, 5; cf. Plat., Leg. IV 716 B.

pulo Israelitico conqueritur Deus, ut pinguefacti et adipe obducti recalcitremus adversus eum qui nos aluit et enutrivit [Deut. 32. c.[a] 15]. Debebat quidem nos Dei[b] beneficentia ad reputandam ac deamandam eius bonitatem[c] allicere: sed quando ea est nostra malignitas[d] ut perpetuo eius indulgentia potius corrumpamur: plusquam necessarium est nos aliqua disciplina contineri, ne in talem petulantiam exultemus. Sic, ne immodica opum abundantia ferociamus, ne honoribus elati superbiamus, ne inflati reliquis vel animae vel corporis vel fortunae bonis insolescamus, Dominus ipse, prout providet expedire, occurrit, et carnis nostrae ferociam crucis remedio subigit ac refraenat; Idque variis modis: quantum scilicet unicuique salubre est. Neque enim aut iisdem morbis peraeque graviter laboramus omnes, aut perinde difficili curatione indigemus. Inde videre est ut alii alio crucis genere exerceantur. Quum autem alios lenius tractet, alios asperioribus remediis purget caelestis medicus, dum vult omnium sanitati consulere: neminem tamen immunem ac intactum praetermittit: quia omnes ad unum novit esse morbidos.

6. Adde quod non modo infirmitatem nostram praevenire[e], sed praeterita etiam delicta saepe corrigere necesse habet clementissimus Pater: ut nos in legitima erga se obedientia contineat. Proinde quoties affligimur, subire protinus in mentem debet anteactae vitae recordatio; ita procul dubio reperiemus, nos admisisse quod dignum eiusmodi castigatione esset. Neque tamen a peccati agnitione praecipue sumenda est ad patientiam exhortatio. Nam Scriptura meliorem longe considerationem suppeditat, quum dicit rebus adversis nos a Domino corripi, ne cum hoc mundo damnemur [1. Cor. 11.[f] g. 32]. Ergo in ipsa quoque tribulationum acerbitate Patris nostri clementiam erga nos ac benignitatem recognoscere convenit: quando ne tum quidem desinit salutem nostram promovere. Affligit enim non ut perdat vel perimat, sed potius ut a mundi damnatione liberet. Ea cogitatio nos deducet ad id quod alibi docet Scriptura, Fili mi, ne respuas correctionem Domini, neque afficiaris taedio[l] quum ab eo argueris. Quem enim diligit Deus, corripit: et eum[g] velut pater filium amplectitur [Prov. 3. b. 11][1]. Ubi ferulam Patris agnoscimus, an nostrum non est obedientes potius docilesque filios exhibere, quam contumacia desperatos homines

---

a) *32. c.: sic recte 1539-54; 1559 falso 33* b) *1539-54* Domini c) *1539-50 male* + nos d) *VG 1541 sqq.* ingratitude e) *VG 1541 sqq.* + pour l'advenir f) *1559 falso* + c. 8. g) *1539-45* quem

1) Prov. 3, 11 sq.

imitari, qui maleficiis induruerunt? Perdit nos Deus[a] nisi a se
delapsos correptione revocat; ut recte ille dicat, nos spurios
esse, non filios, si extra disciplinam sumus [Hebr. 12. c. 8]. Per-
versissimi ergo sumus si ipsum[b] ferre non possumus dum suam
nobis benevolentiam et quam habet de salute nostra curam
declarat. Hoc inter incredulos et fideles interesse docet Scriptura, quod illi, velut inveteratae recoctaeque nequitiae man-
cipia, flagellis deteriores modo ac obstinatiores[c] fiunt: hi, ceu
filii ingenuitate praediti, ad poenitentiam proficiunt. Eligen-
dum nunc utro in numero esse malis. Sed quoniam de hac re
alibi dictum est[1], contentus breviter attigisse, finem faciam.

7. Porro singularis illa est consolatio, ubi pro iustitia persecutionem patimur. Succurrere enim tum debet quanto nos honore dignetur Deus, quod ita nos peculiari militiae suae nota
insignit. Persecutionem pati pro iustitia dico, non tantum qui
pro Evangelii defensione, sed qui pro quolibet iustitiae patrocinio laborant. Sive ergo in asserenda adversus Satanae mendacia Dei veritate[d], sive in suscipienda bonorum atque innocen-
tium contra improborum iniurias tutelae[e], necesse est incurrere
in mundi offensiones et odia, unde aut vitae nostrae, aut for-
tunis, aut honori periculum immineat: ne grave sit nobis aut
molestum eatenus impendere nos Deo, aut ne[f] miseros in iis
nos putemus, in quibus ipse suo ore nos beatos pronuntiavit
[Matth. 5. a. 10]. Paupertas quidem, si in se ipsa aestimetur, miseria est: similiter exilium, contemptus, carcer, ignominia: mors
denique ipsa extremum est omnium calamitatum. Verum ubi
aspirat favor Dei nostri[g], nihil est istorum quod non in foelicitatem nobis cedat. Contenti ergo potius simus Christi testimonio
quam falsa carnis aestimatione. Ita fiet ut Apostolorum exemplo
gaudeamus, quoties nos reputabit dignos qui pro suo nomine
contumeliam patiamur [Act. 5. g. 41]. Quid enim? si innocentes ac nobis bene conscii impiorum scelere exuimur facultatibus, ad inopiam quidem redigimur apud homines: sed verae[h]
apud Deum in caelis[i] divitiae ita nobis accrescunt; si penatibus
nostris extrudimur, eo interius recipimur in Dei familiam; si
vexamur et contemnimur[k], eo firmiores agimus in Christo radi-

---

a) *1539–54* DOMINUS   b) *1539–54* DOMINUM   c) *1559 falso*
obstinatiore   d) *1539* asser. Dei ver. adv. S. mend.   e) *1539* innoc.
tutela, contra impr. iniur.   f) > *1539–45*   g) D. nostri: *1539–54*
DOMINI   h) *sic 1539–50, 1554; 1553, 1559–61 male* vere   i) D. —
cael.: *1539–54* Dominum   k) *1539* concutimur; *1543–45 male* con-
tinemur, *unde 1550–61 ex coniectura* contemnimur

1) lib. I c. 17, 8 sqq.; vol. III. p. 211 sqq.

DE MODO PERCIPIENDAE GRATIAE. CAP. VIII

ces; si probris ac ignominia notamur, eo ampliore' loco sumus in regno Dei; si trucidamur, ita nobis ingressus patefit ad beatam vitam. Pudeat nos minoris aestimare, quibus tantum pretium Dominus statuit, quam umbratiles et evanidas vitae praesentis illecebras.

8. Quum ergo his et similibus monitis abunde soletur Scriptura quas pro iustitiae defensione sustinemus vel ignominias vel calamitates: nimis ingrati sumus nisi libenter atque hilariter eas e manu Domini suscipimus; praesertim quum sit haec crucis species fidelium maxime propria, qua vult Christus in nobis glorificari: quemadmodum et Petrus docet [1. Pet. 4. c. 11][1]. ||
Quia vero ingenuis naturis[a] acerbius est contumeliam quam centum mortes pati, nominatim admonet Paulus non modo persecutiones nos manere, sed etiam probra, quia speramus in Deum vivum [1. Tim. 4. c. 10]. Sicut alibi suo exemplo ambulare nos iubet per infamiam et bonam famam [2. Cor. 6. b. 8]. ||
Neque vero ea requiritur a nobis hilaritas quae omnem acerbitatis dolorisque sensum tollat; alioqui nulla in cruce esset sanctorum patientia, nisi et dolore torquerentur, et angerentur molestia. Si nulla esset in egestate asperitas, nullus in morbis cruciatus, nulla in ignominia punctio, nullus in morte horror: cuius foret vel fortitudinis vel moderationis, ea susque deque habere?
At[b] quum unumquodque ipsorum ingenita sibi amaritudine nostros omnium animos naturaliter mordeat, in eo se profert fidelis hominis fortitudo, si eiusmodi amaritudinis sensu tentatus, utcunque graviter laboret, fortiter tamen obsistendo eluctatur; in eo se exerit patientia, si acriter extimulatus, timore tamen Dei refraenatur, ne in aliquam intemperiem erumpat; in eo elucet alacritas, si tristitia et moerore vulneratus, in spirituali Dei consolatione acquiescit.

9 Hunc conflictum, quem adversus naturalem doloris sensum sustinent fideles, dum patientiae ac moderationi student, eleganter descripsit Paulus his verbis, In omnibus premimur, at non anxii reddimur: laboramus[c], at non destituimur: persecutionem patimur, at in ea non deserimur: deiicimur, at non perimus [2. Cor. 4. b. 8][2]. Vides ut patienter ferre crucem, non sit prorsus obstupescere, et omni doloris sensu privari; quemadmodum Stoici magnanimum hominem stulte olim descripserunt qui exuta humanitate, rebus adversis perinde ac pros-

a) ing. nat.: *VG 1560* à tous esprits hautains et courageux   b) *1545 -54* Ac   c) *VG 1541 sqq.* Nous endurons povreté

1) cf. 1. Petr. 4, 12 sqq.   2) 2. Cor. 4, 8 sq.

peris: tristibus perinde ac laetis afficeretur; imo qui instar lapidis nulla re afficeretur.[1] Et quid ista sublimi sapientia profecerunt? nempe simulacrum patientiae[a] depinxerunt, quod neque repertum est unquam inter homines, neque extare potest. Quin potius dum nimis exactam ac praecisam patientiam habere volunt, eius vim sustulerunt e vita humana. Nunc quoque sunt inter Christianos novi Stoici, quibus non modo gemere ac flere, sed tristari quoque et sollicitum esse vitiosum est[2]. Atque haec quidem paradoxa[b] fere ab[!] otiosis hominibus procedunt, qui speculando magis quam agendo se exercentes, nihil quam talia paradoxa parere nobis queunt. At nihil nobis cum ferrea ista philosophia, quam magister ac dominus noster non verbo tantum, sed exemplo etiam suo damnavit. Nam et suis et aliorum malis ingemuit et illachrymavit: nec aliter discipulos suos instituit. Mundus, inquit, gaudebit: vos autem lugebitis ac flebitis [Iohan. 16c. c. 20]. Ac, nequis vitio id verteret, proposito edicto beatos pronuntiavit qui lugent [Matth. 5. a. 4]; nec mirum. Nam si improbantur omnes lachrymae, quid de Domino ipso iudicabimus[d], cuius e corpore sanguineae lachrymae distillarunt [Luc. 22. e. 44]? Si quaelibet formido infidelitatis notatur[e], quo loco habebimus horrorem illum quo non leviter consternatum fuisse legimus[3]? si omnis tristitia displicet, quomodo placebit quod animam suam fatetur esse tristem usque ad mortem[f]?

10. Haec eo dicere volui ut pios animos a desperatione revocarem, ne studio patientiae ideo protinus renuntient quod naturalem doloris affectum exuere non possunt. Quod necesse est evenire iis qui ex patientia stuporem, ex homine forti et constanti stipitem faciunt[g]. Sanctis enim tolerantiae laudem defert Scriptura, dum ita malorum duritia afflictantur ut non frangantur nec concidant: ita amaritudine punguntur, ut simul perfundantur spirituali gaudio: ita premuntur anxietate, ut Dei consolatione exhilarati respirent. Interim versatur in eorum cordibus illa repugnantia, quod naturae sensus, quae[h] sibi sentit adversa[i] refugit atque horret: pietatis autem affectus ad

---

a) *sic VG 1541 sqq.; 1539-61 male* sapientiae   b) Atque — par.: *VG 1541 sqq.* Ces opinions sauvages   c) *sic 1553-54; 1559-61 falso* 17   d) *1539-43* iudicaremus   e) *1543 falso* notatus, *iubente correct. leg.* notata   f) *1553-54, 1561* + [Matth. 26. d. 38.]   g) Quod nec. est even. iis qui —: *VG 1541 sqq.* Or il convient que ceux qui —, perdent couraige, et se desesperent: quand ilz se vouldront addonner a patience   h) *1539-43* quod   i) *1539-43* adversum

1) cf. ex. gr. Cic., Tusc. II 13, 31 sq.; IV 17, 37 sq.   2) cf. opinionem Quintinistarum (CR Calv. opp. VII 199).   3) Mtth. 26, 37.

DE MODO PERCIPIENDAE GRATIAE. CAP. VIII 169

obedientiam divinae voluntatis etiam per has difficultates contendit. Hanc repugnantiam expressit Dominus quum ita loqueretur Petro, Quum esses iunior, cingebas te, et ambulabas quo libebat. Quum autem senueris, praecinget te alius, et ducet quo
5 non voles[a] [Iohan. 21. c. 18]. Non est sane verisimile, Petrum, quum necesse esset glorificare Deum per mortem, invitum ac restitantem eo tractum esse; alioqui parum haberet laudis eius martyrium. Verum utcunque cordis summa alacritate divinae ordinationi pareret, quia tamen humanitatem non exuerat, du-
10 plici voluntate distringebatur. Nam dum cruentam illam mortem quam erat obiturus, per se reputabat, eius horrore perculsus, libenter effugisset. Rursum dum succurrebat Dei imperio se ad eam vocari, evicto ac proculcato timore, libenter atque adeo hilariter eam subibat. Hoc ergo studendum est, si
15 Christi discipuli esse volumus, ut tanta Dei observantia atque obedientia imbuantur animi nostri, quae contrarias omnes affectiones domare ac subiugare eius ordinationi queat. Ita fiet ut quocunque vexemur crucis genere, in summis etiam animi angustiis patientiam constanter retineamus. Res enim ipsae
[522] 20 adversae[1] habebunt suam asperitatem qua mordeamur. Sic morbo afflicti, et ingemiscemus, et inquietabimur[b], et sanitatem expetemus: sic egestate pressi,[c] sollicitudinis et tristitiae aculeis perstringemur: sic ignominiae, contemptus, iniuriae dolore feriemur: sic in funeribus nostrorum debitas naturae lachrymas
25 exolvemus; sed haec semper erit clausula, Atqui Dominus ita voluit; ergo eius voluntatem sequamur. Imo inter ipsas doloris punctiones, inter gemitus et lachrymas, necesse est interveniat haec cogitatio, quae animum ad ea ipsa quorum causa sic afficitur, alacriter ferenda inclinet.

21, 25 30   11. Quoniam autem praecipuam crucis tolerandae rationem a divinae voluntatis consideratione sumpsimus, paucis definiendum est quid inter philosophicam ac Christianam patientiam intersit. Equidem paucissimi ex philosophis eo rationis conscenderunt ut manu Dei nos exerceri per afflictiones intelligerent,
35 et Deo hac in parte obtemperandum censerent; sed illi quoque ipsi non aliam afferunt rationem, nisi quia ita necesse sit[1]. Quid autem istud[d] est dicere nisi cedendum esse Deo, quia frustra contendas obluctari? Nam si Deo tantum paremus quia necesse est: si evadere liceat, parere desinemus. Scriptura autem

40   a) *1539–54* vis   b) *1539* quiritabimur; *1543 falso* quietabimur, unde *1545–61 ex coniectura* inquietab.   c) *1539–54* + et   d) *1539–50* illud

1) vide Senecae dialogum I. qui inscribitur De providentia.

longe aliud in voluntate Dei considerare iubet, nempe iustitiam primum et aequitatem: deinde salutis nostrae curam. Huiusmodi ergo ad patientiam sunt Christianae exhortationes. Sive paupertas, sive exilium, sive carcer, sive contumelia, sive morbus, sive orbitas, seu quid aliud simile nos cruciat, cogitandum nihil istorum nisi nutu ac providentia Dei[a]. Porro[b] ipsum nihil nisi iustissimo ordine agere. Quid enim? Annon innumera ac quotidiana nostra delicta promerentur severius ac gravioribus ferulis castigari quam quae nobis ab eius clementia infliguntur? Annon aequissimum est carnem nostram domari, et veluti iugo assuefieri, ne libidinose pro suo ingenio ferociat? annon digna est iustitia et veritas Dei cuius causa laboremus? Quod si indubia Dei aequitas in afflictionibus apparet, non possumus sine iniquitate vel obmurmurare vel obluctari. Non audimus iam illam frigidam cantionem, Cedendum quia necesse est: sed vividam ac plenam efficaciae praeceptionem, Obtemperandum, quia resistere nefas est; Patienter ferendum[c], quoniam impatientia sit adversus Dei iustitiam contumacia. Iam vero quia illud demum amabile nobis est quod saluti ac bono esse nobis agnoscimus, hac etiam parte consolatur nos optimus Pater, dum asserit, se eo ipso quod nos cruce affligit, saluti nostrae consulere. Quod si salutares nobis tribulationes esse constat, cur non grato placidoque animo eas susciperemus? Quare eas patienter ferendo non succumbimus necessitati, sed bono nostro acquiescimus[d]. Istae, inquam, cogitationes faciunt, ut quantum animi nostri contrahuntur in cruce, naturali acerbitatis sensu, tantum spirituali laetitia diffundantur. Unde et gratiarum actio sequitur, quae nulla sine gaudio esse potest. Quod si laus Domini, et gratiarum actio nonnisi ab hilari laetoque pectore emanare potest: nihil autem est quod eam interpellare in nobis debeat: hinc apparet quam necessarium sit, crucis amaritudinem spirituali gaudio temperari.

De meditatione futurae vitae. CAP. IX.

1. Quocunque autem tribulationis genere premamur, respiciendus semper est hic finis, ut assuescamus ad praesentis vitae contemptum, indeque ad futurae meditationem excitemur. Quoniam enim optime novit Deus[e] quantopere in[f] belluinum mundi huius amorem simus natura inclinati, aptissimam ratio-

---

a) *1539-54* Domini b) *1539-54* + Deum c) Pat. fer.: *1561* Patiendum d) *1539* acquiescemus e) *1539-54* Dominus f) *1539-54* + caecum ac

nem adhibet ad nos retrahendos et torporem excutiendum, ne nimis tenaciter in eo amore inhaerescamus. Nemo quidem est nostrum qui non videri cupiat ad caelestem immortalitatem toto vitae curriculo aspirare et eniti. Pudet enim nos nulla re
5 antecellere brutas pecudes: quarum conditio nihilo nostra inferior futura esset[a] nisi spes aeternitatis post mortem nobis supersit. Verum si consilia, [b]studia, facta cuiusque examines, nihil aliud illic[c] videbis quam terram. Inde autem[d] stupiditas, quod mens nostra fulgore inani opum, potentiae, honorum, perstricta
10 hebetatur, ne longius cernat. Cor etiam avaritia, ambitione, libidine occupatum degravatur, ne altius assurgat. Denique tota anima carnis illecebris irretita, foelicitatem in terra suam quaerit. Huic malo ut occurrat Dominus, assiduis miseriarum documentis suos de praesentis vitae vanitate edocet. Ergo, ne altam
15 sibi et securam pacem in ea promittant: vel bellis, vel tumultibus, vel latrociniis, vel aliis iniuriis inquietari saepe infestarique permittit. Ne aviditate nimia fluxis et caducis divitiis inhient, aut in iis[e] quas possident acquiescant: nunc exilio, nunc sterilitate terrae, nunc incendio, nunc aliis modis ad ino-
20 piam eos redigit, aut certe in mediocritate continet. Ne nimium placide in bonis coniugii delicientur: aut uxorum improbitate vexari facit, aut mala progenie ipsos humiliat, aut orbitate affligit. Quod si in his omnibus indulgentior illis est, ne tamen vel stulta gloria intumescant, vel confidentia exultent, morbis
25 et periculis ob oculos illis ponit quam instabilia sint ac evanida
[524] quaecunque mortalitati obnoxia sunt bona.[1] Tum ergo demum rite proficimus crucis disciplina, ubi discimus hanc vitam, quum in se aestimatur, inquietam, turbulentam, innumeris modis miseram, nulla ex parte plane beatam esse: omnia quae aesti-
30 mantur eius bona, incerta, fluida, vana, multisque admixtis malis vitiata esse: atque ex eo simul constituimus, nihil hic quaerendum aut sperandum quam certamen: attollendos in caelum oculos, ubi de corona cogitamus. Sic enim habendum est, nunquam serio ad futurae vitae desyderium ac meditatio-
35 nem erigi animum, nisi praesentis contemptu ante imbutus fuerit.

21, 27   2. Siquidem inter ista duo nihil medium est: aut vilescat nobis terra oportet, aut intemperato amore sui vinctos nos detineat. Proinde siqua aeternitatis cura est, huc diligenter in-
40 cumbendum ut malis istis compedibus nos explicemus. Porro quoniam plurimas blanditias habet praesens vita quibus nos

---

a) *1539-54* foret   b) *1539-54* + proposita,   c) *1539-54* nihil illic aliud   d) *1539-54* + illa   e) *1539-50 male* hiis

pelliciat: multam amoenitatis, gratiae, suavitatis speciem qua
nos demulceat: magnopere nostra refert identidem nos avocari,
ne talibus lenociniis fascinemur. Quid enim, obsecro, fieret si
perpetuo bonorum ac foelicitatis concursu hic frueremur: quum
assiduis malorum stimulis non possimus satis expergefieri ad
reputandam eius miseriam? Vitam humanam fumi vel umbrae
instar esse, non modo eruditis notum est, sed vulgus quoque
hominum proverbium nullum magis tritum habet; et quia rem
esse videbant in primis cognitu utilem, multis insignibus sententiis commendarunt. Verum nulla fere res est quam vel negligentius expendamus, vel minus meminerimus. Omnia enim molimur perinde atque immortalitatem nobis in terra constituentes. Si effertur funus aliquod, vel inter sepulchra ambulamus,
quia tunc oculis obversatur mortis simulachrum, egregie, fateor,
de vitae huius vanitate[a] philosophamur. Quanquam ne id quidem facimus perpetuo: plerunque enim nihil nos afficiunt ista
omnia. Verum ubi accidit, momentanea est philosophia, quae,
simul atque terga vertimus, evanescit, ac ne minimum quidem
post se recordationis vestigium relinquit; || denique non aliter
effluit atque theatralis plausus in iucundo aliquo spectaculo. ||
Neque enim mortis tantum, sed mortalitatis quoque ipsius obliti, acsi nullus unquam de ea rumor ad nos pervenisset[b], in
supinam terrenae immortalitatis securitatem revolvimur. Siquis interim proverbium occinat, hominem animal esse ἐφήμερον,[1]
fatemur id quidem: sed adeo nulla attentione, ut perpetuitatis cogitatio nihilominus animis insideat. Quis ergo neget[c], nobis omnibus summum operaepretium esse, non dico
verbis admoneri, sed quibuscunque fieri potest experimentis
convinci de misera terrestris vitae conditione: quando vix convicti etiam desinimus prava stultaque eius admiratione[d] obstupescere, acsi ultimam bonorum metam in se contineret?
Quod si necesse habet Deus[e] nos erudire: nostri vicissim officii
est auscultare vocanti[f], et torporem nostrum vellicanti: ut contempto mundo, ad futurae vitae meditationem toto pectore
contendamus.

3. Sed enim ad talem praesentis vitae contemptum sese assuefaciant fideles, qui neque eius odium generet, nec adversus
Deum ingratitudinem. Siquidem haec vita, utcunque infinitis
miseriis referta sit, censetur tamen merito inter non aspernan-

---

a) *1539-43* inanitate   b) *1539-43* venisset   c) *1539-54* negat
d) *1539 male* administratione   e) *1539-54* Dominus   f) *1539-54*
+ nos Domino

1) Pind., Pyth. 8. 95; Cic. Tusc., I 39, 94; Aristot., Hist. an. V 19.

das Dei benedictiones. Quare si nihil in ea recognoscimus divini beneficii, rei iam sumus non parvae in Deum ipsum ingratitudinis. Praesertim vero fidelibus testimonium esse debet divinae benevolentiae: quando ad salutem eorum promovendam tota est destinata. Prius enim quam aeternae gloriae haereditatem nobis palam exhibeat, minoribus documentis se nobis Patrem vult declarare; ea sunt quae quotidie ab ipso nobis conferuntur bona. Quum ergo nobis serviat vita haec ad intelligendam Dei bonitatem, fastidiemusne eam quasi nullam boni micam in se haberet? Hunc igitur sensum atque affectum induere nos oportet, ut ipsam reponamus inter minime respuenda divinae benignitatis dona. Nam si deessent Scripturae testimonia (quae plurima sunt et clarissima) ipsa quoque natura nos hortatur ad reddendam Domino gratiarum actionem quod in eius lucem nos protulit, quod usuram nobis concedit, quod omnia ad eam conservandam necessaria praesidia largitur. Et multo illa maior est ratio, si reputamus in ea nos ad gloriam regni caelestis quodammodo praeparari. Sic enim Dominus ordinavit, ut qui olim coronandi sunt in caelo, certamina prius in terris obeant, ne triumphent nisi superatis belli difficultatibus, et parta victoria. Deinde altera: quod variis beneficiis divinae benignitatis suavitatem delibare in ea incipimus: quo spes ac desyderium nostrum acuatur ad plenam eius revelationem expetendam. Ubi constitutum illud fuerit, divinae clementiae munus esse quod terrenam vitam vivimus, cuius gratia ut sumus illi obligati, ita memores gratosque esse oportere: tum opportune descendemus ad considerandam miserrimam eius conditionem: quo scilicet extricemur a nimia eius cupiditate, ad quam, ut dictum est, ultro natura propendemus.

4. Porro quicquid detrahitur pravo eius amori, debet melioris vitae desyderio accedere. Fateor sane verissime sensisse[a] eos quibus visum est optimum non nasci: proximum, quam citissime aboleri[1]: siquidem[b] Dei lumine et vera religione destituti, quid in ea cernere poterant non infaustum ac tetrum? Nec sine ratione illi[c], qui natales suorum moerore ac lachrymis, funera solenni gaudio prosequebantur[2]; sed id faciebant sine profectu: quia recta fidei doctrina orbati, non videbant quomodo piis in bonum cedat quod per se nec beatum nec desy-

---

a) *VG 1541 sqq.* + selon leur sens humain   b) *VG 1541 sqq.* Car veu qu'ilz estoient Payens   c) *VG 1541 sqq.* le peuple des Scytes

1) Theognis, Elegiae vv. 425 sq.; Herodot., Hist. I, 31; Soph., Oed. Col. 1225; Cic., Tusc. I 48, 113 sq.; cf. Eccl. 4, 2 sq.   2) Cic., Tusc. I 48, 115; cf. Eurip., in Cresphonte fragm. 449.

derabile est;[1] itaque iudicium suum desperatione terminabant. Hic ergo sit scopus fidelium in aestimanda mortali vita, ut dum intelligunt nihil per se quam miseriam esse, eo alacriores et magis expediti totos se ad futurae illius et aeternae meditationem conferant.[1] Ubi ad eam comparationem ventum est, tum vero illa non modo secure negligi potest, sed prae hac penitus contemnenda est ac fastidienda. Nam si caelum patria est, quid aliud terra quam exilium[a]?[2] Si migratio e mundo est in vitam ingressus[3], quid aliud mundus quam sepulchrum? in ipso manere quid aliud quam in morte demersum esse?[4] Si liberari a corpore est asseri in solidam libertatem, quid aliud est corpus quam carcer?[5] Si Dei praesentia frui suprema foelicitatis summa est, nonne ea carere miserum? Atqui donec e mundo evaserimus, peregrinamur a Domino [2. Cor. 5. b. 6]. Ergo si cum caelesti vita terrena comparetur, non dubium quin facile et contemnenda et proculcanda[b] sit. Odio certe habenda nunquam est, nisi quatenus nos peccato tenet obnoxios; quanquam ne illud quidem odium proprie in ipsam convertendum est. Utcunque sit, nos tamen ita eius vel taedio vel odio affici decet, ut finem eius desyderantes, parati quoque simus ad arbitrium Domini in ea manere; quo scilicet taedium nostrum sit procul ab[c] omni murmure et impatientia. Est enim instar stationis[6], in qua nos Dominus collocavit, tandiu nobis conservanda quoad ille revocarit. Deflet quidem sortem suam Paulus, quod voto suo diutius corporis vinculis alligatus teneatur, et suspirat ardenti redemptionis desyderio [Rom. 7. d. 24]; nihilominus, ut Dei imperio pareat[d], paratum se ad utrunque profitebatur [Philip. 1. d. 23][7]: quia se id Deo debere agnoscit[e] ut nomen eius vel per mortem vel[f] vitam glorificet[g][8]; ipsius autem est statuere quid maxime ad gloriam suam expediat. Itaque si Domino vivere ac mori nos decet, eius arbitrio relinquamus mortis vitaeque nostrae terminum: sed ita, ut et illius studio flagremus, et in meditatione simus assidui: hanc vero, prae futura immortalitate contemnamus, et ob peccati servitutem ei renuntiare, quoties Domino placuerit, optemus.

---

a) quam exil.: *VG 1551 sqq.* qu'un passage en terre estrange? et selon qu'elle nous est maudite pour le peché, un exil mesme et bannissement   b) *VG 1541 sqq.* quasi estimée comme fiente   c) > *1539–43*   d) *1539–54* pareret   e) *1539–54* agnoscebat   f) *1539–54* + per   g) *1539–54* glorificaret

1) cf. Platonis Phaedonem 64 A, 80 E; Cic., Tusc. I 31, 75.   2) Cic., Tusc. I 49, 118; 11, 24.   3) Cic., Tusc. I 49, 118.   4) Cic., Tusc. I 31, 75.   5) Plat., Phaed. 62 B; cf. Cic., Tusc. I 49, 118.   6) Cic., De sen. 73.   7) Phil. 1, 23 sq.   8) Rom. 14, 8.

5. Hoc vero portenti simile, quod pro illo mortis desyderio, tanta eius formidine tenentur multi, qui se Christianos esse iactant, ut ad quamlibet eius mentionem contremiscant, velut rei penitus ominosae et infaustae. Equidem non est mirum si naturalis sensus in nobis exhorrescat, audita nostri dissolutione. At istud nullo modo ferendum, non esse in pectore Christiano pietatis lumen, quod maiori consolatione qualemcunque illum timorem superet ac supprimat. Nam si cogitemus hoc in|stabile, vitiosum, corruptibile, caducum, emarcidum, putre corporis nostri tabernaculum ideo dissolvi ut in firmam, perfectam, incorruptibilem, caelestem denique gloriam mox instauretur: an non ardenter fides expetere coget quod natura reformidat? Si cogitemus per mortem ab exilio nos revocari ut patriam, et caelestem patriam incolamus, an nihil inde solatii consequemur? At[a] nihil est quod non permanere appetat. Fateor sane; atque ideo ad futuram immortalitatem respiciendum nobis contendo, ubi stata conditio obtingat, quae in terra nusquam apparet. ‖ Optime enim Paulus fideles alacriter ad mortem pergere docet, non quia velint exui, sed quia superindui cupiant [2. Cor. 5. a. 2]. ‖ An vero bruta animalia, atque adeo inanimae ipsae creaturae usque ad ligna et lapides, praesentis suae vanitatis sibi consciae, in ultimum resurrectionis diem intentae erunt ut cum filiis Dei a vanitate eximantur [Rom. 8. d. 19]: nos et ingenii luce praediti, et supra ingenium, Dei spiritu illuminati, quum de essentia nostra agitur, non attollemus animos ultra hanc terrae putredinem? Verum non est huius instituti aut loci contra tantam hanc perversitatem agere. Et iam initio professus sum me locorum communium fusiorem tractationem hic minime velle suscipere. Ego huiusmodi timidulis animis suaderem ut Cypriani libellum de mortalitate legerent[1], nisi digni essent qui ad Philosophos ablegarentur: ut inspecto quem illi prae se ferunt mortis contemptu, erubescere incipiant. Hoc tamen habeamus constitutum, neminem bene in Christi schola profecisse, nisi qui et mortis et ultimae resurrectionis diem cum gaudio expectet. Nam et hac nota fideles universos describit Paulus[b] [Tit. 2. d. 13], et Scripturae familiare est quoties solidae laetitiae argumentum proponere vult, eo nos revocare. Exultate (inquit Dominus) et levate capita vestra; appropinquat enim redemptio vestra [Luc. 21. f. 28]. An rationabile, quaeso, est ut quod ille tantum valere voluit ad exultationem et ala-

---

a) *VG 1541 sqq.* Mais quelqu'un obiectera   b) *1561* + [2. Tim. 4. b. 8]

1) Cyprianus, De mortalitate CSEL 3 I, 294 sqq.

critatem in nobis excitandam, nihil quam tristitiam ac consternationem pariat? Si ita est, quid adhuc eo quasi magistro gloriamur? Saniorem ergo mentem concipiamus: atque, ut repugnet caeca et stupida carnis cupiditas, non dubitemus adventum Domini non votis modo, sed gemitu etiam ac suspiriis, velut rem omnium faustissimam, expetere. Adveniet enim nobis redemptor, qui ab hoc immenso malorum et miseriarum omnium gurgite extractos, in beatam illam vitae et gloriae suae[a] haereditatem inducat.

6. Sic est sane[b]: totam fidelium nationem, quandiu terram inhabitant, oportet esse tanquam oves mactationi destinatas, quo Christo capiti suo conformentur [Rom. 8. g. 36]. Deploratissimi ergo essent nisi in caelum mente[c] erecta, superarent quicquid in mundo est, et praesentem rerum faciem[f] traiicerent [1. Cor. 15. c. 19]. Contra, ubi semel caput supra omnia terrena extulerint, etiamsi videant florentes impiorum opes et honores, si alta pace frui, si rerum omnium splendore ac luxu superbire, si deliciis omnibus affluere cernant: si praeterea eorum improbitate pulsentur, si contumelias ab eorum fastu sustineant, si avaritia expilentur, si alia quavis libidine vexentur: non difficulter se in talibus quoque malis sustinebunt. Erit enim sub oculis dies ille, quo Dominus in regni sui quietem fideles suos recipiet, absterget ab eorum oculis omnem lachrymam, stola gloriae et laetitiae ipsos induet, deliciarum suarum inenarrabili suavitate pascet, in suae altitudinis societatem evehet, denique foelicitatis suae participatione dignabitur [Iesa. 25. c. 8[d]; Apoc. 7. d. 17]. Impios vero illos, qui in terra floruerint, in extremam ignominiam proiiciet: eorum delicias[e] cruciatibus, risum et laetitiam fletu stridoreque dentium permutabit, pacem diro conscientiae tormento inquietabit, mollitiem plectet igne inextincto: piis etiam, quorum patientia abusi fuerint, eorum capita subiiciet. ‖ Haec enim est iustitia (teste Paulo) dare miseris et iniuste afflictis relaxationem, reddere vero afflictionem improbis qui pios affligunt, quum revelabitur Dominus Iesus e caelo [2. Thess. 1. c. 6][1]. ‖ Haec profecto unica est nostra consolatio: quae si auferatur, aut necesse erit despondere animum, aut vanis mundi solatiis in exitium nostrum delinire. Siquidem et Propheta sibi vacillasse pedes confitetur, dum in praesenti impiorum prosperitate reputanda nimium

---

a) *1545-50* suam   b) Sic — sane: *1550 ad sect. 30 relatum legitur.*
c) *1539-54* + in coelum   d) *sic 1553; 1559-61 falso* 18   e) *1539-54* + saevis

1) 2. Thess. 1, 6 sq.

immoratur: neque potuisse aliter consistere quam dum sanctuarium Dei^a ingressus, ad novissimum piorum ac malorum finem convertit oculos [Psal. 73. a. 2]. Ut uno verbo concludam, tunc demum in pectoribus fidelium triumphat crux Christi de Diabolo, carne, peccato et impiis, si oculi in resurrectionis potentiam convertuntur.

Quomodo utendum praesenti vita, eiusque adiumentis. CAP. X.

1. Talibus rudimentis probe nos simul instituit Scriptura quis rectus sit bonorum terrestrium usus: res in componenda vitae ratione minime negligenda. Nam si vivendum est, utendum quoque necessariis vitae adminiculis; nec fugere ea quoque possumus quae videntur oblectationi magis quam necessitati inservire. Modum ergo tenere oportet,[1] ut pura conscientia sive ad necessitatem sive ad oblectamentum utamur; eum Dominus verbo suo praescribit, quum docet, vitam praesentem, quandam peregrinationem suis esse, qua in caeleste regnum contendunt.[1] Si per terram transeundum est duntaxat, non dubium quin eatenus utendum sit eius bonis, ut cursum nostrum iuvent potius quam morentur. || Ideo non abs re suadet Paulus hoc mundo ita utendum esse quasi non utamur: eodem animo emendas esse possessiones quo venduntur [1. Cor. 7. f. 31][2]. || Verum quia lubricus est hic locus, et utranque in partem proclivis ad lapsum, studeamus pedem figere ubi tuto stare liceat. Fuerunt enim nonnulli, boni et sancti alioqui homines, qui quum viderent intemperiem ac luxuriam effraeni libidine perpetuo evagari nisi severius coerceatur, corrigere autem tam perniciosum malum cuperent: quae una illis occurrebat ratio, corporeis bonis uti homini permiserunt, quatenus necessitatis interesset[3]. Pium quidem consilium: sed impendio austeriores fuerunt. Nam (quod est valde periculosum) arctiores laqueos induerunt conscientiis quam quibus verbo Domini stringerentur. || Necessitas porro illis est, ab omnibus abstinere quibus carere possis; ita secundum eos vix ad panem cibarium et aquam addere quicquam liceret. Aliorum maior austeritas, qualis refertur de Cratete Thebano, qui opes suas in mare proiecit: quia nisi perirent, perdi-

---

a) *1539-54* Domini

1) Lev. 25, 23; 1. Chron. 29, 15; Ps. 39, 13; Ps. 119, 19; 1. Petr. 2, 11; Hebr. 11, 8–10. 13–16; 13, 14.   2) 1. Cor. 7, 30 sq.   3) cf. Aug., De bono coniug. c. 9, 9 MSL 40, 380; In Ps. 4, 8 MSL 36, 81.

tum se ab illis iri putabat[1]. ‖ Multi autem hodie, dum praetextum quaerunt quo in rerum externarum usu carnis intemperies excusetur, et interim lascivienti viam sternere volunt: pro confesso assumunt, quod minime illis concedo, nulla modificatione restringendam esse hanc libertatem: sed permittendum cuiusque conscientiae ut usurpet quantum sibi licere videat. Equidem fateor nec debere nec posse conscientias statis praecisisque legum formulis hic alligari: sed quum Scriptura generales legitimi usus tradat regulas, secundum illas certe limitandus nobis est.

2. Sit hoc principium, usum donorum Dei non aberrare, quum in eum finem refertur in quem illa nobis author ipse[a] creavit ac destinavit: siquidem in bonum nostrum creavit, non perniciem. Quamobrem nemo iter rectius tenebit, quam qui diligenter finem hunc intuebitur. Iam si reputemus quem in finem alimenta creaverit, reperiemus non necessitati modo, sed oblectamento quoque ac hilaritati voluisse consulere. Sic in vestibus, praeter necessitatem, finis ei fuit decorum et honestas. In herbis, arboribus et frugibus, praeter usus varios, aspectus gratia, et iucunditas odoris; nisi enim id verum esset, non recenseret Propheta inter beneficia Dei, quod vinum laetificat cor hominis, quod oleum splendidam eius faciem reddit [Psal. 104. b. 15]. Non commemorarent passim Scripturae, ad commendandam eius benignitatem, ipsum eiusmodi omnia dedisse hominibus. Et ipsae naturales rerum dotes satis demonstrant quorsum et quatenus frui liceat. An vero tantam floribus pulchritudinem indiderit Dominus, quae ultro in oculos incurreret: tantam odoris suavitatem, quae in olfactum influeret: et nefas erit vel illos pulchritudine, vel hunc odoris gratia affici ? Quid ? annon colores sic distinxit ut alios aliis faceret gratiores ? Quid ? annon auro et argento, ebori ac marmori gratiam attribuit, qua prae aliis aut metallis aut lapidibus pretiosa redderentur ? Denique annon res multas, citra necessarium usum, commendabiles nobis reddidit ?

3. Facessat ergo inhumana illa philosophia, quae dum nullum nisi necessarium usum concedit ex creaturis, non tantum maligne nos privat licito beneficentiae divinae fructu: sed obtinere non potest, nisi hominem cunctis sensibus spoliatum in stipitem redegerit. Sed non minus diligenter altera ex parte occurrendum est carnis libidini: quae nisi in ordinem cogitur,

a) auth. ipse: *1539-54* DOMINUS

1) Diog. Laërt. VI 5, 4; cf. Lact., Div. inst. III 23, 5 CSEL 19, 252. 21 sqq.; Senec., Dial. I 6, 2.

sine modo exundat: et habet (ut dixi) suos suffragatores, qui sub praetextu concessae libertatis, nihil non illi permittunt. Primo fraenum illi unum iniicitur, si statuatur, ideo condita nobis esse omnia ut cognoscamus[a] authorem, ac eius indulgentiam erga nos gratiarum actione prosequamur. Ubi gratiarum actio, si te epulis aut vino ita ingurgites ut vel obstupescas, vel inutilis reddaris ad pietatis tuaeque vocationis officia? Ubi Dei recognitio, si caro ex nimia abundantia in foedam libidinem ebulliens, mentem impuritate sua inficit, nequid recti aut honesti cernas? Ubi in vestibus gratitudo erga Deum, si sumptuoso earum ornatu et nos admiremur, et alios fastidiamus? si elegantia et nitore ad impudicitiam nos comparemus[b]? Ubi recognitio Dei, si in earum splendorem defixae sint[c] mentes? || nam totos suos sensus multi sic deliciis addicunt, ut mens obruta iaceat: multi marmore, auro, picturis ita delectantur ut marmorei fiant, vertantur quasi in metalla, similes sint pictis figuris. Nidor culinae vel odorum suavitas alios obstupefacit, ne quid spirituale olfaciant. || Id quoque ipsum in reliquis videre est. Quamobrem constat hic iam abutendi licentiam aliquantum cohiberi, || et confirmari illam Pauli regulam, ne carnis curam agamus ad eius concupiscentias [Rom. 13. d. 14], quibus si nimium conceditur, sine modo vel temperie ebulliunt.

4. Sed nulla certior aut expeditior via est quam quae nobis fit a praesentis vitae contemptu et caelestis immortalitatis meditatione. Inde enim consequuntur duae regulae, ut qui utuntur hoc mundo, perinde affecti sint, acsi non uterentur:[1] qui uxores ducunt, acsi non ducerent: qui emunt, acsi non emerent, quemadmodum Paulus praecipit [1. Cor. 7. d. 31][1]. Deinde ut non minus placide ac patienter penuriam, quam moderate abundantiam ferre noverint. Qui praescribit utendum hoc mundo tanquam non utaris, non modo in cibo et potu, gulae intemperiem: in mensis, aedificiis, vestibus nimiam mollitiem, ambitionem, superbiam, fastum, morositatem excindit: sed omnem curam atque affectionem, quae te vel abducat[d], vel impediat a caelestis vitae cogitatione et excolendae animae studio. Atqui vere illud olim a Catone dictum est, Cultus magnam curam, magnam virtutis esse incuriam[2]: et veteri proverbio usurpatum, Eos qui multum in corporis cura occupantur, fere animae esse negligentes. Ergo ut ad certam formulam non exigenda sit fi-

a) *1539* recognoscamus   b) *1539-43* comparamus   c) *1539-43* sunt   d) *1539-45* deducat

1) 1. Cor. 7, 29-31.   2) vide Ammianum Marcellinum, De reb. gest. XVI 5, 2.

delium in rebus externis libertas, huic tamen certe legi subiecta est ut quam minimum sibi indulgeant: contra, perpetua animi intentione sibi instent ad rescindendum omnem supervacuae copiae apparatum, nedum coercendam luxuriam: ac diligenter caveant ne ex adiumentis sibi faciant impedimenta.

5. Altera regula erit, ut quibus res angustae sunt ac tenues, patienter carere noverint, ne immodica earum cupiditate sollicitentur, quam qui tenent, non mediocriter in schola Domini profecerunt. Quemadmodum vix habere potest quo se discipulum Christi esse probet qui non hac in parte aliquatenus saltem profecerit. Nam praeterquam quod rerum terrenarum appetentiam comitantur pleraque alia vitia: qui impatienter fert penuriam, contrarium etiam in abundantia morbum ut plurimum prodit. Hoc intelligo, quod qui sordida veste erubescet, pretiosa gloriabitur: qui tenui coenula non contentus, lautioris desiderio inquietabitur, intemperanter quoque lautitiis illis abutetur, si contingant: qui privatam humilemque conditionem difficulter feret ac inquieto animo, si ad honores conscendat, a fastu haudquaquam abstinebit. Huc ergo contendant omnes quibus non fictum pietatis studium est, ut discant, Apostoli exemplo, satiari et esurire: abundare, et penuriam pati [Philip. 4. c. 12]. Habet praeterea Scriptura et tertiam regulam, qua rerum terrenarum usum modificat: de qua nonnihil dictum est quum praecepta charitatis tractaremus.[1] Statuit enim, omnes illas sic esse datas nobis Dei benignitate et in commodum nostrum destinatas, ut sint velut deposita quorum reddenda sit olim ratio. Sic ergo dispensare oportet ut assidue auribus nostris insonet vox illa, Redde rationem villicationis tuae[2]. Simul occurrat, a quo eiusmodi ratio exigatur, nempe ab eo qui ut abstinentiam, sobrietatem, frugalitatem, modestiam tantopere commendavit: luxum, superbiam, ostentationem, vanitatem denique execratur; cui non alia bonorum dispensatio approbatur quam quae sit cum charitate coniuncta, qui delicias quaslibet, quae a castitate ac puritate hominis animum abstrahunt, vel mentem caligine hebetant, ore suo iam condemnavit.

6. Postremo est illud notabile, quod Dominus unumquenque nostrum in cunctis vitae actionibus, in suam vocationem intueri iubet.[3] Novit enim quanta inquietudine ferveat humanum ingenium, quam desultoria levitate huc atque illuc feratur, quam cupida sit ad res diversas simul amplexandas, eius ambitio.

---

1) c. 7, 5 supra p. 155 sq.   2) Luc. 16, 2.   3) cf. Confess. August. art. 26, 10; art. 27, 49 (Bekenntnisschriften p. 102. 117); cf. Calvini Institut. 1536 c. 1 ad mand. X vol. I 52 sq.

Ergo, ne stultitia et temeritate nostra, omnia sursum deorsum miscerentur, distinctis vitae generibus sua cuique officia ordinavit. Ac nequis temere suos fines transiliret, eiusmodi vivendi genera vocationes appellavit. Suum ergo singulis vivendi genus est quasi statio a Domino attributa[1], ne temere toto vitae cursu circumagantur. Adeo autem necessaria est ista distinctio, ut actiones omnes nostrae inde coram ipso[a] aestimentur, ac saepe quidem longe aliter quam pro humanae ac philosophicae rationis iudicio. Nullum magis praeclarum facinus habetur, etiam apud Philosophos, quam liberare tyrannide patriam[2]; atqui voce caelestis arbitri[b] aperte damnatur qui privatus manum tyranno intulerit[3]. Verum nolo in recensendis exemplis immorari; satis est si noverimus vocationem Domini, esse in omni re bene agendi principium ac fundamentum: ad quam qui se non referet, nunquam rectam in officiis viam tenebit. Poterit forte interdum nonnihil in speciem laudabile designare: sed illud qualecunque sit in conspectu hominum, apud Dei thronum respuetur; deinde[c] in ipsis vitae partibus nulla erit symmetria. Proinde tum optime composita erit tua vita quum ad hunc scopum dirigetur; || quia nec quisquam propria temeritate impulsus plus tentabit quam ferat sua vocatio: quia sciet fas non esse transilire suas metas. Qui obscurus erit privatam vitam non aegre colet, ne gradum in quo divinitus locatus erit deserat. Rursum haec erit curis, laboribus, molestiis aliisque oneribus non parva levatio, dum quisque sciet Deum in his omnibus sibi esse ducem. Libentius magistratus partes suas obibit: paterfamilias se ad officium astringet: quisque in suo vitae genere incommoda, sollicitudines, taedia, anxietates perferet ac vorabit, ubi persuasi fuerint onus cuique a Deo esse impositum. || Hinc et eximia consolatio nascetur, quod nullum erit tam sordidum ac vile opus (in quo modo tuae vocationi pareas) quod non coram Deo resplendeat et pretiosissimum habeatur.

De iustificatione fidei, ac primo de ipsa nominis et rei definitione.   CAP. XI.

1. Iam mihi satis diligenter exposuisse supra videor, quomodo hominibus a Lege maledictis unicum recuperandae salutis restet

---

a) *1539–54* Domino   b) cael. arb.: *1539–54* Domini   c) *VG 1541 sqq.* D'avantage, si nous n'avons nostre vocation comme une reigle perpetuelle

1) Cic., De sen. 73.   2) cf. Senec., De benef. VII 15, 2; 20, 3.
3) 1. Sam. 24, 7. 11; 26, 9; cf. lib. IV c. 20, 25–30 vol. V.

in fide subsidium.[1] Rursum quid fides ipsa sit, et quae in hominem Dei beneficia conferat[2], et quos in eo fructus edat.[3] Summa autem haec fuit, Christum nobis Dei benignitate datum, fide a nobis apprehendi ac possideri, cuius[a] participatione duplicem potissimum gratiam recipiamus: nempe ut eius innocentia Deo reconciliati, pro iudice iam propitium habeamus in caelis Patrem: deinde ut eius Spiritu sanctificati, innocentiam puritatemque vitae meditemur. Ac de regeneratione quidem, quae secunda est gratia, dictum fuit quantum sufficere videbatur[4]. Iustificationis ratio levius ideo attacta est, quoniam ad rem pertinebat intelligere primum et quam otiosa non sit a bonis operibus fides, qua sola gratuitam iustitiam, Dei misericordia obtinemus[5]: et qualia sint sanctorum bona opera, in quibus pars huius quaestionis versatur.[6] Ea ergo nunc penitus discutienda: et ita discutienda ut meminerimus praecipuum esse sustinendae religionis cardinem[7]: quo maiorem attentionem curamque afferamus. Nisi enim primum omnium, quo sis apud Deum loco, et quale de te sit illius iudicium, tenes: ut nullum habes stabiliendae salutis fundamentum, ita nec erigendae in Deum pietatis. Sed necessitas cognoscendi melius ex cognitione ipsa elucescet.

2. Porro ne impingamus in ipso limine (quod fieret si de re incognita disputationem ingrederemur) primum explicemus quid sibi velint istae locutiones, Hominem coram Deo iustificari, [b]Fide iustificari vel[c] operibus. Iustificari coram Deo dicitur, qui iudicio Dei et censetur iustus, et acceptus est ob suam iustitiam: siquidem ut Deo abominabilis est iniquitas, ita nec peccator in eius oculis potest invenire gratiam, || quatenus est peccator et quandiu talis censetur. || Proinde ubicunque peccatum est, illic etiam se profert ira et ultio Dei. Iustificatur autem qui non loco peccatoris, sed iusti habetur, eoque nomine consistit coram Dei tribunali, ubi peccatores omnes corruunt. Quemadmodum si reus innocens ad tribunal aequi iudicis adducatur, ubi secundum innocentiam eius iudicatum fuerit, iustificatus apud iudicem dicitur: sic apud Deum iusti¦ficatur qui numero peccatorum exemptus, Deum habet suae iustitiae testem

---

a) *1539-45* + ex   b) *1539-54* + iustificari   c) > *1539-54*

1) II 12, 1 sq.; vol. III 437 sqq. — cf. lib. III 2, 1 supra p. 6 sq. 2) III 2; supra p. 6 sqq. 3) III 3; supra p. 55 sqq. 4) III 3. 6—10; supra p. 55 sqq. 146 sqq. 5) III 3, 1; supra p. 55 sq. 6) III 3, 6 sqq.; supra p. 60 sqq. 7) cf. Apologiam Conf. Aug. IV, 2 (Bekenntnisschriften p. 159); Melanchth. Locos comm. 1535 CR Mel. opp. XXI 420.

et assertorem. Iustificari ergo operibus ea ratione dicetur in cuius vita reperietur ea puritas ac sanctitas, quae testimonium iustitiae apud Dei thronum mereatur: seu qui operum suorum integritate, respondere et satisfacere illius[a] iudicio queat. Contra iustificabitur ille fide, qui operum iustitia exclusus, Christi iustitiam per fidem apprehendit, qua vestitus in Dei conspectu non ut peccator, sed tanquam iustus apparet. || Ita nos iustificationem simpliciter interpretamur acceptionem qua nos Deus in gratiam receptos pro iustis habet. Eamque in peccatorum remissione ac iustitiae Christi imputatione positam esse dicimus.

3. In huius rei confirmationem extant multa et clara Scripturae testimonia. Principio hanc esse propriam et usitatissimam verbi significationem negari non potest. Sed quia nimis longum esset locos omnes colligere et inter se conferre, satis sit lectores monuisse; per se enim facile observabunt. Paucos tantum producam, ubi haec, de qua loquimur, iustificatio nominatim tractatur. || Primum ubi narrat Lucas plebem Christo audito iustificasse Deum [Luc. 7. e. 29[b]], et ubi pronuntiat Christus sapientiam iustificari a filiis suis [Ibidem f. 35[c]], non significat illic iustitiam conferre, quae manet semper integra apud Deum, quanvis totus mundus eripere conetur: neque hic etiam salutis doctrinam facere iustam, quae per se hoc habet: sed utraque loquutio tantundem valet, ac laudem Deo eiusque doctrinae tribuere quam merentur. Rursum quum Pharisaeis exprobrat Christus quod seipsos iustificent [Luc. 16. d. 15], non intelligit acquirere iustitiam recte agendo, sed ambitiose captare iustitiae qua vacui sunt famam. Hunc sensum melius intelligunt Hebraicae linguae periti: ubi etiam scelesti vocantur non modo qui sibi conscii sunt sceleris, sed qui iudicium damnationis subeunt. Neque enim Betsabe[d], dum se et Solomonem dicit fore scelestos [1. Reg. 1. c. 21], crimen agnoscit: sed probro se et filium expositum iri conqueritur, ut numerentur inter reprobos et damnatos. Ex contextu tamen facile patet, verbum hoc, etiam dum Latine legitur, non posse aliter accipi, nempe relative, non autem ut qualitatem aliquam denotet[e]. Quod vero ad causam praesentem attinet, || ubi Paulus ait Scripturam praevidisse quod ex fide iustificet Gentes Deus [Galat. 3. a. 8], quid aliud intelligas quam Deum iustitiam ex fide imputare? Item,

---

a) *1539–54* dei   b) *sic 1561; 1559 falso* 21   c) *sic 1561; 1559 falso* Ibidem, 37   d) *1559–61 falso* Bersabe; *VG 1560 recte* Bethsabé   e) verbum — den.: *VG 1560* que ce verbe mesme en Grec et en Latin ne se peut autrement prendre que pour estre estimé iuste: et n'emporte point une qualité d'effect.

quum dicit Deum iustificare impium qui est ex fide Christi [Rom. 3. d. 26], quis sensus esse potest, nisi fidei beneficio a damnatione liberare quam ipsorum impietas merebatur? Apertius etiamnum in conclusione, dum sic exclamat, Quis accusabit elec'tos Dei? Deus est qui iustificat; quis condemnabit? Christus est qui mortuus est: imo qui resurrexit, et nunc interpellat pro nobis [Rom. 8. f. 33][1]. Perinde[a] enim est aosi diceret, Quis accusabit quos Deus absolvit? quis damnabit quos suo patrocinio Christus defendit? Iustificare ergo nihil aliud est, quam eum qui reus agebatur, tanquam approbata innocentia a reatu absolvere. Quum itaque nos Christi intercessione iustificet Deus, non propriae innocentiae approbatione, sed iustitiae imputatione nos absolvit: ut pro iustis in Christo censeamur, qui in nobis non sumus. Sic Actorum 13 in concione Pauli, Per hunc vobis annuntiatur remissio peccatorum, et ab omnibus iis a quibus non potuistis[b] iustificari in Lege Mosis, omnis qui credit in eum, iustificatur [Act. 13. f. 38]. Vides post remissionem peccatorum iustificationem hanc velut interpretationis loco poni: vides aperte pro absolutione sumi: vides operibus Legis adimi: vides merum Christi beneficium esse: vides fide percipi: ∥ vides denique interponi satisfactionem, ubi dicit nos a peccatis iustificari per Christum. ∥ Sic quum publicanus dicitur iustificatus e templo descendisse [Luc. 18. c. 14], non possumus dicere aliquo operum merito consequutum esse iustitiam. Hoc ergo dicitur, post impetratam peccatorum veniam, pro iusto esse coram Deo habitum. Iustus ergo fuit non operum approbatione, sed gratuita Dei absolutione. Quare eleganter Ambrosius, qui peccatorum confessionem vocat iustificationem legitimam [In Psal. 118. Serm. 10.][2].

4. Atque ut omittamus contentionem de voce, rem ipsam si intuemur qualiter nobis describitur, nulla manebit dubitatio. Nam Paulus acceptionis nomine certe iustificationem designat, quum dicit ad[c] Ephesios 1. a. 5, Destinati[d] sumus in adoptionem per Christum, secundum beneplacitum Dei in laudem gloriosae ipsius gratiae, qua nos acceptos vel gratiosos habuit[3]. Id enim ipsum vult quod alibi dicere solet, Deum nos gratuito iustificare [Rom. 3. c. 24]. Quarto autem capite ad Romanos, primum[e] appellat iustitiae imputationem: nec eam dubitat in peccatorum

---

a) *1543* Proinde   b) *1543–54* poteratis   c) > *1543–54*   d) *1543 –54* + inquit   e) *1543–45* primam

1) Rom. 8, 33 sq.   2) Ambrosius, Expositio psalmi 118. c. 10, 47 CSEL 62, 231, 21.   3) Eph. 1, 5 sq.

remissione collocare. Beatus homo, inquit, a Davide dicitur cui Deus accepto fert vel imputat iustitiam sine operibus: sicut scriptum est, Beati quorum remissae sunt iniquitates, etc. [Rom. 4. a. 6][1]. || Illic sane non de iustificationis parte, sed de ipsa tota disputat. Eius porro definitionem a Davide positam testatur, quum beatos esse pronuntiat quibus datur gratuita peccatorum venia. Unde apparet, iustitiam hanc de qua loquitur, simpliciter reatui opponi[a]. || Sed ad hanc rem locus ille est omnium optimus ubi hanc esse summam docet legationis Evangelicae, ut reconciliemur Deo: quia ipse nos per Christum vult in gratiam recipere, non imputando[!] nobis peccata [2. Cor. 5. d. 18][2][b]. || Sedulo expendant lectores totum contextum; nam paulo post exegetice addens, Christum, qui peccati expers erat, factum esse pro nobis peccatum[3]: ut modum reconciliationis designet, non aliud haud dubie reconciliandi verbo intelligit quam iustificari. Nec sane quod alibi tradit staret, obedientia Christi nos constitui iustos [Rom. 5. d. 19], nisi in ipso et extra nos iusti reputamur coram Deo.

5. [c]Verum quia Osiander monstrum nescio quod essentialis iustitiae invexit[4], quo etsi noluit abolere gratuitam iustitiam, ea tamen caligine involvit quae pias mentes obtenebratas serio gratiae Christi sensu privet: antequam ad alia transeo, hoc delirium refellere operaepretium est. Primo haec speculatio merae est ieiunaeque curiositatis. Multa quidem Scripturae testimonia accumulat, quibus Christum probet unum esse nobiscum, et nos vicissim cum ipso[5], quod probatione non indiget: sed quia non observat huius unitatis vinculum, seipsum illaqueat. Nobis vero omnes eius nodos expedire facile est, qui tenemus nos cum Christo uniri arcana Spiritus eius virtute. Conceperat vir ille quiddam affine Manichaeis, ut essentiam Dei in homines

---

a) Unde — opp.: *VG 1551 sqq.* dont il appert qu'il note ces deux choses comme opposites, estre iustifié, et estre tenu pour coupable, à ce que le proces soit fait à l'homme qui aura failly   b) *1543 +* Et modum continuo   c) *ad sqq. Calvino ipsius scriptum "Contra Osiandrum", CR X 1, 166, subsidio erut. Cf. ZKG 46, 419–421.*

1) Rom. 4, 6 sqq.   2) 2. Cor. 5, 18 sqq.   3) 2. Cor. 5, 21.   4) cf. Andreae Osiandri: De unico mediatore Iesu Christo et iustificatione fidei Confessionem 1551, fol.** 4 a. — Hunc Osiandri de iustificatione libellum a Calvino his Institutionis sectionibus impugnari manifestum est; neque vero "Disputationem" quoque Osiandri de iustificatione anno 1550 editam ei ad manum fuisse. Qua de re vide ZKG 46, 410 sqq. (Wilh. Niesel: Calvin wider Osianders Rechtfertigungslehre).   5) Conf. D 1 a—2 a (Disputatio prop. 32—52).

transfundere appeteret[a][1]. Hinc aliud eius commentum, Adam fuisse formatum ad imaginem Dei: quia iam ante lapsum destinatus erat Christus exemplar humanae naturae[2]. Sed quia brevitati studeo, in praesenti causa insistam. Dicit nos unum esse cum Christo[3]. Fatemur: interea negamus misceri Christi essentiam cum nostra. Deinde perperam hoc principium trahi dicimus ad illas eius praestigias: Christum nobis esse iustitiam, quia Deus est aeternus, fons iustitiae, ipsaque Dei iustitia[4]. Ignoscent lectores si nunc tantum attingo quae ratio docendi in alium locum differri postulat. Quanvis autem excuset se voce iustitiae essentialis non aliud intendere quam ut huic sententiae occurrat, nos propter Christum iustos reputari[5]: dilucide tamen exprimit se non ea iustitia contentum, quae nobis obedientia et sacrificio mortis Christi parta est, fingere nos substantialiter in Deo iustos esse tam essentia quam qualitate infusa[6]. Haec enim ratio est cur tam vehementer contendat, non solum Christum, sed Patrem et Spiritum in nobis habitare[7]. Quod etsi verum esse fateor, perverse tamen ab eo torqueri dico. Modum enim habitandi expendere decebat, nempe quod Pater et Spiritus in Christo sunt: et sicut in ipso habitat plenitudo divinitatis, ita in ipso possidemus totum Deum. Quicquid ergo seorsum de Patre et Spiritu profert, non alio tendit nisi ut simplices abstrahat a Christo[b]. Deinde substantialem mixtionem ingerit, qua Deus se in nos transfundens, quasi partem sui faciat. Nam virtute Spiritus sancti fieri ut coalescamus cum Christo, nobisque sit caput et nos eius membra, fere pro nihilo ducit, nisi eius essentia nobis misceatur[8]. Sed in Patre et Spiritu[c] apertius, ut dixi, prodit quid sentiat: nempe iustificari nos non sola Mediatoris gratia, nec in eius persona iustitiam sim|pliciter vel solide nobis offerri: sed nos fieri iustitiae divinae consortes, dum essentialiter nobis unitur Deus[9].

---

a) Man. — app.: *VG 1560* à la fantasie des Manichéens: c'est que l'ame est de l'essence de Dieu   b) *VG 1560* + à ce qu'ils ne se tiennent point à luy   c) Sed — Spir.: *VG 1560* Mais sur tout en maintenant que la iustice que nous avons est celle du Pere et de l'Esprit selon leur divinité

1) cf. Aug., Serm. 182, 4, 4 MSL 38, 986; De agone christ. c. 10, 11 MSL 40, 297; De civ. Dei XI, 22 MSL 41, 336, CSEL 40, 544, 7 sqq.; Contra duas epist. Pelag. II, 2, 2 MSL 44, 572, CSEL 60, 462, 1 sq.; Op. imperf. ctr. Iul. III 186 MSL 45, 1325.   2) cf. Osiandri „An filius.." E 3b—4a; D 1b—2a (cf. Inst. I 15, 3—5, II 12, 4—7; vol. III 177 sqq. 440 sqq.).   3) cf. Osiandri Conf. D 3b—E 1a.   4) cf. F 1 ab; F 3b—G 1a.   5) ** 4 ab.   6) A 4b—B 2a.   7) C 4b—D 1a; D 2a—3b.   8) cf. C 4b—D 1a, D 3b.   9) cf. D 2a—3b.

DE MODO PERCIPIENDAE GRATIAE. CAP. XI

6. Si tantum diceret Christum nos iustificando essentiali coniunctione nostrum fieri: nec solum quatenus homo est, esse caput nostrum, sed divinae quoque naturae essentiam in nos diffundi: minore noxa deliciis se pasceret, nec forte propter hoc delirium tanta esset excitanda contentio: sed quum principium hoc sit instar sepiae, quae egestione atri turbidique sanguinis multas caudas occultat, nisi velimus scientes et volentes pati nobis iustitiam illam eripi quae sola de salute gloriandi fiduciam nobis adfert, acriter resistere necesse est. Nam in hac tota disputatione[1] nomen iustitiae et verbum iustificandi ad duas partes extendit, ut iustificari sit non solum reconciliari Deo gratuita venia, sed etiam iustos effici[2]: ut iustitia sit non gratuita imputatio[a], sed sanctitas et integritas quam Dei essentia in nobis residens inspirat.[3] Deinde fortiter negat, quatenus Christus sacerdos peccata expiando, Patrem nobis placavit, ipsum esse iustitiam nostram, sed ut est Deus aeternus, et vita.[4] Ut probet illud primum, Deum non tantum ignoscendo sed regenerando iustificare, quaerit an quos iustificat, relinquat quales erant natura, nihil ex vitiis mutando[5]. Responsio perquam facilis est: sicut non potest discerpi Christus in partes, ita inseparabilia esse haec duo, quae simul et coniunctim in ipso percipimus, iustitiam et sanctificationem. Quoscunque ergo in gratiam recipit Deus, simul spiritu adoptionis donat, cuius virtute eos reformat ad suam imaginem. Verum si solis claritas non potest a calore separari, an ideo dicemus luce calefieri terram, calore vero illustrari. Hac similitudine nihil ad rem praesentem magis accommodum ? sol calore suo terram vegetat ac foecundat, radiis suis illustrat et illuminat; hic mutua est ac individua connexio: transferre tamen quod unius peculiare est ad alterum, ratio ipsa prohibet. In hac duplicis gratiae confusione, quam obtrudit Osiander, similis est absurditas: quia enim re ipsa ad colendam iustitiam renovat Deus quos pro iustis gratis censet,[b] illud regenerationis donum miscet cum hac gratuita acceptatione, unumque et idem esse contendit. Atqui Scriptura, utrunque coniungens distincte tamen enumerat, quo multiplex Dei gratia melius nobis pateat. Neque enim supervacuum est illud Pauli, datum fuisse nobis Christum in iustitiam et sanctificationem [1. Cor. 1. d. 30][6]. Et quoties a salute nobis parta, a pa-

---

a) *VG 1560* d'acceptation gratuite   b) *VG 1560* + ce brouillon

1) Hoc vocabulo non Osiandri „Disputationem de iustificatione" significari ex verbis sequentibus apparet.   2) E 3a—F 3a et alibi.
3) F 1a—2a; F 3b—G 1a et alibi.   4) F 1ab; K 4b—L 1b.   5) E 4a.
6) hic locus tractatur: L 2a—M 3b.

terno amore Dei, a Christi gratia ratiocinatur nos ad sanctitatem et munditiem vocatos esse, aperte indicat aliud esse iustificari quam fieri novas creaturas. Ubi vero ad Scripturam ventum est, totidem corrumpit locos quot citat. Ubi Paulus dicit reputari fidem ad iustitiam non operanti, sed credenti in eum qui iustificat impium [Rom. 4. a. 5], exponit iustum efficere[a][1]. Eadem temeritate depravat totum illud quartum caput ad Romanos[2]: neque dubitat eodem fuco inficere quod nuper ci¹tavi, Quis accusabit electos Dei? Deus est qui iustificat[b][3]; ubi de reatu et absolutione simpliciter agi palam est, ac ex antithesi pendere Apostoli sensum. Ergo tam in ratione illa quam in citandis Scripturae suffragiis nimium futilis deprehenditur. Nihilo etiam rectius de nomine iustitiae disserit, quod scilicet Abrahae reputata fuerit fides in iustitiam, postquam amplexus Christum (qui Dei iustitia est, et Deus ipse) eximiis virtutibus excelluerat[4]. Unde apparet ex duobus integris ab ipso vitiose fieri unum corruptum[c]; neque enim iustitia, cuius illic fit mentio, ad totum vocationis cursum pertinet: quin potius testatur Spiritus, quanvis eximia esset praestantia virtutum Abrahae, diuque perseverando tandem auxisset, non tamen aliter placuisse Deo, nisi quod gratiam in promissione oblatam fide recepit. Unde sequitur in iustificatione nullum operibus esse locum, sicuti Paulus scite contendit.

7. Quod obiicit, vim iustificandi non inesse fidei ex seipsa, sed quatenus Christum recipit[5], libenter admitto; nam si per se, vel intrinseca, ut loquuntur, virtute iustificaret fides, ut est semper debilis et imperfecta, non efficeret hoc nisi ex parte; sic manca esset iustitia quae frustulum salutis nobis conferret. Nos quidem nihil tale imaginamur, sed proprie loquendo Deum unum iustificare dicimus: deinde hoc idem transferimus ad Christum, quia datus est nobis in iustitiam; fidem vero quasi vas conferimus, quia nisi exinaniti ad expetendam Christi gratiam aperto animae ore accedimus, non sumus Christi capaces. Unde colligitur, non detrahere nos Christo vim iustificandi, dum prius eum fide recipi docemus quam illius iustitiam. Neque tamen interea tortuosas huius sophistae figuras admitto[d], quum dicit

---

a) iust. eff.: *VG 1560* que Dieu change les cœurs et la vie, pour rendre les fideles iustes   b) *VG 1560* + comme s'il estoit dit qu'ils fussent realement iustes   c) Unde — corr. > *VG 1560*   d) Neque — adm.: *VG 1560* Quant à d'autres folies extravagantes d'Osiander, tout homme de sain iugement les reiettera

1) E 3 a b.   2) O 4 a—P 3 a.   3) Rom. 8, 33; Conf. E 3 b.   4) P 1 a.
5) G 1 a—3 a.

fidem esse Christum[1]; quasi vero olla fictilis sit thesaurus, quod in ea reconditum sit aurum. Neque enim diversa ratio est quin fides, etiamsi nullius per se dignitatis sit vel pretii, nos iustificet, Christum afferendo, sicut olla pecuniis referta hominem locupletat. Inscite ergo fidem, quae instrumentum est duntaxat percipiendae iustitiae, dico misceri cum Christo, qui materialis est causa, tantique beneficii author simul et minister. Iam expeditus est ille quoque nodus, quomodo intelligi debeat vocabulum Fidei, ubi de iustificatione agitur.

8. In Christi receptione longius provehitur: nempe verbi externi ministerio verbum internum recipi, quo nos a sacerdotio Christi et Mediatoris persona ad externam[a] eius divinitatem traducat[b] [2]. Nos quidem Christum non dividimus, sed eundem, qui in carne sua nos Patri reconcilians iustitia donavit, esse aeternum sermonem Dei: nec vero ab eo potuisse aliter impleri Mediatoris partes fatemur, et iustitiam nobis acquiri, nisi esset Deus aeternus. Sed hoc Osiandri placitum est, quum Deus et homo sit Christus, respectu divinae naturae non humanae factum nobis[!] esse iustitiam[3]. Atqui si proprie hoc in divinitatem competit, peculiare non erit Christo, sed commune cum Patre et Spiritu: quando non alia est unius quam alterius iustitia. Deinde quod naturaliter ab aeterno fuit, non congrueret dici nobis esse factum. Sed ut hoc demus, Deum nobis factum esse iustitiam; qui illud quod interpositum est conveniet factum esse a Deo? Hoc certe peculiare est Mediatoris personae: quae etsi in se continet divinam naturam, hic tamen insignitur proprio elogio, quo seorsum a Patre et Spiritu discernitur. Ridicule vero in verbo uno Ieremiae triumphat, ubi promittit Iehovam fore nostram iustitiam [Iere. 51. b. 10][4]. Atqui nihil inde aliud eliciet nisi Christum, qui nostra est iustitia, esse Deum manifestatum in carne. Alibi retulimus ex concione Pauli, Deum sibi acquisiisse Ecclesiam suo sanguine [Act. 20. f. 28]. Siquis inde inferat, sanguinem quo expiata sunt peccata esse divinum, et divinae naturae, quis tam foedum errorem ferat? Atqui hoc tam puerili cavillo se omnia adeptum esse putat Osiander, tumet, exultat, multasque paginas farcit suis ampullis[5]; quum

---

a) *verisimile legendum* aeternam   b) quo — trad.: *VG 1560* en quoy il destourne tant qu'il est possible les lecteurs de la personne du Mediateur, lequel intercede pour nous avec son sacrifice: faisant semblant de les ravir à la divinité d'iceluy

1) cf. G 1b—2a.   2) B 3a—C 2a; L 1a.   3) K 3b—4b; M 3a.
4) K 3b; M 3a—N 4b.   5) sc. l. c.

tamen simplex sit et expedita solutio, Iehovam quidem, ubi
factus fuerit germen Davidis, fore piorum iustitiam: sed quo
sensu, docet Isaias[a], Cognitione sui iustificabit multos iustus
servus meus [Iesa. 53. d. 11]. Notemus Patrem loqui: Filio at-
tribuere iustificandi partes: causam addere, quod iustus sit:
modum vel medium (ut loquuntur) locare in doctrina qua
Christus cognoscitur. Nam vocem רעה passive accipere com-
modius est[b]. Hinc colligo Christum esse factum iustitiam quando
servi speciem induit: secundo nos iustificare quatenus obsequentem se Patri praebuit: ac proinde non secundum divinam
naturam hoc nobis praestare, sed pro dispensationis sibi in-
iunctae ratione. Etsi enim solus Deus fons est iustitiae, nec
aliter quam eius participatione sumus iusti: quia tamen infoelici dissidio ab eius iustitia alienati sumus[c], necesse est descendere ad hoc inferius remedium, ut nos Christus mortis et
resurrectionis suae virtute iustificet.

9. Si obiiciat, opus hoc sua praestantia superare hominis
naturam, ideoque non posse nisi divinae naturae adscribi[1], prius
concedo: in hoc secundo dico eum inscite hallucinari. Nam etsi
neque sanguine suo animas nostras purgare, neque Patrem suo
sacrificio placare, neque a reatu absolvere nos poterat Christus,
nec denique munus sacerdotis peragere, nisi verus fuisset Deus,
quia tanto oneri impar erat carnis facultas: certum tamen est
his omnibus perfunctum esse secundum humanam naturam.
Quomodo enim iustificati sumus si quaeritur, respondet Paulus,
Christi obedientia [Rom. 5. d. 19]. An vero aliter obedivit quam
assumpta servi figura? Unde colligimus, in carne eius exhibi-
tam nobis esse iustitiam. Similiter in aliis verbis (quae saepius
citare[2] quomodo Osiandrum non pudeat valde miror) non alibi
statuit iustitiae fontem quam in carne Christi. Eum qui peccatum non noverat, pro nobis peccatum fecit, ut essemus iustitia
Dei in illo[3]. Iustitiam Dei inflatis buccis attollit Osiander, et
triumphum canit, quasi evicerit esse spectrum illud suum essentialis iustitiae: quum longe aliud verba sonent, iustos esse nos
expiatione per Christum facta. Iustitiam Dei accipi pro ea quae
Deo probatur, notum esse debuerat elementariis: sicuti apud

---

a) sed — Is.: *VG 1560* voire en mesme sens qu' Isaie dit en la
personne du Pere   b) Nam — est > *VG 1560*   c) quia — sum.:
VG 1560 toutesfois pource que le mal-heureux divorse qui est venu
par la cheute d'Adam, nous a alienez et bannis de tous biens
celestes

1) E 3b—4a; K 4ab; M 3ab.   2) A 3a; A 4b; J 4a; O 2a; Q 3a.
3) 2. Cor. 5, 21.

Iohannem confertur gloria Dei hominum gloriae^a [Iohan. 12. f. 43^b]. Scio, interdum vocari Dei iustitiam, cuius est ipse author, et qua nos donat: sed hoc loco nihil aliud intelligi quam nos mortis Christi piaculo^c suffultos apud Dei tribunal stare, sani lectores me tacente agnoscunt. Neque in voce tantum est momenti, modo nobiscum de hoc consentiat Osiander, nos in Christo iustificari quatenus pro nobis factus est expiatrix victima: quod a divina eius natura abhorret. Qua etiam ratione, ubi iustitiam et salutem quam nobis attulit, obsignare vult Christus, certum eius pignus in carne sua proponit. Vocat quidem se panem vivum: sed modum explicans, adiungit, carnem suam esse vere cibum, et sanguinem vere potum[1]. Quae ratio docendi in sacramentis perspicitur[2]: quae etsi fidem nostram ad totum Christum non dimidium dirigunt, simul tamen iustitiae et salutis materiam in eius carne residere docent; non quod a seipso iustificet aut vivificet merus homo, sed quia Deo placuit, quod in se absconditum et incomprehensibile erat, in Mediatore palam facere. Unde soleo dicere Christum esse nobis quasi expositum fontem, unde hauriamus quod alioqui sine fructu lateret in occulta illa et profunda scaturigine, quae in Mediatoris persona ad nos emergit. Hoc modo et sensu non inficior Christum, ut est Deus et homo, nos iustificare, commune esse etiam hoc opus Patris et Spiritus sancti, denique iustitiam, cuius nos consortes facit Christus, aeternam esse Dei aeterni iustitiam, modo firmis et apertis quas citavi rationibus cedat.

10. Porro ne suis cavillis decipiat imperitos, fateor hoc tam incomparabili bono nos privari donec Christus noster fiat. Coniunctio igitur illa capitis et membrorum, habitatio Christi in cordibus nostris, mystica^d denique unio a nobis in summo gradu statuitur: ut Christus noster factus, donorum quibus praeditus est nos faciat consortes. Non ergo eum extra nos procul speculamur, ut nobis imputetur eius iustitia: sed quia ipsum induimus, et insiti sumus in eius corpus, unum denique nos secum efficere dignatus est: ideo iustitiae societatem nobis cum eo esse gloriamur. Ita refellitur Osiandri calumnia, fidem a nobis censeri iustitiam[3]: quasi Christum spoliemus iure suo,

---

a) sicuti — gl.: *VG 1560* comme S. Iean oppose la gloire de Dieu à celle des hommes, signifiant que ceux desquels il parle ont nagé entre deux eaux: pource qu'ils aimoyent mieux garder leur bonne reputation au monde, que d'estre prisez devant Dieu   b) sic 1561; 1559 falso Iohan. 10.   c) mort. — piac.: *VG 1560* en ce que nous sommes appuyez sur l'obeissance de Christ   d) *VG 1560* sacrée

1) Ioh. 6, 48—59.   2) IV 17, 4; infra vol. V.   3) Osiandri Conf. F 1 a; J 2 a.

quum dicimus fide nos ad eum vacuos accedere, ut eius¹ gratiae [541]
locum demus, quo nos ipse solus impleat. Sed Osiander hac
spirituali coniunctione spreta, crassam mixturam Christi cum
fidelibus urget: atque ideo Zuinglianos odiose nominat, quicunque non subscribunt fanatico errori de essentiali iustitia:
quia non sentiant Christum in Coena substantialiter comedi¹.
Mihi vero probrum hoc audire ab homine superbo suisque praestigiis dedito summa gloria est. Quanquam non me solum, sed
quos modeste venerari debuerat scriptores orbi satis cognitos
perstringit. Mea vero nihil refert, qui privatam causam non
ago; quo sincerius hanc causam ago, qui liber sum ab omni
pravo affectu ᵃ. Quod ergo essentialem iustitiam et essentialem
in nobis Christi habitationem tam importune exigit, huc spectat,
primum ut crassa mixtura ᵇ se Deus in nos transfundat, sicuti
in Coena carnalis manducatio ab ipso fingitur, deinde ut iustitiam suam nobis inspiret, qua realiter simus cum ipso iusti:
quandoquidem secundum ipsum iustitia haec tam est Deus
ipse quam probitas, vel sanctitas, vel integritas Dei². Non multum operae impendam diluendis quae adducit testimoniis, quae
perperam a caelesti vita ad statum praesentem detorquet. Per
Christum (inquit Petrus) donata sunt nobis pretiosa et maxima
promissa, ut consortes efficeremur divinae naturae [2.ᶜ Pet. 1.
a. 4]³. ᵈQuasi vero nunc simus quales Evangelium fore promittit ultimo Christi adventu: imo admonet Iohannes tunc
nos Deum visuros sicuti est, quia similes ei erimus [1. Iohan.
3. a. 2]⁴. Tantum exilem gustum dare volui lectoribus, data
opera me supersedere ab his nugis, non quod difficile sit eas
diluere, sed quia nolo molestus esse in labore supervacuo.

11. Caeterum in secundo membro plus veneni latet, ubi nos
una cum Deo iustos esse docet⁵. Satis iam me probasse arbitror, quanvis non tam pestiferum esset hoc dogma, quia tamen
frigidum et ieiunum est, suaque vanitate diffluit, sanis et piis
lectoribus merito debere esse insipidum. Verum haec minime
tolerabilis est impietas, praetextu duplicis iustitiae⁶ labefactare

---

a) Mea — aff.: *VG 1560* Et tant plus suis-ie libre à demener ceste
cause rondement, n'estant point incité d'affection privée: veu qu'il
ne s'est point attaché à moy   b) cr. mixt.: *VG 1560* d'une mixtion
telle que les viandes que nous mangeons   c) *1559–61 falso* 1.   d) *VG
1560* + Osiander tire de là que Dieu a meslé son essence avec la
nostre

1) J 4a; L 4ab (Disputatio prop. 70 sq.).   2) F 3b.   3) hic locus
affertur: D 3a; L 3b; O 1a; R 2b.   4) hic locus affertur: R 1a;
T 1b.   5) N 4b sqq.   6) vide p. 194 not. 1.

DE MODO PERCIPIENDAE GRATIAE. CAP. XI 193

salutis fiduciam[a], et nos raptare supra nubes, ne gratiam expiationis fide amplexi, Deum quietis animis invocemus. Ridet eos Osiander qui iustificari docent esse verbum forense: quia oporteat nos re ipsa esse iustos;[1] nihil etiam magis respuit quam nos iustificari gratuita imputatione.[2] Agedum, si nos Deus non iustificat absolvendo et ignoscendo, quid sibi vult illud Pauli, Erat Deus in Christo mundum sibi reconcilians, non imputans hominibus peccata? Eum enim qui peccatum non fecerat, pro nobis peccatum fecit, ut essemus iustitia Dei in illo [2. Co. 5. d. 21][3]. Primum obtineo, iustos censeri qui Deo reconciliantur; modus inseritur, quod Deus ignoscendo iustificet: sicuti alio loco iustificatio accusationi opponitur; quae antithesis clare demonstrat sumptam esse loquendi formam a forensi usu.[b] Nec vero quisquam mediocriter in lingua Hebraica versatus[1] (modo idem sedato sit cerebro) inde ortam esse phrasin hanc ignorat, deinde quorsum tendat et quid valeat.[4] Iam vero mihi respondeat Osiander, ubi dicit Paulus describi a Davide iustitiam sine operibus in his verbis, Beati quorum remissae sunt iniquitates [Rom. 4. a. 7; Psal. 32. a. 1]: sitne plena haec definitio, an dimidia. Certe Prophetam non adducit testem, acsi doceret partem iustitiae esse veniam peccatorum, vel ad hominem iustificandum concurrere: sed totam iustitiam in gratuita remissione includit, beatum hominem pronuntians cuius tecta sunt peccata, cui remisit Deus iniquitates, et cui transgressiones non imputat: foelicitatem eius inde aestimat et censet, quia hoc modo iustus est non re ipsa, sed imputatione. Excipit Osiander, contumeliosum hoc fore Deo, et naturae eius contrarium, si iustificet qui re ipsa impii manent.[5] Atqui tenendum memoria est quod iam dixi, non separari iustificandi gratiam a regeneratione, licet res sint distinctae. Sed quia experientia plus satis notum est, manere semper in iustis reliquias peccati, necesse est longe aliter iustificari quam reformantur in vitae novitatem. Nam hoc secundum sic inchoat Deus in electis suis, totoque vitae curriculo paulatim, et interdum lente in eo progreditur[c], ut semper obnoxii sint apud eius tribunal mortis iudicio[d]. Iustificat autem non ex parte, sed ut

---

a) *VG 1560* + que ce resveur a voulu forger b) quae — usu: *VG 1560* Dont il appert que iustifier n'est autre chose, sinon quand il plaist à Dieu comme iuge nous absoudre c) *VG 1560* + et ne la *(sc.* ceste œuvre*)* paracheve point iusques à la mort d) mort. iud. > *VG 1560*

1) E 4b—F 1a. 2) cf. E 4b—F 3a. 3) 2. Cor. 5, 19. 21. 4) Osiander saepius lingua Hebraica nititur; cf. ex. gr. J 3 a b 5) F 2a.

libere, quasi Christi puritate induti, in caelis compareant. Neque enim conscientias pacaret aliqua iustitiae portio, donec statutum sit nos Deo placere: quia sine exceptione iusti coram ipso sumus. Unde sequitur perverti et funditus everti iustificationis doctrinam ubi animis iniicitur dubitatio, concutitur fiducia salutis, libera et intrepida invocatio remoram patitur: imo ubi non stabilitur quies et tranquillitas cum spirituali gaudio. Unde Paulus a repugnantibus arguit, haereditatem non esse ex Lege [Galat. 3. c. 18]: quia hoc modo exinanita esset fides[a], quae si operum respectum habeat, labascit: quando nemo ex sanctissimis illic reperiet in quo confidat. Hoc discrimen iustificandi et regenerandi (quae duo confundens Osiander, duplicem iustitiam nominat[1]) pulchre exprimitur a Paulo; nam de reali sua iustitia loquens, vel de integritate qua donatus erat (cui Osiander titulum imponit essentialis iustitiae[2]) flebiliter exclamat, Miser ego, quis me liberabit ex corpore mortis huius [Rom. 7. d. 24]? Ad iustitiam vero confugiens quae in sola Dei misericordia fundata est, magnifice et vitae et morti, et probris, et inediae, et gladio rebusque omnibus adversis insultat. Quis accusabit contra electos Dei, quos ipse iustificat [Rom. 8. f. 33]? Certo enim persuasus sum quod nihil nos separabit ab amore eius in Christo[3]. Iustitiam sibi esse clare praedicat quae sola ad salutem in solidum sufficiat coram Deo, ut gloriandi fiduciae non deroget ac nihil remorae iniiciat misera illa servitus, cuius sibi conscius sortem suam paulo ante deflebat. Haec diversitas satis nota est adeoque familiaris sanctis omnibus qui sub[!] onere iniquitatum gemunt, et interea victrice fiducia emergunt supra omnes metus. Quod autem obiectat Osiander, dissentaneum esse a natura Dei, in eum recidit; nam etsi duplici iustitia tanquam pellita veste sanctos vestit[4], fateri tamen cogitur, sine peccatorum remissione neminem placere Deo.[5] Quod si verum est, saltem concedat secundum ratam partem imputationis (ut loquuntur) iustos censeri qui re ipsa non sunt.[b] Quousque autem extendet peccator acceptationem hanc gratuitam, quae subrogatur in locum iustitiae? ex deunce, an ex uncia? Ambiguus profecto et vacillans in hanc et in hanc partem pendebit: quia

[543]

---

a) *1561* + [Rom. 4. c. 14]   b) saltem — sunt: *VG 1560* que nous sommes reputez iustes Pro rata, comme on dit, de l'acceptation par laquelle Dieu nous a à gré

1) De hac duplici iustitia, quam Osiander professus esse dicitur, vide ZKG 46, 418 sq., 422, et infra not. 4.   2) vide supra p. 185, not. 4.   3) Rom. 8, 38 sq.   4) P 2a.   5) cf. A 1a—2a; P 2a (Disputationem, prop. 29).

non licebit quantum ad fiduciam neccessarium erit iustitiae sibi sumere. Bene est quod huius causae non est arbiter, qui Deo legem vellet praescribere. Caeterum illud stabit fixum, ut iustificeris in sermonibus tuis, et vincas quum iudicaris [Psal. 51. a. 6]. Quantae autem arrogantiae est damnare summum iudicem quum gratis absolvit, ne valeat illud responsum, Miserebor cuius miserebor [Exod. 33.ᵃ d. 19]? Et tamen Mosis intercessio, quam hac voce compescuit Deus, non eo tendebat ne cui parceret, sed ut omnes pariter, abolito reatu, quanvis obnoxii culpae essent, absolveret. Ac nos quidem dicimus ideo sepultis peccatis iustificari coram Deo perditos: quia (ut peccatum odio habet) non potest amare nisi quos iustificat. Sed haec est mirabilis iustificandi ratio, ut Christi iustitia tecti non exhorreant iudicium quo digni sunt, et dum seipsos merito damnant, iusti extra se censeantur.

12. Monendi tamen sunt lectores, ut ad mysterium, quod se illos celare nolle iactat[1], sedulo advertant. Postquam enim diu et prolixe contendit non sola imputatione iustitiae Christi nos favorem consequi apud Deum[2], quiaᵇ hoc ei impossibile esset habere pro iustis qui non sunt: (utor eius verbis)ᶜ[3] tandem concludit Christum non humanae naturae sed divinae respectu datum nobis esse in iustitiam[4]: et quanvis haec nonnisi in persona Mediatoris reperiri queat, esse tamen non hominis sed Dei iustitiam[5]. Non colligat nunc suum funiculum ex duabus iustitiis, sed plane iustificandi officium adimit humanae Christi naturae[6]. Operaepretium autem est tenere qua ratione pugnet. Dicitur eodem loco Christus factus in sapientiam: quod non convenitᵈ nisi aeterno sermoni. Ergo nec Christus homo iustitia est[7]. Respondeo, unigenitum Dei Filium aeternam quidem fuisse eius sapientiam, sed diverso modo nomen hoc ei attribui apud Paulum, quiaᵉ in ipso reconditi sunt omnes thesauri sapientiae et scientiae [Colos. 2. a. 3]. Quod ergo apud Patrem habebat, nobis manifestavit: et ita non ad essentiam Filii Dei, sed ad usum nostrum refertur quod dicit Paulus, et humanae Christi naturae rite aptatur: quia etsi lux in tenebris lucebat antequam carnem indueret, erat tamen lux abscondita, donec prodiit idem Christus in natura hominis, sol iustitiae:[1] qui se ideo lucem mundi appellat [Iohan. 8. b. 12]. Stulte etiam ab eo obii-

---

a) *sic 1561; 1559 falso* 21.   b) *VG 1560* voire d'autant qu'il n'a pas honte de dire, qu'il   c) (ut. — verb.) > *VG 1560*   d) *VG 1560* + selon Osiander   e) *VG 1560* c'est qu'apres qu'il a pris nostre chair

1) E 2 b—3 a; T 1 a.   2) E 2 b—K 1 a.   3) J 3 b.   4) K 3 b—M 3 b
5) M 3 a—b.   6) F 3 b; M 3 b.   7) M 1 a—3 a

citur, iustificandi virtutem tam Angelis quam hominibus longe superiorem esse[1]: quando hoc non ex dignitate creaturae cuiusquam, sed ex Dei ordinatione pendet. Si Angelis libeat Deo satisfacere, nihil proficient: quia non sunt ad hoc destinati; homini autem Christo hoc singulare fuit, qui Legi subiectus est ut nos a maledictione Legis redimeret [Galat. 3. b. 13]. Nimis etiam improbe calumniatur eos qui negant Christum secundum divinam naturam esse nobis iustitiam, relinquere unam tantum partem de Christo, et (quod deterius est) facere duos deos: quia etsi fatentur Deum habitare in nobis, reclamant tamen non esse nos iustos iustitia Dei.[2] Neque enim si Christum, quatenus mortem subiit ut destrueret eum qui habebat mortis imperium [Heb. 2. d. 14], vocamus authorem vitae, protinus totum ipsum, ut est Deus in carne manifestatus, fraudamus hoc honore: sed tantum distinguimus quomodo ad nos perveniat iustitia Dei, ut ea fruamur; in quo nimis foede lapsus est Osiander. Neque vero negamus, quod nobis in Christo palam est exhibitum, ab arcana Dei et gratia et virtute manare: neque de eo pugnamus quin iustitia, quam nobis Christus confert, iustitia Dei sit, quae ab ipso proficiscitur: sed constanter illud tenemus nobis in morte et resurrectione Christi esse iustitiam et vitam. Omitto pudendam illam locorum congeriem, qua sine delectu atque etiam sine communi sensu oneravit lectores, ubicunque fit iustitiae mentio, debere hanc essentialem intelligi[a][3]; sicuti ubi David Dei iustitiam ad ferendas sibi suppetias implorat, quum id faciat plus centies, tot sententias corrumpere non dubitat Osiander[b][4]. Nihilo etiam firmius est quod obiectat, iustitiam proprie dici et recte qua ad recte agendum movemur, solum vero Deum operari in nobis et velle et perficere [Philip. 2. b. 13][5]. Neque enim negamus quin reformet nos Deus Spiritu suo in vitae sanctitatem et iustitiam: sed primo videndum est faciatne hoc per se et immediate, an vero per manum Filii sui, penes quem omnem Spiritus sancti plenitudinem deposuit, ut sua abundantia membrorum inopiae subveniret. Deinde quanvis ex occulto divinitatis fonte prodeat ad nos iustitia, non tamen sequitur, Christum, qui in carne se propter nos sanctificavit [Iohan. 17. c. 19], secundum divinam naturam nobis iustitiam esse. Non minus frivolum est quod adducit, Chri-

---

a) qua — int.: *VG 1560* ausquels on apperçoit aisément son impudence   b) quum — Os.: *VG 1560* Ie vous prie, y a-il quelque couleur en cela, pour monstrer que nous sommes d'une substance avec Dieu, pour estre secourus de luy?

1) E 3b.   2) F 1a.   3) N 4b—O 2b   4) O 2a.   5) O 2b.

stum ipsum divina iustitia fuisse iustum: quia nisi eum voluntas Patris impulisset, ne ipse quidem iniunctis sibi partibus satisfecisset[1]. Nam etsi alibi dictum fuit omnia Christi ipsius merita fluere ex mero Dei beneplacito[2], nihil hoc tamen ad phantasma quo suos et simplicium oculos fascinat Osiander. Quis enim colligere permittat, quia fons et principium iustitiae nostrae Deus est, essentialiter nos esse iustos, et essentiam iustitiae Dei in nobis habitare? In redimenda Ecclesia (inquit Iesaias) Deus iustitiam suam induit quasi loricam [Iesa. 59. d. 17]; an ut Christum armis spoliaret, quae de¹derat ne esset perfectus redemptor? Atqui nihil aliud voluit Propheta quam Deum extra se nihil mutuatum esse, neque fuisse ullo subsidio adiutum ad nos redimendos. Quod aliis verbis breviter signavit Paulus, salutem nobis dedisse in ostensionem suae iustitiae [Rom. 3. d. 25]. Sed hoc minime evertit quod alibi docet, nos unius hominis obedientia iustos esse [Rom. 5. d. 19]. Denique quisquis duplicem iustitiam involvit, ne quiescant miserae animae in mera et unica Dei misericordia, Christum implexis spinis per ludibrium coronat.

13. Sed quoniam bona pars hominum[3] iustitiam ex fide et operibus compositam imaginatur[4], praemonstremus id quoque, sic inter se differre fidei operumque iustitiam, ut altera stante necessario altera evertatur. Dicit Apostolus se omnia pro stercoribus reputasse ut Christum lucrifaceret, et in illo reperiretur[a] non habens suam iustitiam quae est ex Lege, sed quae est ex fide Iesu Christi, iustitiam quae est ex Deo per fidem [Philip. 3. b. 8][5]. Vides et contrariorum esse hic comparationem, et indicari propriam iustitiam oportere pro derelicto haberi ab eo qui velit Christi iustitiam obtinere. Quare alibi hanc Iudaeis ruinae causam fuisse tradit, quod suam volentes iustitiam stabilire, iustitiae Dei non fuerunt subiecti [Rom. 10. a. 3]. Si propriam iustitiam stabiliendo, Dei iustitiam excutimus: ut hanc consequamur, oportet profecto illam penitus aboleri. Idipsum quoque ostendit quum negat per Legem excludi gloriationem nostram, sed per fidem [Rom. 3. d. 27]. Unde sequitur, quantisper manet quantulacunque operum iustitia, manere nobis nonnullam gloriandi materiam. Iam si fides omnem gloriationem excludit, cum iustitia fidei sociari nullo pacto

---

a) *sic recte 1545–54; 1559–61 falso* reperiret; *1543* recuperaret; *1539* inveniretur in illo

1) O 3 a.   2) II 17, 1; vol. III 509.   3) cf. Horat. Sat. I 1, 61.
4) cf. Jo. Roff. Confut. p. 65 sq.; Cochlaeum, Philipp. III, 10.   5) Phil. 3, 8 sq.

iustitia operum potest. || In hunc sensum tam clare loquitur quarto^a capite ad Rom. ut nullum cavillis aut tergiversationibus locum relinquat. Si operibus, inquit, iustificatus est Abraham, habet gloriam. Subiungit, Atqui non habet gloriam apud Deum [Rom. 4. a. 2]. Consequens ergo est, non iustificatum esse operibus. Ponit deinde alterum argumentum a contrariis. Quum rependitur operibus merces, id fit ex debito, non ex gratia. Fidei autem tribuitur iustitia secundum gratiam. Ergo id non est ex meritis operum. Valeat igitur eorum somnium qui iustitiam ex fide et operibus conflatam comminiscuntur.

14. Subtile effugium habere se putant sophistae, qui sibi ex Scripturae depravatione et inanibus cavillis ludos et delicias faciunt; nam opera exponunt, quae literaliter tantum et liberi arbitrii conatu extra Christi gratiam faciunt homines nondum regeniti; id vero ad opera spiritualia spectare negant.[1] Ita secundum eos tam fide quam operibus iustificatur homo, modo ne sint propria ipsius opera, sed dona Christi et regenerationis fructus.[2] Paulum enim non alia de causa ita¹ loquutum, nisi ut Iudaeos viribus suis fretos convinceret stulte sibi arrogasse iustitiam, quum solus Christi Spiritus eam nobis conferat, non studium ex proprio naturae motu.[3] Atqui non observant in antithesi legalis et Evangelicae iustitiae, quam alibi Paulus adducit, excludi quaelibet opera, et quocunque ornentur titulo [Gala. 3. b. 11. 12]. Docet enim iustitiam Legis hanc esse, ut salutem obtineat qui praestitit quod Lex iubet: iustitiam vero fidei, si credimus Christum esse mortuum, et resurrexisse^b. Adhaec videbimus postea suo loco, diversa esse Christi beneficia, sanctificationem et iustitiam.[4] Unde sequitur ne spiritualia quidem opera in calculum venire, ubi vis iustificandi fidei adscribitur. Nec vero Paulus, ubi negat (quod nuper citavi[5]) Abraham habere cur glorietur apud Deum, quia operibus iustus non est, restringi hoc debet ad literalem et externam virtutum speciem, vel liberi arbitrii conatum[6]: sed quanvis spiritualis et fere Angelica fuerit Patriarchae vita, non tamen suppetere operum merita, quae illi iustitiam coram Deo acquirant.

---

a) *1543–50* 4.   b) *1561* + [Rom. 10. a. 5. b. 9]

1) Io. Faber, De fide et operibus I c. 11 opp. III fol. 76 b.   2) cf. Conc. Trid. sess. 6. decretum de iustificatione c. 16 ed. Richter p. 29 sq.; Denz.[16/17] No. 809 sq.   3) Schatzgeyer, Scrutinium, con. 2. CC 5, 39; Wimpina, Anaceph. II 9 fol. 87 a; Cochlaeus, Philippica III. 52. 4) c. 14, 9 infra p. 228.   5) supra lin. 4.   6) cf. Io. Fabrum, De fide et operibus I c. 11 opp. III fol. 76 b.

DE MODO PERCIPIENDAE GRATIAE. CAP. XI

15. Crassius paulo scholastici[a], qui praeparationes suas miscent[1]: hi[b] tamen non minus pravo dogmate simplices et incautos imbuunt[c], ‖ sub praetextu Spiritus et gratiae misericordiam Dei, quae sola trepidas animas placare potest, tegentes. Nos vero fatemur cum Paulo, iustificari apud Deum legis factores: sed quia a Legis observatione longe omnes absumus, hinc colligimus, quae maxime ad iustitiam valere deberent opera, ideo nihil nos iuvare quia illis destituimur. ‖ Quod ad vulgares Papistas pertinet vel scholasticos[d], dupliciter hic falluntur: et quod fidem appellant conscientiae certitudinem, in expectanda a Deo pro meritis[e] mercede[f][2]: et quod gratiam Dei non gratuitae iustitiae imputationem, sed Spiritum ad studium sanctitatis adiuvantem interpretantur[3]. Legunt apud Apostolum, Accedentem ad Deum oportet primum credere quod Deus sit, deinde quod remunerator sit quaerentibus se [Heb. 11. a. 6][4]. Sed non animadvertunt quis sit quaerendi modus. In nomine vero gratiae eos hallucinari, palam fit ex eorum scriptis. Lombardus enim iustificationem per Christum nobis datam duobus modis interpretatur. Primum, inquit, mors Christi nos iustificat, dum per eam excitatur charitas in cordibus nostris, qua iusti efficimur: deinde quod per eandem extinctum est peccatum; quo nos captivos distinebat Diabolus, ut iam non habeat unde nos damnet[g] [Lib. 3. Sent. dist. 19.[h] c. 1.][5]. Vides ut Dei gratiam praecipue[i] in iustificatione consideret, quatenus ad bona opera per Spiritus sancti gratiam dirigimur. Voluit scilicet Augustini opinionem sequi[6]: sed procul sequitur, atque etiam a recta imitatione multum deflectit: quia et obscurat siquid ab illo perspicue dictum est, et quod non adeo impurum in illo erat[l] corrumpit. Scholae[k] in deterius semper aberrarunt, donec tan-

---

a) *VG 1560* les theologiens Sorboniques   b) *VG 1560* ces renards dont i'ay parlé
c) Atqui *(> 1539; 1543–45* Atque *)* his pravis dogmatibus orbem imbuerunt scholastici   d) Quod. — schol.: *1539–54* Sed illi; *VG 1560* Quant est des Sorboniques   e) pro mer. > *1539*   f) *1539–45* remuneratione   g) non hab. — damn.: *1539* tentando non praevaleat
h) *sic recte 1539–50; 1553–61 falso* 16   i) *1539* catenus   k) *VG 1541 sqq.* + Sorboniques

1) Thomas Aq., S. th. II 1 q. 112. art. 2. sq.; Bonav., In sent. I. dist. 41. art. 1. q. 2. opp. (Quaracchi) I 733 a b; Jo. Roff., Confut. p. 252; Clichtoveus, Improbatio fol. 3 a; concil. Trid. sess. 6. decr. de iustif. c. 6; can. 4. ed. Richter p. 25. 30 (Denz. [16/17] No. 798. 814).   2) cf. Iac. Latomum, De fide et operibus; opp. f. 142 b.   3) Augustinum sequentes omnes catholici gratiam Dei sic interpretantur.   4) Eck., Enchir. c. 5. D 2 a b.   5) Petr. Lomb., Sent. III 19,1 MSL 192, 795 sq.   6) ibid. col. 796.

dem praecipiti ruina devolutae sunt ad quendam Pelagianismum. Ac nec^a Augustini quidem sententia, vel saltem loquendi ratio^b, per omnia recipienda est. Tametsi enim egregie hominem omni iustitiae laude spoliat, ac totam Dei gratiae transcribit: gratiam tamen ad sanctificationem refert, qua in vitae novitatem per Spiritum regeneramur[1].

16. Scriptura autem, quum de fidei iustitia loquitur, longe alio nos ducit: nempe ut ab intuitu operum nostrorum aversi, in Dei misericordiam ac Christi perfectionem tantum respiciamus. Siquidem hunc iustificationis ordinem docet, quod principio peccatorem hominem mera gratuitaque bonitate dignetur complecti^c Deus, nihil in ipso, quo ad misericordiam moveatur, reputans, nisi miseriam: quippe quem videt a bonis operibus prorsus nudum ac vacuum: a seipso causam petens cur illi benefaciat, quod peccatorem ipsum bonitatis suae sensu afficiat, qui^d de propriis operibus^e diffisus, totam salutis suae summam in ipsius misericordiam reiiciat. Hic est fidei sensus, per quem peccator in possessionem venit suae salutis, dum ex Evangelii doctrina agnoscit Deo se reconciliatum: quod intercedente Christi iustitia, impetrata peccatorum remissione, iustificatus sit: et quanquam^f Spiritu Dei regeneratus, non in bonis operibus, quibus incumbit, sed in sola Christi iustitia repositam sibi perpetuam iustitiam cogitat. Haec ubi sigillatim expensa fuerint, perspicuam sententiae nostrae explicationem reddent. Quanquam alio quam proposita sint ordine melius digerentur. Sed parum interest, modo inter se ita cohaereant ut rem totam rite expositam certoque confirmatam habeamus.

17. Hic memoria repetere convenit quam prius relationem constituimus inter fidem et Evangelium[2]: quia inde iustificare dicitur fides, quod oblatam in Evangelio iustitiam recipit et amplectitur. Quod autem per Evangelium dicitur offerri, eo excluditur omnis operum consideratio. Quod quum alias saepe, tum duobus locis clarissime Paulus demonstrat; nam ad Romanos Legem et Evangelium inter se conferens, Iustitia, inquit, quae ex Lege est, sic habet, Qui fecerit haec homo, vivet in ipsis [Rom. 10. a. 5]; quae autem fidei est iustitia[3] salutem denuntiat: Si credideris in corde tuo, et ore confessus fueris

---

a) *1561* ne   b) *vel — rat.* > *1539*   c) dign. compl.: *1539-54* complectatur   d) *1539-54* quo   e) *1539* opibus   f) et quanqu.: *1539* per quam

1) apud Augustinum ubique; cf. praesertim De spiritu et litera MSL 44, 199 sqq.; CSEL 60, 155 sqq.   2) lib. II 9, 2 vol. III 399 sq.; lib. III 2, 16 supra p. 26 sq.   3) Rom. 10, 6.

Dominum Iesum, et quod Pater illum suscitavit a mortuis^a. Videsne ut Legis et Evangelii discrimen hoc faciat, quod illa operibus iustitiam tribuat, hoc citra operum subsidium gratuitam largiatur? ^bInsignis locus, et qui nos a multis difficultatibus extricare queat, si intelligamus, eam quae nobis per Evangelium donatur iustitiam, Legis conditionibus solutam esse.¹ Haec ratio est cur tanta repugnantiae specie promissionem Legi non semel opponat: Si ex Lege est^c haereditas, iam non est ex promissione [Gal. 3. c. 18], et quae eodem capite in hanc sententiam habentur. Certe et Lex ipsa suas habet promissiones. Quare in promissionibus Evangelicis distinctum aliquid ac diversum esse oportet, nisi velimus fateri ineptam esse collationem. Quale autem istud erit, nisi quod gratuitae sunt, ac sola Dei misericordia suffultae, quum Legis promissiones ab operum conditione pendeant. ‖ Neque hic obganniat quispiam, repudiari quam ex proprio marte et libero arbitrio iustitiam obtrudere Deo volunt homines¹; quando sine exceptione docet Paulus Legem iubendo nihil prodesse [Rom. 8. a. 3^d]: quia nemo est qui impleat, non tantum ex vulgo, sed ex perfectissimis quibusque. Dilectio certe praecipuum est caput Legis: quum ad eam nos formet Spiritus Dei, Cur non est nobis iustitiae causa, nisi quod in sanctis etiam mutila est, ideoque per se nihil pretii meretur?

18. Secundus locus est, Quod ex Lege nemo iustificetur apud Deum, manifestum est. Quia iustus ex fide vivet. Lex autem non est ex fide: sed qui fecerit haec homo, vivet in ipsis [Galat. 3. b. 12]². Quomodo alioqui constaret argumentum, nisi conveniat in calculum fidei non venire opera, sed prorsus separanda esse^e? Lex, inquit, est a fide diversa. Quare? Propterea quod ad illius iustitiam opera requiruntur. Ergo ad huius iustitiam sequitur non requiri. Ex ista relatione apparet, citra operum meritum, imo extra operum meritum iustificari qui fide iustificantur, quia fides eam quam Evangelium largitur iustitiam accipit. Evangelium autem eo a Lege differt, quod operibus non alligat iustitiam, sed in sola Dei misericordia collocat. Simile est quod ad Romanos contendit, Abraham non habere gloriandi materiam, quia fides illi in iustitiam sit imputata [Rom.

a) *1553—54* [Rom. 10. b. 8 *(lege 9)*]   b) *usque ad lineam 15 cf. 1536 I 59, 41—60, 3.*   c) *1545—50* + haec   d) *1559—61 male* 2   e) sed — esse > *1539—54*

1) Eckius, Enchiridion 1532 c. 5. C 7 b sq.; Iac. Latomus, De fide et operibus, opp. f. 135 b; Cochl., Philipp. III 10. 12; cf. conc. Trid. sess. 6. de iustific. can. 1 ed Richter p. 30 (Denz. ^{16/17} No. 811).   2) Gal. 3, 11 sq.

4. a. 2]¹; ac confirmationem subiicit, quod tum fidei iustitiae locus est ubi nulla sunt opera quibus debeatur merces. Ubi (inquit) sunt opera, illis debitum praemium expenditur ᵃ: quod datur fidei, gratuitum est ²; siquidem ᵇ et verborum, quibus illic utitur, sensus huc quoque pertinet ᶜ. Quod subnectit aliquanto post, ideo ex fide nos obtinere haereditatem, ut secundum gratiam: hinc ᵈ colligit gratuitam esse haereditatem, quia fide percipitur ³; unde id, nisi quia fides sine operum adminiculo, tota in Dei misericordiam recumbit? || Atque eodem sensu haud dubie alibi docet iustitiam Dei absque Lege manifestatam esse, quanvis testimonium habeat a Lege et Prophetis [Rom. 3. c. 21]: quia exclusa Lege operibus adiuvari negat, nec operando nos eam consequi, sed vacuos accedere ut eam recipiamus.

19. Iam perspicit lector quanta aequitate doctrinam nostram hodie Sophistae cavillentur, quum dicimus hominem sola fide iustificari.⁴ Fide iusti'ficari hominem quia toties in Scriptura recurrit, negare non audent: sed quum nusquam exprimatur Sola, hanc adiectionem fieri non sustinent.⁵ Itane? sed quid ad haec Pauli verba respondebunt, ubi contendit non esse ex fide iustitiam, nisi sit gratuita [Rom. 4. a. 2]⁶? Quomodo gratuitum cum operibus conveniet? Quibus etiam calumniis eludent quod alibi dicit, in Evangelio Dei iustitiam manifestari [Rom. 1. b. 17]? Si manifestatur in Evangelio iustitia, certe non lacera nec dimidia, sed plena et absoluta illic continetur. Lex ergo in ea locum non habet. Nec falsa ᵉ modo, sed plane ridicula ᶠ tergiversatione in exclusiva particula consistunt. Annon enim satis solide soli fidei tribuit omnia, qui operibus adimit? Quid sibi, amabo, volunt istae locutiones, Sine Lege manifestatam esse iustitiam, Iustificari gratis hominem [Rom. 3. c. 21, et 24], et sine operibus Legis⁷? Hic ingeniosum subterfugium habent: quod tametsi non excogitarunt ipsi, sed ab Origene et quibus-

---

a) *1539–43* repend.   b) *1539–45* + hic   c) siqu. — pert. > *VG 1541 sqq.*   d) *1550–54* hic; > *1539–45*   e) *1539* ridicula   f) *1539* falsa

1) Rom. 4, 2 sq.   2) Rom. 4, 4 sq.   3) Rom. 4, 16.   4) Rom. 3, 28 secundum vers. Lutheri; cf. Apologiam Conf. Aug. IV 73 (Bekenntnisschriften p. 174).   5) Schatzgeyer, Scrutinium 2. CC 5, 38; Eck., Enchir. c. 5. D 2 a; De Castro, Adv. haer. fol. 127 C sqq.; Herborn, Enchir. c. 4 CC 12, 27 sqq.; Cochlaeus, Philipp. III; Jac. Latomus, De fide et operibus; opp. f. 136 b; Pighius, Explicatio c. 2. f. 41 b; Jo. Roff., Confut. p. 60; Jo. Faber, Cur noluerit Lutheri doctrinam approbare c. 14 opusc. s 5 a; De fide et operibus I c. 9. opp. III. fol. 72 b. sqq.; cf. conc. Trid. sess. 6. decr. de iustif. c. 9; can. 9 ed. Richter p. 26 sq. 31 (Denz. ¹⁶'¹⁷ No. 802. 819).   6) Rom. 4, 2 sqq.   7) Rom. 3, 28.

dam veterum sumpserunt, ineptissimum tamen est. Opera Legis
ceremonialia excludi garriunt, non moralia[1]. Sic proficiunt assidue rixando[a] ut ne prima quidem dialecticae elementa teneant.
An putant delirare Apostolum dum ad eius sententiae probationem locos istos adducit? Qui fecerit haec homo, vivet in
ipsis. Et, Maledictus omnis qui non impleverit omnia quae
scripta sunt in volumine Legis [Galat. 3. b. 10. 12]? Nisi insaniant, non dicent promissam vitam ceremoniarum cultoribus,
nec denuntiatam maledictionem solis earum transgressoribus.
Si sunt de Lege morali intelligendi: non dubium quin a iustificandi potestate moralia quoque opera excludantur. Eodem
spectant istae ratiocinationes quibus utitur, Quoniam per Legem cognitio peccati: ideo non iustitia. Quia Lex iram operatur,
ergo non iustitiam [Rom. 3. c. 20, et 4. c. 15]. Quia lex certam
non potest reddere conscientiam, ideo nec iustitiam conferre
valet. Quia imputatur fides in iustitiam, ergo non est operis
merces iustitia, sed indebita donatur[2]. Quia ex fide iustificamur,
abscissa est gloriatio[3]. Si data esset Lex quae posset vivificare,
vere ex Lege esset[b] iustitia: sed Deus conclusit omnia sub peccato, ut promissio daretur credentibus [Galat. 3. d. 21]. Nu-
gentur, si audeant, in ceremonias ista competere, non in mores;
atqui pueri quoque ipsi exploderent tantam impudentiam. Maneat ergo nobis certum, de Lege tota verba fieri, quando Legi
derogatur iustificandi facultas.

20. Siquis autem miretur cur tali adiectione usus sit Apostolus, non contentus opera nominasse: in promptu est ratio. Siquidem ut tanti aestimentur opera, pretium a Dei approbatione
magis quam a propria dignitate illud habent. Quis enim operum
iustitiam Deo venditare audeat, nisi quam ipse approbarit?
quis tanquam illis debitam reposcere mercedem, nisi quam ille
promiserit? Habent ergo id[1] ex Dei beneficentia, quod et iustitiae titulo et mercede digna habentur[c]; atque adeo hac una

---

a) ass. rix.: *VG 1541 sqq.* en abbayent sans cesse en leurs escholes
b) *1539–54* esset ex lege   c) *VG 1541 sqq.* + si aucunement elles
en peuvent estre dignes

1) sic Pelagius (inter opp. Hieronymi), Comment. in ep. ad Rom.
c. 3. MSL 30, 66 C; Pseudo-Ambrosius, Comment. in Ep. ad Rom.
c. 3 MSL 17, 79 A; — Herborn, Enchir. 4. CC 12, 30; De Castro,
Adv. haer. fol. 129 C; Cochlaeus, Phil. III 32; Faber, De fide et operibus I c. 11. opp. III fol. 78a. — At contra Origenes haec verba
Apostoli ad legem Mosaicam non refert. Vide Orig., In Rom. lib. III, 7
(vv 3, 21 sqq.) ed. Lommatzsch VI p. 196 sqq.   2) Rom. 4, 4 sq.
3) Rom. 3, 27.

ratione valent, dum per ipsa propositum est obedientiam Deo exhibere. Quare ut probet alibi Apostolus, Abraham iustificari ex operibus non potuisse, allegat, ferme quadringentis demum et triginta annis post percussum foedus latam esse Legem [Galat. 3. c. 17]. Riderent huiusmodi argumentum imperiti, quod ante promulgationem Legis potuerint esse iusta opera: sed quia operibus nonnisi ex Dei testimonio ac dignatione tantum inesse momenti noverat, pro confesso assumpsit, ante Legem vim iustificandi non habuisse. Habemus cur opera Legis nominatim exprimat, dum vult illis detrahere iustificationem: quia scilicet[a] de illis solis controversia moveri potest. Quanquam et sine adiectione quaelibet interdum opera excipit, ut quum Davidis testimonio beatitudinem homini assignari dicit cui Deus sine operibus imputat iustitiam[b] [Rom. 4. a. 6]. Facere ergo nullis cavillis possunt quin generalem exclusivam obtineamus. Ac frustra etiam frivolam subtilitatem captant, iustificari nos sola fide quae per dilectionem operatur, ut nitatur charitate iustitia[1]. Fatemur quidem cum Paulo, non aliam fidem iustificare quam illam charitate efficacem[c] [Galat. 5. a. 6]: sed · ab illa charitatis efficacia iustificandi vim non sumit. Imo non alia ratione iustificat, nisi quia in communicationem iustitiae Christi nos inducit. Alioqui excideret id totum quod tanta contentione Apostolus urget. Ei qui operatur (ait) non imputatur merces secundum gratiam, sed secundum debitum [Rom. 4. a. 4]. Ei vero qui non operatur, sed credit in eum qui iustificat impium, imputatur sua fides ad iustitiam[2]. Poteratne evidentius loqui quam sic agendo? nullam esse fidei iustitiam, nisi ubi nulla sunt opera quibus debeatur merces: ac tum demum fidem imputari in iustitiam, ubi per indebitam gratiam iustitia confertur.

21. Nunc illud quam verum sit excutiamus, quod in finitione dictum est, iustitiam fidei esse reconciliationem cum Deo, quae sola peccatorum remissione constet[3]. Semper ad illud axioma redeundum est, universis iram Dei incumbere, quandiu peccatores esse perseverant. Id eleganter significavit Iesaias his verbis, Non est abbreviata manus Domini, ut servare nequeat, neque aggravata auris eius, ut non exaudiat: sed iniquitates vestrae dissidium fecerunt inter vos et Deum vestrum, et pec-

---

a) > *1539*   b) *1539* + Rom. quarto   c) char. eff.: *VG 1541 sqq.* qui est conioincte avec charité

1) Jo. Roff., Confutatio p. 65. 80; Wimpina, Anaceph. II 9 fol. 87a; Io. Eck., Enchir. c. 5. D 2a; De Castro, Adv. haer. fol. 128 D; Cochl., Phil. III 10.   2) Rom. 4, 5.   3) sect. 2 et 4; supra p. 182 sq. 184 sq.

DE MODO PERCIPIENDAE GRATIAE. CAP. XI

cata vestra absconderunt faciem eius a vobis, ne exaudiat [Iesa. 59. a. 1ᵃ]. Audimus peccatum esse divisionem inter hominem et Deum, vultus Dei aversionem a peccatore; nec fieri aliter potest: quandoquidem alienum est abᵇ eius iustitia quicquam commercii habere cum peccato. Unde Apostolus inimicum esse Deo hominem docet, donec in gratiam per Christum restituitur [Rom. 5. b. 8][1]. Quem ergo Dominus in coniunctionemᶜ recipit, eum dicitur iustificare: quia nec reˈcipere in gratiam, nec sibi adiungere potest quin ex peccatore iustum faciat. Istud addimus fieri per peccatorum remissionem. Nam si ab operibus aestimentur quos sibi Dominus reconciliavit, reperientur etiamnum revera peccatores, quos tamen peccato solutos purosque esse oportet. Constat itaque, quos Deus amplectitur, non aliter fieri iustos nisi quod abstersis peccatorum remissione maculis purificantur: ut talis iustitia uno verbo appellari queat peccatorum remissio.

22. Utrunque horum pulcherrime liquet ex istis Pauli verbis quae iam recitaviᵈ ², Erat Deus in Christo mundum sibi reconcilians, non imputans hominibus sua delicta, et deposuit apud nos verbum reconciliationis [2. Cor. 5. d. 19]. Deinde summam suae legationis subdit, Eum qui peccatum non noveratᵉ, pro nobis peccatum fecitᶠ, ut iustitia Dei efficeremur in illo [Ibidem, 21]. Iustitiam et reconciliationem hic promiscue nominat, ut alterum sub altero vicissim contineri intelligamus. Modum autem assequendae huius iustitiae docet, dum nobis delicta non imputantur. Quare ne posthac dubites quomodo nos Deus iustificet, quum audis reconciliare nos sibi, non imputando delicta. Sic ad Romanos, Davidis testimonio probat homini imputari iustitiam sine operibus, quia ille beatum pronuntiat hominem cuius remissae sunt iniquitates, cuius tecta sunt peccata, cui Dominus non imputavit delicta [Rom. 4. a. 6][3]. Beatitudinem proculdubio pro iustitia illic ponit; eam quum asserat in remissione peccatorum consistere, non est cur aliter ipsam definiamus. Proinde Zacharias pater Iohannis Baptistae cognitionem salutis in remissione peccatorum positam canit [Luc. 1. g. 77]. Quam regulam sequutus Paulus in concione quam de salutis summa apud Antiochenos habuit, conclusisse in hunc modum a Luca narratur, Per hunc remissio peccatorum vobis

---

a) *sic 1553 (59, 1 sq.); 1559–61 falso 7*   b) *> 1539–43*   c) *VG 1541 sqq.* en amour   d) *quae — rec. > 1539–54*   e) *1539–45* novit   f) *VG 1541 sqq.* + c'est à dire Sacrifice, sur lequel tous noz pechez ont esté transferez

1) Rom. 5, 8–10.   2) sect. 4; supra p. 185, 10 sq.   3) Rom. 4, 6–8.

annuntiatur: et ab omnibus iis a^a quibus non potuistis iustificari in Lege Mosis, in hunc omnis qui credit, iustificatur [Act. 13. f. 38]¹. Sic remissionem peccatorum connectit Apostolus^b cum iustitia ut idem prorsus esse ostendat; unde merito ratiocinatur^c, gratuitam esse nobis iustitiam quam indulgentia Dei obtinemus. ‖ Neque inusitata videri debet loquutio, iustos non operibus, sed gratuita acceptione esse fideles coram Deo: quum et toties occurrat in Scriptura, et veteres etiam interdum sic loquantur. Sic enim alicubi Augustinus, Sanctorum iustitia in hoc mundo magis peccatorum remissione constat quam perfectione virtutum [Lib. de Civitate Dei 19^d, cap. 27.]². ‖ Cui respondent praeclarae Bernardi sententiae, Non peccare, Dei iustitia est: hominis autem iustitia, Dei indulgentia [Serm. 23. in Cant.]³. Ante autem asseruerat, Christum nobis esse iustitiam in absolutione, ideoque^l solos esse iustos, qui veniam ex misericordia consequuti sunt [Serm. 22.]⁴.

23. Hinc et illud conficitur, sola intercessione iustitiae Christi nos obtinere ut coram Deo iustificemur. Quod perinde valet acsi diceretur, hominem non in seipso iustum esse, sed quia Christi iustitia imputatione cum illo communicatur, quod accurata animadversione dignum est. Siquidem evanescit nugamentum illud, ideo iustificari hominem fide, quoniam illa Spiritum Dei participat quo iustus redditur⁵, quod^e magis est contrarium superiori doctrinae quam ut conciliari unquam queat^f. Neque enim dubium quin sit inops propriae iustitiae qui iustitiam extra seipsum quaerere docetur. Id autem clarissime asserit Apostolus, quum scribit, eum, qui peccatum non noverat, pro nobis hostiam peccati expiatricem esse factum, ut efficeremur iustitia Dei in ipso [2. Cor. 5. d. 21]. Vides non in nobis, sed in Christo esse iustitiam nostram: nobis tantum eo iure competere quia Christi sumus participes; siquidem omnes eius divitias cum ipso possidemus^g. Nec obstat quod alibi docet, damnatum esse de peccato peccatum in Christi carne, ut iustitia Legis compleretur in nobis [Rom. 8. a. 3]⁶; ubi non aliud complementum designat quam quod imputatione consequimur. Eo

---

a) iis a > *1539-54*   b) > *1539-54*   c) *1539-54* + Apostolus
d) 19 > *1559-61*   e) *1539-54* quo nihil   f) quam — qu. > *1539-54*
g) *cf. Catech. 1538, CR Calv. opp. V 335*

1) Act. 13, 38 sq.   2) Aug., De civ. Dei XIX 27 MSL 41, 657; CSEL 40 II, 421, 26 sq.   3) Bernardus Claravall., In cantica, sermo 23, 15 MSL 183, 892 D.   4) ibidem sermo 22, 6. 11 MSL 183, 880 D; 884 A.
5) cf. Lomb., Sent. II. dist. 27, 6 MSL 192, 715; D. Scot., In sent. II. dist. 27. q. un. § 3. opp. 13, 249a.   6) Rom. 8, 3 sq.

enim iure communicat nobiscum Dominus Christus suam iustitiam, ut mirabili quodam modo, quantum pertinet ad Dei iudicium, vim eius in nos transfundat[a]. Aliud non sensisse abunde liquet ex altera sententia, quam paulo ante posuerat, Quemadmodum per unius inobedientiam constituti sumus peccatores, ita per obedientiam unius iustificati[b] [Rom. 5. d. 19]. Quid aliud est in Christi obedientia collocare nostram iustitiam, nisi asserere eo solo nos haberi iustos, quia Christi obedientia nobis accepta fertur, acsi nostra esset? Quare mihi elegantissime videtur Ambrosius huius iustitiae paradigma in benedictione Iacob statuisse; nempe quemadmodum ille primogenituram a seipso non meritus, habitu fratris occultatus, eiusque veste indutus, quae optimum odorem spirabat, seipsum insinuavit patri, ut suo commodo sub aliena persona benedictionem acciperet: ita nos sub Christi primogeniti nostri fratris pretiosa puritate delitescere, ut testimonium iustitiae a conspectu Dei referamus. ‖ Verba Ambrosii sunt, Quod Isaac odorem vestium olfecit, fortasse illud est, quia non operibus iustificamur, sed fide; quoniam carnalis infirmitas operibus impedimento est, sed fidei claritas factorum obumbrat errorem, quae meretur veniam delictorum[c] ‖ [Lib. 2. de Iacob et Vita beata; cap. 2[d]][1]. Et sane ita res habet; nam quo in salutem coram facie Dei compareamus, bono eius odore fragrare nos necesse est, et eius perfectione vitia nostra obtegi ac sepeliri.|

Ut serio nobis persuadeatur gratuita iustificatio, ad Dei tribunal tollendas esse mentes. CAP. XII.

1. Haec omnia tametsi luculentis testimoniis verissima esse patet, tamen quam necessaria sint, non prius nobis clare constiterit, quam ea nobis ob oculos posuerimus quae totius disputationis fundamenta esse debent. Principio ergo nobis succurrat illud: non de humani fori iustitia sed caelestis tribunalis, sermonem esse institutum: ne ad modulum nostrum metiamur, qua operum integritate divino iudicio satisfiat. Atqui mirum est quanta temeritate et audacia id vulgo definiatur. Quinetiam videre est ut nulli confidentius et plenioribus, quod aiunt,

---

a) Eo — transf.: *VG 1541 sqq.* Car le Seigneur Iesus nous communique en telle sorte sa Iustice, que par une vertu inenarrable, elle est transferée en nous, entant qu'il appartient au iugement de Dieu
b) *sic recte 1539-54; 1559-61 male* iustificari   c) Verba — del. > *VG 1560*   d) cap. 2 > *1539-50*

1) Ambrosius, De Iacob et vita beata II 2, 9 CSEL 32 II, 37, 5 sqq.

buccis de operum iustitia garriant, quam qui vel palpabilibus morbis prodigiose laborant, vel intercutibus crepant vitiis. Id fit quia Dei iustitiam non cogitant, cuius vel si minimo sensu afficerentur nunquam tanto eam ludibrio haberent. || Atqui certe ultra modum flocci penditur, si talis tamque perfecta non agnoscitur ut nihil ei acceptum sit nisi omni ex parte integrum et absolutum, nullaque sorde inquinatum; || quale in homine reperire nec licuit unquam, nec licebit. || ªFacile est scilicet ac promptum cuilibet, in scholarum umbraculis de operum dignitate ad iustificandos homines nugari: || sed ubi in conspectum Dei ventum est, facessant tales deliciae oportet; quia res illic agitur serio, non ludicra λογομαχία exercetur. Huc, huc referenda mens est, si volumus de vera iustitia cum fructu inquirere: quomodo caelesti iudici respondeamus, quum nos ad rationem vocaverit. Statuamus nobis iudicem illum, non qualem intellectus nostri sponte imaginantur[b], sed qui depingitur nobis in Scriptura: cuius scilicet fulgore obtenebrantur stellae, cuius robore liquefiunt montes[c], cuius ira terra concutitur, cuius sapientia deprehenduntur in astutia sua prudentes, cuius puritate inquinantur omnia, cuius ferendae iustitiae nec Angeli pares sunt, qui nocentem[d] non facit innocentem, cuius vindicta, quum semel accensa est, penetrat usque ad inferni novissima [Vide praecipue librum Iob.]. Sedeat, inquam, ille ad examinanda hominum facta: quis securus ad eius thronum se sistet? quis habitabit cum igne devorante? inquit Propheta: quis manebit cum ardoribus sempiternis? qui ambulat in iustitiis, et loquitur veritatem [Iesa. 33. b. 14][1], etc. Sed prodeat ille quisquis est. Imo vero facit illa responsio nequis prodeat. Ex adverso enim terri'bilis vox insonat, Si iniquitates observaveris Domine, Domine quis sustinebit [Psal. 130. a. 3]? Pereundum sane mox sit omnibus, ut alibi scribitur, Nunquid homo Dei comparatione iustificabitur; aut purior erit factore suo? Ecce qui serviunt ei non sunt fideles, et in angelis suis reperit pravitatem. Quanto magis qui habitant domos luteas, qui terrenum habent fundamentum, consumentur coram tinea[e]? A[f] mane usque ad vesperam succidentur [Iob 4. d. 17][2]. Item, Ecce, inter sanctos eius nemo est fidelis: et caeli non sunt mundi in conspectu eius. Quanto magis abominabilis et inutilis homo, qui

---

a) *ad sqq. (lin. 8–12) cf. infra cap. 14, 15, p. 234 lin. 22–27* b) *1539 –54* imaginamur c) *VG 1541 sqq.* + comme la neige au soleil d) *sic 1539–54; 1559–61 falso* innocentem e) cor. tin.: *1539–50* donec erit f) *1539–54* de

1) Jes. 33, 14 sq. 2) Iob 4, 17–20.

bibit quasi aquam iniquitatem [Iob 15. b. 15]¹ ? || Fateor quidem
in libro Iob mentionem fieri iustitiae quae excelsior est observatione Legis; atque hanc distinctionem tenere operaepretium
est: quia etiam si quis Legi satisfaceret^a, ne sic quidem staret
ad examen illius iustitiae quae sensus omnes exuperat. Itaque
etiam si Iob bene sibi conscius sit, attonitus tamen obmutescit:
quia videt ne Angelica quidem sanctitate posse Deum placari,
si ad summam trutinam revocet eorum opera. Ego igitur
iustitiam illam quam attigi, quia incomprehensibilis est, nunc
omitto: sed tantum dico, si exigitur vita nostra ad normam
scriptae Legis, nos esse plusquam socordes nisi horrenda formidine nos torqueant tot maledictiones, quibus nos expergefieri
voluit Deus: atque inter alias haec generalis, Maledictus omnis
qui non manserit in omnibus quae scripta sunt in hoc libro
[Deut. 27. d. 26]. Denique insipida vel diluta erit haec tota disputatio, nisi se quisque reum sistat coram caelesti iudice, et
de sua absolutione sollicitus, ultro se prosternat ac exinaniat.

2. Huc huc attollendi erant oculi, ut trepidare potius disceremus, quam inaniter exultare. Facile quidem est, dum in hominibus subsistit comparatio, ut se quisque habere reputet quod
alii contemnere non debeant: sed ubi ad Deum assurgimus, corruit dicto citius ac deperit fiducia illa. Atque id prorsus animae
nostrae erga Deum usu venit, quod erga visibile^b caelum corpori;
acies enim oculi, quantisper rebus adiacentibus perlustrandis
insistit, perspicientiae suae documenta capit: si in solem dirigitur,
nimio eius fulgore perstricta et obstupefacta, non minorem in
eius intuitu debilitatem sentit, quam in rerum inferiorum
aspectu robur. Ne fallamus ergo nos vana fiducia, etiamsi
reliquis hominibus vel pares vel superiores nos esse ducimus:
nihil id ad Deum, cuius ad arbitrium revocanda est ista cognitio^c.
Quod si domari ferocia nostra monitionibus istis nequit, respondebit nobis quod Pharisaeis dicebat, Vos estis qui vos iustificatis coram hominibus. At quod hominibus altum est, abominabile est Deo [Luc. 16. d. 15]. Eas nunc, et de iustitia tua
tumide inter homines glorieris, dum illam Deus e caelo abominetur. Quid autem servi Dei, vero cruditi eius Spiritu ? Ne intres
in iudicium cum^f servo tuo: quia non iustificabitur in conspectu
tuo omnis vivens [Psal. 143. a. 2]. Alter^d vero, quanquam sensu
paulum diverso^e, Non poterit homo iustus esse cum Deo: si
voluerit contendere cum eo, non poterit respondere unum pro

---

a) *VG 1560* + ce qui est impossible   b) > *1539*   c) *1539–45*
agnitio   d) *1543–45* Aliter   e) quanqu. — div. > *1539–54*

1) Iob 15, 15 sq.

mille [Iob 9. a. 2]¹. Hicᵃ iam ad liquidum audimus, qualis sit Dei iustitia cui scilicet nullis humanis operibus satisfietᵇ: cui mille scelerum nos interroganti, unius purgatio afferri non poterit. Talem nimirum iustitiam bene animo conceperat electum illud Dei organum Paulus, quum profiteretur se nihil sibi conscium esse, sed non in hoc iustificari [1. Cor. 4. a. 4].

3. Nec in sacris modo literis extant talia exempla: sed omnes pii scriptoresᶜ hunc sibi sensum fuisse demonstrant. Sic Augustinus, Omnium, inquit, piorum sub hoc onere corruptibilis carnis et in hac vitae infirmitate gementium una spes est, quod Mediatorem unum habemus Iesum Christum iustum: et ipse est exoratio pro peccatis nostris [Lib. ad Bon. 3. cap. 5]². Quid audimus? si unica haec illis spes est, ubi operum fiducia? Solam enim quum dicit, nullam aliam relinquit. Bernardus vero, Et re vera, ubi tuta firmaque infirmis requies et securitas, nisi in vulneribus Salvatoris? tanto illic securior habito, quanto potentior est ad salvandum. Fremit mundus, premit corpus, diabolus insidiatur. Non cado, quia fundatus sum supra firmam petram. Peccavi peccatum grave. Turbatur conscientia: sed non perturbabitur, quia vulnerum Domini recordabor [Super cant. serm. 61]³. Postea ex iis concludit, Meritum proinde meum miseratio Domini; non sum plane meriti inops, quandiu non fuerit ille inops miserationum. Quod si misericordiae Domini multae, multus ergoᵈ peraeque sum in meritis. Nunquid iustitias meas cantabo? Domine meminero iustitiae tuae solius. Ipsa enim est et mea, nempe factus est mihi iustitia a Deo⁴. Item alibi, Hoc totum hominis meritum, si totam spem ponat in eum qui totum hominem salvum facit [In Psal.ᵉ Qui habit. ser. 15]⁵. ∥ Similiter ubi pacem sibi retinens, gloriam relinquit Deo. Tibi, inquit, illibata maneat gloria: mecum bene agitur si pacem habuero. Abiuro gloriam prorsus: ne si usurpavero quod meum non est, perdam et oblatum [Serm. 13. in Cant.]⁶. Apertius etiam alio loco, De meritis quid sollicita sit Ecclesia? cui de proposito Dei firmior suppetit securiorque gloriandi ratio? Sic non est quod quaeras, quibus meritis speremus bona: praesertim quum audias apud Prophetam, Non propter vos

a) *1539–45* Hinc   b) *1539* satisfiat   c) pii script.: *VG 1545 sqq.* les Docteurs Chrestiens   d) *1543–50* ego   e) In Ps. > *1543–54*

1) Job 9, 2 sq.   2) Aug., Contra duas epist. Pelag. ad Bonif. III 5, 15 MSL 44, 599; CSEL 60, 504, 12 sqq.   3) Bernardus, In cant. serm. 61, 3 MSL 183, 1072 AB.   4) ibid. 5 col. 1073 A.   5) Bernard., In psalmum „Qui habitat" sermo 15, 5 MSL 183, 246 B.   6) Bernard., In cant. sermo 13, 4 MSL 183, 836 B.

faciam, sed propter me, dicit Dominus [Ezech. 36. e. 22. f. 32]. Sufficit ad meritum scire quod non sufficiant merita: sed ut ad meritum satis est de meritis non praesumere, sic carere meritis satis ad iudicium est [Serm. 68]ᵃ¹. Quod merita libere usurpat pro bonis operibus ignoscendum est consuetu׀dini. In fine veroᵇ consilium eius fuit terrere hypocritas, qui peccandi licentia contra Dei gratiam proterviunt: sicuti mox se explicat, FoelixEcclesia cui nec merita sine praesumptione, nec praesumptio absque meritis deest. Habet unde praesumat, sed non merita. Habet merita, sed ad promerendum, non praesumendum. Ipsum non praesumere nonne promereri est? Ergo eo praesumit securius quo non praesumit, cui ampla materies gloriandi est, misericordiae Domini multae².

4. Ita est sane. Hoc unicum salutis asylum, in quo respirare tuto possint, sentiunt exercitatae conscientiae, ubi cum Dei iudicio negotium est; ǁ nam si, quae lucidissimae videbantur noctu stellae, splendorem suum perdunt solis aspectu, quid putamus vel rarissimae hominis innocentiae futurum, ubi ad Dei puritatem composita fuerit? Erit enim severissimum illud examen, quod in abditissimas quasque cordis cogitationes penetrabit: et, quemadmodum ait Paulus, Revelabit occulta tenebrarum, et abscondita cordium reteget [1. Cor. 4. a. 5]: quod latitantem et restitantem conscientiam proferre cogetᶜ omnia quae nunc e memoria quoque nostra elapsa sunt. Urgebit accusator Diabolus, conscius omnium flagitiorum ad quae perpetranda nos impulerit: illic nihil proderunt externae bonorum operum pompae, quae solae nunc aestimantur: sola postulabitur voluntatis synceritas. Quare hypocrisis, non modo qua homo coram Deo sibi male conscius, ostentare se apud homines affectat, sed qua sibi quisque coram Deo imponit (ut sumus ad nos palpandos adulandosque proclives) confusa concidet, utcunque nunc plusquam temulenta audacia superbiat. Ad eiusmodi spectaculum qui sensum suum non dirigunt, suaviter quidem et placide iustitiam sibi ad momentum adstruere possunt, sed quae in iudicio Dei mox illis sit excutienda: non secus ac magnae opes, per somnium cumulatae, expergefactis evanescunt. Qui autem serio, tanquam sub Dei conspectu, de vera iustitiae regula quaerent, illi certo comperient, ǁ omnia hominum opera,

---

a) [Serm. —]: *1559-61 supra ante* [Ez. — 32] *exstat.* b) In — vero: *VG 1560* et en condamnant ceux qui n'ont point de merites c) *1539* + ea

1.) Bernardus, In cant. serm. 68, 6 MSL 183, 1111 AB. 2) idib. col. 1111 C.

si sua dignitate censeantur, nihil nisi inquinamenta esse et sordes: et quae iustitia vulgo habetur, eam apud Deum meram esse iniquitatem: quae integritas censetur, pollutionem[1]: quae gloria ducitur[a], ignominiam.

5. Ab hac divinae perfectionis contemplatione ad nos sine blanditiis caecove amoris affectu respiciendos descendere ne pigeat[b]. Mirum enim non est si tantopere caecutiamus in hac parte, quum a pestilenti erga se indulgentia nemo nostrum caveat, quam in nobis omnibus naturaliter haerere clamat Scriptura. Cuique viro, inquit Solomo, recta est via in oculis suis. Item, Omnes[1] viae hominis mundae videntur in oculis eius [Prov. 21. a. 2, et 16. a. 2]. Quid autem? an ista hallucinatione absolvitur? imo vero (quemadmodum ibidem subiungit) Dominus ponderat corda[2]; hoc est, dum homo ob externam quam prae se fert iustitiae larvam se demulcet, interim Dominus latentem cordis impuritatem trutina sua examinat. Quum ergo talibus blandimentis adeo non proficiatur, ne illudamus nobis ultro in nostram perniciem. Quo autem nos probe excutiamus, necessario ad Dei tribunal revocanda est nostra conscientia. Illius enim luce omnino opus est ad detegenda, quae alioqui nimis profunde latent, pravitatis nostrae involucra; tum dilucide demum perspiciemus quid ista valeant: longe abesse quin iustificetur coram Deo homo, putredo et vermis[3], abominabilis et vanus: qui bibit tanquam aquas iniquitatem [Iob. 15. b. 16]. Nam quis poneret mundum, de immundo conceptum semine? ne unus quidem [Iob. 14. a. 4]. Tum et idipsum experiemur quod de se Iob dicebat, Si innocentem me ostendere voluero, os meum condemnabit me: si iustum, pravum comprobabit [Iob. 9. c. 20]. Neque enim ad seculum unum, sed ad omnia pertinet, quod Propheta de Israele olim querebatur, omnes quasi oves errasse, unumquenque declinasse in viam suam [Iesa. 53. b. 6]. Siquidem omnes illic comprehendit ad quos perventura esset redemptionis gratia. Atque eousque procedere debet istius examinis rigor, donec in plenam consternationem nos subegerit, eoque modo ad recipiendam Christi[c] gratiam compararit. Fallitur enim, qui putat se huius fruendae esse capacem, nisi omnem prius animi altitudinem deiecerit. Notum est illud, Deum superbos confundere, humilibus dare gratiam [1. Pet. 5. b. 5].

---

a) *1539-50* dicitur   b) desc. — pig.: *1539-54* descendamus
c) *1539-54* Domini

1) cf. Melanchthonis Locos comm. ed. Kolde[4] p. 222.   2) Prov. 16, 2; 21, 2.   3) Iob 25, 6.

DE MODO PERCIPIENDAE GRATIAE. CAP. XII

6. Quae autem humiliandi nostri ratio nisi ut toti inopes ac vacui Dei misericordiae locum demus? || Non enim humilitatem voco, siquid nobis[a] residuum esse putamus.[b] Et hactenus perniciosam hypocrisin docuerunt qui haec simul duo iunxere[c], humiliter de nobis sentiendum coram Deo, et iustitiam nostram aliquo loco habendam[d][1]. Si enim contra quam sentimus confitemur coram Deo, improbe[e] illi mentimur; || sentire autem non possumus ut decet, quin prorsus quicquid videtur in nobis esse gloriosum conteratur. Quum ergo audis apud Prophetam paratam esse salutem humili populo, deiectionem oculis superborum [Psal. 18. c. 28]: primum cogita, ad salutem non patere accessum nisi deposita omni superbia, et assumpta solida humilitate: deinde humilitatem illam non esse modestiam aliquam, qua Domino de iure tuo pilum cedas[f], (qualiter humiles vocantur coram hominibus qui nec se fastuose efferunt, nec aliis insultant, quum tamen nonnulla excellentiae conscientia nitantur) sed submissionem non simulatam animi serio miseriae inopiaeque suae sensu consternati; sic enim ubique verbo Dei describitur. Quum[1] Dominus apud Zephaniam[g] sic loquitur, Auferam de te exultantem, residuum faciam in medio populi tui afflictum et pauperem, et sperabunt in Domino [Zepha. 3. c. 11][2]: annon aperte demonstrat qui sint humiles? Nempe qui suae paupertatis cognitione afflicti iacent[h]. Contra superbos vocat exultantes, quod rebus prosperis laeti homines soleant exultare. Humilibus vero, quos salvare instituit, nihil facit reliquum, nisi ut sperent in Domino. Sic et apud Iesaiam, Ad quem autem respiciam nisi ad pauperculum et contritum spiritu, ac trementem sermones meos [Iesa. 66. a. 2]? Item, Excelsus et sublimis, habitans aeternitatem, et sanctum nomen eius, in excelso et[i] in sancto habitans, et cum contrito humilique spiritu: ut vivificet spiritum humilium, et cor contritorum [Idem, 57. c. 15]. Quum audis toties Contritionis[k] nomen, intellige cordis vulnus, quod hominem humi prostratum attolli non sinat. Tali contritione vulneratum esse cor tuum decet, si velis cum humilibus, iuxta Dei sententiam, exaltari. Id si non fit, humiliaberis potenti Dei manu in tuum pudorem et dedecus[l].

1536 (I 56 sq.)

1539

a) *1536* sibi   b) *1536* putat   c) sim. — iunx.: *1536* duo iunxerunt   d) iust. — hab.: *1536* sciendum aliqua esse nostra merita   e) > *1536*   f) Dom. — ced.: *VG 1541 sqq.* nous quittions un seul poil de nostre droict, pour nous abbaisser devant Dieu   g) *1561* Sophoniam   h) affl. iac.: *1539-50* affliguntur   i) > *1539-50*   k) *VG 1541 sqq.* d'affliction   l) tuum — ded.: *1539-54* tuam confusionem

1) cf. Cochl., Phil. III, 10.   2) Zeph. 3, 11 sq.

7. Ac verbis non contentus optimus Magister, in parabola, velut in tabula, legitimae humilitatis imaginem nobis repraesentavit. Publicanum enim profert, qui procul stans, nec oculos audens in caelum erigere, cum multo planctu orat, Domine, propitius esto mihi peccatori [Luc. 18. c. 13]. Ne putemus esse haec fictae modestiae signa, quod caelum non audet intueri, nec propius accedere, quod pectus plangendo peccatorem se fatetur: sed interioris affectus sciamus esse testimonia. Ex adverso Pharisaeum opponit, qui gratias agit Deo a quod non sit ex vulgo hominum, aut raptor, aut iniustus, aut adulter: quoniam bis ieiunaret in sabbato, decimas daret omnium quae possidebat[1]. Aperta confessione agnoscit esse Dei donum quam habet iustitiam: sed quia iustum se esse confidit, discedit a facie Dei ingratus et odiosus. Publicanus suae iniquitatis agnitione iustificatur[2]. Hinc videre licet quanta sit humiliationis nostrae gratia coram Domino: ut non pateat suscipiendae eius b misericordiae pectus, nisi omni propriae dignitatis opinione prorsus vacuum. Haec ubi occupavit, illi claudit aditum. Quod ne cui dubium foret, cum hoc mandato dimissus est Christus a Patre in terram, ut evangelizaret pauperibus, mederetur contritis corde, praedicaret captivis libertatem, clausis apertionem, consolaretur lugentes c: daret illis gloriam pro cinere, oleum pro luctu, pallium laudis pro spiritu moeroris [Iesa. 61. a. 1][3]. Secundum istud mandatum, nonnisi laborantes et oneratos ad participandam suam beneficentiam invitat. || Et alibi, Non veni ad iustos vocandos, sed peccatores [Mat. 11. d. 28, et 9. b. 13].[1]

8. Ergo si Christi vocationi locum dare libet, facessat procul omnis d a nobis tum arrogantia, tum securitas e. Illa ex stulta propriae iustitiae persuasione nascitur, ubi homo habere se f aliquid putat cuius merito apud Deum commendetur; haec etiam sine ulla operum persuasione esse potest. Multi enim peccatores, quia vitiorum dulcedine inebriati, Dei g iudicium non cogitant, tanquam veterno quodam obstupefacti iacent, ne aspirent ad oblatam sibi misericordiam. At vero non minus excutiendus talis torpor quam abiicienda quaevis nostri confidentia, quo expediti ad Christum festinemus, quo vacui et ieiuni impleri ipsius bonis queamus. || Nunquam enim illi h satis confidemus, nisi de nobis penitus diffisi: nunquam in ipso

---

a) *1539–54* Domino b) *1539–54* Domini c) *1539–54* languentes d) > *1561* e) *VG 1541 sqq.* presumption f) *1561* se hab. g) > *1539–43* h) *1536* Deo

1) Luc. 18, 11 sq. 2) Luc. 18, 14. 3) Ies. 61, 1–3.

satis animos erigemus, nisi prius in nobis deiectos: nunquam in ipso nos satis[a] solabimur, nisi in nobis desolati. || Gratiae ergo Dei apprehendendae ac obtinendae, abiecta quidem prorsus nostri fiducia, freti vero sola bonitatis eius certitudine, idonei
5 sumus, dum (ut ait Augustinus) nostra merita obliti, Christi dona amplectimur [De ver. Apostoli, cap. 8^b][1]; || quia si in nobis merita quaereret, non veniremus ad eius dona. Cui pulchre succinit Bernardus, servis infidis comparans superbos, qui meritis suis vel minimum arrogant: quia laudem gratiae per se transeun-
10 tis improbe retinent, perinde acsi paries radium se parturire dicat quem suscipit per fenestram [Ser. 13. in Can.][2]. || Ne longius hic immoremur, habeamus brevem sed generalem certamque regulam, eum ad participandos divinae misericordiae fructus comparatum, qui seipsum non dico iustitia (quae nulla est)
15 sed vana ventosaque iustitiae imagine penitus exinanivit; quia tantum quisque obiicit impedimenti Dei beneficentiae quantum in seipso acquiescit.

Duo esse in gratuita iustificatione observanda.
CAP. XIII.

20 1. Atque omnino quidem duo hic praecipue spectanda sunt, nempe[c] ut Domino illibata constet ac veluti sarta tecta[3] sua gloria, conscientiis vero nostris coram ipsius iudicio placida quies ac serena tranquillitas. Videmus quoties ac quam sollicite Scriptura nos hortetur[d] ad reddendam soli Deo laudis confessio-
25 nem, ubi de iustitia agitur. Atque adeo[e] hunc finem Domino fuisse testatur Apostolus conferendae nobis in Christo iustitiae, ut suam ipse[f] demonstraret [Rom. 3. d. 25^g]. Mox vero qualis illa sit[1] demonstratio subiungit: nempe si solus ille iustus cognoscatur, ac iustificans eum qui est ex fide Iesu Christi[4]. Vides iustitiam
30 Dei non satis illustrari nisi et solus censeatur iustus, et immerentibus iustitiae gratiam communicet? Hac ratione vult omne os obthurari, et obnoxium sibi reddi universum mundum[5]: quia quantisper habet homo quod in suam defensionem loquatur, Dei gloriae nonnihil decedit. Sic apud Ezechielem docet quan-
35 topere ex recognitione nostrae iniquitatis nomen suum glorificemus. Recordabimini, inquit, viarum et omnium scelerum

---

a) anim. — sat. > *1561*   b) *1536-54 falso* 11   c) > *1539-54*
d) *1539-43* hortatur   e) *1539-43* ideo   f) suam ipse: *1539-54* iustitiam suam   g) *1553* 25. 26. (*vide not. 3*)

40 1) Aug., Serm. 174, 2 MSL 38, 941.   2) Bernard., In cant. sermo 13, 5 MSL 183, 836 D.   3) Plaut. Trin. 317.   4) Rom. 3, 26.   5) Rom. 3, 19.

quibus polluti estis: et displicebitis vobis in conspectu vestro, in omnibus malitiis quas commisistis. Et scietis quia ego Dominus, quum benefecero vobis propter nomen meum: et non secundum scelera vestra pessima [Ezec. 20. g. 43ᵃ]. Si haec in vera Dei notitia continentur, ut propriae iniquitatis conscientia attritiᵇ, nobis benefacere indignis illum reputemus: quid magno nostro malo tentamus vel ullam particulam ex ista gratuitae benignitatis laude Domino suffurari? Similiter Ieremias, dum clamat, Ne glorietur sapiens in sapientia sua, aut dives in divitiis suis, aut fortis in fortitudine sua: sed qui gloriatur, in Domino glorietur [Iere. 9. f. 23][1]; annon innuit de gloria Dei nonnihil deperire si in semetipso homo gloriatur? || In hunc certe usum Paulus verba illa accommodat, quum omnes salutis nostrae partes apud Christum depositas esse tradit, ut nonnisi in Domino gloriemur [1. Cor. 1. c. 30][2]. Significat enim contra Deum insurgere et tenebras obducere gloriae eius quisquis vel tantillum de suo se habere putat.

2. Ita est sane: nunquam in ipso vere gloriamur, nisi nostra gloria penitus abdicati. Contra || hocᶜ habendum est catholicum theorema, adversus Deum gloriari quicunque in se gloriantur. Siquidem || ita demum reddi obnoxium Deo mundum censet Paulus [Rom. 3.ᵈ c. 19] dum prorsus adempta est hominibus quaevis gloriandi materia. || Proinde Iesaias, quum iustificationem Israel in Deo fore denuntiat, addit simul et laudem [Iesa. 45. e. 25]: quasi diceret, in hunc finem a Domino iustificari electos ut in ipso non alibi glorientur. Qualiter autem laudari nos in Domino conveniat, proximo versu docuerat; nempe ut iuremus esse in Domino iustitias nostras, et fortitudinem nostram[3]. Observa non exigi simplicem confessionem, sed iuramento confirmatam: ne ficta nescio qua humilitate defungendum putes. Neque hic causetur quispiam se nequaquam gloriari, dum citra arrogantiam, propriam iustitiam recognoscit; talis enim aestimatio esse non potest quin fiduciam generet, nec fiducia quin gloriam pariat. Meminerimus ergo in tota iustitiae disputatione finem hunc esse spectandum, ut illius laus penes Dominum solida integraque maneat. Quandoquidem in demonstrationem iustitiae suae gratiam suam, teste Apostolo, in nos effudit, quo sitⁱ ipse iustus, et iustificans eum qui est ex fide Christi [Rom. 3. d. 26]. Unde alio loco, quum docuisset

---

a) *sic 1553 (sc. 43 sq.); 1559-61 falso 42*   b) *VG 1541 sqq. estans abatuz, et comme menuysez*   c) *1536 + enim*   d) *sic 1553-54; 1559 corrupt.; 1561 falso 2.*

1) Ier. 9, 22 sq. = vg. 9, 23.   2) 1. Cor. 1, 30 sq.   3) Ies. 45, 24.

Dominum nobis salutem contulisse, quo nominis sui gloriam illustraret [Ephes. 1. b. 6]: postea, quasi idem repetens, subiicit, Gratia estis salvati, ac Dei dono, non operibus, nequis glorietur [Ephes. 2. b. 8][1]. || Et Petrus, dum admonet nos in spem salutis vocatos esse, ut virtutes enarremus eius qui e tenebris nos vocavit in admirabile lumen suum [1. Pet. 2. b. 9], haud dubie vult ita personare in aure fidelium solas Dei laudes, ut alto silentio obruant omnem carnis arrogantiam. || Summa haec est, non posse hominem sibi ullam iustitiae micam sine sacrilegio vendicare, quia tantundem ex divinae iustitiae gloria decerpitur ac delibatur.

3. Iam si quaerimus qua ratione serenari queat coram Deo conscientia, non aliam reperiemus quam si gratuita nobis iustitia, Dei dono conferatur. Subeat semper illud Solomonis, Quis dicet, Mundavi cor meum, purificatus sum a peccato meo [Prov. 20. b. 9]? Nemo est certe qui non infinita colluvie obruatur. In suam ergo conscientiam descendat vel perfectissimus quisque, et facta sua ad calculum vocet, quem tandem exitum habebit? An, quasi bene composita sibi sint cum Deo omnia, suaviter conquiescet, ac non potius diris tormentis lacerabitur, quum in se damnationis materiam, si ab operibus aestimetur, residere sentiet? Conscientiam, si Deum respicit, vel cum illius iudicio certam pacem habere necesse est, vel inferorum terroribus obsideri. Nihil ergo proficimus de iustitia disserendo, nisi eam statuerimus cuius stabilitate anima nostra in Dei iudicio fulciatur. Ubi habebit anima nostra quo et intrepida coram Dei vultu appareat, et inconcussa eius iudicium excipiat: tum sciamus demum nos non fictitiam iustitiam reperisse. || Non ergo sine causa tantopere hac parte insistit Apostolus, cuius verbis agere quam meis malo. || Si ex Lege, inquit, promissio haereditatis, exinanita est fides, abolita est promissio [Rom. 4. c. 14].[a] Prius infert[b], exinanitam et evacuatam esse fidem, si iustitiae[b] promissio operum nostrorum merita respiciat, aut ex Legis observatione pendeat. Nunquam enim[c] in ea secure acquiescere quisquam posset[d]: quando nunquam futurum est ut certo apud se quisquam statuat se Legi satisfecisse, ut certe nullus unquam per opera plene satisfacit. Cuius rei ne longe petantur testimonia, sibi quisque testis esse potest, qui se recto oculo intueri volet. || Atque hinc apparet in quam

a) *1536* + duo infert   b) > *1536*   c) > *1539*   d) in — poss.: *1536* illa certo fidere quisquam posset aut in ea sec. acqu.

1) Eph. 2, 8 sq.

profundos recessus et tenebricosos hominum mentes defodiat hypocrisis, dum tam secure sibi indulgent ut opponere suas blanditias non dubitent Dei iudicio: quasi iustitium quoddam illi indicerent. Fideles autem, qui sincere seipsos excutiunt, longe alia sollicitudo angit et excruciat[a]. ‖ Igitur in omnium animos subiret primum haesitatio, demum et despe^ratio: dum pro se quisque subduceret quanta debiti mole adhuc premeretur[b], quamque longe distaret ab imposita sibi conditione. En iam oppressam extinctamque fidem; non enim fluctuari, variare, sursum deorsum ferri, haesitare, suspensum teneri[c], vacillare[d], desperare denique, fidere est: sed constanti certitudine ac solida securitate animum obfirmare, haberequ[e] ubi recumbas ac[f] pedem figas[g].

4. Alterum quoque adiungit, irritam et evanidam fore promissionem. ‖ Si enim eius complementum a nostro merito dependet, quando tandem huc ventum fuerit ut Dei beneficentiam promereamur? ‖ Quinetiam secundum istud membrum ex priore consequitur; siquidem non implebitur promissio nisi iis qui fidem illi habuerint. Collapsa igitur fide, nulla vis promissionis residua erit. ‖ Ideo ex fide haereditas, ut secundum gratiam ad stabiliendam promissionem. Abunde enim confirmata est dum sola Dei misericordia nititur: quia perpetuo nexu coniunctae sunt inter se misericordia et veritas, ‖ hoc est, quaecunque Deus misericorditer pollicetur, fideliter quoque praestat[h]. ‖ Sic David, antequam salutem sibi ex Dei eloquio postulet, causam primum statuit in eius misericordia. Veniant, inquit, ad me misericordiae tuae, salus tua secundum eloquium tuum [Psal. 119, 76]. Et merito: quia non aliunde ad promittendum inducitur Deus nisi ex mera misericordia[i]. ‖ Itaque hic[k] spem totam sistere convenit et velut profunde figere, non respectare ad nostra opera, quo ex illis subsidium aliquod petatur[l]. ‖ Sic et Augustinus agendum praecipit: ne hic novum aliquid dicere nos putes. In aeternum, inquit, regnabit Christus in servis suis. Hoc promisit Deus, hoc dixit[m] Deus; si parum est, hoc iuravit Deus. Quia ergo non secundum merita nostra, sed secundum illius misericordiam firma est promissio: nemo debet cum trepidatione praedicare de quo non potest dubitare [In Psal. 88,

---

a) Atque — excr. > *VG 1560*   b) *1536* obrueretur   c) *1536* versari   d) > *1536*   e) *1536* et habere   f) *1536 &*   g) *1536* + [1. Cor. 2 *(5)* 2. Cor. 13 *(4)*]   h) *1536* praestet   i) Et — mis. > *VG 1560*   k) It. hic.: *1536* Ideoque in hac *(sc. Dei misericordia)*   l) nostra — pet.: *1536* op. nostra, aut ex illis subsidium aliquod petere   m) *1553–54* dicit

Tract. priore.]¹. Bernardus quoque, Quis poterit salvus esse?
dicunt discipuli Christi. At ille, Apud homines impossibile hoc
est, sed non apud Deum². Haec tota fiducia nostra, haec unica
consolatio, haec tota ratio spei nostrae. Sed de possibilitate
certi, de voluntate quid agimus? Quis scit an odio vel amore
dignus sit [Eccles. 9. a. 1]? Quis cognovit sensum Domini, aut
quis consiliarius eius fuit [1. Cor. 2. d. 16]³? Hic iam plane fidem
nobis subvenire necesse est: hic oportet succurrere veritatem:
ut quod de nobis latet in corde Patris, per Spiritum reveletur,
et Spiritus eius testificans persuadeat cordibus nostris quod
filii Dei sumus. Persuadeat autem vocando et iustificando gratis
per fidem: in quibus nimirum velut medius quidam transitus
est ab aeterna prae!destinatione ad futuram gloriam [Serm. 5.
in dedicat. templi.]ᵃ⁴. || Breviter sic colligamus, Scriptura non
esse firmas Dei promissiones indicat, nisi certa conscientiae
fiducia arripiantur; ubicunque est dubitatio aut incertitudo,
irritas fieri pronuntiat; rursum nihil quam vacillare ac fluctuari
pronuntiat si operibus nostris incumbunt. Ergo aut pereat
nobis iustitia necesse est, aut ne veniant in considerationem
opera, || sed sola fides locum habeat, cuius isthaec natura est,
aures arrigere, oculos claudere: hoc est, uni promissioni intentam esse, cogitationem avertere ab omni hominis vel dignitate
vel merito. || Ita impletur praeclarum illud Zachariae vaticinium,
Quod ubi deleta fuerit iniquitas terrae, vocabit vir amicum
suum subter vineam, et subter ficum suam [Zach. 3. d. 9]⁵. Ubi
Propheta innuit, non aliter vera pace frui fideles, quam post
impetratam peccatorum remissionem. || Tenenda enim est
analogia haec in Prophetis ubi de Christi regno disserunt, externas Dei benedictiones quasi Spiritualium bonorum figuras
proponere. Unde et Christus rex pacis [Iesa. 9. b. 6]⁶ et pax
nostra [Ephes. 2. c. 14] vocatur: quia omnes conscientiae agi-
tationes sedat. Modus si quaeritur, ad sacrificium, quo pacatus
est Deus, venire necesse est: quia trepidare nunquam desinet
quisquis non statuet sola illa expiatione propitiari Deum qua
Christus iram eius sustinuit. Denique non alibi quam in Christi
redemptoris nostri terroribus pax nobis quaerenda.

5. Sed quid obscuriore testimonio utor? Negat ubique Paulus
pacem vel tranquillum gaudium relinqui conscientiis, nisi statu-

---

a) [Serm. —]: *1553–61 supra ante* [Eccles. —] *exstat.*

1) Aug., In Psalm. 88. enarrat. I, 5 MSL 37, 1123.   2) Matth. 19,
25 sq.   3) rectius Rom. 11, 34.   4) Bernardus, Sermo in dedicatione
ecclesiae 5, 6 sq. MSL 183, 533.   5) Zach. 3, 9 sq.   6) Ies. 9, 5 =
vg. 9, 6.

tum sit iustificari nos fide [Rom. 5. a. 1]. Unde autem illa certitudo, simul declarat, quum scilicet amor Dei in corda nostra diffusus est per Spiritum sanctum [Ibidem. 5]: acsi diceret non posse aliter sedari animas nostras nisi certo persuasi simus Deo nos placere. Unde etiam alibi exclamat ex piorum omnium persona, Quis nos separabit ab amore Dei, qui est in Christo[1]? quia ad minimam quamque auram trepidabimus donec appulerimus ad portum illum: securi autem erimus in caligine mortis, quandiu se nobis pastorem Deus ostendet [Psal. 23. a. 4]. Ergo quicunque garriunt nos fide iustificari, quia regeniti, spiritualiter vivendo iusti sumus[2], nunquam gustarunt gratiae dulcedinem, ut Deum sibi propitium fore considerent. Unde etiam sequitur, rite orandi modum nihilo magis eos scire quam Turcas et profanas alias quaslibet Gentes. Neque enim, teste Paulo, vera est fides nisi dictet et suggerat suavissimum illud Patris nomen[a], imo nisi os nobis aperiat proferendo libero clamori, Abba Pater [Galat. 4. a. 6]. Quod alibi clarius exprimit, In Christo nos habere audaciam et aditum in fiducia per fidem eius[3]. Hoc certe non contingit regenerationis dono: quod ut mutilum semper est in hac carne, ita multiplicem dubitandi materiam in se continet. Quare ad remedium illud venire ne'cesse est, ut statuant fideles non alio iure sperandam sibi esse haereditatem regni coelestis, nisi quia insiti in Christi corpus, iusti gratis reputantur. Nam quoad iustificationem res est mere passiva fides, nihil afferens nostrum ad conciliandam Dei gratiam, sed a Christo recipiens quod nobis deest.

Quale initium iustificationis et continui progressus.
CAP. XIIII.

1. Quo res dilucidior fiat, qualis possit esse toto vitae decursu hominis iustitia, excutiamus; quadruplicem vero faciamus gradum. Homines enim aut nulla Dei agnitione praediti, in idololatria demersi sunt: aut sacramentis initiati[b], vitae impuritate Deum, quem ore confitentur, factis abnegantes, titulo tenus sunt Christi: aut hypocritae sunt, qui cordis nequitiam inanibus fucis tegunt: aut Spiritu Dei regenerati, veram sanctimoniam meditantur. || In primis, quando naturalibus dotibus

---

a) *VG 1560* + pour invoquer Dieu franchement   b) aut sacr. init.: *VG 1541 sqq.* ou ayant receu la parolle et les sacremens

1) Rom. 8, 34 sq.   2) ad Osiandrum spectat; vide supra p. 188 not. 4.   3) Eph. 3, 12.

DE MODO PERCIPIENDAE GRATIAE. CAP. XIIII 221

censendi sunt^a, a vertice capitis ad plantam usque pedis scintilla boni non reperietur: || nisi forte^b volumus insimulare falsi Scripturam, dum hisce^c elogiis universos filios Adam commendat, quod pravo sint et praefracto corde [Iere. 17. b. 9], quod omne figmentum cordis eorum malum sit a primis annis [Genes. 8. d. 21], quod vanae sint eorum^d cogitationes, quod timorem Dei prae oculis non habeant[1], quod nemo eorum intelligat aut requirat Deum [Psal. 94. b. 11, et 14. a. 2]. || Breviter quod caro sint [Gene. 6. a. 3]: quo nomine intelliguntur opera illa omnia quae enumerantur a Paulo, fornicatio, immunditia, impudicitia, luxuria, idolorum cultus^e, veneficia, inimicitiae, contentiones, aemulationes, irae, rixae, dissensiones, sectae, invidiae, homicidia, et quicquid foeditatis et^f abominationis excogitari potest [Galat. 5. c. 19][2]. Haec est dignitas scilicet cuius fiducia superbire debeant^g. || Quod siqui inter eos ea morum honestate pollent, quae speciem aliquam sanctitatis habeat inter homines: quia tamen scimus Deum non morari externum splendorem, ad fontem ipsum operum penetrandum est, siquid ipsa valere velimus ad iustitiam. Inspiciendum, inquam, penitus est ex quo affectu cordis opera ista prodeant. Quanquam autem latissimus hic dicendi campus patet, quia tamen paucissimis verbis potest res expediri, sequar quantum licebit in docendo compendium.

2. Principio, non inficior esse Dei dona, quaecunque in incredulis apparent egregiae dotes. Nequeⁱ vero sic a sensu communi dissideo, nihil ut interesse contendam inter Titi et Traiani iustitiam, moderationem, aequitatem, ac Caligulae, vel Neronis, vel Domitiani rabiem, intemperiem, saevitiam^h: inter obscoenas Tiberii libidines, et Vespasiani hac in parte continentiam: ac (ne in singularibus aut virtutibus aut vitiis immoremur) inter iuris legumque observationem ac contemptum. Tantum enim est iusti et iniusti discrimen ut vel in mortuo illius simulacro appareat. Quid enim ordinatum restabit in mundo si haec inter se confundamus[i]? Itaque eiusmodi distinctionem inter honesta et turpia facinora non modo singulorum mentibus Dominus insculpsit, sed providentiae quoque suae dispensatione saepe confirmat. Videmus enim ut multis praesentis vitae

---

a) In — sunt: *1536* In homine igitur, si naturalibus suis dotibus censeatur   b) *sic 1539-54, 1561; 1559 falso* fore   c) *1539-54* iisce
d) > *1539-50*   e) *1536-39* servitus   f) *1536* aut   g) Haec — deb.:
1536 Tantae scilicet dignitatis fiducia stolide adversus Deum superbimus   h) *VG 1541 sqq.* + qui ont régné comme bestes furieuses
i) *1539-54* confundantur

1) cf. Exod. 20, 20.   2) Gal. 5, 19-21.

benedictionibus prosequatur eos qui inter homines virtutem colunt. Non quod externa illa virtutis imago minimum eius beneficium mereatur: sed ita placet illi approbare quantopere cordi sit sibi vera iustitia^a, dum externam quoque et simulatam temporali remuneratione carere non patitur. Unde sequitur quod nuper confessi sumus, Dei esse dona qualescunque istas virtutes aut virtutum potius imagines: quando nihil est ullo modo laudabile quod non ab ipso proficiscatur.

3. Atqui nihilominus verum est quod Augustinus scribit, omnes a Dei unius religione alienos, utcunque ob virtutis opinionem admirabiles habeantur, non modo nulla remuneratione dignos, sed magis punitione: quod pura Dei bona cordis sui pollutione contaminant. Etsi^b enim Dei instrumenta sunt ad conservandam, iustitia, continentia, amicitia, temperantia, fortitudine, prudentia, hominum societatem: bona tamen haec Dei opera pessime exequuntur: quia non syncero boni studio, sed vel sola ambitione, vel amore sui, vel alio quovis obliquo affectu continentur a male agendo. Quum ergo ab ipsa cordis impuritate, velut a sua origine, corrupta sint, non magis inter virtutes ponenda erunt quam vitia quae ob affinitatem ac similitudinem virtutis imponere solent. Denique quum perpetuum esse meminerimus recti finem, ut Deo serviatur: quicquid alio contendit, iam merito amittit recti nomen. Quia ergo scopum non respiciunt quem Dei sapientia praescribit: tametsi officio bonum videtur quod agunt, fine tamen perverso peccatum est [Lib. 4. contra Jul.]¹. ‖ Constituit igitur, omnes Fabritios, Scipiones et Catones in illis suis praeclaris facinoribus hoc peccasse quod quum fidei luce carerent, non ad eum finem ipsa retulerunt ad quem referre debuerunt; non fuisse ergo in illis veram iustitiam: quia non actibus sed finibus pensantur officia^c².

4. Praeterea si verum est quod Iohannes ait, non esse vitam extra filium Dei [1. Iohan. 5. c. 12]:¹ ‖ qui partem in Christo non habent, quales quales sint, quicquid agant, vel moliantur, in exitium^d tamen^e aeternaeque mortis iudicium toto cursu pergunt.^f ‖ Secundum hanc rationem illud ab Augustino dictum est, Religio nostra iustos ab iniustis non operum, sed ipsa fidei lege discernit: sine qua quae videntur bona opera, in pec-

---

a) *VG 1541 sqq.* vertu   b) *1539–45, 1554* Et si   c) non fuisse — off. > *VG 1545 sqq.*   d) *1536* exitum   e) *1536–54* + *& (1536* ac*)* confusionem   f) toto — perg.: *1536* abeunt:

1) Aug., Contra Iulianum IV 3, 16 sqq. 21. MSL 44, 744 sqq.
2) ibid. IV 3, 25. 26 MSL 44, 750 sq.

DE MODO PERCIPIENDAE GRATIAE. CAP. XIIII 223

cata vertuntur^a [Lib. ad Bonif. 3. cap. 5.]¹. || Quamobrem belle 1539 idem ipse alibi, dum^b talium hominum studium erroneo cursui comparat. Quo enim magis strenue currit quis extra viam, eo longius a scopo recedit, ideoque fit miserior. Quàre melius esse contendit in via claudicare, quam extra viam currere [Praef. in Psal. 31^c]². Postremo malas esse arbores constat, quando sine Christi communicatione nulla est sanctificatio; pulchros ergo et aspectu speciosos, gustu etiam suaves fructus generare possunt: bonos nequaquam. Hinc facile cernimus esse maledictum, nec modo nullius ad iustitiam pretii, sed certi in damnationem meriti, quicquid cogitat, meditatur, perficit homo, antequam Deo per fidem reconcilietur. Et quid tanquam de re dubia disputamus, quum iam probatum sit^d testimonio Apostoli, impossibile esse ut sine fide quispiam placeat Deo [Heb. 11. b. 6.]?

5. Sed probatio etiamnum apertior lucebit^e si naturali hominis conditioni Dei gratia e regione opponatur. Clamat enim ubique Scriptura, nihil in homine Deum reperire quo ad benefaciendum illi incitetur, sed gratuita sua benignitate illum praevenire. Quid enim ad vitam possit mortuus^f? Atqui dum sui cognitione nos illuminat, dicitur a morte suscitare, ac novam creaturam facere [Iohan. 5. e. 25^g]. Hoc siquidem titulo (praesertim apud Apostolum) videmus saepe Dei erga nos benignitatem commendari. Deus (inquit) qui dives est in misericordia, propter multam charitatem qua dilexit nos, etiam quum essemus mortui peccatis, convivificavit nos in Christo, etc. [Ephes. 2. a. 4]³. Alibi dum sub typo Abrahae generalem fidelium vocationem tractat, Deus est, inquit, qui vivificat mortuos, et vocat ea quae non sunt tanquam sint [Rom. 4. c. 17]. Si nihil sumus, quid quaeso possumus? Quare arrogantiam istam valide retundit Dominus in historia Iob, in^h his verbis, Quis praevenit me, et retribuam ei? omnia enim mea sunt [Iob 41. a. 2.]⁴. Quam sententiam explicans Paulus [Rom. 11. d. 35] eo confert, ne putemus nos aliquid ad Dominum afferre praeter meram inopiae et vacuitatis ignominiam¹. Quare loco

a) *1543 (in textu)* + Lib. ad Bonifac. 3. cap. 5. b) Quam. — dum: *1539* Belle ergo Augustinus: qui alicubl c) *Sic recte 1545–54;* Praef. — Ps. 31 > *1539–43;* 31 > *1559–61* d) *1539* + ex e) *1539–54* elucebit f) Quid — mort.: *VG 1541 sqq.* Car qu'est-ce que pourroit avoir un mort, pour estre ressuscité *(1541–45* restitué*)* en vie g) *VG 1541 sqq.* + et en autres passages h) > *1539* i) inop. — ign.: *1539–54* confusionem

1) Aug., Contra duas epist. Pelag. ad Bonif. III 5, 14 MSL 44, 597 sq.; CSEL 60, 502, 5 sq. 503, 9 sq. 2) Aug., In Ps. 31. enarr. II, 4 MSL 259 sq. 3) Eph. 2, 4 sq. 4) Iob 41, 3 = vg. 41, 2.

supra citato, ut probet sola eius gratia, non operibus, in spem salutis nos pervenisse[1], allegat nos illius esse creaturas, quoniam regenerati sumus in Christo Iesu, ad bona opera quae praeparavit ut in illis ambulemus [Ephe. 2. b. 10.]. Acsi diceret, Quis nostrum iactet se sua iustitia Deum! provocasse, quum prima nostra ad bene agendum potentia ex regeneratione fluat? Ut enim natura conditi sumus, citius ex lapide oleum quam ex nobis opus bonum exprimetur[a]. Mirum profecto si homo, tantae ignominiae damnatus, audet sibi adhuc reliquum aliquid facere. Fateamur ergo cum praeclaro isto Dei organo[b], nos a Domino vocatos vocatione sancta: non secundum opera nostra, sed secundum propositum ac gratiam eius [2.[c] Tim. 1. c. 9]: ac benignitatem dilectionemque erga nos Salvatoris nostri Dei apparuisse: quia non ex operibus iustitiae quae fecerimus nos, sed secundum suam misericordiam salvos nos fecit: ut iustificati illius gratia, haeredes efficeremur vitae aeternae [Tit. 3. b. 4.][2]. Hac confessione, omni iustitia usque ad minimam particulam hominem spoliamus, donec sola misericordia in spem vitae aeternae regeneratus fuerit: quando, si aliquid operum iustitia ad nos iustificandos confert, falso dicimur gratia iustificari. Non exciderat sane sibi Apostolus quum gratuitam asseruit iustificationem, qui alio loco argumentatur, gratiam iam non esse gratiam siquid opera valeant [Rom. 11. a. 6.]. Et quid aliud sibi vult Dominus, quum negat se venisse ad vocandos iustos, sed peccatores [Matth. 9. b. 13]? Si soli peccatores admittuntur, quid per fictitias iustitias aditum quaeramus?

6. Redit eadem mihi subinde cogitatio, periculum esse ne Dei misericordiae sim iniurius, qui tanta anxietate in ea asserenda laborem, perinde acsi dubia obscurave foret. Sed quoniam ea est nostra malignitas, quae nunquam nisi validissime depulsa[d], concedat Deo quod suum est, cogor paulo longius insistere. Quia tamen satis perspicua est in hac re Scriptura, eius potius verbis quam meis pugnabo. Iesaias, ubi descripsit universale generis humani exitium, pulchre ordinem restitutionis subtexit, Vidit Dominus, et malum apparuit in oculis eius. Et vidit quia non est vir: et admiratus est, quia non est qui intercedat: et salutem posuit in brachio suo, et iustitia sua se confirmavit [Iesa. 59. c. 15][3]. Ubi sunt nostrae iustitiae, si

a) *1539–50* exprimatur   b) *VG 1541 sqq.* + Sainct Paul   c) *1559 falso* 1   d) nisi — dep.: *VG 1541 sqq.* sinon qu'elle soit contreincte par necessité

1) Eph. 2, 8 sq.; supra p. 217, 3.   2) Tit. 3, 4. 5. 7.   3) Ies. 59, 15 sq.

verum est quod ait Propheta, neminem esse qui in recuperanda sua salute Domino opituletur? Sic alius Propheta, ubi Dominum de reconciliandis sibi peccatoribus agentem inducit, Desponsabo, inquit, te mihi in perpetuum in iustitia, iudicio, gratia et misericordia. Dicam misericordiam non consequutae, Misericordiam consequuta [Oseae. 2. d. 19, et 23.]¹. Eiusmodi foedus, quod primam nobis esse cum Deo coniunctionem constat, si misericordia Dei nititur, nullum relinquitur iustitiae nostrae fundamentum. Et vero intelligere ex iis qui hominem cum aliqua operum iustitiaᵃ Deo obviam procedere fingunt² cupiam, an omnino ullam iustitiam esse putent nisi quae sit accepta Deo. Id cogitare si insanum est: quid Deo gratum ab eiusⁱ inimicis prodeat, quos totos cum omnibus suis factis aversatur? Omnes, inquam, nos esse capitales ac professos inimicos Dei nostri testatur veritas [Rom. 5. a. 6; Coloss. 1. c. 21], donec iustificati, in amicitiam recipimurᵇ. Si principium dilectionis est iustificatio, quae operum iustitia illam praecedent? Ita ut pestilentem illam arrogantiam avertat Iohannes, diligenter nos monet quomodo non priores eum dilexerimus [1. Iohan. 4. b. 10]. Et idipsum iam olim per Prophetam suum Dominus docuerat. Diligam, inquit, eos spontanea dilectione: quia conversus est furor meus [Oseae 14. b. 5]. Operibus certe non instigatur, si sponte ad nos inclinavitᶜ seᵈ eius dilectio. || Sed rude hominum vulgus nihil id aliud esse putat nisi quod ut redemptionem nostram perageret Christus, nemo promeritus fuerit: ut autem redemptionis possessionem adeamus, operibus nostris adiuvari³. Imo vero, utcunque a Christo redempti simus, donec tamen vocatione Patris inserimur in illius communionem, et tenebrae et mortis haeredes et Dei adversarii sumus. Non enim ab immunditiis nostris purgari nos et ablui Paulus docet Christi sanguine, nisi dum purgationem illam Spiritus in nobis efficit [1. Cor. 6. b. 11]. Quod idem dicere volens Petrus, declarat Spiritus sanctificationem valere in obedientiam, et aspersionem sanguinis Christi [1. Pet. 1. a. 2]. Si Christi sanguine in purificationem per Spiritum aspergimur, ne putemus alios nos

---

a) al. — Iust.: *VG 1541 sqq.* quelques merites   b) Omn. — rec.: *VG 1541 sqq.* La verité tesmoigne, que nous sommes tous ennemys mortelz de Dieu, et qu'il y a guerre ouverte entre luy et nous, iusques à ce qu'estans iustifiez, nous rentrions en sa grace   c) *1539–50* inclinat   d) > *1539–43*

1) Hos. 2, 21. 25 = vg. 2, 19. 23.   2) Eck., Enchir. c. 5 C 7 b; Cochl., Phil. III 45; cf. supra p. 199 not. 1.   3) cf. D. Scotum, In sent. III. dist. 19. q. un. § 8; opp. 14, 719.

esse ante huiusmodo irrigationem, quam est sine Christo peccator. Maneat ergo illud, principium nostrae salutis esse quandam velut a morte in vitam resurrectionem: ‖ quia ubi propter Christum nobis datum est in eum credere[1], tunc incipimus demum transire a morte in vitam.

7. Sub hac ratione, qui secundus et tertius in divisione supra posita notatus fuit hominum ordo, comprehenditur. Conscientiae enim impuritas utrosque nondum esse Dei Spiritu regeneratos arguit. Rursum autem, regenerationem in eis nullam esse, hoc[a] defectum prodit fidei. Unde liquet, Deo nondum reconciliatos, nondum in eius conspectu iustificatos: quando ad haec bona nisi per fidem non pervenitur. Quid pariant peccatores a Deo alienati, nisi illius iudicio execrabile? Hac quidem stolida confidentia cum impii omnes turgent, tum praesertim hypocritae, quod utcunque totum cor suum obscoenitate scatere norint: siqua tamen edunt speciosa opera, digna aestimant quae Deus non aspernetur. Hinc perniciosus ille error, quod sceleratae et nefariae mentis convicti, adigi tamen nequeunt ut se iustitia vacuos fateantur: sed iniustos se agnoscentes, quia inficiando non sunt, iustitiam tamen nonnullam sibi arrogant. Hanc vanitatem egregie Dominus refutat per Prophetam[b], Interroga, inquit, Sacerdotes, dicens, Si tulerit homo carnem sanctificatam in ora vestimenti sui, et panem aut alium cibum admoverit, nunquid¹ sanctificabitur? Responderunt autem sacerdotes, Non. Et dixit Haggaeus, Si tetigerit pollutus in anima aliquid horum, nonne contaminabitur? Responderunt sacerdotes, Contaminabitur. Dixit Haggaeus, Sic populus iste ante faciem meam, dicit Dominus: et sic omne opus manuum eorum, et omnia quae obtulerint mihi, contaminata erunt [Hagg. 2. b. 12][2]. Utinam haec sententia vel plenam fidem posset obtinere apud nos, vel memoriae probe insidere. Nemo enim est quanlibet alioqui tota vita flagitiosus, qui persuadere sibi sustineat quod hic Dominus clare pronuntiat. Simul ac nequissimus quisque uno vel altero Legis officio perfunctus est, non dubitat sibi iustitiae loco acceptum ferri; at Dominus reclamat, nullam inde acquiri sanctificationem nisi corde prius bene purgato. Neque eo contentus, contaminari[c] cordis impuritate, quaecunque a peccatoribus prodeunt opera, asseverat. Facessat ergo nomen iustitiae ab his operibus quae pollutionis, ore Domini damnantur. Et quam eleganti similitudine illud demon-

---

a) reg. — hoc: *1539* regeneratio   b) *VG 1541 sqq.* + Haggée
c) *1539-50* + illa

1) Phil. 1, 29.   2) Hag. 2, 11-14 = vg. 2, 12-15.

strat? poterat enim obiectari, sanctum inviolabiliter esse quod Dominus praecepisset. Ipse vero contra opponit, nihil mirum esse si quae sanctificata sunt in Lege Domini, improborum spurcitia contaminantur: quum sacrum attrectando, immunda manus profanet.

8. Eandem enim [a] causam egregie apud Iesaiam persequitur, Ne offeratis, inquit, sacrificium frustra: incensum abominatio est mihi: Calendas et solennitates vestras odit anima mea: facta sunt mihi molesta, laboravi sustinens. Quum extenderitis manus vestras, avertam oculos meos a vobis: quum multiplicaveritis orationem, non exaudiam; manus enim vestrae plenae sunt sanguine. Lavamini, mundi estote, auferte malum cogitationum vestrarum [Iesa. 1. d. 13.[1] Vide ca. 58. a.]. Quid isthuc sibi vult quod Dominus ita nauseat ad obsequium suae Legis? Imo vero nihil hic respuit quod sit ex germana Legis observatione: cuius initium esse ubique docet, syncerum sui nominis timorem. Illo sublato, non modo nugae sunt quaecunque illi offeruntur, sed foetidae abominandaeque sordes. Eant nunc hypocritae, et involutam corde pravitatem retinentes, Deum [b] operibus studeant demereri. Atqui magis ac magis hoc modo irritabunt. Execrabiles enim illi sunt impiorum victimae: sola rectorum oratio accepta est illi [Prover. 15. b. 8]. Constituimus ergo extra dubium, quod vulgatissimum esse debet mediocriter in Scripturis exercitato, quae vel summo splendore conspicua sunt opera in hominibus nondum vere sanctificatis, tam procul abesse a iustitia coram Domino, ut peccata censeantur. Ac proinde verissime illi qui non conciliari personae apud Deum[i] gratiam per opera tradiderunt: sed e converso tum placere demum opera ubi persona gratiam prius in Dei conspectu invenerit [August. lib. De poenit.[2] et Grego. cuius verba referuntur 3 quaest. 7c[3]]. Religioseque est observandus hic ordo ad quem Scriptura nos manu ducit. Respexisse Dominum ad Abel, scribit Moses, et ad opera eius [Genes. 4. a. 4]. Vides ut Dominum hominibus propitium designet antequam ad eorum opera respiciat? Quare purificationem cordis praecedere oportet, ut quae a nobis prodeunt opera, benigne a Deo excipiantur; || quia semper viget illa Ieremiae sententia, oculos

---

a) *1539–50* etiam   b) *1539–43* recte   c) Aug. — 7 > *1539; 1543–50* + capi. gravibus. *(ad cap. Decreti infra sub nota 3 notatum spectat.)*

1) Ies. 1, 13–16.   2) Pseudo-Aug., De vera et falsa poenit. c. 15, 30 MSL 40, 1125.   3) Decr. Grat. II C. 3. Q. 7. c. 5. Friedberg I 527; ex Gregorii I. epist. lib. IX. ep. 122 (ad Reccared) MSL 77, 1053 B.

1539 Dei respicere veritatem [Iere. 5. a. 3]. || Porro solam fidem esse qua corda hominum purificantur, Spiritus sanctus per os Petri asseruit [Act. 15. b. 9ᵃ]; unde constat primum esse in vera vivaque fide fundamentum.

9. Inspiciamus nunc quid habeant iustitiae quos in ordine quarto posuimus. Fatemur, dum nos intercedente Christi iustitia sibi reconciliat Deusᵇ, ac gratuita peccatorum remissione donatos pro iustis habet: cum eiusmodi misericordia coniunc-
1536 (I 61) tam simul esse hanc eius beneficentiam, || quod per Spiritum suum sanctumᶜ in nobis habitat, cuius virtuteᵈ concupiscentiae carnis nostrae magis ac magis in diesᵉ mortificantur: nos vero sanctificamur¹, hoc est consecramur Domino in veramᶠ vitae puritatem, cordibus nostris in Legis obsequiumᵍ formatis. Ut haec sit praecipuaʰ nostra voluntas, voluntati eius servire, ac eius duntaxat gloriam modis omnibus provehere¹². Enimveroᵏ etiam dum sancti Spiritus ductu in viis Domini ambulamus, ne tamen nostri obliti animos tollamus, remanent imperfectionis reliquiae, quaeˡ nobis humilitatis argumentum praebeantᵐ. ||

1539 Non est iustus, ait Scriptura, qui faciat bonum et non peccet [1. Reg. 8. e. 46]. Qualem ergo iustitiam ex suis operibus etiam-
1536 (I 57) num obtinebunt? Primum dico, || quod optimum ab illisⁿ proferri potest, aliqua tamen semper carnisᵒ impuritate respersum et corruptum esse, acᵖ tanquam aliquid faecis admixtum habereᵠ. ||

1539 Seligat, inquam, ex tota sua vita sanctus Dei servus quod in eius cursu maxime eximium se putabit edidisse, bene revolvat singulas partes: deprehendet proculdubio alicubi quod carnis putredinem sapiat: quando nunquam ea est nostra alacritas ad bene agendum quae esse debet, sed in cursu retardando multa debilitas. Quanquam non obscuras esse maculas videmus quibus respersa sint opera sanctorum, fac tamen minutissimos esse naevos duntaxat: sed an oculos Dei nihil offendent, coram quibus ne stellae quidem purae sunt³? Habemus, nec unum

---

a) *1559-61 falso 6;* Act. — 9: *1559-61 male supra ante* [Ier. —] *exstat.* b) *1539-54* Dominus c) quod — sanct.: *1536* Deinde per gratias sancti sui spiritus d) *cuius virt.: 1536* ac regnat, per quem e) *1536* in d. mag. ac mag. f) *1536* omnem g) *1536* obs. leg. h) *1536* una i) *1536* + oderimusque quod in nobis sordium carnis nostrae residet k) *1536* Tum postremo, l) rem. — quae: *1536* remanet quiddam in nobis imperfectum, quod m) *1536* praebeat n) opt. — ill.: *1536* enim opt. a nobis o) *1536* + nostrae p) esse, ac: *1536* est, & q) *1536* habet

1) cf. Melanchthonis Locos comm. 1521 ed. Kolde⁴, p. 163. 2) cf. Buceri Enarrationes in Evang. 1530 fol. 49a (1536 p. 122). 3) Job 25, 5.

a sanctis exire opus, quod si in se censeatur, non mereatur iustam opprobrii mercedem^a.

10. Deinde etiamsi fieri posset ut aliqua nobis essent omnino pura absolutaque^b opera, unum tamen peccatum satis est ad delendam extinguendamque omnem memoriam prioris iustitiae, ut ait Propheta [Eze. 18. e. 24]. Cui et Iacobus consentit,[1] Qui offendit (inquit) in uno, factus est omnium reus [Iacob. 2. b. 10]. Iam quum haec vita^c mortalis nunquam a peccato pura sit aut^d vacua^e, quicquid iustitiae a nobis comparatum foret^f, id sequentibus identidem^g peccatis corruptum, oppressum, et perditum, in conspectu Dei non veniret, nec in^h iustitiam nobis imputaretur. Denique ubi de operum agitur iustitiaⁱ, non opus Legis^k respiciendum est^k, sed mandatum. Ideo si ex Lege iustitia quaeritur, frustra^l unum aut alterum opus proferamus^m: sed necessaria estⁿ perpetua Legis obedientia. ‖ Quare illam, de qua loquuti sumus^o, peccatorum remissionem non semel (ut multi stolide opinantur) nobis in iustitiam Deus imputat^p, ut impetrata praeteritae vitae venia, postea in Lege iustitiam quaeramus[1]: quod^q nihil quam in spem falsam inductos rideret ac luderet. Quum enim perfectio nulla obtingere nobis possit quandiu hac carne induti sumus, Lex autem mortem ac iudicium omnibus denuntiet qui non integram iustitiam opere praestiterint^r: habebit semper quo nos accuset reosque agat, nisi contra occurreret Dei^s misericordia, quae assidua peccatorum remissione nos subinde absolveret. Quare id semper constat quod principio diximus^t[2], Si ipsi nostra dignitate aestimamur, quicquid meditemur aut moliamur, nos tamen cum omnibus nostris conatibus et studiis morte et interitu^u dignos esse.

11. Duobus his fortiter insistendum, nullum unquam extitisse pii hominis opus quod si severo Dei iudicio examinaretur, non esset damnabile. Adhaec^v si tale aliquod detur (quod possibile homini non est) peccatis tamen, quibus laborare authorem ipsum certum est, vitiatum ac inquinatum gratiam perdere; ‖

---

a) oppr. merc.: *1539–54* confusionem   b) *1536* iustaque   c) *1536* vita haec   d) *1539–50* nec   e) aut vac. > *1536*   f) *1536* esset   g) > *1536*   h) *1536* ad   i) ubi — iust.: *1536* in lege Dei   k) > *1536*   l) *1536* non   m) *1536* iustum faciet   n) nec. est > *1536*   o) Quare — sum.: *1536* Hanc vero   p) in — imp.: *1536* largitur D.   q) *1536–50* quo   r) *1536* perfecerint   s) *1536* Domini   t) *1536–54* dicebamus   u) *1536–54* confusione   v) *1539–54* Ad hoc

1) Iac. Latomus, De fide et operibus; opp. f. 135 a sqq.; cf. 2. Clem. c. 8.   2) sect. 1, supra p. 220 sq.

1543 atque hic praecipuus est nostrae disputationis cardo^a. Nam de principio iustificationis nihil inter nos et saniores scholasticos pugnae est,^b quin peccator gratuito a damnatione liberatus, iustitiam obtineat, idque per remissionem peccatorum[1]; nisi quod illi sub vocabulo iustificationis renovationem comprehendunt, qua per spiritum Dei reformamur in Legis obedientiam[2]; iustitiam vero hominis regenerati sic describunt, quod homo per Christi fidem Deo semel reconciliatus, bonis operibus iustus censeatur apud Deum, et eorum merito sit acceptus[3]. Verum Dominus contra, se fidem imputasse Abrahae in iustitiam pronuntiat [Rom. 4. a. 3^c], non eo tempore quo idolis adhuc serviebat, sed quum multis iam annis vitae sanctitate excelluisset. Diu ergo coluerat Abraham Deum ex puro corde, et eam Legis obedientiam praestiterat quae ab homine mortali praestari potest: habet tamen adhuc repositam in fide iustitiam. Unde colligimus, secundum Pauli ratiocinationem, non ex operibus. Similiter quum apud Prophetam dicitur, Iustus ex fide vivet [Habac. 2. a. 4]: non de impiis et profanis habetur sermo, quos Dominus ad fidem convertendo^l iustificet: sed oratio ad fideles dirigitur, et iis vita promittitur ex fide. Paulus quoque omnem scrupulum solvit, quum pro confirmatione illius sententiae istum^d Davidis versiculum sumit, Beati quorum remissae sunt iniquitates [Rom. 4. a. 7; Psal. 32. a. 1]. Certum est vero Davidem non de impiis, sed de fidelibus loqui, qualis ipse erat: quia ex conscientiae suae sensu loquebatur.^e Ergo hanc beatitudinem non semel habere, sed tota vita tenere nos oportet.^f Postremo legationem de gratuita cum Deo reconciliatione non in unum aut alterum diem promulgari, sed perpetuam in Ecclesia esse testatur [2. Cor. 5. d. 18][4]. Proinde non

[572]

a) atque — cardo: VG 1545 sqq. C'est-cy (1545 Cestuy est) le principal poinct de la dispute, que nous avons avec les Papistes, et quasi le neud de la matiere   b) VG 1545 sqq. + Il est bien vray que le povre monde a esté seduict iusque là, de penser que l'homme se preparast de soymesme pour estre iustifié de Dieu, et que ce blaspheme a regné communement, tant en predications qu'aux escholes, comme encores auiourdhuy il est soustenu de ceux qui veulent maintenir toutes les abominations de la Papauté. Mais ceux qui ont eu quelque raison ont tousiours accordé avec nous à ce poinct, ainsi que i'ay dict: c) 1553–61 male c. 13   d) 1543 illum   e) quia — loqu.: VG 1551 sqq. d'autant qu'il parle du sentiment qu'il en avoit apres avoir long temps servi à Dieu   f) quia ex — op. > VG 1545

1) Thomas Aq., Summa theol. II 1 q. 113. art. 1. corp.   2) Thomas, l. c.   3) Thomas, S. th. II 1 q. 114. art. 3. corp.   4) 2. Cor. 5, 18 sq.

DE MODO PERCIPIENDAE GRATIAE. CAP. XIIII

aliam iustitiam ad finem usque vitae habent fideles quam quae illic describitur. Manet enim perpetuo mediator Christus, qui Patrem nobis reconciliet: ac perpetua est mortis eius efficacia: nempe ablutio, satisfactio, expiatio, perfecta denique obedientia, qua iniquitates omnes nostrae conteguntur. Nec Paulus ad Ephesios dicit, nos initium salutis habere ex gratia, sed per gratiam salvatos esse, non ex operibus: nequis glorietur [Ephe. 2. b. 8][1].

12. Quae ad evadendum subterfugia quaerunt hic scholastici[a], eos non expediunt. Aiunt, || non tanti esse intrinseca dignitate bona opera ut ad iustitiam comparandam sufficiant: sed hoc acceptantis esse gratiae, quod tantum valent[2]. Deinde, quia fateri coguntur iustitiam operum hic semper esse imperfectam, concedunt nos, quandiu vivimus, remissione peccatorum indigere, qua defectus operum suppleatur: sed delicta[b] || quae committuntur, operibus supererogationis compensari[3]. Acceptantem enim quam vocant gratiam, non aliam esse respondeo quam gratuitam eius bonitatem, qua nos in Christo complectitur Pater: dum innocentia Christi nos induit, eamque fert nobis acceptam, ut eius beneficio pro sanctis, puris et innocentibus nos habeat. || Iustitiam enim[c] Christi (quae ut una[d] perfecta est, ita sola Dei conspectum sustinere potest) pro nobis sisti oportet, ac iudicio repraesentari velut sponsorem. || Hac nos instructi assiduam peccatorum remissionem in fide obtinemus. Huius puritate velatae nostrae sordes et imperfectionum immunditiae, non imputantur: sed || velut sepultae conteguntur, ne in iudicium Dei veniant: donec hora adveniat[e], qua confecto in nobis ac plane extincto veteri homine, divina bonitas nos in beatam pacem cum novo Adam[f] recipiet[g]: ubi diem Domini expectemus, quo in gloriam caelestis regni, receptis incorruptis corporibus, transferamur[h].

---

a) *VG 1541 sqq.* les Sorbonistes
b) acceptantis esse gratiae, quod bona opera ad iustitiam valent, delicta vero, c) *1536* Verum iustitiam d) ut una: *1536* una ut; *1539–43* una, et; *1545* ut una, et e) *1536–54* advenit f) *1536* + (qui Christus est) g) *1536–54* recipit; *1539* + [1. Cor. 15 (45)] h) *1536* transferemur

1) Eph. 2, 8 sq. 2) Duns Scotus, In sent. I. dist. 17. q. 3, 25. 26. opp. 10, 84 a sqq.; G. Biel, In sent. II. dist. 27. q. un. art. 2. concl. 4; cf. Gersonium, De vita spirituali, coroll. 10, ed. Du Pin III col. 13; Eckium, Enchir. c. 5. C 6b; Schatzg., Scrut. 3. CC 5, 60 sq. 63.
3) Bonaventura, In sent. IV. dist. 20. p. 2. art. un. q. 3. opp. 4, 534 b; Thomas Aq., S. th. III suppl. q. 25. art. 1. corp.; Eck., Enchir. c. 24 J 5a; cf. supra c. 5, 2, p. 133 sq.

13. Haec si vera sunt, nulla certe[a] nostra opera nos ex se Deo acceptos gratiososque reddere queunt: ac ne ipsa quidem placere, nisi quatenus homo, iustitia Christi opertus, Deo placet, et vitiorum suorum remissionem obtinet. || Non enim certis operibus promisit Deus vitae mercedem: sed tantum pronuntiat,[1] qui fecerit haec victurum [Levit. 18. a. 5]: maledictionem illam celebrem opponens contra omnes eos qui non perstiterint in omnibus. Quibus abunde refellitur commentum partialis iustitiae, ubi non alia iustitia admittitur in caelis quam integra Legis observatio. || Neque vero solidius est quod garrire solent de sufficienda per supererogationis opera compensatione[1]. Quid enim? annon eo semper redeunt unde iam sunt exclusi? eum qui ex[b] parte Legem servat, eatenus iustum operibus esse? quod illis nemo sani iudicii concesserit, nimis impudenter pro confesso assumunt. Toties testificatur Dominus nullam se agnoscere operum iustitiam nisi in perfecta Legis suae observatione. Quae est improbitas, quum ea deficiamur, ne videamur omni gloria spoliati, hoc est prorsus Deo cessisse, nescio quibus paucorum operum frustulis nos iactare, et quod deest, redimere per alias satisfactiones conari? || Satisfactiones iam potenter dirutae supra fuerunt[c2], ut ne per somnium quidem venire nobis in mentem debeant. || Tantum dico, eos qui sic ineptiunt, minime reputare quam res sit coram Deo execrabilis peccatum; intelligerent enim profecto, totam hominum iustitiam in unum cumulum coactam, unius compensationi parem esse non posse. || Videmus nanque[d] hominem uno delicto sic a Deo abiectum fuisse et abdicatum[e], ut simul omnem[f] recuperandae salutis rationem perdiderit [Genes. 3. c. 17]. Sublata est igitur satisfactionis facultas, qua qui sibi blandiuntur, nunquam certe Deo satisfacient: cui nihil gratum acceptumve[g] est quod ab inimicis suis profectum sit. Inimici porro[h] sunt omnes quibus imputare peccata instituit[i]. Tecta igitur et remissa peccata nobis ante[k] oportet quam[l] ad ullum opus nostrum Dominus respiciat. Ex quo sequitur gratuitam esse peccatorum remissionem: quam scelerate[m] blasphemant qui satisfactiones ullas[n] ingerunt. Nos ergo, exemplo Apostoli, quae retro sunt

---

a) *nulla certe: 1539–50* nec ulla   b) > *1539–45*   c) *1539–54* + [Tractat. de poenit.][3]   d) *1536* enim   e) *1536* abiect. et abd. fuisse f) *1536* + recipiendae ac   g) *1536* acceptumque   h) *1536* vero i) imp — inst.: *1536* imputat pecc.   k) > *1536*   l) *1536* antequam m) *1536* obscurant et   n) sat. ull.: *1536* suas satisf.

1) vide supra p. 231 not. 3.   2) cap. 4, 25—39, supra p. 113 sqq.
3) ad cap. 5. editionis 1539 (cap. 9. edd. 1543—1554) spectat.

DE MODO PERCIPIENDAE GRATIAE. CAP. XIIII 233

obliviscentes, ad ea autem pergentes quae ante nos sunt, curramus in stadio nostro, tendentes ad palmam[a] supernae vocationis [Philip. 3. c. 13][1].

14. Iactare vero supererogationis opera, quomodo cum illo convenit quod nobis praeceptum est, ut quum fecerimus quaecunque praecipiuntur nobis, dicamus nos servos esse inutiles[b], nec plus fecisse quam quod debuimus [Luc. 17. c. 10]? Dicere coram Deo, non est simulare aut mentiri: sed quod pro certo habeas apud te constituere[c]. Iubet itaque Dominus nos syncere sentire[d], et nobiscum reputare, nulla[e] sibi praestare gratuita officia, sed debitas operas[f] reddere. ‖ Et merito: servi enim sumus tot obsequiis defoenerati quot defungi non possumus, etiamsi omnes nostrae cogitationes omniaque membra in Legis officia verterentur. Ideoque quod ait: Quum feceritis quaecunque praecipiuntur vobis: perinde valet acsi plusquam omnes hominum iustitiae unius forent. Nos ergo (quorum nemo non longissime[i] abest ab ista meta) quomodo[g] audeamus gloriari nos cumulum addidisse ad iustam mensuram? ‖ Nec est quod excipiat quispiam, nihil obstare quominus ultra necessaria officia prodeat eius studium qui a necessariis aliqua in parte cessat[2]. Sic enim penitus habendum, nihil nobis vel quod ad Dei cultum, vel quod ad dilectionem conferat, in mentem venire posse, quod non sub Dei Lege comprehendatur. Quod si pars est Legis, ne voluntariam liberalitatem iactemus, ubi astringimur necessitate.

15. Atque in hanc rem intempestive allegatur illa Pauli gloriatio, Quod inter Corinthios iure suo sponte cesserit, quod licebat alioqui, si libuisset, usurpare: nec illis tantum impenderit quod ex officio debebat, sed gratuitam operam ultra officii finem largitus sit[h] [1. Cor. 9. a. 1][3]. Atqui animum advertere conveniebat ad rationem illic signatam, hoc fecisse ne infirmis offendiculo foret [Ibidem, b. 12]. Venditabant enim se hoc benignitatis lenocinio mali fraudulentique operarii, quo et favorem sonticis suis dogmatibus conciliarent, et odium conflarent Evangelio: ut necesse Paulo fuerit, vel in periculum accersere Christi doctrinam, vel eiusmodi artibus obviare. Agedum, si

---

a) *1536–39* brabeum; *1543–54* bravium; curr.—palm.: *VG 1541 sqq.* poursuyvons nostre course, pour parvenir au loyer   b) *1536* inut. esse   c) quod — const.: *1536* pro certo habere, et vere ita sentire   d) *1536* statuere   e) *1536* + nos   f) *1536* debita obsequia   g) > *1539–50*   h) sed — sit: *VG 1541 sqq.* mais qu'il s'est employé oultre son devoir, en leur preschant gratuitement l'Evangile

1) Phil. 3, 13 sq.   2) cf. Thom. Aq., S. th. II 1 q. 109. art. 4. corp.
3) 1. Cor. 9, 1 sqq.

res est homini Christiano media, offendiculum[a] incurrere, quum abstinere liceat, fateor Apostolum aliquid Domino supererogasse: sin hoc ipsum[b] iure requirebatur a prudenti Evangelii dispensatore, dico fecisse quod debebat. Denique etiamsi talis causa non apparet, verum tamen semper est illud Chrysostomi, nostra omnia eandem habere conditionem cum servorum peculiis, quae iure ipso deberi domino constat[1]. Neque id dissimulavit Christus in parabola; interrogat enim quam gratiam habituri simus servo, ubi tota die vario labore exercitatus ad nos vesperi redierit [Luc. 17. b. 7][2]. Atqui fieri potest ut maiore industria incubuerit quam ausi fuissemus exigere. Esto: nihil tamen fecit[c] quod non ex conditione servitutis deberet: quia cum tota sua facultate noster est. ‖ Taceo[d] quales sint supererogationes[e] quas isti venditare Deo volunt[f]; nugae enim sunt[g] quas neque ipse[h] unquam imperavit[i], neque approbat, nec quum reddenda erit apud se ratio, acceptas feret. Hac demum significatione concedemus esse supererogationis opera, utpote de quibus apud Prophetam[k] dictum est, Quis quaesivit haec de manibus vestris [Iesa. 1. d. 12] ? ‖ Sed meminerint[l] quid et alibi dicatur de iis, Quare appenditis argentum vestrum, et non in panibus ? laborem vestrum insumitis, et non in saturitate [Idem 55. a. 2] ? ‖ Non est quidem valde laboriosum otiosis istis rabbinis haec sub umbra in mollibus cathedris disputare; at quum summus ille iudex pro tribunali sederit, evanescere ventosa huiusmodi placita oportebit. ‖ Hoc hoc quaerendum erat, quam ad eius tribunal defensionis fiduciam afferre, non quid in scholis et angulis fabulari possumus[m].[1]

16. Duae sunt potissimum nobis abigendae hac parte ex animis pestes: nequid in operum iustitia fiduciae ponant, nequid illis gloriae adscribant. Fiducia qualibet nos passim depellunt Scripturae, quum docent iustitias omnes nostras foetere in Dei conspectu, nisi a Christi innocentia bonum odorem ducant: nihil quam irritare Dei ultionem posse, nisi misericordiae eius indulgentia sustineantur. Ita porro nihil reliquum nobis faciunt, nisi ut iudicem nostrum deprecemur, cum illa Davidis confessione, neminem iustificatum iri coram ipso, si rationem a servis suis

---

a) *1539–50* offendicula b) > *1539–50* c) *1539* fecerit d) *1536* Ad haec e) sint sup.: *1536* sunt f) *1536* + supererogationes g) en. sunt > *1536* h) *1536* Deus i) *1536* iussit k) *1536* a propheta l) Sed mem.: *VG 1541 sqq.* Mais il fault que ces Pharisiens se souviennent m) *1536–54* possimus; ad has lin. 22–27 cf. supra cap. 12, 1, p. 208, 8–12

1) Chrysostomus, In epist. ad Philemon homil. 2. opp. (Paris. 1834 sqq.) XI 856 A. 2) Luc. 17, 7–9.

reposcat [Psal. 143. a. 2]. Ubi autem Iob dicit^a, Si impie egi, vae mihi: si autem^b iuste, nec sic erigam caput [Iob. 10. c. 15]: ‖ quanquam respicit ad summam illam Dei iustitiam, cui ne Angeli quidem respondent: simul tamen ostendit, ubi ad Dei iudicium venitur, nihil restare cunctis mortalibus nisi ut obmutescant. ‖ Non enim eo tantum pertinet quod cedere ultro malit quam cum rigiditate Dei periculose certare: sed significat non aliam sensisse eum in seipso iustitiam, quam quae primo momento esset a facie Dei collapsura. Exacta fiducia gloriationem quoque omnen facessere necesse est. Quis enim iustitiae laudem assignet operibus, quorum confidentia trepidet a Dei conspectu? ‖ Veniendum ergo quo nos vocat Iesaias, ut in Deo laudetur ac glorietur omne semen Israel [Iesa. 45.^c d. 26^d]: quia verissimum est quod alibi dicit, nos plantationem esse gloriae Dei [Iesa. 61. a. 3]. ‖ Rite ergo tum purgatus erit animus, quum nec in fiducia operum ulla ex parte recumbet, nec in gloria exultabit. Ad falsae autem et mendacis istius fiduciae flatum stultos homines hic ever animat, quod suae salutis causam in operibus semper locant.

17. Verum, si quatuor causarum genera respicimus, quae in rerum effectu considerare praecipiunt philosophi, nullum eorum reperiemus operibus in constituenda salute nostra convenire. Efficientem enim vitae aeternae nobis comparandae causam ubique Scriptura praedicat Patris caelestis misericordiam, et gratuitam erga nos dilectionem: materialem vero, Christum cum sua obedientia, per quam nobis iustitiam acquisivit; formalem quoque vel instrumentalem quam esse dicemus^e nisi fidem? Atque tres simul istas una sententia comprehendit Iohannes, quum dicit, Sic Deus dilexit mundum ut Filium unigenitum daret: ut omnis qui credit in eum non pereat, sed habeat vitam aeternam [Iohan. 3. b. 16]. Porro finalem testatur Apostolus esse, et divinae iustitiae demonstrationem, et bonitatis laudem^f: ‖ ubi et alias tres disertis verbis commemorat. Sic enim ad Romanos loquitur, Omnes peccaverunt, et egent gloria Dei; iustificantur autem gratis ipsius gratia [Rom. 3. c. 23][1]: hic habes caput et primum fontem, quod Deus nos gratuita misericordia complexus est. Sequitur, Per redemptionem quae est in Christo Iesu[2]:‖ hic habes veluti materiam qua nobis iustitia conficitur: Per fidem in sanguine ipsius[3]:

---

a) Ubi — dic.: *1539-54* Id quoque sibi vult ista sententia Iob b) > *1539-54*   c) *1559-61 falso* 46   d) *sic 1561; 1559 male* 20; *Ies.* 45, 25 = *vg* 45, 26   e) *1539-45* dicamus   f) *1539-50* + [Ephe. 1 *(6)*]

1) Rom. 3, 23 sq.   2) Rom. 3, 24.   3) Rom. 3, 25.

hic causa instrumentalis ostenditur, qua Christi iustitia nobis applicatur. Postremo subiungit finem, quum dicit, In demonstrationem iustitiae ipsius, ut sit ipse iustus, et iustificans eum qui est ex fide Christi[1]. Atque (ut obiter quoque denotet iustitiam hanc reconciliatione constare) nominatim ponit, Christum datum esse in reconciliationem. Sic et primo ad Ephesios capite docet nos recipi a Deo in gratiam ex mera misericordia: id fieri Christi intercessione: fide apprehendi: omnia in hunc finem, ut divinae bonitatis gloria ad plenum eluceat[2]. || Quum videamus omnes salutis nostrae particulas ita extra nos constare, quid est quod iam operibus vel confidamus vel gloriemur? Nec de efficiente, nec de finali controversiam nobis movere possunt vel coniuratissimi divinae gratiae hostes, nisi totam Scripturam abnegare velint. In materiali et formali fucum faciunt, quasi dimidiatum cum fide Christique iustitia locum opera nostra teneant[3]. Sed id quoque Scriptura reclamante: quae et Christum nobis esse in iustitiam et vitam simpliciter affirmat, et hoc iustitiae bonum sola fide possideri.

18. Quod autem innocentiae integritatisque suae memoria saepiuscule sancti se confirmant ac consolantur, nec etiam ab ea praedicanda interdum abstinent, id fit bifariam: vel quod bonam suam causam cum mala impiorum causa comparando, securitatem inde victoriae concipiunt, non tam suae iustitiae commendatione quam iusta meritaque adversariorum damnatione: vel quod etiam sine aliena comparatione, dum se coram Deo recognoscunt, nonnullam illis et consolationem et fiduciam affert propriae conscientiae puritas. De priore ratione postea videbimus[4]: nunc de posteriore breviter expediamus, quomodo cum eo conveniat quod supra diximus[5], nulla esse in Dei iudicio operum fiducia subnitendum, nulla eorum opinione gloriandum. Haec porro convenientia est, quod sancti, quum de fundanda constituendaque salute sua agitur, citra operum respectum in solam Dei bonitatem oculos intendunt. Neque ad eam modo ante omnia, tanquam ad beatitudinis principium, se convertunt: sed tanquam in complemento conquiescunt. Sic fundata, erecta, stabilita conscientia operum quoque consideratione stabilitur: quatenus scilicet testimonia sunt Dei in nobis habitantis ac regnantis. Quando igitur isthaec operum fiducia locum non habet, nisi totam prius animi fiduciam in misericordiam Dei reieceris, non debet illi videri contraria unde

---

1) Rom. 3, 26.   2) Eph. 1, 3-14.   3) cf. Cochl., Phil. III 6; J. Latomum, De fide et op.; opp. f. 138 a.   4) cap. 17, 14; infra p. 267 sq. 5) cap. 12, 2; supra p. 209 sq.

pendet^a. Quare, dum operum fiduciam excludimus, hoc volumus duntaxat, ne mens Christiana ad operum meritum, velut ad salutis subsidium, reflectatur^b: sed penitus resideat in gratuita iustitiae promissione. Non vetamus autem ne divinae erga se benevolentiae¹ signis hanc fidem fulciat et confirmet. Nam si dum memoria repetuntur quaecunque in nos dona Deus contulit, sunt nobis quodammodo instar radiorum divini^c vultus, quibus illuminemur ad summam illam bonitatis lucem contemplandam: multo magis bonorum operum gratia, quae Spiritum adoptionis nobis datum commonstrat.

19. Quum igitur a conscientiae^d innocentia fidem suam confirmant sancti, et exultandi materiam sumunt, nihil aliud quam a fructibus vocationis se in filiorum locum a Domino cooptatos esse reputant. Quod ergo a Solomone traditur, in timore Domini esse firmam securitatem [Prov. 14. c. 26]: quod interdum hanc obtestationem sancti usurpant quo exaudiantur a Domino, se ambulasse coram facie eius in integritate et simplicitate [Gen. 24. e. 40; 2. Reg. 20. a. 3]: locum in iaciendo firmandae conscientiae fundamento nullum habent: sed tum demum valent si a posteriori sumuntur^e: quia et nullibi est timor ille qui securitatem plenam offirmare queat: et sancti sibi talis integritatis conscii sunt cui multae carnis reliquiae adhuc sunt permixtae^f. Sed quoniam ex regenerationis fructibus habitantis in se Spiritus sancti argumentum capiunt, inde se non mediocriter ad expectandum in omnibus necessitatibus Dei auxilium confirmant, quum in re tanta patrem experiuntur. Ac ne id quidem possunt, nisi primum Dei bonitatem, nulla alia quam promissionis certitudine obsignatam, apprehenderint. Nam si illam aestimare incipiunt a bonis operibus, nihil erit incertius, nec magis infirmum; quandoquidem si per se opera aestimentur, non minus iram Dei sua imperfectione arguent, quam utcunque inchoata puritate benevolentiam testantur. || Denique sic Dei beneficia praedicant ut tamen non deflectant a gratuito Dei favore, in quo testatur Paulus longitudinem, latitudinem, profunditatem et altitudinem sitam esse [Ephes. 3. d. 18]; quasi diceret, quocunque se vertant piorum sensus, quantumvis alto conscendant, quantumvis longe et late se extendant, non debere tamen a Christi dilectione egredi quin se in ea medi-

---

a) non deb. — pend.: *VG 1541 sqq.* cela ne fait rien pour monstrer que les œuvres iustifient, ou d'elles mesmes puissent asseurer l'homme b) *1539–54* reflectat c) *1539–43* Domini d) > *VG 1541 sqq.* e) si — sum.: *VG 1541 sqq.* quand on le *(sc.* tout cela*)* prend comme enseigne de la vocation de Dieu f) *1539* perm. sunt

tanda totos contineant: quia omnes dimensiones in se comprehendit. Ideoque dicit eam excellere et eminere supra omnem scientiam: et dum agnoscimus quantopere nos Christus dilexerit, impleri in omnem plenitudinem Dei [Ibidem, 19]. Sicut alibi, dum gloriatur pios in omni certamine esse victores, rationem mox addit, Propter eum qui dilexit eos [Rom. 8. g. 37].

20. Videmus iam non eam in sanctis fiduciam operum esse quae vel eorum merito aliquid tribuat (quando ea non aliter quam Dei dona intuentur, unde eius bonitatem recognoscant, non aliter quam vocationis signa unde electionem reputent)[1] vel quippiam deroget gratuitae, quam in Christo consequimur, iustitiae: quando ab ea dependet, nec sine ea subsistit. || Hoc ipsum Augustinus paucis verbis, sed eleganter significat, quum scribit, Non dico Domino, Opera manuum mearum ne despicias. Exquisivi Dominum manibus meis, et non sum deceptus[2]. Sed opera manuum mearum non commendo: timeo enim ne quum inspexeris, plura invenias peccata quam merita. Hoc solum dico, hoc rogo, hoc cupio, Opera manuum tuarum ne despicias[3]. Opus tuum in me vide, non meum. Nam si meum videris, damnas: si tuum videris, coronas. Quia et quaecunque mihi sunt opera bona, abs te sunt[a][4]. Duas causas ponit cur non ausit sua opera Deo venditare, quia siquid bonorum operum habet, illic nihil videt suum: deinde quia id quoque peccatorum multitudine obruitur. Unde fit ut plus inde timoris et consternationis sentiat conscientia, quam securitatis. Ergo non aliter Deum intueri vult sua recte facta quam ut vocationis suae gratiam in illis recognoscens, opus quod inchoavit perficiat.

21. Quod autem praeterea bona fidelium opera, Scriptura causas esse ostendit cur illis Dominus benefaciat, id sic intelligendum est, ut stet inconcussum quod antea posuimus[5], effectum nostrae salutis in Dei Patris dilectione situm esse: materiam in Filii obedientia: instrumentum, in Spiritus illuminatione, hoc est fide: finem esse tantae Dei benignitatis gloriam. Istis nihil obstat quominus opera Dominus, tanquam causas inferiores amplectatur; sed unde id? nempe quos sua misericordia, aeternae vitae haereditati destinavit, eos ordinaria sua dispensatione per bona opera inducit in eius possessionem. Quod in ordine dispensationis praecedit, posterioris causam nominat. Hac ratione ab operibus interdum vitam aeternam deducit; non quod illis referenda sit accepta: sed quia quos

---

a) *1543-54, 1561* + [In Psal. 137][4]

1) infra cap. 24, 4; p. 414 sq.   2) Ps. 77, 3.   3) Ps. 138, 8.   4) Aug., In Ps. 137, 18 MSL 37, 1783 sq.   5) supra sect. 17, p. 235 sq.

elegit, iustificat ut demum glorificet [Rom. 8.[a] f. 30], priorem gratiam, quae gradus est ad sequentem, causam quodammodo facit. At quoties assignanda est vera causa, non ad opera iubet confugere[b], sed in sola misericordiae cogitatione nos retinet. Quale enim istud est quod per Apostolum docet, Stipendium peccati mors: gratia Domini vita aeterna [Rom. 6. d. 23]? Cur non ut vitam morti, sic peccato iustitiam opponit? Cur non ut peccatum mortis, ita iustitiam vitae causam statuit? Sic enim rite constatura erat antithesis, quae ista variatione nonnihil abrumpitur[c]. Sed Apostolus, id quod erat, exprimere ista comparatione voluit, meritis hominum deberi mortem: vitam non nisi in sola Dei misericordia esse repositam. || Denique istis loquutionibus series magis notatur quam causa[d]: quia Deus gratias gratiis cumulando, ex prioribus causam sumit secundas addendi,[1] nequid ad locupletandos servos suos omittat: atque ita liberalitatem suam prosequitur, ut tamen gratuitam electionem, quae fons et initium est, respicere nos semper velit. Quanquam enim quae nobis quotidie confert dona, quatenus ex illo fonte prodeunt, amat: nostrum tamen est, gratuitam illam acceptationem tenere, quae sola fulcire animas nostras potest; quae vero Spiritus sui dona deinde largitur, ita subnectere primae causae ut ei nihil derogent.

Quae de operum meritis iactantur, tam Dei laudem in conferenda iustitia, quam salutis certitudinem evertere.   CAP. XV.

1. Iam quod praecipuum est in hac causa expedivimus: quia si operibus fulciatur iustitia, corruere protinus a conspectu Dei necesse sit: sola Dei misericordia, sola Christi communicatione, ideoque sola fide contineri. Praecipuum autem hunc esse causae cardinem diligenter animadvertamus, ne illa implicemur communi non vulgi modo, sed doctorum etiam hallucinatione. Simul enim atque[e] quaeritur de fidei operumque iustificatione, decurrunt ad eos locos qui aliquod operibus meritum coram Deo tribuere videntur[1]: perinde vero acsi evicta foret operum iusti-

---

a) *1559 falso* d.   b) iub. conf.: *1539—54* confugit   c) *1539* interrumpitur; *1543* irrumpitur   d) ser. — causa: *VG 1560* où il est fait mention des bonnes œuvres, il n'est pas question de la cause pourquoy Dieu fait bien aux siens, mais seulement de l'ordre qu'il y tient   e) > *1539—43; 1543 iubente correct.* simul atque enim

1) cf. Eckii Enchir. c. 5. C 6b—7b; Herbornii Enchir. c. 5 CC 12, 31 sqq.; Clichtov. Improbat. fol. 12a sqq.; J. Latom., De fide et op., opp. f. 135a.

ficatio, si probatum fuerit alicuius esse apud Deum pretii.
Enimvero supra clare ostendimus[1], in perfecta tantummodo,
absolutaque Legis observatione consistere operum iustitiam.
Unde sequitur, non iustificari operibus hominem nisi qui ad
summum perfectionis evectus, nullius, vel minimae trans-
gressionis argui queat. Altera igitur et separata est quaestio,
Utcunque ad iustificandum hominem minime sufficiant[a] opera,
annon tamen illa[b] apud Deum gratiam promereantur?

2. Primum de Meriti nomine id mihi praefari necesse est:
quicunque primus illud operibus humanis ad Dei iudicium com-
paratis aptavit[2], eum fidei synceritati pessime consuluisse.
Equidem a logomachiis libens abstineo, sed cuperem eam ser-
vatam fuisse semper inter Christianos scriptores sobrietatem,
ne usurpare, quum nihil opus foret, extranea a Scripturis vocabula in animum induxissent quae multum parerent[c] offendiculi,
fructus minimum. Quorsum enim obsecro, opus fuit invehi
nomen Meriti, quum pretium bonorum operum significanter
alio nomine citra offendiculum explicari posset? Quantum autem ipsum offensionis in se contineat, magno cum orbis detri-
mento[f] patet. Certe ut est fastuosissimum, nihil quam obscurare
Dei gratiam, et homines prava superbia imbuere potest. Usi
sunt (fateor) passim vetusti Ecclesiae scriptores, atque utinam
voculae unius abusu erroris materiam posteris non praebuissent.
Quanquam nonnullis ipsi quoque locis testantur, quam non prae-
iudicare veritati voluerint. Sic enim alicubi loquitur Augustinus,
Humana merita hic conticescant, quae perierunt per Adam: et
regnet[d] Dei gratia, per Iesum Christum [De praedest. sanct.][3]. ||
1543 Item, Meritis suis nihil tribuunt sancti: totum nonnisi misericordiae tuae tribuent, o Deus [In Psal. 139][4]. Alibi, Et quum
viderit homo quicquid boni habet, non se habere a se, sed a
Deo suo, videt id totum quod in eo laudatur, non de suis meritis,
sed de misericordia Dei esse [In Psal. 84 [e]][5]. Vides ut adempta
homini bene agendi virtute, meriti quoque dignitatem proster-
1539 nat. || Chrysostomus autem, Nostra siqua sequuntur Dei gratui-
tam vocationem opera, retributio sunt et debitum: at Dei

---

a) *1553–54* sufficient   b) *1539–45* illi   c) *1539–50* pararent
d) *1539–54* + quae regnat   e) *sic 1543–45; 1550–61 falso* 88

1) lib. II 7, 3 vol. III 329.   2) sc. Tertullianus; cf. eiusdem De
ieiunio c. 3. CSEL 20, 277, 3; De carnis resurrectione c. 15. CSEL
47 III, 44, 10; Apologeticum c. 18 ed. Oehler I 184 sq.; De poenitentia c. 6 ed. Oehler I 652 sqq.; De exhortat. castitatis c. 1 ed. Oehler
I 737.   3) Aug., De praedest. sanct. 15, 31 MSL 44, 983.   4) Aug.,
In Ps. 139, 18 MSL 37, 1814.   5) Aug., In Ps. 84, 9 MSL 37, 1073.

munera, gratia et beneficentia et largitionis magnitudo [Homil. 33. in Gene.]¹. Omisso tamen nomine, rem potius cernamus. ‖ Citavi quidem antea² ex Bernardo sententiam ᵃ, Ut ad meritum satis est de meritis non praesumere: sic carere meritis, satis est ad iudicium [supra canti. sermo. ᵇ 68]³. Sed continuo addita interpretatione, duritiem vocis satis emollit, quum dicit, Proinde merita habere cures: habita, data noveris: fructum speres Dei misericordiam: et omne periculum evasisti, paupertatis, ingratitudinis, praesumptionis. Foelix Ecclesia cui nec merita sine praesumptione, nec praesumptio sine meritis deest.⁴ Et paulo ante abunde ostenderat quam pio sensu uteretur. Nam de meritis, inquit, quid sollicita sit Ecclesia, cui de proposito Dei firmior securiorque existit gloriandi ratio? non potest seipsum negare Deus: faciet quod promisit. Sicᶜ non est quod quaeras, quibus meritis speremus bona? praesertim quum audias, Non propter vos, sed propter me [Ezech. 36. e. 22, f. 32]. Sufficit ad meritum, scire quod non sufficiant merita⁵.

3. Quid promereantur omnia opera nostra ᵈ, Scriptura ostendit quum Dei conspectum ferre posse negat quia immunditiae sint plena; quid deinde promeritura sit perfecta Legis observatio (siqua reperiri posset) quum praecipit ut nos inutiles servos reputemus quum fecerimus omnia quae praecipiuntur nobis [Luc. 17. c. 10]: quia nihil gratuitum impenderimus Domino, sed debitis obsequiis tantum defuncti simus, quibus non est habenda gratia.ᵉ Dominus tamen, quae in nos contulit bona opera, et nostra appellat, et non tantum accepta sibi esse testatur, sed remunerationem etiam habitura. Nostrum est vicissim tanta promissione animari, ani¹mosque colligere, ne bene agendo defatigemur, et tantam Dei benignitatem vera gratitudine prosequi. Gratiam Dei esse non dubium est quicquid in operibus est quod laudem meretur; nullam esse guttam quam proprie nobis adscribere debeamus; ‖ id si re vera serioque agnoscimus, evanescit quaelibet meriti non fiducia tantum, sed opinio. ‖ Bonorum, inquam, operum laudem non (ut sophistae ᶠ faciunt)⁶ inter Deum et hominem partimur: sed totam, inte-

---

a) Cit. — sent. *1543–54* Dicit quidem alicubi Bernardus   b) cant. ser. > *1559*   c) sic *1543–54; 1559–61 falso* Si   d) *1539–54* nostra op.   e) *1539–43* + Lucae. 17.   f) Bon. — soph.: *1536* Neque bon. op. laudem, ut illi

40   1) Chrysostomus, In Gen. hom. 34, 6 opp. (Paris. 1834 sqq.) IV 404 A.   2) cap. 12, 3; supra p. 211, 3 sq.   3) Bernardus, In cant. sermo 68, 6 MSL 183, 1111 B.   4) ibid. col. 1111 B C.   5) ibid. col. 1111 A B.   6) cf. Lomb., Sent. II. dist. 27, 5 MSL 192, 715.

gram ac ᵃ illibatam Domino servamus. Tantum hoc homini ᵇ assignamus, quod ea ipsa quae bona erant, sua impuritate polluit et contaminat. Nihil enim ab homine exit, quantumvis perfecto, quod non sit aliqua macula inquinatum. Vocet igitur Dominus in iudicium quae in humanis operibus optima sunt: ᶜ suam in illis quidem ᵈ iustitiam agnoscet, hominis vero dedecus et probrum ᵉ. || Placent itaque Deo bona opera, nec suis authoribus sunt infructuosa: quin magis amplissima Dei beneficia remunerationis loco referunt: non quia ita merentur, sed quia divina benignitas hoc illis ex seipsa pretium statuit. Quae autem ista est malignitas ᶠ, non contentos illa Dei largitate, quae nihil tale merentia opera indebitis praemiis muneratur, sacrilega ambitione ultra contendere, ut operum meritis videatur rependi quod divinae totum est munificentiae? Hic sensum communem uniuscuiusque appello. Si is qui usumfructum in agro aliena liberalitate habet, proprietatis quoque titulum sibi vendicet: annon huiusmodi ingratitudine eam ipsam quam tenebat possessionem amittere meretur? Similiter si manumissus a domino servus, dissimulata libertinae conditionis humilitate, pro ingenuo se venditet: annon dignus est qui in pristinam redigatur servitutem? Hic enim legitimus demum est fruendi beneficii usus, si nec plus arrogamus nobis quam datum est, nec boni authorem sua laude fraudamus: quin potius sic nos gerimus ut residere quodammodo apud eum videatur quod in nos transtulit. Haec moderatio si erga homines praestanda est, videant singuli et reputent qualis Deo debeatur.

4. Scio sophistas abuti locis quibusdam, unde probent Meriti nomen erga Deum in Scripturis reperiri. Citant ex Ecclesiastico sententiam, Misericordia faciet locum unicuique secundum meritum operum suorum [Eccli. 16. b. 14][1]. Ex Epistola autem ad Hebraeos, Beneficentiae et communicationis nolite oblivisci: talibus enim hostiis promeretur Deus [Hebr. 13. a. 2][2]. In repudianda Ecclesiastici authoritate ius meum nunc remitto. Nego tamen fideliter citare quod scripsit Ecclesiasticus, quicunque fuerit ille scriptor; sic enim habet Graecum exemplar, πάσῃ ἐλεημοσύνῃ ποιήσει τόπον· ἕκαστος γὰρ κατὰ τὰ ἔργα αὐτοῦ εὑρήσει.

---

a) *1536* &   b) *1536* + in bonis operibus   c) *1536* + et   d) > *1536*
e) ded. — probr.: *1536–54* confusionem   f) VG *1541 sqq.* ingratitude

1) Eck., Enchir. c. 5. C 7a; Herborn, Enchir. 5. CC 12, 32; Clichtov., Improbatio fol. 13b; De Castro, Adv. haer. fol. 159 B.   2) lege Hebr. 13, 16. — Eck., l. c. C 7b; Herborn, l. c. p. 32; Clichtov., l. c. fol. 13 b; De Castro, l. c. fol. 159 B.

DE MODO PERCIPIENDAE GRATIAE. CAP. XV

Omni misericordiae faciet locum; unusquisque enim[a] secundum opera sua inveniet. Atque hanc esse germanam lectionem quae in Latina ver'sione depravata sit, cum[b] ex solo verborum istorum complexu, tum ex longiore superioris orationis contextu liquet. In Epistola ad Hebraeos non est cur decipulas in verbulo uno nobis tendant; quando in Graecis Apostoli verbis nihil aliud habetur quam tales hostias placere acceptasque esse Deo. Id unum abunde sufficere debeat ad compescendam retundendamque nostrae superbiae insolentiam, ne quam operibus dignitatem ultra Scripturae formulam affingamus. Porro Scripturae doctrina est, aspersa esse perpetuo sordibus multis bona nostra opera, quibus merito Deus offendatur, ac nobis succenseat; tantum abest ut vel conciliare illum nobis queant, vel eius erga nos beneficentiam provocare: quia tamen illa pro sua indulgentia non iure summo examinat, perinde accipere acsi purissima essent, ideoque licet immerita infinitis beneficiis remunerari tum praesentis vitae, tum etiam futurae. Non enim a doctis alioqui ac piis viris positam distinctionem recipio, meritoria esse bona opera earum quae nobis in hac vita conferuntur gratiarum: solius fidei praemium esse aeternam salutem[1]. Mercedem enim laborum et certaminis coronam in caelo Dominus semper fere collocat. Rursum operum merito sic tribuere, ut gratiae adimatur quod aliis super alias gratiis a Domino cumulamur, est contra Scripturae doctrinam. Tametsi enim dicit Christus, habenti datum iri, et super multa constitutum iri fidelem ac probum servum, qui in parvis se fidelem gesserit [Mat. 25. b. 21, et c. 29][c]: simul tamen alibi ostendit incrementa fidelium esse gratuitae suae benignitatis munera. Omnes, inquit, sitientes venite ad aquas: et qui non habetis argentum, venite, emite absque argento et absque ulla commutatione vinum et lac [Iesa. 55. a. 1]. Quicquid ergo nunc in salutis adminiculum piis confertur, tum ipsa beatitudo, mera est Dei beneficentia; tamen et in hac et illis testatur se operum habere rationem: quia ad testandam erga nos dilectionis suae magnitudinem, non modo nos, sed quae nobis largitus est dona tali honore[d] dignatur.

5. Haec si quo oportuerat ordine tractata digestaque essent anteactis seculis, nunquam tantum turbarum ac dissensionum ortum esset. Paulus ait in architectura Christianae doctrinae retinendum ‖ esse[e] quod posuerat ipse fundamentum apud Corinthios, praeter quod nullum aliud poni queat: id autem

a) > *1539-50*   b) *1539* tum   c) *1553-54* + [Luc. 8. c. 18.]
d) tali hon.: *1539-50* sic honorare   e) > *1539-54*

1) Melanchth., Loci theol. 1535 CR Mel. opp. XXI 441 sqq.

esse Iesum Christum [1. Cor. 3. b. 11]¹. Quale nobis in Christo fundamentum est? an quod initium nobis salutis fuit, ut complementum a nobis sequeretur? et viam aperuit tantum per quam ipsi nostro marte pergeremus? Minime vero, sed ‖ quomodo paulo ante posuerat, illum dum agnoscimus nobis datum esse in iustitiam [1. Cor. 1. d. 30]. Nemo ergo bene in Christo fundatus est nisi qui solidam habet in ipso iustitiam: quando non dicit Apostolus missum esse¹ quo ad iustitiam consequendam nos iuvet: sed ut ipse sit nostra iustitia [1. Cor. 1. d. 30]. Nimirum ‖ quod in ipso electi sumus ab aeternitate ante mundi constitutionem, nullo nostro merito, sed secundum divini beneplaciti propositum [Ephes. 1. a. 4]²: quod eius morte ipsi a mortis damnatione redempti ac liberati a perditione sumus [Colos. 1. b. 14, et c. 20]: quod in ipso adoptati sumus in filios et haeredes a Patre caelesti³: quod per ipsius sanguinem huic sumus reconciliati: quod illi in custodiam dati, pereundi excidendique periculo eximimur: quod illi ita inserti, iam vitae aeternae quodammodo sumus participes [Iohan. 10. e. 28], in regnum Dei per spem ingressi. Necdum finis: quod talem eius participationem adepti, utcunque simus adhuc in nobis stulti, ipse nobis coram Deo sapientia est: ut peccatores simus, ipse nobis iustitia: ut immundi simus, ipse nobis puritas: ut infirmi simus, ut inermes et Satanae expositi, nostra tamen est quae ipsiᵃ data est in caelo et in terra potestas [Mat. 28. d. 18], qua pro nobis Satanam conterat, et inferorumᵇ portas confringat: ut corpus mortis adhuc nobiscum circunferamus, ipse tamen nobis vita est. Breviter quod omnia illius nostra sunt, et nos in illo omnia habemus, in nobis nihil. Super hoc inquam fundamentum aedificari nos convenit, si volumus in templum Domino sanctum crescere.

6. At longe aliter iampridem institutus est orbis; reperta sunt moralia nescio quae bona opera, quibus gratiosi Deo reddantur homines antequam Christo inserantur. Quasi vero mentiatur Scriptura quum dicit, in morte esse omnes qui filium non possederint [1. Iohan. 5. c. 12.]. Si in morte sunt, quomodo vitae materiam generarent? Quasi nihil illud valeat, peccatum esse quicquid fit extra fidem [Rom. 14. d. 23]; quasi arboris malae possint extare boni fructus⁴. Christo vero ubi suam virtutem exeratᶜ, quid pestilentissimi so histae reliquerunt? Aiunt me-

---

a) nostra—ipsi: *1539* ipsi tamen   b) *1539-43* infernorum   c) *1539* exerit

1) 1. Cor. 3, 10 sq.   2) Eph. 1, 4 sq.   3) Rom. 8, 17; Gal. 4, 5-7.
4) cf. Matth. 7, 18; Luc. 6, 43.

ruisse nobis primam gratiam, hoc est occasionem merendi: esse
iam nostrarum partium, occasioni oblatae non deesse[1]. O pro-
iectam impietatis impudentiam; quis expectasset ut Christi
nomen professi, illum ita denudatum sua virtute, tantum non
proculcare auderent? Hoc testimonium illi passim redditur,
quod iustificati sint quicunque in eum credunt: isti[a] nihil aliud
beneficii ab eo provenire docent nisi ut singulis ad seipsos[b]
iustificandos aperta sit via. Utinam vero gustarent quid sibi
velint istae sententiae, Vitam habere quicunque filium Dei
habeant [1. Iohan. 5. c. 12]: quicunque credit transiisse a
morte in vitam [Iohan. 5. d. 24[c]]: Iustificatos esse nos illius
gratia, ut haeredes efficeremur[d] vitae aeternae[e][2]. Fideles[f] Christum habere in se manentem [1. Iohan. 3. d. 24[g]], per quem
Deo adhaereant[h]: participes[i] vitae eius, sedere cum ipso in
caelestibus [Ephes.[k] 2. b. 6]: traductos[l] esse in regnum Dei
[Colos. 1. b. 13], et salutem consequutos[m]:[l] et similes innumerae.
Non enim aut comparandae iustitiae, aut salutis tantum[n]
acquirendae facultatem fide Christi obtingere significant, sed
utrunque nobis donari. Proinde simulatque per fidem insertus
es Christo, iam filius Dei factus es, caelorum haeres, iustitiae
particeps, vitae possessor: ac (quo melius eorum mendacia
coarguantur) non adeptus merendi opportunitatem, sed omnia
Christi merita: siquidem tibi communicantur.

7. Ita Sorbonicae scholae[o], errorum omnium matres, iustificationem fidei, quae pietatis est totius summa, nobis sustulerunt. Fatentur quidem verbo iustificari fide formata hominem,
sed id postea interpretantur, quoniam a fide habent bona opera
ut ad iustitiam valeant[3]: ut pene per ludibrium videantur nominare fidem, quia sine ingenti invidia sileri non poterat, quum
toties a Scriptura repetatur. Necdum etiam contenti, in laude
bonorum operum Deo suffurantur quod ad hominem trans-
ferant. Quia vident parum valere ad hominem attollendum

---

a) *VG 1541 sqq.* ces canailles   b) *1539* ipsos   c) *1545-54* + et
(> 1545-50) 6. e. 40. *(1545-50* + et *14.)*   d) Iust. — eff.: *1539-43*
iustificatum illius gratia, ut haeres efficeretur   e) *1539-54* +[Tit. 3.
h. 5.].; *1545-51 malc* + [2. Tim. 1. c. 9], *1559-61* [Rom. 3. c. 24]
f) > *1539-43*   g) *1559-61 falso 23; 1553-54 falso* Iohan. 1. c. 23.
h) *1539-43* adhaereat   i) *1539-43* participem   k) *1545-54* + 1.
a. 3, et *(> 1545-50)*   l) *1539-43* traductum   m) *1539-43* con-
secutum   n) > *1539-43*   o) Sorb. sch.: *VG 1541 sqq.* les Sophistes
des escholes Sorb.

1) Duns Scotus, In sent. III. dist. 19. q. un. § 8. opp. 14, 719.
2) cf. Rom. 5, 1 sq.   3) cf. Thom. Aq., S. th. II 1 q. 113. art. 4;
q. 114 art. 3. 4. 8; Cochl., Phil. III, 10; Eck., Enchir. c. 5. D 2 a b.

bona opera, ac ne merita quidem proprie vocari, si divinae gratiae fructus censeantur[1]: ex vi liberi arbitrii ea eliciunt[2], oleum scilicet ex lapide. Ac principalem quidem causam in gratia esse non negant[3]: sed eo tamen contendunt non excludi liberum arbitrium, per quod sit omne meritum[4]. Neque id tradunt posteriores modo Sophistae, sed eorum Pythagoras Lombardus [Lib. 2. Sent. dist. 27 a)][5]: quem si cum istis compares, sanum et sobrium esse dicas. Mirae profecto caecitatis fuit, quum Augustinum toties in ore haberet[6], non vidisse quanta sollicitudine vir ille caverit ne ulla ex bonis operibus gloriae particula in hominem derivaretur. Supra, quum de libero arbitrio disputatio esset, recitavimus aliquot in hanc rem ipsius testimonia[7], quibus similia identidem in eius scriptis recurrunt; ut || quum vetat ne merita nostra usquam iactemus, quia et ipsa Dei dona sunt [In Psal. 144][8]: et || quum scribit, omne meritum nostrum nonnisi a gratia esse, non parari per nostram sufficientiam, sed per gratiam totum fieri [Epist. 105][9], etc. Ad Scripturae lucem caecutisse, minus mirum: in qua non ita foeliciter exercitatum fuisse appàret. Nihil tamen desiderari possit adversus eum et eius discipulos b) clarius isto Apostoli verbo; interdicta enim Christianis omni gloriatione, rationem cur gloriari nefas sit, subiungit, Quia Dei factura sumus, creati ad bona opera, quae praeparavit ut in illis ambulemus [Ephes. 2. b. 10]. Quum ergo nihil a nobis boni prodeat nisi quatenus regenerati sumus, regeneratio autem nostra, tota citra exceptionem, Dei sit: non est cur unciam nobis in bonis operibus vendicemus. || Postremo dum assidue inculcant bona opera,[1] sic interim conscientias instituunt, ut confidere nunquam ausint Deum se propitium ac faventem suis operibus habere[10]. Nos autem contra, nulla meriti mentione, singulari tamen consolatione fidelium animos nostra doctrina erigimus, dum eos docemus in suis operibus Deo placere, indubieque acceptos esse. Quinetiam hic || exigimus ut nullum quisquam opus tentet aut

---

a) *sic recte 1539–43, 1553–54; 1545–50 falso 17, 1559–61 28*
b) *eum — disc.: 1539–54 eos*

1) cf. Thom. Aq., S. th. II 1. q. 114. art. 3. corp.   2) Thom. Aq., S. th. II 1. q. 113. art. 3.   3) Thom. Aq., S. th. II 1 q. 114. art. 4. corp.   4) ibid.   5) Lomb., Sent. II. dist. 27, 4 MSL 192, 715   6) cf. Lomb., Sent. II. dist. 26—28 MSL 192, 709 sqq.   7) lib. II 2, 8; vol. III 249 sqq.   8) Aug., In Psal. 144, 11 MSL 37, 1876.   9) Aug., Ep. 194, 5, 19 (ad Sixtum Romanum) MSL 33, 880 sq.; CSEL 57, 191, 1 sq.   10) Thom. Aq., S. th. II 1. q. 112. art. 5. corp.; cf. conc. Trid. sess. 6. de iustif. c. 9. ed. Richter p. 26 sq. (Denz., Enchir. 16/17 No. 802.)

DE MODO PERCIPIENDAE GRATIAE. CAP. XV

aggrediatur sine fide: hoc est nisi certa animi fiducia prius[a] definiat Deo placiturum.

8. Quamobrem ab unico illo fundamento nequaquam abduci nos ne latum quidem unguem patiamur[b]: quo iacto, sapientes deinde architecti recte atque ordine superaedificant. ‖ Nam[c] sive doctrina et exhortatione opus est, admonent quod in hoc Dei Filius[d] apparuit ut dissolvat opera Diaboli: ne peccent qui ex Deo sunt [1. Iohan. 3. b. 8][1], sufficere praeteritum tempus implendis Gentium desideriis [1. Petr. 4. a. 3]: electos Dei vasa esse misericordiae selecta[e] in honorem, quae a sordibus emundari debeant [2. Tim. 2. c. 20][2]. Sed omnia semel dicuntur, quum ostenditur quod tales velit Christus discipulos, qui seipsis abnegatis, ac[f] sublata sua cruce, ipsum sequantur [Luc. 9. c. 23][g]. Qui seipsum[h] abnegavit, malorum omnium radicem execuit, ne amplius quaerat quae sua sunt. Qui crucem suam sustulit, ad omnem patientiam ac mansuetudinem se comparavit. At Christi exemplum et haec et alia omnia pietatis ac sanctitatis officia complectitur. Ille se Patri obedientem praestitit ad mortem usque[i]; ille totus fuit in operibus Dei perficiendis[k]; ille Patris gloriam toto pectore spiravit[l]; ille animam suam pro fratribus posuit[m]; ille hostibus suis bene et fecit et precatus est[n]. Quod si consolatione opus[o] fuerit, mirificam afferent[p] consolationem: quod affligimur, non tamen anxii reddimur: laboramus, sed non deserimur: humiliamur, sed non confundimur: deiicimur, sed non perimus: mortificationem Iesu Christi semper in corpore nostro circumferentes, ut vita Iesu manifestetur in nobis[q] [2. Cor. 4. d. 8][3]; quod si commortui sumus, et convivemus: si compatimur, et conregnabimus [2. Tim. 2. b. 11.][4]; quod ita[r] configuramur eius passionibus[s], donec

---

a) *1536* apud se   b) *VG 1541 sqq.* + car sur iceluy doibt reposer tout ce qui appartient à l'édification de l'Eglise   c) quo — Nam: *VG 1541 sqq.* Ainsin tous les serviteurs de Dieu, ausquelz il a donné la charge d'édifier son Regne, apres avoir mis ce fondement, s'il d) *1536* fil. Dei   e) *1536* electa   f) seips. — ac *1536* semetipsos abnegent, &   g) *1536* [Matth. 16 *(24)*]   h) *1536* semetipsum   i) *1536* + [Phil. 2 *(8)*]   k) *1536* perf. oper. Dei [Luc. 2 *(49)*]   l) *1536* + [Ioan. 4. *(34)* 7. *(16–18)* 8. *(49 sq.)* 17 *(hic numerus infra post: 15 exstat.)*]   m) *1536* + [Ioan. 10. *(15)* 15. *(13)*]   n) *1536* + [Luc. 23 *(34)*] il. host.   o) consol. op.: *1536-39* consolationis usus; *1543-45* consolationis opus   p) *1536* afferunt   q) *1536* + [Philip. 2]   r) > *1536*   s) *1536* pass. eius

1) 1. Ioh. 3, 8 sq.   2) 2. Tim. 2, 20 sq.   3) 2. Cor. 4, 8–10.   4) 2. Tim. 2, 11 sq.

perveniamus ad resurrectionis similitudinem [Philip. 3. b. 10][1]: quando[a] Pater praedestinavit conformes fieri imaginis Filii sui, quos in ipso elegit, ut sit[b] primogenitus inter cunctos fratres[c] [Rom. 8. f. 29]. Itaque quod neque mors, [d]neque praesentia, neque futura separabunt nos a charitate Dei, quae est in Christo [Ibidem, g. 39][2]: || quin potius in bonum ac salutem cedent omnia, || Ecce, non iustificamus hominem ex operibus coram Deo: sed omnes qui ex Deo sunt, dicimus regenerari, et novam creaturam fieri[e]: ut ex regno peccati transeant in regnum iustitiae, atque[f] hoc testimonio certam facere suam vocationem [2. Pet. 1. b. 10.], et tanquam arbores a fructibus iudicari[3].[I]

Refutatio calumniarum quibus hanc doctrinam odio gravare conantur Papistae. CAP. XVI. [586]

1. Hoc uno verbo refelli potest impiorum quorundam impudentia, qui calumniantur nos abolere bona opera, || atque ab eorum studio abducere homines, quum dicimus eos non iustificari ex operibus, nec salutem mereri[4]; deinde nimis facile ad iustitiam iter sternere, quum in gratuita peccatorum remissione ipsam iacere docemus, et hac illecebra homines, suapte sponte plus nimio proclives, ad peccandum allicere[5]. Hae, inquam, calumniae uno illo verbo satis refutantur; breviter tamen respondebo ad utranque. || Per fidei iustificationem causantur destrui bona opera. || Supersedo dicere quales sint bonorum operum zelotae qui ita nobis obtrectant. Liceat illis tam impune conviciari quam licentiose vitae suae obscoenitate totum mundum inficiunt. Dolere sibi simulant, dum tam magnifice extollitur fides, opera excidere suo gradu[g]. || Quid si magis erigantur et stabiliantur? Non enim aut fidem somniamus bonis operibus vacuam, aut iustificationem quae sine iis constet; hoc tantum interest, quod quum fidem et bona opera necessario inter se cohaerere fateamur, in fide tamen non[h] operibus iusti-

---

a) donec — quando: *1536* quia   b) *1536* + ipse   c) int. — fr.: *1536* in multis fratribus   d) *1536* + neque vita   e) *1553-54* + [2. Petr. 1. a. 4.]   f) > *1536-54*   g) Supers. — gr. > *VG 1560*   h) *1539* + in

1) Phil. 3, 10 sq.   2) Rom. 8, 38 sq.   3) Matth. 7, 20; 12, 33; Luc. 6, 44. — Cf. Melanchthonis Locos comm. 1521 ed. Kolde[4] p. 189. 4) Eck., Enchiridion c. 5. C 8 b; Cochlaeus, Philipp. III 15 (XVII.). 20. 62; Io. Faber, Cur noluerit ... c. 14. opusc. s 5 a; t 3 b.   5) Cochl. Philipp. III 21.

ficationem ponimus. Id qua ratione, facile explicare promptum est si ad Christum modo convertamur, in quem dirigitur fides, et unde totam vim accipit. Quare ergo fide iustificamur? quia fide apprehendimus Christi iustitiam, qua una Deo reconciliamur. Hanc vero apprehendere non possis quin et sanctificationem simul apprehendas. ǁ Datus est enim nobis in iustitiam, sapientiam, sanctificationem, redemptionem [1. Cor. 1. d. 30.]. ǁ Nullum ergo Christus iustificat quem non simul sanctificet. Sunt enim perpetuo et individuo nexu coniuncta haec beneficia, ut quos sapientia sua illuminat, eos redimat: quos redimit, iustificet: quos iustificat, sanctificet. Sed quia de iustitia et sanctificatione tantum quaestio est, in iis insistamus. Inter se distinguamus licet, inseparabiliter tamen utranque Christus in se continet. Vis ergo iustitiam in Christo adipisci? Christum ante possideas oportet; possidere autem non potes quin fias sanctificationis eius particeps; quia in frusta discerpi non potest. Quum ergo haec beneficia, nonnisi seipsum erogando, fruenda nobis Dominus concedat, utrunque simul largitur: alterum nunquam sine altero. Ita liquet quam verum sit nos non sine operibus, neque tamen per opera iustificari: quoniam in Christi participatione, qua iustificamur, non minus sanctificatio continetur quam iustitia.[l]

2. Illud quoque falsissimum est, abduci[a] hominum animos ab affectu bene agendi quum illis merendi opinionem tollimus. ǁ Obiter hic monendi sunt lectores, insulse eos ratiocinari a mercede ad meritum, ut postea clarius explicabo[1]: quia scilicet principium illud ignorant, non minus liberalem esse Deum ubi mercedem operibus assignat, quam ubi recte agendi facultatem largitur. Hoc tamen in suum locum differe malo. Nunc quam infirma sit eorum obiectio attingere satis erit, quod duobus modis fiet[b]. ǁ Nam primo[c], quod aiunt nullam fore curam bene instituendae vitae nisi spe mercedis proposita[2], tota via errant. Si enim hoc tantum agitur ut homines mercedem spectent quum Deo serviunt, et illi suas operas locent aut vendant, parum proficitur; gratis coli vult, gratis amari: hunc, inquam, cultorem probat, qui praecisa omni spe recipiendae mercedis, colere tamen eum non desinat. Porro si incitandi sunt homines[d], nemo possit[e] acriores admovere stimulos[f] quam ǁ

a) Ill. — abd.: *1536* Non abducimus b) Obiter — fiet > *VG 1560* c) > *1536-54* d) *1536* + ad bona opera e) *1536* poterat f) *1536* stim. admov.

1) cap. 18; infra p. 270 sqq. 2) cf. J. Fabrum, De fide ed operibus c. 23. 25 opp. III f. 103 b. sq.

1539 a^a redemptionis ac vocationis nostrae fine: quales adhibet ver-
1559 bum Domini quum tradit || nimis impiam esse ingratitudinem
1539 non mutuo redamare eum qui nos prior dilexit^{b1}: || sanguine
Christi emundari ab operibus mortuis conscientias nostras, ad
1559 serviendum Deo viventi [Hebr. 9. d. 14.]: || indignum esse sacri-
legium si semel mundati, novis sordibus nos inquinantes, sa-
1539 crum illum sanguinem profanamus^{c2}. || Liberatos esse nos e
manu hostium nostrorum, ut sine timore serviamus illi in
sanctitate et iustitia coram ipso omnibus diebus vitae nostrae
1559 [Luc. 1. g. 74]³: || nos a peccato emancipatos esse, ut libero
spiritu iustitiam colamus [Rom. 6. c. 18]: crucifixum esse veterem nostrum hominem, ut in vitae novitatem resurgamus
[Ibidem, a. 6]. Item, si mortui simus cum Christo (ut decet eius
membra) quaerenda esse quae sursum sunt, et in mundo peregrinandum, ut in caelos adspiremus ubi est thesaurus noster^d
1539 [Colos. 3. a. 1]⁴. || In hoc apparuisse gratiam Domini ut abne-
gata omni impietate, et mundanis desideriis, sobrie, sancte, et
pie vivamus in hoc seculo, expectantes beatam spem et appari-
tionem gloriae magni Dei et Salvatoris [Tit. 2. c. 11.]⁵. Quare
nos non esse constitutos ut iram nobis concitemus, sed ut salu-
1539*
(1536 I 66) tem consequamur per Christum [1. Thess. 5. b. 9]; || nos esse
templa Spiritus sancti quae profanari sit nefas [1. Cor. 3. c. 16⁶;
2. Cor. 6. d. 16^e; Ephes. 2. d. 21]; nos tenebras non esse, sed
lucem in Domino, quos ut filios lucis ambulare oporteat [et
5. b. 8^{7f}]; nos non ad immunditiem vocatos, sed ad sanctitatem;
quia haec sit voluntas Dei, sanctificatio nostra, ut nos abstineamus ab illicitis desideriis [1. Thess. 4. b. 7, et a. 3.]: vocationem nostram esse sanctam [2. Timo. 1. c. 9], ei non responderi
nisi vitae puritate; in hoc nos esse liberatos a peccato, et iustitiae obediamus [Rom. 6. c. 18]. An incitari ad charitatem ullo
vivaciori argumento possimus quam illo Iohannis,^l ut mutuo [588]
inter^g nos diligamus, quemadmodum dilexit nos Deus^h? in
hoc differre eius filios a filiis diaboli, filios lucis a filiisⁱ tenebrarum, quia in dilectione manent [1. Iohan. 3. b. 10^k; 1. Iohan.
2. b. 11.]? illo item Pauli, Nos, si Christo adhaeremus, unius

---

a) > *1539*   b) *nimis — dil.* > *VG 1560*   c) *indignum — prof.*
> *VG 1560*   d) *nos a peccato — noster* > *VG 1560*   e) *1559 falso*
2. Cor. d. 16; 2. Cor. — 16: *1553–61 male infra post* [et. 5. b. 8.] *exstat.*
f) *1539–54 + 1. Thes. 5 a. 4 (4 sq.), sed infra post* [1. Thess. 4. —]
g) > *1539–54*   h) *1539–54 +* [1. Ioannis 4. a. 7.]   i) > *1545–54*
k) *1559 falso* Iohan. 13. a. 10

1) 1. Ioh. 4, 10. 19.   2) Hebr. 10, 29.   3) Luc. 1, 74 sq.   4) Col.
3, 1–3.   5) Tit. 2, 11–13.   6) 1. Cor. 3, 16 sq.   7) Eph. 5, 8 sq.

DE MODO PERCIPIENDAE GRATIAE. CAP. XVI 251

esse corporis membra, quae invicem adiuvari mutuis officiis conveniat [1. Cor. 6. d. 17, et 12. b. 12¹]ᵃ? || An ad sanctitatem fortius provocari, quam dum rursum ab Iohanneᵇ audimus, omnes qui habent hanc spem, sanctificare seipsos [1. Iohann. 3. a. 3.], quoniam Deus eorum sanctus est? || Item ex ore Pauli, Ut adoptionis promissione freti mundemus nos ab omni inquinamento carnis et spiritus [2. Cor. 7. a. 1.]? || quam dum Christumᶜ audimus se nobis exemplar proponentem ut sua vestigia sequamurᵈ?

3.ᵉ Atque haec quidem paucula tantum in gustum proposui. Nam si singula persequi esset animus, longum volumen contexendum foret. Toti paraenesibus, adhortationibus, castigationibusᶠ pleni sunt Apostoli, quibus hominem Dei ad omne opus bonum instituant, idque citra meriti mentionemᵍ. || Quin potius inde-potissimas ducunt exhortationes, quod nullo nostro merito, sola Dei misericordia stet nostra salus. Quemadmodum Paulus, ubi tota epistola disseruit nullam esse nobis spem vitae nisi in Christi iustitia, ubi ad paraeneses descendit, per illam Dei miserationem qua nos dignatus est obsecrat [Rom. 12. a. 1]. || Et sane haec nobis una causa satis esse debuerat ut Deus in nobis glorificetur [Matth. 5. b. 16]. Quod siqui Dei gloria non adeoʰ vehementer afficiuntur, memoria tamen beneficiorum eius sufficientissimaⁱ est, quae tales ad benefaciendum incitet [Chrysost. homil. in Gene.ᵏ]². Verum istiˡ quia servilia forte aliqua coactaque Legis obsequia ingerendis meritis extundunt, mentiuntur nos nihil habere quo ad bona opera exhortemur, quia non eadem ingredimur via³. Quasi vero talibus obsequiis valde oblectetur Deus, qui profitetur se hilarem datorem diligere, et quicquam dari quasi ex tristitia aut necessitate vetat [2. Cor. 9. b. 7]. || Neque id dico quod id vel respuam vel negligam adhortationis genus quod Scriptura saepenumero usurpat, ne ullam omittat nos undique animandi rationem. Commemorat enim mercedem quam Deus redditurus sit unicuique secundum opera sua⁴: || sed illud unicum atque etiam in multis

---

a) *1539–54* [Roma. 12. a. 4. *(1 sqq.)*]   b) rurs. — Ioh.: *1536* ab eodem   c) *1536* + ipsum   d) *1536* ut sequ. vest. eius [Ioan. 15. b. 10.]   e) > *1559*   f) *1536* + consolationibus   g) inst. — ment.: *1536* citra mer. ment. inst.   h) Dei — ad.: *1536* erga Dei gloriam non i) eius suff.: *1536* Dei sufficiens   k) *1539–54* + 26; Chrys. — Gene. > *1536*   l) *VG 1541 sqq.* ces Pharisiens

1) 1. Cor. 12, 12 sqq.   2) Chrysostomus, In Gen. hom. 26, 5. 6; opp. (Paris. 1834 sqq.) IV. 294 sqq.   3) vide supra sect. 2. p. 249 not. 2. 4) Matth. 16, 27; Rom. 2, 6 sq; 1. Cor. 3, 14 sq.; 2. Cor. 5, 10 etc.

praecipuum esse nego. Deinde exordium inde sumendum non
concedo. Adhaec, nihil facere ad erigenda qualia isti praedicant
merita contendo: quemadmodum postea videbimus[1]. Postremo
neque usui esse nisi doctrina illa praeoccupaverit, Solo Christi
merito, quod per fidem apprehenditur[a], nos iustificari, nullis
autem operum nostrorum meritis; quia nulli ad sanctitatis
studium apti esse possunt, nisi qui doctrinam hanc prius imbi-
berint. Quod et Propheta pulchre innuit, dum sic Deum alloquitur, Apud te est propitiatio Domine, ut timearis [Psal. 130.
a. 4]; nullum enim esse Dei cultum ostendit nisi agnita eius
miseri|cordia, qua sola et fundatur et stabilitur. || Quod apprime
notatu dignum est, ut sciamus non modo principium Dei rite
colendi esse fiduciam misericordiae eius, sed timorem Dei (quem
meritorium esse volunt Papistae)[2] ideo non posse meriti nomine
censeri quia fundatus est in peccatorum venia et remissione.

4. Longe vero futilissima calumnia, invitari ad peccandum
homines quum gratuitam peccatorum remissionem, in qua col-
locatam dicimus[b] iustitiam, affirmamus[3]. Tanti enim esse dicimus ut nullo nostro bono pensari possit: ideoque nunquam impetrandam, nisi gratuita foret. Porro nobis quidem esse gra-
tuitam, || Christo non item, cui tam magno constitit: nempe
suo sacratissimo sanguine, extra[c] quem nullum satis dignum
pretium fuit quod Dei iudicio[d] solveretur. Haec quum docentur
homines, admonentur[e] per ipsos non stare quominus toties
sacratissimus ille sanguis effundatur[f] quoties peccant. Ad hoc[g],
dicimus[h] eam esse nostram foeditatem[i] quae nisi huius purissimi
sanguinis fonte nunquam eluatur. Haec qui audiunt || annon
maiorem debent concipere horrorem peccati, quam si bonorum
operum aspersione abstergi diceretur? Et || siquid Dei habent,
quomodo non horreant semel purificati, denuo[k] se in lutum
provolvere, quo huius fontis puritatem quantum in se est con-
turbent et inficiant[l]? Lavi pedes meos (inquit fidelis anima
apud Solomonem) quomodo rursum inquinabo illos [Cant. 5.
a. 3]? Nunc palam est utri et[m] viliorem peccatorum remissionem faciant, et iustitiae dignitatem magis prostituant[n]. Illi

---

a) *1539–54* apprehendatur   b) *1539–43* ducimus   c) *1536* ultra
d) *1536* iustitiae   e) *1536* doc., adm. hom.   f) per — eff.: *1536*
se toties sacratissimum illum sanguinem effundere   g) *1536* haec
h) *sic 1536–54; 1559–61 male* discimus   i) *1536* foed. nostr.   k) sem.
— den. > *1536*   l) cont. et inf.: *1536* inquinent   m) > *1536*
n) et iust. — prost. > *1536*

1) cap. 18, 3 sq.; infra p. 272 sqq.   2) cf. J. Latomum, De fide et
op., opp. f. 142 b.   3) Cochl., Philipp. III 21.

Deum frivolis suis satisfactionibus, hoc est stercoribus, placari nugantur[1]; nos graviorem asserimus esse peccati noxam[a] quam quae tam levibus nugis expietur: graviorem[b] Dei offensam quam quae his nihili satisfactionibus remittatur; proinde[c] hanc solius sanguinis Christi[d] praerogativam esse. || Illi iustitiam, sicubi deficiat, instaurari dicunt ac reparari satisfactoriis operibus[2]: nos pretiosiorem esse putamus quam ut aequari ulla operum compensatione queat; ideo ut restituatur, ad solam Dei misericordiam confugiendum esse. Caetera quae ad peccatorum remissionem pertinent, ex capite proximo[e] petantur[3].

Promissionum Legis et Evangelii conciliatio.
CAP. XVII.

1. Nunc persequamur alia quoque argumenta[1] quibus Satan per suos satellites fidei iustificationem aut diruere aut deterere molitur. Illud iam excussum esse puto calumniatoribus, ne nobiscum perinde agant atque bonorum operum inimicis; siquidem operibus detrahitur iustificatio, non ut nulla bona fiant opera, aut bona esse negentur quae fiunt: sed ne illis fidamus, ne gloriemur, ne salutem adscribamus. Fiducia enim haec nostra est, haec gloria, et unica salutis anchora, quod Christus filius Dei noster est, ac nos in ipso vicissim filii Dei regnique caelestis haeredes, Dei benignitate, non nostra dignitate, in spem aeternae beatitudinis vocati. Sed quia aliis praeterea machinis, ut dictum est, nos impetunt: age, in illis[f] quoque propulsandis pergamus. Primum redeunt ad legales promissiones, quas Legis suae cultoribus edidit Dominus: et rogant, velimusne irritas esse prorsus an efficaces? Irritas dicere quoniam absonum ac ridiculum fuerit, pro confesso assumunt, alicuius esse efficaciae. Hinc ratiocinantur, non sola fide nos iustificari[4]. Sic enim Dominus loquitur, Eritque si audieris praecepta et iudicia haec, custodierisque ea et feceris, custodiet etiam tibi Dominus pactum et misericordiam quam iuravit patribus tuis: diliget te ac multiplicabit, et benedicet tibi, etc. [Deut. 7. b. 12][5].

---

a) *1536* esse pecc. nox. asser.   b) *1536* maiorem esse   c) > *1536*
d) > *1539–43; 1536* Chr. sang.   e) *1539* quinto; *1543–54* nono
f) *1539* aliis

1) cf. Bonav., In sent. IV. dist. 15. opp. 4, 350 sqq.; Thom. Aq., S. th. III suppl. q. 12—15.   2) cf. Thom. Aq., S. th. III suppl. q. 15. art. 1. corp.   3) cap. 4, 25; supra p. 113 sq.   4) cf. Jac. Latomum, De fide et operibus, opp. f. 141 a b.   5) Deut. 7, 12 sq.

Item, Si bene direxeritis^a vias vestras et studia vestra, non ambulaveritis post deos alienos, iudicium feceritis inter virum et virum, nec in malitiam recesseritis, ambulabo in medio vestri [Iere. 7. a. 3[1], et e. 23]. Nolo mille eiusdem formae frustra recitare, quae quando nihil sensu differunt, istarum solutione explicabuntur. Summa, propositam testatur Moses in Lege benedictionem et maledictionem, mortem et vitam [Deut. 11. d. 26.][2]. Sic ergo argumentantur^b, aut benedictionem istam otiosam infructuosamque fieri^c, aut non solius esse fidei iustificationem. Iam supra ostendimus[3] quomodo, si in Lege haereamus, omni benedictione defectis sola nobis maledictio imminet, quae universis transgressoribus edicta est. Non enim promittit Dominus quippiam nisi perfectis Legis suae cultoribus, qualis nemo reperitur. ‖ Manet igitur illud, totum hominum genus per Legem argui, maledictioni et irae Dei obnoxium: a qua ut solvantur, e potestate Legis exire necesse est, et velut ab eius servitute in libertatem asseri: non carnalem quidem illam, quae ab observatione Legis nos subducat, ad rerum omnium licentiam invitet, concupiscentiam nostram, velut ruptis repagulis, aut effusis habenis lascivire permittat: sed spiritualem, quae perculsam et consternatam conscientiam soletur et erigat, liberam illam ostendens a maledictione ac damnatione qua illam Lex vinctam ac^d constrictam premebat. Hanc a subiectione Legis liberationem, et, utⁱ ita dicam, manumissionem assequimur quum per fidem misericordiam Dei in Christo apprehendimus, qua securi certique reddimur de peccatorum remissione, quorum sensu pungebat nos Lex ac mordebat^e.

2. Hac ratione, et quae in Lege nobis offerebantur promissiones, inefficaces forent^f omnes et irritae, nisi Dei bonitas per Evangelium succurreret^g. Haec enim conditio, ut Legem^h perficiamus, a qua ipsae pendent, et aⁱ qua demum praestandae sunt, nunquam implebitur. ‖ Sic autem opitulatur Dominus, non partem iustitiae in operibus nobis relinquendo, partem ex sua indulgentia sufficiendo: sed dum^k unicum Christum pro iustitiae complemento assignat. Nam Apostolus praefatus se aliosque Iudaeos, scientes quod ex Legis operibus non iustificatur homo, in Iesum Christum credidisse: rationem subiicit, non ut adiu-

---

a) bene dir.: *1543–54 male* benedixeritis   b) Sic — arg. > *1539–43*
c) *1539–43* faciamus, oportet   d) *1536* &   e) *1536* nos pung. ac mord. lex [1. Cor. 15 *(56 sq.)*]   f) *1536* sunt   g) nisi — succ. > *1536*
h) *VG 1541 sqq.* la volunté de Dieu   i) > *1536*   k) > *1539*

1) rectius Ier. 7, 5–7.   2) Erasm., De lib. arb. p. 33, 6 sqq.   3) lib. II 7, 3 sq.; vol. III 329 sq.

DE MODO PERCIPIENDAE GRATIAE. CAP. XVII

varentur ad iustitiae summam, ex fide Christi: sed ut illa iustificarentur, non ex operibus Legis [Galat. 2. c. 16]. Si fideles a Lege in fidem demigrant, ut in hac iustitiam inveniant, quam abesse ab illa vident: certe iustitiae Legis renuntiant. Itaque amplificet nunc qui volet retributiones quae Legis observatorem manere dicuntur, modo simul animadvertat nostra pravitate fieri ne fructum inde ullum sentiamus donec aliam ex fide iustitiam fuerimus adepti. Sic David, ubi retributionis meminit, quam praeparavit servis suis Dominus, statim ad peccatorum recognitionem descendit, quibus illa exinanitur. Psalmo etiam[a] 19. d. 12, magnifice Legis beneficia depraedicat: sed continuo exclamat, Delicta quis intelliget? ab occultis meis munda me Domine[1]. Prorsus hic locus cum superiore congruit:. ubi[b] quum dixisset, Cunctas vias Domini bonitatem et veritatem timentibus eum [Psal. 25. b. 10]: subnectit, Propter nomen tuum Domine, propitiaberis pravitati meae: multa est enim[2]. Sic et nos recognoscere debemus, expositam quidem esse nobis in Lege Dei benevolentiam, si operibus eam demereri liceat: sed illorum merito nunquam ad nos pervenire.

3. Quid ergo? an datae sunt ut sine fructu evanescerent? Iam nuper testatus sum[3] non esse id meae sententiae; dico sane efficaciam suam ad nos non proferre quandiu ad operum merita respiciunt; quare si in se considerentur, quodammodo aboleri. Sic praeclaram illam promissionem, Dedi vobis bona praecepta, quae qui fecerit, vivet in ipsis [Levit. 18. a. 5; Ezec. 20. b. 11]: nullius momenti esse Apostolus docet [Rom. 10. a. 5][c] si in ea resistamus, nec pilo plus profuturam quam si data non esset: quia ne sanctissimis quidem Dei servis competit: qui procul omnes absunt a Legis complemento, multis vero transgressionibus sunt circundati. Sed dum promissiones Evangelicae substituuntur, quae gratuitam peccatorum remissionem denuntiant[d], non efficiunt modo ut ipsi Deo accepti simus, sed ut operibus quoque nostris sit sua gratia; neque[e] hoc tantum, ut ea Dominus' grata habeat, sed benedictionibus etiam, quae ex pacto debebantur Legis suae observationi, prosequatur. Fateor ergo fidelium operibus rependi quae iustitiae et sanctitatis cultoribus in Lege sua Dominus promisit: verum in hac retributione, consideranda semper est causa quae gratiam operibus conciliet. Eam porro triplicem esse cernimus.

---

a) > *1539-43*   b) Pr. — ubi: *1539-45* Item alibi,   c) *VG 1541-51* + [Galat. 3 *(12)*]   d) *1539-54* denuncient   e) *1539* non

1) Ps. 19, 13.   2) Ps. 25, 11.   3) supra sect. 2.

Prima est, quod Deus[a] averso a servorum suorum operibus[b] intuitu, quae probrum[c] magis quam laudem perpetuo merentur, ipsos[d] in Christo complectitur, ac sola fide intercedente, citra operum subsidium reconciliat sibi. Altera quod opera, non aestimata eorum dignitate, paterna benignitate atque indulgentia, huc honoris attollit ut alicuius pretii habeat. Tertia, quod ea ipsa cum venia suscipit[e], non imputata imperfectione, qua omnia inquinata, peccatis magis quam virtutibus accensenda alioqui forent. Atque hinc apparet quantopere delusi sint sophistae[f], qui belle se absurda omnia evasisse putarunt quum dicerent, non intrinseca sua bonitate valere opera ad salutem demerendam, sed ex pacti ratione[1]: quia Dominus liberalitate sua tanti aestimavit. Atqui non observabant interim, quae meritoria opera esse volebant, quantum abessent a promissionum conditione, nisi et iustificatio sola fide subnixa, et peccatorum remissio, per quam a maculis bona quoque opera abstergi necesse habent, praecederet. Itaque ex tribus divinae liberalitatis causis, quibus fit ut accepta sint fidelium opera, unam tantum annotabant: duas, et eas quidem praecipuas, supprimebant.

4. Citant Petri sententiam quam Lucas in Actis recitat, In veritate comperio quod non sit personarum acceptor Deus: sed in omni gente, qui facit iustitiam, acceptus est illi [Act. 10. e. 34][2]. Atque hinc, quod minime dubium esse videtur, colligunt, si rectis studiis conciliat sibi homo Deum, non solius esse Dei beneficium quod salutem consequitur. Imo sic pro sua misericordia Deum peccatori succurrere, ut operibus ad misericordiam flectatur[3]. Verum Scripturas nullo modo conciliare possis nisi duplicem hominis apud Deum acceptionem observes[g]. Qualis enim natura est homo, nihil in eo reperit Deus quo ad misericordiam inclinetur, praeter unicam miseriam. Nudum ergo et egenum omnis boni, omni contra malorum genere refertum et oneratum hominem si constat esse, ubi primum a Deo suscipitur: quam ob dotem, quaeso, dignum illum caelesti[h] vocatione dicemus? Facessat ergo inanis meritorum imaginatio ubi gratuitam clementiam Deus[i] tam evidenter commendat. Nam quod ibidem Cornelio Angeli voce dicitur, orationes eius

---

a) *1539–54* DOMINUS   b) a — op.: *1539–50* ab op. servi sui
c) *1539–54* confusionem   d) *1539–50* ipsum   e) *1539–45* suscipiat
f) *VG 1541 sqq* + de Sorbonne   g) *1539–50* recognoscas   h) *1539–54* Domini   i) *1539–54* Dominus

1) Bonav., In sent. II. dist. 27. art. 2. q. 3. opp. 2, 668 b; Herborn, Enchir. c. 5. CC 12, 31 sq.; De Castro, Adv. haer. fol. 159 F sq.
2) Act. 10, 34 sq.   3) Cochlaeus, Philipp. III 13.

et eleemosynas ascendisse in Dei conspectum[1]: pessime detorquetur ab iis, praeparari hominem ad recipiendam Dei gratiam, bonorum operum studio[2]. Iam enim Spiritu sapientiae illuminatum fuisse Cornelium oportuit, qui vera sapientia, timore scilicet Dei, praedi¹tus erat: eodem Spiritu sanctificatum, qui iustitiae cultor erat: quam illius certissimum esse fructum Apostolus docet [Galat. 5. a. 5]. Ea itaque omnia quae Deo placuisse in eo referuntur, habebat ab illius[a] gratia: tantum abest ut ad eam recipiendam illis suo marte se praepararet. Nulla sane Scripturae syllaba proferetur quae non huic doctrinae consentiat: non[b] esse aliam Deo causam hominis ad se recipiendi nisi quia modis omnibus perditum videt si sibi relinquatur: perditum autem quia non vult, suam in ipso liberando misericordiam exercere. Nunc videmus ut ista acceptio non hominis iustitiam spectet, sed purum sit divinae erga miseros, tantoque beneficio longe indignissimos peccatores bonitatis documentum.

5. Postquam vero Dominus hominem ex abysso perditionis reductum, sibi per gratiam adoptionis segregravit: quia illum regeneravit ac reformavit in novam vitam, iam ut novam creaturam, cum Spiritus sui donis amplectitur. Haec illa est acceptio cuius meminit Petrus, qua[c] post suam vocationem Deo fideles approbantur, operum quoque respectu: quia Dominus non amare et osculari non potest, quae per Spiritum suum in illis efficit bona. Verum id semper memoria repetendum est, non aliter operum ratione illos esse Deo acceptos nisi quia illorum causa et ‖ in gratiam, quicquid bonorum operum contulit, liberalitatem suam augendo, sua quoque[d] ‖ acceptione dignatur. Unde enim illis bona opera, nisi quod Dominus illos, quemadmodum vasa in honorem elegit, ita vult vera puritate exornare? Unde etiam bona reputantur acsi nihil illis deesset: nisi quod naevis et maculis, quae illis adhaerescunt, veniam benignus Pater indulget? In summa nihil aliud significat hoc loco quam gratos esse Deo et amabiles suos filios in' quibus notas et lineamenta vultus sui videt. Regenerationem enim alibi, imaginis divinae reparationem in nobis esse docuimus[3]. Quoniam ergo ubicunque faciem suam Deus contemplatur, et merito amat, et in honore habet: non sine causa dicitur illi placere fidelium vita, ad sanctitatem et iustitiam composita. Sed quia pii mortali carne circundati, adhuc sunt peccatores, et opera eorum

---

a) ab ill.: *1539–54* a Dei   b) *1539–50* Nullam   c) *1539* quia
d) gratia Dominus ipsa opera, sua

1) Act. 10, 31.   2) Eck., Enchir. c. 5. C 8 a.   3) lib. I 15, 4, vol. III 179; cf. lib. III 6, 1, supra p. 146.

bona, inchoata duntaxat, et carnis vitium redolentia: neque illis neque his propitius esse potest nisi in Christo magis quam in seipsis amplexetur. In hunc modum accipiendi sunt loci qui clementem ac misericordem iustitiae cultoribus, Deum[a] testantur. Dicebat Moses Israelitis, Dominus Deus tuus custodiens pactum ac misericordiam diligentibus se, et custodientibus praecepta sua, in mille generationes [Deut. 7. b. 9], quae sententia in frequentem formulam usurpata postea a populo fuit. Sic Solomo in solenni precatione, Domine[b] Deus Israel, qui custodis pactum et misericordiam servis tuis qui ambulant coram te in toto corde suo [1. Reg. 8. c. 23]. Eadem[l] verba et a Nehemia repetuntur [Nehe. 1. b. 5]. Siquidem ut in omnibus misericordiae suae pactis integritatem ac sanctimoniam vitae vicissim a servis suis Deus[c] stipulatur ne ludibrio sit sua bonitas, neve quis inani ob eam exultatione turgidus, benedicat animae suae, ambulans interim in pravitate cordis sui [Deut. 29. c. 18]: ita in foederis communionem admissos, vult hac via in officio continere; nihilo tamen minus foedus ipsum et gratuitum initio feritur, et perpetuo tale manet. ‖ Secundum hanc rationem David quanvis praedicet sibi redditam fuisse mercedem puritatis manuum [2. Sam. 22. b. 21[d]]: non tamen fontem illum quem notavi praeteriit, quod extractus fuerit ab utero, quia Deus eum dilexit[1]: ubi ita commendat causae suae bonitatem, ut nihil deroget gratuitae misericordiae, quae dona omnia, quorum origo est, praevenit.

6. Atque hic obiter notare profuerit quid distent istae loquendi formae a Legalibus promissionibus. Legales promissiones appello, non quae ubique sparsae sunt in libris Mosaicis (quando in illis quoque Evangelicae multae occurrunt): sed quae proprie ad Legis ministerium[e] pertinent. Eiusmodi promissiones, quocunque nomine vocare libeat, sub conditione, Si feceris quod tibi praecipitur, paratam esse remunerationem denuntiant. At quum dicitur, Dominum custodire pactum misericordiae iis qui se diligunt, magis demonstratur quales sunt illius servi[f], qui bona fide eius foedus susceperint, quam exprimatur causa cur illis Dominus benefaciat. Haec porro demonstrationis ratio: Quemadmodum in hunc finem aeternae vitae gratia nos dignatur Deus[g] ut diligatur, timeatur, colatur a nobis: ita quaecunque misericordiae in Scriptura promissiones habentur, merito

---

a) *1539–54* Dominum b) *1539–54* Domirrus c) *1539–54* Dominus
d) *1559–61 falso* 2 e) *VG 1541 sqq.* doctrine f) ill. servi: *1539–54* servi Domini g) *1539–54* Dominus

1) 2. Sam. 22, 20.

ad hunc diriguntur finem, ut revereamur et colamus beneficiorum authorem. Quoties ergo audimus ipsum[a] benefacere iis qui Legem suam observant, meminerimus Dei filios ab officio designari quod in illis perpetuum esse debet: hac ratione[b] nos esse adoptatos, ut ipsum patris loco veneremur. Ne ergo ipsi adoptionis iure nos abdicemus, huc semper enitendum quo tendit nostra vocatio. Id tamen rursum teneamus, non pendere ab operibus fidelium complementum misericordiae Domini: sed ipsum[c] ideo salutis promissionem adimplere[d] iis qui vitae rectitudine suae vocationi respondent, quia in illis germana demum filiorum insignia agnoscit, qui Spiritu eius ad bonum reguntur. Huc referatur quod est in Psalmo 15. a. 1,[e] de civibus Ecclesiae[f], Domine quis habitabit in tabernaculo tuo, et quis requiescet in monte tuo sancto? Innocens manibus et mundo corde[1], etc. Item apud Iesaiam, Quis habitabit cum igne devorante [Iesa. 33. b. 14]? Qui facit iustitiam, qui[g] loquitur recta[2], etc.[h] Non enim firmamentum quo fideles coram Domino subsistant, describitur: sed modus quo[i] in suum consortium eos clementissimus[i] Pater introducit, et in ipso tuetur et confirmat. Quia enim peccatum detestatur, iustitiam amat: quos sibi coniungit, eos Spiritu suo purificat, ut sibi regnoque suo[k] reddat conformes. Ergo si prima causa quaeratur, unde patefiat sanctis accessus in Dei regnum, unde habeant ut consistant in eo ac permaneant, prompta est responsio, Quia Dominus eos sua misericordia et adoptavit semel, et perpetuo tuetur. Si autem de modo quaestio est, tum ad regenerationem est descendendum, eiusque fructus qui Psalmo illo[1] recensentur[3].

7. At vero plus longe difficultatis esse videtur in his locis qui et bona opera iustitiae titulo insigniunt, et hominem illis asserunt iustificari. Plurimi sunt prioris generis, ubi || mandatorum observationes, iustificationes vocantur seu iustitiae. || Alterius generis exemplum est quod apud Mosen habetur, Erit haec iustitia nostra, si custodierimus praecepta ista omnia [Deut. 6. d. 25]. Ac si promissionem esse legalem excipias, quae adnexa conditioni impossibili, nihil probet[4], sunt alia de quibus idem respondere non possis, quale est illud, Eritque tibi id

---

a) *1539–54* DOMINUM   b) *1539–54* + a Domino   c) *1539–54* DOMINUM   d) *1539–43* + in   e) *15. a. 1: 1539–50* decimoquinto   f) *VG 1541 sqq.* de Ierusalem   g) > *1539–54*   h) *VG 1541 sqq.* + Et autres semblables.   i) *1539–45* + et   k) sibi — suo: *VG 1541 sqq.* à sa nature   l) *VG 1541 sqq.* en ce Psalme et autres passages

1) Ps. 15, 1 sq.   2) Ies. 33, 15.   3) Ps. 15, 2 sqq.   4) cf. Mel. Locos theol. 1535 CR Mel. opp. XXI 414.

pro iustitia coram Domino, reddere pauperi depositum, etc. [Deut. 24. c. 13]. Item quod Propheta dicit, zelum in vindicando Israelis probro, imputatum fuisse Phinees in iustitiam [Psal. 106. e. 30][1]. Itaque Pharisaei nostri temporis amplam insultandi materiam hic se habere putant. Nam quum dicamus, erecta fidei iustitia cedere operum iustificationem, eodem iure argumentantur, Si ex operibus iustitia, ergo falsum est nos sola fide iustificari. Ut dem Legis praecepta vocari iustitias[a], nihil mirum; sunt enim re vera. || Quanquam monendi sunt Lectores, Graecos parum apte vocem hebraicam HUCIM[2] vertisse δικαιώματα pro edictis. De voce tamen facile litem remitto. || Neque vero[b] hoc denegamus Legi Dei quin perfectam iustitiam contineat. Tametsi enim, quia debitores sumus omnium quae praecipit, etiam plena eius obedientia defuncti, servi inutiles sumus: quia tamen eam honore iustitiae Dominus dignatus est, non detrahimus[c] quod ille dedit. Fatemur ergo libenter, absolutam Legis obedientiam esse iustitiam: mandati uniuscuiusque observationem, esse iustitiae partem: siquidem in reliquis etiam partibus tota iustitiae summa constet. Sed extare usquam talem iustitiae formam negamus. Atque ideo Legis iustitiam tollimus, non quod manca per se sit ac mutila: sed quod ob carnis nostrae debilitatem nusquam compareat. Atqui non modo praecepta Domini simpliciter Scriptura iustitias vocat: sed operibus quoque sanctorum tribuit hoc nomen. Ut quum Zachariam et eius coniugem[1] refert ambulasse in iustitiis Domini [Luc. 1. a. 6]; sane dum ita loquitur, opera magis ex Legis natura aestimat quam propria ipsorum conditione. || Etsi rursus hic observandum quod nuper dixi, ex incuria Graeci interpretis non esse statuendam Legem. Sed quia Lucas in recepta versione nihil mutare voluit, neque ego contendam. || Deus[d] enim ea quae Lege continentur mandavit hominibus in iustitiam: sed eam iustitiam non exequimur nisi totam Legem observando; qualibet enim transgressione corrumpitur. Quum ergo Lex nihil nisi iustitiam praescribat, si in ipsam respicimus, iustitiae sunt singula eius mandata: si homines spectamus a quibus fiunt, iustitiae laudem minime consequuntur ex uno opere, in multis transgressores, et ex eo opere quod aliqua semper ex parte propter imperfectionem vitiosum est.[e]

---

a) Ut — iust.: *1539-54* Quod legis observationes nuncupantur iustitiae b) > *1539-54* c) *1539-43* detrahemus d) *1539-54* Dominus e) *VG 1541 sqq.* + Nostre response donc est, que quand les œuvres des Sainctz sont nommées iustice, cela ne vient point de

1) Ps. 106, 30 sq. 2) חֻקִּים

DE MODO PERCIPIENDAE GRATIAE. CAP. XVII

8. Sed venio ad secundum genus, in quo praecipua est difficultas. Nihil magis firmum habet Paulus ad probandam fidei iustitiam, quam quod de Abraham scribitur[a], fidem illi suam pro iustitia imputatam fuisse[b1]. Quum ergo editum facinus a Phinees[c] imputatum illi fuisse ad iustitiam dicatur [Psal. 106. d. 31]: quod de fide contendit Paulus, licebit nobis de operibus ratiocinari. Proinde adversarii nostri, quasi re evicta, constituunt nos quidem sine fide non iustificari: sed neque per eam iustificari solam; opera esse quae iustitiam nostram impleant[2]. Ego hic pios obtestor, ut si veram iustitiae regulam ex sola Scriptura petendam norunt, mecum religiose et serio expendant quomodo Scriptura secum ipsa sine cavillis rite conciliari[d] possit. Quum sciret Paulus, fidei iustificationem suffugium esse iis qui propria iustitia deficiuntur: audacter infert, iustitia operum exclusos quicunque fide iustificantur. Quoniam vero constat omnium illam esse fidelium communem, ex eo pari fiducia constituit operibus neminem iustificari: quin magis contra, nullo operum adminiculo iustificari. Sed aliud est disputare quid per se valeant opera, aliud quo loco post stabilitam fidei iustitiam habenda sint. [e] Si operibus statuendum est pro dignitate sua pretium, indigna esse dicimus quae in conspectum Dei prodeant; ideo nihil operum habere hominem quo apud Deum glorietur; inde omni operum adminiculo exutum, sola fide iustificari. Eam porro iustitiam definimus, quod in Christi communionem receptus peccator, eius gratia Deo reconciliatur: dum illius sanguine purgatus[f], peccatorum remissionem obtinet: et iustitia non secus ac propria vestitus, coram caelesti tribunali securus subsistit. Praeposita peccatorum remissione, quae iam sequuntur bona opera aliam quam a suo merito aestimationem habent: quia quicquid in illis est imperfectum, Christi perfectione contegitur: quicquid naevorum est aut sordium, eiusdem puritate abstergitur, ne in iudicii divini quaestionem veniat. Ob'literata igitur omnium transgressionum culpa, qui-

leurs merites: mais entant qu'elles tendent à la iustice, que Dieu nous a commendée, laquelle est nulle, si elle n'est parfaicte. Or elle ne se trouve parfaicte en nul homme du monde: pourtant fault conclure, qu'une bonne œuvre de soy ne merite pas le nom de iustice.

a) *VG 1541 sqq.* + de Moyse   b) *1559-61 falso* + [Galat. 4. a. 4]
c) *VG 1541 sqq.* + selon le Prophete   d) *1550-54* reconciliari   e) *ad sqq. usque ad finem sect. cf. Cat. 1538, CR V 336 sq.*   f) *1539-45* purificatus

1) Rom. 4, 3; Gal. 3, 6.   2) Jo. Roff., Confutatio p. 65 sq.; Wimpina, Anacephal. II 9 fol. 87. 91 b sqq.; cf. conc. Trid. sess. 6. de iustific. can. 24; ed. Richter p. 32. (Denz., Enchir. [16/17] No. 834.)

bus impediuntur homines ne quicquam Deo gratum proferant, sepulto etiam imperfectionis vitio quod bona quoque opera foedare solet: quae fiunt a fidelibus bona opera, iusta censentur: vel (quod idem est) in iustitiam imputantur.

9. Nunc mihi siquis istud obiectet ad impugnandam fidei iustitiam, primum interrogabo num homo iustus censeatur ob unum aut alterum sanctum opus, reliquis vitae operibus Legis transgressor? Plusquam absurdum quidem est. Deinde requiram an ob multa quoque bona opera, si quidem praevaricationis aliqua in parte reus tenetur? Ne hoc quidem contendere audebit, reclamante Legis sanctione, maledictosque omnes proclamante qui non omnia Legis mandata ad ultimum impleverint [Deut. 27. d. 26]. Adhaec ultra progrediar, sitne ullum opus quod nullius impuritatis aut imperfectionis argui mereatur. Et quomodo esset coram iis oculis quibus nec stellae satis mundae sunt[1], nec Angeli satis iusti [Iob. 4. d. 18]? Ita nullum extare bonum opus concedere cogetur quod non et appositis sibi transgressionibus, et sua ipsius corruptione pollutum sit[a], ne iustitiae honorem teneat. Quod si constat a iustificatione fidei proficisci ut opera impura alioqui, immunda, dimidiata, indigna Dei conspectu, nedum amore, iustitiae imputentur: quid huius iactatione destruere illam moliuntur quae si non esset, hanc frustra iactarent? Vipereumne partum facere volunt[b]? Eo enim tendunt impiorum[c] dicta. Fidei iustificationem principium, fundamentum, causam, argumentum, substantiam operum iustitiae esse[d] non possunt inficiari: concludunt tamen fide non iustificari hominem, quod bona quoque opera[e] in iustitiam reputentur. Omittamus ergo istas ineptias, et quod res est fateamur; si a fidei iustificatione dependet qualiscunque tandem censetur operum iustitia, non modo per hanc nihil imminui, sed potius confirmari; quo nimirum vis eius potentior elucet. Neque etiam sic putemus commendari post gratuitam iustificationem opera, ut et ipsa in locum iustificandi hominis postea succedant, aut eiusmodi officium cum fide partiantur. Nisi enim perpetuo maneat solida fidei iustificatio, illorum immundities detegetur. Nihil autem absonum est, sic fide hominem iustificari ut non ipse modo iustus sit, sed opera quoque eius supra dignitatem iusta censeantur.

a) poll. sit: *1539* polluatur; *1543 falso* pollutione   b) Vip. — vol.: *VG 1541 sqq.* Vouldrions-nous faire une lignée serpentine, que les enfans meurtrissent leur mere   c) *VG 1541 sqq.* de noz adversaires   d) > *1539–50*   e) *1539–43* op. quoque

1) Iob. 25, 5.

DE MODO PERCIPIENDAE GRATIAE. CAP. XVII 263

10. Hac ratione concedemus, non partialem modo in operibus iustitiam (quod ipsi adversarii volunt)[1] sed perinde approbari Deo acsi perfecta absolutaque foret. Sed si meminerimus quo fundamento fulciatur, soluta erit omnis difficultas. Gratum enim opus tunc demum esse incipit ubi cum venia suscipitur. Porro[a] unde venia, nisi quia Deus nos et nostra omnia in Christo intuetur? Quemadmodum ergo nos ipsi, ubi in Christum insiti sumus,[1] ideo iusti apparemus coram Deo quia eius innocentia conteguntur nostrae iniquitates: sic opera nostra iusta sunt et habentur, quia quicquid alias vitii in ipsis est, Christi puritate sepultum, non imputatur. Ita merito dicere possumus, sola fide non tantum nos sed opera etiam nostra iustificari. Iam si ista qualiscunque operum iustitia a fide et gratuita iustificatione pendet, et ab ea efficitur: debet sub eam includi, et tanquam effectus causae suae (ut ita loquar) subordinari; tantum abest ut erigi debeat ad illam vel destruendam vel obscurandam. ‖ Sic Paulus, ut extorqueat, beatitudinem nostram Dei misericordia non operibus constare, urget maxime illud Davidis, Beati quorum remissae sunt iniquitates, et quorum tecta sunt peccata. Beatus cui non imputavit Dominus peccatum [Rom. 4. a. 7; Psal. 32. a. 1][2]. Siquis contra obtrudat innumera elogia quibus videtur beatitudo operibus dari: qualia sunt, Beatus vir qui timet Dominum [Psal. 112. a. 1], qui miseretur pauperis [Prov. 14. c. 21], qui non ambulavit in consilio impiorum [Psal. 1. a. 1], qui suffert tentationem [Iacob. 1. b. 12]: beati qui custodiunt iudicium [Psal. 106. a. 3], immaculati [et 119, 1], pauperes spiritu, mites, misericordes [Matth. 5. a. 3][3], etc.; non efficient quominus verum sit quod ait Paulus. Quoniam enim illa quae praedicantur, omnia nunquam sic sunt in homine ut Deo propterea id approbetur[b], conficitur, miserum semper esse hominem nisi a miseria per veniam peccatorum eximatur. Quoniam ergo universa quae Scripturis extolluntur beatitudinis genera, irrita concidant, ut nullius fructum percipiat homo donec beatitudinem peccatorum remissione adeptus fuerit[c], quae deinde illis locum faciat: sequitur hanc esse non modo summam et praecipuam, sed unicam: nisi forte velis ab illis enervari quae in ea sola consistunt. Multo iam minus rationis est cur nos conturbare debeat appellatio

---

a) *1543* + tum b) propt. — appr.: *1539–54* per id *(1539–50* se*)* approbentur c) donec — fuer.: *1539–54* nisi beatitudo *(1539–45* + in*)* pecc. remissione obtineatur

1) Jo. Roff., Confut. art. 31. p. 492. 2) Rom. 4, 7 sq.; Ps. 32, 1 sq.
3) Matth. 5, 3. 5. 7.

iustorum, quae fidelibus plaerunque tribuitur. Iustos certe a vitae sanctimonia nuncupari fateor: sed quum in iustitiae studium magis incumbant quam iustitiam ipsam impleant, qualemcunque hanc iustitiam, fidei iustificationi cedere par est, unde habet id quod est.

11. Sed enim cum Iacobo plus adhuc negotii nobis restare aiunt, ut qui aperta voce nobis repugnet[1]. Docet enim et Abraham ex operibus fuisse iustificatum [Iacob. 2. d. 21 [a]], et nos quoque omnes operibus iustificari, non sola fide[2]. Quid igitur? pertrahentne in certamen Paulum cum Iacobo? Si Iacobum pro Christi ministro habent, sic accipienda est eius sententia, ne a Christo per os Pauli loquente dissentiat. Spiritus per os Pauli asserit,[1] Abraham fide, non operibus iustitiam fuisse consequutum[3]: nos quoque fide docemus omnes[b] sine operibus Legis iustificari. Idem Spiritus per Iacobum tradit, et Abrahae et nostram iustitiam operibus, non fide tantum constare. Spiritum secum non pugnare, certum est. Quae erit ergo istorum concordia? adversariis abunde est si convellerint quam nos[c] altissimis radicibus stabilitam volumus fidei iustitiam: suam autem conscientiis tranquillitatem reddere, non magnae curae est. Unde videas quidem eos fidei iustificationem[d] arrodere, sed nullam interim constituere iustitiae metam ubi conscientiae sistantur. Triumphent ergo ut libet, modo non aliam iactare victoriam possint quam omnem iustitiae certitudinem se sustulisse. Ac miseram quidem hanc victoriam obtinebunt, ubi extincta veritatis luce, mendaciorum tenebras offundere illis Dominus permittet[e]. Ubicunque autem stabit Dei veritas, nihil proficient. Nego itaque Iacobi sententiam, quam assidue tanquam Achillis clypeum nobis obtendunt, illis vel tantillum suffragari. Id quo planum fiat, intuendus primum erit Apostoli scopus: deinde observandum ubi hallucinentur. Quoniam tum erant plerique (quod malum in Ecclesia perpetuum esse solet) qui infidelitatem suam manifeste prodebant, quaecunque propria sunt fidelium opera[f] negligendo ac omittendo, falso tamen

---

a) *sic 1539–54; 1559–61 falso* 1. b. 12   b) doc. omn. > *1539–54*
c) > *1539–54*   d) *1539–43* + strenue   e) mend. — perm.: *VG 1541 sqq.* ilz auront aveuglé le monde de leurs tenebres   f) quaec. — op.: *VG 1541 sqq.* tout ce qui est propre aux fideles

1) Schatzgeyer, Scrutinium 2. CC 5, 27. 39; Eck., Enchir. c. 5. D 1 b, D 2 b; De Castro, Adv. haer. fol. 128 C; Herborn, Enchir. 4. CC 12, 30; Cochlaeus, Phil. III 3, 13; Faber, De Fide et operibus I c. 9, opp. III fol. 72 b; Jo. Roff., Confutatio art. 1. p. 76.   2) Iac. 2, 24.
3) Rom. 4, 3; Gal. 3, 6.

fidei nomine gloriari non desinebant: stolidam talium fiduciam hic eludit Iacobus. Non est ergo illi propositum verae fidei vim ulla ex parte deterere, sed ostendere quam inepte nugatores isti vacuae eius imagini tantum arrogarent, ut hac contenti, secure diffluerent in omnem vitiorum licentiam. || Hoc statu concepto, facile erit animadvertere ubi peccent nostri adversarii. Incidunt enim in[a] duplicem paralogismum: alterum in fidei vocabulo, alterum in verbo iustificandi. Quod fidem nominat Apostolus, inanem opinionem procul a fidei veritate dissitam, concessionis est quae nihil causae derogat[b]; quod ab initio ipse demonstrat his verbis, Quid prodest, fratres mei, siquis fidem dicat se habere, opera autem non habeat[1]? Non dicit, Si fidem quis habeat sine operibus: sed, Si iactet. Clarius etiam paulo post, ubi deteriorem diabolica notitia per ludibrium facit[2]: postremo ubi mortuam vocat[3]. Sed a definitione sufficienter deprehendas quid velit. Tu credis, inquit, quod Deus est[4]; sane si nihil in ista fide continetur nisi ut credatur Deum esse, iam nihil mirum est si non iustificet. Nec vero dum hoc illi adimitur, quicquam derogari putemus fidei Christianae, cuius longe diversa est ratio. Quo enim modo vera fides iustificat, nisi dum nos Christo conglutinat, ut unum cum illo facti, participatione iustitiae eius fruamur? non ergo eo iustificat quod divinae essentiae notitiam concipiat: sed quod in misericordiae certitudine recumbit.[1]

12. Nondum scopum attigimus, nisi discutiamus et alterum paralogismum; siquidem iustificationis partem in operibus Iacobus reponit. Si et reliquis Scripturis, et sibiipsi consentaneum Iacobum facere velis, necessarium est, Iustificandi verbum alio significatu accipere quam apud Paulum. Iustificari enim dicimur a[c] Paulo, quum obliterata iniustitiae[d] nostrae memoria, iusti reputamur. Eo si spectasset Iacobus, praepostere citasset illud ex Mose, Credidit Abraham Deo, etc.[5] Sic enim contexit, Abraham operibus consequutus est iustitiam, quod filium immolare, iubente Deo, non dubitavit. Atque ita impleta est Scriptura, quae dicit illum credidisse Deo, et imputatum ei ad iustitiam[6]. Si absurdum est, effectum esse sua causa priorem, aut falso testatur Moses eo loco, imputatam fuisse Abrahae fidem in iustitiam, aut ex ea quam in Isaac offerendo praestitit obedientia, iustitiam non fuit promeritus. Nondum concepto

---

a) *1545–54* ad b) quae — der.: *1539–54* Rhetoricae c) > *1539–45* d) *1539 (et VG 1541–45)* iustitiae

1) Iac. 2, 14. 2) Iac. 2, 19. 3) Iac. 2, 20. 4) Iac. 2, 19. 5) Gen. 15, 6; Iac. 2, 23. 6) Iac. 2, 21. 23.

Ismaele, qui iam adoleverat antequam Isaac nasceretur, fide sua iustificatus fuit Abraham. Quomodo igitur dicemus obedientia diu post sequuta iustitiam sibi comparasse? Quare aut perperam ordinem invertit Iacobus (quod cogitare est nefas) aut iustificatum noluit dicere, quasi promeritus sit ut iustus censeretur. Quid ergo? Certe de iustitiae declaratione[a], non autem imputatione[b] ipsum loqui apparet; acsi diceret, Qui vera fide iusti sunt, ii suam iustitiam obedientia bonisque operibus probant, non nuda et imaginaria fidei larva. In summa, non disputat qua ratione iustificemur: sed iustitiam operatricem a fidelibus requirit. Et quemadmodum Paulus citra operum adminiculum iustificari contendit: ita hic iustos haberi non patitur qui bonis careant operibus. Huius scopi consideratio nos omni scrupulo extricabit; nam hinc praecipue falluntur nostri adversarii, quod putant Iacobum iustificationis rationem definire: quum nihil aliud studeat quam pravam eorum securitatem diruere qui excusando bonorum operum contemptui fidem inaniter obtendebant. Ergo quoslibet in modos Iacobi verba torqueant, nihil praeter duas sententias exprimens, Inane fidei spectrum non iustificare, et fidelem, tali imaginatione non contentum, operibus bonis suam iustitiam declarare.

13. Quod autem ex Paulo in eundem sensum citant, minimum eos iuvat, Factores Legis, non auditores iustificari [Rom. 2. b. 13][1]. Nolo solutione Ambrosii evadere, ideo esse illud dictum quia complementum Legis sit in Christum fides[2]. Video enim merum esse effugium, quo nihil opus est ubi aperta patet via. Illic stolida confidentia Iudaeos deiicit Apostolus, qui sola Legis agnitione se venditabant, quum interim summi essent eius contemptores. Ne ergo nuda Legis peritia tantopere sibi placerent: admonet, si ex Lege quaeratur iustitia, non eius notitiam sed observationem quaeri. Nos certe istud in[1] dubium non vocamus quin Legis iustitia consistat in operibus: ac ne illud quidem, quin consistat in operum dignitate et meritis[c] iustitia[d]. Sed nondum probatum est operibus nos iustificari, nisi unum aliquem proferant qui Legem impleverit. Non aliud autem sen-

---

a) *VG 1560* + devant les hommes b) *VG 1560* + de iustice quant à Dieu c) dign. — mer.: *1539–54* iustificatione d) Nos — iust.: *VG 1541 sqq.* Nous ne nyons pas non plus, que en observation entiere de saincteté et innocence il n'y ayt pleine iustice

1) Eck., Enchiridion c. 5. C 7 b; De Castro, Adv. haer. fol. 128 B; Jo. Roff., Confut. art. 1. p. 67. 79; Cochlaeus, Phil. III 13; Faber, Cur noluerit ... c. 14, opusc. t 1 b; De fide et op. I c. 11. opp. III fol. 77a. 2) Ambrosiaster (inter opp. Ambr.), Comment. in ep. ad Rom. 2, 13 MSL 17, 67.

sisse Paulum erit satis amplo testimonio orationis contextus. Postquam Gentes ac Iudaeos in commune iniustitiae damnaverat, tum ad distributionem descendit, ac dicit eos qui sine Lege peccaverunt, sine Lege perire: quod ad Gentes refertur; qui vero in Lege peccaverunt, per Legem iudicari[1]: quod Iudaeorum est. Porro quoniam illi suis praevaricationibus conniventes, sola Lege superbiebant: adiungit quod optime congruebat, non ideo latam esse Legem ut audita solummodo eius voce iusti redderentur: sed tum demum si obedirent; ac si diceret, In Lege quaeris iustitiam? ne auditum eius praetexas, qui parvi est per se ponderis: sed afferas opera quibus declares Legem non tibi frustra positam. His quoniam deficiebantur omnes, sequebatur, Legis gloriatione esse spoliatos. Itaque contrarium potius ex mente Pauli argumentum formandum est, Iustitia Legis in operum perfectione sita est; nemo iactare potest se per opera Legi satisfecisse; nulla ergo est a Lege iustitia[a].

14. Iam et ex locis illis pugnant quibus suam iustitiam fideles examinandam Dei iudicio audacter offerunt, ac secundum eam de se statui cupiunt. Quales sunt[b], Iudica me Domine secundum iustitiam meam, et secundum innocentiam meam, quae sunt in me [Psal. 7. c. 9]. Item, Exaudi Deus iustitiam meam [Psal. 17. a. 1]. Probasti cor meum et visitasti nocte, et non est inventa in me iniquitas[c]. Item, Retribuet mihi Dominus secundum iustitiam meam, et secundum puritatem manuum mearum rependet mihi. Quia custodivi vias Domini, nec impie defeci a Deo meo. Et ero immaculatus, et observabo me ab iniquitate mea[d] [Psal. 18. d. 21][2]. Item, Iudica me Domine, quoniam in innocentia mea ambulavi [Psal. 26. a. 1]. Non sedi cum viris mendacibus, cum iniqua gerentibus non introibo[3]. Ne perdas cum impiis animam meam, cum viris sanguinum vitam meam [Ibidem, c. 9]. In quorum manibus iniquitates sunt: dextera quorum repleta est muneribus. Ego autem innocenter ambulavi[e][4]. Dixi supra de fiducia quam sibi sancti simpliciter ab operibus sumere videntur[5]. Quae autem huc adduximus testimonia nos non valde impedient si secundum suam περίστασιν, hoc est complexum, vel (ut vulgo loquuntur) circumstantiam, accipiantur. Ea porro duplex est; nam nec de ipsis in univer-

---

a) VG 1541 sqq. + entre les hommes   b) VG 1541 sqq. Comme quant David dit   c) 1553 + [et 3. (sc. Ps. 17, 3)]   d) Et — mea: VG 1541 sqq. etc.   e) cum viris — amb. > VG 1541 sqq.

1) Rom. 2, 12.   2) Ps. 18, 21. 22. 24; cf. Eckii Enchir. c. 5. C 7 a; Clichtov., Improb. fol. 12 b.   3) Ps. 26, 4.   4) Ps. 26, 10 sq.   5) III 14, 18—20; supra p. 236 sqq.

sum quaestionem haberi volunt, ut pro totius vitae tenore vel damnentur vel absolvantur: sed specialem causam in iudicium disceptandam afferunt: nec divinae perfectionis respectu, sed ex improborum ac scelestorum comparatione iustitiam sibi arrogant. Primum, quum de homine iustificando agitur, non tantum quaeritur ut bonam in re aliqua par*t*iculari causam habeat: sed perpetuam quandam tota vita iustitiae symmetriam[a]. Atqui[b] sancti, dum ad comprobandam suam innocentiam Dei iudicium implorant, non seipsos omni noxa solutos et omni ex parte inculpatos offerunt: sed quum in sola eius bonitate salutis fiduciam defixerint, confisi tamen esse vindicem pauperum praeter ius et aequitatem afflictorum, profecto[c] causam in qua[d] innocentes opprimuntur, illi commendant. Dum vero secum adversarios ad tribunal Dei sistunt, non iactant innocentiam quae Dei puritati responsura sit si severe conquiratur: sed quia prae adversariorum malitia, improbitate, astutia, nequitia, synceritatem, iustitiam, simplicitatem, puritatemque suam Deo compertam gratamque esse norunt: non reformidant, inter se et illos iudicem invocare. Sic quum David Sauli dicebat, Reddat Dominus unicuique secundum iustitiam et veritatem eius [1. Sam. 26. d. 23]: non intelligebat ut Dominus unumquemque per se examinaret ac muneraretur pro meritis: sed Dominum attestabatur quanta esset sua innocentia praeut[e] erat Saulis iniquitas. Ac ne Paulus quidem, quum hac gloriatione se iactat quod bonum habeat conscientiae testimonium, se cum simplicitate et integritate versatum esse in Ecclesia Dei [2. Cor. 1. c. 12], vult eiusmodi gloriatione apud Deum niti: sed coactus impiorum calumniis, fidem ac probitatem suam, quam divinae indulgentiae acceptam esse sciebat, adversus quamlibet hominum maledicentiam asserit. Videmus enim quid alibi dicat, se nihil esse sibi male conscium, sed non in hoc iustificari [1. Cor. 4. a. 4]. Quia scilicet intelligebat, iudicium Dei humanam lippitudinem longe transcendere. Utcunque ergo pii contra impiorum hypocrisin suam innocentiam Deo teste ac iudice defendant: ubi tamen cum solo Deo negotium est, omnes uno ore clamant, || Si iniquitatem observaveris Domine, Domine quis sustinebit [Psal. 130. a. 3]? Item, || Ne ingrediaris in iudicium cum servis tuis: quia non iustificabitur in conspectu tuo omnis vivens [et 143. a. 2]; suisque operibus diffisi, libenter canunt, Bonitas tua melior quam vita [Psal. 63.[f] a. 4].

---

a) *VG 1541 sqq.* + ce que nul n'a iamais eu et n'aura   b) *1539* Quare   c) > *1539-54*   d) *1543-54* quo   e) *1539* prout   f) *1559 falso* 36.

15. Sunt et alii non absimiles superioribus loci, in quibus subsistere etiamnum quis possit. Dicit Solomon, eum qui ambulat in integritate sua, iustum esse [Prov. 20. a. 7]. Item, In semita iustitiae esse vitam, ac in ea ipsa non esse mortem [et 12. d. 28]. Qua ratione Ezechiel perhibet vita victurum qui iudicium ac iustitiam fecerit [Ezech. 18. b. 9, e. 21, et 33. d. 15]. Nihil eorum vel inficiamur, vel obscuramus. Sed prodeat unus ex filiis Adam cum tali integritate. Si nemo est[a], aut pereant a conspectu Dei oportet, aut ad misericordiae asylum confugiant. Neque interim negamus quin fidelibus sua integritas, dimidiata licet ac imperfecta, gradus sit ad immortalitatem. Sed unde id, nisi quoniam quos in foedus gratiae assumpsit Dominus, eorum opera non excutit pro meritis, sed paterna benignitate osculatur? Quo non tantum intelligimus quod tradunt Scholastici, a gratia acceptante habere opera suum valorem. Illi enim sentiunt, imparia alioqui opera ex Legis pacto[b] saluti comparandae, in aequalitatis tamen pretium Dei acceptione evehi[1]. Ego autem dico, ea, tum aliis transgressionibus, tum suis ipsorum maculis inquinata, non aliud valere, nisi quod Dominus veniam utrisque indulget; quod est gratuitam homini iustitiam largiri. Neque tempestive hic obtruduntur illae Apostoli precationes, ubi tantam fidelibus perfectionem optat, ut sint inculpati et irreprehensibiles in die Domini [Ephes. 1. a. 4; 1. Thessal. 3. d. 13, et alibi]. Haec quidem verba Caelestini[2] valde olim exagitabant, ad perfectionem iustitiae in hac vita asserendam[3]. Sed quod arbitramur sufficere, breviter post Augustinum respondemus: ad hanc quidem metam aspirare pios omnes debere, ut immaculati aliquando et inculpati appareant coram Dei facie; sed quia optima et praestantissima vitae praesentis ratio nihil aliud est quam profectus, ad eam metam nos tum demum perventuros ubi hac peccati carne exuti, Domino ad plenum adhaerebimus[c][4]. || Neque tamen pertinaciter cum eo litigabo qui perfectionis titulum sanctis tribuere volet: modo eam quoque Augustini ipsius verbis definiat. Perfectam, inquit, sanctorum virtutem

---

a) *VG 1541 sqq.* S'il ne se trouve nul homme mortel, qui *(1560 + ne)* le puisse faire b) ex — pac. > *1539-54* c) *1539-45* adhaeserimus

1) Duns Scotus, In sent. I. dist. 17. q. 3 §§ 25. 26, opp. 10, 84 a sqq.; G. de Ockam, In sent. I. dist. 17. q. 1. K; cf. Eckii Enchir. c. 5. C 6b; Schatzg., Scrut. III. CC 5, 60 sq. 2) sc. socii Coelestii; cf. Aug., De perfectione iustitiae hominis c. 1. MSL 44, 293; CSEL 42, 3. 3) Aug., De perf. iust. hom. 9, 20 MSL 44, 301; CSEL 42, 19, 7 sqq. 4) cf. Aug., l. c. MSL 44, 302; CSEL 42, 20, 11 sqq.

quum nominamus, ad ipsam perfectionem pertinet etiam imperfectionis tum in veritate tum in humilitate cognitio [Li. ad Bonif. 3. cap. 7][1].

Ex mercede male colligi operum iustitiam.
CAP. XVIII.

1. Transeamus nunc ad eas sententias quae affirmant Deum unicuique redditurum secundum opera sua [Matt. 16. d. 27]; cuiusmodi sunt, Unusquisque referet quod gessit in corpore, sive bonum sive malum [2. Cor. 5. b. 10]. Gloria et honor operanti bonum; tribulatio et angustia in omnem animam operantis malum [Rom. 2. a. 6][2]. Et, Ibunt qui bona egerint, in resurrectionem vitae: qui male fecerint, in resurrectionem iudicii[a] [Iohan. 5. e. 29]. Venite benedicti Patris mei: esurivi, et dedistis mihi cibum: sitivi, et potum tribuistis[b], etc. [Matt. 25. e. 34]. Atque illis quoque eas coniungamus quae mercedem operum appellant vitam aeternam: quo in genere sunt, Retributio manuum hominis restituetur ei [Prover. 12. c. 14]. Qui timet mandatum, remunerabitur [et 13. c. 13]. Gaudete[l] et exultate: ecce merces vestra copiosa est in caelis [Matth. 5. b. 12; Luc. 6. d. 23]. Unusquisque mercedem accipiet secundum laborem [1.[c] Cor. 3. b. 8]. Quod unicuique dicitur redditurus Deus secundum opera [Rom. 2. a. 6], parvo negotio dissolvitur. Ordinem enim consequentiae magis quam causam indicat[d] locutio. Extra dubium autem est, Dominum his misericordiae suae gradibus salutem nostram consummare dum electos ad[e] se vocat, vocatos iustificat, iustificatos glorificat [Ibidem, 8. f. 30]. Tametsi ergo sola misericordia[f] suos in vitam suscipiat: quia tamen in eius possessionem ipsos deducit, per bonorum operum stadium[g], ut quo destinavit ordine suum in illis[h] opus impleat: nihil mirum si secundum opera sua dicuntur coronari: quibus haud dubie ad recipiendam immortalitatis coronam praeparantur. Quin hac ratione apposite dicuntur salutem suam operari [Philip. 2. b. 12], dum bonis operibus incumbendo, vitam aeternam meditantur; || nempe sicut alibi iubentur operari cibum qui non perit [Iohan. 6. c. 27], dum in Christum credendo sibi vitam acquirunt: et tamen mox additur, Quem filius hominis

---

a) qui male — iud. > *VG 1541 sqq.*   b) *1539* praebuistis   c) *1559 -61 falso* 2.   d) *1539-54* + ista   e) *1539-45* a   f) *1539-54* + Dominus   g) *1561* studium   h) *1539* illorum

1) Aug., Contra duas epist. Pelag. III 7, 19; MSL 44, 602; CSEL 60, 508, 12 sqq.   2) Rom. 2, 7. 9.

daturus est vobis[1]. Unde apparet Operandi verbum nequaquam opponi gratiae, sed referri ad studium: || ac proinde non[a] sequitur, vel fideles[b] ipsos esse salutis suae authores, vel ab ipsorum operibus eam emanare. Quid ergo? simul atque[b] per Evangelii notitiam, et Spiritus sancti illuminationem adsciti sunt in Christi consortium, inchoata est in illis aeterna vita. Iam quod in illis bonum opus inchoavit Deus, et perfici oportet usque in diem Domini Iesu [Philip. 1. a. 6.]. Perficitur porro, quum iustitia et sanctitate Patrem caelestem referentes, se filios eius non degeneres esse probant.

2. Ex Mercedis nomine non est cur opera nostra ratiocinemur causam esse salutis. Principio istud sancitum sit in cordibus nostris, || regnum caelorum non servorum stipendium, sed filiorum esse haereditatem[c] [Ephes. 1. d. 18]: quam soli potientur qui a Domino in filios cooptati fuerint[d]: neque ullam[e] aliam ob causam quam ob hanc adoptionem. || Non enim erit haeres filius ancillae, sed filius liberae [Galat. 4. d. 30]. Adeoque in iis ipsis locis quibus gloriam aeternam mercedem operibus fore pollicetur Spiritus sanctus, haereditatem nominatim exprimendo, aliunde nobis provenire demonstrat. Sic Christus opera recenset, quae caeli remuneratione compensat dum in eius possessionem electos vocat: sed simul adiungit, haereditatis iure possidendum [Matt. 25. c. 34]. Sic Paulus iubet servos, fideliter agentes quod officii sui est, sperare retributionem a Domino: sed addit haereditatis [Colos. 3. d. 24]. Videmus ut quasi praescriptis verbis diligenter caveant ne acceptam feramus operibus aeternam beatitudinem, sed Dei adoptioni. Cur ergo simul operum mentionem faciunt? Uno Scripturae exemplo ista quaestio elucescet. Ante nativitatem Isaac, promissum erat Abrahae semen in quo bene|dicendae erant omnes terrae nationes: seminis propagatio quae aequatura esset stellas caeli, et arenas maris, aliaque similia [Genes. 15. a. 5, et 17. a. 1[2f]]. Multis post annis, ut erat oraculo iussus, Abraham ad filium immolandum se accingit [Genes. 22. a. 3.]. Ista obedientia defunctus, recipit promissionem. Per memetipsum iuravi, dicit Dominus, quia fecisti hanc rem, et non pepercisti proprio filio unigenito[g]: benedicam tibi, et multiplicabo semen tuum sicut stellas caeli et arenas maris: possidebit semen tuum portas

---

a) ac — non: *1539-54* Neque tamen inde   b) > *1539-54*   c) esse haer.: *1536* est haereditas   d) *1553-54* + [Galat. 4. a. 7.]   e) > *1561*   f) *1539-54* + et (> *1539-50*) 18. b. 20 *(lege: 18)*   g) *VG 1541 sqq.* + pour me complaire

1) Ioh. 6, 27.   2) Gen. 17, 1 sqq.

inimicorum suorum[a], et benedicentur in semine tuo omnes gentes terrae quia obedisti voci meae [Ibidem, c. 17][1]. Quid audimus? an obedientia sua promeritus est benedictionem Abraham, cuius promissionem receperat antequam ederetur praeceptum? Hic profecto citra ambages tenemus, iis bonis munerari[b] Dominum fidelium opera quae illis iam ante cogitata opera dederat: nihil dum causae habens[c] cur ipsis benefaceret nisi suam misericordiam.

3. Neque tamen frustratur aut ludit nos Dominus quum ait se operibus rependere quod gratis ante opera donaverat. Quia enim bonis operibus vult nos exerceri ad meditandam eorum quae promisit exhibitionem vel fruitionem, ut ita loquar[d], ac per ea decurrere, ut contendamus ad beatam spem nobis propositam in caelis, rite et illis assignatur promissionum fructus, ad cuius maturitatem nos producunt[e]. Eleganter expressit utrunque Apostolus, quum diceret officiis charitatis studere Colossenses, propter spem in caelis sibi repositam, de qua ante audierant per sermonem veracis Evangelii [Colos. 1. a. 4.][2]. Nam quum ait eos ex Evangelio cognovisse spem sibi in caelis repositam, declarat solo Christo, nullis autem suffultam operibus; || cui concinit illud Petri, Custodiri pios Dei virtute per fidem, in salutem quae parata est manifestari suo tempore [1. Petri. 1. a. 5.]. || Dum ipsos ait eius causa laborare, significat currendum esse fidelibus toto vitae spatio ut apprehendant. Ne vero putaremus ad meriti modum redigi quam nobis Dominus mercedem pollicetur, parabolam proposuit, in qua se fecit patremfamilias, qui quoscunque habet obvios, mittit in vineae suae culturam: alios quidem hora diei prima, alios secunda, alios tertia, quosdam etiam undecima: vesperi rependit omnibus aequale pretium [Matt. 20. a. 1.][3]. Cuius interpretationem breviter et vere complexus est quicunque sit ille tandem vetustus scriptor, cuius liber de vocatione Gentium sub Ambrosii nomine fertur. Eius verbis potius quam meis utar. Huius, inquit, comparationis regula Dominus multimodae vocationis varietatem ad unam gratiam pertinentem adstruxit: ubi sine dubio qui hora undecima intromissi in vineam totius diei[f] operariis exaequantur, eorum praeferunt[f] sortem quos ad com-

---

a) poss. — suor. > *VG 1541 sqq.*   b) *1539* remunerari*; 1543–45* remunerare   c) *1539* habentem   d) exh. — loqu.*: 1539–54* revelationem   e) rite — prod.*: VG 1541 sqq.* c'est à bon droit que le fruict des promesses leur est assigné, puis qu'elles sont comme moyens, pour nous conduyre à la iouyssance   f) *1539–43* proferunt

1) Gen. 22, 16–18.   2) Col. 1, 4 sq.   3) Matth. 20, 1 sqq.

mendandam gratiae exellentiam, in defectu diei, et conclusione
vitae, divina indulgentia muneravit: non labori pretium sol-
vens, sed divitias bonitatis suae in eos, quos sine operibus
elegit, effundens: ut etiam qui in multo labore sudarunt, nec
amplius quam novissimi acceperunt, intelligant donum se
gratiae non operum accepisse mercedem [Lib. 1. cap. 5.^a][1]. ||
Postremo hoc quoque notatu dignum est, in his locis, ubi vita
aeterna merces operum vocatur, non simpliciter pro illa communicatione accipi quam habemus cum Deo ad beatam[b] immortalitatem[c], quum nos paterna benevolentia in Christo
amplectitur[d]: sed pro beatitudinis possessione vel fruitione,
ut vocant[2], sicut etiam sonant ipsa Christi verba, In futuro
vitam aeternam [Marc. 10. d. 30]. Et alibi, Venite, possidete
regnum, etc. [Matt. 25. d. 34]. Hac ratione et Paulus vocat adoptionem, revelationem adoptionis[e] quae in resurrectione fiet
[Rom. 8. d. 18]: ac postea interpretatur, redemptionem corporis nostri[3]. Alioqui autem quemadmodum alienatio a Deo
aeterna mors est, sic quum homo in gratiam a Deo recipitur
ut communicatione eius fruatur, unumque cum eo fiat, transfertur a morte ad vitam; id quod fit solius adoptionis bene-
ficio. || Et si more suo pertinaciter urgeant operum mercedem,
regerere illud Petri licebit, vitam aeternam fidei esse mercedem
[1. Pet. 1. b. 9.].

4. Itaque ne cogitemus[f] Spiritum sanctum huiusmodi promissione commendare[g] operum nostrorum dignitatem, acsi
talem mercedem mereantur[h]. Nihil enim nobis Scriptura reliquum facit quo in conspectu Dei exaltemur. Quin potius tota
in hoc est ut arrogantiam nostram retundat, nos humiliet, deiiciat, et prorsus conterat. Verum nostrae imbecillitati sic
occurritur: quae statim alioqui collaberetur ac concideret, nisi
hac se expectatione sustineret ac solatio lenirct sua taedia[i].
Primum quam durum sit, non modo sua omnia, sed se quoque
ipsum relinquere et abnegare, reputent pro se quisque singuli.
Et tamen hoc tyrocinio discipulos suos, hoc est pios omnes,
Christus initiat. Deinde sic per omnem vitam sub crucis disciplina erudit, ne cor adiiciant ad bonorum praesentium vel

---

a) *sic 1539–54, 1561; 1559 falso* 3 b) *1543 falso* locatam c) ad
— imm. > *VG 1545 sqq.* d) *VG 1545 sqq.* + pour nous faire ses
heritiers e) > *VG 1545 sqq.* f) *1539* agitemus g) *1536* +
voluisse; *VG 1541 sqq.* que — veuille priser h) *1536–43* promere-
rentur; *1545–54* mererentur i) sol. — taed.: *1536–54* solaretur

1) Pseudo-Ambros., De vocat. gent. I 5 MSL 17, 1091 A B. 2) apud
Augustinum, Thomam etc. passim 3) Rom. 8, 23.

cupiditatem vel fiduciam. Breviter sic fere tractat, ut quocunque flectant oculos quam longe hic mundus patet, nonnisi desperationem sibi ubique obversantem habeant; ut Paulus dicat, miserabiliores esse nos[a] omnibus hominibus, si in hoc mundo duntaxat speremus[b] [1. Cor. 15. c. 19]. In his tantis angustiis ne deficiant, adest illis Dominus, qui monet ut altius caput exerant, et longius oculos coniiciant, beatitudinem, quam in mundo non vident, apud se reperturos; hanc beatitudinem, praemium, mercedem, retributionem vocat: non operum aestimans meritum[c], sed compensationem esse significans eorum pressuris, passio!nibus, contumeliis, etc.[d] Quamobrem nihil obest quominus vitam aeternam remunerationem, Scripturae exemplo, vocemus: quod in ea Dominus suos ex laboribus in quietem, ex afflictione in prosperum et optabilem statum[e], ex moestitia in gaudium, ex paupertate in affluentiam[f], ex ignominia in gloriam recipiat; omnia denique[g] quae perpessi sunt mala, bonis maioribus permutet. Sic et nihil erit incommodi si vitae sanctitatem, existimemus esse viam: non quidem quae[h] aditum aperiat in gloriam caelestis regni[i], sed qua electi a Deo suo in eius manifestationem[k] ducantur. Quando[l] haec bona eius voluntas est, glorificare quos sanctificavit [Rom. 8. f. 30]. ||
1539 Tantum ne correlationem meriti ac mercedis imaginemur[m], in qua importune haerent Sophistae[1], quia istum[n] quem exponimus finem non considerant. Quam autem praeposterum est[o], ubi in unum finem vocat nos[p] Dominus, aliorsum respicere? Nihil clarius est quam ad sublevandam aliquo solatio carnis nostrae debilitatem, non autem ad inflandos gloria animos, mercedem bonis operibus promitti. Qui ergo meritum
1559 operum inde colligit, || vel appendit in trutina opus cum mer-
1539 cede, || a recto Dei[q] scopo longissime[r] aberrat.

5. Proinde quum Scriptura dicit, Deum iustum iudicem redditurum olim suis iustitiae coronam [2. Tim. 4. b. 8.][2], non tan-

---

a) *1536* nos esse   b) *1536* sperantes sumus   c) *1536* mer. aest.
d) *VG 1541 sqq.* que nous endurons en terre   e) prosp. — stat.:
1536-54 consolationem   f) ex paup. — affl. > *1536*   g) *1536* breviter   h) *1539* qua   i) adit. — reg.: *1536* ducat   k) eius man.:
1536 gloriam regni coelestis   l) *1536* Quoniam; *1539* Quin   m) *1539* imaginentur   n) *1539* iustum   o) *VG 1541 sqq.* Or quelle moquerie est-ce   p) *1539* + deus   q) *1539-54* Domini   r) > *1539-54*

1) Thom. II. 1. q. 114. art. 1. corp.; Herborn, Enchir. 5. CC. 12, 31; Cochl., Phil. III 65; cf. artic. Facultatis Paris. 1543 art. 4. CR opp. Calv. 7, 12, et concil. Trid. sess. 6. de iustif. c. 16. ed. Richter p. 29 sq. (Denz., Enchir. [16/17] No. 809).   2) Eck., Enchir. c. 5. D 1 b; Jo. Roff., Confut. art. 1. p. 66; Herborn, Enchir. 5 CC 12, 33; Clichtoveus,

DE MODO PERCIPIENDAE GRATIAE. CAP. XVIII 275

tum cum Augustino excipio, Cui redderet iustus iudex coronam, si non donasset gratiam misericors Pater? et quomodo esset iustitia nisi praecessisset gratia quae iustificat impium? quomodo ista debita redderentur nisi prius illa indebita darentur [Augustin. ad Valent. De gratia et lib. arb.][1]? sed aliud etiam addo, Quomodo iustitiam imputaret nostris operibus, nisi quod iniustitiae in illis est, absconderet sua indulgentia? Quomodo censeret digna mercede, nisi quod in illis poena dignum est, immensa benignitate aboleret? Solet enim ille vir gratiam nominare vitam aeternam, quia gratuitis Dei donis reddatur dum operibus rependitur. At Scriptura nos ultra humiliat et simul erigit[a]. Nam praeterquam quod in operibus gloriari vetat, quia sunt gratuita Dei dona, simul faecibus quibusdam semper inquinata esse docet: ut Deo satisfacere non possint, si ad iudicii eius regulam examinentur: ‖ sed, ne 1559 concidat nobis alacritas, mera venia placere. ‖ Etsi autem 1543 paulo aliter Augustinus[b] quam nos loquitur: in re tamen non ita dissentire constabit ex eius verbis, libro ad Bonifacium tertio[c]. Ubi quum inter se duos contulisset homines, alterum vitae usque ad miraculum sanctae et absolutae[d]: alterum probum quidem et integris moribus, non tamen adeo perfectum quin desiderari in eo multum queat[e]: tandem infert, Nempe iste qui moribus illo videtur inferior, propter rectam in Deum
[608]   fidem ex qua vivit et secundum quam in omnibus delictis suis se accusat, in omnibus bonis operibus Deum laudat, sibi tribuens ignominiam, illi gloriam: atque ab ipso sumens et indulgentiam peccatorum et dilectionem recte factorum, de hac vita liberandus, in consortium Christi migrat[f]. Quare, nisi propter fidem? quae licet sine operibus neminem salvat (ipsa enim est non reproba fides, quae per dilectionem operatur)[g] tamen per ipsam etiam peccata solvuntur, quia iustus ex fide vivit [Habac. 2. a. 4.]; sine ipsa vero quae videntur bona opera, in peccata vertuntur [Cap. 5.][h] [2]. Hic certe non obscure fatetur

a) et — erig. > *1539-54*   b) > *1539-54*   c) *1543-50* 3   d) vit. — abs.: *VG 1545 sqq.* de une si saincte vie et parfaicte, qu'on le tienne pour un Ange   e) quin — queat > *VG 1545 sqq.*   f) de hac — migr.: *VG 1545 sqq.* et ainsi en partant de ce monde, il sera receu en Paradis   g) (ipsa — op.): *VG 1545 sqq.* d'autant qu'elle est vive, et besongne par charité   h) [Cap. 5.]: *1559-61 supra ante* [Hab. — 4.] *exstat*.

Improbatio fol. 14 b; Cochlaeus, Philipp. III 10; Faber, Cur noluerit ... c. 14. opusc. t 2 a; J. Latomus, De fide et op., opp. f. 136 b.
1) Aug., De gratia et lib. arb. 6, 14 MSL 44, 890.   2) Aug., Contra duas ep. Pelag. III 5, 14 MSL 44, 598, CSEL 60, 502 sq.

quod tantopere contendimus, inde pendere bonorum operum
iustitiam quod per veniam Deo approbantur.

6. Superioribus locis proximum sensum habent isti: Facite
vobis amicos de mammona iniquitatis: ut quum defeceritis,
recipiant vos in aeterna tabernacula^a [Luc. 16. c. 9.]. Divitibus
huius seculi praecipe non superbe sapere, neque sperare in in-
certis divitiis, sed in Deo vivo: bene agere, divites fieri in bonis
operibus, thesaurizare sibi fundamentum bonum in futurum,
ut apprehendant vitam aeternam [1. Tim. 6. d. 17][1]. Opibus
enim comparantur bona opera, quibus in beatitudine vitae
aeternae fruamur. Respondeo, nos ad veram eorum intelligentiam nunquam accessuros nisi oculos in scopum convertamus
quo sua verba Spiritus dirigit. Si verum est quod ait Christus,
Ibi animum nostrum residere ubi est thesaurus noster [Matth.
6. c. 21]: quemadmodum filii seculi intenti esse solent ad ea
comparanda quae ad praesentis vitae delicias faciunt: ita fidelibus videndum est, postquam hanc vitam instar somnii mox
evanituram didicerunt, ut ea quibus vere frui volunt, eo trans-
mittant ubi solidam vitam sunt habituri. Quod ergo faciunt
qui demigrare instituunt in locum aliquem, ubi perpetuam
vitae sedem elegerunt, nobis imitandum est; praemittunt illi
suas facultates, neque illis ad tempus aegre carent: quia se
beatiores eo putant quo plus habent bonorum ubi diu sunt
futuri. Nobis si caelum patriam esse credimus, illuc potius
transmittere opes nostras convenit, quam hic retinere ubi subita migratione peritura nobis sint. Quomodo autem trans-
mittemus? nempe si pauperum necessitatibus communicamus:
quibus quicquid erogatur, sibi datum Dominus imputat [Matt.
25. d. 40]. Unde egregia illa promissio, Qui largitur pauperi,
Domino foeneratur [Pro. 19. c. 17.]. Item, Qui benigne seminat,
benigne metet [2. Cor. 9. b. 6]. Deponuntur enim in manum
Domini quae fratribus ex charitatis officio impenduntur. Ille,
ut est bonae fidei depositarius, olim restituet cum copioso foe-
nore. Ergone tanti sunt apud Deum nostra officia ut sint in
eius manu quasi reconditae nobis opes? Et quis horreat ita loqui, quum toties ac tam aperte id testetur Scriptura? Caeterum
siquis a mera Dei benignitate transilire velit ad ope'rum dignitatem, his testimoniis ad errorem astruendum nihil iuvabitur.
Nihil enim rite inde colligas nisi meram divinae erga nos indulgentiae propensionem: quandoquidem quo nos ad benefacien-

---

a) in — tab.: *VG 1541 sqq.* au Royaume de Dieu

1) 1. Tim. 6, 17-19; Iac. Latomus, De fide et op., opp. f. 136 a.

dum animet, quamlibet vel solo eius intuitu indigna sint quae
illi exhibemus obsequia, nullum tamen perditum sinit.

7. Sed magis urgent Apostoli verba: qui dum Thessalonicenses in tribulationibus consolatur, eas immitti illis docet ut digni habeantur regno Dei pro quo patiuntur [2. Thes. 1. b. 5]. Siquidem, inquit, iustum est apud Deum, reddere iis qui vos affligunt, afflictionem: vobis autem relaxationem nobiscum, quum revelabitur Dominus Iesus e caelo[1]. Author vero epistolae ad Hebraeos, Non est, inquit, iniustus Deus ut obliviscatur operis vestri, et dilectionis quam ostendistis in nomine ipsius, quod ministrastis[a] sanctis [Heb. 6. b. 10][2]. Ad priorem locum respondeo, Nullam illic meriti dignitatem significari: sed quia Deus pater vult nos, quos elegit filios, Christo primogenito conformari [Rom. 8. f. 29.]: sicut oportuit illum primo pati, et tum demum intrare in gloriam sibi destinatam [Luc. 24. d. 26.]: ita et nos per multas tribulationes oportet ingredi in regnum caelorum [Act. 14. d. 22.]. Tribulationes ergo dum patimur pro Christi nomine, quaedam veluti notae imprimuntur nobis quibus oves gregis sui Deus[b] signare solet. Hac ergo ratione digni habemur regno Dei, quia stigmata Domini nostri et magistri[c] portamus in corpore [Gala. 6. d. 17.], quae sunt filiorum Dei signa. Huc et illae sententiae pertinent, Nos circunferre mortificationem Iesu Christi in corpore nostro: ut vita ipsius manifestetur in nobis [2.[d] Cor. 4. c. 10]. Nos passionibus eius conformari, ut perveniamus ad similitudinem resurrectionis ex mortuis[e][3]. Quae subiicitur[f] ratio, non ad probandam ullam dignitatem, sed spem regni Dei confirmandam pertinet: acsi diceret, Ut iusto Dei iudicio convenit, vindictam ab inimicis vestris expetere earum quas vobis intulerint vexationum: ita vobis relaxationem et quietem a vexationibus impertiri. Alter locus, qui sic iustitiam Dei decere tradit suorum obsequia oblivioni non mandare, ut prope iniustum fore innuat si obliviscatur, hanc rationem habet: Deus[g], quo segnitiem nostram acueret, fiduciam nobis fecit, non irritum fore quem in gloriam nominis sui susceperimus laborem. Semper meminerimus, hanc promissionem, ut caeteras omnes, nihil fructus nobis allaturam nisi praecederet gratuitum misericordiae foedus, cui

---

a) *1539–54* ministratis   b) *1539–54* Dominus   c) et mag. >
1539–54   d) *1559–61 falso* 1.   e) *1559–61 male* + [Rom. 8. f. 29]
f) *VG 1541 sqq.* est adioustée de Sainct Paul   g) *1539–54* Dominus

1) 2. Thess. 1, 6 sq.; cf. De Castro, Adv. haer. fol. 159 B.   2) Herborn, Enchir. 5. CC 12, 33; cf. conc. Trid. sess. 6, de iustif. c. 16 ed. Richter p. 29 (Denz., Enchir.[16/17] No. 809).   3) Phil. 3, 10.

tota salutis nostrae certitudo incumberet. Eo autem freti, confidere secure debemus, obsequiis etiam nostris quamlibet indignis non defuturum a Dei liberalitate praemium[a]. In ea expectatione ut nos confirmet Apostolus, Deum asserit non esse iniustum, quin constaturus sit fidei semel datae. Iustitia igitur ista magis ad divinae pro'missionis veritatem, quam ad reddendam debiti aequitatem refertur. In quem sensum insigne est dictum Augustini: quod ut vir sanctus repetere saepius pro memorabili non dubitavit, ita non indignum iudico quod assidue memoria repetamus. Fidelis, inquit, Dominus, qui se nobis fecit debitorem: non aliquid a nobis accipiendo, sed omnia promittendo [In Psa. 32. 109 et alibi saepe.][b][1].

8. Adducuntur et illae Pauli sententiae[c], Si habeam omnem fidem, ita ut montes loco dimoveam, charitatem autem non habeam, nihil sum [1. Cor. 13. a. 2.]. Item, Nunc manent spes, fides, charitas: sed maxima in his charitas [et d. 13.]. Item, Super omnia habete charitatem, quae est vinculum perfectionis [Coloss. 3. c. 14]. || Ex primis duobus contendunt nostri Pharisaei[d] charitate nos iustificari potius quam fide: virtute nimirum, ut ipsi aiunt, potiore[2]. At nullo negotio diluitur haec argutatio. Exposuimus enim alibi, || ad veram fidem nihil pertinere quae primo loco dicuntur[3]. Alterum nos quoque de vera fide interpretamur, qua maiorem esse charitatem dicit: non tanquam sit magis meritoria, sed[e] quia magis fructuosa est, quia latius patet, quia pluribus servit, quia semper viget: quum fidei usus ad tempus consistat. || Si excellentiam spectamus, merito Dei dilectio primas teneat: de qua hic sermo Paulo non est. Siquidem unum istud urget ut mutua charitate nos in Domino vicissim aedificemus. Sed fingamus, modis omnibus charitatem fidei praecellere: || quis tamen[f] sano iudicio, imo quis omnino sano cerebro, ex eo ratiocinetur magis iustificare?

a) def. — pr.: *1539–54* defuturam a Dei benignitate retributionem   b) [In — saepe.] > *1539*   c) Add. — sent.: *VG 1541 sqq.* Noz Pharisiens aussi alleguent ces sent. de S. P.   d) nostri Ph. > *VG 1541 sqq.*   e) non — sed > *1536*   f) > *1536*

1) Aug., In Ps. 32 enarr. II serm. 1, 9 MSL 36, 284; In Ps. 109, 1 MSL 37, 1445; In Ps. 83, 16, ibid. col. 1068; Serm. 111, 5; 158, 2; 254, 5. 6 MSL 38, 641. 863. 1184.   2) Jo. Roff., Confutatio art. 1. p. 63; Eck., Enchir. c. 5. D 1 b; De Castro, Adv. haer. fol. 128 B; Cochlaeus, Philipp. III 10; Faber, Cur noluerit ... c. 14 opusc. t 2 a; De fide et operibus I c. 9. fol. 73 a; — cf. Petr. Lomb., Sent. III. dist. 23, 5 MSL 192, 811; Thom. Aq., S. th. II 1. q. 66. art. 6. concl.; q. 113. art. 4. ad 1.   3) lib. III 2, 9, supra p. 18 sq.; cf. III 2, 13, supra p. 23 sq.

DE MODO PERCIPIENDAE GRATIAE. CAP. XVIII

Vis^a iustificandi quae penes fidem est, non in dignitate operis locatur^b. Sola Dei misericordia et merito Christi^c constat nostra iustificatio, quam dum fides apprehendit, iustificare dicitur. ‖ Nunc si adversarios interroges, quo sensu iustificationem charitati assignent: respondebunt, Quia officium est Deo gratum, eius merito, ex divinae bonitatis acceptatione iustitiam nobis imputari[1]. Hinc vides quam belle procedat argumentum. Fidem iustificare dicimus, non quia iustitiam nobis sua dignitate mereatur: sed quia instrumentum sit, quo Christi iustitiam gratis obtinemus. Isti, praetermissa Dei misericordia, Christoque praeterito (ubi summa iustitiae est) charitatis beneficio nos iustificari pugnant, quia supra fidem excellat. Perinde^d ac siquis aptiorem esse Regem disputet conficiendo calceo quam sutorem, quia sit infinito praestantior. Hic unus syllogismus amplo documento est scholas omnes Sorbonicas ne summis quidem labris degustare quid sit fidei iustificatio. ‖ Siquis autem rixator adhuc interpellet cur fidei nomen tantulo intervallo apud Paulum^e varie accipiamus^f, huius interpretationis non levis^l ratio mihi constat. Quum enim dona illa quae enumerat^g Paulus, fidei et spei quodammodo subsint, quia ad cognitionem Dei spectant, ea omnia κατ' ἀνακεφαλαίωσιν sub nomine fidei et spei complectitur; acsi diceret, Et Prophetia, et linguae, et interpretandi gratia et scientia hunc habent scopum ut nos ad cognitionem Dei deducant; Deum autem nonnisi per spem et fidem^h in hac vita agnoscimusⁱ. Quum ergo fidem et spem nomino, haec omnia simul comprehendo. Manent itaque haec tria, Spes, Fides^k, Charitas: hoc est, quantacunque sit donorum varietas, huc omnia referuntur. Inter haec praecipua est charitas, etc.^l ‖ Ex tertio loco inferunt, Si perfectionis vinculum est charitas, ergo et iustitiae, quae nihil aliud est quam perfectio[2]. Primo, ut omittamus perfectionem illic a Paulo vocari dum probe constitutae Ecclesiae membra inter se bene cohaerent, ac fateamur charitate nos coram Deo perfici: quid tamen novi afferunt? Ego enim semper contra excipiam, ad perfectionem istam nunquam nos pervenire nisi charitatis numeros^m implea-

---

a) *1536* + enim   b) quae — loc.: *1536* in dignitate operis sita non est   c) et — Chr. > *1536*   d) *1539-43* Proinde   e) ap. P. > *1536*   f) *1536-54* accipiam   g) *1536* enumeraverat   h) *1536* fid. et spem   i) *1536* cognoscimus   k) *1536* fides, spes   l) *1536* et caetera   m) char. num.: *1539-54* charitatem

1) cf. D. Scotum, In sent. I. dist. 17. q. 3. § 22. opp. 10, 82.
2) Cochlaeus, Phil. III 10; Faber, Cur noluerit ... c. 14. opusc. t 2b; De fide et op. I c. 12. opp. III fol. 78a.

mus; indeque inferam, quum omnes a charitatis complemento sint remotissimi, spem omnem illis perfectionis abscissam esse.

9. Nolo singula persequi quae hodie stulti[a] Sorbonistae arrepta ex Scripturis temere (ut quodque primum obvium se tulit) testimonia adversum nos iaculantur. Sunt enim quaedam ita ridicula ut nec commemorare ipse possim, nisi velim haberi merito ineptus. Itaque finem faciam, ubi Christi sententiam explicuero, qua mirum in modum sibi placent. Respondet enim Legisconsulto roganti quid esset ad salutem necessarium, Si vis ad vitam ingredi, serva mandata [Matth. 19. c. 17]. Quid ultra, inquiunt, volumus, quum ab ipso gratiae authore per mandatorum observationem acquirere iubeamur regnum Dei[1]? Quasi vero non constet, Christum iis responsa sua attemperasse quibuscum negotium esse sibi videbat. Hic a Legis doctore interrogatur[b] de ratione obtinendae beatitudinis: neque id simpliciter, sed quid faciendo ad ipsam perveniant homines. Et loquentis persona et ipsa interrogatio Dominum inducebat ut sic responderet. Ille persuasione legalis iustitiae imbutus, in operum fiducia caecutiebat. Deinde non aliud quaerebat nisi quae essent opera iustitiae, quibus salus comparetur. Ergo merito remittitur ad Legem, in qua est absolutum iustitiae speculum. Nos quoque clara voce praedicamus servanda esse mandata, si in operibus vita[c] quaeritur. Atque haec doctrina cognitu necessaria est Christianis; quomodo enim ad Christum confugerent, nisi se agnoscerent a via vitae in mortis praecipitium excidisse? Quomodo autem intelligerent quam procul aberrarint a via vitae, nisi prius qualis sit illa intelligant? Tum igitur demum recuperandae salutis asylum in Christo esse admonentur, dum cernunt quantum sit vitae suae cum divina iustitia,[1] quae Legis observatione continetur, dissidium. Summa haec est, si in operibus salus quaeritur, servanda esse mandata quibus instituimur ad perfectam iustitiam. Sed non est hic haerendum nisi velimus in medio cursu deficere; nemo enim nostrum servandis mandatis par est. Quoniam ergo Legis iustitia excludimur, ad aliud subsidium nos conferamus necesse est: nempe ad fidem Christi. Quamobrem ut hic Dominus quem vana operum confidentia turgere noverat Legis doctorem, ad Legem revocat, unde discat se esse peccatorem, tre-

---

a) *VG 1541 sqq.* accariastres   b) *1539–43* interrogatus; *VG 1541 sqq.* il avoit esté interrogué   c) *VG 1541 sqq.* iustice

1) Eck., Enchir. c. 5. C 7 a; Schatzgeyer, Scrut. 2. CC 5, 26; Clichtoveus, Improbatio fol. 14a; De Castro, Adv. haer. fol. 128 A; Cochlaeus, Phil. III 55.

mendo aeternae mortis[a] iudicio obnoxium, sic alios[b], qui eiusmodi sui notitia iam humiliati sunt, alibi, omissa Legis mentione, gratiae promissione solatur, Venite ad me omnes qui laboratis, et onerati estis, et ego reficiam vos: || et invenietis requiem animabus vestris [Matt. 11. d. 29 c].

10. Tandem, postquam Scripturam invertendo defatigati sunt, ad argutias et sophismata delabuntur. Cavillantur in eo, quod fides alicubi opus vocatur [Iohan. 6. c. 29]: atque inde colligunt nos perperam fidem operibus opponere[1]. Quasi vero fides, quatenus obedientia est divinae voluntatis, suo merito iustitiam nobis conciliet: ac non potius, quod Dei misericordiam amplectendo, Christi iustitiam, ab ea nobis oblatam in Evangelii praedicatione, cordibus nostris obsignat. Talibus ineptiis diluendis si non immoror, veniam dabunt lectores; ipsae enim, sine alieno impetu, suapte debilitate satis franguntur. Obiectionem tamen unam, quae speciem habet aliquam rationis, obiter discutere libet, ne quibus non adeo exercitatis negotium faciat. Quum eandem esse contrariorum regulam dictet sensus communis, ac peccata singula iniustitiae nobis vertantur, consentaneum esse aiunt, singulis quoque bonis operibus iustitiae[d] laudem tribui. Qui respondent, ab una infidelitate proprie prodire hominum damnationem, non a particularibus peccatis[2], mihi non satisfaciunt. Equidem illis assentior, fontem ac radicem omnium malorum incredulitatem esse[3]. Est enim prima a Deo defectio, quam sequuntur deinde particulares contra Legem[e] transgressiones. Sed quod videntur eandem statuere bonorum et malorum operum rationem in aestimanda iustitia vel iniustitia, in eo cogor ab ipsis dissentire. Iustitia enim operum est perfecta Legis obedientia. Itaque iustus operibus esse non potes nisi hanc velut rectam lineam perpetuo vitae tenore sequeris. Ab ea ubi primum deflexisti, in iniustitiam prolapsus es. Hinc apparet, iustitiam non ex uno aut paucis operibus contingere, sed ex inflexibili indefessaque observatione divinae voluntatis. At iudicandae iniustitiae multo diversissima est ratio. Qui enim scortatus est, aut furatus, uno delicto, mortis est reus: quia in Dei maiestatem offen-

---

a) trem. — mort. > *1539-54*   b) > *1539-54*   c) *1553* 28 *(sc. 28 sq.)*   d) *1539-45* + et; *1550* + etiam   e) part. — Leg.: *1539-50* voluntatis divinae

1) Eck., Enchir. c. 5. D 1 b.   2) Lutherus, Contio de evang. Marc. 16, 14 sqq. d. 29. Maii 1522 habita, WA X 3, 141 sq.   3) Lutherus, Contio de ev. Mc. 8, 1 sqq. d. 19. Iul. 1523 habita, WA XII 637, 12 sq.; vide quoque WA XXI 360, 10.

dit. Impingunt ideo nostri isti argutatores, quod ad illud Iacobi non advertunt[1] animum, Qui peccaverit in uno, factum omnium reum iam esse: quia qui vetuit occidere, vetuit et furari; etc. [Iacob. 2. b. 10.][1]. Proinde absurdum videri non debet, quum dicimus, mortem iustum esse uniuscuiusque peccati stipendium: quia iusta Dei[a] indignatione ac ultione digna sunt singula. Sed insulsus eris ratiocinator, si ex adverso[b] inferas, uno opere bono[c] conciliari posse hominem Deo, qui multis peccatis eius iram promeretur.

De libertate Christiana. CAP. XIX.

1. Tractandum nunc de Christiana libertate: cuius explicatio praetermitti minime ab eo debet cui summam Evangelicae doctrinae compendio complecti propositum sit. Est enim res apprime necessaria, ac citra cuius cognitionem nihil fere sine dubitatione aggredi conscientiae audent: in multis haesitant et resiliunt, semper variant et trepidant; || praesertim vero appendix est iustificationis, et ad vim eius intelligendam non parum valet. Imo qui Deum serio timent, hinc fructum incomparabilem percipient eius doctrinae quam impii et Lucianici homines lepide suis dicteriis exagitant: quia in spirituali ebrietate, qua correpti sunt, quaevis protervia illis est licita. Quare nunc opportune in medium prodibit: || deinde[d] planiorem eius disputationem (nam leviter aliquoties[e] supra a nobis attacta est[2]) in hunc locum reiicere utile fuit[f]: quia simulatque[g] iniecta est aliqua mentio Christianae libertatis, ibi aut fervent libidines, aut insani motus surgunt, nisi mature obviam eatur lascivis ingeniis istis, quae alioqui optima quaeque pessime corrumpunt. Partim enim huius libertatis praetextu omnem Dei obedientiam excutiunt, et in effraenatam licentiam se proripiunt: partim indignantur, putantes omnem moderationem, ordinem, rerumque delectum tolli. Quid hic agamus, talibus angustiis circumsepti? An Christiana libertate valere iussa, huiusmodi periculis opportunitatem praecidamus? Atqui, ut dictum est, nisi ea tenetur, nec Christus, nec Evangelii veritas, neque interior pax

---

a) iusta D.: *1539–54* Domini b) *1545* adversario c) uno — bono: *1539* uno bono opere; *1543–50* uno bono d) *1536–54* sed nos e) > *1536* f) rei. — fuit: *1536–54* reiecimus g) *1536–39* statim atque

1) Iac. 2, 10 sq.   2) lib. II 7, 14. 15, vol. III p. 339 sq.; lib. III 11, 17. 18, supra p. 200 sqq.

DE MODO PERCIPIENDAE GRATIAE. CAP. XIX

animae^a recte cognoscitur. Danda potius opera ne adeo necessaria doctrinae pars supprimatur, et occurratur tamen interim absurdis illis obiectionibus quae inde enasci solent.

2. Christiana libertas in tribus (ut ego quidem sentio) partibus sita est[1]. Prima, ut fidelium conscientiae, dum fiducia suae coram Deo iustificationis quaerenda est, sese supra Legem erigant atque efferant, totamque Legis iustitiam obliviscantur[2]. Nam quum Lex (ut alibi iam demonstratum est[3]) neminem iustum relinquat: aut ab omni spe iustificationis excludimur, aut ab illa nos solvi oportet: ac sic quidem, ut nulla prorsus operum ratio habeatur. Nam qui vel tantillum operum se afferre debere ad obtinendam iustitiam cogitat, non potest modum aut finem praefigere: sed debitorem universae Legis se constituit. Sublata igitur Legis mentione, et omni operum cogitatione seposita, unam Dei misericordiam amplecti convenit quum de iustificatione agitur: et averso a nobis aspectu, unum Christum intueri. Non enim illic quaeritur quomodo iusti simus: sed quomodo, iniusti licet ac^b indigni, pro iustis habeamur. Cuius rei si certitudinem aliquam assequi volunt conscientiae, nullum Legi dare locum debent. Neque hinc recte quis colligat, Legem fidelibus supervacaneam esse[4], quos non ideo docere et exhortari et stimulare ad bonum desinit[5], tametsi apud Dei tribunal in eorum conscientiis locum non habet. Haec enim duo ut multo diversissima sunt, ita probe diligenterque sunt a nobis distinguenda. Tota Christianorum vita, quaedam pietatis meditatio esse debet: quoniam in sanctificationem vocati sunt [Ephes. 1. a. 4; 1. Thess. 4. b. 3^c]. In hoc situm est Legis officium, ut eos officii sui admonendo, ad sanctitatis et innocentiae studium excitet. At ubi conscientiae sollicitantur quomodo Deum habeant propitium, quid responsurae sint, et qua fiducia constaturae si ad eius iudicium postulentur: ibi non subducendum est quid Lex requirat^d, sed unus Christus pro iustitia proponendus, qui omnem Legis perfectionem superat.

3. In hoc cardine totum fere argumentum Epistolae ad Galatas vertitur. Nam insulsos esse interpretes, qui docent Paulum

---

a) neque — an. > *1536–54* b) lic. ac: *1536–39* et c) *1553–61 male* 5 d) ibi — requ.: *VG 1541 sqq.* lors il ne fault pas venir à compte avec la Loy, ne pourpenser ce qu'elle requiert

1) cf. Melanchthonis Locos comm. 1522 ed. Kolde[4] p. 218. 2) ibid. p. 217 sq. 3) lib. II 7, 3, vol. III 329. 4) cf. ex. gr. Servetum, De iusticia regni Christi 1532, cap. 3 fol. D 7 a sqq. 5) cf. Melanchthonis Locos comm. l. c. p. 220 sq.

in ea pro ceremoniarum tantum libertate pugnare¹, ex locis argumentorum probari potest. Quales isti sunt, quod Christus factus sit pro nobis execratio, ut nos ab execratione Legis redimeret [Galat. 3. b. 13]. Item, In libertate qua Christus vos liberavit, state, et ne rursus iugo servitutis implicemini. Ecce, ego Paulus dico, si circuncidamini, Christus vobis nihil proderit. Et qui circunciditur, debitor est universae Legis; Christus vobis otiosus factus quicunque per Legem iustificamini: a gratia excidistis [et 5. a. 1]². Quibus certe aliquid sublimius continetur quam ceremoniarum libertas. || Equidem fateor Paulum illic de ceremoniis tractare: quia illi cum pseudoapostolis pugna est, qui veteres Legis umbras, Christi adventu abolitas, reducere in Christianam Ecclesiam moliebantur. Verum ad hanc quaestionem expediendam disputandi erant altiores loci, in quibus tota controversia posita erat. Primum, quia umbris illis Iudaicis obscurabatur Evangelii claritas, ostendit in Christo nos solidam eorum omnium ex'hibitionem habere quae Mosaicis ceremoniis adumbrabantur. Deinde quia illi impostores pessima opinione imbuebant plebem, quod haec scilicet obedientia valeret ad promerendam Dei gratiam: hic plurimum insistit, ne ullis Legis operibus, nedum minutis illis elementis, iustitiam se consequi posse coram Deo existiment fideles. Et simul docet damnatione Legis, quae universis hominibus alias impendet, esse per crucem Christi liberos [Galat. 4. a. 5ᵃ]: ut plena securitate in uno Christo acquiescantᵇ. Qui locus huc proprie pertinet. Postremo conscientiis fidelium suam asserit libertatem, nequa religione in rebus non necessariis obstringantur.

4. Altera, quae ex superiore illa pendet, ut conscientiae non quasi Legis necessitate coactae, Legi obsequantur: sed Legis ipsius iugo liberae, voluntati Dei ultro obediant³. Quoniam enim in perpetuis terroribus versantur quandiu sub Legis dominio sunt, alacri promptitudine in obedientiam Dei nunquam compositae erunt nisi huiusmodi prius libertate donatae. Exemplo et brevius et magis perspicue assequemur quo haec pertineant. Legis praeceptum est ut diligamus Deum nostrum ex toto corde, ex tota anima, ex totis viribus [Deut. 6. a. 5]. Id ut fiat, anima prius

---

a) *1559–61 male* d. 30   b) ut — acqu.: *VG 1545 sqq.* à fin d'avoir repoz en noz consciences

1) De Castro, Adv. haer. fol. 129 C D; Cochlaeus, Phil. III 32; cf. Hieronym., Comment. in ep. ad Gal., Prol., MSL 26, 309 sq.; Pelag. (inter opp. Hieron.), Comment. ad Gal. c. 2. MSL 30, 810 D; Pseudo-Ambros., Comment. in ep. ad Gal. MSL 17, 356 C.   2) Gal. 5, 1–4.   3) cf. Melanchthonis Locos comm. l. c. p. 217 sq.

DE MODO PERCIPIENDAE GRATIAE. CAP. XIX 285

omni alio sensu et[a] cogitatione est evacuanda, cor omnibus desideriis expurgandum, vires in hoc unum colligendae et contrahendae. Qui prae aliis multum progressi sunt in via Domini, longissime absunt ab hac meta. Nam etsi Deum ex animo diligunt, et syncero cordis affectu: multam tamen adhuc cordis et animae partem occupatam habent carnis cupiditatibus, quibus retrahuntur et sistuntur quominus citato ad Deum cursu pergant. Multo quidem conatu contendunt: sed caro partim eorum vires debilitat, partim ad sese applicat. Quid hic faciant, dum sentiunt nihil se minus quam Legem praestare? Volunt, aspirant, conantur: sed nihil ea qua decet perfectione. Si Legem intuentur, quicquid tentant aut meditantur[b] operis, maledictum esse vident. Nec est quod se quisque[c] fallat, colligens opus eo ipso non omnino malum esse quia imperfectum, et ideo quod in eo boni est Deo nihilominus acceptum esse[1]. Nam Lex perfectam dilectionem exigens, omnem imperfectionem damnat, nisi rigore mitigato[d]. Opus igitur suum consideret, quod pro parte bonum videri volebat: et eo ipso transgressionem Legis esse inveniet, quia imperfectum est.

5. En quomodo omnia nostra opera Legis maledictioni subiacent si ad Legis modum exigantur. Quomodo autem tum se alacriter accingerent ad opus infoelices animae, pro quo nonnisi maledictionem se referre posse confiderent? Rursum si ab hac severa Legis exactione, vel potius toto Legis rigore liberatae, paterna lenitate se a Deo appellari audiant, hilares et magna alacritate vocanti respondebunt, et ducentem sequentur. In summa, qui[f] Legis iugo astringuntur, servis sunt similes quibus certae[e] in singulos dies, operae a dominis indicuntur. Hi enim nihil effectum putant, nec in conspectum Dominorum venire audent, nisi exactus operarum modus constiterit. Filii vero, qui liberalius, et magis ingenue a patribus tractantur, eis non dubitant inchoata et dimidiata opera, aliquid etiam vitii habentia offerre, confisi suam obedientiam et animi promptitudinem illis acceptam fore, etiamsi minus exacte effecerint quod volebant. Tales nos esse oportet qui certo confidamus, obsequia nostra indulgentissimo Patri probatum iri, quantulacunque sint, et quantumvis rudia ac imperfecta. || Qualiter etiam per Prophetam nobis confirmat, Parcam eis, inquit, sicut solet pater filio parcere servienti sibi [Malac. 3. d. 17]; ubi

---

a) *1536* ac   b) *1536* tentent aut meditentur   c) *1536* quisquam; *VG 1541 sqq.* quelqu'un   d) nisi — mit. > *1536-54*   e) *1543-45, 1553-54* certe

1) cf. Jo. Roff. Confutationem art. 31. p. 492.

Parcere pro indulgere vel humaniter ad vitia connivere[a] positum constat, quum simul obsequii meminerit. ‖ Neque haec fiducia parum nobis necessaria est, sine qua frustra omnia conabimur[1]; siquidem nullo nostro opere se coli reputat Deus, nisi quod in eius cultum vere a nobis fiat. Id autem qui possit[b] inter illos terrores, ubi dubitatur offendaturne Deus, an colatur nostro opere?

6. Atque ea causa est cur author Epistolae ad Hebraeos quicquid in sanctis Patribus bonorum operum fuisse legitur, ad fidem referat, et ea duntaxat ex fide aestimet [Hebr. 11. a. 2][2]. De hac libertate illustris est locus in Epistola ad Romanos, ubi Paulus ratiocinatur, peccatum non debere nobis dominari quia non sumus sub Lege, sed sub gratia [Rom. 6. c. 12][3]. Quum enim fideles hortatus esset ne peccatum in eorum mortali corpore regnaret, neve exhiberent membra sua arma iniquitatis peccato, sed Deo se devoverent tanquam ex mortuis viventes, et membra sua arma iustitiae Deo[4]: illi vero contra obiicere possent, se adhuc[c] carnem secum ferre, plenam concupiscentiis, et peccatum in se habitare: subiicit eam consolationem a Legis libertate; acsi diceret, Tametsi nondum extinctum peccatum, necdum[d] iustitiam in se vivere plane sentiant, non tamen esse[e] cur formident, et animo deiiciantur quasi Deum semper offensum habeant ob peccati reliquias: quando per gratiam a Lege sint manumissi, ne eius regula sua opera examinentur. Qui vero peccandum inferunt, quia non simus sub Lege, hanc libertatem nihil ad se pertinere intelligant: cuius finis est, nos ad bonum animare.

7. Tertia, ut nulla rerum externarum, quae per se sunt ἀδιάφοροι[5], religione coram Deo teneamur quin eas nunc usurpare nunc omittere indifferenter liceat[6]. Atque huius etiam libertatis cognitio perquam nobis necessaria est; quae si aberit, nulla conscientiis nostris futura est quies, nullus superstitionum finis. Videmur hodie plerisque inepti qui disceptationem movemus de libero esu car¹nium, de libero feriarum vestiumque usu, et similibus, ut illis quidem videtur, frivolis nugis[7]: sed plus istis inest momenti quam vulgo creditur. Nam ubi semel

---

a) vel — con. > *1539–54*   b) *1536* posset; *VG 1541 sqq.* Et comment les pourrions-nous faire à son honneur   c) *1536 (et VG 1541 sqq.)* + suam   d) *1536 (et VG 1541 sqq.)* ac   e) *1536–39* esse tamen

1) cf. Melanchthonis Locos comm. l. c. p. 169.   2) Hebr. 11, 2 sqq.
3) Rom. 6, 12. 14.   4) Rom. 6, 13.   5) cf. Apologiam confessionis Augustanae art. 15, 52 (Bekenntnisschr. p. 307); cf. quoque Diog. Laërt. VII 102. 104.   6) cf. Melanchthonis Locos comm. l. c. p. 217 —219.   7) cf. Iodoci Clichtovei Antilutherum, lib. I c. 1 fol. 4b.

DE MODO PERCIPIENDAE GRATIAE. CAP. XIX 287

se in laqueum coniecerunt conscientiae, longum et inextricabilem
labyrinthum^a ingrediuntur, unde non facilis postea exitus patet.
Siquis dubitare inceperit an sibi in linteis, indusiis, sudariis,
mantilibus, lino uti liceat: nec de canabe postea securus erit,
5 tandem et de stupis incidet dubitatio; secum enim volutabit,
annon sine mantilibus coenare possit, annon sudariis carere.
Sicui paulo delicatior cibus illicitus visus fuerit, demum nec
cibarium panem, ac vulgaria edulia tranquillus coram Deo
comedet: dum in mentem venit, se vilioribus adhuc cibis posse
10 corpus sustentare. Si in suaviori vino haesitaverit^b, deinde nec
vappam, cum bona conscientiae pace bibet; postremo nec
dulciorem mundioremque aliis aquam attingere audebit. Denique eo demum veniet ut super transversam (quod dicitur)
festucam incedere nefas ducat. Non enim hic leve certamen in-
15 choatur: sed hoc controvertitur an his aut illis nos uti Deus velit:
cuius voluntas consiliis nostris ac factis omnibus praeire debet.
Hinc alios desperatione in confusam voraginem^c abripi necesse
est: alios contempto Deo et abiecto eius timore, viam sibi ruina
facere, quam expeditam non habeant. Quicunque enim tali
20 dubitatione impliciti sunt, quoquo se vertant, praesentem ubique
conscientiae offensionem vident.

12,8   8. Scio, inquit Paulus, quia nihil commune est (per commune,
profanum accipiens) nisi qui existimat aliquid commune, illi
commune est [Rom. 14. c. 14]. Quibus verbis res omnes externas
25 libertati nostrae subiicit: modo eius libertatis ratio animis
nostris apud Deum constet. Verum siqua superstitiosa opinio
scrupulum nobis iniiciat, quae suapte natura pura erant, nobis
contaminantur. Quare subiicit, Beatus, qui non iudicat seipsum
in eo quod probat. At qui diiudicat, si ederit, condemnatus
30 est: quoniam non edit ex fide. Porro quod non est ex fide,
peccatum est [Ibidem, d. 22]¹. Inter huiusmodi angustias qui
omnia secure nihilominus audendo, se animosiores ostendunt,
nonne se tantundem a Deo avertunt? qui vero aliquo Dei timore
penitus^d afficiuntur, quum et ipsi cogantur multa admittere
35 aversante conscientia, formidine consternantur^e ac concidunt.
Omnes quotquot tales sunt^f, nihil donorum Dei accipiunt cum
gratiarum actione, qua tamen sola nobis omnia in usum nostrum

---

a) *VG 1541 sqq.* + et en un profond abysme   b) *1536* haesitarit
c) conf. vor.: *1536–54* confusionem   d) *1536–45* penitius   e) *1543–50*
40 *male* consternuntur   f) *VG 1541 sqq.* Tous ceux-là qui ainsi usent
des choses, ou en telle hardiesse contre leur conscience, ou en telle
crainte et confusion, tant les uns que les autres

1) Rom. 14, 22 sq.

sanctificari testatur Paulus [1. Tim. 4. b. 5][1]. Intelligo autem gratiarum actionem ex animo profectam, qui Dei beneficentiam et bonitatem in suis donis agnoscat. Nam multi quidem eorum Dei bona esse intelligunt quibus utuntur, et Deum in operibus suis laudant: sed quum sibi data esse persuasum non habeant, quomodo gratias Deo agerent tanquam datori? Videmus in summa, quorsum haec tendat libertas, nempe ut Dei donis nullo conscientiae scrupulo[a], nulla animi perturbatione utamur, in quem usum nobis ab ipso[b] data sunt: qua fiducia et pacem cum eo habeant animae nostrae, et eius erga nos largitatem agnoscant. || Hic enim[c] comprehenduntur omnes liberae observationis ceremoniae, nequa necessitate ad eas observandas conscientiae astringantur: sed earum usum Dei beneficio sibi ad aedificationem subiectum esse meminerint.

9. Est autem diligenter observandum, Christianam libertatem omnibus suis partibus rem spiritualem esse: cuius tota vis in formidolosis conscientiis coram Deo pacificandis posita sit, sive de peccatorum remissione inquietae sint ac sollicitae, sive anxiae sint utrum opera imperfecta et vitiis carnis nostrae inquinata Deo placeant, sive de rerum indifferentium usu torqueantur. Quare perverse interpretantur, vel qui suis cupiditatibus ipsam praetexunt, ut bonis Dei donis abutantur in suam libidinem: vel qui nullam esse putant nisi coram hominibus usurpatam: ideoque in ea utenda nullam infirmorum fratrum rationem habent. Primo genere maiorem in modum hoc seculo peccatur. Nullus fere est cui sumptuoso esse per facultates liceat, quem non delectet, in coenarum apparatu, in cultu corporis, in extruendis domibus luxuriosus splendor: qui non omni lautitiarum genere inter alios eminere velit: qui non sibi in suo nitore mirifice blandiatur. Et haec omnia sub Christianae libertatis praetextu defenduntur. Aiunt res esse indifferentes; fateor: modo iis indifferenter quis utatur. Caeterum ubi nimis cupide appetuntur, ubi superbe iactantur, ubi luxuriose effunduntur, quae per se licita alioqui erant, his vitiis foedari certum est[d]. Inter res indifferentes optime distinguit illud Pauli, Omnia munda mundis: coinquinatis autem et infidelibus nihil mundum, quando polluta est eorum mens et conscientia [Tit. 1. d. 15]. Cur enim maledicuntur divites, qui consolationem suam habent, qui saturati sunt, qui nunc rident [Luc. 6. d. 24][2], qui dormiunt in lectis eburneis [Amos. 6. a. 1. 4], qui coniun-

a) *1536* scrupo   b) *1536–54* a Deo   c) *1543* etiam   d) quae — est: *1536–50* iis vitiis conspurcantur

1) 1. Tim. 4, 4 sq.   2) Luc. 6, 24 sq.

DE MODO PERCIPIENDAE GRATIAE. CAP. XIX.   289

gunt agrum agro [Iesa. 5. b. 8], quorum convivia citharam, lyram, tympanum, et vinum habent[1]? Certe et ebur, et aurum, et divitiae, bonae Dei creaturae sunt, hominum usibus permissae: imo Dei providentia destinatae; nec ridere, aut saturari, aut novas possessiones veteribus atque avitis adiungere, aut concentu musico delectari, aut vinum bibere, usquam prohibitum est. Verum istud quidem; sed ubi rerum copia suppetit, in deliciis volutari, ac se ingurgitare, mentem et animum inebriare praesentibus voluptatibus, novisque semper inhiare, haec a legitimo donorum Dei usu longissime absunt. Tollant ergo immoderatam cupidinem[a], tollant immodicam profusionem, tollant vanitatem et arrogantiam: ut pura conscientia, Dei donis pure utantur. Ubi ad hanc sobrietatem animus compositus fuerit, habebunt legitimi usus regulam. Desit rursum haec moderatio, plebeiae communesque deliciae nimiae sunt. Nam illud vere dicitur, In burro et rudi panno saepe animum purpureum habitare: interdum sub bysso et purpura simplicem humilitatem latere. Ita in suo quisque ordine vel tenuiter, vel modice, vel splendide vivat: ut meminerint omnes se a Deo ali ut vivant, non ut luxurientur; ac legem hanc Christianae libertatis putent si cum Paulo didicerint, in quibus sunt, iis contenti esse: si norint et humiles esse et excellere: si docti sint ubique et in omnibus et saturari, et esurire, et abundare, et penuriam pati [Philip. 4. c. 11][2].

10. Errant et in eo plerique, quod perinde acsi sua libertas incolumis ac salva non esset nisi testes haberet homines, promiscue et imprudenter ea utuntur. Qua importuna usurpatione infirmos fratres saepenumero offendunt. Videas hodie quosdam, quibus sua libertas non videtur consistere nisi per esum carnium die Veneris in eius possessionem venerint. Quod edunt non reprehendo: sed exigenda est ex animis falsa isthaec opinio[b]; siquidem cogitare debebant, nihil se sua libertate novum consequi in hominum conspectu, sed apud Deum: et tam in abstinendo constitutam esse, quam in utendo. Si coram Deo nihil referre intelligunt vescanturne carnibus an ovis, rubrisne[c] an nigris vestibus induantur: satis superque est. Iam soluta est conscientia, cui eius libertatis beneficium debebatur. Ergo etiamsi posthac carnibus tota vita abstineant, et colorem unum perpetuo

---

a) *1536* cupiditatem; *VG 1541 sqq.* cupidité   b) *VG 1541 sqq.*
+ qu'on n'ayt point de liberté, si on ne la monstre à tous propoz
c) *1536* rubrisve

1) Ies. 5, 12.   2) Phil. 4, 11 sq.

ferant, non minus liberi sunt. Imo ideo quia liberi sunt[a], libera conscientia abstinent. Perniciosissime vero labuntur quod fratrum infirmitatem nullius pensi habent, quam sic sustineri a nobis decet nequid temere admittamus cum eorum[b] offendiculo. Verum interdum quoque interest, coram hominibus asseri nostram libertatem. Et hoc fateor; modus tamen summa cautione tenendus est: ne infirmorum curam, quos nobis tantopere Dominus commendavit, abiiciamus.

11. Dicam hic itaque de scandalis nonnihil, quo in discrimine habenda sint, quae cavenda, quae item negligenda: unde postea statuere liceat quis sit inter homines libertati nostrae locus. Placet autem vulgaris illa partitio, quae scandalum aliud datum, aliud acceptum, tradit: quando et apertum Scripturae testimonium habet, nec inepte exprimit quod significat. Siquid importuna aut levitate, aut lascivia, aut temeritate, non ordine, nec suo loco facias quo imperiti imbecillesque offendantur, scandalum abs te datum dicetur: quoniam tua culpa factum fuerit ut eiusmodi offensio suscitaretur. Ac omnino scandalum in re aliqua datum dicitur, cuius[1] culpa ab authore rei ipsius profecta est. Scandalum acceptum vocatur, quum res alioqui non improbe nec importune admissa, malevolentia aut sinistra quadam animi malignitate in offensionis occasionem rapitur. Non enim hic datum erat scandalum: sed sinistri illi interpretes sine causa accipiunt. Priore illo scandali genere nonnisi infirmi offenduntur: hoc autem secundo acerba ingenia et Pharisaica supercilia. Quare alterum vocabimus scandalum infirmorum, alterum Pharisaeorum: ac sic libertatis nostrae usum temperabimus, ut fratrum infirmorum ignorantiae cedere debeat: Pharisaeorum austeritati nequaquam. || Quid enim infirmitati dandum sit, abunde multis locis ostendit Paulus. Infirmos, inquit, in fide suscipite [Rom. 14. a. 1]. Item, Ne posthac alius alium iudicemus: verum illud magis, ne offendiculum ponatur fratri, aut lapsus occasio [Ibidem, c. 13]; et multa in eum sensum, quae ex eo loco peti satius est quam hic referri. Summa est, ut nos, qui robusti[c] sumus, infirmitates impotentium sufferamus, nec placeamus nobis ipsis: sed unusquisque nostrum proximo placeat in bonum, ad aedificationem[1]. Alibi, Sed videte ne quo modo facultas vestra offendiculo sit iis qui infirmi sunt [1. Cor. 8. c. 9]. Item, Omnia quae in macello venduntur edite, nihil interrogantes propter conscientiam [Ibidem, 10. f. 25]. Porro con-

---

a) quia — sunt: *1536 (et VG 1541 sqq.)* liberi sunt quia   b) *1536 –50* eius   c) *1536–50* potentes

1) Rom. 15, 1 sq.

DE MODO PERCIPIENDAE GRATIAE. CAP. XIX 291

scientiam vestram dico, non alterius. Denique tales estote, ut nullum praebeatis offendiculum neque Iudaeis, neque Graecis, neque Ecclesiae Dei[1]. Alio etiam loco, In libertatem vocati estis, fratres, tantum ne libertatem vestram detis in occasionem carni, sed per charitatem servite vobis invicem [Galat. 5. b. 13]. Ita est sane. Libertas nostra non adversus imbecilles proximos data est, quorum nos per omnia servos charitas statuit: sed magis, ut pacem cum Deo in animis nostris habentes, pacate[a] etiam inter homines vivamus. Pharisaeorum autem offensio quanti sit facienda, discimus ex verbis Domini: quibus iubet omitti illos, quia caeci sunt, duces caecorum [Matt. 15. b. 14]. Admonuerant discipuli, eos sermone ipsius offensos fuisse[2]. Respondet negligendos, nec curandam esse eorum offensionem.

12. Res tamen adhuc incerta pendet, nisi teneamus qui nobis sint habendi infirmi, et qui Pharisaei; quo discrimine sublato, non video quis prorsus restet inter offensiones libertatis usus, qui nunquam sine summo periculo foret. Verum mihi clarissime definiisse videtur Paulus tum doctrina tum exemplis quatenus vel moderanda sit libertas nostra, vel offendiculis redimenda. Timotheum quum in consortium suum assumeret, circuncidit [Act. 16. a. 3]: Titum ut circuncideret adduci non potuit [Galat. 2. a. 3]. Diversa facta: nulla consilii nec animi mutatio; nempe in circuncidendo Timotheo, quum liber esset ab omnibus, omnibus semetipsum servum[1] fecit: et factus est Iudaeis quasi Iudaeus, ut Iudaeos lucrifaceret: iis qui sub Lege erant, quasi esset sub Lege, ut eos qui sub Lege erant lucrifaceret[b] [1. Cor. 9. c. 19][3]: omnibus omnia, ut multos servaret [Ibidem, d. 22], quemadmodum alibi scribit. Habemus iustam libertatis moderationem, si cum fructu aliquo indifferenter contineri possit. Quid respexerit quum Titum circuncidere fortiter abnuit, ipse testatur, sic scribens, Sed neque Titus, qui mecum erat, quum esset Graecus, compulsus fuit circuncidi: propter obiter ingressos falsos fratres, qui subintroierant ad explorandum libertatem nostram quam habemus in Christo Iesu, quo nos in servitutem adigerent quibus ne ad tempus quidem cessimus per subiectionem, ut Evangelii veritas maneret apud vos [Galat. 2. a. 3][4]. Habemus et necessitatem vindicandae libertatis, si per

---

a) *1536–54* pacifice   b) *1536–50* + iis qui sine lege erant, quasi esset sine lege, ut eos lucrifaceret qui erant sine lege (iis — lege > *1539–50*, VG *1541 sqq.*); infirmis, quasi infirmus, ut infirmos lucrifaceret

1) 1. Cor. 10, 29. 32.   2) Matth. 15, 12.   3) 1. Cor. 9, 19 sq.   4) Gal. 2, 3–5.

iniquas exactiones Pseudoapostolorum[a], ea infirmis in[b] conscientiis periclitatur. Ubique studendum charitati, et spectanda proximi aedificatio. Omnia, inquit alibi, mihi licent: at non omnia[c] expediunt; omnia mihi licent: at non omnia aedificant. Nemo quod suum est quaerat, sed quod alterius [1. Cor. 10. e. 23][1]. Nihil iam hac regula expeditius, quam utendum libertate nostra, si in proximi nostri aedificationem cedat: sin ita proximo non expediat, ea tunc abstinendum. Sunt qui Paulinam prudentiam simulant in abstinentia libertatis, nihil minus quam in officia charitatis eam conferentes. Suae enim quieti ut consulant, omnem libertatis mentionem sepultam optant: quum non minus intersit proximorum libertatem in eorum bonum et aedificationem interdum usurpare, quam pro ipsorum commodo, eam loco moderari. || Pii autem hominis est cogitare, sibi liberam in rebus externis potestatem ideo esse concessam quo sit ad omnia charitatis[d] officia expeditior.

13. Quicquid autem de cavendis offendiculis docui, ad res medias et indifferentes[e] referri volo. Nam quae necessaria sunt factu, nullius offendiculi timore omittenda sunt. || Quemadmodum enim charitati subiicienda est nostra libertas: ita sub fidei puritate subsidere vicissim charitas ipsa debet[f]. || Equidem et hic charitatis rationem haberi decet, sed usque ad aras: hoc est ne in gratiam proximi Deum offendamus. Non est probanda eorum intemperies[g], qui nihil nisi tumultuando agunt, et qui perrumpere omnia malunt quam dissuere. At nec audiendi sunt[h] qui quum in mille impietatis formas duces se praebent, sic sibi agendum fingunt ne proximis sint offendiculo[i]; quasi non interim proximorum conscientias in malum aedificent: praesertim ubi nulla spe exitus in eodem semper haerent luto. Et suaves homines, seu doctrina, seu vitae exemplo sit instituendus proximus, aiunt lacte pascendum esse, quem pessimis exitialibusque opinionibus imbuunt[2]. Lactis potu se aluisse Corinthios Paulus commemorat [1. Cor. 3. a. 2]: sed si tum inter eos[i] fuisset Papalis[k] missa, an sacrificasset, ad praebendum ipsis lactis potum[l]? At lac venenum non est. Mentiuntur ergo se alere

---

a) *1536, 1545–50* pseudapostolorum b) > *1536* c) *1536–45* omnia non d) *VG 1545 sqq.* + de son prochain e) ad — ind.: *VG 1541 sqq.* aux choses indifferentes: lesquelles ne sont, de soy, ne bonnes ne mauvaises f) Quemadm. — deb. > *VG 1541* g) est — int.: *1536–45* probo eorum intemperiem h) aud. sunt: *1536–45* eos audio i) *1536* + [1. Cor. 8 *(9.)*] k) > *1536–39* l) *1536–54* pastum

1) 1. Cor. 10, 23 sq.   2) ad Gerardum Rufum et similes spectat; cf. ex. gr. vol. I 347 sq. (Epistulas duas).

quos sub blanditiarum specie crudeliter necant. Atque ut demus probandam ad tempus istiusmodi dissimulationem: quousque tandem pueros suos eodem potabunt lacte? Nam si nunquam grandescunt, ut vel tenuem saltem aliquem cibum ferre possint: nec lacte fuisse unquam educatos certum est. || Cur nunc acrius cum illis non congrediar, duae rationes impediunt: quia vix dignae sunt eorum ineptiae quae refutentur, quum apud omnes sanos merito sordeant: deinde quia peculiaribus scriptis hoc abunde praestiti[1], nolo actum agere. Tantum hoc teneant lectores, quibuscunque scandalis Satan et mundus avertere nos moliantur a Dei placitis, vel nos morari, ne sequamur quod ille praescribit, strenue nihilominus pergendum esse: deinde quicquid discriminum impendeat, non tamen liberum esse vel latum unguem deflectere ab eiusdem Dei imperio, nec ullo praetextu fas esse quicquam tentare nisi quod permittit.

14. Iam vero quum hac libertatis praerogativa, qualem antea descripsimus, donatae fideles conscientiae id Christi beneficio consequutae sint, ne ullis observationum laqueis in iis rebus implicentur in quibus eas esse liberas Dominus voluit: omnium hominum potestate exemptas esse constituimus. Est enim indignum aut Christo gratiam tantae suae liberalitatis perire aut[a] conscientiis ipsis fructum. Neque res levicula existimanda nobis est, quam videmus tanti Christo constitisse: utpote quam non auro aut argento, sed proprio sanguine aestimavit [1. Pet. 1. c. 18][2]; ut Paulus non dubitet dicere, irritam fieri eius mortem, si animas nostras hominibus in subiectionem tradimus. Siquidem non aliud agit aliquot capitibus epistolae ad Galatas, quam Christum nobis obscurari, vel potius extingui, nisi in sua libertate stent conscientiae nostrae: a qua certe exciderunt, si possunt hominum arbitrio legum ac constitutionum vinculis illaqueari [Galat. 5. a. 1. 4]. Verum, ut res est cognitu dignissima, ita longiori magisque perspicua explicatione indiget. Statim enim atque de humanarum constitutio-

---

a) *1545-54* ac

1) Epistulae duae de rebus hoc saeculo cognitu apprime necessariis. 1537. vol. I 287 sqq. — Petit traicte, monstrant que c'est que doit faire un homme fidele congnoissant la verité de l'evangile: quand il est entre les papistes, Avec une Epistre du mesme argument. 1543, CR Calv. opp. VI 537 sqq. — Excuse de Iehan Calvin à Messieurs les Nicodemites. 1544, ibid. p. 589 sqq. — De vitandis superstitionibus libellus. 1549 (editio latina illorum duorum libellorum, cum appendice, quae invenitur l. c. p. 617 sqq.). — De scandalis libellus. 1550, CR VIII 1 sqq. — Quatre sermons. 1552, ibid. p. 369 sqq.
2) 1. Petr. 1, 18 sq.

num abrogatione verbum factum est, ingentes turbae partim a seditiosis, partim a calumniatoribus commoventur: quasi universa simul tollatur ac subvertatur hominum obedientia.

15. Ad eum ergo lapidem nequis impingat, primum[a] animadvertamus duplex esse in homine regimen: alterum spirituale, quo conscientia ad pietatem et ad[b] cultum Dei instituitur: alterum politicum, quo ad humanitatis et civilitatis officia, quae inter homines servanda sunt, homo eruditur. Vulgo appellari solent iurisdictio spiritualis et temporalis, non impropriis nominibus; quibus significatur, priorem illam regiminis speciem ad animae vitam pertinere, hanc autem in his quae praesentis vitae sunt versari: non quidem in pascendo tantum[c] aut vestiendo, sed in praescribendis legibus quibus homo inter homines vitam sancte[d], honeste modesteque exigat. Nam illa in animo interiori sedem habet: haec autem externos mores duntaxat componit. Alterum vocare nobis liceat, regnum spirituale: alterum, regnum politicum. Haec autem duo, ut partiti sumus, seorsum singula dispicienda semper sunt[e]: et dum alterum consideratur[f], avocandi avertendique ab alterius cogitatione animi. Sunt enim in homine veluti mundi duo, quibus et varii reges et variae leges praeesse possunt. ∥ Hac distinctione fiet ne quod de spirituali libertate docet Evangelium, perperam ad politicum ordinem trahamus: acsi minus secundum externum regimen humanis legibus subiicerentur Christiani, quia solutae sunt coram Deo ipsorum conscientiae: quasi propterea eximerentur omni carnis servitute, quod secundum spiritum liberi sunt. Deinde quia in iis etiam constitutionibus quae ad spirituale regnum videntur pertinere, potest aliqua esse hallucinatio, inter has etiam ipsas discernere oportet quae legitimae habendae sint, ut Dei verbo consentaneae: quae rursus[g] locum apud pios habere non debeant. De civili regimine erit alibi dicendi locus[1]. De legibus ∥ etiam Ecclesiasticis dicere in praesentia supersedeo, quia plenior tractatio quarto libro conveniet, ubi de Ecclesiae potestate agetur[2]. Huius autem disputationis haec sit clausula[h]. ∥ [i]Quaestio (ut dixi) per se non adeo obscura vel perplexa[k],

---

a) > *1536–39*   b) > *1536–54*   c) > *1536 (et VG 1541 sqq.)*
d) > *1536–39*   e) semp. sunt > *1536–39*   f) *1536–39* tractatur
g) > *1543–45*
h) Ecclesiasticis aliquid iam dictum est, cum de potestate Ecclesiae scriberemus: quod superest, breviter est tractandum   i) *quae usque ad finem cap. sequuntur, ad verbum iterum suo loco lib. IV 10, 3 sq. invenientur.*   k) Quaest. — perpl.: *1550–54* Haec quaestio

1) IV 20; vol. V.   2) IV 10; vol. V.

DE MODO PERCIPIENDAE GRATIAE. CAP. XIX 295

plerosque ideo impedit quod inter externum (ut vocant) et conscientiae forum^a non satis subtiliter discernunt. Praeterea difficultatem auget quod Paulus obediendum esse magistratui praecipit non poenae solum metu, sed propter conscientiam [Rom. 13. a. 1, et b. 5]. Unde sequitur, politicis quoque legibus obstringi conscientias. Quod si ita esset, caderet quicquid paulo ante^b diximus, ac iam dicturi sumus de spirituali regimine. Ut hic nodus solvatur, primo operaepretium est tenere quid sit conscientia; ac definitio quidem ex etymo vocis petenda est. Nam sicuti quum mente intelligentiaque homines apprehendunt rerum notitiam, ex eo dicuntur scire, unde et scientiae nomen ducitur: ita quum sensum habent divini iudicii, quasi sibi adiunctum testem, qui sua peccata eos occultare non sinit quin ad iudicis tribunal rei pertrahantur^c, sensus ille vocatur conscientia. Est enim quiddam inter Deum et hominem medium: quia^l hominem non patitur in seipso supprimere quod novit^d, sed eousque persequitur donec ad reatum adducat. Hoc est quod intelligit Paulus, quum tradit, conscientiam simul attestari hominibus, ubi cogitationes eos accusant vel absolvunt in iudicio Dei [Rom. 2. c. 15][1]. Simplex notitia in homine residere posset veluti inclusa. Ergo sensus hic qui hominem sistit ad Dei iudicium, est quasi appositus homini custos, qui omnia eius arcana observet ac speculetur, nequid in tenebris sepultum maneat. Unde et vetus illud proverbium, Conscientia mille testes[2]. Eadem ratione et Petrus bonae erga Deum conscientiae interrogationem posuit pro tranquillitate animi, quum persuasi de Christi gratia, nos intrepide coram Deo offerimus [1. Pet. 3. d. 21]. Et author epistolae ad Hebraeos, non habere amplius conscientiam peccati: pro liberatos vel absolutos esse, ut peccatum nos amplius non arguat [Hebr. 10. a. 2].

16. Itaque sicut opera respectum ad homines habent, ita conscientia ad Deum refertur; ut conscientia bona nihil aliud sit, quam interior cordis integritas. In quem sensum Paulus scribit complementum Legis esse charitatem ex pura conscientia

---

a) inter — for.: *VG 1551 sqq.* entre la police et la conscience *(entre — consc. > 1551)*: entre la iurisdiction externe et civile, et le iugement spirituel qui a son siege en la conscience   b) paulo ante: *1550-54* proximo capite   c) quin — pertr.: *VG 1551 sqq.* mais les adiourne devant le siege du grand Iuge, et les tient comme enferrez *(1551* enserrez*)*   d) quia — nov.: *VG 1551 sqq.* d'autant que les hommes ayans une telle impression en leur cœur, ne peuvent pas effacer par oubly la cognoissance qu'ilz ont du bien et du mal

1) Rom. 2, 15 sq.   2) Quintilianus, De institut. orat. V 11, 41.

et fide non ficta [1. Tim..1. a. 5]. Postea etiam eodem capite[a] quantum ab intelligentia differat, ostendit, dicens quosdam a fide naufragium fecisse, quia bonam conscientiam dereliquerant[1]. His enim verbis, vivum esse colendi Dei affectum, sincerumque pie et sancte vivendi studium indicat. Interdum quidem ad homines quoque extenditur, ut quum testatur apud Lucam idem Paulus, se operam dedisse ut bona conscientia ambularet erga Deum et homines [Act. 24. d. 16]. Sed hoc ideo dictum est, quod bonae conscientiae fructus ad homines usque manant ac perveniunt. Proprie autem loquendo, solum Deum respicit, ut iam dixi. Hinc fit ut obstringere conscientiam lex dicatur, quae simpliciter hominem ligat, sine hominum intuitu, vel non habita eorum ratione[b]. Exempli gratia, Non modo castum servare animum purumque ab omni libidine, Deus praecipit, sed quanlibet verborum obscoenitatem et externam lasciviam prohibet. Huius legis observationi, etiamsi nullus in mundo homo viveret, conscientia mea subiicitur. Ita qui se intemperanter gerit, non tantum eo[c] peccat quod malum exemplum praebet fratribus: sed conscientiam reatu obstrictam habet apud Deum. Alia in rebus per se mediis est ratio. Abstinere enim debemus siquod pariant offendiculum: sed libera conscientia. Ita de carne idolis consecrata Paulus loquitur. Siquis iniiciat scrupulum (inquit) noli attingere, propter conscientiam. Dico autem conscientiam, non tuam, sed alterius [1. Cor. 10. f. 28][2]. Peccaret homo fidelis, qui prius admonitus, eiusmodi carnem nihilominus ederet. Sed utcunque fratris respectu necessaria illi sit abstinentia, ut a Deo praescribitur, non tamen conscientiae libertatem retinere desinit. Videmus ut lex ista externum opus ligans, conscientiam solutam relinquat.[1]

De Oratione, quae praecipuum est fidei exercitium, et qua Dei beneficia quotidie percipimus.
CAP. XX.

1. Ex his quae hactenus disputata sunt, non obscure perspicimus quam sit homo bonorum omnium egenus ac inanis: utque illi omnia desint salutis adiumenta. Quare si praesidia quaerit quibus inopiae suae succurrat, extra se exeat oportet, et aliunde ea sibi comparet. Hoc postea nobis[d] explicatum est,

---

a) Post. — cap.: *1550* Alibi etiam   b) vel — rat.: *VG 1551 sqq.* mais comme s'il n'avoit affaire qu'à Dieu   c) *1550–54* eo tant.
d) *1536–45* vobis

1) 1. Tim. 1, 19.   2) 1. Cor. 10, 28 sq.

Dominum sese^a ultro ac liberaliter in Christo suo exhibere, in quo pro nostra miseria omnem foelicitatem, pro nostra inopia opulentiam offert^b, in quo caelestes thesauros nobis aperit^c, ut dilectum^d Filium suum tota fides nostra intueatur, ab ipso tota nostra expectatio pendeat, in ipso tota spes nostra haereat et acquiescat. Haec quidem secreta est absconditaque philosophia, et quae syllogismis erui non potest: sed scilicet eam perdiscunt quibus oculos aperuit Deus, ut in suo lumine lumen videant[1]. Postquam vero fide edocti sumus, agnoscere quicquid nobis necesse est, nobisque apud nos deest, id in Deo esse ac Domino nostro Iesu Christo: in quo scilicet omnem suae largitatis plenitudinem Pater residere voluit, ut inde (velut ex uberrimo fonte) hauriamus omnes^e: superest ut in ipso quaeramus, et ab ipso precibus postulemus quod in ipso esse didicimus. Alioqui scire Deum bonorum omnium dominum ac largitorem, qui nos ad se poscendum invitet: ipsum vero nec adire, nec poscere adeo non prodesset, ut perinde id futurum sit acsi quis indicatum thesaurum, humi sepultum ac defossum, negligat. || Proinde Apostolus, ut ostenderet otiosam a Dei invocatione esse non posse veram fidem, hunc ordinem posuit: Sicuti ex Evangelio nascitur fides, sic per eam ad invocandum Dei nomen corda nostra formari^f. Atque hoc ipsum est quod aliquanto ante dixerat, Spiritum adoptionis, qui testimonium Evangelii cordibus nostris obsignat[2], erigere spiritus nostros ut vota sua exponere Deo audeant, excitare gemitus inenarrabiles [Rom. 8. e. 26], clamare cum fiducia, Abba, Pater[3]. || Hoc ergo postremum, quia obiter duntaxat ante^g dictum et quasi leviter attactum est[4], nunc fusius tractari convenit.

2. Ergo id orationis obtinemus beneficio, ut ad eas quae nobis apud caelestem Patrem repositae sunt opes penetremus. Est enim quaedam hominum cum Deo communicatio: qua sanctuarium caeli ingressi, de suis promissis illum coram appellant:[1] ut quod verbo duntaxat annuenti crediderunt non fuisse vanum, ubi necessitas ita postulat, experiantur. Itaque nobis proponi nihil videmus, a Domino expectandum, quod non et precibus iubeamur postulare; adeo verum est, oratione effodi thesauros, quos Evangelio Domini indicatos fides nostra in-

---

a) *1536–43* + nobis   b) *1536–54* offerat   c) *1536–54* aperiat
d) *1536 (et VG 1541–51)* + illum   e) *1536* + [Coloss. 1 *(19)* Ioan. 1 *(16)*]   f) *1543–54, 1561* + [Roma. 10. c. 14.]   g) *1536–39* antea

1) Ps. 36, 10.   2) Rom. 8, 16.   3) Rom. 8, 15.   4) vide Inst. 1536 vol. I 40, 17 (cf. 41, 3); 95, 41, quae verba in edd. posterioribus desiderantur.

tuita fuerit. Iam vero quam necessaria sit et[a] quot modis
utilis sit precandi exercitatio, nullis verbis satis potest explicari. Non abs re est profecto quod caelestis Pater[b] unicum in
sui nominis invocatione salutis praesidium esse testatur[c], qua[d]
scilicet praesentiam et providentiae eius, per quam rebus nostris curandis advigilet: et virtutis, per quam nos sustineat
imbecilles[e] et prope[f] deficientes: et bonitatis, per quam misere
peccatis oneratos in gratiam recipiat, advocamus: qua denique
totum ipsum, ut se nobis praesentem exhibeat accersimus.
Hinc eximia conscientiis nostris requies ac tranquillitas nascitur; siquidem necessitate, quae nos premebat, Domino exposita, vel in eo abunde quiescimus, quod illum nihil malorum
nostrorum latet, quem et optime nobis velle et optime consulere posse persuasi simus.

3. Sed enim, dicet quispiam, annon sine monitore etiam novit
et qua parte urgeamur, et quid nobis expediat: ut supervacuum
quodammodo videri queat ipsum precibus nostris sollicitari,
perinde atque conniventem, aut etiam dormientem, donec
voce nostra expergefactus fuerit? Verum qui sic ratiocinantur, quem in finem suos ad orandum instituerit Dominus non
animadvertunt; neque enim id tam[g] sua ipsius, quam[h] nostra
potius causa ordinavit. || Vult quidem, ut aequum est, sibi ius
suum reddi, dum ei acceptum fertur quicquid expetunt homines, et sentiunt ad suam utilitatem facere, idque votis testatum faciunt. Sed huius quoque sacrificii quo ipse colitur utilitas ad nos redit. Itaque sancti patres quo Dei beneficia apud
se et alios confidentius iactarunt, eo acrius ad precandum fuerunt incitati. Unum Eliae exemplum nobis satis erit, qui de
consilio Dei certus, postquam regi Achab pluviam non temere
pollicitus est, anxie tamen inter genua precatur, famulumque
septem vicibus mittit ad explorandum [1. Reg. 18. g. 42][1]: non
quod oraculo fidem abroget, sed quod officii sui esse novit, ne
somnolenta vel torpida sit fides, sua desideria apud Deum de-
ponere[i]. || Quare tametsi nobis ad miserias nostras stupidis et
hebescentibus, ipse pro nobis vigilat et excubat, ac interdum
quoque succurrit non rogatus[k]: nostra tamen plurimum interest assidue ipsum a nobis implorari, ut serio ardentique eius

a) > *1539–50*   b) cael. Pat.: *1539–54* Dominus   c) *VG 1541 sqq.*
+ [Ioel. 2. g. 32 *(3, 5* = vg. *2, 32)*]   d) *1553–54* quia   e) *1539*
imbecillos   f) *1539–54* iamiam   g) > *1539–54*   h) *1539–54* sed
i) sua — dep.: *VG 1560* de recourir en toute humilité à Dieu
k) *1539–50* invocatus

1) 1. Reg. 18, 41–43.

DE MODO PERCIPIENDAE GRATIAE. CAP. XX 299

semper quaerendi, amandi, colendi desiderio cor nostrum inflammetur, dum assuescimus ad ipsum, velut ad sacram anchoram, in omni necessitate confugere. Deinde ut nulla cupiditas, nullumque omnino votum animum nostrum subeat, cuius[a] ipsum testem facere pudeat[b]: dum vota nostra omnia coram eius oculis sistere, adeoque to[t]tum cor effundere discimus. Tum ut ad beneficia eius vera animi gratitudine atque etiam gratiarum actione excipienda comparemur: quae ab eius manu nobis provenire nostra precatione admonemur[c]. Adhaec quod petebamus consequuti, votis nostris ipsum respondisse persuasi, hinc[d] ad meditandam eius benignitatem ardentius feramur: et simul maiori cum voluptate amplexemur quae precibus agnoscimus fuisse impetrata. Postremo ut eius || providentiam animis nostris pro imbecillitatis nostrae modo usus ipse et experimentum confirmet[e]: || dum intelligimus ipsum non modo polliceri, se nunquam nobis defuturum, et[f] aditum ultro ad se appellandum in ipso necessitatis articulo patefacere: || sed manum semper habere extentam ad suos iuvandos: nec lactare eos verbis, sed praesenti ope tueri. || Eas ob res clementissimus Pater, utcunque nunquam vel dormiat vel torpeat, dormientis tamen torpentisque speciem plaerunque praebet, quo ita ad se petendum, rogandum, flagitandum magno nostro bono nos, alioqui desides et ignavos, exerceat. Nimium ergo insulse illi, qui, ut hominum animos ab oratione revocent, Dei providentiam, rerum omnium custodiae excubantem, frustra nostris interpellationibus fatigari garriunt[1]: quum non frustra Dominus contra testetur se propinquum esse omnibus invocantibus nomen suum in veritate [Psal. 145. d. 18]. Nihilo secius est quod alii nugantur, superfluam esse eorum petitionem quae ultro largiri paratus sit Dominus: quum ea ipsa quae a spontanea eius liberalitate[g] nobis fluunt, precibus nostris concessa velit agnosci. || Quod testatur memorabilis illa sententia Psalmi, cui multae similes respondent, Oculi Domini super iustos, et aures eius in preces eorum [Psal. 34. c. 16]; quae Dei providentiam sua sponte curandae piorum saluti intentam sic commendat, ut tamen non praetereat fidei exercitium, quo abstergitur socordia ex homi-

---

a) *1539–54* + non   b) *1539–54* audeamus   c) *1539–50* + [Psal. 45. (lege 145, 15 sq.)]   d) pers., hinc: *1539–54* cogitemus: ideoque
e) providentia animis nostris, iuxta imbecillitatis nostrae modum, confirmetur *(1539–43* confirmemur)   f) *1539–54* sed   g) *1539–54* benignitate

1) cf. Senecam, Ep. 31, 5.

num animis. Vigilant ergo Dei oculi ut caecorum necessitati
subveniat: sed vult ipse vicissim audire nostros gemitus, quo
suum erga nos amorem melius probet. Atque ita utrunque
verum est, non dormire neque dormitare custodem Israelis
[Psal. 121, 4], et tamen cessare quasi nostri oblitum, ubi nos
torpentes ac mutos videt.

4. Porro rite probeque instituendae orationis esto haec
prima lex, ‖ ut non aliter quam eos decet qui ad Dei colloquium ingrediuntur, mente animoque compositi simus. Quod
scilicet quantum ad mentem consequemur, si carnalibus curis
cogitationibusque expedita, quibus a recto puroque Dei intuitu avocari aut deduci queat, non modo tota intendat se[a]
in precationem, sed etiam quoad fieri potuerit supra seipsam
elevetur ac feratur. Neque vero mentem hic requiro ita explicitam ut nulla sollicitudine pungatur ac mordeatur: quum
oporteat contra multa anxietate, orandi fervorem in nobis
accendi (qualiter sanctos Dei servos, ingentes cru¹ciatus nedum
sollicitudines videmus testari, quum e profunda abysso atque
e mediis mortis faucibus querulam se ad Dominum efferre vocem dicunt[b]) sed alienas et extraneas omnes curas abigendas
dico, quibus huc et illuc vaga ipsa mens[c] circunferatur, et e
caelo detracta in terram deprimatur. Supra se vero ipsam
elevari oportere intelligo, nequid eorum quae caeca et stolida
nostra ratio commentari solet, in Dei conspectum proferat, nec
se intra vanitatis suae modulum constrictam[d] teneat, sed ad
puritatem Deo dignam[e] assurgat.

5. Utrunque notatu apprime dignum, ut quisquis se ad orandum comparat, illuc suos sensus studiaque applicet, neque (ut
fieri solet) distrahatur erraticis cogitationibus: quia nihil magis contrarium Dei reverentiae quam levitas testis illa licentiae
nimium lascivientis et ab omni metu solutae. Qua in re tanto
enixius laborandum est quanto magis difficilem experimur;
nemo enim sic intentus est ad precandum quin multas obli-
quas cogitationes obrepere sentiat, quae orationis cursum vel
abrumpant vel flexu aliquo ac diverticulo morentur. Hic vero
nobis succurrat quam indignum sit, ubi Deus nos ad familiare
alloquium admittit, abuti tanta eius humanitate, sacra profanis miscendo, dum eius reverentia mentes nostras sibi de-
vinctas non tenet: sed perinde acsi nobis sermo esset cum homine vulgari, inter orandum, omisso illo, huc vel illuc trans-

---

a) int. se: *1539–54* intendatur   b) *VG 1541 sqq.* + [Psal. 130. a. 1]
c) ipsa mens > *1539–45;* vaga — mens: *VG 1541 sqq.* l'entendement
d) *1539–54* constricta   e) *VG 1560* + et telle qu'il la demande

volamus. Sciamus ergo non alios rite probeque se accingere
ad orandum, nisi quos afficit Dei maiestas, ut expediti terrenis
curis et affectibus ad eam accedant. Atque id sibi vult ceremonia elevationis manuum, ut meminerint homines se procul
remotos esse a Deo, nisi sensus suos in sublime tollant. Sicut
etiam dicitur in Psalmo, Ad te levavi animam meam [Psal. 25.
a. 1]. Et saepius hanc loquendi formam usurpat Scriptura, orationem tollere: ne in suis faecibus desideant qui cupiunt a Deo
exaudiri. Haec summa sit, quo liberalius nobiscum Deus agit,
comiter nos invitans ut in sinum suum curas nostras exonere-
mus, minus nos esse excusabiles nisi tam praeclarum et incom-
parabile eius beneficium rebus aliis omnibus apud nos prae-
ponderat, nosque ad se trahit, ut studia sensusque nostros
serio ad orandum applicemus; quod fieri non potest nisi mens
cum impedimentis fortiter luctando sursum emergat. Alterum
proposuimus, ne petamus nisi quantum nobis Deus permittit.
Etsi enim iubet nos effundere corda nostra [Psal. 62. c. 9],
non tamen stultis ac pravis affectibus indifferenter habenas
laxat: et dum promittit se facturum secundum piorum voluntatem, non eousque procedit indulgentia, ut eorum arbitrio se
submittat. || Atqui in utroque passim graviter[a] delinquitur:
neque enim modo temere sine fronte, sine reverentia Deum
plerique[b] de suis ineptiis interpellare audent, et quicquid per
somnium adlibuerit, ad eius tribunal impudenter proferre: sed
tanta vel stoliditas vel stupiditas eos[c][i] tenet, ut spurcissimas
quasque cupiditates obtrudere Deo ausint, quarum conscios fa-
cere homines vehementer pudeat. || Audaciam hanc riserunt atque
etiam detestati sunt quidam profani homines, vitium tamen
ipsum semper regnavit: atque hinc factum est ut ambitiosi
Iovem sibi patronum asciscerent, avari Mercurium, Apollinem
et Minervam doctrinae cupidi, bellicosi Martem, Venerem libi-
dinosi. Sicuti hodie (ut nuper attigi) maiorem licentiam illicitis suis cupiditatibus homines in precibus indulgent, quam
si pares cum paribus iocose fabularentur. Atqui non patitur
Deus suam facilitatem ita haberi ludibrio, sed ius suum sibi
vendicans, vota nostra suo imperio subiicit et freno coercet;
ideo tenendum est illud Iohannis, Haec est fiducia nostra, quod
siquid petierimus secundum voluntatem eius, audit nos [1. Iohan.
5. c. 14]. || Caeterum quia tantae perfectioni longe abest quin
pares sint facultates nostrae, quaerendum est remedium quod
subveniat. Quemadmodum mentis aciem in Deum intendere

a) Atqui — gr.: *1539-54* Qua in re gr. pass.   b) > *1539-54*
c) *1539-54* plerosque

convenit, ita cordis affectum eodem sequi necesse est. Utrunque vero longe infra subsistit, imo verius fatiscunt et deficiunt, aut in contrarium feruntur. Ideo ut huic imbecillitati succurrat Deus, Spiritum in precibus nobis dat magistrum, qui dictet quod rectum est, atque affectus nostros moderetur[a]. || Quia enim quid orandum sit quemadmodum oportet nescimus, in subsidium ille subit, et[b] pro nobis interpellat gemitibus inenarrabilibus [Rom. 8. e. 26], non quod ipse revera vel precetur vel ingemiscat: sed fiduciam, vota, suspiria in nobis excitat, quibus concipiendis haudquaquam sufficerent[c] naturae vires. || Neque abs re gemitus inenarrabiles Paulus vocat quos duce Spiritu emittunt fideles: quia non ignorant qui vere exercitati sunt in precibus, caecis anxietatibus ita se perplexos constringi ut vix reperiant quid profari expediat: imo dum conantur balbutire, impliciti haesitant; unde sequitur singulare esse recte orandi donum. || Haec non eo dicuntur quo nos ipsi propriae desidiae faventes, ad Dei Spiritum orandi provinciam relegemus, et torpeamus in illa incuria ad quam plus satis sumus proclives[d]: || (qualiter impiae quorundam voces audiuntur, oscitanter esse expectandum donec ille mentes[e] nostras alibi occupatas praeveniat) sed potius ut nostram ignaviam socordiamque pertaesi, tale Spiritus adminiculum[f] expetamus. || Nec vero Paulus quum iubet orare in Spiritu [1. Cor. 14. c. 15[g]], ideo desinit ad vigilantiam hortari: significans ita vigere Spiritus instinctum ad formandas preces, ut conatum nostrum minime impediat vel retardet: quoniam hac in parte vult Deus experiri quam efficaciter corda nostra impellat fides.

6. Esto et altera lex, ut rogando semper inolpiam nostram vere sentiamus, ac serio cogitantes omnibus quae petimus nos indigere, serium, imo ardentem impetrandi affectum iungamus cum ipsa precatione[h]. || Multi enim defunctorie preces ex for-

---

a) Iam animus toto conatu eodem adspiret, et sequatur, oportet. Ut quemadmodum mentis acies in Deum intenta fuerit, ita huius studium et affectio in ipsum serio feratur. Tantae perfectioni longe abest quin pares sint facultates humanae; longe enim infra resistunt, aut verius fatiscunt, et deficiunt. Sed eam imbecillitatem sublevat Dei spiritus   b) > *1539—54*   c) *1539—54* sufficiebant
d) Haec non eo dicuntur, quo ad Dei spiritum precandi provinciam relegantes, incuria ipsi interim torpeamus   e) *1539—54* cogitationes   f) *1539—54* + nobis   g) *sic 1561; 1559 falso* 2. Cor. 14. c. 16
h) Tertia quoque, ut quoties aliquid eorum poscimus, quae in rem nostram sunt, vere inopiam nostram sentiamus: ac serio cogitantes iis nos indigere vero impetrandi affectu petamus

DE MODO PERCIPIENDAE GRATIAE. CAP. XX

mula recitant, acsi pensum Deo solverent: et quanquam fatentur necessarium suis malis remedium hoc esse, quia Dei ope quam implorant carere exitiale sit: apparet tamen hoc officio ipsos defungi ex more: quia interim frigent animi, neque expendunt quid postulent. Generalis quidem et confusus necessitatis suae sensus illuc eos ducit: sed non eos sollicitat quasi in re praesenti, ut egestatis suae levamen petant. ‖ Porro quid odiosius aut etiam Deo magis execrandum putamus hac fictione, ubi quis veniam peccatorum postulat[a], ‖ interim aut se peccatorem non esse cogitans, aut certe peccatorem esse non cogitans? nempe qua Deus ipse plane ludibrio habetur. ‖ Atqui eiusmodi pravitate, ut nuper dixi[b], refertum est hominum genus, ut defungendi causa permulta saepe flagitent a Deo[c] quae citra eius beneficentiam aut[d] sibi aliunde evenire, aut iam apud se[e] residere pro certo iudicant. ‖ Aliorum levius delictum esse videtur, sed neque ipsum tolerabile: ut preces sine meditatione demurmurent qui tantum hoc principio imbuti sunt, votis litandum esse Deo. ‖ Piis autem maxime cavendum ne unquam prodeant in conspectum Dei quicquam postulaturi, nisi quod et serio animi affectu[f] ‖ exardescunt, et ab ipso simul obtinere cupiunt. ‖ Quinetiam[g] tametsi in iis[h] quae in Dei gloriam duntaxat[i] petimus, ‖ non videmur primo intuitu necessitati nostrae consulere, ‖ ea tamen non minori[k] desiderii fervore et vehementia[l] peti convenit[m]. Ut quum poscimus[n] nomen eius sanctificari, ardenter (ut ita dicam) esurienda et sitienda est illa sanctificatio.

7. Siquis obiiciat, non semper aequali necessitate urgeri nos ad precandum, fateor id quidem: atque haec distinctio nobis ab Iacobo utiliter traditur, Tristatur quis inter vos? oret; qui laetus est, canat [Iacob. 5. c. 13]. Ergo dictat ipse communis sensus, quia nimium pigri sumus, prout res exigit, nos acrius a Deo pungi ad strenue orandum. Et hoc tempus opportunum nominat David [Psal. 32. b. 6]: quia (sicuti pluribus aliis locis docet) quo nos durius premunt molestiae, incommoda, timores, aliaeque species tentationum, acsi nos Deus ad se accerseret,

---

a) Quid enim odiosius ac magis execrandum Domino fore hac fictione putamus, si quis peccatorum remissionem postulet   b) ut — dixi > *1539–54*   c) *1539–54* Domino   d) cit. — aut > *1539–54*
e) *1539–54* + citra Domini beneficentiam
f) Piis autem non committendum, ut quidpiam a Domino postulare videantur, nisi quod et seriis animi votis   g) *1536* Deinde
h) tam. — iis > *1536–54*   i) *1536–54* dunt. glor.   k) ea — min.: *1536* ut ea magno; *1539–54* ea magno   l) *1536–54* aestu   m) peti conv.: *1536* petamus   n) *1539–54* petimus

liberior patet accessus. Interea non minus verum est illud
Pauli, omni tempore orandum esse [Ephes. 6. c. 18]: quia utcunque ex animi nostri sententia res prospere fluant, et undique nos circundet laetitiae materia, nullum tamen est punctum
temporis quo nos ad precandum inopia nostra non hortetur.
Abundat quispiam vino et tritico: quando buccella panis nisi
assidua Dei gratia frui non potest, non impedient cellae vel
horrea quominus panem quotidianum postulet. Iam si reputemus quot singulis momentis discrimina immineant, nullum
ab orando immune nobis esse tempus docebit¹ metus ipse. Hoc
tamen in spiritualibus melius licet cognoscere. Quando enim
tot peccata, quorum nobis sumus conscii, nos securos cessare
sinent quin suppliciter et culpam et poenam deprecemur?
Quando nobis tentationes inducias concedunt quin ad auxilium
properemus? Adhaec regni Dei et gloriae studium non per
intervalla, sed assidue nos rapere ad se ita debet ut eadem
semper nos maneat opportunitas. Ergo non frustra toties nobis
praecipitur orandi assiduitas. Nondum de perseverantia loquor, cuius postea fiet mentio¹: sed Scriptura assidue orandum
admonens, socordiam nostram coarguit: quia non sentimus
quam necessaria sit nobis haec cura et sedulitas. ‖ Hac regula
hypocrisis et Deo mentiendi calliditas ab oratione arcetur, imo
longe abigitur. Promittit Deus se propinquum fore omnibus
qui invocaverint eum ᵃ ‖ in veritate ᵇ, et inventuros denuntiat
qui quaesierint in toto corde ᶜ; ‖ eo minime aspirant qui sibi
placent in suis sordibus. Itaque poenitentiam legitima oratio
postulat. Unde illud tritum in scripturis, Deum sceleratos non
exaudire, et preces eorum esse execrabiles, sicuti et sacrificia:
quia aequum est ut Dei aures clausas inveniant qui obserant
corda sua, nec Deum flexibilem sentiant qui sua duritie provocant eius rigorem. Apud Iesaiam minatur in hunc modum,
Quum multiplicaveritis preces vestras, non exaudiam: manus
enim vestrae sanguine plenae sunt [Iesa. 1. d. 15]. Item apud
Ieremiam, Clamavi et renuerunt audire: clamabunt ipsi vicissim, et non audiam [Iere. 11. a. 7. 8, et b. 11]; quia summi probri loco ducit, iactari foedus suum ab improbis, qui sacrum
eius nomen tota vita polluunt. Unde apud Iesaiam conqueritur,
quum labiis ad se Iudaei accedant, cor eorum esse longe re-

---

a) Hac regula Hypocrisin omnem, et Deo mentiendi calliditatem,
ab oratione abactam esse volumus. Propinquum enim se fore pollicetur omnibus invocantibus   b) *1539—54* + [Psal. 145. d. 18]
c) *1539—54* + [Iere. 29. c. 13. *(13 sq.)*]

1) sect. 51 sq., infra p. 367 sq.

motum [Iesa. 29. d. 13]. Non restringit quidem hoc ad solas preces: sed fictionem in singulis cultus sui partibus se abominari asserit. Quo pertinet illud Iacobi, Petitis, et non accipitis: quia male petitis, ut in voluptates vestras insumatis [Iacob. 4. a. 3.]. Verum quidem est (ut paulo post iterum videbimus[1]) non inniti dignitati piorum quas fundunt preces: non tamen supervacua est Iohannis admonitio, Siquid petierimus, accipiemus ab eo, quia praecepta eius servamus [1. Iohan. 3. d. 22]: quandoquidem mala conscientia ianuam nobis claudit. Unde sequitur nec rite precari, nec exaudiri nisi synceros Dei cultores. Displiceat igitur sibi in suis malis quisquis se ad orandum comparat: et (quod sine poenitentia fieri non potest) induat mendici personam et affectum.

8. Huc et tertia accedat, ut omni propriae gloriae cogitatione se abdicet, omnem dignitatis opinionem exuat, omni denique sui fiducia decedat quisquis se coram Deo sistit precandi causa, dans in abiectione sùi gloriam Deo in solidum[a]; || ne siquid[b], vel minimum, arrogemus nobis, cum inani nostra inflatione ab eius facie concidamus. Huius summissionis, quae omnem altitudinem prosternit[c], frequentia exempla in Dei servis habemus: quorum ut quis¹que est sanctissimus, ita quum in Domini conspectum prodit, plurimum prosternitur[d]. || Sic Daniel, quem tanto elogio Dominus ipse commendavit, || Non in iustitiis nostris, dicebat[e], coram te fundimus preces: sed in misericordiis tuis magnis. Exaudi nos Domine, Domine propitius sis nobis. Exaudi nos, et fac quae petimus, propter temetipsum: quia invocatum est nomen tuum super populum tuum, et super locum sanctum tuum [Dan. 9. e. 18][2]. || Neque vero obliqua figura, ut fieri solet, quasi unus e populo se turbae permiscet, quin potius seorsum reatum fatetur, supplexque ad veniae asylum confugit: sicuti diserte pronuntiat, Quum ego confessus essem peccata mea et populi mei [Ibidem, 20]. Hanc quoque humilitatem suo exemplo praescribit David, Ne intres in iudicium cum servo tuo: quia non iustificabitur in conspectu tuo omnis vivens [Psal. 143. a. 2]. || Tali forma precatur Iesaias, Ecce tu iratus es, quia peccavimus: in viis tuis fundatum est

---

a) Esto et altera (E. — alt. > 1536), ut omni gloriae nostrae cogitatione nos abdicemus, ut omnem propriae (1536 nostrae; VG 1541-51 + nostre) dignitatis opinionem exuamus, ut omni nostri fiducia decedamus: dantes gloriam in abiectione nostri, (1536 et VG 1541-51 + ac humilitate nostra) Domino   b) 1539-45 si quod   c) quae — prost. > 1539-54   d) 1539-50 consternatur   e) > 1536

1) sect. 8.   2) Dan. 9, 18 sq.

seculum, ideo servabimur[a]. Et fuimus omnes repleti immunditia: et quasi pannus foedatus[b], omnes iustitiae nostrae; et emarcuimus nos omnes quasi folium, et iniquitates nostrae quasi ventus dispergunt nos. Et non est qui invocet nomen tuum: qui se excitet ut apprehendat te. Quoniam abscondisti faciem tuam a nobis, et tabescere nos fecisti in manu iniquitatis nostrae. Nunc igitur Domine, tu es pater noster, nos sumus lutum: tu es formator noster et nos sumus opus manus tuae. Ne irascaris, Domine, neque in aeternum recorderis iniquitatis. En respice, agedum, nos omnes sumus populus tuus [Iesa. 64. b. 5][1]. Vide ut nulla prorsus fiducia nitantur nisi hac una quod se Dei esse cogitantes, illi se fore curae non desperant. Non secus Ieremias, Si iniquitates nostrae responderint contra nos, fac propter nomen tuum [Iere. 14. a. 7]. || Verissime enim simul ac sanctissime scriptum est (a quocunque tandem sit) quod ab incerto authore scriptum, Prophetae Baruch tribuitur, || Anima tristis et desolata super magnitudine mali, curva, et infirma, anima famelica, et oculi deficientes dant tibi gloriam Domine. Non secundum iustitias patrum fundimus preces in conspectu tuo, et coram facie tua petimus misericordiam, Domine Deus noster: sed quia tu es misericors [Baruch 2. d. 18][2], miserere nostri, quia peccavimus coram te.

9. Denique rite precandi initium atque etiam praeparatio est veniae deprecatio cum humili et ingenua culpae confessione. Neque enim sperandum est ut quicquam a Deo impetret vel sanctissimus quisque, donec gratis reconciliatus ei sit: nec fieri potest ut aliis Deus sit propitius nisi quibus ignoscit. Unde non mirum si hac clave ianuam sibi fideles aperiunt ad orandum; quod ex compluribus Psalmorum locis discimus. David enim aliud postulans[c] dicit, Peccatorum iuventutis meae et transgressionum mearum ne memineris; secundum misericordiam tuam reminiscere mei propter bonitatem tuam¹ Domine [Psal. 25. b. 7[d]]. Item, Respice afflictionem meam et laborem meum, et remitte omnia peccata mea [Ibidem, d. 18]. Ubi etiam videmus non satis esse si in singulos dies pro recentibus peccatis nos ad calculum vocemus, nisi in memoriam nobis redeant quibus oblivio pridem inducta videri poterat. Nam et idem Propheta alibi scelus unum grave confessus, hac occasione usque ad uterum matris revolvitur, in quo iam labem contra-

---

a) fund. — serv.: *1539–50* nixum est seculum; *1553–54* ideo seculum servabimur   b) *1539–54* deturpatus   c) *VG 1560* + que la remission de ses pechez   d) *1559–61 male* 6

1) Ies. 64, 4–8 = vg. 64, 5–9.   2) Bar. 2, 18–20.

xerat [Psal. 51. b. 7]: non ut culpam ex naturae corruptela^a extenuet, sed ut totius vitae peccata accumulans, quo severior est in se damnando, magis exorabilem Deum reperiat. Etsi autem non semper expressis verbis peccatorum remissionem postulant sancti, si tamen diligenter expendimus quas Scriptura refert eorum preces, facile quod dico occurret, orandi animum sumpsisse ex sola Dei misericordia, atque ita semper exordium fecisse ab eo placando: quia si quisque suam conscientiam interroget, tantum abest, ut audeat familiariter curas suas apud Deum deponere^b, ut ad omnem accessum trepidet, nisi misericordia et venia fretus. Est quidem et alia specialis confessio, ubi poenarum levationem optant, ut simul orent peccata sibi ignosci: quia absurdum esset effectum tolli velle, manente causa. Cavendum enim est ne stultos aegrotos imitemur, qui de curandis tantum accidentibus solliciti, radicem ipsam morbi negligunt. ^cQuin prius danda opera est ut nobis propitius sit Deus quam ut favorem suum externis signis testetur: quia et hunc ordinem tenere vult ipse, et parum nobis prodesset eum habere beneficum, nisi conscientia placatum sentiens, penitus amabilem nobis redderet. Quod etiam monemur Christi responso: nam quum paralyticum sanare decretum esset, Remittuntur (inquit) tibi peccata tua [Matth. 9. a. 2]: erigens animos scilicet ad id quod praecipue optandum est, ut nos in gratiam recipiat Deus: deinde fructum reconciliationis in ope nobis ferenda proferat. Caeterum praeter specialem illam praesentis reatus confessionem, qua fideles pro impetranda cuiusque culpae et poenae venia supplicant, generalis illa praefatio, quae conciliat precibus favorem, nunquam omittenda est: quia nisi in gratuita misericordia fundatae nunquam Deum exorabunt. Quo referri potest illud Iohannis, Si confiteamur peccata nostra, fidelis est et iustus ut nobis remittat, et nos emundet ab omni iniquitate [1. Iohan. 1. d. 9]. Unde preces sub Lege sanguinis expiatione consecrari oportuit[1], ut acceptae essent, atque ita commonefieret populus se tanta honoris praerogativa indignum esse, donec a suis inquinamentis purgatus, ex sola Dei misericordia conciperet precandi fiduciam.

---

a) ex — corr.: *VG 1560* sous ombre que tous hommes sont corrompus en Adam   b) fam. — dep.: *VG 1560* se descharger privément envers Dieu de ses passions et desirs   c) *VG 1560* + Ils voudront qu'on leur oste le mal de teste et des reins, et seront contens qu'on ne touche point à la fievre

1) cf. Gen. 12, 8; 26, 25; 33, 20 (vide textum Hebraicum, Graecum et Latinum); 1. Sam. 7, 9.

10. Quod autem propriae iustitiae suffragium interdum ad exorandum Deum citare sancti videntur (ut quum David dicit, Custodi animam meam, quia bonus sum [Psal. 86. a. 2]. Item Ezechias, Recordare Domine, obsecro, quod ambulavi coram te in veritate, fecique in oculis tuis bonum [2. Reg. 20. a. 3ª]) talibus loquendi formulis nihil sibi aliud volunt quam[f] ex ipsa regeneratione, servos Dei[b] se ac filios testari, quibus ipse fore se propitium recipit. Per Prophetam docet (ut iam visum est[c1]) oculos suos super iustos esse, aures suas in preces eorum [Psal. 34. c. 16]. Rursus per Apostolum[d], Nos impetraturos quicquid petierimus, si mandata sua observemus [1. Ioh. 3. d. 22]. Quibus sententiis pretium orationi non statuit ab operum meritis: sed ita stabilire vult eorum fiduciam qui sibi non fucatae integritatis et innocentiae probe conscii sunt, quales oportet esse fideles universos. Siquidem ex ipsa Dei veritate sumptum est quod dicit apud Iohannem caecus illuminatus, non exaudiri a Deo peccatores [Iohan. 9. f. 31e]: si peccatores modo recepto Scripturae usu[f] intelligimus, qui citra iustitiae desiderium toti suis peccatis indormiunt et acquiescunt: quando nullum cor in sinceram Dei invocationem unquam prorumpet quod non simul ad pietatem aspiret. Talibus ergo promissis respondent sanctorum obtestationes, quibus suae vel puritatis vel innocentiae mentionem iniiciunt, quo[g] sibi exhiberi sentiant quod est omnibus Dei servis expectandum. Deinde tum fere usi reperiuntur hoc precationis genere dum se coram Domino cum suis hostibus comparant[h], e quorum iniquitate eius manu vindicari optarunt[i]. In hac vero comparatione mirum non est si iustitiam suam et cordis simplicitatem protulerunt, quo ex causae ipsius aequitate magis ad ferendas sibi suppetias Dominum permoverent. Id ergo boni pio pectori non praeripimus, quin suae puritatis conscientia coram Domino fruatur ad se confirmandum in promissionibus[k] quibus veros suos cultores Dominus solatur et fulcit[l]: sed impetrandi fiduciam, deposita proprii meriti cogitatione, sola Dei clementia subniti volumus.

11. Quarta demum, ut || ita prostrati et subacti vera humilitate, nihilominus || certa spe exorandi ad orandum animemur. ||

---

a) *1559-61 falso 4; 2. Reg. —: 1539-50 Iesa. (1545-50 falso Psal.)* 38. *(3)* b) *1539-54 Dei serv.* c) *ut — est > 1539-54* d) *VG 1541 sqq.* + Sainct Iean e) *1559-61 falso 21* f) *rec. — usu > 1539-54* g) *1539-45 Qui* h) *1539-54 compararent* i) *1539-54 optarent* k) *1539-54 eas promissiones* l) *sol. — fulc.: 1539-54 consolatur*

1) sect. 3; supra p. 299.

DE MODO PERCIPIENDAE GRATIAE. CAP. XX

Res quidem in speciem contrariae, cum sensu iustae ultionis Dei coniungere certam fiduciam favoris: quae tamen inter se optime conveniunt, si propriis malis oppressos sola Dei bonitas erigat. Sicuti enim ante docuimus poenitentiam et fidem socias esse inseparabili vinculo simul connexas, quarum tamen altera nos terret, altera exhilarat[1]: ita in precibus mutuo eas occurrere oportet. Atque hunc consensum paucis verbis exprimit David, Ego, inquit, in multitudine bonitatis tuae ingrediar domum tuam: adorabo in templo Sanctitatis tuae cum timore [Psal. 5. b. 8]. Sub Dei bonitate fidem complectitur timorem interea non excludens: quia non tantum eius maiestas ad reverentiam nos cogit, sed propria etiam indignitas omnis superbiae et securitatis oblitos sub metu nos continet. || Fiduciam vero non intelligo[a], quae solutam omni anxietudinis sensu mentem suavi et perfecta quiete demulceat[b]; nam ita placide acquiescere[c], eorum est qui rebus cunctis[d][1] ex voto fluentibus, nulla tanguntur cura[e], nullo desiderio uruntur, nullo timore aestuant[f]. Optimus autem ad invocationem Dei stimulus sanctis est, dum necessitate sua districti summa irrequietudine vexantur, et tantum non exanimantur in seipsis, donec opportune fides succurrit: quia[g] inter tales angustias ita ipsis affulget Dei bonitas[h], ut praesentium quidem[i] malorum gravitate fatigati gemant, maiorum etiam timore laborent et crucientur, illa tamen freti, et tolerantiae difficultatem sublevent ac solentur[k], et exitum liberationemque sperent. Ex utroque ergo affectu emergat pii hominis oratio convenit, utrunque etiam contineat et repraesentet: nempe[l] ut malis praesentibus[m] ingemat, et a novis sibi anxie timeat: tamen cunfugiat simul ad Deum[n], minime dubitans quin auxiliarem[o] ille manum porrigere sit paratus[p]. Mirum enim quam diffidentia nostra irritetur Deus[q], si poscamus a se[r] quam non expectamus beneficentiam[s]. || Itaque nihil magis consentaneum precationum naturae quam legem hanc illis praescribi et statui, ne temere prorumpant, sed fidem praee-

---

a) *1539–54* intelligimus   b) suavi — dem.: *1539–54* in perfectam quietem componat   c) *1539–54* conquiescere   d) *1539–54* omnibus   e) nulla — cura > *1539–54*   f) nullo — aest. > *1539–54*   g) donec — quia: *1539–54* Sed   h) *1539–54* bon. Dei aff.   i) > *1539–54*   k) subl. — sol.: *1539–54* consolentur   l) > *1539–54*   m) *1539–54* quidem suis   n) tam. — Deum: *1539–54* ad Dominum tamen conf.   o) *1539–54* auxiliariam   p) porrig. — par.: *1539–54* sit praebiturus   q) *1539–54* Dominus   r) *1539–54* + gratiam   s) exp. ben.: *1539–54* expectemus

1) cap. 3, 1–5; supra p. 55 sqq.

untem sequantur. Ad hoc principium nos omnes Christus vocat, hac sententia^a, ǁ Dico vobis^b, quaecunque petitis, credite vos accepturos, et evenient vobis [Marc.^c 11. c. 24]¹. ǁ Idem et alibi confirmat, Quicquid petieritis in oratione credentes, etc. [Matth. 21. b. 22]. Cui concinit Iacobus, Si quis indiget sapientia, postulet ab eo qui dat omnibus simpliciter, nec exprobrat: postulet autem in fide, nihil haesitans [Iacob. 1. a. 5]². Ubi haesitationi^d fidem opponens, vim eius aptissime exprimit. Non minus etiam notandum quod addit, nihil proficere qui Deum perplexi et dubii invocant³, nec statuunt in animis suis exaudiendi sint necne^e. ǁ Quos etiam fluctibus comparat qui varie moventur a vento^f et circunferuntur^g⁴. ǁ Unde alibi orationem fidei pro legitima nuncupat [Iacob. 5. c. 15]. ǁ Deinde quum Deus secundum^h suam cuique fidem se daturumⁱ toties^k affirmet^l, citra fidem nihil consequi^m nos posse innuitⁿ. ǁ Denique fides est quae impetrat quicquid orando conceditur^o. Id sibi vult celebris^p illa Pauli sententia, ǁ ad quam insipidi homines parum attendunt, Quomodo invocabit quispiam in quem non crediderit^q? ǁ quis autem credet nisi audierit [Rom. 10. c. 14]? Fides autem ex auditu, auditus ex verbo Dei⁵. Nam precandi exordium ex fide gradatim deducens, ǁ aperte^r contendit non posse Deum^s ab aliis syncere invocari, nisi quibus Evangelii praedicatione ǁ clementia eius et facilitas innotuerit, imo familiariter fuerit exposita^t.

---

a) Itaque orationibus nostris eiusmodi legem Christus statuit. Propterea, inquit   b) *1539-54 +* omnia   c) *sic recte 1539-54; 1559-61 falso* Mat.   d) *VG 1560 au mot d'Hesiter, qui signifie autant que perplexité et doute*

e) Rursum qui Dei promissione parum securi, veritatem eius in dubium vocant: atque ita dubii et haesitantes an exaudiendi sint, *(1536 +* Deum*)* ipsum invocant, nihil proficiunt *(1536 +* ut*)* inquit Iacobus   f) *1536-54 a vento var. mov.*   g) *1536-54 +* [Iacob. 1. a. 6.]   h) Deus sec.: *1536-54* Dominus iuxta   i) se dat.: *1536-54* fieri   k) *> 1536*   l) *1536 +* [Matth. 8 *(13)* 9 *(29)* Mar. 11 *(24)*], sequitur   m) *1536* assequi   n) *> 1536*   o) *1539-54* obtinetur   p) *> 1539-54*

q) Quomodo invocabunt in quem non crediderunt [Rom. 10. c.14.]   r) *1539-54* Siquidem   s) non — D.: *1539-54* Dominum non posse

t) bonitas eius et *(> 1539-43)* indulgentia facta ante fuerit familiaris

---

1) cf. Lutheri Enchiridion piarum precationum (Conc., quomodo sit orandum ad Deum) E 1 a; WA II 157, 19 sqq.   2) Iac. 1, 5 sq.   3) Iac. 1, 7.   4) cf. Lutheri Ench. piar. prec. E 1 b—2 a; WA II 176, 1 sqq.   5) Rom. 10, 17.

DE MODO PERCIPIENDAE GRATIAE. CAP. XX

12. Hanc necessitatem minime cogitant adversarii nostri. Itaque quum certa animi fiducia fideles iubemus statuere, Deum sibi propitium esse¹ ac benevolum, rem omnium absurdissimam dicere nos putant[a]1. Atqui si ullum verae precationis usum haberent, intelligerent profecto, sine firmo illo divinae benevolentiae sensu, non posse Deum rite invocari. Quum vero fidei vim bene perspicere nemo queat nisi qui experimento eam in corde suo sentit[b]: quid cum eiusmodi hominibus disputando proficias, qui aperte ostendunt, nihil se unquam praeter vanam imaginationem habuisse? Quid enim valeat et quam necessaria sit illa, quam requirimus certitudo, ex invocatione potissimum discitur; quod qui non videt, valde stupidam habere se[c] conscientiam prodit[d]. Nos igitur, omisso hoc caecorum genere, defixi in illa Pauli sententia haereamus, non posse ab aliis[e] invocari Deum nisi qui eius misericordiam ex Evangelio cognitam habent[2], et eam sibi paratam esse certo persuasi sunt. Qualis enim erit ista oratio? O Domine, ego quidem an exaudire me velis dubius sum: sed quia anxietate premor, ad te confugio, ut si dignus sum mihi succurras. Non ita soliti sunt omnes sancti, quorum orationes in Scripturis legimus. Nec ita nos instituit per Apostolum Spiritus sanctus, qui iubet nos adire ad thronum caelestem cum fiducia, ut gratiam consequamur [Hebr. 4. d. 16]: et quum alibi docet nos habere audaciam et aditum in fiducia per fidem Christi [Ephes. 3. c. 12]. Hanc ergo obtinendi quod petimus securitatem (quam et sua voce Dominus mandat, et omnes sancti exemplo suo docent) utraque manu tenere nos oportet, si cum fructu orare volumus. Ea enim demum accepta Deo est oratio quae ex tali, ut ita loquar, praesumptione fidei nascitur, et intrepida spei certitudine fundata est. ‖ Poterat simplici fidei nomine esse contentus: atqui non modo fiduciam addidit, sed eam quoque instruxit libertate vel audacia, ut hac nota discerneret a nobis incredulos, qui Deum promiscue quidem nobiscum orant, sed fortuito. Qua ratione tota Ecclesia in Psalmo orat: sit misericordia tua super nos, quemadmodum speravimus in te [Psal. 33. d. 22]. Eadem etiam conditio alibi ponitur a Propheta, Quo die clamavero, hoc scio quod Deus mecum [Psal. 56. b. 10]. Item, Mane disponam tibi, et speculabor [Psal. 5. a. 5][3]. Ex his enim verbis elicimus preces

---

a) *VG 1545 sqq.* il semble avis à tous Papistes   b) qui — sent.: *VG 1545 sqq.* qui en a la practique en son cœur   c) hab. se: *1543–54* habeat   d) *1543–54* oportet   e) ab al. > *1543*

1) vide cap. 2, 39, supra p. 48 sq.; cap. 15, 7, p. 246 not. 10.
2) Rom. 10, 14.   3) Ps. 5, 4 = vg. 5, 5.

in aerem frustra proiici, nisi spes sit annexa, unde velut e specula Deum quieti expectemus. Quibus convenit series Paulinae exhortationis; nam antequam fideles ad precandum in spiritu sollicitet omni tempore cum vigilantia et assiduitate, in primis iubet assumere scutum fidei, galeam salutis, et gladium spiritus, quod est verbum Dei [Ephes. 6. c. 16]¹. ‖ Memoria porro hic repetant lectores quod ante dixi, minime labefactari fidem, ubi cum miseriae, egestatis, sordiumque¹ nostrarum agnitione connectitur ᵃ². ‖ Quantumvis enim gravi scelerum mole premi se vel laborare sentiant fideles, nec modo rebus omnibus vacuos quae favorem conciliare apud Deum queant, sed oneratos multis noxis quae eum merito formidabilem reddant: non tamen desinunt se offerre, neque terret eos hic sensus quominus ad ipsum se conferant: quando non alius est ad eum ingressusᵇ. ‖ Nequeᶜ enim instituta est oratio, qua nos arroganter coram Deo efferamus, aut quicquamᵈ nostrum magno aestimemus, sed qua reatum nostrum confessi, aerumnas nostrasᵉ apud eum deploremus: quemadmodum filii apud parentes familiariter querelas suasᶠ deponunt. ‖ Quin potius immensa malorum nostrorum congeries calcaribus vel stimulis referta esse debet quae nos ad precandum incitentᵍ; ‖ qualiter etiam nos suo exemplo docet Propheta, Sana animam meam, quia peccavi tibi [Psal. 41. a. 5]ʰ. ‖ Fateor quidem in iis aculeis mortiferas fore punctiones nisi Deus succurreret: verum pro incomparabili sua indulgentia optimus Pater tempestivum remedium addidit, quo perturbationem omnem sedans, curas leniens, metus abstergens, comiter nos ad se alliceret, imo scrupulos omnes tollens, nedum obstacula, facilem viam sterneret.

---

a) Porro dum hanc fidei securitatem cum miseriae, egestatis, sordiumque nostrarum agnitione connectimus, *(1539 + satis; 1543 male sed)* declaramus ipsam hinc minime labefactari

b) Ergo si *(1536 Si itaque nos)* peccatorum mole premi nos *(> 1536)* ac laborare intelligimus: si rebus omnibus vacuos inspicimus, quae gratiam apud Deum nobis conciliare possint: nec *(1536-39 ne)* hic nos sensus terreat quominus ad ipsum nos conferamus; quando nobis necesse est, dum *(1536-50 cum)* ad eum accedimus, tales nos cogitare ac sentire [Luc. 17. c. 10.]   c) *1536-54* Non   d) *1536-54* aliquid   e) reat. — nostr.: *1536-54* nostras calamitates confiteamur, et   f) *1536-54* suas quer. famil.

g) Quin hic potius sensus nobis instar calcaris ac stimuli esse debet, quo magis ad orationem incitemur.

h) Quemadmodum prophetae exemplo admonemur. Sana, inquit, animam meam, quia peccavi tibi [Psal. 41. a. 4. *(lege 5)*].

1) Eph. 6, 16-18.   2) cap. 2, 22—26; supra p. 32 sqq.

DE MODO PERCIPIENDAE GRATIAE. CAP. XX 313

13. Ac primo quidem orare nos iubens, ipso praecepto nos coarguit impiae contumaciae, nisi obsequimur^a. ‖ Nihil magis praecise mandari poterat quam quod habetur in Psalmo, Invoca me in die tribulationis [Psal. 50. c. 15]. Sed quia inter pietatis officia nullum frequentius commendant Scripturae, non est quod longius hic immorer. Petite (inquit magister^b) et accipietis: pulsate, et aperietur vobis [Matth. 7. b. 7]. Quanquam hic praecepto adiungitur etiam promissio, ut necesse est; etsi enim praecepto esse obediendum fatentur omnes, maior tamen pars refugeret Deum vocantem, nisi se exorabilem adeoque obvium fore promitteret^c. ‖ His quidem duobus positis, certum est quicunque tergiversantur ne recta ad Deum veniant, non modo esse rebelles et immorigeros, sed etiam incredulitatis convinci: quia promissionibus diffidunt. Quod eo magis notandum est, quia hypocritae, humilitatis et modestiae praetextu, tam superbe contemnunt Dei praeceptum, quam fidem benignae invitationi abrogant: imo eum fraudant praecipua cultus sui parte. Nam ubi sacrificia repudiavit in quibus tunc videbatur sita esse tota sanctitas, hoc summum esse et sibi prae aliis pretiosum declarat, invocari in die necessitatis. Quare ubi quod suum est exigit, et ad parendi alacritatem nos animat, nulli sunt tam speciosi dubitandi colores qui nos excusent^d. ‖ Quae-

---

a) Ad hunc aculeum, quo nos assidue infoelicitatis nostrae conscientia pungit, *(1536* Ad hanc nostrae egestatis cognitionem*)* duo addidit optimus pater: quibus nos ad orationis studium vehementer impelleret. Mandatum, quo orare praecipit: promissionem[1], qua pollicetur, impetraturos quicquid petierimus. Mandatum saepenumero repetitum habemus: Petite, venite ad me, quaerite me [Luc. 11. b. 9. Ioan. 16. c. 24. Matth. 7. b. 7. et. 11. d. 28.], revertimini ad me [Zach. 1. a. 3.], Invocate me in die necessitatis vestrae [Psal. 50. c. 15.]. Ac, cum saepe alias, tum etiam in tertio legis capite: quo prohibemur accipere in vanum nomen Domini [Exod. 20. b. 7]. Nam ex quo in vanum accipere prohibemur, simul etiam iubemur accipere in gloriam: omnem virtutis, boni, opis, ac praesidii laudem illi deferendo: dum ab eo haec ipsa et petimus, et expectamus.   b) *VG 1560* + celeste
c) Verum suaviorem etiamnum a promissione consolationem accipiunt: in quam tota recumbit impetrandi fiducia. Quare multis ac benignissimis promissionibus nos subinde invitat Dominus. Petite, inquit, et accipietis, quaerite, et invenietis, pulsate, et aperietur vobis [Matth. 7. b. 7]. Iam per prophetam: invocabitis me, et exaudiam vos: quaeretis me, et invenietis [Iere. 29. c. 12. *(12 sq.)*. Item: Invocabis me in die necessitatis, eripiam te [Psal. 50. c. 15].
d) Quamobrem nisi ad ipsum confugimus, cum aliqua nos urget necessitas: nisi ipsum requirimus, ac eius opem imploramus: non

---

1) cf. Lutheri Enchir. piar. prec. D 8 b, WA II 175.

cunque ergo passim occurrunt in Scripturis testimonia quibus
nobis praecipitur Dei in'vocatio, totidem ante oculos nostros
figuntur vexilla quae nobis fiduciam inspirent. Temeritatis
esset prorumpere in Dei conspectum, nisi ipse anteverteret nos
vocando; itaque viam nobis sua voce patefacit: Dicam illis, 5
Populus meus vos: dicent mihi, Tu Deus noster [Zach. 13. c. 9].
Videmus ut cultores suos praeveniat, velitque subsequi, ideoque timendum non esse ne parum suavis sit haec melodia quam
ipse dictat. Insigne praesertim illud Dei elogium nobis in mentem veniat, quo freti omnia obstacula nullo negotio superabimus, 10
Tu Deus exaudiens precationem: ad te usque omnis caro veniet
[Psal. 65. a. 3]. Quid enim magis amabile vel blandum quam
Deum hoc titulo indui, qui certiores nos reddat nihil magis esse
naturae eius proprium quam supplicum votis annuere? Hinc
ianuam patere colligit Propheta non paucis sed cunctis morta- 15
libus: quia etiam omnes hac voce compellat, Invoca me in die
afflictionis: eruam te, et glorificabis me [Psal. 50. c. 15]. Secundum hanc regulam David promissionem sibi datam obiicit,
ut obtineat quod petit. Tu Deus revelasti in aurem servi tui:
propterea invenit servus tuus cor suum ut oraret [2. Sam. 7. 20
d. 27]. Unde colligimus pavidum fuisse nisi quatenus eum promissio erexerat. Sic alibi generali doctrina se instruit, Voluntatem timentium se faciet [Psal. 145. d. 19]. Imo haec in Psalmis
animadvertere licet, quasi abrupto orandi contextu transitum
fieri nunc ad Dei potentiam, nunc ad bonitatem, nunc ad fidem 25
promissionum. Videri posset intempestive David sententias illas
inserens, preces mutilas reddere: sed usu et experientia compertum habent fideles languescere ardorem nisi adhibeant nova
fomenta: ideoque minime inter precandum supervacua est tam
naturae Dei quam verbi meditatio. Atque ita exemplo Davidis 30
inserere ne pigeat quae languidos animos novo vigore reficiant.

14. Ac mirum est tanta promissionum dulcedine vel frigide
vel nullo fere modo nos affici ut per ambages vagando bona
pars malit relicto aquarum viventium fonte sibi fodere aridas

aliter eius iram provocamus, quam si aut alienos nobis deos facere- 35
mus, aut idola fabricaremur; siquidem eius voluntatem in omnium
praeceptorum contemptu aeque contemnimus. || Nihil certe validius
ad nos omni scrupulo liberandos fingi poterat hac cogitatione, nulla
remora debere nos impediri, quo minus Dei mandato pareamus, quo
nobis precandum edicit. || Proinde ingenti, qui eum invocant ac 40
(> *1539–43*) requirunt, *(1539–43* + laudem ei referunt:*)* consolatione fruuntur: quod intelligant sic se voluntati eius servire atque
obsequi, ideoque rem agere illi acceptam. Quando nihil obedientia
sibi esse gratius pronunciat.

DE MODO PERCIPIENDAE GRATIAE. CAP. XX 315

cisternas[1], quam Dei liberalitatem ultro sibi oblatam amplecti. Arx inexpugnabilis nomen Domini, (inquit Solomo) ad eam confugiet iustus, et servabitur [Prov. 18. b. 10]. ‖ Ioel vero, postquam de horribili quae instabat clade vaticinatus est, memorabilem illam sententiam subiicit, Quisquis invocaverit nomen Domini, salvus erit [Ioel. 2. g. 32][2]: quam scimus[a] proprie ad cursum Evangelii spectare[3]. Vix centesimus quisque movetur, ut in occursum Deo prodeat. Clamat ipse per Iesaiam, Invocabitis me, et exaudiam vos: Imo antequam clametis respondebo vobis [Iesa. 65. d. 24]. Hoc quoque eodem honore alibi totam Ecclesiam communiter dignatur: sicuti ad omnia Christi membra pertinet. Clamavit ad me, exaudiam eum: cum ipso sum in tribulatione, ut eripiam eum [Psal. 91. d. 15]. Neque tamen (ut iam dixi[4]) locos omnes numerare propositum est: sed eximios quosque deligere, ex quibus gustemus quam humaniter ad se nos Deus alliciat, et[1] quam arctis vinculis constricta sit nostra ingratitudo, ubi inter tam acres stimulos adhuc pigritia nostra cunctatur. Quare in auribus nostris semper resonent hae voces, Prope est Dominus omnibus invocantibus se, invocantibus in veritate [Psal. 145. d. 18]. Item quas ex Iesaia et Ioele citavimus: quibus affirmat Deus se intentum esse ad exaudiendas preces, adeoque oblectari quasi grati odoris sacrificio, ubi curas nostras in ipsum coniicimus. Hunc singularem percipimus promissionum Dei fructum, ubi non dubitanter et trepide concipimus preces: sed eius verbo freti cuius nos alioqui terreret maiestas, audemus eum invocare Patrem, quando hoc suavissimum nomen suggerere nobis dignatur. Restat ut talibus invitamentis praediti, sciamus inde satis esse nobis materiae ad exorandum[b]: ‖ quando preces nostrae nullo merito nituntur,

a) quam sc.: *VG 1560* laquelle, tesmoin sainct Pierre
b) Item: Clamavit ad me et ego *(> 1545-54)* exaudiam eum: 1539 cum ipso sum in tribulatione, eripiam eum et honorabo [Psal. 91. d. 15 *(14 sq.)*]. Sed quia huius generis sunt innumera, satis erit gustum dedisse. Sunt tamen insignes quaedam, quas memoriae potissimum commendare operae precium fuerit. Quales sunt istae: Prope est Dominus omnibus invocantibus se, invocantibus in veritate [Psal. 145. d. 18]. Item: Ad vocem clamoris tui, mox ut audierit, respondebit tibi [Iesa. 30. d. 19]. Ac ne ad audiendum tardus putaretur, postea dicit: Antequam clamaverint, ego exaudiam: adhuc loquentibus illis, audiam [Iesa. 65. d. 24]. Omnium vero praeclarissima haec est, quae vaticinio, de horribili mundi concussione mox subnectitur: Quicunque invocaverit nomen Domini, salvus erit [Ioel. 2. g. 32 *(3, 5*

1) Ier. 2, 13.   2) Ioel 3, 5 = vg. 2, 32.   3) Act. 2, 21.   4) sect. 13; supra p. 313 sq.

sed tota earum dignitas et spes impetrandi fundata est in Dei promissionibus, atque ab eis pendet[1]: ut neque indigeat alia fultura, neque sursum huc vel illuc circunspiciat. Itaque cum animis nostris statuendum est, etiamsi non excellimus pari sanctitate quae laudatur in sanctis patribus, Prophetis et Apostolis, quia tamen commune est nobis orandi praeceptum et communis fides, si verbo Dei innitimur, nos in hoc iure eorum esse socios. Deus enim (ut ante visum est[2]) se facilem ac propitium omnibus fore denuntians, miserrimis quibusque spem obtinendi quod petierint, facit; atque ideo notandae sunt generales formae, quibus nemo (ut vulgo dicunt) a primo ad ultimum excluditur: tantum adsit cordis synceritas, displicentia nostri, humilitas, et fides: ne hypocrisis nostra Dei nomen fallaci invocatione profanet: non respuet optimus Pater, quos non modo ad se venire hortatur, sed quibuscunque potest modis sollicitat[a]. || Hinc illa precandi ratio Davidis quam nuper recitavi, En pollicitus es Domine servo tuo[b]: eam ob rem colligit animum hodie servus tuus, et invenit quod oraret coram te. Nunc ergo Domine Deus, tu es Deus, et verba tua vera erunt. Loquutus es servo tuo de his beneficiis; incipe ergo et fac [2. Sam. 7. d. 27][3]. Sicut etiam alibi, Praesta servo tuo secundum eloquium tuum [Psal. 119, 76]. Et omnes simul Israelitae, quoties se foederis recordatione muniunt, satis declarant non esse timide orandum, ubi Deus ita praescribit; atque in hoc

---

= vg. 2, 32)]. Restat, ut talibus invitamentis freti, satis ad exorandum praesidii nos inde habere putemus.

1536 (I 98) a) Non enim orationis est meritum aut dignitas, quae petita obtineat: sed tota exorandi spes in eiusmodi promissionibus *(1536* in promissione huiusmodi) sita est, atque ab eis *(1536* ea) pendet. Itaque cum animis nostris statuendum est, nihilo nos minus exauditum iri, (nih. — iri: *1536* nos exaud. iri, non minus) quam exauditus fuerit vel (> *1536*) Petrus, vel Paulus, vel alius sanctorum quilibet (utcunque *(1536* tametsi) maiore, quam nos, vitae sanctimonia praediti fuerint:) si tamen eadem, ac aeque firma fide Deum imploramus. 1539 Quando || reliqua longe inferiores, tamen in hoc pares sumus *(1539* 1536 simus): quod || eodem orandi mandato, eadem exorandi promissione (I 98) instructi armatique sumus. Deus vero, modo sincero *(1539-43* securo) corde invocetur (modo — inv. > *1536*), non ex personae dignitate orationis precium aestimat: verum ob fidem duntaxat, in qua et suo praecepto obediunt fideles (> *1536*), et suae promissioni confidunt. b) En — tuo: *VG 1560* Voicy, Seigneur, tu as parlé en l'oreille de ton serviteur

1) cf. Lutheri Enchir. piar. prec. D 8 b, WA II 175, 12 sqq.
2) sect. 12; supra p. 312.   3) 2. Sam. 7, 27-29; vide sect. 13, p. 314.

imitati sunt Patrum exempla, praesertim Iacobi, qui postquam confessus est se minorem esse tot misericordiis quas susceperat e manu Dei [Gen. 32. c. 10][1], ad maiora tamen postulanda se animari dicit, quia Deus se facturum promiserat[a][2]. ‖
Quoscunque vero colores obtendant increduli, ubi ad Deum non confugiunt quoties urget necessitas, ipsum non requirunt, nec eius opem implorant, non aliter defraudant eum legitimo honore, quam si fabricarent sibi novos Deos et idola: siquidem hoc modo Deum sibi bonorum omnium authorem esse negant. Contra nihil validius ad pios omni scrupulo liberandos, quam armari hac cogitatione, non esse cur ulla remora im|pediat dum morem gerunt Dei mandato, qui obedientia nihil sibi gratius esse pronuntiat. Hinc rursus quod prius dixi[3] clarius elucescit, probe cum metu, reverentia, sollicitudine quadrare intrepidum precandi spiritum, neque vero absurdum esse si prostratos Deus erigat. Hoc modo belle inter se consentiunt quae in speciem repugnant loquendi formae. Dicunt Ieremias et Daniel se prosternere preces coram Deo [Iere. 42. b. 9; Dan. 9. e. 18]. Alibi Ieremias, Cadat oratio nostra in conspectu Dei, ut misereatur residuae plebis suae [Iere. 42. a. 2]. Rursus saepe fideles dicuntur orationem levare. Sic loquitur Ezechias, Prophetam[b] rogans ut intercedendi vices suscipiat[c] [2. Reg. 20. b. 10][4]. Et David precem suam ascendere cupit sicuti incensum [Psal. 141. a. 2]. Nempe quanvis de paterno Dei amore persuasi in eius fidem se alacriter conferant, nec dubitent quam ultro opem promittit implorare: non tamen supina eos quasi proiecta fronte securitas attollit, sed ita per gradus promissionum sursum ascendunt, ut tamen supplices maneant in sui deiectione.

---

a) Id cum secum David reputaret, En, inquiebat, promisisti Domine servo tuo, te domum aedificaturum illi, Eam ob rem collegit animum hodie servus tuus, et invenit quod oraret coram te: Nunc ergo Domine Deus tu es Deus, et verba tua vera erunt; locutus es servo tuo bona haec, Incipe ergo et fac, benedic domui servi tui [2. Samu. 7, 27. *(27–29)* 1. Paral. 17. d. 25. *(25–27)*]. Idipsum considerabant Israelitae, cum suas orationes foederis cum Abrahamo percussi recordatione munirent. Atque in hoc patrum suorum exempla, praesertim vero ipsius Iacob, imitabantur: qui postquam se confessus fuisset tot, quas e manu Domini susceperat, misericordiis minorem [Gene. 32. c. 9] *(recte: vg. 32, 10 = 32, 11)*]: ad maiora tamen postulanda beneficia ex data sibi promissione animabatur *(1539 –43 animatur)*[2].   b) *VG 1560* + Isaye   c) ut — susc.: *VG 1560* d'interceder pour la ville de Ierusalem

1) Gen. 32, 11 = vg. 32, 10.   2) cf. Gen. 32, 12 sq.   3) sect. 12; supra p. 311 sq.   4) lege 2. Reg. 19, 4.

15. Hic non una obiicitur quaestio: nam Scriptura refert votis quibusdam Deum morem gessisse, quae tamen ex animo minime sedato vel composito eruperant. Iusta quidem de causa Ioatham incolas Sichem cladi quae postea supervenit devoverat [Iudic. 9. c. 20]: sed tamen fervore iracundiae et ultionis accensus, morem execrationi gerens Deus, videtur impetus male ordinatos probare. Talis etiam fervor Samsonem rapuit, quum diceret, Robora me Deus ut sumam ultionem de incircuncisis [Iudic. 16. g. 28]. Etsi enim aliquid fuit probi zeli admixtum, fervida tamen atque ideo vitiosa cupiditas vindictae illic dominata est. Annuit Deus. Unde colligi posse videtur, quanvis ad verbi praescriptum formatae non sint preces, effectum tamen consequi. Respondeo, singularibus exemplis non aboleri perpetuam legem[a]: deinde speciales interdum motus inditos paucis hominibus fuisse, quibus factum est ut dissimilis illorum esset atque vulgi ratio. Notandum est enim responsum illud Christi, quum discipuli exemplum Eliae inconsiderate aemulari cuperent, eos nescire quo spiritu essent praediti [Luc. 9. g. 55]. Caeterum ultra progredi necesse est, non semper placere Deo vota quibus annuit: sed quatenus ad exemplum pertinet, claris documentis palam fieri quod Scriptura docet, eum scilicet miseris succurrere, et eorum exaudire gemitus qui iniuste afflicti opem eius implorant: ideo exequi sua iudicia, dum ad eum surgunt inopum querimoniae, quanvis indignae quae tantillum impetrent. Quoties enim de impiorum saevitia, rapinis, violentia, libidine aliisque sceleribus poenas sumens, compescens audaciam et furorem, tyrannicam quoque potentiam evertens, indigne oppressis se opem ferre testatus est, qui tamen incertum numen orando aerem verberabant? Et Psalmus unus[b] clare docet non carere effectu preces quae tamen fide in caelum non penetrant [Psal. 107]. Colligit enim quas incredulis non[1] minus quam piis necessitas extorquet preces ex naturae sensu: quibus tamen Deum propitium esse ex eventu demonstrat. An quia tali facilitate gratas[c] sibi esse testetur[d]? imo ut suam misericordiam amplificet vel illustret hac circunstantia, quod ne incredulis quidem negantur sua vota[e]: deinde ut probos suos cultores ad orandum magis extimulet, dum vident profanos eiulatus non carere interdum profectu. Non tamen est cur fideles de-

[641]

---

a) *VG 1560* + qui a esté donnée à tous siecles   b) *VG 1560* cent septieme   c) *1559–61 male* grata   d) An — test.: *VG 1560* Or Dieu en leur ottroyant leurs requestes semblables à hurlemens, declaire-il par telle facilité qu'elles luy soyent agreables   e) *VG 1560* + combien qu'il ne leur soit point propice

DE MODO PERCIPIENDAE GRATIAE. CAP. XX

flectant a lege sibi divinitus imposita, vel invideant incredulis, quasi magnum lucrum fecerint, ubi adepti sunt quod volebant. Hoc modo diximus flexum fuisse Deum ficta poenitentia Achab [1. Reg. 21. g. 29ᵃ]¹, ut hoc documento probaret quam sit exo-
5 rabilis erga suos electos, ubi ad ipsum placandum vera affertur conversio. Ideoque in Psalmo cum Iudaeis expostulat, quodᵇ experti ipsum votis suis facilem, ad ingenii sui pervicaciam paulo post reversi sint [Psal. 105]². Quod etiam ex Iudicum historia liquido patet, quoties scilicet fleverunt, etsi fallaces
10 erant eorum lachrymae, fuisse tamen ereptos ex hostium manibus. Sicut ergo promiscue Deus solem suum producit super bonos et malos³: ita nec fletus eorum contemnit quorum iusta est causa, et auxilio dignae aerumnaeᶜ. Interea non magis hos in salutem exaudit, quam bonitatis suae contemptoribus ali-
15 menta suppeditat. Difficilior videtur esse quaestio de Abrahamo et Samuele: quorum alter nullo Dei verbo instructus pro Sodomitis [Gen. 18. c. 23], alter etiam contra manifestam prohibitionem pro Saule oravit [1. Sam. 15ᵈ. c. 11]. Eadem ratio Ieremiae, qui urbis excidium deprecatus est [Iere. 32. c. 16]⁴;
20 quanvis enim repulsam passi fuerint, durum tamen videtur eos fide privare. Atqui solutio haec modestis lectoribus, ut spero, satisfaciet: generalibus principiis fultos, quibus iubet Deus indignos quoque misericordia prosequi, non prorsus fide caruisseᵉ, quanvis in ipsa specie frustrata eos fuerit opinio. Prudenter
25 alicubi Augustinus, Quomodo (inquit) fide orant sancti, ut petant a Deo contra quam decrevit? nempe quia secundum voluntatem eius orant, non illam absconditam et incommutabilem, sed quam illis inspirat, ut eos exaudiat alio modo; sicut prudenter distinguit [Lib. de civitate Dei 22. cap. 2]⁵.
30 Recte dictum: quia pro suo incomprehensibili consilio sic temperat rerum eventus, ut non irritae sint sanctorum preces quae fide et errore simul implicitae sunt. Neque tamen hoc ad imitationem magis valere debet quam sanctos ipsos excusat: quos non inficior modum excessisse. Quare ubi non extat certa
35 promissio, conditione interposita rogandus est Deus. Quo per-

---

a) *1559–61 falso* 39   b) *VG 1560* d'autant qu'apres l'avoir requis en leur affliction avec belle mine, et   c) *VG 1560* + combien que leurs cœurs ne soyent point droicts   d) > *1559–61*   e) *VG 1560* + à cause de telle compassion

40 1) cap. 3, 25; supra p. 83 sq.   2) Ps. 106, 43 = vg. 105, 43.
3) Matth. 5, 45.   4) Ier. 32, 16 sqq.   5) non plane verba, sed eadem sententia occurrit Aug., De civ. Dei 22 c. 2, 2 MSL 41, 753; CSEL 40 II, 584, 27 sqq.

tinet illud Davidis, Evigila ad iudicium quod mandasti [Psal. 7. b. 7]: quia ad petendum temporale beneficium[a] speciali oraculo se instructum esse admonet.

16. Hoc etiam notare operaepretium est, quae de quatuor recte orandi legibus disserui, non ita exigi[1] summo rigore, ut preces repudiet Deus in quibus non inveniet perfectam vel fidem vel poenitentiam, una cum zeli ardore votisque recte compositis. Diximus[1], quanvis oratio familiare sit piorum cum Deo colloquium, servandam tamen esse reverentiam et modestiam, ne habenas laxemus quibuslibet votis, ac ne concupiscamus nisi quantum Deus permittit; deinde, ne vilescat nobis Dei maiestas, tollendas esse sursum mentes ad puram castamque eius venerationem[b]. Hoc nemo, qua par fuisset integritate unquam praestitit; nam (ut de vulgo non loquar) quam multae Davidis querimoniae intemperiem sapiunt! non quod consulto vel expostulare cum Deo velit, vel eius iudiciis obstrepere: sed quia prae infirmitate fatiscens non aliud invenit melius solatium quam. si dolores suos in illius sinum coniiciat. Quinetiam toleratur a Deo nostra balbuties, et inscitiae datur venia, quoties inconsiderate aliquid nobis excidit: ut certe sine hac indulgentia nulla esset precandi libertas. Caeterum quanvis Davidi[c] animus esset Dei se arbitrio totum subiicere, nec minore patientia quam impetrandi studio oraret, emergunt tamen, imo interdum ebulliunt turbulenti affectus, qui a prima quam posuimus lege non parum distant. Maxime ex clausula Psalmi tricesimi noni conspicere licet quanta doloris vehementia abreptus fuerit sanctus vir, ne sibi modum statueret. Desine (inquit) a me, donec abeam, et non sim[2]. Diceres hominem desperatum nihil aliud expetere nisi ut cessante Dei manu in suis malis putrescat. Non quod devoto animo ruat in illam intemperiem, aut, ut solent reprobi, velit Deum facessere: sed tantum conqueritur iram Dei sibi esse intolerabilem. In illis etiam tentationibus saepe effluunt vota non satis bene formata ad regulam verbi Dei, et in quibus non satis expendunt sancti quid fas sit et expediat. His quidem vitiis quaecunque maculatae sunt preces repudiari merentur: modo tamen ingemiscant sancti, castigent seipsos, et statim ad se redeant, ignoscit Deus. Sic etiam in secunda lege[3] peccant: quia et cum

---

a) *VG 1560* + duquel il n'eust pas autrement esté asseuré   b) ad — ven.: *VG 1560* afin qu'estans desveloppez du monde, ils soyent disposez à le reverer purement   c) *sic recte 1561; 1559 falso* Danieli

1) sect. 5; supra p. 300 sqq.   2) Ps. 39, 14.   3) vide sect. 6; supra p. 302 sq.

DE MODO PERCIPIENDAE GRATIAE. CAP. XX

frigore suo illis saepe luctandum est, neque sua illos egestas et miseria satis acriter pungit ad serio precandum. Iam saepe contingit eorum mentes dilabi et prope evanescere; venia igitur hac quoque in parte opus est, ne languidae vel mutilae vel interruptae et vagae preces repulsam patiantur. Hoc naturaliter indidit Deus hominum mentibus, legitimas non esse preces nisi mentibus sursum sublatis. Hinc ceremonia elevationis manuum, ut ante diximus[1], quae omnibus seculis et gentibus trita fuit, sicuti adhuc viget: sed quotusquisque, dum manus levat, non sibi conscius est tarditatis? quia cor in terra subsidit.

[643] Quod ad petendam peccatorum remissionem^I spectat, quanvis hoc caput nemo fidelium praetereat, sentiunt tamen qui vere sunt in precibus exercitati, vix decimam eius sacrificii partem se affere de quo loquitur David, Sacrificium Deo acceptum, spiritus afflictus; cor contritum et humiliatum Deus non despicies [Psal. 51. d. 19]. Ita semper duplex petenda est venia, quod et sibi conscii sint multorum delictorum, quorum tamen sensu non ita tanguntur ut sibi quantum oportet displiceant[a]: et quatenus in poenitentia et timore Dei proficere illis datum est, iusto moerore ob suas offensas prostrati, iudicis vindictam deprecentur. Maxime fidei debilitas vel imperfectio fidelium preces vitiat, nisi succurreret Dei indulgentia: sed nihil mirum est hunc defectum a Deo ignosci, qui asperis documentis saepe suos exercet[b], acsi data opera fidem eorum vellet extinguere. Durissima est haec tentatio, ubi clamare coguntur fideles, Quousque irasceris super oratione servi tui [Psal. 80. a. 5]? acsi preces ipsae Deum exacerbarent. Sic quum dicit Ieremias, Exclusit Deus orationem meam [Thren. 3. a. 8], non dubium est violenta perturbatione fuisse concussum. Innumera eius generis exempla occurrunt in Scripturis, ex quibus patet fidem sanctorum saepe mixtam fuisse dubitationibus et agitatam, ut credendo et sperando aliquid tamen infidelitatis proderent: sed quia non perveniunt quo optandum est, eo magis eniti eos oportet ut correctis vitiis propius in dies ad perfectam orandi legem accedant, ac interea sentire in quanta malorum profunditate sint demersi qui in ipsis remediis novos sibi morbos accersunt; quando nulla est oratio quam non merito fastidiat Deus, nisi ad maculas conniveat quibus omnes aspersae sunt. Haec non ideo commemoro ut sibi quicquam fideles secure condonent, sed ut seipsos

---

a) *VG 1560* + ils supplient que telle tardiveté ne vienne point en conte au iugement de Dieu   b) *VG 1560* + et leur livre des alarmes si rudes

1) sect. 5; supra p. 301.

severe castigando contendant superare haec obstacula: et quanvis omnes vias obstruere conetur Satan ut eos ab orando prohibeat, nihilominus perrumpant, certo persuasi, utcunque non omnibus remoris expediti sint, conatus tamen suos Deo placere, votaque sua probari, modo contendant et nitantur quo non statim pertingunt.

17. Quando vero nemo est hominum dignus qui se Deo[a] repraesentet, ac in eius conspectum prodeat: ipse caelestis Pater, ut nos pudore simul et metu[b] eximeret, qui nostros omnium animos deiicere debebant[c], Filium nobis suum donavit Iesum Christum Dominum nostrum: qui apud ipsum nobis sit advocatus [1. Iohan. 2. a. 1] et mediator [1. Tim. 2. b. 5][d], cuius ductu ad ipsum secure accedamus; tali intercessore confisi, nihil, quod eius nomine petierimus, nobis denegatum iri: ut illi a Patre nihil denegari potest. || Atque huc omnino referri necesse est quicquid antehac de fide docuimus: quia sicuti promissio Christum mediatorem nobis commendat, ita nisi spes impetrandi eo subnixa sit, orandi beneficio se privat. || Nam simulac in mentem venit horribilis Dei maiestas, fieri non potest quin expavescamus, ac nos indignitatis pro'priae agnitio procul abigat, donec medius occurrat Christus, qui solium formidabilis gloriae in solium gratiae commutet: sicuti etiam docet Apostolus ut[e] || cum omni fiducia apparere audeamus, misericordiam consequuturi et gratiam inventuri in auxilio opportuno [Hebr. 4. d. 16]. Atque ut lex de invocando Deo posita est, ut promissio data, exauditum iri qui invocaverint: ita in nomine Christi invocare peculiariter iubemur: et promissionem habemus propositam, impetraturos quod in eius nomine petierimus. || Hactenus, inquit, non petiistis quicquam in nomine meo: petite, et accipietis. In illo die in nomine meo petetis: et quicquid petieritis, faciam, ut glorificetur Pater in Filio [Iohan. 14. b. 13, et 16. e. 24]. || Hinc sine controversia clarum est, eos qui in alio quam Christi nomine Deum invocant, illius iussa contumaciter praevaricari, ac voluntatem pro nihilo reputare: nullam vero promissionem habere quicquam impetrandi. Siquidem, ut ait Paulus, omnes Dei promissiones in Christo sunt etiam et[f] amen [2. Cor. 1. d. 20]: id est confirmantur et implentur.

18. Ac diligenter notanda est circunstantia temporis, dum Christus discipulos ad suam intercessionem iubet confugere,

a) *1536* Deo se   b) pud. — metu: *1536–54* hac confusione   c) qui — deb.: *1536–54* quae — debebat   d) [1. Tim. —]: *1536–61 supra ante* [1. Iohan. —] *exstat; 1536–54* + [Hebr. 8. b. 6, et 9. d. 15.]
e) Thronum quoque Dei, non maiestatis tantum esse thronum, sed gratiae: apud quem eius nomine   f) > *1539–43*

postquam in coelum ascenderit, In illa hora, inquit, petetis in nomine meo [Iohan. 16. d. 26]. Certum quidem est ab initio non fuisse exauditos quicunque precati sunt, nisi Mediatoris gratia. Hac ratione instituerat in Lege Deus ut solus sacerdos sanctuarium ingrediens gestaret in humeris nomina tribuum Israel, et totidem ante pectus lapides pretiosos [Exod. 28. b. 9. 12. 21[a]]: populus autem procul staret in atrio, atque inde vota sua coniungeret cum sacerdote. Quinetiam huc valebat sacrificium ut ratae essent ac firmae preces. Ergo illa umbratilis Legis ceremonia docuit arceri nos omnes a facie Dei, ideoque mediatore opus esse, qui nomine nostro appareat, nosque gestet in humeris, et pectori alligatos teneat, ut in eius persona exaudiamur: deinde sanguinis aspersione preces mundari, quas alioqui nunquam sordibus vacuas esse dictum est. Et videmus Sanctos, quum impetrare aliquid cuperent, spem suam in sacrificiis fundasse: quia sciebant votorum omnium esse sanctiones. Recordetur oblationis tuae (inquit David) et holocaustum tuum pingue reddat[b]. Hinc colligitur, Deum ab initio Christi deprecatione fuisse placatum, ut piorum vota susciperet. Cur ergo[c] novam horam assignat Christus qua in suo nomine orare incipient discipuli, nisi quia haec gratia, ut est hodie illustrior, ita plus commendationis apud nos meretur? Et hoc eodem sensu paulo ante dixerat, Hactenus non petistis quicquam in nomine meo: petite[1]. Non quod de Mediatoris officio nihil prorsus tenerent (quum his rudimentis imbuti essent omnes Iudaei) sed quia nondum liquido cognoverant, Christum suo in caelum ascensu certiorem quam ante fore Ecclesiae patronum. Ergo absentiae suae dolorem ut aliquo non vulgari fructu soletur, munus advocati sibi vendicat, et docet praecipuo hactenus beneficio eos caruisse, quo frui illis dabitur dum eius patrocinio fulti liberius Deum invocabunt; sicut dicit Apostolus, viam eius recentem eius sanguine dicatam esse [Hebr. 10. d. 20]. Quo minus excusabilis est nostra pravitas, nisi tam inaestimabile beneficium, quod nobis proprie destinatum est, utroque, (ut aiunt) brachio amplectimur.

19. Porro, quum sit ipse unica via, ac unus accessus quo ad Deum ingredi nobis datur[d]: qui ab hac via deflectunt, et hunc accessum deserunt, iis neque via ulla neque accessus ad Deum superest: nihil in eius throno reliquum fit[e] praeter iram, iu-

---

a) *1559 (Genev.) falso* 9, et 12. d. 21.   b) *1561* + [Psal. 20. a. 4]
c) *VG 1560* + afin de revenir au propos cy dessus entamé   d) *1536 -54* + [Ioan. 14. a. 6.]   e) *1536* habent

1) Ioh. 16, 24.

dicium, ac terrorem. Denique quum hunc pro capite ac duce Pater nobis signaverit^a, qui ab eo ullo modo declinant vel obliquant, conantur quantum in se est notam a Deo impressam delere et adulterare. || Ita unus statuitur Mediator Christus, cuius intercessione propitius et exorabilis nobis reddatur Pater. Quanquam interim et suae sanctis intercessiones relinquuntur, quibus alii aliorum salutem mutuo inter se Deo commendant^b, de quibus meminit Apostolus [1. Tim. 2. a. 1]: sed tales quae ab unica illa dependeant: tantum abest ut delibent ex ea quippiam. Nam ut a dilectionis affectu scaturiunt, quo nos ultro citroque amplectimur, ceu unius corporis membra: ita etiam ad capitis unitatem referuntur. Quum ergo illae quoque in Christi nomine fiunt, quid aliud quam testantur, neminem ullis omnino precibus, nisi Christo intercedente, posse adiuvari? Atque ut non obstat sua intercessione Christus quominus in Ecclesia precibus alter alteri vicissim patrocinemur: ita fixum maneat, omnes totius Ecclesiae intercessiones in illam unicam esse dirigendas. || Imo hoc maxime nomine cavenda nobis ingratitudo est, quod Deus indignitati nostrae ignoscens, non tantum singulis pro se orare permittit, sed etiam alios pro aliis admittit deprecatores. Cuius enim superbiae esset, ubi Deus Ecclesiae suae patronos constituit qui merito repudiari merentur, si pro se quisque privatim oret, hac liberalitate abuti ut Christi honorem obscurent?

20. Porro merum est nugamentum quod balbutiunt Sophistae, Christum esse redemptionis Mediatorem, fideles autem intercessionis[1]. Quasi vero Christus temporaria mediatione defunctus, aeternam et nunquam intermorituram ad servos suos reiecerit. Benigne scilicet illum tractant, qui tantulam honoris portionem illi decidunt. Atqui longe aliter Scriptura, cuius simplicitate, omissis istis impostoribus, contentum esse pium hominem convenit; nam quum dicit Iohannes, Siquis peccaverit, advocatum nos habere apud Patrem, Christum Iesum [1. Iohan. 2. a. 1]: an patronum olim nobis fuisse intelligit, ac non potius perpetuam illi intercessionem assignat? Quid quod Paulus sedentem ad Patris dexteram etiam pro nobis intercedere affirmat [Rom. 8. g. 34^c]?[1] Quum vero alibi unicum Dei et hominum Mediatorem illum nuncupat [1. Tim. 2. b. 5], annon ad precationes respicit quarum ante paulo meminerat[2]? Siquidem pro omnibus hominibus intercedendum praefatus, in eius sententiae confirmationem

---

a) *1536-50* + [Ioan. 6]   b) *1539-43* commendent   c) *1553-61* male 32

1) Eck., Enchir. c. 15 G 2 a; G 3 b.   2) 1. Tim. 2, 1 sq.

mox subnectit, unum esse omnium Deum, et unum mediatorem ª. ||
Neque vero aliter interpretatur Augustinus, quum sic loquitur, 1543
Homines Christiani invicem se commendant oratonibus suis.
Pro quo autem nullus interpellat, sed ipse pro omnibus, hic
unus verusque Mediator est. Paulus Apostolus, quanquam sub
capite praecipuum membrum, quia tamen membrum erat
corporis Christi, et noverat, non per figuram in interiora veli
ad sancta sanctorum sed per expressam et firmam veritatem in
interiora caeli ad sanctitatem non imaginariam sed aeternam
intrasse maximum et verissimum Sacerdotem Ecclesiae: se
orationibus fidelium ipse quoque commendat [Rom. 15. g. 30;
Ephes. 6. d. 19; Coloss. 4. a. 3]. Nec mediatorem se facit inter
populum et Deum: sed rogat ut omnia corporis Christi membra
invicem pro se orent: quoniam invicem sollicita sunt membra,
et si patitur unum membrum, reliqua compatiuntur [1. Cor. 12.
d. 25]¹. Ac sic membrorum omnium adhuc in terra laborantium
mutuae pro se invicem orationes ascendant ad caput quod
praecessit in caelum, in quo est propitiatio pro peccatis nostris.
Nam si esset mediator Paulus, essent utique et reliqui Apostoli;
ac sicᵇ multi mediatores essent, nec constaret ipsius Pauli ratio,
qua dixerat, Unus enim Deus, unus mediator Dei et hominum,
homo Christus²: in quo et nos unum sumusᶜ, si servamus
unitatem fidei in vinculo pacis [Ephes. 4. a. 3; Lib. contra
Parmeni. 2. cap. 8ᵈ³]. Item alibi, At vero Sacerdotem si requiras, super caelos est, ubi interpellat pro te, qui in terra mor-
tuus est pro te [In Psal. 94]⁴. || Neque vero somniamus illum, 1539
Patris genibus advolutum, suppliciter pro nobis deprecari:
verum cum Apostolo intelligimusᵉ, sic eum apparere coram
facie Dei, ut mortis eius virtus ad perpetuam pro nobis intercessionem valeat: sic tamen ut sanctuarium caeli ingressus, ad
consummationem usque seculorum solus populi eminus in atrio
residentis vota ad Deum deferat.

21. Quantum ad Sanctos attinet, qui carneᶠ mortui, in Christo
vivunt, siquam illis orationem attribuimusᵍ, ne iis quidem ipsis
somniemusʰ aliam esse rogandi Dei viam, quam Christum, qui

---

a) *VG 1541 sqq.* + pour donner approche à tous hommes envers luy
b) *sic secundum August. 1543–50;* 1553, 1559 acsi; 1554, 1561 ac si
c) *1553–54* + [Rom. 12. b. 5.]   d) Lib. — 8: *1543–61 supra ante*
[Rom. 15. —] *exstat.*   e) *1539* intelligemus   f) > *1536*   g) siqu.
— attr. > *1536*   h) *1536* ne somn. iis ipsis

1) 1. Cor. 12, 24 sq.   2) 1. Tim. 2, 5.   3) Aug., Contra epist.
Parmeniani II 8, 16; MSL 43, 60.   4) Aug., In Ps. 94, 6 MSL 37,
1220 sq.

solus via est: aut alio nomine Deo esse acceptas eorum preces^a.
Itaque postquam Scriptura nos ab omnibus ad Christum unum
revocat, postquam caelestis Pater vult omnia in ipso recolligere^b: ||
nimii stuporis fuit, ne dicam insaniae, nobis per ipsos accessum
sic velle moliri, ut ab illo abduceremur^c sine quo nec eis adi-^l
tus ullus patet. || Id autem aliquot seculis factitatum quis
neget, hodieque ubicunque Papismus viget, factitari? Ad conciliandam Dei benevolentiam eorum merita subinde obtru-
duntur: atque ut plurimum^d, Christo praeterito, per eorum
nomina Deus obsecratur. Annon hoc, quaeso, est munus unicae
illius intercessionis quam Christo supra asseruimus, ad illos
traducere? Deinde quis vel Angelus vel daemon ulli hominum
de eiusmodi quam fingunt ipsorum intercessione syllabam unquam renuntiavit? in Scriptura enim nihil extat. Quae ergo eius
comminiscendae fuit ratio? Certe dum humanum ingenium
subsidia sibi ita quaeritat, quibus non munimur per Dei verbum,
luculente suam diffidentiam prodit. Quod si conscientia eorum
omnium appelletur || qui sanctorum intercessione oblectantur,
reperiemus non aliunde id evenire, nisi quia anxietate laborant,
perinde || acsi hic^e Christus deficeret, aut nimium^f severus
foret^g. Qua primum^h perplexitate Christumⁱ inhonorant, et
solius Mediatoris titulo spoliant: qui ut illi in singularem praerogativam a Patre datus est, ita neque alio transferri debet.
Atque hoc quidem ipso gloriam nativitatis eius^k obscurant,
crucem evacuant: quicquid denique^l aut fecit, aut passus est,
sua laude exuunt ac defraudant; siquidem huc tendunt omnia,
ut solus sit et habeatur mediator. Simul Dei benignitatem abii-
ciunt, qui se illis in Patrem exhibebat; non enim illis Pater est,
nisi Christum sibi fratrem esse^m agnoscant. Quod plane abnegant,
nisi fraterno esse erga se affectu (quo nihil mollius aut teneriusⁿ
esse potest) cogitant. || Quare illum unice Scriptura^o nobis
offert, ad ipsum nos mittit, et in ipso sistit. Ipse, inquit Ambrosius, os nostrum est, per quod Patri loquimur: oculus noster,
per quem Patrem videmus: dextera nostra, per quam nos Patri
offerimus. Quo nisi intercedente, nec nobis nec sanctis omnibus
quicquam cum Deo est [Lib. de Isaac et anima.]^{p1}. || Si ex-

---

a) *1539–45* postulationes; accept. — pr.: *1536* acceptos   b) *1536*
(et *VG 1541 sqq.*) recolligi; *1536* + [Coloss. 1 *(20)* Ephes. 1 *(10)*]
c) *1539–43* abducamur   d) atque — pl. > *1539–54*   e) *1536* (et
VG 1541 sqq.) se; *1539* sic   f) *1536* + sibi   g) *1536* esset   h) *1539*
prima   i) Qua — Chr.: *1536* ipsum   k) *1536* ipsius   l) *1536* + in salutem nostram   m) *1536* esse fr.   n) aut ten. > *1536*   o) Qu. — Scr.:
1536 Haec vero ipsa Christum unice   p) > *1536*; *1539* [L. de Isaac.]

1) Ambrosius, De Isaac vel anima 8, 75 CSEL 32 I, 694, 6.

cipiant, quas in templis concipiunt publicas preces finiri hac
appendice, Per Christum Dominum nostrum[1], frivolum effugium est: quia non minus profanatur Christi intercessio, dum
mortuorum precibus et meritis miscetur, quam si ea penitus
omissa soli mortui in ore essent. Deinde in suis omnibus litaniis,
hymnis et prosis, ubi Sanctis mortuis nihil non honoris defertur,
nulla Christi mentio.

22. Eo autem usque progressa est stoliditas, ut hic expressum
habeamus superstitionis ingenium, quae ubi semel fraenum ex-
cussit, nullum lasciviendi finem facere solet. Nam postquam
coeptum fuerat in sanctorum intercessionem respicere, sensim
sua cuique procuratio est attributa, ut pro negotii diversitate
nunc hic nunc ille advocaretur intercessor: tum singuli peculiares sibi divos asciverunt, in quo'rum, non secus atque tute-
larium deorum, fidem se contulerunt. Neque modo (quod olim
Israeli[a] exprobrabat Propheta) secundum urbium numerum dii
sunt erecti [Iere. 2. f. 28, et 11. c. 13], sed secundum capitum
multitudinem[b]. Atqui, || quum in unam Dei voluntatem desideria
sua omnia[c] referant, hanc intueantur, in ea acquiescant: stolide
et carnaliter atque etiam contumeliose de iis cogitat, qui aliam
ipsis orationem assignat, quam qua Dei regnum[d] advenire ex-
petant; || a quo longissime abest quod illis affingunt, unum-
quenque privato affectu in suos cultores esse propensiorem[2]. ||
Tandem nec ab horrendo sacrilegio abstinuerunt plurimi, non
ut suffragatores iam, verum ut salutis suae praesides, invocando.
En quo recidant miseri homines, dum a legitima sua statione,
hoc est Dei verbo, evagantur. || Omitto crassiora impietatis
monstra, in quibus tametsi Deo, Angelis et hominibus sunt
detestabiles, eorum tamen nondum ipsos pudet vel piget.
Prostrati ad statuam aut picturam Barbarae, Catharinae, et
similium demurmurant Pater noster. Hunc furorem tantum abest
ut Pastores[e] sanandum vel cohibendum curent, ut quaestus
odore allecti, plausu suo comprobent. Verum ut tam foedi
criminis invidiam a se derivent[f], hoc tamen quo colore defen-
dent, rogari Eligium vel Medardum ut servos suos respiciant
et iuvent e caelo? sanctam Virginem ut Filium facere iubeat

---

a) *1539–54* Israelitis   b) *VG 1541 sqq.* + d'autant que un chascun
a eu le sien   c) *1536* omn. sua desid.   d) *1536* regn. Dei   e) *VG
1560* ceux qui se disent prelats, curez ou prescheurs   f) *VG 1560*
+ d'autant qu'il ne se commet point en leurs messes ny en leurs
vespres

1) Eck., Enchir. c. 15 G 4 a.   2) cf. ex. gr. Io. Fabri, De intercessione Sanctorum adversus Io. Oecolampadium 1527 opusc. e 1 a.

quod petunt? Olim vetitum fuit in concilio Carthaginensi, ne
ad altare directa fieret precatio ad sanctos[1]: ac probabile est,
quum sancti viri impetum pravae consuetudinis non possent
in totum compescere, hanc saltem moderationem adhibuisse ne
hac forma vitiarentur publicae orationes[a], Sancte Petre ora
pro nobis. Quanto autem longius evasit diabolica eorum importunitas qui ad mortuos transferre non dubitant quod Dei et
Christi proprium erat?

23. Quod autem efficere[b] student ut Scripturae authoritate[c]
videatur subniti eiusmodi intercessio, frustra in eo laborant.
Angelorum, inquiunt, orationes leguntur saepius; neque id
modo: sed in Dei conspectum per eorum manus perferri dicuntur fidelium preces[2]. Verum[d] si Angelis sanctos praesenti
vita defunctos conferre libet, probandum fuerit esse administratorios spiritus, quibus delegatum sit ministerium curandae
nostrae salutis [Heb. 1. d. 14], quibus demandata sit provincia
custodiendi nos in omnibus viis nostris [Psal. 91. b. 11], qui
nos circumeant [Psal. 34. b. 8], qui moneant et consolentur, qui
pro nobis excubias agant; quae omnia illis deferuntur: his
autem minime. ‖ Quam praepostere Angelis sanctos mortuos
involvant, satis superque ex tot diversis muneribus patet, quibus
alios ab aliis Scriptura distinguit. Causidici partibus apud
terrenum iudicem fungi nemo audebit nisi admissus: Unde ergo
vermibus tanta licentia, ut Deo patronos obtrudant quibus
munus iniunctum non legitur? Voluit Deus Angelos curandae
nostrae saluti praeficere; unde et sacros coetus frequentant, et
Ecclesia illis theatrum est, in quo mirantur variam et multiplicem Dei sapientiam[3]. Quod illis peculiare est, ad alios qui
tranferunt, certe ordinem a Deo positum, qui inviolabilis esse
debebat, confundunt ac pervertunt. Eadem dexteritate pergunt in citandis aliis testimoniis. ‖ [e]Ieremiae dicebat Deus[f],
Si steterint Moses et Samuel coram me, non est anima mea ad
populum istum [Iere. 15. a. 1]. Quomodo sic de mortuis (inquiunt)[g] loquutus foret, nisi pro vivis intercedere illos novisset[4]?

a) ne — orat.: *VG 1560* c'est que les prieres publiques ne fussent
pas infectées des folles devotions que les bigots avoyent introduites:
comme de dire, Sancta Maria, ou   b) *1539-54* + quidam   c) Scr.
auth.: *1539-45* scriptura   d) *VG 1541 sqq.* Ie leur concede: mais
e) *1539-54* + Rursum   f) *1539-54* Dominus   g) (inqu.) > *1539-54*

1) Synodus Carthag. III (a. 397) can. 23. Mansi, Collect. concil. III
884 A B.   2) Eck., Enchir. c. 15 F 8 a; De Castro, Adv. haer. fol. 196
F sq.   3) Eph. 3, 10.   4) Eck., Enchir. c. 15 F 6 a; cf. autem Thomam, hunc locum aliter interpretantem: Thom. Aq., S. th. III suppl.
q. 72. art. 3. ad 2.

Ego vero contra sic colligo: quum inde appareat neque Mosen neque Samuelem intercessisse pro populo Israelitico, tunc nullam fuisse prorsus mortuorum intercessionem. Quis enim sanctorum de populi salute laborare credendus sit, cessante Mose, qui alios omnes in hac parte longo intervallo, dum viveret, superavit? Ergo si minutulas istas argutias sectantur, mortui pro viventibus intercedunt, quoniam dixit Dominus, Si intercesserint: ego longe speciosius argumentabor in hunc modum, In extrema populi necessitate Moses non intercedebat, de quo dicitur, Si intercesserit. Ergo neminem alium intercedere verisimile fit, quum omnes a Mosis[a] humanitate, bonitate et paterna sollicitudine[b] procul absint. Id scilicet cavillando consequuntur, ut iis armis vulnerentur quibus se pulchre munitos putabant. At vero simplicem sententiam sic contorqueri valde ridiculum est: quia tantum pronuntiat Dominus populi flagitiis se non parciturum, etiamsi Moses aliquis patronus illis contingeret, aut Samuel, quorum precibus se tantopere indulgentem praestiterat. Qui sensus ex simili Ezechielis loco lucidissime elicitur, Si fuerint, inquit Dominus, isti tres in civitate viri, Noha, Daniel et Iob, filios et filias non liberabunt in sua iustitia: sed animas tantum suas liberabunt [Ezech. 14. d. 14]. Ubi dubium non est quin indicare voluerit, si reviviscere duos ex illis[c] contingat; || nam tertius eo tempore superstes erat, Daniel scilicet, quem tum constat in primo adolescentiae flore incomparabile dedisse pietatis specimen. || Eos igitur omittamus quos Scriptura clare demonstrat, cursum suum consummasse. Ideo Paulus, quum de Davide loquitur, non docet precibus ipsum iuvare posteritatem, sed duntaxat aetati suae inserviisse [Act. 13. e. 36].

24. Excipiunt rursum[d], Ergo eos[e] omni pietatis voto exuemus, qui nihil toto vitae decursu quam pietatem et misericordiam spirarunt[1]? Equidem, ut curiosius excutere nolim quid agant, aut quid meditentur, ita || nequaquam est probabile variis et particularibus votis huc illuc circumferri: sed potius stata atque immota voluntate in Dei regnum aspirare, || quod non minus impiorum interitu[f] quam fidelium salute constat. || Quod si verum est, eorum quoque charitatem in communione corporis Christi non dubium est contineri, nec latius patere

---

a) *1539–45* Moyse; *1550* Moise; *1553–54* Mose   b) bon. — soll.: *1539–54* et bonitate   c) duos — ill. > *1539–50*   d) Exc. rurs. > *1539–54*   e) *1545–54* nos   f) *1539–54* confusione

1) Eck., Enchir. c. 15. G 1 a; De Castro, Adv. haer. fol. 196 D.

quam fert communionis illius natura[a]. || Iam vero tametsi[1] in hunc modum pro nobis orare concedam[b], non tamen || ideo a sua quiete discedunt ut distrahantur in terrenas curas: ac multo minus || a nobis ideo protinus[c] invocandi erunt[d]. Neque id agendum ex eo[e] consequitur quod qui in terris degunt homines, vicissim alii aliorum[f] precibus commendare se possunt[g]. Hoc enim alendae in ipsis charitati officium servit dum suas inter se necessitates veluti partiuntur, et mutuo suscipiunt. || Atque id quidem faciunt ex Domini praecepto, neque promissione destituuntur: quae duo semper in oratione primas tenent. || Omnes eiusmodi rationes a mortuis absunt: quos a nostro contubernio dum subduxit Dominus, nullum nobis cum illis reliquit commercium [Eccle. 9. b. 5. 6], ac ne illis quidem nobiscum, quantum assequi licet coniecturis. Quod siquis causetur, fieri non posse quin eandem erga nos charitatem retineant, ut sunt una nobiscum fide coniuncti[1]: quis tamen eousque longas illis esse aures revelavit quae ad voces nostras porrigantur? || oculos etiam tam perspicaces qui necessitatibus nostris advigilent? Nugantur quidem[h] in suis umbris nescio quid de fulgore divini vultus ipsos irradiante, in quo, ceu in speculo, res hominum ex alto despiciant[2]; || verum id affirmare, qua praesertim confidentia illi audent, || quid est nisi per[i] temulenta cerebri nostri somnia velle in abdita Dei iudicia, sine eius verbo penetrare et perrumpere, ac Scripturam conculcare? quae toties carnis nostrae prudentiam, sapientiae Dei inimicam esse[k] pronuntiat [Rom. 8. b. 6][3]: vanitatem sensus nostri in universum damnat: prostrata omni nostra ratione, solam Dei voluntatem a nobis vult spectari[l].

25. Quae vero alia[m] Scripturae testimonia propugnando huic suo mendacio asciscunt, pessime contorquent. Sed enim, inquiunt, Iacob ut suum patrumque Abraham et Isaac nomen super suam posteritatem invocetur[n] rogat [Gene. 48. c. 16][4]. Primum videamus qualis ista sit invocationis forma inter Isra-

---

a) *ad haec cf. 1536 I 99, 36–42.*   b) *1539–54 concedamus; or. conc.: 1536 orant*   c) *id. prot. > 1536*   d) *1536 sunt*   e) *1536 + protinus*   f) *alii al.: 1536–45 alter alterius; 1550 alterius*   g) *1536 + [1. Tim. 2 (1 sq.) Iacob. 5 (15 sq.)]*   h) *Nug. qu.: VG 1541 sqq. Bien est vray que les Sophistes*   i) *> 1553–54*   k) *> 1536*   l) *1536 + [Deut 12 (13, 1 = vg. 12, 32)]*   m) *> 1539–54*   n) *1539 invocentur*

1) Eck., Enchir. c. 15. F 7 a; cf. Thom. Aq., S. th. II 2. q. 83. art. 11. corp.   2) Eck., Enchir. c. 15. G 3 a b; cf. Thom. Aq., S. th. suppl. q. 72. art. 1. corp.   3) Rom. 8, 6 sq.   4) Eck., Enchir. c. 15. F 6 b; De Castro, Adv. haer. fol. 196 D.

elitas; non enim patres suos ad ferendas sibi suppetias implorant: sed Deum obtestantur quo servorum suorum, Abraham, Isaac et Iacob meminerit. Eorum ergo exemplum nihil iis patrocinatur qui ad sanctos ipsos sermonem habuerint. Verum quia stipites isti, qua sunt hebetudine, nec quid sit nomen Iacob invocare, nec cur invocandum sit capiunt: non mirum si in ipsa quoque forma sic pueriliter titubant. Loquutio haec non semel in Scripturis occurrit. Iesaias enim virorum nomen invocari super mulieres dicit [Iesa. 4. a. 1], dum eos habent maritorum loco sub quorum fide et tutela degant. Ergo invocatio nominis Abraham super Israelitas, in hoc sita est dum generis sui originem ad eum referunt, eumque pro authore et parente suo memoria celebri[a] colunt. Neque vero id facit Iacob quod sit de propaganda nominis sui celebritate sollicitus: sed quum totam posterorum beatitudinem constare noverit hae'reditate foederis quod secum Deus pepigerat: quod illis bonorum omnium summum fore videt, comprecatur ut genere suo censeantur; id enim aliud non est quam foederis successionem ad eos transmittere. Illi vicissim, dum memoriam eiusmodi precibus suis inducunt, non ad intercessiones mortuorum suffugiunt: sed Domino foederis sui recordationem obiiciunt, quo clementissimus Pater[b] illis se propitium ac beneficum fore, in Abrahae, Isaac et Iacob gratiam recepit. Alioqui quam parum in Patrum merita sancti reclinaverint, testatur publica vox Ecclesiae apud Prophetam, Tu Pater noster, et Abraham nescivit nos, et Israel ignoravit nos. Tu Domine Pater noster, et redemptor noster [Iesa. 63. d. 16]. Ac dum sic quidem loquuntur, simul addunt, Convertere Domine propter servos tuos[1]; nullam tamen cogitantes intercessionem, sed ad foederis beneficium animum advertentes. Nunc vero quum Dominum Iesum habeamus, in cuius manu non percussum modo, sed confirmatum sit nobis aeternum misericordiae foedus: cuius potius nomen in precibus nostris praetendamus? ‖ Et quoniam boni isti magistri his verbis Patriarchas volunt statui intercessores, scire ex ipsis velim cur in tanta turba[c] ne minimum quidem apud eos locum obtineat Abraham, Ecclesiae pater. Ex qua colluvie[d] sibi advocatos sumant minimo ignotum est. Abraham, quem Deus aliis omnibus praetulit, et quem evexit in summum honoris gradum, negligi ac supprimi quam consentaneum sit mihi respondeant.

a) *1539–54* cel. mem.   b) cl. P.: *1539–54* Dominus   c) *VG 1560* + et quasi en une formiliere de Saincts   d) *VG 1560* de quel bourbier, ou de quelle racaille

1) Ies. 63, 17.

Nempe quum palam esset talem usum veteri Ecclesiae fuisse incognitum, placuit, occultandae novitatis causa, de antiquis Patribus silere[a]: acsi nominum diversitas recentem et adulterinum morem excusaret. Quod autem obiiciunt[b] quidam rogari Deum ut in Davidis gratiam populi misereatur[1], adeo non suffragatur eorum errori[c], ut ad eius refutationem maxime sit efficax. Nam si expendimus quam personam sustinuerit David: segregatur ab omni sanctorum coetu, ut quod in eius manu pactum Deus pepigit stabiliat. Ita et foederis potius quam hominis habetur ratio, et sub figura Christi intercessio unica asseritur. Nam quod singulare fuit Davidi, quatenus Christi imago fuit, in alios non competere certum est.

26. Sed hoc quosdam scilicet movet quod sanctorum orationes saepe leguntur exauditae[2]. Cur? Nempe quia orarunt. In te speraverunt (inquit Propheta) et salvi facti sunt: clamaverunt, et non sunt confusi [Psal. 22. a. 5][3]. Oremus ergo et nos eorum exemplo, ut eorum instar exaudiamur. Hi[d] vero, contra quam decet, praepostere ratiocinantur[e], non exauditum iri nisi qui semel exauditi sunt. Quanto melius Iacobus? Elias (inquit) homo erat nobis similis: et precatione precatus est, ne plueret, et non pluit super terram annos tres et menses sex. Rursum oravit, et caelum dedit pluviam, et terra dedit fructum suum [Iac. 5. d. 17][4]. || Quid? An singularem aliquam[f] Eliae praerogativam colligit, ad quàm sit nobis confugiendum? Minime vero; sed vim piae puraeque orationis perpetuam docet, ut nos ad similiter orandum exhortetur. || Nam Dei promptitudinem ac benignitatem in exaudiendis illis maligne interpretamur, nisi talibus experimentis confirmamur in certiorem promissionum eius fiduciam: quibus non uni aut alteri, aut etiam paucis inclinatam fore aurem suam pollicetur, sed omnibus qui nomen suum invocaverint. || Atque eo minus excusabilis est inscitia haec quod tot Scripturae admonitiones videntur quasi ex professo contemnere. Liberatus est saepius David Dei virtute; an ut eam ad se traheret ut eius suffragio liberaremur? Longe aliter affirmat ipse, Me expectant iusti donec rependa mihi [Psal. 142, 8]. Item, Videbunt iusti, et gaudebunt, et sperabunt in Domino [Psal. 52. a. 8]. Ecce pauper iste clamavit

---

a) plac. — sil.: *VG 1560* ces rustres pour cacher la nouveauté se sont teuz des Saincts qui avoyent vescu sous la Loy b) *VG 1560* alleguent du Pseaume c) eor. err.: *VG 1560* à l'intercession des Saincts d) *1536-54* Nos e) *1536-54* ratiocinamur

1) Ps. 132, 10. 2) Eck., Enchir. c. 15. F 8 b; G 3 b. 3) Ps. 22, 5 sq. 4) Iac. 5, 17 sq.

ad Deum, et respondit ei [Psal. 34. b. 7]. Multae in Psalmis sunt eiusmodi preces, quibus ad precandum^a quod postulat hac ratione Deum provocat, ne pudefiant iusti, sed suo exemplo erigantur ad bene sperandum. Uno iam contenti simus, Propterea orabit ad te omnis sanctus in tempore opportuno [Psal. 32. b. 6]. Quem locum eo libentius citavi quod non puduit rabulas, qui operam linguae meritoriae ad defensionem Papatus[b] locant, eum obtendere ad probandam mortuorum intercessionem[1]. Quasi vero aliud velit David quam fructum ostendere qui ex Dei clementia et facilitate proveniet ubi exauditus fuerit. Atque hoc in genere tenendum est, experientiam gratiae Dei, tam erga nos quam erga alios, non vulgare esse adminiculum ad confirmandam promissionum illius fidem. Non recito plurimos locos ubi David Dei beneficia sibi proponit in fiduciae materiam, quia Psalmorum lectoribus sponte occurrent. Hoc idem suo exemplo prius docuerat Iacob, Minor sum cunctis miserationibus tuis et veritate quam praestitisti servo tuo. In baculo meo transivi Iordanem istum: et nunc cum duabus turmis egredior[c] [Genes. 32. c. 10][2]. Promissionem quidem allegat, sed non solam: quin simul effectum coniungit, quo animosius in futurum confidat eundem erga se Deum fore. Neque enim similis est mortalibus, quos liberalitatis suae taedet, vel quorum exhauritur facultas: sed a propria natura aestimandus est, sicut prudenter facit David. Redemisti me (inquit) Deus verax [Psal. 31. a. 6]. Postquam salutis suae laudem Deo tribuit, adiungit veracem esse: quia nisi perpetuo similis sui esset, non satis firma sumi posset fiduciae et invocationis ratio ex eius beneficiis. Ubi autem scimus, quoties nobis auxiliatur, specimen ac probationem dare bonitatis suae et fidei, timendum non est ne spes nostra pudefiat, vel nos frustretur.

27. Summa haec sit, quum Scriptura in Dei cultu hoc nobis summum caput commendet ut eum in¹vocemus (sicuti posthabitis omnibus sacrificiis a nobis hoc pietatis officium exigit) non sine manifesto sacrilegio orationem ad alios dirigi. Unde etiam in Psalmo dicitur, Si expandimus manus nostras ad deum[d] alienum, nonne Deus requiret ista [Psal. 44. d. 21][3]? Deinde quum Deus nonnisi ex fide velit invocari, et diserte ad amussim verbi sui, orationes formari iubeat: denique quum fides in verbo fundata, sit rectae orationis mater: simulac a verbo

---

a) *sic 1559–61; VG 1560 recte* à l'exaucer   b) *VG 1560* tyrannie du Pape   c) In — egr.: *VG 1560* etc.   d) *1559–61 male* Deum

1) Eck., Enchir. c. 15. F 7 a.   2) Gen. 32, 11 = vg. 32, 10.   3) Ps. 44, 21 sq.

deflectitur, orationem adulterari necesse est. Atqui iam ostensum est[1] si consulitur tota Scriptura, illic hunc honorem soli Deo vendicari. Quod ad intercessionis munus pertinet, etiam vidimus[2] Christo peculiare esse, nec ullam Deo gratam esse precationem nisi quam Mediator ille sanctificat. Ac tametsi fideles ultro citroque preces apud Deum pro fratribus offerunt, hoc nihil unicae Christi intercessioni derogare ostendimus[3]: quia omnes simul ea subnixi tam se quam alios Deo commendant. Adhaec docuimus[4] inscite hoc trahi ad mortuos, quibus nusquam legimus mandatum esse ut pro nobis orent. Saepe nos Scriptura hortatur ad mutuas huius officii vices: de mortuis ne syllaba quidem; imo Iacobus haec duo coniungens, ut confiteamur peccata nostra inter nos, et vicissim alii pro aliis oremus [Iac. 5. d. 16], mortuos tacite excludit. Proinde ad hunc errorem[a] damnandum sufficit una illa ratio, exordium rite orandi nasci ex fide, fidem vero esse ex auditu verbi Dei[5], ubi nulla fictitiae intercessionis mentio: quia temere patronos sibi ascivit superstitio, qui divinitus dati non erant. Nam quum multis precandi formis referta sit Scriptura, nullum reperitur exemplum huius advocationis, sine qua in Papatu nulla creditur esse oratio. Adhaec superstitionem hanc constat ex diffidentia natam esse: quia vel Christo deprecatore contenti non fuerint, vel eum omnino spoliaverint hac laude. Atque hoc posterius ex eorum impudentia facile coarguitur: quia non alio validiore argumento pugnant, opus nobis esse sanctorum patrocinio, quam dum obiiciunt nos esse indignos familiari ad Deum accessu[6]. Quod nos verissimum quidem esse fatemur, sed inde colligimus nihil eos Christo reliquum facere qui pro nihilo ducunt eius intercessionem, nisi accedant Georgius et Hippolytus, aut similes larvae.

28. Etsi autem oratio proprie ad vota et preces restringitur, tanta est tamen inter petitionem et gratiarum actionem affinitas, ut commode sub nomine uno comprehendi queant. Nam quas Paulus enumerat species[b][7], sub prius membrum huius partitionis recidunt. Rogando et precando desideria nostra apud Deum effundimus, poscentes tam quae faciunt ad propagandam eius gloriam et illustrandum eius nomen, quam beneficia quae usui nostro conducunt. Gratias agendo, benefacta

---

a) hunc err.: *VG 1560* l'erreur d'invoquer les Saincts, ou les requerir pour patrons   b) *VG 1560* + à Timothée

1) sect. 26; supra p. 332 sq.   2) sect. 17—19; supra p. 322 sqq.   3) sect. 20; supra p. 324 sq.   4) sect. 21; supra p. 325 sqq.   5) Rom. 10, 14. 17.   6) Eck., Enchir. c. 15. G 2 a; cf. Thom. Aq., S. th. III suppl. q. 82. art. 2. concl.   7) 1. Tim. 2, 1.

DE MODO PERCIPIENDAE GRATIAE. CAP. XX

eius erga nos iusta laude celebra¹mus, acceptum ferentes eius liberalitati quicquid ad nos bonorum pervenit. Itaque duas istas partes simul complexus est David, Invoca me in die necessitatis: eruam te, et glorificabis me [Psal. 50. c. 15]. Utrunque nobis continenter in usu esse non abs re praecipit Scriptura; tantam enim nostram esse inopiam alibi diximus, res vero ipsa clamat tot ac tantis nos angustiis undique urgeri ac premi^a, || ut satis sit causae omnibus^b cur assidue gemant et^c suspirent ad Deum, supplicesque eum implorent^d. |[Nam etsi a rebus adversis sint immunes, sanctissimos tamen quosque stimulare debet scelerum suorum culpa, deinde innumeri tentationum insultus ad expetendum remedium. In sacrificio autem laudis et gratiarum actionis nulla esse potest sine scelere interruptio: quando non cessat Deus alia aliis beneficia cumulare, ut nos, quanvis lentos et pigros, ad gratitudinem cogat. || Denique^e tanta ac tam effusa benefactorum eius^f largitas nos pene obruit, tot ac tam ingentia eius miracula, quaquaversum spectes, cernuntur, ut nunquam nobis desit laudis gratiarumque actionis argumentum ac materia. Atque, ut haec planius aliquanto explicentur, quum sic in Deo spes omnes opesque nostrae sitae sint (quod iam antea satis probatum est[1]) ut neque nos, neque nostra omnia prospere habere nisi eius benedictione possimus: assidue nos ei nostraque omnia oportet commendemus^g [Iac. 4. d. 14][2]. Deinde quicquid deliberamus, loquimur, agimus, sub eius manu ac voluntate, sub spe denique auxilii eius deliberemus, loquamur, agamus. Omnes enim a Deo male-

---

a) Orationis (ut hoc nomen nunc accipimus) duae sunt partes, petitio, et gratiarum actio. || Nam quas enumerat eius species Paulus [1. Tim. 2. a. 1.], omnes in hanc partitionem recidunt. || Petitione cordis nostri desideria apud Deum exponimus, poscentes *(1536 deponimus, petentes)* ab ipsius bonitate, primum quae ipsius duntaxat gloriae serviunt: deinde quae usibus etiam nostris conducunt. Gratiarum actione eius erga nos benefacta recognoscimus, et cum laude confitemur: accepta ferentes eius bonitati omnia, quae uspiam sunt, bona. Utranque *(1536 Utrunque)* uno versu David complexus est, cum in persona Dei ita scripsit: Invoca me in die necessitatis, eruam te, et glorificabis me [Psal. 50. c. 15]. Utraque in usu nobis esse continenter debet [Luc. 18. a. 1 *(1 sqq.)*, et 21. g. 36. Ephes. 5. e. 20.]. Tanta est enim nostra inopia, tanta rerum angustia nos undique urget ac premit   b) *1536-54* + etiam sanctissimis   c) *1536-54* ac   d) eum impl.: *1536-54* ipsum invocent   e) *1536-54* Ad haec,   f) *1536-54* Dei   g) nostraque — com.: *1536-45* commendemus, nostraque omnia committamus oportet

1) sect. 1; supra p. 296 sq.   2) Iac. 4, 14 sq.

dicti pronuntiantur qui sui alteriusve cuiuspiam fiducia, consilia agitant ac statuunt, qui extra eius voluntatem, ipsoque non invocato, quicquam moliuntur, aut inchoare tentant [Iesa. 30. a. 1, et 31. a. 1]. ‖ Et quum iam aliquoties dictum sit[1], iusto eum honore affici ubi bonorum omnium author agnoscitur: inde[a] ‖ consequitur, sic[b] ex manu eius[c] suscipienda esse illa[d] omnia ut[e] assidua gratiarum actione prosequamur[f]: nullamque esse iustam rationem qua eius beneficia usurpemus, quae non alio[g] fine ab eius largitate nobis profluunt[h] ac proveniunt, nisi etiam in laude eius confitenda et gratiis agendis assidui simus. Paulus enim, dum testatur per verbum et orationem sanctificari [1. Tim. 4. a. 5], simul innuit, sine verbo et oratione minime sancta et pura nobis[i] esse; per verbum scilicet fidem metonymice intelligens[k]. ‖ Proinde eleganter David, dum percepta Domini liberalitate, datum sibi in os canticum novum praedicat [Psal. 40. a. 4]; quo scilicet innuit, malignum esse silentium, siquod eius beneficium sine laude praeterimus: quum toties benedicendi materiam nobis exhibeat quoties benefacit. ‖ Sicut etiam Iesaias, singularem Dei gratiam praedicans, ad canticum novum et non vulgare hortatur fideles [Iesa. 42[1]. b. 10]. Quo sensu alibi David, Domine labia mea aperies, et os meum annuntiabit laudem tuam [Psal. 50. d. 17][2]. Similiter Ezechias et Ionas hunc sibi liberationis finem testantur fore, ut canticis Dei bonitatem in templo celebrent [Iesa. 38. d. 20; Ionae 2[m]. d. 10]. Hanc eandem legem David generaliter piis omnibus praescribit. Quid rependam Domino (inquit) pro omnibus quae in me contulit? Calicem salutum accipiam, et nomen Domini invocabo [Psal. 116. b. 12][3]. Et eam sequitur Ecclesia alio Psalmo, Salvos fac nos Deus noster, ut confiteamur nomini tuo, et gloriemur in laude tua [Psal. 106. g. 47]. Item, Respexit ad precem solitarii, et non contempsit preces eorum. Scribetur hoc ad generationem posteram, et

---

a) Cum autem dictum sit, agnoscendum esse ipsum bonorum omnium autorem: b) *1536 (et VG 1541 sqq.)* tanquam   c) *1536 -43* eius manu   d) > *1536 (et VG 1541 sqq.)*   e) *1536 (et VG 1541 sqq.)* cum   f) > *1536 (et VG 1541 sqq.)*   g) non al.: *1536 -45* nullo   h) *1536-54* fluunt   i) sancta — nob.: *1536-54* sanctificata   k) scil. — int.: *VG 1541 sqq.* il entend la Foy: laquelle ha correspondance *(1541-45* correlation*)* à icelle parolle: à laquelle il fault avoir Foy. Ainsi sans oraison et sans la Foy nulz biens de Dieu ne nous sont sanctifiez   l) *1559 falso* 2   m) *1559 falso* 11

1) sect. 1. p. 297.   2) Ps. 51, 17 = vg. 50, 17.   3) Ps. 116, 12 sq.

populus creatus^a laudabit Dominum, ut annuntient in Sion nomen eius, et laudem eius in Ierusalem [Psal. 102^b. c. 18]¹. Imo quoties obsecrant Deum fideles ut faciat propter nomen suum: sicuti indignos se profitentur qui obtineant quicquam proprio nomine, ita se obligant ad gratias agendas: et hunc sibi rectum beneficentiae Dei usum fore promittunt, ut eius sint praecones. Sic Oseas, de futura Ecclesiae redemptione loquens, Aufer (inquit) iniquitatem o Deus, et attolle bonum: nos autem vitulos labiorum solvemus [Oseae 14. a. 3]. Nec modo linguae praeconium sibi vendicant Dei beneficia, sed amorem sibi naturaliter conciliant. Dilexi (inquit David) quia exaudiit Dominus vocem deprecationis meae [Psal. 116. a. 1]. Item alibi quae senserat auxilia recitans, Diligam te Deus fortitudo mea [Psal. 18. a. 1]². Nec vero unquam placebunt Deo laudes quae non fluent ex hac dulcedine amoris. Quinetiam tenendum est illud Pauli, vota omnia perversa et vitiosa esse quibus non annexa est gratiarum actio. Sic enim loquitur, In omni oratione (inquit) et obsecratione cum gratiarum actione petitiones vestrae innotescant apud Deum [Philip. 4. a. 6]. Nam quia multos impellit morositas, taedium, impatientia, doloris acerbitas, et metus, ut orando obmurmurent, iubet ita temperari affectus, ut fideles, antequam adepti sint quod cupiunt, hilariter nihilominus benedicant Deo. Quod si haec copula in rebus fere contrariis vigere debet, eo sanctiore vinculo nos obstringit Deus ad canendas suas laudes, quoties nos votorum compotes facit. Sicuti autem docuimus Christi intercessione consecrari nostras preces, quae alioqui pollutae essent, ita Apostolus, iubens nos per Christum offerre hostiam laudis [Heb. 13. c. 15], nobis ad celebrandum Dei nomen os non satis purum esse admonet, nisi intercedat Christi sacerdotium. Unde colligimus prodigiose fascinatos fuisse homines in Papatu, ubi maior pars Christum vocari advocatum miratur. || Haec ratio est cur praecipiat^c Paulus sine intermissione et orare et gratias agere^d [1. Thes. 5. c. 17^e]³: volens scilicet^f quanta fieri potest assiduitate^g, omni tempore, ^homni loco, omnibus in rebus ac negotiisⁱ erecta esse ad Deum omnium vota, quae et omnia ab eo expectent, et omnium

---

a) *VG 1560* + de nouveau   b) *sic 1561; 1559 falso* 110   c) *1536 -54* alibi   d) et or. — ag.: *1536-54* orare iubeat   e) *sic 1553; 1559-61 falso* 13; *1536-54* + [1. Timot. 2. a. 1, et c. 8.]   f) vol. sc.: *1539-54* Nempe vol.   g) scil. — ass. > *1536; VG 1541-51* que tant que faire se peut   h) *1536 (et VG 1541-51)* + omni hora   i) ac neg. > *1536-54*

1) Ps. 102, 18. 19. 22.   2) Ps. 18, 2.   3) 1. Thess. 5, 17 sq.

ei laudem^a referant, sicuti^b perpetua laudandi orandique argumenta nobis offert^c.

29. Haec autem orandi assiduitas, etsi prae¹sertim proprias ac privatas cuiusque respicit, nonnihil tamen ad publicas quoque Ecclesiae orationes pertinet. Atqui ‖ nec assiduae esse possunt, nec aliter etiam fieri debent quam ex politia, quae communi inter omnes consensu convenerit^d. Fateor sane^e. Ideo enim^f et certae horae condicuntur ac praestituuntur, ut apud Deum indifferentes, ita hominum usibus necessariae, quo^g sit omnium commoditati prospectum^h, et omnia decenter et composite, iuxta Pauli sententiam [1. Cor. 14¹. g. 40], in Ecclesia administrentur. ‖ Sed enim istud nihil obstat quominus unaquaeque Ecclesia, cum subinde ad frequentiorem precationum usum se extimulare, tum maiore aliqua necessitate admonita acriore studio flagrare debeat. De perseverantia autem, quae multam cum assiduitate affinitatem habet, erit circa finem dicendi locus[1]. Porro haec nihil ad βαττολογίαν^k, qua interdictum nobis Christus voluit [Matth. 6. a. 7]; non enim diu nec saepe, nec multo cum affectu insistere precibus vetat: sed ne aliquid a Deo extorquere nos posse confidamus, garrula loquacitate eius aures obtundendo, acsi humano more persuadendus foret. ‖ Scimus enim hypocritas, quia non reputant sibi negotium esse cum Deo, non secus pompas suas in precibus agere quam in triumpho. Nam Pharisaeus ille qui gratias Deo agebat quod non esset aliis similis[2], sibi haud dubie plaudebat in hominum oculis, acsi vellet ex precatione captare sanctitatis famam. Hinc βαττολογία illa quae hodie simili de causa grassatur in papatu, dum alii preculas easdem iterando tempus frustra terunt, alii longa verborum congerie apud vulgus se venditant[1]. Quum haec garrulitas pueriliter illudat Deo, non mirum est ab Ecclesia prohiberi, nequid illic personet nisi serium et profectum

---

a) ei laud.: *1536* laud. illi; *1539–54* illi laud.   b) *1536–54* ut   c) *1536–45* proponuntur; *1550–54* offeruntur   d) *VG 1541 sqq.* + comme on voit qu'il est bon de s'assembler   e) Fat. sane > *1536 (et VG 1541 sqq.)*   f) > *1536 (et VG 1541 sqq.)*   g) *1536 (et VG 1541 sqq.)* ut   h) sit — prosp.: *1536* omn. com. prosp. sit   i) *1543–59 falso* 15.   k) *VG 1541 sqq.* Or cela ne sert de rien pour maintenir la superstitieuse prolongation et repetition des prieres   l) dum — vend.: *VG 1560* c'est que les uns en barbotant force Ave maria, et reiterant cent fois un Chappellet perdent une partie du temps: les autres, comme les chanoines et caffars, en abbayant le parchemin iour et nuit, et barbotant leur breviaire vendent leurs coquilles au peuple

1) sect. 51 sq.; infra p. 367 sq.   2) Luc. 18, 11.

DE MODO PERCIPIENDAE GRATIAE. CAP. XX 339

ex corde intimo. Huic corruptelae vicina est et similis altera, quam simul damnat Christus: quod scilicet hypocritae ostentationis causa venantur multos testes, ac forum potius occupant ad orandum, quam mundi laude careant ipsorum preces[1]. ||
Quando vero hunc esse orationis scopum iam prius dictum est[2], ut erecti in Deum animi ferantur, tum[a] ad confessionem laudis, tum ad opem implorandam: ex eo intelligere licet primas eius partes in mente et animo positas esse; vel potius orationem ipsam, esse proprie interioris cordis affectum[3], qui apud Deum, cordium scrutatorem, effunditur et exponitur. Quamobrem (ut iam dictum est) caelestis magister[b], quum optimam orandi legem ferre vellet, iussit intrare in cubiculum ibique ostio clauso orare Patrem nostrum in abscondito, ut Pater noster qui est in abscondito nos exaudiat [Matth. 6. a. 6]. Nam ubi ab hypocritarum exemplo abstraxit, qui ambitiosa precum ostentatione hominum favorem captabant[c], simul adiicit quid sit melius: in'trare scilicet cubiculum, et clauso ostio ibi orare. Quibus verbis (ut ego interpretor) secessum, qui nos eo iuvet ut[d] tota cogitatione in cor nostrum descendamus et ingrediamur penitus, quaerere[e] nos docuit: propinquum nobis Deum[f] animi affectibus promittens, cuius templa esse debent corpora[g] nostra. Neque enim negare voluit quin aliis quoque locis orare expediat: sed esse quiddam secretum ostendit orationem, quae et in animo potissimum locata sit, et eius tranquillitatem procul omnibus curarum turbis, [h]requirat. || Non ergo sine causa ipse quoque Dominus, quum precibus incumbere vehementius vellet, in secessum procul hominum tumultu se conferebat: sed ut suo nos exemplo commonefaceret, non esse negligenda isthaec adminicula, quibus animus noster per se nimium lubricus[i] magis ad serium orationis studium intenditur[k]. Interim vero, quemadmodum neque in media hominum turba, siquando ita tulerat occasio, a precando abstinebat: sic nos in locis omnibus, quibus[l] opus fuerit, tollamus puras manus [1. Tim. 2. c. 8]. || Atque adeo sic habendum est, quisquis in sacro piorum conventu orare detrectat, nescire quid sit orare seorsum, vel in recessu,

1536
(I 102 sq.)

1539

1559

---

a) *VC 1541 sqq.* pour souhaiter sa gloire, et   b) (ut — mag.: *1536-54* Christus Dominus noster   c) *1536 (et VG 1541 sqq.)* captant   d) secess. — ut > *1536*   e) desc. — quaer.: *1536* descendere et ingredi   f) *1536-50* + talibus   g) *1536 iubente correctore* corda   h) *1536* + maxime   i)·per — lubr. > *1539-54*   k) *1539-43* intendetur *(lege:* intenderetur*)*   l) *1539-43* quoties

1) Matth. 6, 5.   2) sect. 4 sq.; supra p. 300 sqq.   3) cf. Buceri Enarrat. in Evang. 1530, f. 63a (1536 p. 157).

vel domi. Rursus qui solus et privatim orare negligit, quantumvis sedulo frequentet coetus publicos, ventosas tantum preces illic concipere: quia plus hominum opinioni defert quam arcano Dei iudicio. Interea, ne contemptui essent communes Ecclesiae preces, eas splendidis elogiis olim Deus ornavit: praesertim ubi templum vocavit domum orationis [Iesa. 56. c. 7]. Nam et praecipuam cultus sui partem hac voce docuit esse precandi officium: atque ut in eo se fideles uno consensu exercerent, instar vexilli erectum illis fuisse templum. Addita etiam fuit insignis promissio, Te expectat, Deus, laus in Sion: et tibi votum reddetur [Psal. 65. a. 2]. Quibus verbis admonet Propheta nunquam irritas esse Ecclesiae preces: quia Deus populo suo semper canendi materiam cum gaudio suppeditat. Etsi autem cessarunt legales umbrae, quia tamen hac ceremonia inter nos quoque fidei unitatem Deus fovere voluit, non dubium quin ad nos pertineat eadem promissio, quam et Christus ore suo sancivit, et Paulus perpetui vigoris esse docet.

30. Iam^a ut communes fidelibus preces Deus verbo suo edicit^b, sic et templa publica ipsis^c peragendis destinata esse oportet; ubi qui orationem cum Dei populo communicare respuunt, non est quod isto praetextu abutantur, cubiculum se ingredi, quo Domini mandato pareant. Ille enim qui pollicetur se facturum quicquid duo aut tres petierint in nomine suo congregati [Mat. 18. c. 20], palam conceptas preces se minime aspernari testatur; modo facessat ostentatio et humanae gloriolae aucupium, modo adsit syncera veraque affectio quae in cordis arcano habitet. Si hic legitimus est templorum usus (ut certe est) cavendum est rursum[1] ne aut (quemadmodum seculis aliquot haberi coeperunt) propria esse Dei habitacula ducamus, unde propius aurem nobis admoveat: aut secretam nescio quam illis affingamus sanctitatem, quae sacratiorem apud Deum orationem reddat. Vera enim Dei templa quum simus ipsi, in nobis oremus oportet, si in sancto templo suo Deum volumus invocare. Illam vero crassitiem Iudaeis aut Gentibus relinquamus, qui praeceptum habemus de invocando, citra loci discretionem, in spiritu et veritate Domino [Iohan. 4. c. 23]. Dedicatum quidem templum erat olim Dei iussu precibus ac victimis offerendis: sed quo tempore veritas sub talibus umbris figurata delitescebat, quae nunc ad vivum nobis expressa in nullo materiali templo haerere nos patitur. Ac ne Iudaeis quidem ea conditione commendatum fuit templum

---

a) *1539–54 Quin etiam edicuntur*   b) *Deus — ed.: 1539–54 Dei verbo*   c) *1539–54 iis*

ut Dei praesentiam eius parietibus includerent, sed quo ad contemplandam veri templi effigiem exercerentur. Itaque graviter a Iesaia et^a Stephano reprehensi sunt qui Deum in templis manu factis habitare ullo modo putarent [Iesa. 66. a. 1; Act. 7. f. 48].

31. Hinc praeterea^b plusquam clarum est, neque vocem neque cantum (si in oratione intercedant) habere quicquam momenti, aut hilum proficere apud Deum, nisi ex alto cordis affectu profecta. Quin eius iram adversus^c nos provocant si e summis duntaxat labris et gutture exeunt: quando id est sacrosancto eius nomine abuti, ac eius maiestatem derisui habere; ‖ sicuti ex Iesaiae verbis elicimus, quae etsi latius patent, ad hoc quoque vitium coarguendum pertinent^d. ‖ Populus (inquit) iste appropinquat mihi ore suo, et labiis suis me honorat: cor autem eorum longe est a me: et timuerunt me mandato et doctrina hominum [Iesa. 29. d. 13; Matth. 15. a. 8¹]. Propterea ecce faciam in populo hoc miraculum grande et stupendum; peribit enim sapientia a sapientibus eorum, et prudentia seniorum evanescet². Neque tamen vocem aut cantum hic damnamus, quin potius valde commendamus^e, modo animi affectum comitentur^f. Sic enim mentem in Dei cogitatione exercent, et intentam retinent: quae, ut lubrica est et versatilis^g, facile remittitur, et in varia distrahitur, nisi variis fulciatur adminiculis^h. Praeterea, quum Dei gloria in singulis corporis nostri partibus elucere quodammodo debeat, convenit praesertim linguam huic ministerio addictam esse ac devotam tum canendo tum loquendo: quae peculiariter ad enarrandam praedicandamque Dei laudem, condita est. Potissimus tamenⁱ linguae usus est in orationibus publicis, quae in fidelium conventu habentur: quibus hoc agitur, ut Deum, quem uno spiritu eademque fide colimus, communi una voce et veluti eodem omnes ore pariter glorificemus; idque palam, ut omnes vicissim, a suo quisque fratre, confessionem fidei accipiant, ad cuius exemplum invitentur et incitentur^k.

32. Canendi vero in Ecclesiis ritum (ut id^l quoque obiter dicam) non modo vetustissimum esse constat, sed Apostolis quoque in usu fuisse, ex illis Pauli verbis colligere licet, Canam spiritu, canam et mente [1. Cor. 14. c. 15¹]. Item ad Colossenses,

---

a) > *1539* b) > *1536* c) *1536* adversume
d) ut ipse per Prophetam affirmat:
e) quin — comm. > *1536; VG 1541 sqq.* ains les *(1541 le)* prisons tresbien f) *1536 (et VG 1541 sqq.)* sequantu r ique serviant
g) et vers. > *1536* h) nisi — adm. > *1536* i) *1536* vero k) et inc. > *1536* l) *1559–61 falso* 13

1) Matth. 15, 8 sq. 2) Ies. 29, 14.

Docentes et commonefacientes vos mutuo in hymnis, psalmis et canticis spiritualibus, canentes cum gratia in cordibus vestris Domino [Coloss. 3. c. 16]. Priore enim loco, voce et corde canendum esse praecipit: altero cantilenas spirituales commendat, quibus se mutuo pii aedificent. Id tamen universale non fuisse testatur Augustinus, qui refert sub Ambrosio demum coepisse canere Ecclesiam Mediolanensem: quum saeviente adversus fidem orthodoxam Iustina Valentiniani matre, populus solito magis assiduus in vigiliis esset: reliquas deinde occidentales Ecclesias sequutas [Confess. lib. 9. c. 7][1]. Paulo enim ante dixerat ab orientalibus profectum fuisse hunc morem [a][2]. Indicat etiam lib.[b] Retractationum 2[c], sua aetate fuisse in Aphrica receptum. Hilarius quidam, inquit, vir tribunitius, morem, qui tunc esse apud Carthaginem coeperat, ut hymni ad altare dicerentur de Psalmorum libro, vel ante oblationem, vel quum distribueretur populo quod fuisset oblatum, maledica reprehensione ubicunque poterat lacerabat. Huic respondi, iubentibus fratribus[d][3]. Et certe si ad eam, quae Dei et Angelorum conspectum decet, gravitatem attemperatus sit cantus, cum dignitatem et gratiam sacris actionibus conciliat, tum ad excitandos in verum precandi studium ardoremque animos plurimum valet. Cavendum tamen diligenter ne ad modulationem intentiores sint aures quam animi ad spiritualem verborum sensum. Quo periculo se permotum fatetur alicubi idem Augustinus, ut interdum optarit institui morem ab Athanasio observatum, qui lectorem tam modico vocis flexu iubebat sonare, ut pronuntianti vicinior foret, quam canenti. Verum, quum reminisceretur quantam sibi utilitatem cantus attulissent, in alteram partem inclinabat [Confess. lib. 10. cap. 33][4]. Hac ergo adhibita moderatione, nihil dubium quin sanctissimum sit ac saluberrimum institutum[5]. Quemadmodum rursus, quicunque ad suavitatem duntaxat auriumque oblectationem compositi sunt cantus[e], nec Ecclesiae maiestatem decent, nec Deo non summopere displicere possunt.

---

a) *VG 1545 sqq.* + ou on en avoit tousiours usé   b) *1543–45* libro
c) *1543–50* secundo   d) Hilarius — fratr. > *VG 1545 sqq.*   e) *VG 1545 sqq.* + comme sont tous les fringotz et fredons de la Papisterie, et tout ce qu'ilz appellent musique rompue et chose faicte, et chantz à quatre parties

1) Aug., Confess. IX 7, 15 MSL 32, 770; CSEL 33, 208, 12 sqq.
2) ibid.   3) Aug., Retract. II 11 MSL 32, 634; CSEL 36, 144 (hic c. 37).   4) Aug., Confess. X 33, 50 MSL 32, 800; CSEL 33, 263/4.
5) At cf. Zwinglium: Usslegen und gründ der schlussreden 1523, CR Zw. opp. II 350. 352 sq.

33. Quo etiam plane constat, non Graeco inter Latinos, nec Latino inter Gallos aut Anglos (ut hactenus passim factitatum est) sed populari sermone concipiendas esse publicas orationes, qui vulgo a toto coetu intelligi possit; quandoquidem in totius Ecclesiae aedificationem fieri convenit: ad quam ex sono non intellecto nullus penitus fructus redit. Apud quos vero nulla est nec[a] charitatis nec huma¹nitatis[b] ratio, ii saltem Pauli authoritate moveri aliquantulum[c] debebant, cuius verba minime ambigua sunt. Si benedixeris, inquit, spiritu, is qui implet locum idiotae, quomodo ad tuam benedictionem respondebit[d] Amen, quandoquidem quid dicas nescit? nam tu quidem[e] gratias agis, sed alius non aedificatur [1. Cor. 14. c. 16][1]. || Quis ergo effraenem Papistarum licentiam satis miretur, qui Apostolo palam sic reclamante, exotica lingua verbosissimas preces reboare non formidant, in quibus nec syllabam unam ipsi interdum assequuntur, nec alios intelligere volunt? Nobis vero secus agendum praescribit Paulus. Quid ergo? (inquit) orabo spiritu, orabo et mente: psallam spiritu, psallam et mente [Ibidem, 14. c. 15]. || Spiritus voce singulare linguarum donum significans, quo nonnulli praediti abutebantur, quum a mente, hoc est intelligentia, illud avellerent[f]. || Sic tamen omnino sentiendum, nulla ratione fieri posse, nec in publica oratione, nec in privata, quin[g] lingua sine animo[h] summopere[i] Deo displiceat[k]. || Ad hoc, cogitationis ardore mentem esse debere incitatam, quo totum longe superet quod lingua enuntiando exprimere potest. Postremo, ne esse quidem orationi privatae necessariam linguam, nisi quoad interior sensus vel ipse ad incitationem sufficere non valet, vel incitationis vehementia linguae actionem secum rapit. Nam etsi optimae interdum orationes voce carent, saepe tamen usu venit ut affectu mentis exultante, et lingua in vocem, et membra alia in gesticulationem sine ambitione erumpant. Inde scilicet incertum istud[l] Hannae murmur [1. Sam. 1. b. 13], || cuius simile quiddam sancti omnes perpetuo in se experiuntur, dum in abruptas et concisas voces prosiliunt. Corporis autem gestus in precatione observari soliti (quales sunt geniculatio, et capitis detectio) exercitia sunt, quibus ad maiorem Dei venerationem assurgere conamur.

---

a) > *1536*   b) nec hum. > *1536*   c) > *1536*   d) *1536 (et VG 1541 sqq.)* dicet   e) > *1536*
f) Per spiritus vocabulum oris sonum significans, qui ex gutturis humani respiraculo, et aeris repercussu, conflatur   g) *1536–45* ut   h) *1539–45* + non   i) > *1536*   k) *1536* accepta sit   l) *1539* illud

1) 1. Cor. 14, 16 sq.

34. Nunc certior orandi non modo ratio, sed forma quoque ipsa discenda est: ea scilicet quam per dilectum Filium suum nobis caelestis Pater tradidit [Matth. 6. b. 9; Luc. 11. a. 2][1]: ubi immensam bonitatem ac mansuetudinem agnoscere licet. Nam praeterquam quod nos monet atque hortatur ut se in omni nostra necessitate quaeramus (qualiter[a] filii in parentum fidem, quoties ulla anxietate afflictantur[b], confugere solent) quoniam videbat ne id quidem satis nos perspicere, quam angusta esset nostra paupertas, quid aequum postulare, quid[c] e re nostra esset, huic etiam nostrae ignorantiae occurrit: et quod captui nostro deerat, de suo ipse supplevit ac suffecit. Praescripsit[d] enim nobis formulam, qua velut in tabula proposuit quicquid a se expetere licet, quicquid in rem nostram conducit, quicquid postulare necesse est. Ex qua eius benignitate magnum consolationis fructum percipimus, quod nihil absurdum, nihil alienum aut importunum, nihil denique non¹ illi acceptum postulare nos intelligimus, qui pene ex eius ore rogamus. ‖ Plato quum hominum imperitiam videret in votis ad Deum perferendis, quibus concessis pessime illis saepius consultum fuerit: optimam precandi rationem hanc esse pronuntiat, e veteri Poeta sumptam, Iupiter rex, optima nobis et voventibus et non voventibus tribue: mala autem poscentibus quoque abesse iube [In Alcib. 2. vel De voto.][2]. Atque homo quidem ethnicus in eo sapit, quod iudicat[e] quam sit periculosum a Domino expetere quod cupiditas nostra dictaverit: simul nostram infoelicitatem prodit, qui ne hiscere quidem sine discrimine coram Deo possimus, nisi ad rectam orandi normam nos Spiritus instituat [Rom. 8. e. 26]. ‖ Quo maiore in pretio censeri apud nos meretur hoc privilegium, dum unigenitus Dei filius verba nobis in os suggerit quae mentem nostram omni haesitatione expediant.

35. Haec orandi seu forma, seu regula, sex petitionibus constituta est. Nam ne iis accedam qui septem capitibus distinguunt [August. in Enchirid. ad Laurent. cap. 116][3], facit quod ‖ adversativa dictione interiecta videtur Evangelista duo illa membra voluisse inter se colligere; acsi dixisset, Ne tentatione opprimi nos sinas, quin potius nostrae fragilitati opem feras, et liberes, ne succumbamus. Nobiscum etiam sentiunt ve-

---

a) *1536* ut   b) quot. — affl. > *1536*   c) > *1543-45; 1536-45* + etiam   d) *1536-54* Conscripsit   e) *1539* indicat; *VG 1541 sqq.* voit

1) Matth. 6, 9 sqq.; Luc. 11, 2 sqq.   2) Plato, Alcibiades II. 142 E 143 A.   3) Aug., Enchir. ad Laur. c. 115 MSL 40, 285; ed. Scheel c. XXX 115. p. 71; cf. Lutheri Enchiridion piar. prec. WA 30 I. 306.

teres Ecclesiae scriptores [Chrysost. autho. ope. imper.[1]]; ‖ ut iam quod septimo loco apud Matthaeum additum est, exegetice ad sextam petitionem referendum sit. Tametsi autem eiusmodi est tota oratio, ut ubique[a] gloriae Dei ratio in primis habenda sit[b]: priores tamen tres petitiones[c] Dei gloriae peculiariter destinatae sunt: quam solam in illis intueri nos oportet, nullo commodi nostri (ut aiunt) respectu. Tres reliquae nostri curam gerunt, ac proprie iis quae ex usu nostro sunt postulandis sunt assignatae. Ut quum nomen Dei sanctificari petimus, ‖ quia probare vult Deus gratisne an spe mercedis ametur a nobis et colatur, ‖ nihil tum de nostro commodo cogitandum est: sed eius gloria nobis proponenda est, quam intentis oculis unam intueamur: nec aliter in reliquis[d] huiusmodi precibus affectos esse fas est[e]. Atque hoc quidem ipsum nobis in magnum commodum cedit, quod dum ita ut petimus sanctificatur, fit etiam nostra vicissim[f] sanctificatio. Sed ad huiusmodi utilitatem oculi nostri (ut dictum est) connivere ac quodammodo[g] caecutire debent, ne in ipsam omnino[h] respiciant[i]. Ut si omnis spes privati nostri boni praecisa esset, haec tamen sanctificatio et alia quae ad Dei gloriam pertinent, a nobis[k] optari et precibus postulari non desinant. Ut in exemplis Mosis et Pauli spectatur, quibus grave non fuit mentes et oculos a seipsis avertere, ac[l] vehementi incensoque zelo[l] suum ipsorum interitum[m] expetere[n], ut vel suo dispendio gloriam et regnum Dei promoverent[o] [Exodi. 32. g. 32; Rom. 9. a. 3]. Rursus quum panem nostrum quotidianum nobis dari petimus: tametsi optemus[p] quod est nostri commodi: tamen hic quoque Dei gloriam quaerere praesertim

---

a) Tam. — ub.: *1536 in his autem omnibus tametsi*   b) *1536 est; 1536-39* + rursum *(1536* + tametsi omnes*)* in rem nostram sit *(1536* sunt*)*, quicquid continet, *(*quic. cont.: *1536 atque)* ita evenire, ut petimus expediat *(*exp.: *1539 iubente correct. delendum; 1536 expedit); VG 1541 sqq.* + Derechef combien qu'il nous soit expedient, que tout ce qui est contenu adviene comme nous le demandons   c) > *1536*   d) > *1536-54*   e) *1536-54* affecti esse debemus   f) > *1536-54*   g) conn. ac quod.: *1536* velut   h) *1536* ullo modo   i) Sed — resp.: *VG 1541 sqq.* Mais, comme dit est, nous ne devons pas pourtant avoir aucun esgard à ce proffit   k) *1536* + et   l) quib. — ac.: *1536-54 qui mentes et oculos a seipsis avertentes*,   m) *1536-45* suam ipsorum perditionem   n) *1536-54* expetebant   o) *1536-39* gloria et — promoveretur; *1543-45* gloria et — promoverentur; *1550 falso* gloriam et — promoverentur   p) *1536* optamus

1) Pseudo-Chrysostomus, Opus imperfectum in Matth. hom. 14; opp. (Paris. 1534 sqq.) t. VI 812 D.

debemus, ut ne petituri quidem simus nisi in eius^a gloriam vergat^b1. ‖ Nunc ad ipsam orationis enarrationem aggrediamur.

Pater noster, qui es in caelis.

36. Primum, in ipso limine occurrit quod antea diximus[2], omnem a nobis orationem offerri Deo non aliter^c debere quam^d in Christi nomine: ut nullo alio nomine illi commendari^e potest. Nam ex quo Patrem vocamus Deum, nomen certe Christi praetendimus; qua enim fiducia Deum aliquis Patrem nominaret? quis huc temeritatis prorumperet, ut sibi usurparet honorem^f filii Dei, nisi in Christo adoptati essemus in filios gratiae? Qui quum verus^g sit Filius, nobis in fratrem ab ipso datus est: ut quod natura ipse proprium habet, adoptionis beneficio nostrum fiat, si tantam beneficentiam certa fide amplectimur. Quemadmodum Iohannes ait datam esse potestatem iis qui credunt in nomen unigeniti Filii Dei, ut filii Dei ipsi quoque fiant [Iohan. 1. b. 12.]. Itaque et Patrem se nostrum appellat, et sic a nobis vocari vult: hac tanta nominis suavitate, omni nos diffidentia eximens, quando nullus alibi maior amoris affectus quam in Patre reperiri possit. ‖ Itaque nullo certiore documento immensam suam erga nos charitatem testificari potuit, quam ex eo quod filii Dei nominamur [1. Iohan. 3. a. 1]. ‖ Ipsius vero charitas tanto erga nos maior praestantiorque est omni parentum nostrorum charitate, quanto ipse omnes homines bonitate et^h misericordia superat; ut si quotquot in terra sunt patres, omni paternae pietatis sensu exuti, filios destituerentⁱ: ipse nobis nunquam defuturus sit [Psal. 27. d. 10; Iesa.^k 63. d. 16]: quoniam seipsum negare non potest [2. Tim. 2. b. 13]. Habemus enim eius promissum^l, Si vos, quum mali sitis, nostis bona dare filiis vestris: quanto magis Pater vester qui in caelis est^m [Matth. 7. b. 11]? ‖ Item apud Prophetam, Potestne mater oblivisci filiorum? Etsi obliviscatur, ego tamen non obliviscar tui [Iesa. 49. d. 15]. ‖ Quod si filii eius sumus, ut filius in fidem extranei alienique hominis se conferre non potest nisi simul de patris

---

a) *1536–54* Dei   b) *1536* verteret; *VG 1541 sqq.* devoit tourner
c) non al. > *1536–54*   d) > *1536–54*   e) *1536* comm. illi   f) *1536* hon. usurp.   g) *VG 1541 sqq.* + naturel et propre   h) *1536* ac
i) *1536* destituerint   k) *1553–54* + 49. d. 15, et   l) *VG 1541 sqq.* promesse, laquelle il nous a donnée par son Filz nostre Redempteur, disant   m) *VG 1541 sqq.* + qui est tout bon

1) cf. Buceri Enarrat. in Evang. 1530, fol. 83 a (1536, p. 209).
2) sect. 17—19; supra p. 322 sqq.

DE MODO PERCIPIENDAE GRATIAE. CAP. XX

vel saevitia vel inopia queratur^a: ita aliunde subsidia quam ab ipso quaerere non possumus, nisi exprobrata illi egestate, ac facultatum inopia, vel saevitia nimiaque austeritate.

37. Nec causemur, nos merito timidos reddi peccatorum conscientia, quae Patrem, quanvis clementem^b ac mansuetum, tamen nobis offensum quotidie reddant^c. Nam si inter homines, nullo melioreⁱ patrono causam suam apud patrem^d filius agere potest, nullo meliore interprete perditam eius gratiam sibi conciliare ac recolligere^e, quam si ipse supplex ac demissus, culpam^f agnoscens, patris misericordiam imploret (non enim tum se paterna viscera dissimulare possunt quin ad tales preces commoveantur) quid ille Pater misericordiarum, et Deus totius consolationis [2. Cor. 1. a. 3]? annon potius filiorum pro se deprecantium lachrymas et gemitus exaudiet (quum praesertim ad id nos invitet et exhortetur) quam quaevis aliorum patrocinia? ad quorum subsidium^g ideo pavidi^h suffugiunt, non sine aliqua desperationis specieⁱ, quia de patris sui mansuetudine ac clementia diffidunt^k. Hanc paternae mansuetudinis exuberantiam nobis in parabola pingit ac repraesentat: ubi pater filium, qui ab eo se alienaverat, qui substantiam eius dissolute prodegerat, qui modis omnibus^l graviter in eum deliquerat, obviis ulnis amplectitur: nec expectat donec verbis veniam postulet, sed ipse antevertit^m, redeuntem eminus agnoscit, ultro illi occurrit, solatur, in gratiam recipit [Luc. 15. e. 20]. Hoc enim tantae mansuetudinis exemplum in homine spectandum proponens, docere nos voluit quam effusiorem expectare debeamus a se, non modo Patre, sed patrum omnium longe optimo ac clementissimo: quanvis ingrati, rebelles ac improbi filii: modo tamen in eius misericordiam nos coniiciamus. Ac quo certiorem fidem faceret se huiusmodi Patrem nobisⁿ esse, si Christiani sumus, non modo Pater, sed nominatim noster dici voluit: acsi in hunc modum cum eo^o ageremus, Pater qui tanta in filios pietate es praeditus, tanta ad ignoscendum facilitate, nos filii tui te appellamus, ac poscimus, securi ac plane persuasi non alio te esse erga nos affectu quam paterno, quantumvis indignos tali patre^p. || Verum quia tantam favoris im-

---

a) *1539–43, 1550 male* quaeratur   b) *1536–54* bonum   c) quot. redd.: *1536–54* reddiderint   d) *VG 1541 sqq.* + lequel il a offensé   e) ac rec. > *1536–43;* nullo mel. int. — rec. > *VG 1541 sqq.*   f) *1536* culpamque   g) *1536–54* praesidia   h) > *1536–54*   i) non — spec. > *1536–54*   k) *1536–45* haesitant   l) mod. omn. > *1536*   m) *1539 iubente correct.* praevertit   n) *1536–54* + ipsis   o) *1539–54* Deo; *VG 1541 sqq.* luy   p) *VG 1541 sqq.* + quelque mauvaistie qu'ayons eue, ou quelque imperfection, ou povreté qui soit en nous

mensitatem non capiunt cordis nostri angustiae, non modo
adoptionis pignus et arrha nobis Christus est, sed eiusdem
adoptionis testem nobis dat Spiritum, per quem libera et
sonora voce clamare licet, Abba Pater [Galat. 4. a. 6]. Quoties
itaque nobis obstabit aliqua cunctatio, petere ab ipso meminerimus ut correcta nostra timiditate spiritum illum magnanimitatis ducem ad audacter orandum praeficiat.

38. Quod autem non ita instituimur ut suum quisque patrem
peculiariter nominet, sed potius ut nostrum in commune omnes vocemus: ex eo admonemur, quantum fraternae dilectionis
affectum inter nos intercedere oporteat, qui talis patris, || eodem
misericordiae et gratuitae liberalitatis iure, || pariter[a] sumus
filii. Nam si unus omnibus nobis communis est pater [Matth. 23.
a. 9], a quo provenit quicquid omnino boni obtingere nobis potest: nihil inter nos divisum esse decet quod non magna animi
alacritate parati simus alter alteri communicare, quantum
usus postulat. Iam si ita ut par est, vicissim manum porrigere
atque[l] opem ferre cupimus, non est in quo magis commodare
fratribus possimus quam si optimi Patris curae ac providentiae
commendemus, quo propitio ac favente, nihil omnino desiderari
potest. Et sane hoc ipsum Patri etiam nostro debemus. Ut
enim qui patrem aliquem familias vere et ex animo diligit,
totam simul eius domum amore ac benevolentia complectitur:
ad hunc modum, quo simus in hunc caelestem Patrem studio
atque affectu, erga eius populum, eius familiam, eius denique
haereditatem ostendere convenit: quam tantopere[b] honoravit
ut plenitudinem unigeniti Filii sui vocaverit [Ephes. 1. d. 23[c]].
Ad hanc igitur legem Christianus homo preces suas exigat, ut
communes sint[d], ac omnes complectantur[e] qui illi sunt in Christo fratres. Neque solum quos tales ad praesens videt atque
cognoscit, sed omnes qui super terram agunt homines: de quibus quid statuerit Deus[f], extra notitiam[g] est: nisi quod illis
optima optare et sperare non minus pium quam humanum est[h].
Etsi prae aliis in domesticos fidei singulari quodam affectu propensos[i] esse decet[k]: quos Apostolus peculiariter nobis omni
in re commendavit [Galat. 6. c. 10]. [1]In summa, sic debent om-

a) *1536–54* communes   b) quam tant.: *1550 male* quantopere
c) *1559–61 falso* 24; *1553–54 male* b. 10.   d) Christ. — sint: *1536–54*
Christiani hominis orationem exigi oportet, ut communis sit   e) *1536
–54* complectatur   f) *1536–54* Dominus   g) *1536 +* nostram   h) non
min. — est: *1536–54* debemus   i) *1536* propensi   k) *1536 (et VG
1541 sqq.)* debemus   l) *VG 1541 sqq. +* Et ce sont ceux que congnoissons, d'autant qu'en pouvons iuger, estre presentement des
vrays fideles et serviteurs de Dieu.

nes esse orationes, ut in eam spectent communitatem quam
Dominus noster in regno suo ac domo sua constituit.

39. Neque id tamen obest quominus et pro nobis et pro certis
aliis orare specialiter liceat: modo tamen animus ab huius
communitatis intuitu[a] non discedat, nec deflectat quidem,
sed omnia istuc referat. Nam quanvis singulariter concipian-
tur, quia tamen ad eum scopum diriguntur, communes esse
non desinunt. Id totum similitudine facile intelligi potest.
Generale est Dei mandatum de sublevanda pauperum omnium
egestate, et huic tamen obediunt qui in eum finem eorum
inopiae succurrunt quos laborare aut norunt aut vident: etiamsi
multos praetereunt qui non leviori necessitate premuntur: vel
quia non omnes nosse, vel quia non omnibus sufficere possint.
In hunc modum neque ii voluntati Dei repugnant qui communem hanc societatem Ecclesiae spectantes et cogitantes,
huiusmodi particulares orationes concipiunt, quibus publico
animo singularibus verbis se aut alios Deo commendant, quorum necessitatem propius ipsis[b] innotescere voluit. Quanquam non omnia quidem in oratione et facultatum erogatione
sunt similia; nam benignitas largiendi exerceri nonnisi erga eos
potest quorum perspecta est nobis inopia: iuvare autem oratione vel alienissimos et ignotissimos licet, quantumlibet longo
terrarum intervallo a nobis dissiti sint. Id autem fit per generalem illam precationis formulam qua omnes filii Dei continentur, in quibus et illi sunt. ‖ Huc referre licet quod Paulus suae
aetatis fideles hortatur ut puras manus ubique tollant absque contentione [1. Tim. 2. c. 8]: quia dissi¹dium precibus ianuam claudere admonens, unanimes vota sua in commune vult conferre.

40. Adscribitur, Ipsum esse in caelis. Ex quo non protinus
ratiocinandum est, ipsum caeli circumferentia, quasi cancellis
quibusdam, inclusum et circumscriptum alligari. Siquidem et
Solomon confitetur caelos caelorum eum capere non posse
[1. Reg. 8. c. 27[c]]. Et ipse per Prophetam ait, caelum suam
sedem esse, terram autem scabellum pedum suorum [Iesa. 66.
a. 1; Act. 7. f. 49, et 17. f. 24]. Quo scilicet significat, non certa
aliqua regione se limitari, sed diffundi per omnia. Verum quia
aliter inenarrabilem eius gloriam[d] mens nostra pro sua crassitie concipere non poterat, nobis per caelum designata est,
quo nihil augustius aut maiestate plenius sub aspectum nostrum
venire potest. ‖ Quando igitur ubicunque rem quampiam apprehendunt sensus nostri, affigere illic solent: extra omnem

---

a) *1536–54* contemplatione   b) *1536–50* sibi   c) *sic 1553; 1559–61
falso* 37   d) *VG 1541 sqq.* + puissance, sublimité et haultesse

locum Deus statuitur: ut dum quaerere volumus ipsum, supra omnem corporis et animae sensum attollamur. Deinde hac loquendi formula, supra omnem aut corruptionis aut mutationis aleam evehitur; demum universum orbem complecti et continere, suaque potentia moderari significatur. ‖ Quare hoc perinde est acsi dictus esset infinitae magnitudinis aut[a] sublimitatis, incomprehensibilis essentiae, immensae potentiae, aeternae immortalitatis[b]. Id vero dum audimus, exerenda est altius nostra cogitatio, quum de Deo sermo est: ne quicquam terrenum aut carnale de eo somniemus: ne ipsum nostris modulis metiamur, neve[c] eius voluntatem ad nostros affectus exigamus. ‖ Simul erigenda est nostra fiducia in ipsum, cuius providentia et virtute caelum et terram gubernari intelligimus[d]. ‖ Summa sit, sub Patris nomine nobis in medio statui Deum illum qui in imagine sua nobis apparuit, ut certa fide invocetur: nec modo fiduciae aptari familiare Patris nomen, verum etiam ad retinendas mentes valere ne ad dubios vel fictitios deos trahantur: sed ab unigenito Filio ad unicum Angelorum et Ecclesiae[e] Patrem conscendant: deinde quod solium eius locatur in caelis, ex mundi gubernatione nos commonefieri non frustra ad eum nos venire qui praesenti cura sponte occurrit. Qui ad Deum accedunt (inquit Apostolus) eos primo credere oportet Deum esse: deinde remuneratorem omnibus qui ipsum quaerunt [Hebr. 11. b. 6]. Utrunque hic Christus Patri suo asserit, ut in ipso sistatur fides nostra; deinde ut certo persuasi simus salutem nostram ab eo non negligi: quia suam ad nos usque providentiam extendere dignatur. Quibus rudimentis Paulus nos ad rite orandum comparat: nam antequam iubeat petitiones nostras coram Deo innotescere [Philip. 4. b. 6], praefatur hoc modo, De nulla re sitis solliciti: Dominus prope est[1]. Unde apparet, dubitanter et perplexe vota sua in animo volvere qui hoc probe infixum non habent, Oculum Dei esse super iustos [Psal. 33. d. 18].[1]

41. Prima petitio est, Ut sanctificetur Dei nomen, cuius necessitas magno cum nostro dedecore coniuncta est. Quid enim

---

a) *1539-54 &*   b) infin. — immort.: *1536* potens, sublimis, incomprehensibilis   c) *1536* ne   d) Simul — int.: *VG 1541* Mais pour recongnoistre qu'il est eternel et immuable, ne faillant iamais ne variant point sa bonne volunté, ne delaissant les siens, et qu'il est gouverneur et maistre de toutes choses: ayant sa vertu, puissance, et maiesté estendue par tout et dessus tout: estant Seigneur de tous biens pour nous en distribuer: et dominateur de tout mal, à nous contraire, pour nous en garder   e) *VG 1560* des hommes

1) Phil. 4, 5.

magis indignum quam ut Dei gloriam obscuret partim nostra
ingratitudo, partim malignitas: audacia vero et furiosa protervia, quantum in se est, deleat? Crepent, licet, omnes impii
cum sacrilega sua libidine, refulget tamen nominis Dei sanctitas.
Nec abs re exclamat Propheta, Sicut nomen tuum Deus, ita
laus tua in omnes fines terrae [Psal. 48. a. 11]. Nam ubicunque
innotuerit Deus, fieri non potest quin se proferant eius virtutes,
potentia, bonitas, sapientia, iustitia, misericordia, veritas, quae
in eius admirationem nos rapiant, et incitent ad celebrandam
eius laudem. Quia ergo tam indigne sua Deo sanctitas eripitur
in terris, si eam asserere nobis non datur, saltem iubemur eius
curam votis suscipere. Summa est, ut optemus suum haberi
Deo honorem quo dignus est, ut nunquam de ipso loquantur
vel cogitent homines sine summa veneratione: cui opponitur
profanatio, quae semper nimium in mundo vulgaris fuit, ut
hodie adhuc grassatur. Atque hinc petitionis necessitas, quam,
si mediocris inter nos pietas vigeret, supervacuam esse decebat.
Quod si Dei nomini sua constat sanctitas, ubi ab aliis omnibus
segregatum meram gloriam spirat, hic non tantum petere iubemur ut Deus sacrum illud nomen ab omni contemptu et ignominia vendicet, sed etiam ut ad eius reverentiam subigat
totum humanum genus. Iam quum Deus partim doctrina,
partim operibus se nobis manifestet, non aliter a nobis sanctificatur quam si utraque in parte tribuamus ei quod suum est,
atque ita quicquid ab ipso profectum erit, amplexemur: nec
laudem suam apud nos minus obtineat eius severitas quam
clementia: quando in multiplici operum diversitate gloriae suae
notas insculpsit, quae confessionem laudis merito ex omnibus
linguis eliciat[a]. Ita fiet ut Scriptura iustam apud nos authoritatem obtineat, nec ullus eventus impediat benedictionem
quam Deus in toto gubernationis mundi cursu meretur. Huc
etiam rursum tendit petitio, ut omnis impietas quae sanctum
hoc nomen polluit, pereat atque aboleatur: quaecunque hanc
sanctificationem obscurant, aut diminuunt tam obtrectationes
quam ludibria facessant: ac dum sacrilegia omnia compescit
Deus, magis ac magis hinc clarescat eius maiestas[b].

---

a) *sic 1559–61; VG 1560* lesquelles — doyvent tirer
b)   PRIMA PETITIO.   1536 (I 108)
        Sanctificetur nomen tuum.

DEI nomen hic positum est, ut inter homines nominatur. Cum   1539* (1536 I 108)
vero eius operibus respondere nomen debeat, eam intelligemus cele-
britatem, quam omnes eius virtutes promerentur. Nempe *(1539*   1536 (I 108)
Ut,) eius potentia, sapientia, iustitia, misericordia, veritas. || In hoc

42. Secunda petitio, Ut adveniat regnum Dei: quae etsi nihil continet novum, a prima tamen non sine ratione distinguitur: quia si nostram in re omnium maxima somnolentiam expendimus, quod per se notissimum esse debuerat, pluribus verbis inculcari operaepretium est. Postquam ergo Deum rogare iussi sumus ut agat in ordinem, ac tandem prorsus deleat[1] quicquid maculam aspergit sacro eius nomini: iam additur alterum simile et fere idem votum, ut || regnum eius adveniat. Etsi autem regni huius definitio ante a nobis posita est[1], breviter nunc repeto, Deum regnare ubi homines tam sui abnegatione quam mundi terrenaeque vitae contemptu illius iustitiae se addicunt, ut ad caelestem vitam aspirent. Ita duae sunt huius regni partes: altera, ut Deus pravas omnes carnis cupiditates, quae turmatim contra eum belligerantur, Spiritus sui virtute corrigat: deinde ut sensus omnes nostros formet ad imperii sui obsequium. Itaque non alii legitimum ordinem tenent in hac prece, nisi qui a seipsis incipiunt, nempe ut purgentur corruptelis omnibus quae tranquillum regni Dei statum perturbant, et puritatem inficiunt. Iam quia verbum Dei instar sceptri regii est,

---

enim magnus et mirabilis iure *(> 1536)* est Deus, quia iustus, quia sapiens, quia misericors, quia potens, quia verax, etc. Hanc ergo maiestatem in huiusmodi virtutibus refulgentem *(> 1536)* sanctificari petimus: non in Deo ipso, cui apud se nihil accedere aut decedere potest: verum ut ab omnibus sancta habeatur: hoc est, vere agnoscatur et magnificetur. || Ac primum ut secundum opus eius, sit nomen eius, ne qua eius opera, unde magnificentiam istius nominis accrescere deceat, in obscuro lateant, ac maligna ingratitudine supprimantur. || Deinde quidquid agere agnoscatur *(1536 Et quicquid agit Deus)*, omnia eius opera gloriosa, ut sunt, appareant. || Quo vere illud prophetae praeconium impleatur: Secundum nomen tuum Domine, sic laus tua in omnes fines terrae [Psal. 48. b. 11.]: || Ut sive ipse puniat, iustus: sive ignoscat, misericors: sive praestet quod promisit, verax praedicetur. Nulla denique omnino res sit, in qua non eius gloria insculpta reluceat; et ita in omnibus animis, in omnibus linguis, laudes eius personent. Postremo, ut omnis impietas, quae sanctum hoc nomen polluit ac *(1536 &)* prophanat: hoc est, quae hanc sanctificationem obscurat aut diminuit, pereat atque aboleatur *(1536-45 confundatur)*; in hac *(1536-50 qua)* etiam confusione magis ac magis Dei maiestas inclarescat. Atque ita hac petitione et gratiarum actio continetur. Nam dum nomen Dei ubique cupimus sanctificari *(1536 ubique sanctificari petimus)*: omnium illi bonorum laudem tribuimus, ac *(> 1536)* omnia illi accepta ferendo, quibus sanctus habeatur *(*fer. — hab.: 1536 ferimus)*, beneficia eius erga nos recognoscimus.

1) cap. 3, 19, supra p. 76 sq.; cf. cap. 6—10, supra p. 146 sqq.

precari hic iubemur, ut omnium mentes et corda voluntariae
eius obedientiae subiiciat. Quod fit ubi arcano Spiritus sui
instinctu efficaciam verbi sui exerit, ut emineat in quo meretur
gradu honoris. Postea ad impios descendere convenit, qui pervicaciter et desperato furore, eius imperio resistunt. Regnum
ergo suum erigit Deus totum mundum humiliando, sed diversis
modis: quia aliorum lascivias domat, aliorum indomitam superbiam frangit. Id quotidie fieri optandum est, ut sibi Deus Ecclesias colligat ex omnibus mundi plagis: eas numero propaget
atque augeat, donis suis locupletet, legitimum in illis ordinem
stabiliat, ex opposito prosternat omnes purae doctrinae et
religionis hostes, dissipet eorum consilia, conatus deiiciat. Unde
apparet non frustra nobis praecipi studium quotidiani progressus: quia nunquam tam bene agitur cum rebus humanis,
ut discussis purgatisque vitiorum sordibus plena floreat ac
vigeat integritas. Plenitudo autem eius ad ultimum Christi
adventum protenditur: quo Paulus Deum omnia in omnibus
fore docet [1. Cor. 15. d. 28]. Atque ita haec precatio retrahere
nos debet a mundi corruptelis, quae nos a Deo separant quominus regnum eius intra nos vigeat: simul accendere studium
mortificandae carnis: postremo ad crucis tolerantiam nos in-
stituere: quando hoc modo vult Deus regnum suum propagari.
Nec vero inique ferendum est exteriorem hominem corrumpi,
modo interior renovetur. Haec enim regni Dei conditio est, ut
dum nos subiicimus eius iustitiae, gloriae suae consortes reddat.
Hoc fit dum lucem ac veritatem suam novis semper incrementis
illustrans, quibus Satanae regnique eius tenebrae ac mendacia
evanescant, extinguantur, pereant, suos protegit, Spiritus sui
auxilio in rectitudine dirigit, et ad perseverantiam confirmat:
impias vero hostium conspirationes deiicit, insidias et fraudes
discutit, occurrit malitiae, pervicaciam retundit, donec tandem
Antichristum Spiritu oris sui conficiat, omnemque impietatem
illustratione adventus sui deleat[a][1].

    a)   SECUNDA PETITIO.
                Adveniat regnum tuum.

Duobus praesertim membris regnum Dei constat. Regnat siquidem, partim dum (Duob. — dum: *1536* Regnum Dei est) sancto
suo spiritu agit ac regit *(1536* agere ac regere) suos: quo in omnibus
eorum operibus divitias bonitatis ac misericordiae suae conspicuas
faciat. Partim etiam, dum (Part. — dum: *1536* rursum) reprobos,
qui se pro Deo ac Domino non agnoscunt, qui suo imperio subiici
nolunt, perdit ac deiicit *(1536* perdere ac deiicere), et sacrilegam

1) 2. Thess. 2, 8.

43. Tertia petitio est, Ut fiat voluntas Dei in terra sicuti in caelo. Quod tametsi a regno eius dependet, neque ab eo potest disiungi, non frustra tamen seorsum additur¹ propter nostram ruditatem quae non facile vel statim apprehendit quid sit Deum in mundo regnare. Hoc ergo exegetice sumere absurdum non erit: tunc Deum fore regem in mundo ubi se omnes eius voluntati subiicient. Porro non agitur hic de arcana eius voluntate qua omnia moderatur et in suum finem destinat¹. Quanvis enim tumultuose Satan et homines contra ipsum ferantur, novit tamen incomprehensibili suo consilio non solum flectere eorum impetus, sed in ordinem agere ut per eos faciat quod decrevit. Sed hic notatur alia Dei voluntas, nempe cui respondet voluntarium obsequium: ideoque nominatim confertur caelum terrae: quia Angeli, ut in Psalmo dicitur, sponte obediunt Deo, et intenti sunt ad exequenda eius iussa [Psal. 103. d. 20]. Iubemur ergo optare, sicut in caelo nihil geritur nisi ex Dei nutu, placideque Angeli ad omnem rectitudinem compositi sunt, sic ter-

eorum arrogantiam prosternit *(1536* prosternere*)*: quo manifestum fiat, nullam esse potestatem, quae suae potestati resistere queat. Haec autem cum in oculis nostris quotidie fiant, dum sanctum eius verbum instar sceptri erectum, sub cruce etiam et mundi contemptu atque ignominia viget, regnat, prosperatur, fructum suum profert [1. Cor. 1]: videre est huiusmodi regnum in hoc quoque mundo florere. ‖ Unde et regnum Dei intra nos esse Christus asserit [Luc. 17. e. 21]: et nunc ecclesiam suam regnum coelorum nuncupat [Matth. 13. c. 24, et g. 52.], ubi vere dominatur: nunc verbi praedicationem [1. Cor. 1. c. 21.], per quam dominium suum erigit. ‖ Etsi tamen *(> 1536)* ex hoc mundo non est [Ioan. 17. 18. g. 36; Rom. 14 *(17)*]. Primum, quia spirituale rebusque spiritualibus constans: deinde, quia incorruptibile ac aeternum [Luc. 1 *(33)* Daniel. 7 *(14)*]. Oramus itaque ut regnum hoc Dei adveniat: hoc est, ut novum indies fidelium populum sibi Dominus multiplicet, qui gloriam suam modis omnibus celebrent: ‖ et quos in regni sui fines collegerit, ut ‖ in eos gratiarum suarum ubertatem largius semper effundat, per quas in ipsis magis indies ac magis vivat ac regnet; donec sibi perfecte adiunctos totos *(1536-39* totus*)* impleat. Simul ut lucem ac veritatem suam novis semper incrementis illustret, quibus sathanae, regnique eius tenebrae ac mendacia evanescant, dispellantur, extinguantur, pereant. Dum autem in hunc *(1536-43* hunc in*)* modum precamur, ut regnum Dei adveniat: simul optamus, ut perficiatur tandem et impleatur, in revelatione scilicet iudicii eius; quo die solus ipse exaltabitur, eritque in omnibus omnia [1. Cor. 15. d. 28], collectis ac receptis in gloriam suis: regno vero sathanae deturbato penitus, et prostrato.

1) lib. I c. 16—18; vol. III 187 sqq.

ram, omni contumacia et pravitate extincta, eiusmodi imperio
subigi. Atque id quidem postulantes, carnis nostrae desideriis
renuntiamus: quia nisi quis affectus suos Deo resignet ac permittat, eius voluntati, quantum in se est, se opponit, quando
5 nihil ex nobis prodit nisi vitiosum. Atque iterum hac precatione
ad nostri abnegationem formamur, ut Deus pro suo arbitrio
nos regat: neque id solum, sed etiam ut novas mentes novosque
animos, nostris in nihilum redactis creet, ne quem sentiamus
in nobis cupiditatis motum quam merum consensum cum eius
10 voluntate; in summa, nequid ex nobis velimus ipsi, sed ut
Spiritus eius corda nostra gubernet, quo intus docente discamus
amare quae ei placent, odisse vero quae displicent. Unde hoc
quoque sequitur ut quicunque eius voluntati repugnant affectus,
eos vanos et irritos reddat[a]. || En prima tria capita precationis, 1536 (I 110)
15 in quibus poscendis solam Dei gloriam prae oculis habere convenit, omissa nostri ratione, nec spectata ulla nostra[b] utilitate
quae tametsi larga inde nobis provenit, hic tamen a nobis
quaerenda non est. Haec autem omnia quanvis nec cogitantibus,
nec optantibus, nec petentibus nobis, suo nihilominus tempore
20 evenire oporteat, optanda tamen et poscenda nobis sunt. Idque

 a)   TERTIA PETITIO *(> 1536)*.   1536 (I 109)
   Fiat voluntas tua, ut in coelo, ita in terra.

Qua postulamus, ut quemadmodum in coelo nihil, nisi ex eius 1539* (1536 I 109)
nutu, geritur, sic terram, omni contumacia et rebellione extincta,
25 imperio suo subigat. Atque ita || ubique, omnia pro voluntate sua 1536 (I 109)
temperet atque componat, omnes rerum eventus moderetur, omnibus
suis creaturis pro arbitrio suo utatur, omnes omnium voluntates
sibi subiiciat: ut voluntati suae pariter obediant. || Quin et pravis 1539* (1536 I 109)
diaboli reproborumque cupiditatibus, utcunque eius imperium effre-
30 nata rabie detrectent, ac subterfugiant, et obsequio se subducere
conentur, legem tamen imponat, ne quid, nisi e sua unius *(> 1539-
50)* voluntate, agant. || Atque id quidem postulantes, nostris om- 1536 (I 109 sq.)
nibus desideriis renunciamus *(1536-50* abrenunciamus*)*; quicquid
in nobis est affectuum, Domino resignantes ac permittentes: ro-
35 gantesque, ne res ex voto nostro nobis fluere: verum, ut ipse pro-
spexerit ac decreverit, succedere faciat. Neque vero id solum petimus, ut affectus nostros, qui voluntati adversantur suae *(> 1543;
1536-39* suae advers.*)*, Deus vanos et irritos faciat: sed potius, ut
novas mentes novosque animos, nostris extinctis, *(1536-39 +* Deus*)*
40 in nobis creet [Ezech. 36. f. 26]; ut nullus cupiditatis motus in
nobis sentiatur, quam purus cum voluntate sua consensus. In summa, ne quid ex nobis ipsis velimus: sed ut spiritus suus velit in nobis;
quo intus docente, discamus amare ea, quae ipsi placita sunt: odisse
vero atque abominari, quaecunque displicent.
45 b) *1539* nostri

facere non leve operaepretium est, ut sic nos servos esse ac filios Dei testemur et profiteamur, eius honori (quod Domino patrique debetur) quantum in nobis est studentes, vereque et penitus addicti ᵃ. Itaque qui hoc affectu ac studio promovendae Dei gloriae non petunt ut nomen Dei sanctificetur, ut eius regnum ᵇ adveniat, ut fiat voluntas eius: ii neque inter filios et servos Dei habendi sunt: ac quemadmodum haec omnia illis invitis fient, ita in confusionem illis cedent ac interitum ᶜ.

44. Sequitur pars orationis secunda, in qua ad nostras utilitates descendimus: non quidem ut gloria Dei valere iussa (quae teste Paulo etiam in cibo et potu spectanda est [1. Cor. 10. g. 31]) tantum quaeramus quod nobis expedit: sed hoc discrimen esse admonuimus, quod Deus peculiariter tria vota sibi vendicans, nos ad se totos rapit, ut pietatem nostram hoc modo probet ᵈ. Deinde concedit etiam commodis nostris prospicere, hac tamen lege nequid nobis expetamus nisi in illum finem ut quaecunque nobis confert beneficia gloriam eius illustrent; quia nihil aequius est quam nos ei vivere et mori. ‖ Caeterum hac ᵉ in genere omnia, quibus corporis usus sub elementis huius mundi indiget, a Deo petimus: non modo quo alamur ac vestiamur, verum etiam quicquid omnino ᶠ nobis conducere ipse prospicit, ut panem nostrum in pace comedamus. Qua breviter nos in eius curam tradimus, ac providentiae committimus, ut nos pascat, foveat, servet. Non enim dedignatur optimus Pater corpus etiam nostrum in fidem ac custodiam suam suscipere, ut fidem nostram minutis istis in rebus exerceat: dum ab eo omnia, usque ad micam panis, et guttam aquae, expectamus. Nam quum sit nescio qua nostra iniquitate comparatum, ut maiori carnis quam animae sollicitudine afficiamur ac torqueamur, multi qui audent Deo de anima fidere, sunt tamen adhuc de carne solliciti, adhuc haesitant quid edant, quid vestiantur: et nisi prae manibus habeant vini, frumenti et olei ᵍ copiam, trepidant ʰ. Tanto pluris nobis est huius momentaneae vitae umbra, quam aeterna illa immortalitas. Qui vero Deo confisi, illam de carnis cura anxietatem semel abiecerunt ⁱ, simul statim quae maiora sunt, etiam salutem et vitam aeternam, ab eo expectant. Non ergo leve est fidei exercitium, ea de Deo sperare quae alioqui

---

a) stud. — add.: *1536–54* servientes b) *1536–39* regn. eius c) *1536–54* iudicium d) ut — prob.: *VG 1560* pour mieux esprouver l'honneur que nous luy portons e) *1561* haec; Caet. hac: *1536–54* QUARTA PETITIO (> *1536*; *1536 hic nonnulla inseruntur.*). Panem nostrum quotidianum da nobis hodie. Qua f) > *1561* g) *VG 1541 sqq.* d'autre provision h) *VG 1541 sqq.* + de peur d'avoir faulte i) *1561* + [Psal. 4 (8)]

nos tantopere anxios habent: neque parum profectum est, ubi hanc, quae in omnium pene hominum ossibus mordicus haeret, infidelitatem exuimus. || Quod porro de pane supersubstantiali quidam philosophantur[1], mihi videtur Christi sententiae per‑
5 parum convenire, || imo nisi in hac etiam caduca vita tribueremus Deo nutritii partes, mutila esset precatio[a]. || Ratio quam afferunt nimis est profana: non esse consentaneum ut filii Dei, qui spirituales esse debent, non modo adiiciant animum ad terrenas curas, sed Deum quoque illis secum implicent[2]. Quasi vero non
10 refulgeat etiam in victu benedictio eius et paternus favor, aut de nihilo scriptum sit pietatem habere promissiones non tantum futurae vitae sed etiam praesentis [1. Timo. 4. c. 8]. Etsi autem peccatorum remissio longe pluris est quam alimenta corporis, quod tamen inferius erat priore loco posuit Christus, ut nos
15 ad reliquas duas petitiones gradatim eveheret, quae propriae sunt caelestis vitae: in quo tarditati nostrae consuluit. Iubemur autem petere panem nostrum, ut contenti simus demenso quod nobis erogare dignatur caelestis Pater, neque artibus illicitis lucrum captemus. Interea tenendum est nostrum fieri dona‑
20 tionis titulo, quia nec industria nec labor nec manus nostrae (ut dicitur apud Mosen) nobis per se quicquam acquirunt nisi adsit Dei benedictio [Levit. 26. c. 20][b]: imo ne panis quidem copia nobis tantillum proficeret nisi divinitus in alimentum verteretur. Ac proinde non minus divitibus quam egenis necessaria est
25 haec Dei liberalitas: quia plenis cellis et horreis aridi et vacui deficerent nisi per eius gratiam pane suo fruerentur. || Particula Hodie vel quotidie, ut est apud alterum Evangelistam: item epitheton Quotidiani, fraenum iniiciunt immodicae rerum fluxarum cupiditati, qua solemus praeter modum ardere, et cui
30 accedunt alia mala: quia si largior suppetit abundantia, ambitiose in voluptatem, delicias, ostentationem, aliasque luxus species profundimus. Itaque petere iubemur[c] || duntaxat quan‑

---

a) Itaque a patre nostro petimus panem nostrum [Matth. 6. b. 11.]
b) *1561* [Deute. 8. d. 17 *(17 sq.)*]
35 c) Porro quod quotidianum, et hodie, aut etiam quotidie, ut est apud alterum evangelistam, *(*aut — ev. > *1536)* dicimus: docemur, ne immodica fluxarum istarum rerum cupiditate ardeamus: quas postea ambitiose in voluptatem, in ostentationem, aut aliam luxus speciem profundamus. Sed petendum

40 1) sic versio vulgata Matth. 6, 11; cf. Hieronym., Comment. in evang. Matth. I c. 7 MSL 26, 43.   2) cf. Tert., De oratione 6 CSEL 20, 184 sq.; Aug., De sermone Domini in monte II 7, 25—27 MSL 34, 1279 sqq.

tum necessitati nostrae satis est, et velut in diem, hac[a] fiducia, [b]ubi nos hodie nutrierit caelestis Pater[c], neque[d] crastino defuturum. ‖ Quantacunque igitur[e] rerum copia nobis affluat, etiam ubi expleta fuerint horrea et plena cellaria: semper tamen panem quotidianum nos petere convenit: quia certo tenendum est[f] omnem substantiam nihil esse nisi quatenus effusa sua benedictione Dominus eam[g] continuo progressu[h] foecundat: quae etiam[i] in manu nostra est, ne eam quidem nostram esse, nisi quatenus in singulas horas portiunculam nobis largitur, usumque permittit. ‖ Id quia aegerrime sibi persuaderi patitur hominum superbia, singulare in omnia secula documentum se praebuisse testatur Dominus, quum manna in deserto populum suum educavit, ut nos commonefaceret, non in solo pane vivere hominem, sed in verbo potius quod ex ore suo egreditur [Deut. 8. a. 3; Matth. 4. a. 4]. Quo indicatur, solam eius virtutem esse qua sustentantur[k] vita et vires: tametsi eam sub corporeis[l] instrumentis nobis administrat. Quemadmodum et contrario documento nos erudire solet, quum robur panis (et ut ipse vocat, baculum) quoties libet confringit, quo scilicet edentes tabescant fame [Levit. 26. d. 26], et[m] bibentes siti arescant[n]. ‖ Qui vero pane quotidiano non contenti, sed effraeni cupiditate infinitis inhiantes: aut qui abundantia sua saturi, et divitiarum suarum cumulo securi, hac nihilominus precatione Deo supplicant, nihil quam ipsum irrident. Priores enim petunt quod impetratum nollent, imo quod maxime abominantur, nempe panem quotidianum duntaxat: quantumque possunt, avaritiae suae affectum Deo dissimulant: quum vera oratio totam ipsam mentem et quicquid intus latet, apud ipsum effundere debeat. Alteri vero postulant quod minime ab eo expectant, nempe quod sibi apud se esse arbitrantur. In eo quod noster dicitur, magis quidem, ut diximus[o], eminet Dei benignitas[p], quae[l] nostrum facit quod nullo iure nobis debetur[q]. ‖ Neque tamen repudiandum est quod etiam attigi[r], ita designari iusto labore et innoxio partum,

---

a) *1536–54* + certa   b) *1536–54* + patrem nostrum,   c) cael. P. > *1536–54*   d) *1536–54* + nobis   e) *1536–54* autem   f) quia — est: *1536–54* hoc cogitantes,   g) > *1536–43*   h) cont. progr.: *1536–54* prosperat et   i) quae etiam : *1536–39* et quae; *1543–45* quae et   k) *1543–54* sustentatur; *1559* substentantur; *1539–43* + et   l) *1539* corporis   m) *VG 1541 sqq.* + oste la substance à l'eaüe: tellement que   n) *1539–54* + [Iehezec. 4. d. 16 (*16 sq.*), et 14. d. 13.]   o) quid. — dix.: *1536–54* adhuc   p) mag. — ben.: *VG 1541 sqq.* apparoist et se donne à congnoistre plus amplement la grace et benignité de Dieu   q) nullo — deb.: *1536–54* nobis nulla ratione debebatur [Deut. 8. a. 3, et d. 18.]   r) Neque — att.: *1539–54* Etsi valde iis refragari nolim, qui putant

DE MODO PERCIPIENDAE GRATIAE. CAP. XX 359

non autem imposturis quaèsitum aut rapinis: quia alienum semper est quicquid cum aliqua noxa nobis acquirimus. || Quod dari nobis petimus, significatur esse simplex ac gratuitum Dei donum, undecunque nobis adveniat: etiam ubi maxime visus
5 fuerit arte atque industria nostra quaesitus, ac manibus nostris comparatus; || quando sola eius benedictione efficitur ut laboribus nostris recte succedat[a].

45. Sequitur, Remitte nobis debita nostra: qua petitione et proxima breviter amplexus est Christus quicquid ad caelestem
10 vitam facit[b]; quemadmodum his tantum duobus membris constat spirituale foedus quod Deus in salutem Ecclesiae suae pepigit, Leges meas inscribam cordibus ipsorum, et propitius ero eorum iniquitati [Ierem. 31. f. 33, et 33. a. 8]. Hic a remissione peccatorum Christus incipit, deinde mox adiunget secun-
15 dam gratiam, ut nos Spiritus sui virtute tueatur Deus et auxilio sustineat, ut invicti stemus contra omnes tentationes. || Peccata vero debita nuncupat quod eorum poenam debemus[c], || nec satisfacere ullo modo possemus, nisi hac remissione solveremur[d]; quae venia est gratuitae[e] misericordiae eius, quum ipse libera-
20 liter haec debita expungit, [f]nullum a nobis pretium accipiens: sed sua ipsius misericordia sibi satisfaciens in Christo, qui[g] semel[h] in compensationem seipsum[i] tradidit [Rom. 3. c. 24]. Itaque qui suis aut aliorum[k] meritis Deo satisfieri confidant, hisque satisfactionibus peccatorum remissionem pensari ac
25 redimi, huic gratuitae condonationi minime communicant: ac dum in hanc formam Deum invocant, nihil aliud quam in suam accusationem subscribunt, adeoque[l] damnationem obsignant suo ipsorum testimonio; fatentur enim se debitores nisi remissionis beneficio solvantur, quam tamen non accipiunt sed magis
30 respuunt, dum sua merita ac satisfactiones Deo obtrudunt[m];

a) quando — succ. > *VG 1541 sqq.*   b) quic. — fac.: *VG 1560* tout ce qui concerne le salut de noz ames
  c) QUINTA PETITIO *(> 1536)*.
Remitte nobis debita nostra, sicut et nos remittimus debitoribus
35 nostris. Qua peccatorum remissionem condonari nobis petimus: omnibus, sine ulla exceptione, hominibus necessariam [Rom. 3]. Et peccata, debita nuncupamus: quod eorum poenam Deo, ceu precium, debemus

  d) *1536–54* liberaremur   e) *1536 (et VG 1541–51)* gratuita   f) *1536*
40 *–54* + iisque nos solvit   g) *1536–45* + se   h) *1536–54* + patri
  i) > *1536–50*   k) *1539–54* aliquorum   l) *1536–54* ac   m) *1543–54*
+ [Vide supra cap. de poenitent.][1]

1) ad cap. 9. edd. 1543—1554 spectat; cf. lib. III 4, 25—39; supra p. 113 sqq.

sic enim non eius misericordiam implorant, sed iudicium[a] appellant. || Qui vero sibi perfectionem somniant quae veniae petendae necessitatem tollat[1], discipulos habeant quos aurium pruritus ad fallacias impellit[b]: modo ereptos esse Christo constet quoscunque sibi acquirunt; quando omnes ille ad fatendum reatum instituens nullos admittit nisi peccatores: non quod blanditiis foveat peccata, sed quia fideles nunquam plane exui carnis suae vitiis sciebat, quin semper maneant Dei iudicio obnoxii. Optandum quidem est, atque etiam enixe laborandum ut omnibus officii nostri numeris defuncti, vere apud Deum nobis gratulemur nos esse puros ab omni macula; sed quia Deo placet paulatim suam in nobis imaginem refingere, ut semper aliquid contagionis in carne nostra resideat, remedium minime negligendum fuit. Quod si Christus pro authoritate sibi a Patre data iubet nos toto vitae cursu ad reatus deprecationem confugere,[1] quibus tolerabiles erunt novi magistri[c], qui perfectae innocentiae spectro, simplicium oculos perstringere conantur, ut se ab omni culpa reddi posse immunes confidant? Quod, teste Iohanne, nihil aliud est quam mendacem facere Deum [1. Iohan. 1. d. 10]. Eadem etiam opera nebulones isti foedus Dei, quo vidimus salutem nostram contineri, capite uno inducto lacerant, atque ita funditus labefaciunt: non tantum in eo sacrilegi quod separant res adeo coniunctas, sed etiam impii et crudeles quod miseras animas obruunt desperatione: in seipsos quidem et sibi similes perfidi, quod socordiam sibi accersunt Dei misericordiae ex diametro adversam. Quod autem obiiciunt, regni Dei adventum optando simul nos peccati abolitionem petere[2]: nimis puerile est: quia in priore orationis tabula summa nobis perfectio, hic autem infirmitas proponitur. Ita duo haec apte inter se conveniunt ut aspirando ad metam, quae necessitas nostra remedia exigit non negligamus. || Petimus demum remissionem nobis fieri, ut ipsi debitoribus nostris remittimus: hoc est, ut omnibus[d] parcimus ac veniam damus[e] a quocunque[f] ulla in re laesi sumus, aut facto inique tractati[g], aut dicto contumeliose accepti. Non quod[h] delicti atque offensae culpam remittere nostrum sit, quod solius Dei est [Iesa. 43. d. 25]: verum haec nostra est remissio, iram, odium, vindictae appe-

---

a) *1536 (et VG 1541)* iustitiam; *VG 1545-51* iustice rigoreuse
b) quos — imp.: *VG 1560* qu'ils voudront   c) *VG 1560* + et follets
d) *1536-54* iis   e) *1536-54* condonamus   f) *1536-54* quibus   g) *1539-50* coacti   h) *1536-54* + iis

1) ad Spirituales et Anabaptistas spectat; cf. Brieve explication de la Pate-Nostre fol. 94a—95b, et ThStKr. 28, 1855, p. 822.   2) cf. l. c. fol. 48b.

tentiam ex animo ultro deponere, et iniuriarum memoriam voluntaria oblivione conterere. Quamobrem peccatorum remissio a Deo petenda non est, nisi offensas etiam ipsi nostras omnibus remittamus qui nobis iniurii vel sunt vel fuerunt. Siqua vero odia animis retinemus[a], ultiones meditamur, et qua noceamus occasione cogitamus: imo vero nisi cum inimicis redire in gratiam ipsosque omni[b] officiorum genere demereri nobisque conciliare nitimur: hac precatione Deum obtestamur ne peccatorum remissionem nobis faciat. Poscimus enim ut nobis faciat, quam[c] aliis facimus. Hoc vero est petere ne nobis faciat nisi ipsi facimus. Qui ergo huiusmodi sunt, quid consequuntur sua petitione nisi gravius iudicium? Postremo observandum est, non hanc conditionem ideo adiici ut remittat nobis, sicut debitoribus nostris remittimus, propterea quod nostra quam aliis[d] facimus, remissione, eius remissionem mereamur, acsi notata esset causa[e]: verum hoc verbo solari partim[f] voluit Dominus fidei nostrae imbecillitatem; addidit enim hoc tanquam signum quo confirmemur[g] tam certo nobis factum a se remissionem peccatorum, quam certo conscii sumus aliis eam a nobis fieri: si tamen animus nobis omni odio, livore, vindicta, vacuus purgatusque est: partim[h] hac veluti nota, e filiorum numero expungit[i] qui ad[l] ulciscendum praecipites, ad remittendum difficiles, pertinaces inimicitias exercent, et indignationem quam a se[k] deprecantur, ipsi adversus alios fovent, ne se pro Patre invocare ausint; || quod etiam diserte in Christi verbis exprimitur apud Lucam.

46. Sexta petitio (ut diximus) promissioni respondet de Lege Dei cordibus nostris insculpenda: sed quia non sine continua militia durisque et arduis certaminibus Deo paremus, hic petimus nos armis instrui et praesidio defendi, ut pares simus ad victoriam: quo monemur non tantum nobis opus esse Spiritus gratia, quae corda nostra intus emolliat, flectat et dirigat in Dei obsequium, sed etiam auxilio, quo nos insuperabiles reddat contra omnes Satanae tam insidias quam violentos conflictus. Iam vero || [1]multae sunt ac variae tentationum formae. Nam

---

a) *1530* retineamus   b) *1536-43* omnium   c) *1539 iubente correct.* quemadmodum   d) *1550-53, 1559-61 male* alii   e) acsi — causa > *1536-54*   f) *1536-54* duntaxat   g) *1536-39 (et 1543 iubente correct.)* confirmaremur; *1543 falso* confirmamemur   h) *1536 -54* Praeterea   i) *1536 (et VG 1541 sqq.)* expunxit   k) a se: *1536* in Deo   l) *1536-54 praemittitur:*

SEXTA PETITIO *(> 1536).*
Ne nos inducas in tentationem, sed libera nos a maligno.

et pravae animi conceptiones, in Legis transgressionem nos provocantes, quas vel concupiscentia nostra nobis suggerit, vel Diabolus excitat, tentationes sunt: et quae suapte natura mala non sunt, Diaboli tamen arte tentationes fiunt, quum sic oculis nostris ingeruntur, ut eorum obiectu a Deo abstrahamur, aut declinemus [Iacob. 1. a. 2, et b. 14; Matth. 4. a. 1. 3; 1[a]. Thes. 3. b. 5]. Et hae quidem tentationes sunt vel a dextris vel a sinistris. A dextris, ut divitiae, potentia, honores[b], quae plerunque suo fulgore et boni specie quam prae se ferunt, hominum aciem praestringunt, et blanditiis suis inescant, ut talibus praestigiis capti, ut tali dulcedine ebrii, Deum suum obliviscantur. A sinistris, ut paupertas, probra, contemptus, afflictiones, et caetera id genus: quorum acerbitate difficultateque offensi animos despondeant, fiduciam ac spem abiiciant, demum a Deo prorsus alienentur. His tentationibus utrisque[c], quae vel concupiscentia nostra in nobis accensae, vel Satanae vafricia nobis propositae nobiscum pugnant, ne cedere nos permittat, a Deo Patre nostro precamur. Verum ut potius manu sua nos sustentet ac erigat: quo eius virtute robusti, contra omnes maligni hostis insultus firmi stare possimus, quascunque cogitationes animis nostris immittat: deinde[d] quicquid nobis in utranque partem proponitur, in bonum vertamus; hoc est, ne inflemur prosperis, nec adversis deiiciamur. ‖ Neque tamen[e] hic postulamus ne ullas omnino tentationes sentiamus, quibus magis excitari, pungi, vellicari, magnopere nobis opus est, ne nimium resides torpeamus[f]. Neque enim abs re David tentari optabat [Psal. 26. a. 2]: nec citra causam electos suos quotidie tentat Dominus [Gene. 22. a. 1; Deut. 8. a. 2, et 13. a. 3[1]]: eos per ignominiam, paupertatem, tribulationem, et alias crucis species castigans. Sed aliter Deus tentat, aliter Satan: hic ut perdat, damnet, confundat, praecipitet: Deus vero, ut suos probando, experimentum de eorum sinceritate sumat, et exercendo robur confirmet[g]: eorum carnem mortificet, excoquat, aduret[h], quae nisi in hunc modum coerceretur[i], lasciviret, et supra modum exultaret.[1] Praeterea[k] Satan inermes et imparatos adoritur, ut incautos opprimat: Deus una cum tentatione facit eventum, ut sufferre sui pa-

---

a) *1550–61 falso 2.*   b) *VG 1541 sqq.* + et autres telles   c) > *1536 –54*   d) *1536–54* Et   e) *1536–54* vero   f) *1536–54* + [Iacob. 1. a. 2.]   g) prob. — conf.: *1536* probet et exerceat   h) *1536* urat   i) *1559–61* coarceretur   k) *1539–45* Propterea; *VG 1541 sqq.* D'avantage

1) Deut. 13, 4 = vg. 13, 3.

DE MODO PERCIPIENDAE GRATIAE. CAP. XX

tienter possint quicquid illis immittit [1. Cor. 10. c. 13; 2. Pet. 2. b. 9]. || Maligni nomine Diabolum an peccatum intelligamus quam minimum refert. Satan quidem ipse hostis est qui vitae nostrae insidiatur [1. Petr. 5. c. 8]: peccato autem armatus est in nostrum exitium. || Haec igitur nostra est postulatio, ne ullis tentationibus vincamur ac obruamur, sed Domini virtute contra omnes adversas virtutes, quibus oppugnamur, fortes stemus[a]: quod est non succumbere tentationibus, ut in eius custodiam ac fidem suscepti, ac protectione eius securi, supra peccatum, mortem, inferorum portas, et totum Diaboli regnum invicti duremus[b]: quod est a maligno liberari. || Ubi etiam diligenter animadvertendum est, non nostrarum esse virium cum Diabolo tanto bellatore congredi, nec vim eius atque impetum ferre. Alioqui frustra aut per ludibrium a Deo posceretur quod domi apud nos esset. Sane qui sui fiducia ad talem se pugnam comparant, non satis intelligunt cum quam pugnaci atque instructo hoste sibi res sit. Nunc petimus ab eius potestate liberari, tanquam ab ore insani ac rabidi alicuius leonis[1], statim eius dentibus ac unguibus[c] discerpendi, eius faucibus deglutiendi, nisi nos Dominus e media morte eripiat[d]: hoc tamen simul scientes quod si Dominus aderit, ac pro nobis tacentibus pugnabit, in eius virtute faciemus virtutem [Psal. 60. b. 14]. Confidant alii ut volent propriis liberi arbitrii (quas a se habere sibi videntur) facultatibus ac viribus[e]: nobis satis sit, quod una Dei virtute stamus ac valemus. || Plus autem ista precatio complectitur quam prima specie prae se ferat; nam si Dei Spiritus virtus nostra est ad certamen cum Satana depugnandum, victoriam referre ante non poterimus quam illo pleni omnem carnis nostrae infirmitatem exuerimus. A Satana igitur et peccato dum petimus liberari, novis gratiae Dei incrementis locupletari subinde expetimus: donec ad plenum iis referti, de omni malo triumphemus[f]. || Durum et asperum videtur quibusdam, peti a Deo ne in tentationem nos inducat, quando eius naturae contrarium est nos ten-

---

a) *1536–45* consistamus   b) *1536–45* stemus   c) *1536 (et VG 1541 sqq.)* ung. ac dent.   d) nisi — er.: *VG 1541 sqq.* si nostre Seigneur est quelque peu eslongné de nous   e) propr. — vir.: *1536* libero suo arbitrio, et quas ex se habent, viribus; *VG 1541 sqq.* de leur franc et liberal arbitre, et de la puissance qu'ilz pensent avoir d'euxmesmes   f) *haec verba anno 1539 addita in VG 1541 supra ante* Ubi *(lin. 11) falso loco inveniuntur, quod primae versionis gallicae margini adscripta anno 1541 a typographo ibi falso inserta sunt.*

1) 1. Petr. 5, 8.

tare, teste Iacobo [Iacob. 1. c. 13]. Sed iam ex parte soluta quaestio est, quod omnium tentationum quibus vincimur, concupiscentia nostra proprie causa est [Ibidem, c. 14], ideoque culpam sustinet. Neque aliud vult Iacobus quam frustra et iniuste in Deum vitia transcribi quae nobis imputare cogimur: quia sumus eorum nobis conscii. Caeterum hoc non obstat quominus nos Deus ubi ita visum est Satanae mancipet, proiiciat in sensum reprobum foedasque cupiditates, atque ita in tentationes inducat, iusto quidem iudicio, saepe tamen occulto: quia saepe hominibus abscondita est causa quae tamen apud eum certa est. Unde colligitur non esse impropriam loquutionem, si persuasi sumus non abs'que ratione[a] ipsum toties minari, quum percutientur caecitate et obduratione cordis reprobi, haec certa fore vindictae suae documenta.

47. Tres istae precationes, quibus peculiariter nos ac nostra omnia[b] Deo commendamus, evidenter ostendunt quod antea diximus[1], Christianorum orationes publicas esse debere, ac in publicam Ecclesiae aedificationem communionisque fidelium profectum spectare. Non enim sibi quisque privatim dari quicquam postulat: verum omnes in commune, panem nostrum, remissionem peccatorum, ne inducamur in tentationem, ut a maligno liberemur, poscimus. Causa praeterea subiicitur cur tanta sit nobis et petendi audacia, et fiducia obtinendi: || quae tametsi in Latinis exemplaribus non extat, magis tamen apposite hic quadrat quam ut omittenda videatur; || nempe quod eius[c] est regnum, et potentia, et gloria in secula seculorum. Haec[d] solida tranquillaque est fidei nostrae requies; nam si nostra dignitate nostrae Deo orationes commendandae essent, quis[e] vel mutire coram eo[f] auderet? Nunc, ut miserrimi simus, ut omnium indignissimi, ut omni commendatione vacui, nunquam tamen orandi nos causa deficiet, nunquam fiducia destituet: quando nec Patri nostro regnum suum, potentia, gloria eripi potest. Ad finem additur, Amen: quo ardor desiderii exprimitur obtinendi quae a Deo petita sunt: et spes nostra confirmatur, huiusmodi omnia iam impetrata esse, et certo nobis concessum iri: quando a Deo promissa sunt[2], qui fallere non potest. || Atque hoc convenit cum illa quam prius retulimus formula, Fac Domine propter nomen tuum, non

---

a) non absque rat.: *VG 1560* que ce ne sont pas menaces de petis enfans, b) > *1536* c) nem. — eius: *1536-54* Quia tuum d) *1536* + haec e) *1536* + omnino f) *1536* Deo

1) sect. 38 sq.; supra p. 348 sq. 2) cf. Lutheri Enchiridion piar. prec., m 4 b (Catechismi exposit.); WA XXX 1, 308.

propter nos, aut iustitiam nostram[1]: qua non tantum finem votorum suorum exprimunt sancti, sed fatentur indignos se esse qui impetrent, nisi Deus causam a seipso petat: ac sibi exorandi esse fiduciam ex sola Dei natura.

48. Habemus quicquid a Deo petere debemus, ac omnino etiam possumus, descriptum hac formula, et velut orandi regula ab optimo magistro Christo tradita: quem nobis Doctorem Pater praefecit, et quem unum auscultari[a] voluit [Matth. 17. a. 5]. Nam et aeterna eius sapientia semper fuit [Iesa. 11. a. 2]: et homo factus, Angelus magni consilii hominibus datus est[b]. Atque adeo numeris omnibus absoluta est haec oratio, ut quicquid illi extraneum alienumque additur, quod ad eam referri non possit, impium sit et indignum quod a Deo probetur[c] [Vide Aug. de oratione ad Probam.][d][2]. Hac enim summa praescripsit quid se dignum, quid sibi acceptum, quid necessarium nobis sit, quid denique concedere ipse velit. Quamobrem qui ultra progredi audent, et praeter haec aliquid a Deo[e] postulare, primum quidem sapientiae Dei ex suo addere volunt (quod sine insana blasphemia esse non potest) deinde sub voluntate Dei non se continent: sed ea contempta, longius cupiditate evagantur. Postremo nihil unquam assequentur, quum sine fide orent. Quin[f] vero omnes[1] eiusmodi orationes citra fidem fiant nihil est dubium: quia hic abest verbum Dei, quo nisi fides semper nititur, stare nullo modo potest. Qui vero posthabita magistri regula suis votis indulgent[g], non modo verbo Dei carent, sed quantum omni conatu valent adversantur. ‖ Eleganter ergo non minus, quam vere Tertullianus legitimam orationem nuncupavit [De fuga in persecutione][3]: alias omnes exleges et illicitas esse tacite indicans.

49. Haec ita nolumus accipi quasi hac precandi formula astringamur, ut nec verbum aut syllabam mutare liceat. Multae enim passim in Scripturis leguntur orationes, verbis ab ista longe diversae, eodem tamen Spiritu conscriptae, et quarum usus valde utilis nobis est. ‖ Multae ab eodem Spiritu fidelibus assidue suggeruntur, quae verborum similitudine non ita multum conveniunt. ‖ Id duntaxat sic docendo agimus, nequis omnino aliud quaerat, expectet, aut postulet, quam

---

a) *1536-54* + atque exaudiri   b) *1536-50* + [Iesa. 9 *(5)*]   c) *1536 -54* concedatur   d) > *1536*   e) *1536* a Deo aliqu.   f) *1536-54* Quod   g) Qui — ind.: *1536-54* Isti vero

1) sect. 8; supra p. 305 sq.   2) Aug., Ep. 130, 12, 22 sq. (ad Probam) MSL 33, 502 sq.; CSEL 44, 64 sqq.   3) Tert., De fuga in persecut. c. 2 ed. Oehler I 465.

quod hac oratione summatim comprehensum est, et verbis licet diversissimis, sensu tamen non variet. Quo modo omnes et[a] quae in Scripturis habentur, et quae ex piis pectoribus prodeunt[b] orationes, in hanc conferri certum est; nullam sane reperire usquam liceat, quae huius perfectionem aequare, nedum superare possit. Nihil hic omissum est quod in Dei laudes cogitari, nihil quod homini pro suis commodis in mentem venire debeat; et adeo quidem exacte, ut omnibus merito spes ablata sit melius aliquid tentandi. In summa, meminerimus hanc divinae sapientiae esse doctrinam: quae quod voluit, docuit: voluit autem quod necesse fuit.

50. Quanquam autem supra iam dictum est[1], sublatis ad Deum animis semper suspirandum, et sine intermissione orandum: quando tamen ea nostra est imbecillitas quae multis adminiculis sustentari, is noster torpor qui calcaribus excitari opus habeat: convenit ut sibi quisque nostrum exercitationis causa peculiares horas constituat quae non sine oratione effluant, et quae totos animi affectus in hoc penitus occupatos habeant: nempe dum mane surgimus, antequam diurnam operam aggredimur, dum ad pastum discumbimus, dum Dei benedictione pasti sumus, dum ad quietem nos recipimus. Haec modo sit non superstitiosa horarum observatio, quibus, ceu pensum Deo solventes, in caeteras horas defuncti nobis videamur: sed imbecillitatis nostrae paedagogia, qua sic exerceatur, et subinde[c] stimuletur. Praesertim sollicite curandum est[d], quoties aliqua rerum angustia aut ipsi premimur, aut premi alios videmus, ut[e] ad eum statim citatis non pedibus sed animis recurramus: deinde nequam aut nostram aut aliorum prosperitatem praeterire sinamus, quin laude ac gratiarum actione manum eius agnoscere nos testemur. Postremo, hoc in omni oratione diligenter observandum est, ne certis circunstantiis Deum alligare velimus, nec[f] illi praescribere, quo quid tempore, quo loco, qua ratione facturus sit. Qualiter hac oratione docemur nullam illi legem figere, aut conditionem imponere: sed eius arbitrio permittere, ut quae facturus est, qua sibi ratione, quo tempore, quo loco visum fuerit, faciat[2]. Propterea[g] antequam ullam pro nobis precem concipimus, prae-

---

a) > *1536* b) *et quae ex — prod. > 1536; VG 1541 sqq. et celles, dont usent les fideles* c) *VG 1560 le plus souvent qu'il sera possible* d) *1536-45 + ut* e) > *1536-54* f) *1536-54 ne* g) *1536-39 Praeterea,*

1) sect. 4; supra p. 300. 2) cf. Lutheri Enchir. piar. prec. WA II 177, 12 sqq.

famur ut eius voluntas fiat: ubi iam eius voluntati nostram
subiicimus; quo non secus ac^a iniecto fraeno coercita, Deum
in ordinem cogere ne praesumat, sed eum votorum omnium
suorum arbitrum ac moderatorem statuat.

51. Si animis in hanc obedientiam compositis, providentiae
divinae legibus nos regi patimur, facile discemus in oratione
perseverare, ac suspensis desideriis patienter expectare Dominum: certi, etiamsi minime apparet, nobis tamen semper
adesse, suoque tempore declaraturum quam non habuerit sur-
das aures precibus, quae in hominum oculis neglectae videbantur. Erit vero isthaec praesentissima consolatio, ne deficia-
mus, ac desperatione concidamus, siquando ad prima nostra
vota Deus non respondeat^b. Quemadmodum solent qui dum
suo tantum ardore feruntur, sic Deum invocant, ut nisi ad
primos impetus adfuerit, ac praesentem opem attulerit, statim
iratum sibi infensumque^c fingant, et omni spe exorandi abiecta,
invocare desinant. ‖ Quin potius spem nostram bene temperata animi aequitate differendo, in eam perseverantiam insistamus, quae tantopere nobis commendatur in Scripturis. ‖
Nam in Psalmis frequenter videre licet ut David et reliqui
fideles, dum precando fere lassi videntur aerem verberasse,
quia Deo surdo verba sparserint, non tamen a precando desi-
stunt: quia sua verbo Dei authoritas non asseritur, nisi locatur eius fides supra omnes eventus. ‖ Deinde etiam ne Deum
tentemus, et nostra improbitate fatigatum, adversum nos pro-
vocemus; quod multis solenne est, qui nonnisi certa conditione
cum Deo paciscuntur, et perinde^d acsi suarum cupiditatum
servus esset, stipulationis suae legibus adstringunt; quibus
nisi exemplo pareat, indignantur, fremunt, obloquuntur,
murmurant, tumultuantur. Talibus ergo^e saepe in furore suo
iratus concedit quod aliis in misericordia propitius denegat.
Documento sunt filii Israel, quibus satius fuerat non exaudiri
a Domino, quam cum carnibus eius indignationem vorare^f
[Num. 11. d. 18, et. g. 33].

52. Quod si demum nec post longam expectationem asse-
quatur sensus noster quid orando profectum sit, nec fructum
inde ullum sentiat: fides tamen nostra, quod sensu percipi
non poterit, nobis certum faciet, nos obtinuisse quod expedie-
bat; ‖ quando^f toties ac tam certo sibi curae fore molestias

---

a) non sec. ac.: *1536–50* hoc veluti *(1536* velut*)*   b) *1536–50*
responderit   c) *1561* sibique infensum   d) > *1536–43*   e) Tal.
ergo: *1536–43* Quibus   f) quam — vor.: *VG 1541 sqq.* que d'avoir
les chairs et volailles qu'il leur donna en son ire

nostras Dominus recipit, ex quo semel in suum sinum de-
positae fuerint. ‖ Atque ita efficiet ut in paupertate abundantiam, in afflictione consolationem possideamus. Nam ut deficiant omnia, Deus tamen nunquam nos destituet, qui expectationem ac patientiam suorum frustrari non potest. Erit
ipse unus nobis pro omnibus: quando bona omnia in se complectitur quae olim nobis revelabit in die iudicii, quo regnum
suum plane manifestabit. ‖ Adde quod etiamsi nobis annuat
Deus, non tamen semper ad disertam voti formulam respondet: sed in speciem nos suspendens, modo tamen incognito[a]
preces nostras non vanas fuisse ostendit. Hoc sibi volunt Ioannis
verba, Si novimus quod audit nos quum quid petierimus ab eo,
novimus quod habemus petitiones quas petimus ab eo [1. Iohan.
5. c. 15]. Diluta videtur haec verborum superfluitas: sed apprime utilis est declaratio, quod scilicet Deus, etiam ubi nobis
morem non gerit, precibus tamen nostris facilis est ac propitius, ut spes verbo eius innixa nunquam nos frustretur. ‖ Hac
vero patientia sustentari eousque opus habent fideles, ut non
diu constaturi sint nisi in eam recumberent. Non enim levi-
bus experimentis suos probat Dominus, nec molliter exercet:
sed in extrema quaeque saepe adigit, et adactos, diu in eo luto
haerere sinit, antequam gustum suae dulcedinis aliquem illis
praebeat. Atque, ut ait Hanna, Mortificat, et vivificat: deducit ad inferos, et reducit [1. Sam. 2. b. 6]. Quid hic possent
nisi linqui[b] animis, et in desperationem ruere: nisi afflictos,
desolatos, et iam semimortuos haec cogitatio erigeret, se a
Deo respici, et finem praesentibus malis affore? ‖ Utcunque
tamen eius spei securitate consistant, orare interea[c] non desinunt; quandoquidem, nisi adsit in oratione perseverandi constantia, nihil orando agimus.[d]

De electione aeterna, qua Deus alios ad salutem, alios ad interitum praedestinavit.   CAP. XXI.

1. Iam vero quod non apud omnes peraeque homines foedus
vitae praedicatur, et apud eos quibus praedicatur, non eundem
locum vel aequaliter vel[e] perpetuo reperit: in ea diversitate
mirabilis divini iudicii altitudo se profert[f]. Nec enim dubium
quin aeternae Dei electionis[g] arbitrio haec quoque varietas
serviat. Quod si palam est Dei nutu fieri ut aliis ultro offeratur

---

a) modo — incog.: *VG 1560* il nous exauce d'une façon admirable,
et   b) *1535–39* liqui   c) *1539–54* tamen   d) *1539–43* + Hactenus
de oratione.   e) vel — vel > *1539–54*   f) *cf. Cat. 1538, CR V 332*
g) *1539–54* voluntatis

salus, alii ab eius aditu arceantur: hic magnae et arduae protinus emergunt quaestiones, quae aliter explicari nequeunt quam si de electione ac praedestinatione constitutum habeant piae mentes quod tenere convenit. || Perplexa (ut multis videtur) quaestio: quia nihil minus consentaneum putant, quam ex communi hominum turba alios ad salutem, alios ad interitum praedestinari[1]. Ut autem perperam se ipsi impediant, ex contextu postea liquebit. Adde quod in ipsa quae terret caligine, non modo utilitas huius doctrinae, sed suavissimus quoque fructus se profert. Nunquam liquido ut decet persuasi erimus salutem nostram ex fonte gratuitae misericordiae Dei fluere, donec innotuerit nobis aeterna eius electio: quae hac comparatione gratiam Dei illustrat, quod non omnes promiscue adoptat in spem salutis, sed dat aliis quod aliis negat. Huius principii ignorantia quantum ex gloria Dei imminuat, quantum verae humilitati detrahat[a], palam est. Atqui quod ita cognitu necessarium est, cognosci posse negat Paulus, nisi Deus, omisso prorsus operum respectu, quos apud se decrevit eligat. In hoc (inquit) tempore reliquiae secundum electionem gratuitam salvae fuerunt. Quod si per gratiam, non iam ex operibus: quandoquidem gratia iam non esset gratia. Si ex operibus, non ex gratia: quandoquidem opus non esset opus [Rom. 11. a. 5][2]. Si ad electionis originem revocandi sumus, ut constet non aliunde quam ex mera Dei liberalitate contingere nobis salutem, qui hoc extinctum volunt, maligne quantum in se est obscurant quod magnifice ac plenis buccis celebrandum erat, et ipsam humilitatis radicem evellunt. Clare testatur Paulus, ubi residui populi salus electioni gratuitae ascribitur, tunc demum cognosci, Deum mero beneplacito servare suos vult, non autem mercedem rependere, quae nulla deberi potest. Qui fores occludunt, nequis ad gustum huius doctrinae accedere audeat, non minorem hominibus quam Deo faciunt iniuriam: quia neque ad nos ut par est humiliandos quicquam aliud sufficiet, nec quam simus obstricti Deo, ex animo sentiemus. Nec vero alibi solidae fiduciae fultura, etiam Christo authore: qui ut nos inter tot discrimina, insidias et lethales conflictus omni metu liberet, invictosque reddat, salvum fore promittit quicquid

---

a) *VG 1560* + c'est de ne point mettre toute la cause de nostre salut en Dieu seul

1) Pighius, De lib. arb. VII fol. 114 sqq.; Actes du procès intenté par Calvin et les autres ministres de Genève à Jérome Bolsec de Paris 1551 CR Calv. opp. VIII 145. 2) Rom. 11, 5 sq.

a patre accepit in custodiam [Iohan. 10. e. 25¹]. Ex quo elicimus continua trepidatione miseros fore quicunque se peculium Dei esse ignorant: ac proinde eos pessime et sibi et cunctis fidelibus consulere qui ad tres quas notavimus utilitates caecutiendo, salutis nostrae fundamentum e medio sublatum cuperent. Quid quod nobis inde emergit Ecclesia, quae alioqui, ut recte docet Bernardus, non posset inveniri, nec inter creaturas agnosci? quia miro utroque modo latet intra gremium beatae praedestinationis, et intra massam miserae damnationis ᵃ [Serm. in Can. 78]³. ‖ Sed antequam ᵇ rem ipsam ingredior, cum duplici hominum genere mihi bifariam praefandum est. Disputationem de praedestinatione, quum per se sit aliquantum impedita, valde perplexam atque adeo periculosam reddit hominum curiositas: quae nullis repagulis cohiberi potest quin et in vetitas ambages evagetur, et in sublime se proripiat: nihil, si liceat, arcani, quod non scrutetur atque evolvat, Deo relictura. In hanc audaciam et improbitatem quum multos videamus passim ruere, et in iis quosdam alioqui non malos⁴: opportune admonendi sunt quis sit in hac parte officii sui modus. Primum ergo meminerint, in praedestinationem dum inquirunt, se in divinae sapientiae adyta penetrare, quo siquis secure ac confidenter prorumpat, nec quo suam curiositatem satiet assequetur, et labyrinthum ingredietur cuius nullum reperiet exitum. Neque enim aequum est ut quae in seipso abscondita esse voluit Dominus, impune homo excutiat: et sapientiae sublimitatem (quam adorari et non apprehendi voluit, ut per ipsam quoque admirabilis nobis foret) ab ipsa aeternitate evolvat. Quae nobis patefacienda ᶜ censuit voluntatis suae arcana, ea verbo suo prodidit ᵈ. Censuit autem, quatenus nostra interesse nobisque conducere providebat.

2. Pervenimus in viam fidei, inquit Augustinus, eam constanter teneamus. Ipsa perducit ad cubiculum Regis, in quo

---

a) *pro his omnibus 1539–54 tantum haec leguntur:*
Hic autem locus duobus membris continetur. Prius enim expediendum, qualiter intelligi debeat, quod hominum alii ad salutem alii ad damnationem praedestinantur. Deinde cum aeterna quoque rerum omnium dispensatio, ex Dei ordinatione pendeat: quomodo providentia illius regatur hic mundus, declarandum.² b) *1539–43* + in c) *1539–54* communicanda d) *1539–54* commendavit

1) lege Ioh. 10, 28 sq. 2) I 16, 4—9 et 17, 3—14; vol. III 192—200. 206—219. 3) Bernardus, In cant. sermo 78, 4 MSL 183, 1161 A. 4) ad Zwinglium spectare videtur; cf. quae de huius libello, qui de providentia inscribitur, a. 1554 ad Bullingerum scripserit, CR opp. Calv. XIV 253.

sunt omnes thesauri scientiae et sapientiae absconditi. Non enim ipse Dominus Christus suis magnis et selectissimis discipulis invidebat quum diceret, Multa habeo vobis dicenda: sed non potestis portare nunc [Iohan. 16. b. 12ᵃ]. Ambulandum est, proficiendum est, crescendum est: ut sint corda nostra capacia earum rerum quas capere modo non possumus. Quod si nos ultimus dies proficientes invenerit, ibi discemus quod hic non potuimus [August. homil. in Iohan. 53]ᵇ[1]. ‖ Haec cogitatio si apud nos valeat, verbum Domini unicam esse viam quae ad investigandum quicquid de eo teneri fas est nos deducat, unicum esse lumen quod ad perspiciendum quicquid de ipso conspici oportet nobis praeluceat: facile nos ab omni temeritate retinebit ac cohibebit. Sciemus enim, ubi primum verbi fines excesserimus, nobis extra viam et in tenebris esse cursum, in quo errare, labi, impingere identidem, necesse sit. Sit igitur primum nobis hoc prae oculis, aliam praedestinationis notitiam appetere quam quae verbo Dei explicatur, non minoris esse insaniae, quam siquis vel per invium incedere, vel in tenebris cernere velit. Neque vero nos pudeatᶜ aliquid in ea re nescire ubi est aliqua docta ignorantia[2]. Quin potius libenter¹ ab eius scientiae inquisitione abstineamus, cuius est cum stulta tum periculosa, atque adeo exitialis affectatio. Quod si nos sollicitat ingenii lascivia, semper illud, quo retundatur, ‖ opponere expediet, sicut nimium mellis non bonum est, ita investigationem gloriae non cedere curiosis in gloriam [Prov. 25. d. 27]ᵈ. ‖ Est enim cur ab ea audacia absterreamur quae nihil quam in ruinam praecipitare nos potest.

3. Sunt alii, qui, dum huic malo mederi volunt, tantum non sepeliri iubent omnem praedestinationis mentionem; sane a qualibet eius quaestione, non secus atque a scopulo, refugere docent[3]. Quorum tametsi iure in eo laudanda est moderatio, quod tanta sobrietate delibanda censent mysteria: quia tamen nimis infra modum descendunt, parum proficiunt apud humanum ingenium, quod se coerceri non temere patitur. Ergo, ut hac quoque in parte legitimum finem teneamus, redeundum erit ad verbum Domini, in quo habemus certam intelligentiae

---

a) *sic recte 1561; 1559 falso* 8. d. 26   b) [Aug. —]: *1559-61 supra ante* [Iohan. —] *exstat; 1543—1561 falso* 35   c) *1539-45 +* nos   d) opponamus. Qui scrutator est maiestatis, opprimetur a gloria [Prov. 25. d. 27.]; cf. *1536 I 88, 18-20.*

1) Aug., In Ioh. tract. 53, 7 MSL 35, 1777.   2) cf. Aug., Ep. 130, 15, 28 (ad Probam) MSL 33, 505; CSEL 44, 72, 13.   3) cf. Melanchthonis Locos theol. 1535, CR Mel. opp. XXI 452. cf. 419. 420. 428.

regulam. Est enim Scriptura schola Spiritus sancti, in qua ut nihil praetermissum est scitu et necessarium et utile, sic nihil docetur nisi quod scire conducat. Quicquid igitur de praedestinatione in Scriptura proditur, cavendum est ne ab eo fideles arceamus: ne videamur aut illos maligne fraudare Dei sui beneficio, aut Spiritum arguere ac suggillare qui ea vulgarit quae utile sit ullo modo supprimi. Permittamus, inquam, Christiano homini, cunctis qui ad eum diriguntur Dei sermonibus mentem auresque reserare[a], modo cum hac temperantia, ut quum primum Dominus sacrum os clauserit, ille[b] quoque viam sibi ad inquirendum praecludat. Hic optimus sobrietatis terminus erit, si non modo in discendo[c] praeeuntem semper sequamur Deum, sed ipso finem docendi faciente, sapere velle desinamus. Neque tanti est quod timent[d] periculum, ut a Dei oraculis avertere animos ideo[e] debeamus. ‖ Celebre est Solomonis dictum, gloriam esse Dei celare verbum [Prov. 25. a. 2]. Sed quum de re qualibet hoc promiscue non intelligi et pietas et sensus communis dictet: quaerenda nobis distinctio est, ne modestiae et sobrietatis praetextu bruta inscitia nobis placeat. Ea vero paucis a Mose verbis dilucide exprimitur: Arcana, inquit, sua sunt Deo nostro: nobis autem et filiis nostris haec manifestavit [Deut. 29. d. 29]. Videmus enim ut studium doctrinae Legis populo commendet tantum a caelesti decreto, quia Deo placuit eam promulgare: populum vero eundem contineat in iis cancellis[f], hac sola ratione quia fas non est mortalibus se in arcana Dei ingerere.

4. Arripiunt subito, fateor, profani homines[g] in praedestinationis materia, quod vel carpant, vel cavillentur, vel allatrent, vel subsannent. At[h] si nos absterret[i] eorum procacitas, celanda erunt praecipua quaeque fidei dogmata, quorum fere nullum a blasphemia inviolatum aut ipsi aut eorum similes relinquunt. Refractarium ingenium non minus insolenter se efferet quum audierit tres in Dei essentia subesse personas, quam si audiat Deum praevidisse quid de homine futurum esset quum crearet. Nec abstinebunt a cachinnis quum intellexerint[k] paulum supra quinque annorum millia effluxisse a creatione mundi; quaerent enim cur tandiu otiosa fuerit ac

---

a) *1539 falso* reservare; *iubente correct.* reseranda   b) *1539–54* ipse   c) *1539* loquendo   d) *VG 1541 sqq.* + ces bonnes gens dont nous avons parlé   e) *1539* ideoque   f) *VG 1560* sous les barres et limites de l'instruction qui luy est donnée   g) *prof. hom.:* VG 1541 sqq. les meschans et blasphemateurs   h) *1550 sectio 4 hoc verbo demum incipit.*   i) *1545–50* absterreret   k) *1539* intellexerunt

sopita Dei virtus[1]. Nihil denique proferetur quod non ludibriis suis impetant[a]. Quo haec sacrilegia compescamus, an de Filii et Spiritus divinitate tacendum ? an silendo transmittenda mundi creatio ? Imo vero potentior est et in hac parte et ubique Dei veritas quam ut impiorum maledicentiam reformidet; quemadmodum et Augustinus in opusculo de bono perseverantiae valide contendit [Cap. 15. usque ad 20][2]. Videmus enim pseudoapostolos non potuisse efficere, veram Pauli doctrinam infamando ac criminando, ut eum ipsius puderet. Quod autem piis quoque mentibus periculosam esse dicunt[b] totam hanc disputationem, quia[c] sit exhortationibus adversa, quia[c] fidem quatefaciat, quia[c] cor ipsum[d] conturbet atque exanimet[3]: inane est. Has ob causas redargui se solitum non dissimulat Augustinus quod praedestinationem nimium libere praedicaret[e]; sed, quod illi promptum erat, abunde refellit [De bono persever. cap. 14][4]. Nos autem, quia multae et variae huc ingeruntur absurditates, unamquanque suo loco diluendam servare maluimus[5]. Tantum illud in universum obtinere apud eos cupio ut quae in occulto recondita Dominus reliquit, ne scrutemur: quae in apertum protulit, ne negligamus: ne aut una ex parte nimiae curiositatis: aut ex altera, ingratitudinis damnemur. Nam et illud scite ab Augustino dictum est, nos tuto Scripturam sequi posse, quae velut materno incessu submissius graditur, ne infirmitatem nostram deserat [Lib. 5. De Gene. ad literam][6]. ‖ Qui vero tam cauti sunt vel timidi ut praedestinationem obrutam cupiant, ne debiles animas conturbet[7]: quonam obsecro colore tegent suam arrogantiam, quum oblique Deum insimulent stultae incogitantiae, quasi periculum, cui prudenter occurrere sibi videntur, non praeviderit ? Quisquis igitur praedestinationis doctrinam invidia gravat, aperte maledicit Deo: acsi inconsiderate ei elapsum foret quod est Ecclesiae noxium.

5. Praedestinationem, qua Deus alios in spem vitae adoptat, alios adiudicat aeternae morti, nemo, qui velit pius censeri,

---

a) Nih. — imp. > VC 1541 sqq.   b) > 1539; 1543–54 ducunt.
c) 1539 quod   d) cor ips. > 1539   e) 1545 praeciperet

1) cf. lib. I 14,1; vol. III 152 sq.   2) Aug., De dono perseverantiae c. 15–20 MSL 45, 1016 sqq.   3) cf. Melanchth. l. c. 452. 437.   4) Aug., De dono perseverantiae c. 14 MSL 45, 1013 sqq.   5) vide infra c. 23; p. 393 sqq.   6) Aug., De Genesi ad literam V 3, 6 MSL 34, 323.   7) ad Bernenses spectat; cf. CR Calv. opp. VIII 240 (Responsum ministrorum Bernensium Genevensibus d. 7. Dec. 1551 redditum), 241 sq. (Responsum magistratus Bernensis Genevensi d. 7. Dec. 1551 redditum).

simpliciter negare audet: sed eam multis cavillis involvunt, praesertim vero qui praescientiam faciunt eius causam¹. Ac nos quidem utranque in Deo statuimus: sed praepostere dicimus alteram alteri subiici. || ᵃPraescientiam quum tribuimus Deo, significamus omnia semper fuisse ac perpetuo manere sub eius oculis: ut eius notitiae nihil' futurum aut praeteritum, sed omnia sint praesentia: et sic quidem praesentia, ut non ex ideis tantum imaginetur (qualiter nobis obversantur ea quorum memoriam mens nostra retinet) sed tanquam ante se posita vere intueatur ac cernat. Atque haec praescientia ad universum mundi ambitum et ad omnes creaturas extenditur. Praedestinationem vocamus aeternum Dei decretum, quo apud se constitutum habuit quid deᵇ unoquoque homine fieri vellet. Non enim pari conditione creantur omnes: sed aliis vita aeterna, aliis damnatio aeterna praeordinatur. Itaque prout in alterutrum finem quisque conditus est, ita vel ad vitam vel ad mortem praedestinatum dicimus.ᶜ || Hanc vero Deus non modo in singulis personis testatus est, sed specimen eius in tota Abrahae sobole edidit, unde palam fieret, in eius arbitrio esse qualis cuiusque gentis futura sit conditio. Quum divideret Altissimus gentes, et separaret filios Adam, pars eius fuit populus Israel, funiculus haereditatis eius [Deut. 32. b. 8]². Ante omnium oculos est segregatio: in Abrahae persona, quasi in arido trunco, populus unus aliis reiectis peculiariter eligitur: causa vero non apparet, nisi quod Moses, ut posteris ansam gloriandi praecidat, gratuito tantum Dei amore excellere eos docet. Liberationis enim hanc assignat causam, quod Deus Patres dilexerit, et elegerit semen eorum post eos [Deut. 4. f. 37]. Expressius alio capite, Non quia reliquas gentes superastis numero, complacuit ei in vobis ut vos eligeret: sed quia dilexit vos [Deut. 7. b. 8]³. Saepius eadem apud ipsum admonitio repetitur, En Domini Dei tui caelum est, terra, et quaecunque in ea sunt: et tantum-

a) *1539–54 haec praemittuntur:*
Praescientiae, praedestinationis, electionis, providentiae vocabula varie finierunt veteres. Nos, omissa, supervacua contentione, proprietatem etymologiae simpliciter sequamur.
b) > *1539–43*   c) *1539–54* +
Usus invaluit, ut providentiam vocemus, quam in mundi rerumque omnium gubernatione oeconomiam Deus tenet. De praedestinatione sit nobis prima disputatio.

1) Wimpina, Anacephalaeosis III De praedest. I 3 fol. 123 a; Pighius, De lib. arb. IV. fol. 64 b. sq.; IX c. 2 fol. 159 b; cf. infra c. 22, 1 p. 379; c. 22, 8 p. 388 not. 3; c. 23, 6 p. 400 not. 5.   2) Deut. 32, 8 sq.   3) Deut. 7, 7 sq.

modo complacuit sibi in patribus tuis, et amavit eos, elegitque
vos semen eorum [Deut. 10. c. 14][1]. Item illis alibi sanctificatio
praecipitur, quod electi sint in populum peculiarem[2]. Et alibi
iterum dilectio asseritur esse protectionis causa [Deut. 23. a. 5][3].
Quod etiam fideles una voce praedicant, Elegit nobis haereditatem nostram, gloriam Iacob quem dilexit [Psal. 47. a. 5].
Dotes enim quibus ornati a Deo erant, omnes in gratuitum
amorem transcribunt: non modo quia sciebant nullis eas meritis
se adeptos, sed ne sanctum quidem Patriarcham[a] ea fuisse virtute
praeditum ut sibi et posteris tantam honoris praerogativam ac-
quireret. Et, quo validius conterat omnem superbiam, exprobrat
nihil tale fuisse promeritos, quum populus sit contumax ac
durae cervicis [Deut. 9. b. 6]. Saepe etiam odiose et probri loco
hanc electionem Prophetae Iudaeis obiiciunt, quoniam ab ea
turpiter desciverant[b][4]. Quicquid sit, nunc in medium prodeant
qui Dei electionem volunt astringere vel dignitati hominum,
vel operum meritis[5]. Quum videant gentem unam aliis omnibus
praeferri, audiant nullo respectu adductum fuisse Deum ut in
paucos et ignobiles, deinde etiam pravos et immorigeros esset
propensior: cum eone litigabunt, quia tale misericordiae
documentum proferre voluit? Atqui neque obstreperis suis
vocibus opus eius impedient, nec conviciorum lapides in caelum
iactando, iustitiam eius ferient aut laedent; quin potius in
eorum capita recident. Ad hoc etiam principium gratuiti foederis
revocantur Israelitae, ubi vel gratiae Deo agendae sunt, vel
spes in futurum tempus erigenda. Ipse fecit nos, et non ipsi
nos (inquit Propheta) populus eius, et oves pascuorum eius
[Psal. 100. a. 3[c]]. Non est supervacua negatio, quae ad nos ex-
cludendos adiicitur, ut sciant bonorum omnium, quibus ex-
cellunt, Deum non modo esse authorem, sed a seipso causam
sumpsisse, quia nihil in ipsis erat tanto honore dignum. Mero
etiam Dei beneplacito contentos esse iubet, his verbis, Semen
Abrahae, servi eius: filii Iacob, electi eius [Psal. 105. a. 6]. Et
postquam continua Dei beneficia recensuit tanquam electionis
fructus, tandem concludit, ita liberaliter egisse, quia recordatus
est foederis sui[6]. Cui doctrinae respondet totius Ecclesiae canticum, Dextra tua et lumen vultus tui Patribus nostris dedit
terram: quia complacitum tibi est in illis [Psal. 44. a. 4]. Notan-

---

a) *VG 1560* + Iacob   b) *VG 1560* + par leur ingratitude   c) *sic 1561; 1559 male* 95. b. 7

1) Deut. 10, 14 sq.   2) Deut. 7, 6.   3) Deut. 23, 6 = vg. 23, 5.
4) Am. 3, 2.   5) Pighius, De lib. arb. VII fol. 117 a; VIII c. 2 fol. 136 b.
6) Ps. 105, 42.

dum vero est, ubi fit terrae mentio, symbolum esse visibile arcanae segregationis, in qua continetur adoptio. Ad eandem gratitudinem populum hortatur alibi[a] David, Beata gens cuius Iehova est Deus, populus quem elegit in haereditatem sibi [Psal. 33. c. 12]. Ad bonam spem vero animat Samuel, Non deseret vos Deus propter magnum nomen suum: quando placuit ei vos sibi creare in populum [1. Sam. 12. d. 22]. Quomodo et seipsum David, dum impetitur eius fides, ad pugnam se armat: Beatus quem elegisti, habitabit in atriis tuis [Psal. 65. a. 5]. Quia autem electio, in Deo abscondita, tam liberatione prima quam secunda aliisque intermediis beneficiis sancita fuit, illuc transfertur verbum eligendi apud Iesaiam[b]. Miserebitur Deus Iacob, et eliget adhuc de Israel [Iesa. 14. a. 1]; quia futurum tempus designans, collectionem residui populi, quem visus fuerat abdicasse, signum fore dicit stabilis firmaeque electionis, quae simul excidisse visa fuerat. Quum etiam alibi dicitur, Elegi te, et non abieci te [Iesa. 41. c. 9]: continuum insignis liberalitatis paternae benevolentiae cursum commendat. Apertius apud Zachariam Angelus, Eliget adhuc Deus Ierusalem [Zach. 2. d. 12][1]; quasi eam durius castigando reprobasset, vel exilium fuisset electionis interruptio: quae tamen inviolabilis manet, licet non semper appareant signa.

6. Addendus est secundus gradus restrictior, vel in quo conspicua fuit Dei gratia magis specialis: quando ex eodem genere Abrahae alios repudiavit Deus, alios in Ecclesia fovendo, se inter filios retinere ostendit. Ismael parem initio gradum cum fratre Isaac adeptus erat: quia spirituale foedus in eo non minus obsignatum fuerat symbolo Circuncisionis. Exciditur ille: deinde Esau: postremo innumera multitudo et totus fere Israel. In Isaac vocatum fuit semen: eadem vocatio in Iacob duravit. Simile exemplum edidit Deus Saulem reprobando: quod etiam in Psalmo magnifice praedicatur, Repulit tribum Ioseph, et tribum Ephraim non elegit: sed elegit tribum Iuda [Psal. 78. g. 69][2]. Quod aliquoties sacra historia repetit, quo melius in ista mutatione admirabile gratiae Dei arcanum pateat. Vitio suo et culpa, fateor, exciderunt ab adoptione Ismael, Esau, et similes: quia apposita erat conditio, ut fideliter colerent Dei foedus quod perfide violarunt. Fuit tamen hoc singulare Dei beneficium, quod eos reliquis Gentibus praeferre dignatus

---

a) > *1561*   b) illuc — Ies.: *VG 1560* Le mot d'Elire s'applique quelque fois à ces tesmoignages patens, qui toutesfois sont au dessous de l'election. Comme en Isaie

1) Zach. 2, 16 = vg. 2, 12.   2) lege Ps. 78, 67 sq.

fuerat: sicut dicitur in Psalmo, Non ita fecit aliis nationibus,
nec iudicia sua manifestavit eis [Psal. 147.ᵃ d. 20]. Caeterum hic
duos gradus notandos esse non temere dixi: quia iam in totius
gentis electione ostendit Deus se in mera sua liberalitate nullis
legibus astrictum: sed liberum esse, ut minime ab eo exigenda
sit aequalis gratiae partitio: cuius inaequalitas ipsam vere
esse gratuitam demonstrat. Ideo Malachias Israelis ingratitudinem amplificat, quod non tantum ex toto genere humano
electi, sed etiam ex sacra domoᵇ in peculium segregati, perfide
et impie Deum tam beneficum Patrem spernant. Nonne frater
erat Esau Iacob? inquit. Atqui Iacob dilexi, Esau autem odio
habui [Malach. 1. a. 2][1]. Sumit enim Deus pro confesso, quum
uterque esset progenitus ex sancto patre, et foederis successor,
denique ramus ex sacra radice: iam filios Iacob non fuisse vul-
gariter obstrictos, qui in illam dignitatem asciti fuerant; sed
quum reiecto Esau primogenito, pater eorum, qui natura erat
inferior, haeres factus esset, bis ingratos coarguit, ac conqueritur
duplici illo vinculo non fuisse retentos.

7. Quanquam satis iam liquet Deum occulto consilio libere
quos vult eligere, aliis reiectis, nondum tamen nisi dimidia
ex parte exposita est gratuita eius electio, donec ad singulas
personas ventum fuerit, quibus Deus non modo salutem offert,
sed ita assignat, ut suspensa vel dubia non sit effectus certitudo.
Hi in semine illo unico censentur cuius meminit Paulus[2]; nam
etsi adoptio in manu Abrahae fuit depositaᶜ, quia tamen multi
ex posteris quasi putrida membra resecti sunt: ut efficax et
vere stabilis sit electio, necesse est ascendere ad caput in quo
electos suos caelestis Pater inter se colligavit, et sibi insolubili
nexu devinxit. Ita in adoptione generis Abrahae enituit quidem
liberalis Dei favor, quem aliis negavit; in Christi tamen membris
longe praestantior eminet vis gratiae: quia capiti suo insiti
nunquam a salute excidunt. Scite itaque Paulus ex Malachiae
loco quem nuper citavi[3] ratiocinatur, ubi Deus, interposito vitae
aeternae pacto, populum quempiam ad se invitat, specialem
electionis modum in parte subesse, ut non omnes promiscua
gratia efficaciter eligat. Quod dicitur, Iacob dilexi[4], pertinet
ad totam sobolem Patriarchae, quam Propheta illic opponit
posteris Esau. Hoc tamen non obstat quominus in persona unius
hominis specimen electionis propositum nobis fuerit, quae

---

a) *1559–61 falso* 47   b) *VG 1560* + d'Abraham   c) *VG 1560* +
tant pour luy que pour sa lignée

1) Mal. 1, 2 sq.   2) Rom. 9, 8; Gal. 3, 16 sqq.   3) Mal. 1, 2 sq.
= Rom. 9, 13; supra lin. 10 sqq.   4) Mal. 1, 2.

effluere non potest quin ad metam suam perveniat. Hos^a Paulus vocari¹ reliquias non frustra observat¹: quia experientia ostendit ex magna multitudine plerosque dilabi et evanescere, ut saepius maneat exigua tantum portio. Quod autem generalis electio populi non semper firma et rata sit, in promptu se offert ratio: quia cum quibus paciscitur Deus, non protinus eos donat spiritu regenerationis, cuius virtute usque in finem in foedere perseverent: sed externa mutatio absque interiori gratiae efficacia, quae ad eos retinendos valida esset, medium quiddam est inter abiectionem humani generis, et electionem exigui piorum numeri. Haereditas Dei vocatus est totus populus Israel², ex quo tamen multi fuerunt extranei: sed quia non de nihilo pepigerat Deus se patrem et redemptorem illius fore, gratuitum suum favorem potius respicit quam perfidam multorum defectionem: per quos etiam non abolita fuit illius veritas; quia ubi sibi residuum aliquid servavit, vocationem eius apparuit esse absque poenitentia³. Nam quod sibi Deus Ecclesiam subinde ex filiis Abrahae potius quam ex profanis gentibus collegit, rationem habuit foederis sui: quod ab ipsa multitudine violatum ad paucos restrinxit, ne prorsus intercideret. Denique communis illa adoptio seminis Abrahae, visibilis quaedam imago fuit maioris beneficii quo Deus aliquos ex multis dignatus est[b]. Haec ratio est cur tam sedulo discernat Paulus filios Abrahae secundum carnem a spiritualibus, qui exemplo Isaac vocati sunt⁴: non quod simpliciter esse Abrahae filium res fuerit inanis et infructuosa (quod non sine foederis contumelia diceretur[c]) sed quia immutabile Dei consilium, quo sibi praedestinavit quos voluit, efficax demum per se his solis posterioribus in salutem fuit. Donec autem productis Scripturae locis quid sentiendum sit liqueat, ne in utranvis partem sibi praeiudicium afferant lectores moneo. || Quod ergo Scriptura clare ostendit, dicimus[d] aeterno et[e] immutabili consilio Deum[f] semel constituisse quos olim semel assumere vellet[g] in salutem, quos rursum exitio devovere[h]; || hoc consilium quoad electos in gratuita eius misericordia fundatum esse asserimus, nullo hu-

---

a) *VG 1560* + qui appartiennent au corps de Iesus Christ   b) quo — est.: *VG 1560* qui a esté propre et particulier aux vrais esleus   c) quod — dic.: *VG 1560* ce qui ne se peut dire sans faire iniure à l'alliance de salut, de laquelle ils estoyent heritiers quant à la promesse   d) *1539-54* + Dominum   e) *1539-54* ac   f) > *1539-54*   g) semel ass. vel.: *1539-54* assumeret   h) *1539-54* devoveret

1) Rom. 9, 27; 11, 5.   2) Deut. 32, 9; 1. Reg. 8, 51; Ps. 28, 9; Ps. 33, 12; etc.   3) Rom. 11, 29.   4) Gal. 4, 28.

manae dignitatis respectu; quos vero damnationi addicit, his [a] ||
iusto quidem et irreprehensibili, sed incomprehensibili ipsius
iudicio, vitae aditum praecludi. Iam vero in electis vocationem
statuimus, electionis testimonium [b]. Iustificationem deinde,
alterum eius manifestandae symbolum, donec ad gloriam in
qua eius complementum extat pervenitur. Quemadmodum
autem vocatione et iustificatione electos suos Dominus signat,
ita reprobos vel a notitia sui nominis [c], vel a Spiritus sui sanctificatione excludendo, quale maneat eos iudicium istis veluti
notis aperit. Multa hic praeteribo figmenta, quae ad evertendam
praedestinationem commenti sunt stulti homines. Non enim
refutatione indigent, quae simulac proferuntur,[1] suam ipsa fal-
sitatem abunde redarguunt. In iis tantum immorabor vel de
quibus inter doctos disceptatur, vel quae difficultatem sim-
plicibus adferre possint, vel quae speciose ad suggillandam Dei
iustitiam praetendit impietas.

Confirmatio huius doctrinae ex Scripturae testi-moniis. CAP. XXII.

1. Haec omnia quae posuimus controversia apud multos non carent, maxime gratuita fidelium electio: quae tamen labefactari non potest [d]. || Vulgo enim existimant Deum [e], prout cuiusque merita fore praevidet [f], ita inter homines discernere; quos ergo sua gratia fore non indignos praecognoscit, eos in filiorum locum cooptare: quorum ingenia ad malitiam et impietatem propensura dispicit, eos mortis damnationi devovere[1]. || Sic interposito praescientiae velo electionem non modo obscurant, sed originem aliunde habere fingunt. || Neque haec vulgo recepta opinio solius vulgi est: habuit enim saeculis omnibus magnos authores[2]. Quod ingenue fateor, nequis [g] causae nostrae magnopere obfuturum confidat si eorum nomina contra opponantur. Certior est enim hic Dei veritas quam ut concutiatur, clarior quam ut obruatur hominum authoritate. || Alii

---

a) Quos salutis participatione dignatur, eos gratuita eius misericordia, nullo propriae dignitatis respectu, dicimus cooptari. Quos in damnationem tradit, iis   b) *1539-54* testificationem   c) *VG 1541 sqq.* de sa parolle

d) Quod de gratuita fidelium electione posuimus, controversia non caret   e) *1539-54* Dominum   f) *1539-54* providet   g) *1539* nec quis

1) Wimpina, Anacephalaeosis III De praedest. I 3 fol. 123 a; Clichtoveus, Improbatio fol. 8 b.   2) vide infra sect. 8, p. 388 not. 3; c. 23, 6 p. 400 not. 5.

vero, neque in Scriptura exercitati, neque ullo suffragio digni, maiori improbitate sanam doctrinam lacerant quam ut tolerabilis sit eorum protervia. Quia Deus eligens suo arbitrio quosdam alios praeterit, litem ei intendunt[1]. Verum si res ipsa nota est, quid proficient contra Deum iurgando? Nihil docemus quod usu compertum non sit, Deo quibus vult gratiam suam erogare liberum semper fuisse. Non quaeram unde aliis posteritas Abrahae praecelluerit, nisi ex illa dignatione cuius extra Deum causa non invenitur. Respondeant[a] cur homines sint magis quam boves aut asini; quum in manu Dei esset canes ipsos fingere, ad imaginem suam formavit. Concedentne brutis animalibus de sua sorte cum Deo expostulare, quasi iniustum sit discrimen[b]? Certe praerogativa quam nullis meritis adepti sunt, eos potiri nihilo aequius est quam Deum sua beneficia pro iudicii sui mensura varie distribuere. Si ad personas transiliant, ubi magis odiosa illis est inaequalitas, saltem ad Christi exemplum debebunt expavescere, ne de sublimi hoc mysterio tam secure garriant. Concipitur ex semine Davidis mortalis homo: quibus virtutibus promeritum fuisse dicent ut in ipso utero fieret caput Angelorum, unigenitus Dei filius, imago et gloria Patris, lux, iustitia et salus mundi? Hoc prudenter animadvertit Augustinus, in ipso Ecclesiae capite lucidissimum esse gratuitae electionis speculum, ne in membris nos conturbet [August. De corr. et gratia ad Valentinum, cap. 15.[2] Item De bono perseverantiae, cap. ultimo[3]], nec iuste vivendo factum esse Filium Dei, sed gratis tanto honore fuisse donatum, ut alios postea faceret donorum suorum consortes [August. de verbis Apo. Serm. 8][4]. Hic siquis quaerat cur non alii quod ille, vel cur ab illo nos omnes tam longo intervallo distemus, cur nos omnes corrupti, ille puritas: non modo vesaniam suam, sed impudentiam suam quoque simul prodet. Quod si[c] pergunt velle Deo liberum ius eligendi ac reprobandi eripere, simul etiam quod datum est Christo auferant. Iam quid de unoquoque pronuntiet scriptura operaepretium est attendere. ‖ Paulus quum docet nos in Christo electos fuisse ante mundi creationem

---

a) *VG 1560* Mais encores que ie leur quitte cela, qu'ils me respondent   b) de — discr.: *VG 1560* de se plaindre de leur condition, accusans Dieu comme s'il s'estoit porté cruellement envers elles   c) *VG 1560* + ces canailles

1) cf. Pigh., De lib. arb. VII fol. 118b sq.   2) Aug., De correptione et gratia 11, 30 MSL 44, 934 sq.   3) Aug., De dono perseverantiae 24, 67 MSL 45, 1033 sq.; cf. De praed. sanct. 15, 30 sq. MSL 44, 981 sqq.   4) Aug., Serm. 174, 2 MSL 38, 941.

[Ephes. 1. a. 4], omnem certe dignitatis nostrae respectum tollit; perinde enim est acsi diceret, quoniam in universo Adae semine nihil electione sua dignum reperiebat caelestis Pater, in Christum suum oculos convertisse: ut tanquam ex eius corpore membra eligeret quos in vitae consortium sumpturus erat. Valeat igitur apud fideles haec ratio, ideo nos in Christo fuisse in caelestem haereditatem adoptatos, quia in nobis ipsis non eramus tantae excellentiae capaces. Quod et alibi quoque notat, quum hortatur ad gratiarum actionem Colossenses, ex eo quod divinitus[a] redditi fuerint idonei ad participandam sortem sanctorum [Colos. 1. b. 12]. Si gratiam istam Dei[b], ut idonei ad gloriam futurae vitae obtinendam reddamur, praecedit electio: quid iam reperiet in nobis Deus ipse[c] quo ad nos eligendos moveatur? Apertius etiamnum altera eius sententia quod volo exprimetur. Elegit nos, inquit, antequam iacerentur mundi fundamenta, secundum beneplacitum voluntatis suae, ut essemus sancti et immaculati, et irreprehensibiles in conspectu ipsius [Ephes. 1. a. 4]. Ubi[d] Dei beneplacitum quibuslibet nostris meritis opponit.

2. Quo solidior sit probatio, singulas eius loci partes notare operaepretium est, quae simul connexae nihil dubitationis relinquunt. Electos nominans, minime dubium est quin fideles compellet, sicuti etiam mox asserit; quare nimis foedo commento depravant nomen illud qui ad aetatem detorquent qua publicatum fuit Evangelium[1]. Electos fuisse dicens ante creatum mundum, omnem dignitatis respectum tollit. Quae enim discriminis ratio inter eos qui nondum erant, et qui deinde in Adam pares futuri erant? Iam si electi in Christo, sequitur non modo unumquenque extra se, sed etiam alios ab aliis segregatos; quando videmus non omnes esse Christi membra. Quod additur, fuisse electos, ut essent sancti, errorem aperte refutat qui[l] electionem ex praescientia deducit; quando reclamat Paulus, quicquid virtutis in hominibus apparet, electionis esse effectum. Iam si causa superior quaeritur[e], respondet Paulus Deum ita praedestinasse, et quidem pro voluntatis suae beneplacito. Quibus verbis evertit quaecunque in seipsis imaginantur homines electionis suae media; nam et quaecunque ad spiri-

---

a) *1539–54* a Domino   b) *1539–54* Domini   c) > *1539–54*   d) > *1539–43*   e) *VG 1560* + pourquoy les uns sont esleus plustost que les autres

1) opinio Bolseci et Georgii Siculi; vide Congregation faite en l'église de Genève ... CR Calv. opp. VIII 97 sq.; Calv., De aeterna Dei praedestinatione CR Calv. opp. VIII 255/6. 260. 344.

tualem vitam beneficia confert Deus, ex hoc uno fonte manare docet, quia elegit quos voluit Deus, et, antequam nati essent, gratiam qua dignari eos volebat, seorsum illis repositam habuit.
3. Ubicunque vero^a regnat hoc Dei placitum, nulla in considerationem veniunt opera. Antithesin quidem hic non prosequitur, sed subaudienda est, qualis alibi explicatur ab ipsomet. Vocavit nos, inquit, vocatione sancta, non secundum opera nostra, sed secundum propositum suum, et gratiam quae data est nobis a Christo ante tempora secularia [2. Tim. 1. c. 9]. Et iam ostendimus in eo quod^b sequitur, Ut essemus sancti et immaculati[1], scrupulum^c omnem adimit^d. Dic enim, Quoniam futuros praevidit sanctos, ideo elegit: et ordinem Pauli invertes. Sic ergo colligere tuto potes, Si elegit nos ut sancti essemus non elegit quia futuros tales praevidebat. Pugnant enim inter se haec duo, habere pios ab electione ut sancti sint, et ad eam ratione operum pervenire^e. Neque valet hic cavillum quo subinde confugiunt, nullis praecedentibus meritis Dominum rependere electionis gratiam, futuris tamen concedere[2]. Quum enim dicitur, electos fuisse fideles ut sancti essent: simul innuitur, quae in ipsis futura erat sanctitas, ab electione habuisse exordium. Et quomodo quadrabit istud verbum, quae ab electione derivantur, electioni causam dedisse? Idipsum quod dixerat videtur magis postea confirmare, ubi ait, secundum propositum voluntatis suae [Ephes. 1. a. 5], quod proposuerat in semetipso[3]; siquidem Deum in semetipso^f proposuisse, perinde valet acsi diceretur nihil extra se considerasse, cuius rationem in decernendo haberet. Itaque protinus subiicit huc pertinere totam electionis nostrae summam, ut simus in laudem divinae gratiae[4]. Certe Dei^g gratia non sola praedicari in electione nostra meretur, nisi haec gratuita sit. Porro haec gratuita non erit, si in suis eligendis Deus ipse^h qualia sint futura cuiusque opera reputat. Proinde quod suis discipulis dicebat Christus, in universum valere inter omnes fideles comperitur, Non vos me elegistis: sed ego elegi vos [Iohan. 15. c. 16]. Ubi non praeterita tantum merita excludit, sed nihil habuisse in seipsis[i] significat cur eligerentur, nisi sua misericordia antevertisset. Quomodo et illud Pauli

---

a) *1539–54* enim   b) Et — quod: *1539–54* Quod autem   c) *1539* scrupum   d) *1539–54* adimit   e) *1539–54* pervenisse; ad — perv.: *VG 1541 sqq.* que par icelle saincteté ilz ayent esté esleuz   f) *1539–54* seipso   g) *1539–54* Domini   h) D. ipse: *1539–54* Dominus   i) *1539* seipso

1) Eph. 1, 4; vide supra p. 381.   2) Clichtoveus, Improbatio fol. 8 b.   3) Eph. 1, 9.   4) Eph. 1, 6.

intelligendum, Quis prior dedit illi, et retributionem accipiet [Rom. 11. d. 35]? Siquidem ostendere vult sic Dei bonitatem homines praevenire, ut nihil apud ipsos nec praeteritum, nec futurum reperiat, quo ipsis concilietur.[1]

4. Iam ad Romanos, ubi argumentum hoc et repetit altius, et fusius prosequitur[a], || negat omnes esse Israelitas qui progeniti sunt ab Israele [Rom. 9. b. 6]: quia etsi iure haereditario omnes essent benedicti, successio tamen non ad omnes peraeque transibat. Origo huius disputationis erat ex superbia fallacique gloriatione Iudaici populi; nam quum sibi Ecclesiae nomen assererent, volebant a suo arbitrio pendere fidem Evangelii. Sicuti hodie libenter Papistae fictitio hoc colore[b] se in Dei locum substituerent. Paulus, quanvis concedat sanctam esse Abrahae progeniem ratione foederis, contendit tamen extraneos esse in ea plerosque: neque id modo quia degenerent, ut fiant ex legitimis adulterini: sed quia in summo fastigio emineat ac regnet specialis Dei electio, quae sola ratam illius adoptionem facit. Si alios sua pietas stabiliret in spe salutis, alios abdicaret sola sua[c] defectio: stulte profecto et absurde Paulus ad arcanam usque electionem lectores eveheret[d]. Iam si Dei voluntas (cuius causa extra ipsum neque apparet neque quaerenda est) alios ab aliis discernit, ut non omnes filii Israel sint veri Israelitae, frustra cuiusque conditio in ipso initium habere fingitur. || Longius deinde rem prosequitur sub exemplo Iacob et Esau[e]. || Nam quum ambo essent filii Abrahae, pariter inclusi in utero matris, primogeniturae honorem transferri ad Iacob, portento similis fuit mutatio qua tamen Paulus contendit testatam fuisse electionem unius, et alterius reprobationem. Quaeritur origo et causa quam praescientiae doctores in hominum virtutibus et vitiis expositam esse volunt. Hoc enim illis facile compendium est, Deum monstrasse in persona Iacob, se gratia sua dignos eligere: in persona Esau, se repudiare quos praevidet indignos[1]: sic quidem[f] audacter illi[g]. Paulus autem quid? || quum nondum nati essent, nec quippiam boni aut mali fecissent, ut secundum electionem propositum Dei maneret, non ex operi-

---

a) *1539* tractat b) fict. — col.: *VG 1560* sous ceste ombre du nom de l'Eglise, dont ils se fardent c) *VG 1560* + ingratitude et d) *VG 1560* + laquelle ne viendroit pas à propos e) sub exemplo Iacob et Esau, electorum simul et reproborum conditionem sic tractat f) sic qu.: *1559–61 male* siquidem; *vide not. g.* g) sic — illi: *VG 1560* Voila ce qu'ils en prononcent comme gens hardis et asseurez

1) cf. Pighium, De lib. arb. VII. fol. 117 a b; IX c. 2. fol. 157 b sqq.

bus, sed ex vocante dictum est, Maior serviet minori: sicut scriptum est, Iacob dilexi, Esau autem odio habui [Ibidem, c. 11][1]. ‖
Siquid valeret praescientia in hoc fratrum discrimine, importuna certe fieret temporis mentio. Demus Iacob fuisse electum, quia futuris virtutibus parta ei fuit dignitas: quorsum diceret Paulus nondum fuisse natum? Iam hoc inconsiderate additum foret nihildum boni fecisse: quia in promptu erit exceptio, nihil Deum latere, atque ita pietatem Iacob coram ipso fuisse praesentem. Si opera conciliant gratiam, suum illis pretium merito iam tunc constare debuit ante natum Iacob, perinde acsi adolevisset. Atqui in expediendo nodo pergit Apostolus, docetque adoptionem Iacob, non ex operibus profectam esse, sed ex vocatione Dei. In[l] operibus futurum vel praeteritum tempus non interponit: deinde praecise ea opponit Dei vocationi, uno posito alterum diserte evertere volens; acsi diceret: considerandum esse quid Deo placuerit, non quid attulerint ex seipsis homines. Postremo certum est electionis et propositi vocibus, quascunque comminisci homines solent causas extra arcanum Dei consilium, ab hac causa removeri.

5. Quidnam ad haec obscuranda praetexent qui operibus vel praeteritis vel futuris locum aliquem in electione assignant? Hoc enim est prorsus eludere quod contendit Apostolus, non ex aliqua operum ratione, sed ex mera Dei vocatione pendere fratrum discrimen: quia inter nondum natos constitutum fuerit. Neque vero eum latuisset istorum argutia, siquid solidi habuisset: sed quia optime noverat in homine Deum praevidere nihil boni posse, nisi quod electionis suae beneficio iam prius largiri statuerit: non confugit ad praeposterum illum ordinem, ut opera bona causae suae praeferat. Habemus ex verbis Apostoli, solius divinae electionis arbitrio fundatam esse fidelium salutem: neque illum favorem operibus conciliari, sed ex gratuita vocatione[a] provenire. Habemus et eius rei propositam quasi ὑποτύπωσιν[b]. Fratres sunt Esau et Iacob, iisdem geniti parentibus, eodem adhuc utero conclusi, nondum editi in lucem. In illis omnia paria, diversum tamen de illis Dei iudicium. Alterum enim assumit, alterum reiicit. Sola erat primogenitura, cuius iure alter alterum praecederet. Atqui, illa quoque praeterita, iuniori defertur quod negatur maiori. Imo in aliis quoque destinato consilio primogenituram videtur semper contempsisse Deus[c], ut omnem gloriandi materiam carni praecideret.

a) *VG 1541 sqq.* bonté   b) *1539-54* hypothesim   c) *1539-54* Dominus

1) Rom. 9, 11-13.

DE MODO PERCIPIENDAE GRATIAE. CAP. XXII

Repudiato Ismaele animum ad Isaac adiicit[1]. Postposito Manasse, Ephraim magis honorat[2].

14,9   6. Quod si quispiam interpellet, ab istis inferioribus et minutis beneficiis non statuendum esse de summa futurae vitae: ut qui in primogeniturae honorem evectus fuerit, ideo reputetur in caeli haereditatem cooptatus (sunt enim plurimi qui ne Paulo quidem parcant, quasi ad alienum sensum Scripturam detorserit in his testimoniis citandis)[3], respondeo sicut antehac[a], nec incogitantia lapsum fuisse Apostolum, nec Scripturae testimoniis sponte fuisse abusum[4]. Sed videbat (quod ipsi considerare non sustinent) voluisse Deum[b] spiritualem Iacob electionem, quae apud inaccessum eius tribunal alioqui latebat, terreno symbolo declarare. Nisi enim concessam illi primogenituram ad futurum seculum referimus, inanis fuerit et ridicula benedictionis species, ex qua nihil ei accesserit praeter || multiplices aerumnas, incommoda, triste exilium, multasque tristitiae et curarum acerbitates[c]. || Quum ergo Paulus[d] citra dubitationem, Deum[e] externa[f] benedictione testificatum cerneret, quam in regno suo spiritualem[i] et minime caducam[g] servo suo paraverat: non dubitavit, ad hanc comprobandam, ex illa petere argumentum. || Tenendum etiam illud memoria, terrae Chanaan annexum fuisse caelestis domicilii pignus: ut dubitari minime debeat Iacob cum Angelis insitum fuisse in Christi corpus, ut eiusdem vitae socius esset[h]. || Eligitur ergo Iacob[i]. Esau repudiato, et Dei praedestinatione discernitur, a quo nullis meritis differebat. Causam si quaeres, hanc reddit Apostolus, Quia Mosi dictum sit, Miserebor cuius miserebor: et miseratione dignabor quemcunque miseratione dignabor [Rom. 9. c. 15]. Et quid hoc, quaeso, sibi vult? Nempe clarissime Dominus pronuntiat, nullam hominibus benefaciendi rationem in ipsis se habere: sed a sola sua misericordia sumere[5]; ideoque suum esse opus suorum salutem. Quum tuam in se uno salutem Deus statuat, cur ad teipsum descendes[k]? Quum unam tibi suam misericordiam assignet, cur ad propria merita decurres[l]?

---

a) sic. ant. > *1539–54*   b) *1539–54* Dominum
c) summam calamitatem
d) > *1539–54*   e) *1539–54* dominum   f) *1539* aeterna   g) spirit.
— cad.: *1539–54* benedictionem   h) ut dubit. — ess.: *VG 1560* Parquoy il ne faut douter que Iacob n'ait esté incorporé en Iesus Christ, pour estre compagnon des Anges en une mesme vie   i) *1539* Isaac
k) *1539–50* descendas   l) *1539–50* decurras

1) Gen. 21, 12.   2) Gen. 48, 20.   3) Erasmus, De lib. arb. p. 54, 10 sqq.   4) c. 21, 4; supra p. 373, 31.   5) Rom. 9, 16.

Quum[a] tuam cogitationem in sua miseratione contineat, cur ad operum tuorum intuitum partem reflectes? ‖ Itaque ad minorem illum populum venire necesse est, quem Paulus alibi praecognitum fuisse Deo scribit [Rom. 11. a. 2]: non qualiter isti[b] imaginantur, praescire ex otiosa specula quae non facit: sed quo sensu saepe legitur. Nam certe quum dicit Petrus apud Lucam, Christum definito consilio et praescientia Dei fuisse morti addictum [Act. 2. d. 23], non speculantem Deum inducit, sed salutis nostrae authorem. [c]Sic et idem Petrus, electos iuxta praecognitionem Dei fuisse [1. Pet. 1. a. 2] dicens fideles ad quos scribit, proprie exprimit arcanam illam praedestinationem, qua Deus filios sibi quos voluit signavit. Et propositum quod loco synonymi coniungit, quum ubique fixam (ut vulgo loquuntur) determinationem exprimat, Deum haud dubie, dum author est nostrae salutis, non egredi extra seipsum docet. Quo sensu in eodem capite Christum dicit agnum fuisse praecognitum ante mundi creationem[1]. Quid enim insulsius aut frigidius quam Deum e sublimi spectasse unde ventura esset humano generi salus? Populus ergo praecognitus tantundem Paulo valet atque exigua portio turbae permixta, quae falso Dei nomen obtendit. Alibi quoque Paulus, ut eorum iactantiam retundat qui sibi larva tantum obtecti, primas inter pios coram mundo arrogant, dicit Deum cognoscere qui sui sint [2. Tim. 2. c. 19]. Denique illa voce duplicem nobis populum designat Paulus, unum ex toto genere Abrahae: alterum vero inde segregatum, et qui sub oculis Dei reconditus, hominum conspectum latet. Nec dubium est sumpsisse hoc ex Mose, qui Deum quibus voluerit misericordem fore affirmat[2] (quanvis de electo populo sermo esset, cuius aequalis erat in speciem conditio) perinde ac si diceret, in communi adoptione inclusam esse apud se singularem erga aliquos gratiam instar sanctioris thesauri: nec obstare commune foedus quominus paucitas illa ordine[d] eximeretur: at'que huius rei liberum dispensatorem et arbitrum facere se volens, praecise[e] negat se uni potius quam alteri fore misericordem nisi quia ita lubuerit; quia ubi quaerenti misericordia occurrit, etsi repulsam non patitur ille quidem, favorem tamen, cuius laudem sibi vendicat Deus, aut praevenit, aut ex parte sibi acquirit.

---

a) *1539* + totam   b) *VG 1560* ces brouillons   c) *VG 1560* + Dont il s'ensuit que sa prescience emporte de mettre la main à l'œuvre.   d) *VG 1560* du reng commun   e) *1559* precise

1) 1. Petr. 1, 19 sq.   2) Exod. 33, 19.

7. Nunc de re tota pronuntiet supremus cognitor ac magister. Tantam in suis auditoribus duritiem cernens, ut apud turbam verba prope sine fructu funderet, ut medeatur huic scandalo[a], exclamat, Quicquid dat mihi Pater, ad me veniet. Haec enim est voluntas Patris, ut quicquid dederit mihi non perdam ex eo quicquam [Iohan. 6. d. 37]. Observa a Patris donatione fieri initium, ut in Christi fidem ac clientelam tradamur[b]. Revolvet hic forte quispiam circulum, atque excipiet, censeri in Patris peculio eos duntaxat quorum voluntaria ex fide fuit deditio. Atqui in eo tantum laborat Christus, etiamsi defectiones ingentium turbarum totum mundum concutiant, firmum tamen caelisque ipsis stabilius fore consilium Dei ne unquam labascat electio. Electi dicuntur ante fuisse Patris quam eos donaret unigenito Filio. Quaeritur an natura: imo qui alieni erant, trahendo suos facit. Maior inest Christi verbis claritas quam ut tergiversando ullis nebulis obduci queat. Nemo (inquit) potest venire ad me, nisi Pater traxerit eum. Qui autem audivit et didicit a Patre, ille ad me venit [Iohan. 6. e. 44][1]. Si promiscue omnes coram Christo genu flecterent, communis esset electio: nunc in paucitate credentium manifesta apparet diversitas. Itaque postquam discipulos qui sibi dati sunt, asseruit Christus fuisse Dei patris peculium[2], paulo post addit, Non pro mundo rogo, sed pro his quos dedisti mihi, quia tui sunt [Iohan. 17. b. 9]. Unde fit ut totus mundus ad suum creatorem non pertineat, nisi quod a maledictione et ira Dei ac morte aeterna non multos eripit gratia, qui alioqui perituri erant: mundum autem in suo interitu, cui destinatus est, relinquit. Interea quanvis se medium Christus inserat, sibi tamen ius eligendi communiter vendicat cum Patre. Non de omnibus, inquit, loquor: scio quos elegerim [Iohan. 13. b. 18]. Si quis roget unde elegerit, alibi respondet, Ex mundo [Iohan. 15. c. 19], quem a precibus suis excludit ubi discipulos Patri commendat[3]. Hoc quidem tenendum est, ubi affirmat se scire quos elegerit, speciem aliquam notari in genere humano: deinde non distingui qualitate suarum virtutum, sed caelesti decreto. Unde sequitur, nullos[c] proprio marte vel industria excellere, quando se Christus electionis facit authorem[d]. Nam quod alibi Iudam inter electos numerat,

---

a) *VG 1560* + qui en pouvoit estre conceu par les infirmes   b) *VG 1560* + ainsi c'en est le vray principe   c) *sic secundum VG 1560 (vide not. d); 1559—61 falso* multos   d) null. — auth.: *VG 1560* dont il s'ensuit que tous ceux de l'election, desquels Iesus se fait autheur, ne sont point excellens par dessus les autres de leur propre industrie

1) Ioh. 6, 44 sq.   2) Ioh. 17, 6.   3) Ioh. 17, 9.

quum Diabolus esset[1], hoc tantum refertur ad munus Apostolicum, quod etsi illustre speculum est favoris Dei (sicuti in sua persona toties agnoscit Paulus) non tamen spem in se continet aeternae salutis. Potuit ergo Iudas, quum perfide Apostolatum gereret, Diabolo esse deterior: sed quos inseruit semel Christus in corpus suum, eorum neminem perire sinet [Iohan. 10. e. 28]:[1] quia in conservanda eorum salute quod pollicitus est praestabit: nempe exeret Dei potentiam quae maior omnibus est[2]. Nam quod alibi dicit, Pater ex his quos dedisti mihi nemo periit nisi filius perditionis [Iohan. 17. b. 12], etsi καταχρηστικὴ est loquutio, nulla tamen ambiguitate laborat. Summa est, Deum gratuita adoptione creare quos vult habere filios: eius vero intrinsecam esse in ipso causam: quia arcano suo beneplacito contentus est.

8. At Ambrosius, Origenes, Hieronymus censuerunt, Deum suam gratiam inter homines dispensare, prout ea quenque bene usurum praeviderit[3]. Adde, et Augustinum in ea fuisse aliquando sententia[4]: sed quum melius in Scripturae cognitione profecisset, non retractavit modo ut evidenter falsam, sed fortiter confutavit [Lib. Retract. 1. cap. 11][5]. Quin et post retractationem, Pelagianos praestringens, quod in eo errore persisterent: Quis istum, inquit, acutissimum sensum Apostolo defuisse non miretur? nam quum rem stupendam proposuisset de illis nondum natis[a], et deinde sibi quaestionem obiiceret: Quid ergo? nunquid est iniquitas apud Deum? erat locus ut responderet Deum praevidisse utriusque merita[b]: non tamen hoc dicit, sed ad Dei[c] iudicia et misericordiam confugit [Epist. ad. Sixtum 105[d]][6]. || Et alibi, quum omnia ante electionem merita sustulisset: Hic certe, inquit, vacat vana illorum ratiocinatio qui praescien-

---

a) de — nat.: *VG 1541 sqq.* touchant Esaü et Iacob   b) *VG 1541 sqq.* + s'il se fust *(se f.: 1541-51 s'eust)* voulu briefement despescher   c) > *1539-50*   d) *sic recte 1539-43; 1545-50 falso* 109; *1553-61 falso* 106

1) Ioh. 6, 70.   2) Ioh. 10, 29.   3) Ambrosiaster (inter opera Ambrosii), Ad Rom. 8, 29. MSL 17, 134; Origenes, Comment. in Rom. lib. VII 8 ed. Lommatzsch t. 7, 125 sqq.; Pelagius (inter opp. Hieronymi) In Rom. 8, 29. MSL 30, 684 sq.; — cf. Iustin., Apol. I 28 Corp. Apol. ed. Otto vol. I 1, p. 88; Tertull., Adv. Marc. II 23 sq. CSEL 47, 366 sq.   4) Aug., Quarundam propositionum ex epistola ad Romanos expositio, propos. 60 (cf. 55) MSL 35, 2078 sq. (2076).   5) Aug., Retract. I 23, 2 sqq. MSL 32, 621 sq., CSEL 36, 107 sqq. (hic c. 22, 3 sqq.); cf. De diversis quaestionibus ad Simplicianum I q. 2, 5 MSL 40, 114; De praedest. sanctorum III 7 MSL 44, 964 sq.   6) Aug., Ep. 194, 8, 35 (ad Sixtum Romanum) MSL 33, 886 sq.; CSEL 57, 204, 4 sqq.

DE MODO PERCIPIENDAE GRATIAE. CAP. XXII

tiam Dei defendunt contra gratiam Dei: et ideo dicunt nos electos ante mundi constitutionem, quia praescivit Deus futuros nos bonos, non seipsum nos facturum bonos. Non hoc dicit qui dicit, Non vos me elegistis, sed ego elegi vos [Iohan. 15. c. 16].
Nam si propterea nos elegisset, quia bonos futuros praesciverat: simul etiam praescivisset quod eramus eum electuri, et quae in eam rem sequuntur [Homil. in Iohan. 86a]b 1. ‖ Valeat Augustini testimonium apud eos qui libenter in patrum authoritate acquiescunt. ‖ Quanquam non patitur Augustinus se a reliquis disiungi: sed claris testimoniis divortium hoc, cuius invidia gravabant eum Pelagiani, ostendit falsum esse. Citat enim ex Ambrosio (Lib. de Praed. sanct. cap. 19.), Christus quem miseratur vocat[2]. Item, Si voluisset, ex indevotis fecisset devotos; sed Deus quos dignatur vocat: et quem vult religiosum facit[3].
Si ex Augustino integrum volumen contexere libeat, lectoribus ostendere promptum esset, mihi nonnisi eius verbis opus esse: sed eos prolixitate onerare nolo. ‖ Sed age, fingamus ipsos[c] non loqui: ad rem ipsam intendamus. Difficilis quaestio mota erat, Num iuste faceret Deus, qui certos homines sua gratia dignaretur; qua se uno verbo expedire Paulus poterat, si operum respectum obtendisset. Cur ergo id non facit: quin sermonem potius continuat qui in eadem dif'ficultate versetur? Cur, nisi quia non debuit? non enim oblivionis vitio laborabat Spiritus sanctus, qui per os eius loquebatur. Nullis ergo ambagibus respondet, Ideo suis electis favere Deum, quia velit: ideo misereri, quia velit. Perinde enim valet oraculum[d], Miserebor cuius miserebor: et miseratione complectar, quem miseratione complectar [Exod. 33. d. 19]: acsi diceretur, Deum non alia ratione ad misericordiam moveri, nisi quia misereri velit. Verum ergo manet illud Augustini, Gratiam Dei non invenire eligendos, sed facere[e].[4]

9. Ac ne illam quidem Thomae argutiam moramur, praescientiam meritorum non ex parte quidem actus praedestinantis esse praedestinationis causam: ex parte autem nostra, quodam-

---

a) *1543 falso* 81; *1545-61 falso* 8   b) [Homil. —]: *1559-61 supra ante* [Iohan. —] *exstat*   c) *1539-54* ipsum   d) *VG 1541 sqq.* ce tesmoignage de Moyse qu'il allegue   e) *1543-54, 1561* + [Homil. in Ioan. 38][5]; *1539-54, 1561* + [Epist. 106.][4]

1) Aug., In Ioh. tract. 86, 2 MSL 35, 1851.   2) Aug., De dono perseverantiae c. 19, 49 MSL 45, 1024; ex Ambrosii Exposit. evang. Lucae I 10 CSEL 32 IV, 17, 11.   3) Aug., De dono persev. c. 19, 49 MSL 45, 1024, ex Ambros. Exp. ev. Luc. VII 27, CSEL 32 IV, 293, 16 sq. 20; cf. Aug., De gratia Christi I 46, 51 MSL 44, 383.   4) Aug., Ep. 186, 5, 15 (ad Paulinum) MSL 33, 821; CSEL 57, 57, 17.   5) Apud Aug., In Ioh. tract. 38 non exstat.

modo sic vocari posse, nempe secundum particularem praedestinationis aestimationem[a]; ut quum dicitur Deus praedestinare homini gloriam ex meritis, quia gratiam ei largiri decrevit qua gloriam mereatur [In 1. Sent. Tract. 25.[b] quaest. 23.][1]. Quum enim nihil in electione[c] nisi meram bonitatem velit nos intueri Dominus, siquis plus aliquid prospicere hic cupiat, praepostera erit affectatio. Quodsi certare subtilitate libeat, non deest quo istam Thomae argutiolam retundamus. Ipse contendit, gloriam electis quodammodo praedestinari ex meritis: quia gratiam illis praedestinat Deus qua gloriam mereantur. Quid si contra excipiam, praedestinationem ad gratiam electioni ad vitam subservire, esseque eius veluti pedissequam? gratiam iis praedestinari quibus gloriae possessio iam diu assignata sit: quia in iustificationem ex electione filios suos adducere Domino placeat? Inde enim sequetur, praedestinationem gloriae causam potius esse praedestinationis gratiae, quam e converso. Sed valeant haec certamina, ut sunt supervacua inter eos qui satis sapientiae sibi in verbo Dei ducent. Vere enim illud ab Ecclesiastico scriptore olim dictum fuit: qui Dei electionem meritis assignant, eos plus quam oportet sapere [Ambr. de vocat. Gent. lib. 1. ca. 2.][2].

10. Obiiciunt nonnulli, Deum sibi fore contrarium si universaliter omnes ad se invitet, paucos vero electos admittat[3]. Sic promissionum universitas discretionem specialis gratiae, secundum eos, tollit[d]; atque ita loquuntur moderati quidam homines[e], non tam opprimendae veritatis causa, quam ut spinosas quaestiones arceant, ac fraenent multorum curiositatem[4]. Laudabilis voluntas: sed consilium minime probandum: quia nunquam excusabilis est tergiversatio. Eorum vero qui protervius insultant[f], nimis certe putidum cavillum, vel nimis

a) nempe — aest. > *VG 1541 sqq.*   b) > *1539*   c) *1539* lectione
d) *VG 1560* + à ce que tout le monde soit en degré pareil   e) moder.
— hom.: *VG 1560* quelques uns doctes et d'esprit moderé   f) qui
— ins.: *VG 1560* qui se desbordent en abbayant comme chiens mastins

1) Thomas Aq., In sent. I. dist. 41. q. 1. art. 3. opp. Paris. 1871 sqq. vol. 7, 501 sqq.   2) haec sententia in libris Pseudo-Ambrosii De vocatione gentium (MSL 17, 1073 sqq.) non exstat.   3) cf. Melanchthonis Locos theol. 1535. 1543. CR Mel. opp. XXI 451 sqq., 914 sqq.   4) Melanchthon, l. c. p. 452. 918 sq.; in epistola d. 11. Maii 1543 ad Calvinum data (Herminjard VIII 343 sq.; CR Calv. opp. XI 541 sq.), qua hic in lite Bolseco intenta nisus est (CR Calv. opp. VIII 166 sq. 211); cf. Calvini quoque praefationem ad Locos Melanchthonis, CR Calv. opp. IX 849.

pudendus error[1]. Quomodo Scriptura haec duo conciliet, externa praedicatione vocari omnes ad poenitentiam et fidem, neque tamen omnibus[1] dari resipiscentiae et fidei spiritum, alibi explicui[2], et mox aliquid repetendum erit[3]. Iam quod postulant illis nego, ut duobus modis falsum est; nam qui minatur, dum super urbem unam pluet, siccitatem fore super alteram [Amos 4. b. 7]: qui famem doctrinae alibi denuntiat [et 8. d. 11], non obstringit se certa lege ut aequaliter vocet omnes. Et qui Paulum vetans in Asia verbum facere [Act. 16. b. 6], et eundem a Bithynia avertens in Macedoniam trahit[4], sui iuris esse demonstrat, thesaurum hunc quibus visum est distribuere. Per Iesaiam tamen apertius demonstrat quomodo electis peculiariter salutis promissiones destinet; nam de illis tantum, non autem indifferenter de toto genere humano, praedicat sibi fore discipulos [Iesa. 8. c. 16]. Unde constat perperam quibuslibet prostitui salutis doctrinam ut efficaciter prosit, quae solis Ecclesiae filiis seorsum reposita esse dicitur. Hoc in praesentia sufficiat, quanvis generaliter omnes compellet vox Evangelii, rarum tamen esse fidei donum. Causam assignat Iesaias, quod non omnibus patefiat brachium Dei [Iesa. 53. a. 1]. Si diceret Evangelium maligne et perverse contemni, quia audire pertinaciter multi recusant: valeret forte hic color de universali vocatione[a]. Neque vero Prophetae consilium est extenuare hominum culpam, ubi caecitatis fontem esse tradit quod Deus non dignetur illis brachium suum patefacere: tantum admonet, quia fides singulare donum est, externa doctrina aures frustra verberari. Scire autem ex doctoribus istis velim solane praedicatio filios Dei faciat, an fides. Certe quum dicitur Iohannis primo, Quicunque credunt in Filium Dei unigenitum, filios Dei ipsos quoque fieri [Iohan. 1. b. 12], non confusa illic ponitur congeries: sed specialis ordo datur fidelibus, qui non ex sanguinibus, neque ex voluntate carnis, neque ex voluntate viri, sed ex Deo nati sunt[5]. At fidei (inquiunt) mutuus est cum verbo consensus[6]. Nempe ubicunque est fides; sed semen inter spinas cadere, vel in locis lapidosis[7], novum non est: non solum quia maior pars contumax reipsa apparet adversus Deum, sed quia non omnes oculis et auribus sunt praediti. Quomodo igitur

---

a) val. — voc.: *VG 1560* ceux qui pretendent que le salut est commun à tous, auroyent quelque couleur: mais ils sont forclos de cela

1) ad Bolsecum, Franc. Sampaulinum, Castellionem similesque spectat.   2) c. 3, 21; supra p. 78 sq.   3) c. 24, 1 sq.; infra p. 410 sqq. 4) Act. 16, 7 sqq.   5) Ioh. 1, 13.   6) Melanchthon, Loci theol. 1535. 1543; CR Mel. opp. XXI 451. 916.   7) Matth. 13, 5. 7.

conveniet, Deum ad se vocare quos scit non venturos? Respondeat pro me Augustinus. Disputare vis mecum? Mirare mecum, et exclama, O altitudo. Ambo consentiamus in pavore, ne in errore pereamus [August. de verb. Apost. Serm. 11]¹. Adde quod si electio, teste Paulo, fidei mater est, in eorum caput retorqueo argumentum, ideo non esse generalem fidem, quia specialis est electio. Nam a serie causarum et effectuum facile colligitur, ubi dicit Paulus nos esse refertos omni benedictione spirituali, sicuti nos elegerat Deus ante mundi creationem [Ephes. 1. a. 3]² : ideo non omnibus esse communes has divitias, quia elegit Deus tantum quos voluit. Haec ratio est cur alibi fidem electorum commendet [Tit. 1. a. 1], ne quisquam putetur fidem¹ sibi proprio motu acquirere, sed penes Deum resideat haec gloria, illuminari ab eo gratis quos ante elegerat. Recte enim Bernardus, Amici (inquit) seorsum audiunt, quibus et loquitur, Nolite timere pusille grex³: quia vobis datum est nosse mysterium regni caelorum⁴. Qui sunt hi? Utique quos praescivit et praedestinavit conformes fieri imagini Filii sui⁵; magnum secretumque innotuit consilium, Novit Dominus qui sui sint⁶, sed quod notum erat Deo, manifestatum est hominibus: nec alios sane dignatur tanti participatione mysterii, nisi eos ipsos quos fore suos praescivit et praedestinavit [Ad Thomam praepositum Beverlae ᵃ, epist. 107.]⁷. Paulo post concludit, Misericordia Dei ab aeterno usque ad aeternum super timentes eum⁸: ab aeterno, ob praedestinationem: in aeternum, ob beatificationem: altera principium, altera finem nesciens⁹. Sed quid Bernardum citare testem opus est, quando ex magistri ore audimus, non alios videre nisi qui sunt ex Deo [Iohan. 6. e. 46]? Quibus verbis significat, eos omnes qui ex Deo non sunt regeniti, ad splendorem vultus eius obstupescere. Ac electioni quidem apte coniungitur fides, modo secundum gradum teneat. Quem ordinem clare exprimunt alibi Christi verba, Haec est voluntas Patris, ut non perdam quod dedit. Haec enim voluntas eius est ut quisquis credit in Filium, non pereat [Ibidem, d. 39]¹⁰. Si omnes vellet salvos, custodem illis praeficeret Filium, et omnes in eius corpus sacro fidei vinculo insereret. Nunc constat fidem singulare esse paterni amoris pignus, filiis quos adoptavit reconditum. Ideo Christus alibi dicit,

---

a) *1559–61 falso:* Benerlae

1) Aug., Serm. 26, 12, 13 MSL 38, 177.   2) Eph. 1, 3 sq.   3) Luc. 12, 32.   4) Matth. 13, 11.   5) Rom. 8, 29.   6) 2. Tim. 2, 19.   7) Bernardus Clarav., Ep. 107, 4 MSL 182, 244.   8) Ps. 103, 17.   9) Bernardus Cl., Ep. 107, 5 MSL 182, 245.   10) Ioh. 6, 39 sq.

oves sequi pastorem, quia noverunt vocem eius: alienum vero non sequi quoniam non agnoscunt vocem alienorum [Iohan. 10. a. 4]¹. Unde autem ista discretio, nisi quia divinitus perforatae sunt illis aures? Nemo enim se ovem facit, sed formatur caelesti
5 gratia. Unde et salutem nostram Dominus perpetuo certam et tutam fore docet: quia insuperabili Dei potentia custoditur [Ibidem, f. 29]. Proinde concludit, incredulos non esse ex ovibus suis [Ibidem, e. 26]: nempe quia non sunt ex eorum numero quos Deus sibi per Iesaiam pollicitus est fore discipulos². Porro
10 quia testimoniis quae citavi exprimitur perseverantia, inflexibilem electionis constantiam simul testantur.

11. Nunc de reprobis, quos simul illic coniungit Apostolus. Ut enim Iacob, nihildum bonis operibus promeritus, assumitur in gratiam: sic Esau, nullo adhuc scelere inquinatus, ᵃodio
15 habetur [Rom. 9. c. 13]. Si ad opera convertimus oculos, iniuriam irrogamus Apostolo, quasi idipsum quod nobis perspicuum est non viderit. Porro non vidisse convincitur, quando hoc nominatim urget, quum nihildum boni aut mali designassent, alterum electum, alterum reiectum: ut probet
20 divinae praedestinationis fundamentum in operibus non esse. Deinde ubi obiectionemⁱ movit num iniquus sit Deus, illud quod certissimum et apertissimumᵇ fuisset iustitiae eius patrocinium, non usurpat, Deum rependisse Esau secundum suam malitiam: sed diversa solutione contentus est, quod in hunc
25 finem excitentur reprobi ut Dei gloria per illosᶜ illustretur. Demum subnectit clausulam, Deum cuius vult misereri, et quem vult indurare [Ibidem, d. 18]. Vides ut in solum Dei arbitrium utrunque conferat? Ergo si non possumus rationem assignare cur suos misericordia dignetur, nisi quoniamᵈ ita
30 illi placet: neque etiam in aliis reprobandis aliud habebimus quam eius voluntatem. Quum enim dicitur Deus vel indurare, vel misericordia prosequiᵉ quem voluerit, eo admonentur homines nihil causae quaerere extra eius voluntatem.

Refutatio calumniarum quibus haec doctrina sem-
35 **per inique gravata fuit.   CAP. XXIII.**

1. Haec vero dum audit humanum ingenium, contineri nequit eius protervia quin velut ad canticumᶠ classici, varie et supra modum tumultuetur. ‖ Ac multi quidem, acsi invidiam

a) *1539–43* + in   b) *1539* aptissimum   c) *1539–54* ipsos   d) *1539*
40 *–43* quando   e) mis. pros.: *1539* miserari   f) *1539–54* cantum

1) Ioh. 10, 4 sq.   2) cf. Ies. 54, 13.

a Deo repellere vellent, electionem ita fatentur ut negent quenquam reprobari[1]; sed inscite nimis et pueriliter: quando ipsa electio nisi reprobationi opposita non staret. Dicitur segregare Deus quos adoptat in salutem: fortuito alios adipisci, vel sua industria acquirere quod sola electio paucis confert, plusquam insulse dicetur[2]. Quos ergo Deus praeterit, reprobat: neque alia de causa nisi quod ab haereditate quam filiis suis praedestinat, illos vult excludere. Nec vero tolerabilis est hominum protervia, si Dei verbo fraenari se non sustinet, ubi agitur de incomprehensibili eius consilio quod Angeli ipsi adorant. Atqui nunc audivimus indurationem non minus in manu Dei et arbitrio esse quam misericordiam. Nec vero Paulus, horum quos dixi exemplo, anxie laborat[a] ut mendacii patrocinio Deum excuset: tantum admonet figmento nefas esse cum fictore suo rixari [Rom. 9. d. 20]. Iam qui non admittunt, ullos a Deo reprobari, quomodo se expedient ab illa Christi sententia, Omnis arbor quam non plantavit Pater meus, eradicabitur [Matth. 15. b. 13]? Aperte exitio addici et devoveri audiunt quoscunque caelestis Pater dignatus non est quasi sacras arbores in agro suo plantare. Si hoc reprobationis signum esse negant, nihil est tam liquidum quod illis queat probari. Quod si obstrepere non desinunt, contenta sit fidei sobrietas' hac Pauli admonitione, non esse causam litigandi cum Deo, si ab una parte volens ostendere iram, et notam facere potentiam suam, ferat in multa[b] tolerantia et lenitate vasa irae apparata in interitum: ab altera autem notas faciat divitias gloriae suae erga vasa misericordiae quae praeparavit in gloriam [Rom. 9. e. 22][3]. Observent lectores, ut ansam susurris et obtrectationibus praecidat Paulus, summum dare imperium irae et potentiae Dei: quia iniquum est calculo nostro subiici profunda illa iudicia quae sensus omnes nostros absorbent. Quod respondent adversarii frivolum est, Deum non prorsus reiicere quos in lenitate tolerat: sed suspenso manere erga eos animo, si forte resipiscant[4]. Quasi vero patientiam Deo tribuat Paulus, qua

---

a) Nec — lab.: *VG 1560* Et de fait, nous avons aussi veu que sainct Paul ne se tormente pas comme ces frois docteurs   b) *1559 -61 falso* muta; *VG 1560* grande

1) ad Melanchthonem spectare videtur; cf. Locos theol. 1543 CR Mel. opp. XXI 915; — cf. etiam Pighium, De lib. arb. VIII c. 2. fol. 134 a; IX c. 2. fol. 164 a.   2) cf. Melanchth. l. c. col. 916; Pigh., De lib. arb. IX c. 2. fol. 159 b.   3) Rom. 9, 22 sq.   4) cf. Orig., De princ. III 1, 13 sq. GCS 22, 217 sqq.; Erasm., De lib. arb. p. 48; Pigh., De lib. arb. IX c. 2. fol. 165 a b.

eorum conversionem expectet quos dicit aptatos esse ad interitum. Recte enim Augustinus locum hunc explicans, ubi potentia tolerantiae adiungitur, Deum non sinere, sed virtute sua moderari [Lib. contra Iul. 5. cap. 5][1]. Addunt etiam non
5 abs re vasa irae dici apparata ad interitum, vasa autem misericordiae Deum praeparasse: quia hoc modo salutis laudem Deo adscribit et vendicat: perditionis culpam reiicit in eos qui proprio arbitrio ipsam sibi accersunt [a][2]. Sed ut illis concedam diversa loquendi forma Paulum asperitatem lenire prioris mem-
10 bri: minime tamen consentaneum est, praeparationem ad interitum alio transferre quam ad arcanum consilium Dei: quod etiam paulo ante in contextu asseritur, Quod Deus excitaverit Pharaonem[3], deinde quos vult induret[4]. Unde sequitur absconditum Dei consilium obdurationis esse causam. Hoc saltem
15 obtineo quod tradit Augustinus, ubi ex lupis Deus oves facit, gratia potentiore eos reformare, ut dometur eorum durities; proinde obstinatos ideo non convertit quia potentiorem illam gratiam non exerit Deus, qua non destituitur si eam proferre vellet [Lib. 1. de praedest. Sanct. cap. 2][5].
20 2. Haec quidem piis et modestis abunde sufficerent, et qui se homines reminiscuntur. Quia tamen non unam speciem virulenti isti canes evomunt contra Deum, ad singulas, prout res feret, respondebimus. || Multis modis cum Deo litigant stulti homines[b], quasi eum teneant suis criminationibus obnoxium.
25 Primum ergo interrogant quo iure suis creaturis irascatur Dominus, a quibus nulla ante offensa provocatus fuerit; nam exitio devovere quos placuerit, tyranni magis libidini, quam legitimae iudicis sententiae convenire[6]. Esse igitur cur cum Deo expostulent homines, si nudo eius arbitrio, citra proprium
30 meritum in aeternam mortem praedestinantur[7]. Eiusmodi cogitationes siquando piis hominibus in mentem veniant, ad frangendos earum[c] impulsus, vel hoc uno satis armabuntur, si reputent quantae sit improbitatis, causas divinae voluntatis duntaxat percontari: quum omnium quae sunt, ipsa[d] sit causa,

---

35 a) *VG 1560* + sans estre reprouvez de luy   b) stulti hom.: *VG 1541 sqq.* les hommes charnelz (comme ilz sont pleins de follie *[1541 –51 folies]*)   c) *1539* eorum   d) *1539* ipse

1) Aug., Contra Jul. V 3, 13 MSL 44, 790 sq.   2) Pighius, De lib. arb. IX c. 2. fol. 162 b sq.   3) Rom. 9, 17.   4) Rom. 9, 18.   5) haec
40 sententia in libro Augustini De praed. sanctorum non exstat; illud: „oves fecit de lupis" occurrit Serm. 26, 5 MSL 38, 173.   6) Cochlaeus, De lib. arb. I. D 1 a; cf. Pigh., De lib. arb. II, 1. fol. 17 b. sq.
7) Cochl., De lib. arb. I. C 8 b sq.

et merito esse debeat. Nam si ullam causam habet, aliquid eam antecedat oportet, cui veluti alligetur: quod nefas est imaginari. Adeo enim summa est iustitiae regula Dei voluntas, ut quicquid vult, eo ipso quod vult, iustum habendum sit. Ubi ergo quaeritur cur ita fecerit Dominus, respondendum est, Quia voluit [Hoc ex Augustino sumptum lib. 1. de Gen. contra Manich. cap. 3]¹. Quod si ultra pergas rogando cur voluerit, maius aliquid quaeris, et sublimius Dei voluntate, quod inveniri non potest. Compescat igitur se humana temeritas, et quod non est ne quaerat: ut ne forte id quod est non inveniat. Hoc, inquam, fraeno bene continebitur quisquis de arcanis Dei sui cum reverentia philosophari volet. Adversus impiorum audaciam, qui Deo palam maledicere non formidant, Dominus ipse sua iustitia, sine nostro patrocinio, satis se defendet, quum eorum conscientiis omnem tergiversationem adimendo, convictas stringet, reasque peraget. ‖ Neque tamen commentum[a] ingerimus absolutae potentiae²: quod sicuti profanum est, ita merito detestabile nobis esse debet. Non fingimus Deum exlegem, qui sibi ipsi lex est: quia (ut ait Plato) lege indigent homines qui cupiditatibus laborant: Dei autem voluntas non modo ab omni vitio pura, sed summa perfectionis regula, etiam legum omnium lex est³. Verum negamus obnoxium esse reddendae rationi: negamus etiam nos esse idoneos iudices, qui proprio sensu pronuntiemus de hac causa. Quare si tentamus ultra quam licet, metum incutiat illa comminatio Psalmi, Deum fore victorem quoties ab homine mortali iudicabitur [Psal. 51. a. 6].

3. Tacendo potest Deus ita compescere hostes suos. ‖ Sed ne illos sacrum nomen suum impune ludibrio habere patiamur, arma quoque adversus eos nobis ex verbo suo suppeditat. Proinde siquis nos huiusmodi verbis aggrediatur, cur ab initio Deus ad mortem aliquos praedestinarit, qui quum nondum essent, mereri iudicium mortis nondum potuerant⁴: Nos responsionis loco, vicissim eos rogemus quid Deum homini debere existiment, si eum a natura sua aestimare velit[b]. Qualiter peccato vitiati sumus omnes, non possumus non esse Deo odiosi, idque non tyrannica saevitia, sed aequissima iustitiae ratione.

---

a) *VG 1560* la resverie des Theologiens Papistes   b) *1539* velint

1) Aug., De Genesi contra Manichaeos I 2, 4 MSL 34, 175.   2) cf. Brevem responsionem Io. Calvini ad diluendas nebulonis cuiusdam calumnias 1557. CR Calv. opp. IX 259, et Responsionem alteram de occulta Dei providentia, ibid. col. 288. — cf. lib. II 17, 2; vol. III 204 not. 1.   3) hanc sententiam apud Platonem non repperimus.   4) vide Aug., Op. imperf. contra Iulianum I 48; II 8 MSL 45, 1069 sq.; 1145.

Quod si iudicio mortis obnoxii sunt omnes naturali conditione, quos ad mortem Dominus praedestinat, de qua, obsecro, eius iniquitate erga se conquerantur? Veniant omnes filii Adam: cum suo creatore contendant ac disceptent, quod aeterna illius providentia, ante suam generationem, perpetuae calamitati addicti fuerint. Quid obstrepere adversus hanc defensionem poterunt, ubi Deus[a] illos ad sui recognitionem contra vocabit? Ex cor¹rupta massa si desumpti sunt omnes, non mirum si damnationi subiacent. Ne ergo Deum iniquitatis insimulent si aeterno eius iudicio morti destinati sint, ad quam a sua ipsorum natura sponte se perduci, velint nolint ipsi sentiunt[b]. || Unde apparet quam perversa sit obstrependi affectatio, quod data opera supprimunt quam in se agnoscere coguntur damnationis causam, ut Dei praetextus eos liberet. Atqui ut centies Deum esse authorem confitear, quod verissimum est, non protinus tamen crimen eluunt quod eorum conscientiis insculptum subinde eorum oculis recurrit.

4. Rursum excipiunt, Nonne[c] ad eam quae nunc pro damnationis causa obtenditur, corruptionem[d] Dei ordinatione praedestinati ante fuerant? Quum ergo in sua corruptione pereunt, nihil aliud quam poenas luunt eius calamitatis in quam ipsius praedestinatione lapsus est Adam, ac posteros suos praecipites secum traxit[e]. Annon itaque iniustus, qui creaturis suis tam crudeliter illudit[1]? Fateor sane in hanc qua nunc illigati sunt, conditionis miseriam, Dei voluntate decidisse universos filios Adam; atque id est quod principio dicebam[2], redeundum tandem semper esse ad solum divinae voluntatis arbitrium, cuius causa sit in ipso absconditam. Sed non protinus sequitur, huic obtrectationi Deum subiacere. Occurremus enim cum Paulo in hunc modum, O homo? tu quis es qui disceptes cum Deo? Num figmentum dicit ei qui se finxit, Cur me finxisti sic? Annon habet potestatem figulus, ut ex eadem massa faciat vas aliud in honorem, aliud in contumeliam [Rom. 9. d. 20]? Negabunt ita vere defendi Dei iustitiam, sed subterfugium captari, quale habere solent qui iusta excusatione destituuntur. Quid enim hic aliud dici videtur quam Deo esse potentiam quae impediri nequeat quominus, prout libitum fuerit, quidvis agat? Verum longe secus est; quae enim potentior afferri ratio potest

---

a) *1539-54* Dominus   b) se—sent.: *1539-54* perducuntur   c) Rurs. — Non.: *1539-54* Atqui   d) *1539-54* +, nonne.   e) praec. — trax.: *1539-54* praecipitavit

1) cf. Erasm., De lib. arb. p. 80, 4 sqq.   2) sect. 2; supra p. 395 sq.

quam dum iubemur cogitare quis sit Deus? Quomodo enim ullam iniquitatem admitteret, qui iudex est orbis? Ad Dei naturam si proprie pertinet, iudicium facere. iustitiam igitur naturaliter amat, iniustitiam aversatur. Proinde non quasi deprehensus foret Apostolus, ad cuniculos respectavit: sed indicavit altiorem esse iustitiae divinae rationem quam ut vel humano modo metienda sit, vel ingenii humani tenuitate possit comprehendi. Fatetur quidem Apostolus, eam subesse divinis iudiciis profunditatem, a qua mentes omnes hominum absorbendae sint si conentur eo penetrare. Sed docet etiam[a] quam indignum sit ad eam legem redigere Dei opera, ut simulac eorum ratio nobis non constiterit, improbare audeamus. || Notum est dictum Solomonis (quod tamen pauci dextre intelligunt), Magnus creator omnium mercedem reddit stulto, et mercedem transgressoribus [Prov. 26. b. 10]. Exclamat enim de magnitudine Dei: in cuius arbitrio est poenam sumere de stultis et transgressoribus, quanvis[1] eos Spiritu suo non dignetur. Ac prodigiosus est hominum furor dum ita rationis suae modulo subiicere appetunt quod immensum est. Angelos qui steterunt in sua integritate, Paulus electos vocat [1. Tim. 5. d. 21]: si eorum constantia in Dei beneplacito fundata fuit, aliorum defectio arguit fuisse derelictos[b]. Cuius rei causa non potest alia adduci quam reprobatio, quae in arcano Dei consilio abscondita est.

5. Age, adsit nunc Manichaeus aliquis aut Coelestinus[c1], divinae providentiae calumniator, dico cum Paulo, rationem eius non esse reddendam: quia magnitudine sua intelligentiam nostram longe superet[2]. Quid mirum? aut[d] quid absurdum? velitne Dei potentiam esse, ut nequid plus ad agendum valeat quam mens sua capiat? Dico cum Augustino, esse a Domino creatos, quos in exitium ituros sine dubitatione praesciebat; idque ita factum quia sic voluit. Cur autem voluerit, non esse nostrum rationem exigere, qui comprehendere non possumus[e3]: neque convenire, ut divina voluntas in controversiam apud nos descendat, de qua quoties habetur sermo, sub ipsius nomine suprema iustitiae regula nominatur. Quid ergo de iniquitate quaestio movetur, ubi iustitia clare apparet?

---

a) doc. et. > *1539—54*   b) al. — der.: *VG 1560* la revolte des diables monstre qu'ils n'ont pas esté retenus, mais plustost delaissez   c) *VG 1541 sqq.* + ou autre Heretique   d) Quid — aut > *VG 1541 sqq.*   e) *1539—54, 1561* + [Epi. 106.][3]

1) Ad socios Coelestii Pelagiani spectat.   2) Rom. 9, 19—23.   3) Aug., Ep. 186, 7, 23 (ad Paulinum) MSL 33, 824; CSEL 57, 63, 16 sqq.

Neque vero nos pudeat improborum ora, Pauli exemplo sic obstruere: ac quoties oblatrare audebunt, identidem repetere, Quinam estis miseri homines, qui Deo accusationem intentatis[1]? et ideo intentatis, quia operum suorum magnitudinem[a] ad rüditatem vestram non[b] attemperat? Quasi vero ideo perversa sint quia carni sunt occulta. || Immensitas iudiciorum Dei claris experimentis vobis nota est. Scitis vocari profundam abyssum [Psal. 36. a. 7]; nunc ingenii vestri angustias consulite, an quod decrevit apud se Deus, capiant. Quid ergo iuvat vesana inquisitione vos demergere in abyssum, quam vobis exitialem fore ratio ipsa dictat? Cur non vos metus aliquis saltem cohibet quod de incomprehensibili Dei sapientia et terribili potentia tam historia Iob quam Prophetici libri praedicant? Si tumultuatur mens tua, ne pigeat Augustini consilium amplecti. Tu homo expectas a me responsum: et ego sum homo. Itaque ambo audiamus dicentem, O homo tu quis es[2]? melior est fidelis ignorantia quam temeraria scientia[3]. Quaere merita: non invenies nisi poenam; o altitudo! Petrus negat: latro credit; o altitudo![4] Quaeris tu rationem? Ego expavescam altitudinem. Tu ratiocinare, ego mirabor: tu disputa, ego credam: altitudinem video, ad profundum non pervenio. Requievit Paulus, quia admirationem invenit. Vocat ille inscrutabilia Dei iudicia: et tu scrutari venisti? Ille dicit investigabiles eius vias[5]: et tu vestigas [Aug. de ver. Apost. Ser. 20][6]? || Ulterius procedendo nihil proficiemus; nam nec satisfiet eorum petulantiae, nec alia eget defen'sione Dominus, quam qua per Spiritum suum usus est qui per os Pauli loquebatur: et ipsi dediscimus bene loqui ubi cum Deo loqui desinimus.

6. Alterum quoque obiectum ab impietate emergit, quod tamen non tam ad Dei sugillationem quam ad peccatorum excusationem recta spectat. Etsi, qui a Deo damnatur peccator, nonnisi cum iudicis ignominia iustificari demum potest. Sic ergo profanae linguae obganniunt, Cur[c] ea vitio Deus imputaret hominibus, quorum necessitatem sua praedestinatione imposuit? Quid enim facerent? an cum decretis eius luctarentur? At frustra id facturi sint, quum[d] omnino facere non possint. Non ergo iure ob ea puniuntur quorum praecipua in Dei prae-

---

a) *1539-50* + non b) > *1539-50* c) Sic — Cur: *VG 1541 sqq.* Toutesfois voyons quelle elle est. Pourquoy, disent-ilz, d) *1539-54* quin

1) Rom. 9, 20. 2) Rom. 9, 20. 3) Aug., Serm. 28 c. 3, 4 MSL 37, 179. 4) ibid. c. 6, 6 MSL 37, 181. 5) Rom. 11, 33. 6) Aug., Serm. 28 c. 7, 7 MSL 37, 182.

destinatione causa est¹. Hic abstinebo a defensione ad quam fere scriptores Ecclesiastici recurrunt, non impedire Dei praescientiam quominus homo peccator reputetur: quandoquidem illius mala, non sua Deus praevideat ᵃ². Non enim hic subsisteret cavillatio, sed potius urgeret, Deum tamen malis quae praeviderit potuisse occurrere, si voluisset; quum non fecerit, destinato consilio creasse hominem in eum finem, ut se in terra ita gereret. Quod si Dei providentia in hanc conditionem homo creatus est, ut postea faceret quaecunque facit, non esse illi crimini vertendum quod nec effugere possit, et Dei voluntate suscipiat³. Ergo videamus quomodo rite nodusᵇ expediri debeat. Primum omnium constare inter omnes debet quod ait Solomon, Deum omnia propter semetipsum condidisse, impium quoque ad diem malumᶜ [Prov. 16. a. 4]. Ecce, quum rerum omnium dispositio in manu Dei sit, quum penes ipsum resideat salutis ac mortis arbitrium, consilio nutuque suo ita ordinat, ut inter homines nascantur, ab utero certae morti devoti, qui suo exitioᵈ ipsius nomen glorificent. Siquis causetur, nullam eis inferri necessitatem ex Dei providentia, sed potius ea conditione ab ipsoᵉ esse creatos, quoniam futuram eorum pravitatem praeviderit: neque nihil dicit, neque totum. Solent quidem interdum hac solutione uti veteres, sed quasi dubitanter⁴. Scholasticiᶠ vero in ea quiescuntᵍ, acsi nihil contra opponi posset⁵. Equidem praescientiam solam nullam inferre necessitatem creaturis⁶ libenter concessero, tametsi non omnes assentiantur; sunt enim qui ipsam quoque causam rerum esse volunt. Verum mihi acutius ac prudentius videtur perspexisse Valla, ‖ homo alioqui in sacris non admodum exercitatus, ‖ qui supervacuam esse hanc contentionem ostendit: quoniam et vita et mors divinae magis voluntatis quam praescientiae sint actiones⁷. Si hominum eventa praevideret

---

a) *1543-50* provideat   b) *1539-43* + hic   c) imp. — mal.: *VG 1541 sqq.* voire l'inique *(1541-45* l'iniquité⁸*)* au iour de sa perdition   d) suo ex.: *1539-45* sua perditione   e) *1539-54* a domino   f) *VG 1541 sqq.* Les Sorboniques   g) *1539* acquiescunt

1) vide Aug., Op. imp. ctr. Iul. I 72 MSL 45, 1097.   2) vide supra cap. 22, 8; p. 388 not. 3.   3) cf. Erasm., De lib. arb. p. 48, 21 sq.   4) cf. c. 22, 8; supra p. 388 not. 3.   5) Lomb., Sent. I. dist. 40, 4 MSL 192, 632.   6) ibid. dist. 38, 4 MSL 192, 628.   7) Laurentius Valla, De libero arbitrio, opp. p. 1007 sqq.   8) Propter hoc verbum fortasse errore typographico ortum Hieronymus Bolsec d. 16. m. Octobris 1551 in congregatione ministrorum Genevensium Calvinum, ut suam de praedestinatione doctrinam confirmaret, sacram scripturam depravare insimulavit. Vide CR Calv. opp. VIII 145.

DE MODO PERCIPIENDAE GRATIAE. CAP. XXIII

Deus duntaxat, non etiam suo arbitrio disponeret ac ordinaret, tum non abs' re agitaretur quaestio, ecquid ad eorum necessitatem valeat ipsius praevidentia^a. Sed quum non alia ratione quae futura sunt praevideat, nisi quia ita ut fierent decrevit: frustra de praescientia lis movetur^b, ubi constat ordinatione potius et nutu omnia evenire.

7. Disertis verbis hoc extare negant, decretum fuisse a Deo ut sua defectione periret Adam. Quasi vero idem ille Deus, quem Scriptura praedicat facere quaecunque vult[1], ambiguo fine condiderit nobilissimam ex suis creaturis. Liberi arbitrii fuisse dicunt ut fortunam ipse sibi fingeret: Deum vero nihil destinasse nisi ut pro merito eum tractaret. Tam frigidum commentum si recipitur, ubi erit illa Dei omnipotentia, qua secundum arcanum consilium, quod aliunde non pendet, omnia moderatur? Atqui praedestinatio velint nolint, in posteris se profert. Neque enim factum est naturaliter ut a salute exciderent omnes, unius parentis culpa. Quid eos prohibet fateri de uno homine quod inviti de toto humano genere concedunt? Quid enim tergiversando luderent operam? Cunctos mortales in unius hominis persona morti aeternae mancipatos fuisse Scriptura clamat. Hoc quum naturae adscribi nequeat, ab admirabili Dei consilio profectum esse minime obscurum est. Bonos istos iustitiae Dei patronos perplexos haerere in festuca, altas vero trabes superare nimis absurdum est. Iterum quaero, Unde factum est ut tot gentes una cum liberis eorum infantibus aeternae morti involveret lapsus Adae absque remedio, nisi quia Deo ita visum est? Hic obmutescere oportet tam dicaces alioqui linguas. Decretum quidem horribile, fateor: || inficiari tamen^c nemo poterit^d quin praesciverit Deus^e quem exitum esset habiturus homo, antequam ipsum conderet, et ideo praesciverit quia decreto suo sic ordinarat. In praescientiam Dei siquis hic invehatur, temere et inconsulte impingit. Quid enim, quaeso, est cur reus agatur caelestis iudex^f quia non ignoraverit quod futurum erat? In praedestinationem competit siquid est vel iustae vel speciosae querimoniae. Nec absurdum videri debet quod dico, Deum non modo primi hominis casum, et in eo posterorum ruinam praevidisse: sed arbitrio quoque suo dispensasse. Ut enim ad eius sapientiam pertinet omnium

---

a) *1539–54* providentia   b) *frustra — mov.: VG 1541 sqq. c'est folie de disputer et debatre que fait sa prescience*   c) *1539–54* ergo
d) *nemo pot.: 1539–43* non poteris; *1545* non poterit   e) *1539–54* Dominus   f) *cael. iud.: 1539–54* Dominus

1) Ps. 115, 3.

quae futura sunt esse praescium, sic ad potentiam, omnia manu sua regere ac moderari. || Et hanc quoque quaestionem Augustinus, ut alias, scite expedit, Saluberrime confitemur quod rectissime credimus, Deum Dominumque rerum omnium, qui creavit omnia bona valde, et mala ex bonis exoritura praescivit, et scivit magis ad suam omnipotentissimam bonitatem pertinere etiam de malis benefacere quam mala esse non sinere: sic ordinasse Angelorum et hominum vitam, ut in ea' prius ostenderet quid posset liberum arbitrium, deinde quid posset gratiae suae beneficium, iustitiaeque iudicium [Enchir. ad Laurent][1].

8. Hic ad distinctionem voluntatis et permissionis recurritur, secundum quam obtinere volunt, permittente modo non autem volente Deo perire impios[2]. Sed cur permittere dicemus nisi quia ita vult? Quanquam nec ipsum quidem per se probabile est, sola Dei permissione, nulla ordinatione hominem sibi accersisse interitum. Quasi vero non constituerit Deus qua conditione praecipuam ex creaturis suis esse vellet. Non dubitabo igitur cum Augustino simpliciter fateri, voluntatem Dei esse rerum necessitatem [Lib. 6. de Genes. ad literam, cap. 15.][a][3], atque id necessario futurum esse quod ille voluerit: quemadmodum ea vere futura sunt quae praeviderit. Nunc vero si pro sua et impiorum excusatione vel Pelagiani, vel Manichaei, vel Anabaptistae, vel Epicurei (nam cum istis quatuor sectis nobis in hoc argumento negotium est) necessitatem, qua ex Dei praedestinatione constringuntur, obiiciant: nihil afferunt ad causam idoneum: Si enim praedestinatio nihil aliud est quam divinae iustitiae, occultae quidem, sed inculpatae, dispensatio: quia non indignos fuisse certum est qui in eam sortem praedestinarentur, iustissimum quoque[b] esse interitum quem ex praedestinatione subeunt, aeque[b] certum est. Adhoc, sic ex Dei praedestinatione pendet eorum perditio, ut causa et materia in ipsis reperiatur. Lapsus est enim primus homo, quia Dominus ita expedire censuerat; cur censuerit, nos latet. Certum tamen est non aliter censuisse, nisi quia videbat nominis sui gloriam inde merito illustrari. Ubi mentionem gloriae Dei audis, illic iustitiam cogita. Iustum enim esse oportet quod laudem meretur. Cadit igitur homo, Dei providentia sic ordinante:

---

a) > *1539–50*   b) > *1539*

1) imo Aug., De correptione et gratia 10, 27 MSL 44, 932.   2) Erasmus, De lib. arb. p. 53, 19 sqq.; cf. Melanchthonis Locos theol. 1535. CR Mel. opp. XXI, 371 cf. 1543 ibid. col. 919.   3) Aug., De Genesi ad litteram IV 15, 26 MSL 34, 350.

DE MODO PERCIPIENDAE GRATIAE. CAP. XXIII 403

sed suo vitio cadit. Pronuntiaverat paulo ante Dominus, omnia quae fecerat esse valde bona [Genes. 1. d. 31]. Unde ergo illa homini pravitas ut a Deo suo deficiat? Ne ex creatione esse putaretur, elogio suo approbaverat Deus quod profectum erat a seipso. Propria ergo malitia, quam acceperat a Domino puram naturam corrupit, sua ruina totam posteritatem in exitium secum attraxit. Quare in corrupta potius humani generis natura evidentem damnationis causam, quae nobis propinquior est[a], contemplemur, quam absconditam ac penitus incomprehensibilem inquiramus in Dei praedestinatione. Neque immensae Dei sapientiae submittere hucusque ingenium pigeat, ut in multis eius arcanis succumbat. Eorum enim quae scire nec datur, nec fas est, docta est ignorantia[1]: scientiae appetentia, insaniae species.

9. Dicet forte quispiam me nondum attulisse' quod sacrilegam illam excusationem compesceret[2]. Ego vero ne id quidem effici posse fateor quin semper fremat impietas et obmurmuret; mihi tamen dixisse videor quod ad obloquendi non rationem tantum, sed praetextum quoque adimendum sufficeret. Excusabiles peccando haberi volunt reprobi, quia evadere nequeunt peccandi necessitatem: praesertim quum ex Dei ordinatione sibi iniiciatur huiusmodi necessitas. Nos vero inde negamus rite excusari, quandoquidem[b] Dei ordinationi, qua se exitio destinatos conqueruntur, sua constet aequitas: nobis quidem incognita, sed illa certissima. Unde constituimus, nihil illos sustinere mali quod non iustissimo Dei iudicio infligatur. Deinde praepostere docemus agere ipsos, qui ad quaerendam suae damnationis originem, in recondita divini consilii adyta oculos intendant: ad naturae corruptionem, unde illa vere scaturit, conniveant. Hanc autem imputare ne Deo possint obstat quod suae creationi testimonium reddat[c]. Tametsi enim aeterna Dei providentia, in eam cui subiacet calamitatem conditus est homo: a seipso tamen eius materiam, non a Deo sumpsit; quando nulla alia ratione sic perditus est, nisi quia a pura Dei creatione in vitiosam et[d] impuram[e] perversitatem degeneravit.

10. Iam et tertia absurditate Dei praedestinationem infamant eius adversarii; quum enim non alio referamus quam ad divinae voluntatis arbitrium, quod universali exitio exi-

---

a) quae — est > *1539-54* b) *1539-54* quod c) *1539* reddit; *1539-54* + Dominus d) vit. et > *1539-54* e) *1553-54* puram

1) Aug., Ep. 130, 15, 18 MSL 33, 505; CSEL 44, 72, 13. 2) vide sect. 8; supra p. 402, 22 sqq.

mantur quos in regni sui haeredes Deus assumit, ex eo colligunt apud ipsum[a] ergo esse acceptionem personarum: quod ubique Scriptura negat. Ergo vel Scripturam esse sibi dissentaneam, vel in electione Dei esse meritorum respectum[1]. Primum, alio sensu negat Scriptura Deum esse personarum acceptorem, quam quo ipsi iudicant; siquidem Personae vocabulo non hominem significat, sed quae in homine oculis conspicua, vel favorem, gratiam, dignitatem conciliare, vel odium, contemptum, dedecus conflare solent. Qualia sunt divitiae, opes, potentia, nobilitas, magistratus, patria, formae elegantia, et caetera eiusmodi. ‖ Item, paupertas, inopia, ignobilitas, sordes, contemptus, et similia. ‖ Sic Petrus et Paulus personarum acceptorem non esse Dominum docent [Act. 10. e. 34; Rom. 2. b. 10²], quia non discernat inter Iudaeum et Graecum [Galat. 3. d. 28], quo solius gentis ratione alterum respuat, amplectatur alterum. Sic Iacobus iisdem verbis utitur, dum vult asserere Deum in suo iudicio divitias nihil morari [Iacob. 2. a. 5]. Paulus autem alio loco de Deo sic loquitur, quod libertatis aut servitutis in iudicando nullam habeat rationem [Colos. 3. d. 25; Ephes. 6. b. 9]. Proinde nihil repugnantiae erit, si dicemus, Deum secundum beneplaciti sui arbitrium, eligere in filios, nullo merito, quos visum fuerit, aliis reiectis ac reprobatis. Res tamen sic explicari potest, ut plenius satisfiat. Quaerunt qui fiat ut[l] ex duobus quos nullum meritum discriminat, alterum praetereat in electione sua, alterum assumat Deus[3]? Ego vicissim rogo, putentne in eo qui assumitur esse aliquid quod Dei animum ad[b] ipsum inclinet. Si nihil fatebuntur (quod necesse est) sequetur Deum non hominem intueri, sed a sua bonitate rationem petere cur illi benefaciat. Quod igitur hominem unum eligit[c] Deus, altero reiecto, id non provenit ab hominis respectu, sed a sola eius misericordia: cui liberum esse debet proferre se et exerere ubi et quoties placet [Vide August. lib. ad Bonif. 2. cap. 7][d 4]. ‖ Nam et alibi vidimus non multos ab initio vocatos fuisse nobiles, vel sapientes, vel splendidos [1. Cor. 1. d. 26], ut Deus humiliaret carnis superbiam; tantum abest ut personis devinctus fuerit eius favor.

---

a) *1539-54* Deum   b) *1539* in; > *1543-54*   c) *1539* elegit   d) > *1539*

1) Wimpina, Anacephalaeosis III De praedest. I 3. fol. 123 b; Faber, De absoluta necessitate c. 17, opusc. E 3 b; — cf. de „acceptione personarum" Melanchthonis Locos theol. 1535 CR Mel. opp. XXI 452; 1543 ibid. col. 915.   2) accurate: Rom. 2, 10   3) cf. Erasm., De lib. arb. p. 79, 28 sqq.   4) Aug., Contra duas ep. Pelag. ad Bonif. II 7, 13—16 MSL 44, 579 sqq.; CSEL 60, 473—78.

11. Quare falso et pessime Deum inaequalis iustitiae in-simulant[a] nonnulli quod non eundem erga omnes tenorem in sua praedestinatione servat. Si omnes (inquiunt) noxios deprehendit, peraeque omnes puniat: si insontes, ab omnibus iudicii rigorem abstineat. Atqui perinde cum ipso[b] agunt acsi vel interdicta illi foret misericordia, vel, dum vult misereri cogatur in totum iudicio renuntiare. Quid[c] est quod flagitant? si omnes sunt noxii, ut simul eandem omnes luant poenam. Fatemur communem noxam: sed dicimus quibusdam succurrere Dei misericordiam. Succurrat, aiunt, omnibus[1]. Sed excipimus, aequum esse ut puniendo se quoque aequum iudicem ostendat. Id dum non sustinent, quid aliud quam vel miserandi facultate Deum spoliare conantur, vel hac saltem lege ipsam[d] permittere ut iudicio se prorsus abdicet? Quare pulcherrime quadrant istae Augustini sententiae, Quum in primo homine universa generis massa in condemnationem defluxerit, quae fiunt ex ea vasa in honorem, non propriae iustitiae, sed Dei misericordiae vasa esse. Quod vero alia fiunt in contumeliam, non iniquitati, sed iudicio deputandum, etc. [Epist. 106][2]. Quod Deus iis quos reprobat, debitam poenam rependit: iis quos vocat, immeritam gratiam largitur: ab omni accusatione liberari, similitudine creditoris, cuius in potestate est, alteri remittere, ab altero exigere [De praedest. et gratia.][3]. Potest igitur Dominus[e] etiam dare gratiam quibus vult, quia misericors est: non omnibus dare, quia iustus iudex. Dando quibusdam quod non merentur, gratuitam suam ostendere gratiam: non omnibus dando, quid mereantur omnes declarare [De bono persev. cap. 12][4]. ‖ Nam quum Deum scribit Paulus clausisse omnia sub peccato ut omnium misereatur [Rom. 11. d. 32], simul addendum est nemini esse debitorem: quia nemo illi prior dedit, ut mutuum exigat[5].ˡ

12. Hoc quoque ad evertendam praedestinationem exagitant[f], quod ipsa stante concidat omnis sollicitudo, et bene

---

a) *1553* simulant   b) *1539-54* Domino   c) *1539* + enim   d) *1539 -50* hanc; *1553 male* ipsum; *1554* ipsi   e) exigere — Dom.: *1539* exigere; et   f) Hoc — exag.: *VG 1541 sqq.* Les adversaires de la *(> 1541-51)* verité usent encore d'une autre calumnie pour renverser la Predestination

1) cf. Aug., Ep. 186, 7, 22 (ad Paulinum) MSL 33, 824; CSEL 57, 62, 18.   2) Aug., Ep. 186, 6, 18 (ad Paulinum) MSL 33, 823; CSEL 57, 60, 8 sqq.   3) Pseudo-Aug., De praedestinatione et gratia c. 3 MSL 45, 1667.   4) Aug., De dono perseverantiae 12, 28 MSL 45, 1009 sq.   5) cf. Rom. 11, 35.

agendi studium. Quis enim audiat, inquiunt, aeterno et immutabili Dei decreto sibi fixam esse aut vitam aut mortem, quin protinus in mentem veniat, nihil interesse quomodo se gerat: quando suo opere nihil aut impediri aut promoveri queat Dei praedestinatio? Ita omnes proiicient se, et deploratum in morem, quocunque libido tulerit, praecipites ibunt[1]. Et sane non in universum mentiuntur; sunt enim plaerique porci qui praedestinationis doctrinam impuris istis blasphemiis conspurcant, atque hoc etiam obtentu admonitiones et obiurgationes quaslibet eludunt, Scit Deus quid de nobis agere semel statuerit; si salutem decrevit, adducet nos ad eam suo tempore: si mortem destinavit, frustra contra tenderemus[2]. At Scriptura, dum praecipit quanto maiori et reverentia et religione sit de tanto mysterio cogitandum, tum pios in longe diversum sensum instituit, tum scelestam illorum intemperiem probe redarguit. Non enim praedestinationem eo commemorat ut in audaciam erigamur, et inaccessa Dei secreta excutere nefaria temeritate tentemus: sed potius ut humiliati ac deiecti, ad[a] iudicium eius tremere, misericordiam suspicere[b] discamus. Ad hunc scopum fideles collimabunt[c]. Ille autem foedus porcorum grunnitus a Paulo rite compescitur. Securos se in vitiis pergere dicunt: quia si sint e numero electorum, nihil obfutura sint vitia quominus tandem ad vitam perducantur. Atqui in hunc finem electos esse nos Paulus admonet, ut sanctam ac inculpatam vitam traducamus [Ephes. 1. a. 4]. Si electionis scopus est vitae sanctimonia, magis ad eam alacriter meditandam expergefacere et stimulare nos debet, quam ad desidiae praetextum valere. Quantopere enim haec inter se dissident, a bene agendo cessare, quia electio ad salutem sufficiat, et electioni propositum esse finem ut in bonorum studium incumbamus? Facessant ergo eiusmodi sacrilegia quae totum electionis ordinem perperam invertunt. Quod autem suas blasphemias longius extendunt, dum eum qui sit a Deo reprobatus, perditurum operam dicunt si innocentia et probitate vitae se illi approbare studeat: in eo vero impudentissimi mendacii convincuntur. Unde enim tale studium oriri possit nisi ex electione? Nam quicunque sunt ex reproborum numero, ut sunt vasa in contumeliam formata, ita non desi-

---

a) > *1539–54*   b) *1539–43* suscipere; *VG 1541 sqq.* magnifier
c) *sic!*

1) Erasmus, De lib. arb. p. 10, 5 sqq.; Faber, De absoluta necessitate c. 17, opusc. E 4a.   2) ad Quintinistas spectat; cf. ex. gr. CR Calv. opp. VII 247, 13 sq. (Contre la secte des Libertins).

nunt perpetuis flagitiis iram Dei in se provocare, et evidentibus signis confirmare quod iam in se latum est Dei iudicium; tantum abest ut cum ipso frustra contendant.

13. Maligne tamen atque impudenter hanc doctrinam calumniantur alii, acsi omnes ad pie vivendum exhortationes everteret[1]. Qua de re magnam olim invidiam sustinuit Augustinus, quam abstersit libro[1] De correptione et gratia ad Valentinum[2]: cuius lectio pios omnes et dociles[a] facile placabit; pauca tamen hic libabo, quae (ut spero) probis et non contentiosis satisfacient. Quam apertus et vocalis praeco electionis gratuitae fuerit Paulus, ante visum est[3]: an ideo monendo et hortando frigidus? Conferant boni isti zelotae eius vehementiam cum sua, glacies in ipsis reperietur prae incredibili illius fervore. Et certe principium illud scrupulos omnes tollit, non esse nos vocatos ad immunditiem [1. Thes. 4. b. 7], sed ut quisque vas suum possideat in honore[4], etc.; deinde nos esse Dei figmentum, creatos ad bona opera quae praeparavit, ut in illis ambulemus [Ephes. 2. b. 10]. In summa qui mediocriter exercitati sunt in Paulo, absque longa demonstratione intelligent quam apte conciliet quae isti fingunt inter se pugnare. Praecipit Christus ut in se credatur: neque tamen vel falsa est eius definitio, vel praecepto contraria, ubi dicit, Nemo potest venire ad me nisi cui datum fuerit a Patre meo [Iohan. 6. g. 65 b]. Cursum igitur suum habeat praedicatio, quae adducat homines ad fidem, et continuo profectu in perseverantia contineat. Neque tamen impediatur praedestinationis cognitio, ut qui obediunt[c] non tanquam de suo superbiant, sed in Domino glorientur. Non abs re dicit Christus, Qui habet aures audiendi audiat [Matth. 13. b. 9]. Ergo dum exhortamur et praedicamus, qui auribus praediti sunt, libenter obediunt: qui vero carent, in illis impletur quod scriptum est, Ut audientes non audiant [Iesa. 6. c. 9]. Cur autem (inquit Augustinus) illi habeant, illi non? quis cognovit sensum Domini[5]? nunquid ideo negandum est quod apertum est, quia comprehendi non potest

---

a) pios — doc.: *VG 1560* toutes gens craignans Dieu   b) sic *VG 1560; 1559-61 falso* 61   c) *VG 1560* + à l'Evangile

1) Faber, De absol. necess. c. 6. opusc. B 6b; Pighius, De lib. arb. II c. 1. fol. 18; VII fol. 120b; cf. Congrégation faite en l'église de Genève ... (1551) CR Calv. opp. VIII 107. — Calumniae nebulonis cuiusdam ... de occulta Dei providentia 1558 CR Calv. opp. IX 281.   2) Aug., De correptione et gratia ad Valentinum lib. un. MSL 44, 915—946.   3) c. 22, 1—6; supra p. 379 sqq.   4) 1. Thess. 4, 4.   5) Rom. 11, 34.

quod occultum est?[1] Haec fideliter ex Augustino retuli; sed quia plus forte authoritatis habebunt eius verba quam mea, agedum prodeant in medium quae apud ipsum leguntur. Nunquid si hoc audito nonnulli in torporem segnitiemque vertantur, et a labore proclives ad libidinem post concupiscentias eant: propterea de praescientia Dei falsum putandum est quod dictum est? Nonne si Deus illos bonos fore praescivit, boni erunt, in quantalibet nunc malitia versentur; et, si malos fore praescivit, mali erunt, in quantalibet nunc bonitate cernantur? Nunquid ergo propter huiusmodi causas, quae de praescientia Dei vera dicuntur, vel neganda sunt vel tacenda? tunc scilicet quando, si non dicantur, in alios itur errores [Lib. De bono persev. cap. 15][2]? Alia, inquit, ratio est verum tacendi, alia verum dicendi necessitas. Causas verum tacendi longum esset omnes quaerere: quarum tamen est haec una, ne peiores fiant qui non intelligunt, dum volumus eos qui intelligunt facere doctiores: qui nobis tale aliquid dicentibus doctiores quidem non fiunt, sed nec redduntur peiores. Quum autem res vera ita se habet, ut fiat peior, nobis eam dicentibus, qui capere non potest: nobis autem tacentibus, ille qui potest: quid putamus faciendum? nonne potius est dicendum verum, ut qui potest capere, capiat: quam tacendum, ut non solum id ambo non capiant, verum etiam qui est intelligentior, ille sit peior: qui si audiret et caperet, per eum etiam plures discerent? Et nos dicere nolumus, quod teste Scriptura dicere licebat. Timemus enim videlicet ne loquentibus nobis offendatur qui capere non potest: non autem timemus ne tacentibus nobis, qui veritatem potest capere, falsitate capiatur [Cap. 16][3]. Quam sententiam brevius tandem perstringens, clarius etiam confirmat. Quamobrem si Apostoli et qui eos sequuti sunt Ecclesiae doctores utrunque fecerunt, ut de aeterna Dei electione pie dissererent, et sub piae vitae disciplina continerent fideles: quid est quod invicta conclusi violentia veritatis illi nostri se recte dicere existimant, non esse populo praedicandum, etsi verum sit, quod de praedestinatione dicitur? Imo praedicandum est prorsus: ut qui habet aures audiendi audiat. Quis autem habet, si non accepit ab eo qui se daturum promittit? Certe qui non accipit, reiiciat: dum tamen qui capit, sumat et bibat, bibat et vivat. Sicut enim praedicanda est pietas[a], ut rite colatur Deus: ita et prae-

---

a) praed. — piet.: *VG 1560* il faut prescher les bonnes œuvres

1) Aug., De dono perseverantiae 14, 37 MSL 45, 1016. 2) ibid. 15, 38 col. 1016 sq. 3) ibid. 16, 40 col. 1017.

DE MODO PERCIPIENDAE GRATIAE. CAP. XXIII 409

destinatio, ut qui habet aures audiendi, de gratia Dei[a] in Deo, non in se glorietur [Eiusdem lib. cap. 20][1].

14[b]. Et tamen ut singulare aedificationis studium sancto viro fuit, sic docendi veri rationem temperat, ut prudenter
5 caveatur quoad licet offensio. Nam quae vere dicuntur, congruenter simul posse dici admonet[c][2]. Siquis ita plebem compellet, Si non creditis, ideo fit quia iam divinitus exitio destinati estis: is non modo ignaviam fovet, sed etiam indulget malitiae. Siquis in futurum quoque tempus sententiam exten-
10 dat, quod non sint credituri qui audiunt, quia reprobati sunt: imprecatio erit magis quam doctrina. Tales itaque Augustinus non immerito tanquam vel insulsos doctores, vel sinistros et ominosos Prophetas ab Ecclesia iubet facessere[3]. Tenendum quidem vere alibi contendit, quod tunc correptione[d] proficit
15 homo quum miseretur atque adiuvat qui facit quos voluerit etiam sine correptione proficere. Sed quare isti sic, illi aliter: absit ut dicamus iudicium luti esse non figuli[4]. Item postea, Quum homines per correptionem[e] in viam iustitiae seu veniunt seu revertuntur, quis operatur in cordibus eorum salutem, nisi ille
20 qui quolibet plantante et irrigante dat incrementum? cui volenti salvum facere nullum hominis resistit liberum arbitrium[5]. Non est itaque dubitandum, voluntati Dei (qui in caelo et in terra quaecunque voluit fecit, et qui etiam quae futura sunt fecit) humanas voluntates non posse resistere, quominus faciat ipse
25 quod vult: quandoquidem de ipsis hominum voluntatibus quod vult facit[6]. Item quum vult adducere homines, nunquid corporalibus vinculis alligat? intus agit, intus corda tenet,
[711] intus corda movet: eosque[f] voluntatibus eorum, quas in illis operatus est, trahit[7]. Sed quod continuo subiicit, minime omitti
30 debet: quia nescimus quis ad praedestinatorum numerum pertineat, vel non pertineat, sic nos affici decere ut omnes velimus salvos fieri. Ita fiet ut quisquis nobis occurret, eum studeamus facere pacis consortem. Sed pax nostra super filios pacis requiescet[8]. Ergo, quantum ad nos pertinet, omnibus, ne pereant,

---

35 a) de — D. > *VG 1560*   b) *1559 falso* 12   c) Nam — adm.: *VG 1560* Car il remonstre que ce qui se dit vrayement, peut bien estre conforme à l'utilité   d) *sic secundum Augustinum; 1559–61 male* correctione   e) *VG 1560 (non secundum Augustinum)* le moyen de la predication

40 1) Aug., De dono perseverantiae 20, 51 col. 1025.   2) ibid. 22, 61 col. 1030.   3) ibidem.   4) Aug., De correptione et gratia 5, 8 MSL 44, 920.   5) ibid. 14, 43 col. 942.   6) ibid. 14, 45 col. 943.   7) ibid. col. 944.   8) ibid. 15, 46 col. 944 sq.

vel ne alios perdant, salubris et severa instar medicinae adhibenda erit correptio: Dei autem erit illis utilem facere quos praescivit et praedestinavit[1].

Electionem sanciri Dei vocatione: reprobos autem sibi accersere iustum, cui destinati sunt, interitum.
CAP. XXIIII.

1. Sed ut res melius elucescat, tum de electorum vocatione tum de excaecatione et induratione impiorum agendum est. ‖ Et de priore quidem iam aliquid disserui[2], eorum errorem refellens quibus generalitas promissionum videtur aequare totum humanum genus. Atqui non absque delectu ‖ electionem, quam in seipso alioqui absconditam habet, vocatione demum sua Deus[a] manifestat; quam ideo appellare proprie licet eius[b] testificationem. Nam quos praescivit, eos et[c] praefinivit conformes fieri imaginis Filii sui: quos autem praefinivit, eos et vocavit: quos vocavit, eos et iustificavit, ut olim glorificet [Rom. 8. f. 29[d]]. Quum suos eligendo iam in filiorum locum Dominus adoptarit: videmus tamen ut in tanti boni possessionem non veniant, nisi dum vocantur: contra ut vocati, quadam iam fruantur electionis suae communicatione. Qua ratione Spiritum, quem accipiunt, et adoptionis Spiritum [Ibidem, c. 15], et sigillum, et arrhabonem haereditatis futurae vocat Paulus [Ephes. 1. c. 13[3], et alibi[4]]; quia scilicet eorum cordibus futurae adoptionis certitudinem suo testimonio stabilit et obsignat. ‖ Nam etsi Evangelii praedicatio ex fonte electionis scaturit, quia tamen reprobis etiam communis est, non esset per se solida illius probatio. Deus autem efficaciter electos suos docet ut ad fidem adducat: sicuti citavimus ante ex verbis Christi[5]. Qui ex Deo est, hic vidit Patrem, non alius [Iohan. 6. e. 46]. Item, Manifestavi nomen tuum hominibus quos dedisti mihi [Iohan. 17. a. 6]. Quum alibi dicat, Nemo potest venire ad me nisi Pater meus traxerit eum [Iohan. 6. e. 44]. Quem locum prudenter expendit Augustinus: cuius verba sunt, Si (ut dicit[1] veritas) omnis qui didicit venit: quisquis non venit, profecto nec didicit. Non est igitur consequens ut qui potest venire etiam veniat, nisi id voluerit atque fecerit:

---

a) *1539–54* Dominus   b) propr. — eius: *1539–54* soleo illius   c) > *1539–54*   d) *1553* 30 *(sc. 29 sq.)*

1) Aug., De correptione et gratia 16, 49 col. 946.   2) cap. 22, 10; supra p. 390.   3) Eph. 1, 13 sq.   4) 2. Cor. 1, 22; 5, 5.   5) cap. 22, 7; supra p. 387.

sed omnis qui didicit a Patre, non solum potest venire, sed etiam venit; ubi iam et possibilitatis profectus, et voluntatis affectus et actionis effectus adest [Lib. 1. De gratia Christi contra Pelag. et Coelest. cap. 14, et 31][1]. Alibi etiam clarius, Quid est, omnis qui audivit a Patre et didicit venit ad me: nisi, nullus est qui audiat et discat a Patre, et non veniat ad me? Si enim omnis qui audivit a Patre et didicit, venit, profecto omnis qui non venit non audivit a Patre nec didicit; nam si audisset et didicisset, veniret. Valde remota est a sensibus carnis haec schola, in qua Pater auditur et docet, ut veniatur ad Filium [Lib. De praedest. sanctorum cap. 8][2]. Paulo post, Haec gratia quae occulte humanis cordibus tribuitur, a nullo duro corde recipitur; ideo quippe tribuitur, ut cordis duritia primum auferatur. Quando itaque Pater intus auditur, aufert cor lapideum et dat cor carneum. Sic quippe facit filios promissionis et vasa misericordiae, quae praeparavit in gloriam. Cur ergo non omnes docet ut veniant ad Christum, nisi quia omnes quos docet, misericordia docet: quos autem non docet, iudicio non docet? quoniam cuius vult misereretur, et quem vult obdurat[3]. || Filios ergo sibi designat, ac Patrem se iis destinat Deus quos elegit[a]. Vocando porro, in familiam eos suam asciscit, ac seipsum iis coadunat, ut simul unum sint[b]. Quum autem electioni vocatio subnectitur[c], in eum modum Scriptura satis innuit, in ea nihil requirendum praeter gratuitam Dei misericordiam. Si enim quaerimus quos vocet, et qua ratione: respondet, quos elegerat. Ad electionem autem dum venitur, sola illic misericordia undecunque apparet. Atque adeo vere hic locum habet illud Pauli, Non esse volentis neque currentis, sed miserentis Dei [Rom. 9. d. 16]. Neque id, quemadmodum vulgo accipiunt qui inter Dei gratiam,[d] voluntatem, cursumque hominis partiuntur. Exponunt enim, desiderium hominis ac conatum nihil per se quidem habere momenti, nisi Dei gratia prosperentur: sed quum adiuvantur illius benedictione, habere suas quoque partes in comparanda salute contendunt[4]. Quorum cavillum Augustini verbis refellere quam meis malo. Si nihil aliud voluit Apostolus, nisi non esse solius volentis aut

---

a) *1539* eligit   b) coad. — sint: *1539-54* communicat   c) voc. subn.: *1539-54* vocationem subnectit   d) *1539-45* + et

1) Aug., De gratia Christi et de peccato originali I 14, 15 MSL 44, 368; cf. ibid. c. 31 col. 376 sq.   2) Aug., De praed. sanct. 8, 13 MSL 44, 970.   3) ibid. 8, 13 sq. MSL 44, 971.   4) Erasmus, De lib. arb. p. 49, 8 sqq.; Faber, De absol. necess., opusc. E 2a, 5b; cf. lib. II 5, 17; vol. III 316, 31 sqq.

currentis, nisi adsit misericors Dominus: retorquere e converso licebit, non solius esse misericordiae, nisi adsit voluntas et cursus. Quod si aperte impium est, non dubitemus Apostolum omnia misericordiae Domini dare, nostris autem voluntatibus aut studiis nihil relinquere [Enchir. ad. Laurent. cap. 32ᵃ]¹. In hanc sententiam ille sanctus vir. Nec piliᵇ aestimo quam inducunt argutiolam, non fuisse id dicturum Paulum nisi aliquis in nobisⁱ foret conatus, et aliqua voluntas². Non enim quid esset in homine reputavit: sed quum videret quosdam salutis partem hominum industriae assignare, simpliciter eorum errorem damnavit priore membro, deinde totam salutis summam Dei misericordiae vendicavit. Et quid aliud agunt Prophetae quam ut gratuitam Dei vocationem perpetuo depraedicent?

2. Ad haec ipsa quoque vocationis natura etᶜ dispensatio perspicue id demonstrat: quae non sola verbiᵈ praedicatione, sedᵉ et Spiritus illuminatione constat. Quibus offerat verbum suum Deusᶠ, habemus apud Prophetam, Repertus sum a non quaerentibus me: palam apparui iis qui me non interrogabant. Populo qui non invocavit nomen meum, dixi, Ecce adsum [Iesa. 65. a. 1.]. Ac ne Iudaei ad Gentes modo eam clementiam pertinere ducerent, ipsis quoque in memoriam reducit unde assumpserit patrem eorum Abraham, quum ipsum sibi conciliare dignatus est [Iosue 24. a. 3]; nimirum ex media idololatria, in qua cum suis omnibus demersus erat. Verbi sui luce dum immerentibus primum affulget, eo gratuitae bonitatis suae specimen satis luculentum exhibet. ‖ Hic ergo iam se exerit immensa Dei bonitas, sed non omnibus in salutem: quia reprobos manet gravius iudicium, quod testimonium amoris Dei repudient. Atque etiam Deus, illustrandae gloriae suae causa, Spiritus sui efficaciam ab illis subducit. Interior igitur haec vocatio pignus est salutis quod fallere non potest. Quo pertinet illud Iohannis, Inde agnoscimus nos esse eius filios, ex Spiritu quem dedit nobis [1. Iohan. 3ᵍ. d. 24]. ‖ Acʰ ne glorietur caro quod vocanti et ultro se offerenti saltem responderit, nullas ad audiendumⁱ esse aures, nullos ad videndum oculos affirmat, nisi quos ipse fecerit. Facere autem non secun-

---

a) *sic 1539; 1543-61 falso* 31   b) *1539-54* pilo   c) nat. et > *1539-54*   d) quae — verbi: *1539-54* verbi siquidem   e) > *1539-54*   f) *1539-54* Dominus   g) *1559-61 falso* 5   h) *1539-54* Sed   i) *1539 -54* + nobis

1) Aug., Enchirid. 32 MSL 40, 248; ed. Scheel c. IX, 32. p. 21 sq.
2) vide supra p. 411 not. 4.

dum cuiusque gratitudinem, sed pro sua electione. Cuius rei insigne habes exemplum apud Lucam, ubi Pauli et Barnabae concionem audiunt communiter Iudaei et Gentes. Eodem tum verbo quum edocti essent omnes, narrantur credidisse qui ad vitam aeternam erant ordinati[a] [Act. 13. g. 48[b]]. Qua fronte gratuitam esse vocationem[c] negemus, in qua ad ultimam usque partem sola regnat electio?

3. Duo autem errores hic cavendi sunt: quia nonnulli cooperarium Deo faciunt hominem, ut suffragio suo ratam electionem faciat[1]; ita secundum eos voluntas hominis superior est Dei consilio. Quasi vero Scriptura doceat tantum nobis dari ut credere possimus, ac non potius fidem ipsam. Alii, quanquam non ita enervant gratiam Spiritus sancti[d]: nescio tamen qua ratione inducti electionem a posteriori suspendunt: quasi dubia esset atque etiam inefficax, donec fide confirmetur[2]. Equidem confirmari, quoad nos, minime[f] obscurum est; elucescere etiam arcanum Dei consilium quod latebat, ante vidimus[e3]: ‖ modo hoc verbo nihil aliud intelligas quam[f] comprobari quod incognitum erat[g], et velut sigillo consignari. Sed falso dicitur electionem[h] tunc[i] esse demum efficacem postquam Evangelium amplexi sumus, suumque inde vigorem sumere[4]. ‖ Certitudo quidem eius inde nobis petenda; quia si ad aeternam Dei ordinationem penetrare tentemus, profunda illa abyssus nos ingurgitabit. Sed ubi eam nobis patefecit Deus, altius conscendere oportet, ne effectus causam obruat. Quid enim magis absurdum et indignum, quum Scriptura doceat nos esse illuminatos, sicuti nos Deus elegit, lucis huius fulgore oculos nostros perstringi, ut attendere ad electionem recusent? Neque interea inficior, ut certi de salute nostra simus, initium a verbo fieri debere, eoque debere fiduciam nostram esse contentam ut Deum Patrem invocemus. Praepostere enim quidam ut de consilio Dei (quod nobis prope est in ore et corde [Deut. 30. c. 14]) certiores red-

---

a) *1539–50* praeordinati   b) *sic 1553, 1561; 1559 falso* 14   c) *1539* electionem   d) quanqu. — sancti > *VG 1560*

e) Neque vero hoc testimonio confutantur ii tantum, qui in vocationis complemento cooperarium hominem Deo faciunt: sed illi etiam, qui electionem sic a posteriori aestimandam tradunt, quasi suspensa esset et incerta, donec vocatione confirmetur. Equidem confirmari non est dubium   f) *1539–54* + *et*   g) *quod — erat:* *1539–54* certa testificatione   h) > *1539–54*   i) *1539–54* tum

1) sc. adversarii Romani.   2) Melanchthon, Loci theol. 1535. 1543, CR Mel. opp. XXI 451 sqq. 914 sqq.   3) sect. 2; supra p. 412.   4) cf. Melanchthonis Locos theol. 1535. 1543 l. c.

dantur, supra nubes volitare cupiunt[1]. Cohibenda igitur est illa temeritas sobrietate fidei, ut Deus occultae suae gratiae nobis testis sufficiat in externo verbo, modo ne impediat canalis, ex quo large ad bibendum nobis aqua profluit[a], quominus scaturigo suum honorem obtineat.

4. Ergo[b] ut perperam faciunt qui electionis vim suspendunt a fide Evangelii, qua illam ad nos sentimus pertinere[c]: ita optimum tenebimus ordinem si in quaerenda electionis nostrae certitudine, in iis signis posterioribus, quae sunt certae eius testificationes, haereamus. Nulla tentatione vel gravius vel periculosius fideles percellit Satan, quam dum ipsos suae electionis dubitatione inquietans, simul prava eius extra viam inquirendae cupiditate sollicitat. [d]Extra viam inquirere voco, ubi in abditos divinae sapientiae recessus perrumpere homuncio conatur, et, quo intelligat quid de se sit constitutum apud Dei tribunal, ad supremam usque aeternitatem penetrare. Tunc enim se in profundum immensae voraginis absorbendum praecipitat: tunc innumeris atque inexplicabilibus laqueis se induit: tunc caecae caliginis abysso se adobruit. Sic enim aequum est horribili ruina ingenii humani stoliditatem puniri, ubi suopte marte assurgere ad divinae sapientiae altitudinem tentat. Eoque exitialior est haec tentatio, quod ad nullam aliam propensiores simus fere omnes. Rarissimus enim est cuius non interdum animus hac cogitatione feriatur, Unde tibi salus nisi ex Dei[e] electione? Electionis porro quae tibi revelatio? Quae si apud quempiam semel invaluit, aut diris tormentis miserum perpetuo excruciat, aut reddit penitus attonitum. Nullo sane certiore argumento confirmare velim quanta pravitate praedestinationem imaginentur huiusmodi homines, quam illa ipsa experientia; siquidem nullo pestilentiori errore infici mens possit quam qui sua erga Deum pace ac tranquillitate conscientiam diruit ac deturbat. Ergo naufragium si timemus, sollicite ab hoc scopulo cavendum, in quem nunquam sine exitio impingitur. Et vero licet periculosi maris instar habeatur praedestinationis disputatio: patet tamen in ea lustranda, tuta et pacata, addo et iucunda navigatio, nisi quis periclitari ultro affectet. Nam quemadmodum in exitialem abyssum se ingurgitant qui ut de sua electione fiant certiores, aeternum Dei consilium sine verbo

---

a) ex — profl.: *VG 1560* duquel nous sommes rassasiez   b) *1539 –54* Atqui   c) illam — pert.: *1539–54* in illius communionem pervenimus   d) ad sqq. usque ad finem sectionis 5 cf. 1536 I 87, 43— 88, 35.   e) *1539–54* Domini

1) vide supra c. 21, 1; p. 370 not. 4.

percontantur: ita qui recte atque ordine ipsam investigant qualiter in verbo continetur, eximium inde referunt consolationis fructum. Sit igitur haec nobis inquirendi via, ut exordium sumamus a Dei vocatione, et in ipsam desinamus. || Quanquam hoc non obstat quin fideles quae percipiunt quotidie beneficia ex Dei manu, sentiant ex recondita illa adoptione descendere: sicuti loquuntur apud Iesaiam, Fecisti mirabilia: cogitationes tuae antiquae, verae et fideles [Iesa. 25. a. 1]; || quando ea ceu tessera vult nobis confirmare Deus[a] quantum de suo consilio sciri fas est. Necui autem videatur infirmum istud testimonium: reputemus quantum et claritatis et certitudinis nobis afferat. || Qua de re apposite Bernardus; postquam enim de reprobis loquutus est, Stat (inquit) propositum Dei, stat sententia pacis super timentes eum, ipsorum et dissimulans mala, et remunerans bona: ut miro modo eis non modo bona, sed et mala cooperentur in bonum. Quis accusabit electos Dei? sufficit mihi ad omnem iustitiam, solum habere propitium cui soli peccavi. Omne quod mihi ipse non imputare decrevit, sic est quasi non fuerit[1]. Et paulo post, O verae quietis locus, et quem non immerito cubiculi appellatione censuerim, in quo Deus non quasi turbatus ira, nec velut distentus cura prospicitur, sed probatur voluntas eius in eo bona et beneplacens et perfecta. Visio ista non terret, sed mulcet: inquietam curiositatem non excitat, sed sedat: nec fatigat sensus, sed tranquillat. Hic vere quiescitur. Tranquillus Deus tranquillat omnia, et quietum aspicere quiescere est[2].

5. Primum, si paternam Dei clementiam propitiumque animum quaerimus, ad Christum convertendi sunt oculi, in quo solo Patris anima[b] acquiescit [Matth. 3. d. 17]. Si salutem, vitam, et regni caelestis immortalitatem, non alio tum quoque confugiendum est: quando ipse unus et vitae fons est, et salutis anchora, et regni caelorum haeres. Iam quorsum electio pertinet nisi ut in filiorum locum a caelesti Patre[c] cooptati, eius favore[d] salutem et immortalitatem obtineamus? Quantumlibet revolvas et excutias,[1] ultimum tamen eius scopum non ultra tendere intelliges. Proinde quos Deus sibi filios assumpsit, non in ipsis eos dicitur elegisse, sed in Christo suo [Ephes. 1. a. 4]: quia nonnisi in eo amare illos poterat, nec regni sui haereditate honorare nisi eius consortes ante factos. Quod si in eo

a) *1539–54* Dominus   b) *VG 1541 sqq.* le bon plaisir   c) cael. P.: *1539–54* Domino   d) eius fav.: *1539–54* in eius dilectione

1) Bernardus, In cant. serm. 23, 15 MSL 183, 892 C.   2) ibid. 16 col. 893 A B.

sumus electi, non in nobis ipsis reperiemus electionis nostrae certitudinem: ac ne in Deo quidem Patre, si nudum illum absque Filio imaginamur. Christus ergo speculum est in quo electionem nostram contemplari convenit, et sine fraude licet. Quum enim is sit cuius corpori inserere destinavit Pater quos ab aeterno voluit esse suos, ut pro filiis habeat quotquot inter eius membra recognoscit, satis perspicuum firmumque testimonium habemus, nos in libro vitae scriptos esse si cum Christo communicamus. Porro ille certa sui communione nos donavit, quum per Evangelii praedicationem testatus est se nobis a Patre datum, ut cum suis omnibus bonis noster esset [Rom. 8. 32]. ‖ Illum induere dicimur, in ipsum coalescere ut vivamus: quia ipse vivit. Toties repetitur haec doctrina, Filio unigenito non pepercit Pater[1], ut quisquis credit in eum, non pereat [Iohan. 3. b. 15]. Qui vero in eum credit, dicitur transiisse a morte in vitam [Iohan. 5. d. 24]. Quo sensu vocat se panem vitae [Iohan. 6. d. 35], quem qui comederit, non morietur in aeternum[2]. ‖ Ille (inquam) nobis testis fuit, filiorum loco habitum iri a Patre caelesti omnes a quibus fide receptus fuerit. Siquid plus appetimus quam ut inter Dei filios censeamur et haeredes, supra Christum conscendamus licet. Si haec suprema nobis est[a] meta, quantopere insanimus, extra ipsum quaerendo quod et in ipso iam consequuti sumus, et in solo ipso inveniri potest? Praeterea quum sit aeterna Patris sapientia, immutabilis veritas, fixum consilium, non est timendum ne quod suo sermone nobis enarrat, ab illa quam quaerimus Patris voluntate vel minimum variet: quin potius eam fideliter nobis aperit qualis ab initio fuit, ac semper futura est. ‖ Huius doctrinae praxis in precibus quoque vigere debet. Nam etsi ad Dei invocationem nos animat electionis fides: ubi tamen vota concipimus, eam obtrudere Deo praeposterum esset, vel hac conditione pacisci, Domine, si electus sum, me exaudias; quando suis promissionibus vult nos esse contentos, neque alibi quaerere an[b] futurus sit nobis exorabilis. Haec prudentia nos a multis laqueis expediet si in rectum usum accommodare scimus quod recte scriptum est: non autem inconsiderate huc illuc trahamus quod restringi debuerat.

6. Accedit ad stabiliendam fiduciam alia, quam[c] cum vocatione nostra coniungi diximus[d], electionis firmitudo. Quos enim nominis sui cognitione illuminatos in Ecclesiae suae sinum[e]

---

a) *1539–54* est nobis   b) *sic 1561;* > *1559*   c) al., quam: *1539–54* quae   d) coni. dix.: *1539–54* coniungitur   e) *1539–54* consortium

1) cf. Rom. 8, 32; Ioh. 3, 16.   2) cf. Ioh. 6, 51. 58.

DE MODO PERCIPIENDAE GRATIAE. CAP. XXIIII 417

Christus asciscit, eos dicitur in fidem tutelamque suam recipere. Quoscunque autem recipit, ei a Patre commissi di¹cuntur ac concrediti ut in vitam aeternam custodiantur. Quid nobis volumus? clamat alta voce Christus, quotquot Pater salvos esse·velit, eos sibi in protectionem tradidisse [Iohan. 6. d. 37. 39, et 17. a. 6, et b. 12]. Ergo si rescire libet an Deo curae sit nostra salus, quaeramus an Christo commendaverit: quem constituit unicum suorum omnium salvatorem. Iam si dubitamus an simus a Christo in fidem custodiamque recepti, ille dubitationi occurrit, dum se pastorem sponte offert, ac in ovium suarum[a] numero nos fore pronuntiat si vocem suam audiamus [Iohan. 10. a. 3[b]]. Christum ergo benigne nobis expositum, et obviam prodeuntem amplectamur: ille autem nos in grege suo recensebit, et inter sua septa conclusos tenebit. At subit futuri status anxietas[c]; nam ut Paulus vocari docet qui electi ante fuerint [Rom. 8. f. 30]: ita Christus ostendit multos esse vocatos, paucos vero electos [Mat. 22. b. 14]. Quinetiam ipse quoque Paulus alibi a securitate dehortatur, Qui bene stat, inquit, videat ne cadat [1. Cor. 10. c. 12]. Item, Insertus es in populum Dei? noli superbire, sed time [Rom. 11. c. 20]; potest enim Deus rursum succidere, ut alios inserat¹. Denique ipsa experientia satis docemur, parvi esse vocationem ac fidem, nisi accedat perseverantia, quae non omnibus contingit. Sed enim ista sollicitudine liberavit nos Christus; nam in posterum certe respiciunt istae promissiones, Omne quod dat mihi Pater, ad me veniet: et eum qui venerit ad me non eiiciam foras [Iohan. 6. d. 37]. Item, Haec est voluntas eius qui misit me Patris, nequid perdam ex omnibus quae dedit mihi: sed resuscitem ea in novissimo die [e. 40]. Item, Oves meae vocem meam audiunt, et sequuntur me. Ego cognosco eas, et vitam aeternam do eis, nec peribunt in aeternum, neque rapiet eas quisquam de manu mea. Pater qui dedit mihi, maior omnibus est: et nemo potest rapere de manu Patris mei [Iohan. 10. e. 27]². ||
Iam ubi pronuntiat, Omnis arbor quam non plantavit Pater 1559 meus eradicabitur [Matth. 15. b. 13]: ex opposito innuit nunquam posse a salute evelli qui radicem in Deo habent. Cui consentit illud Iohannis, Si ex nobis fuissent, non exiissent

a) ov. suar.: *1539* omnium suorum; *1543–50* ovium suorum   b) *1561* + c. 16   c) At — anx.: *VG 1541 sqq.* Mais quelqu'un dira, qu'il nous fault soucyer de ce qui nous peut advenir: et quand nous pensons au temps futur, que nostre imbecilité nous admoneste d'estre en sollicitude

1) cf. Rom. 11, 21-23.   2) Ioh. 10, 27-29.

utique a nobis [1. Iohan. 2. c. 19]. Hinc etiam magnifica Pauli gloriatio contra vitam et mortem, praesentia et futura [Rom. 8. g. 38]: quam in dono perseverantiae fundatam esse oportet. Nec dubium est quin ad electos omnes sententiam hanc dirigat. Alibi idem Paulus, Qui coepit in vobis opus bonum, perficiet usque in diem Christi [Philip. 1. a. 6a]. Sicuti etiam David, quum labasceret eius fides[b], in hanc fulturam recubuit, Opus manuum tuarum non deseres [Psal. 138. b. 8]. Iam vero neque hoc dubium est, quum orat Christus pro omnibus electis, quin idem illis precetur quod Petro, ut nunquam deficiat fides eorum [Luc. 22. d. 32]. Ex quo elicimus, extra periculum defectionis esse, quia eorum pietati constantiam postulans Filius Dei, repulsam pas|sus non est. || Quid hinc nos discere voluit Christus, nisi ut confidamus perpetuo nos fore salvos, quia illius semel facti sumus?

7. At quotidie accidit, ut qui videbantur esse Christi, rursum deficiant ab eo, et corruant. Imo eo ipso loco, ubi asserit neminem periisse ex iis qui sibi a Patre dati ́fuerant, excipit tamen filium perditionis [Iohan. 17. b. 12]. Verum est id quidem: sed aeque etiam certum, nunquam ea cordis fiducia tales Christo adhaesisse qua nobis electionis certitudinem stabiliri dico. Exierunt e nobis, inquit Iohannes, sed e nobis non erant. Si fuissent enim e nobis, permansissent utique nobiscum [1. Iohan. 2. c. 19]. Nec inficior quin[c] habeant vocationis similia cum electis signa: sed illud certum electionis stabilimentum, quod fideles a verbo Evangelii petere iubeo, illis minime concedo. Quamobrem eiusmodi exempla nequaquam[d] nos permoveant quominus in Domini promissione[e] tranquilli recumbamus, ubi pronuntiat a Patre datos esse sibi omnes a quibus vera fide recipitur: quorum nemo, se custode ac pastore, periturus sit [Iohan. 3. b. 16, et 6. d. 39]. De Iuda mox dicetur[1]. Paulus non simplicem securitatem Christianis dissuadet, sed supinam ac solutam carnis securitatem, quae fastum, arrogantiam, aliorum contemptum secum trahat, humilitatem extinguat, ac reverentiam Dei[f], acceptaeque gratiae oblivionem inducat. Gentiles enim alloquitur, quos docet, non esse Iudaeis superbe et inhumaniter insultandum ideo quia ipsis abdicatis in eorum locum substituti essent[2]. Timorem quoque requirit, non

---

a) *sic 1561; 1559 falso* 16 b) quum — fid.: *VG 1560* estant esbranlé de grieves tentations c) *1539–43* quo minus d) > *1539* e) *sic 1539–45; 1550, 1559 male* promissionē; *1553–54, 1561* promissionem f) *1539–54* Domini

1) sect. 9; p. 420. 2) Rom. 11, 18 sqq.

quo consternati vacillent, sed qui ad suspiciendam humiliter
Dei gratiam nos instituens, nihil ex eius fiducia diminuat:
quemadmodum alibi dictum est[1]. || Adde quod non singulos,
sed generatim sectas ipsas alloquitur. Nam quum divisa esset
Ecclesia in duas partes, et aemulatio dissidium pareret, admonet Paulus Gentiles, quod subrogati sunt in locum peculiaris
et sancti populi, timoris et modestiae debere illis esse causam.
Atqui inter eos multi erant ventosi, quorum utile fuit inanem
iactantiam retundere. Caeterum alibi vidimus[2], spem nostram
in futurum tempus extendi, etiam ultra mortem, nec quicquam
magis contrarium esse eius naturae quam ambigere quid de
nobis futurum sit.

8.[a] Illa Christi sententia[b] de multis vocatis, paucis autem
electis[3], pessime in eum modum accipitur. || Nihil erit ambi-
guum si tenemus quod debet ex superioribus liquere[c], || duplicem
esse vocationis speciem. Est enim universalis vocatio, qua per
externam verbi praedicationem omnes pariter ad se invitat
Deus: etiam quibus eam in mortis odorem, et gravioris condem-
nationis materiam proponit. Est altera specialis, qua utpluri-
mum[1] solos fideles dignatur: dum interiori sui Spiritus illuminatione efficit, ut verbum praedicatum eorum cordibus
insideat. Interdum tamen eos quoque facit participes[d] quos
ad tempus duntaxat illuminat: deinde suae ingratitudinis
merito deserit, et maiori percutit caecitate. Iam quum videret
Dominus Evangelium late longeque publicari, [e]a plurimis contemptui haberi, apud paucos iusto in pretio esse: Deum sub
regis persona nobis describit, qui convivium solenne instituens,
vocatores suos circunquaque mittat, ad magnam turbam invi-
tandam, a paucissimis tamen impetrare queat: quia pro se
quisque impedimenta causetur; ut tandem recusantibus illis
cogatur e triviis obvium quemlibet accersere [Matth. 22. a. 2][4].
Hactenus de externa vocatione intelligendam parabolam
nemo non videt. Subiungit postea, Deum boni convivatoris
instar agere, qui circumeat mensas, ad suos hospites comiter
excipiendos. Quod si quem reperiat veste nuptiali non ornatum,
minime passurum ut convivii festivitatem suis sordibus de-

---

a) *1559 hinc inde sectiones falso enumerat:* 7. 8. 9. 11.   b) Illa
— sent.: *1539–54* Illud Domini verbum
c) Ut germanum sensum habeamus, notandum
d) eos — part.: *1539–54* iis quoque impertitur   e) *1539* +
a multis vero respui,

1) c. 2, 22; supra p. 32 sq.   2) c. 2, 39 sqq.; supra p. 48 sqq.
3) Matth. 22, 14.   4) Matth. 22, 2 sqq.

honestet¹. Hoc membrum fateor intelligendum de iis qui fidei professione in Ecclesiam ingrediuntur, sed Christi sanctificatione nequaquam induti. Talia Ecclesiae suae dehonestamenta, et velut καρκινώματα[a] non sustinebit perpetuo Deus[b]: sed prout meretur eorum turpitudo, extra proiiciet. Pauci ergo electi sunt ex magno vocatorum numero: non tamen ea vocatione unde fidelibus dicimus aestimandam suam electionem. Illa enim impiorum etiam communis est, haec secum affert Spiritum regenerationis, qui est arrhabo et sigillum futurae haereditatis, quo in diem Domini obsignantur corda nostra [Ephes. 1. c. 13. 14]. ‖ In summa, quum hypocritae non secus ac veri Dei cultores, pietatem iactent, pronuntiat Christus eiectum tandem iri ex loco quem male occupant²; sicuti in Psalmo dicitur, Domine quis habitabit in tabernaculo tuo [Psal. 15. a. 1]? Innocens manibus, et puro corde³. Item alibi, Haec est generatio quaerentium Deum, quaerentium faciem Dei Iacob [Psal. 24. b. 6]. Atque ita ad tolerantiam hortatur Spiritus fideles, ne aegre ferant Ismaelitas sibi misceri in Ecclesia: quoniam tandem detracta larva cum dedecore eiicientur.

9. Eadem est ratio exceptionis nuper adductae⁴, ubi ait Christus neminem periisse nisi filium perditionis[c] [Iohan. 17. b. 12]; ‖ est quidem impropria loquutio, sed minime obscura[d]; ‖ ille enim non reputabatur inter oves Christi, quia vere esset: sed quia locum tenebat. Quod porro ipsum alibi electum cum Apostolis a se fuisse asserit Dominus, id duntaxat ad ministerium refertur. Duodecim, inquit, elegi, et unus ex eis diabolus est [Iohan. 6. g. 70]. Nempe in Apostoli munus eum elegerat. Quum autem de electione loquitur in salutem, eum procul ab electorum¹ numero arcet, Non de omnibus loquor: ego scio quos elegerim [Iohan. 13. b. 18]. Siquis vocabulum Electionis utrobique confundat, misere se implicabit: si distinguat, nihil est expeditius. Pessime ergo et perniciose Gregorius, dum vocationis tantum nostrae conscios esse nos tradit, electionis incertos; unde ad formidinem et trepidationem omnes hortatur: hanc etiam rationem usurpans, quia etiamsi quales hodie simus sciamus, quales tamen simus futuri nescimus[e] [Homil. 38]⁵. Verum eo loco satis declarat quomodo in hunc scopum impegerit.

---

a) *1539–54* carcinomata; *1561* Καρκηνώματα b) *1539–54* Dominus
c) fil. perd.: *VG 1541 sqq.* Iudas   d) est quid. — obsc. > *VG 1560*
e) > *1543; ib. iubente correct. legendum:* futuri simus ignoramus

1) Matth. 22, 11–13. 2) Matth. 22, 13. 3) Ps. 24, 4. 4) sect. 7; supra p. 418, 31. 5) Gregor. I., Homil. in evang. lib. II hom. 38, 14 MSL 76, 1290 C.

Quoniam enim ab operum meritis electionem suspendebat[1], deiiciendis animis[a] plus satis illi suppetebat causae: confirmare non poterat, qui a seipsis ad divinae bonitatis fiduciam non transferebat. Hinc qualemcunque eius quod initio posuimus gustum habent fideles: praedestinationem, si rite cogitetur, non fidei convulsionem, sed optimam potius confirmationem afferre[b]. ‖ Neque tamen inficior, Spiritum ad modulum sensus nostri interdum accommodare sermonem. Sicuti quum dicit, In arcano populi mei non erunt, et in catalogo servorum meorum non scribentur [Ezech. 13. b. 9]. Acsi Deus scribere inciperet in libro vitae quos recenset in numero suorum: quum tamen sciamus vel teste Christo[2], scripta esse filiorum Dei nomina in libro vitae ab initio [Philip. 4. a. 3]. Sed simpliciter his verbis eorum abdicatio notatur qui visi sunt inter electos praecipui; sicut dicitur in Psalmo, Deleantur e libro vitae, et cum iustis non scribantur [Psal. 69. d. 29].

10. Enimvero electi nec statim ab utero, nec eodem omnes tempore, sed prout visum est Deo[c] suam illis gratiam dispensare, in ovile Christi per vocationem aggregantur. Ante vero quam ad summum illum Pastorem colligantur[d], in communi[e] deserto dissipati aberrant: nec ab aliis quicquam differunt, nisi quod singulari Dei misericordia proteguntur, ne in ultimum mortis praecipitium ruant. In ipsos ergo si respicias, videbis Adae progeniem, quae communem massae corruptionem redoleat. Quod non in extremam et desperatam usque impietatem feruntur, id non fit aliqua illis ingenita bonitate: sed quia in ipsorum salutem excubat Dei oculus, et manus extenta est[f]. Nam qui ab ipsa nativitate[g] insitum esse eorum cordibus semen nescio quod electionis somniant, cuius virtute semper ad pietatem timoremque Dei sint inclinati[3], nec Scripturae authoritate adiuvantur, et ipsa redarguuntur experientia. Exempla quidem pauca proferunt, unde probent, electos ante illuminationem quoque non fuisse a religione alienos: Paulum in suo Pharisaismo vixisse irreprehensibilem [Philip. 3. a. 5[h]][4]: Cornelium eleemosynis[i] et orationibus fuisse acceptum[i] Deo [Act. 10. a. 2], et siqua sunt similia. De Paulo illis concedimus:

a) deiic. an.: *VG 1541 sqq.* à espovanter les hommes, et les mettre en deffiance   b) > *1539-43*   c) *1539-54* Domino   d) *1539-54* convertantur   e) *1539* + mundi   f) *VG 1541 sqq.* + pour les y conduyre   g) *1539* electione   h) *1561* 9 *(lege: 6, sc. Phil. 3, 5 sq.)*   i) *VG 1541 sqq.* par ses prieres

1) cf. l. c. col. 1287 sq.   2) Luc. 10, 20.   3) Bucerus, Enarrationes in Evang. 1530, fol. 122 a B.   4) Bucerus, l. c.

in Cornelio dicimus hallucinari; iam enim tum illuminatum ac regeneratum fuisse apparet, ut nihil illi deesset praeter perspicuam Evangelii revelationem. Sed enim quid pauculis istis exemplis tandem extorquebunt? electosne omnes pietatis spiritu semper esse praeditos[a]? Non magis quam siquis demonstrata Aristidis, Socratis, Xenocratis, Scipionis, Curii, Camilli, et aliorum integritate[1], inde colligat, omnes qui in caecitate idololatriae deseruntur, sanctimoniae et probitatis fuisse studiosos. Quinetiam[b] Scriptura non uno in loco illis palam reclamat. Qui enim describitur a Paulo Ephesiorum status ante regenerationem, granum huius seminis nullum ostendit. Eratis, inquit, delictis et peccatis mortui, in quibus ambulastis iuxta seculum mundi huius, iuxta principem aeris, qui nunc agit in filiis contumacibus: inter quos et nos omnes versabamur aliquando in concupiscentiis carnis nostrae, facientes quae carni et menti libebant. Et eramus natura filii irae, sicut et caeteri [Ephes. 2. a. 1][2]. Item, Mementote quod sine spe aliquando fueritis, et Deo carueritis in mundo [Ibidem, c. 12]. Item, Eratis aliquando tenebrae: nunc autem lux in Domino: ut filii lucis ambulate [Ephes. 5. b. 8][3]. At ea forte referri volent ad ignorantiam veri Dei qua electos antequam vocentur, detineri non negant[4]. Quanquam hoc esset impudenter calumniari, quum ex illis inferat, non iam amplius esse vel mentiendum[5], vel furandum [Ephes. 4. e. 28]: quid tamen ad alios locos respondebunt? Qualis ille est ad Corinthios, ubi quum denuntiasset, neque scortatores, neque idololatras, neque adulteros, neque molles, neque paedicatores, neque fures, neque avaros regni Dei fore haeredes: continuo subiungit, illos iisdem flagitiis fuisse, ante Christum cognitum, implicitos: nunc vero et sanguine eius ablutos, et Spiritu liberatos [1. Cor. 6. b. 9. 11][6]. Item alter ad Romanos, Quemadmodum praebuistis membra vestra serva immunditiae, et iniquitati ad iniquitatem, nunc addicite illa in servitutem iustitiae [Rom. 6. d. 19]. Quem enim fructum ex illis habuistis, in quibus nunc merito erubescitis[7]? et caetera.

11. Quale tunc, amabo, electionis semen in iis germinabat, qui tota vita multifariam contaminati, quasi desperata nequitia, volutabantur in flagitio omnium maxime nefando et execrabili?

---

a) elect. — praed.: *VG 1541 sqq.* que tous les esleuz de Dieu ont eu un mesme esprit   b) *VG 1541 sqq.* Oultre ce que leur argument ne vault rien:

1) vide lib. II 3, 4; vol. III 275 sq.   2) Eph. 2, 1–3.   3) Eph. 5, 8 sq.
4) Bucerus, l. c.   5) Eph. 4, 25.   6) 1. Cor. 6, 9–11.   7) Rom. 6, 21.

Secundum eos si loqui voluisset, debuerat ostendere quantum
Dei beneficentiae deberent, per quam conservati essent ne in
tantas foeditates prolaberentur. Sic et Petrus debuisset suos
hortari ad gratitudinem, ob semen electionis perpetuum.
Contra autem admonet, suffecisse praeteritum tempus Gentium
libidinibus consummandis [1. Pet. 4. a. 3]. Quid si venitur ad
exempla? Quale iustitiae germen in Rahab meretrice [Iosue 2.
a. 1] ante fidem? in Menasse, quum Ierusalem in'tingeretur et
prope immergeretur sanguine Prophetarum [2. Reg. 21. c. 16]?
In latrone, qui inter ultimos tandem spiritus de resipiscentia
cogitavit [Luc. 23. f. 42]? Facessant ergo haec argumenta, quae
sibi ipsis homines curiosuli temere sine Scriptura excogitant.
Maneat autem nobis quod habet Scriptura, Omnes pariter
ovium perditarum instar aberrasse, unumquenque declinasse
in viam suam [Iesa. 53. b. 6], hoc est, perditionem. Hoc[a] perditionis gurgite quos aliquando eruere Dominus statuit, eos
in suam opportunitatem differt: tantum conservat, in blasphemiam irremissibilem ne devolvantur.

12. Quemadmodum suae erga electos vocationis efficacia,
salutem, ad quam eos aeterno consilio destinarat, perficit Deus[b]:
ita sua habet adversus reprobos iudicia, quibus consilium de
illis suum exequatur. Quos ergo in vitae contumeliam et mortis
exitium creavit, ut irae suae organa forent, et severitatis
exempla: eos, ut in finem suum perveniant, nunc audiendi
verbi sui facultate privat: nunc eius praedicatione magis ex-
caecat et obstupefacit. Prioris membri quum innumera sint
exempla, unum tamen, quod est prae aliis illustre ac notabile,
eligamus. Quatuor circiter annorum millia[c] ante Christi adventum effluxerunt, quibus salutiferae doctrinae lucem cunctis
gentibus occultavit. Siquis respondeat, tanti beneficii compotes
ideo non fecisse quia indignos iudicarit: nihilo erunt digniores
posteri; || cuius rei praeter experientiam testis locuples est Ma-
lachias, qui incredulitatem crassis blasphemiis permistam
coarguens, venturum tamen redemptorem denunciat [Malach. 4.
a. 1]. || Cur ergo his potius quam illis datur? frustra se torqueat
qui hic causam requirat arcano et inscrutabili Dei consilio
altiorem. Nec est timendum nequis Porphyrii discipulus Dei
iustitiam impune arrodat[1], nobis pro ea nihil respondentibus.

---

a) *1539-54* Ab hoc   b) *1539-54* Dominus   c) *1539-50* milia

1) vide Aug., Ep. 102, quaest. 4, 22 (ad Deogratias) MSL 33, 379,
CSEL 34, 563, 24 sqq.; Hieron., Ep. 133, 9 (ad Ctesiphontem) CSEL
56, 255, 16.

Quum enim afferimusᵃ nullos perire immerentes, gratuitae esse beneficentiae Deiᵇ quod nonnulli liberantur, abunde pro illustranda eiusᵇ gloria dictum est, ut nostra tergiversatione nequaquam indigeat. Praedestinationi igitur suae viam facit summus ille arbiterᶜ, ubi quos semel reprobavit, lucis suae communicatione orbatos deserit in caecitate. Alterius membri cum extant quotidiana documenta, tum multa in Scripturis continentur. Apud centum eadem fere habetur concio, viginti prompta fidei obedientia suscipiunt: alii vel nullius pensi habent, vel rident, vel explodunt, vel abominantur. Siquis respondeat, diversitatem ex eorum provenire malitia et perversitate, nondum satisfactum fuerit: quia et illorum ingenium eadem malitia occuparetur, nisi Deusᵈ sua bonitate corrigeret. || Ideoque semper implicabimur, nisi succurrat illud Pauli, Quis te discernit [1. Cor. 4. b. 7]? Quo significat non propria virtute, sed sola Dei gratia alios aliis praecellere.

13. Cur ergo gratiam illis largiendo, hos praetermittit? De illis causam reddit Lucas, Quia ad vitam sunt ordinatiᵉ [Act. 13. g. 48]. De iis ergo quid sentiemus, nisi quia sunt vasa irae in contumeliam[1]? Quare ne cum Augustino loqui nos pigeat, Posset (inquit ille) Deus malorum voluntatem in bonum convertere, quia omnipotens est. Posset plane. Cur ergo non facit? Quia noluit. Cur noluerit, penes ipsum est [Lib. 11ᶠ. de Gen. ad literam, cap. 10][2]. Debemus enim non plus sapere quam oportet; multoque id satius est, quam tergiversari cum Chrysostomo, Quod volentemᵍ trahat et manum porrigentem [Homil. de convers. Pauli][3], ne discrimen in Dei iudicio, sed solo hominum arbitrio situm videatur. || Adeo quidem non situm est in proprio hominis motu accedere, ut piis quoque et Deum timentibus singulari adhuc instinctu Spiritus opus sit. Lydia purpuraria Deum timebat, et tamen cor eius aperiri oportuit, ut attenderet doctrinae Pauli [Act. 16. c. 14] et in ea proficeret. Hoc non de una muliere dictum est, sed ut sciamus profectum cuiusque in pietate, opus esse arcanum Spiritus. || Istud quidem in quaestionem trahi non potest, multis verbum suum Dominum

---

a) *1539–45* asserimus   b) *1539–54* domini   c) summ. — arb.: *1539–54* dominus   d) *1539–54* Dominus   e) *1539–50* praeordinati   f) *1539–61* falso 2   g) *1539–45* vocantem

1) cf. Rom. 9, 21 sq.   2) Aug., De Genesi ad literam XI 10, 13 MSL 34, 434.   3) Chrysostomus, De ferendis reprehensionibus et de mutatione nominum, hom. 3, 6. opp. Paris. 1834 sqq. III 153 D (olim [in edd. Basil. 1530 et 1539]: „De ferendis reprehensionibus et conversione Pauli").

mittere, quorum caecitatem magis velit aggravari. Quorsum enim tot mandata deferri iubet ad Pharaonem? an quia saepius repetitis legationibus mitigatum iri sperabat? Imo antequam inciperet, exitum et noverat et praedixerat. Ito (dicebat Mosi) et expone illi voluntatem meam; ego autem indurabo cor eius ne obtemperet [Exod. 4. e. 21]. Sic quum Ezechielem suscitat, praemonet se mittere ad populum rebellem et contumacem: ne terreatur si surdis se canere videat [Ezech. 2. b. 3, et 12. a. 2]. Sic Ieremiae praedicit, futuram eius doctrinam in ignem, ut populum instar stipulae perdat et dissipet [Iere. 1. b. 10]. Sed magis etiamnum premit Iesaiae prophetia; sic enim a Domino dimittitur, Vade, et dic filiis Israel, Audiendo audite, et ne intelligatis. Videndo videte, et nesciatis[a]. Obstina cor populi huius, et aures eius aggrava, et oculos eius obline: ut ne forte videat oculis suis, et audiat auribus suis, et corde intelligat, quo conversus sanetur [Iesa. 6. c. 9][1]. Ecce, vocem ad eos dirigit, sed ut magis obsurdescant: lucem accendit, sed ut reddantur caeciores[b]: doctrinam profert, sed qua magis obstupescant: remedium adhibet, sed ne sanentur. Atque hanc prophetiam adducens Iohannes, Iudaeos Christi doctrinae non potuisse credere asserit [Iohan. 12. f. 39] quia in eos incumberet haec Dei maledictio. Neque hoc quoque controverti potest, quos Deus illuminatos non vult, illis doctrinam suam aenigmatibus involutam tradere: nequid inde proficiant, nisi ut in maiorem hebetudinem trudantur. Testatur enim Christus se ideo solis Apostolis edisse'rere parabolas, in quibus apud multitudinem loquutus erat: quia his datum sit nosse mysteria regni Dei, vulgo non item [Matth. 13. b. 11]. Quid, inquies, sibi vult Dominus eos docendo, a quibus ne intelligatur curat? Considera unde vitium, et desines interrogare. In verbo enim qualiscunque sit obscuritas, satis tamen semper est lucis ad convincendam impiorum conscientiam.

14. Restat nunc ut videamus cur id Dominus faciat quod eum facere palam est. Si respondeatur, sic fieri quia id impietate, nequitia, ingratitudine sua[c] meriti sunt homines[2]: bene id quidem et vere dicetur: sed quia nondum patet istius varietatis ratio, cur aliis in obedientiam flexis, isti obdurati persistant: in ea excutienda, necessario ad illud quod ex Mose[3] annotavit Paulus transeundum erit: nempe quod ab initio eos excitarit Dominus ut ostenderet nomen suum in universa terra [Rom. 9.

---

a) *1539-50* ne sciatis   b) *1539* surdiores   c) > *1539-43*

1) Ies. 6, 9 sq.   2) Erasmus, De lib. arb. p. 53, 10 sq.; Clichtoveus, Improbatio, fol. 9 a.   3) Ex. 9, 16.

d. 17]. Quod igitur sibi patefacto Dei verbo^a non obtemperant reprobi, probe id in malitiam pravitatemque cordis eorum reiicietur, modo simul adiiciatur, ideo in hanc pravitatem addictos quia iusto, sed inscrutabili Dei iudicio suscitati sunt, ad gloriam eius sua damnatione illustrandam. Similiter quum de filiis Heli narratur, quod non auscultarunt salutaribus monitis, quia voluerit Dominus occidere eos [1. Sam. 2. e. 25]: non negatur contumaciam a propria ipsorum nequitia profectam esse: verum simul notatur cur in contumacia deserti fuerint, quum potuerit eorum corda Dominus emollire: quia scilicet eos semel exitio destinasset immutabile eius^b decretum. || Eodem pertinet illud Iohannis, Quum tanta signa fecisset, nemo credidit in eum: ut sermo Iesaiae impleretur, Domine, quis credidit auditui nostro [Iohan. 12. f. 38][1]? Etsi enim a culpa non liberat pervicaces, contentus est tamen illa ratione, quod insipida sit hominibus Dei gratia^c, donec Spiritus sanctus saporem afferat. Et Christus Iesaiae vaticinium citans, Erunt omnes docti a Deo [Iohan. 6. e. 45][2], non alio tendit nisi Iudaeos esse reprobos et ab Ecclesia extraneos, quia sunt indociles; nec aliam causam affert nisi quod ad eos non pertineat Dei promissio. Quod confirmat illud Pauli, Christum, qui Iudaeis est scandalum, et Gentibus stultitia, esse vocatis virtutem et sapientiam Dei [1. Cor. 1. d. 23][3]. Nam ubi dixit quid fere contingat quoties praedicatur Evangelium, nempe ut alios exasperet, ab aliis spernatur, dicit apud solos vocatos esse in pretio. Paulo ante quidem nominaverat credentes[4], sed gratiae Dei, quae fidem praecedit, noluit gradum suum negare: quin potius hoc secundum correctionis vice addidit, ut Dei vocationi fidei suae laudem adscriberent qui Evangelium amplexi fuerant. Sicuti etiam paulo post docet a Deo electos esse[5]. || Haec dum impii audiunt, quiritantur Deum miseris suis creaturis inordinata potentia in saevitiae suae ludum abuti[6]. Sed nos, qui cunctos homines tot no¹minibus Dei tribunali obnoxios novimus ut de mille interrogati ne in uno quidem satisfacere queant, confitemur nihil pati reprobos quod non iustissimo Dei iudicio conveniat. Quod rationem ad liquidum non assequimur^d,

---

a) sibi — verbo: *VG 1541 sqq.* ayantz le Royaume de Dieu ouvert   b) *1539–54* Dei   c) quod — gr.: *VG 1560* que les hommes ne trouveront ne goust ne saveur en la parolle de Dieu   d) *1539* assequamur

1) Ioh. 12, 37 sq.; Ies. 53, 1.   2) Ies. 54, 13.   3) 1. Cor. 1, 23 sq.   4) 1. Cor. 1, 21.   5) 1. Cor. 1, 27 sq.   6) cf. Erasmum, De lib. arb. p. 79 sqq.

aliquid nescire non recusemus^a, ubi se Dei sapientia in suam sublimitatem attollit.

15. At quoniam obiici solent pauci^b Scripturae loci, quibus videtur negare Deus^c sua ordinatione fieri ut iniqui pereant, nisi quoad^d se reclamante ipsi mortem sponte sibi accersunt^e: eos breviter explicando demonstremus nihil superiori sententiae adversari. || Profertur Ezechielis locus, quod Deus nolit mortem peccatoris, sed magis ut convertatur et vivat [Ezech. 33.^f c. 11][1]. Si hoc ad totum humanum genus extendere placet, cur plurimos ad resipiscentiam non sollicitat, quorum animi ad obedientiam magis sunt flexibiles quam eorum qui ad quotidianas eius invitationes magis ac magis obdurescunt? Apud Ninivitas et Sodomitas, teste Christo, Evangelii praedicatio et miracula plus fructus attulissent quam in Iudaea [Matth. 11.^g c. 23]. Qui fit ergo, si vult Deus omnes salvos fieri^h, || ut miseris, qui ad gratiam recipiendam paratiores essent, ianuam poenitentiae non aperiat? Hinc videmus violenter torqueri locum, si Dei voluntas, cuius meminit Propheta, opponitur aeterno eius consilio[1], quo electos discrevit a reprobis. Nunc si quaeritur genuinus Prophetae sensus, tantum spem veniae resipiscentibus facere vult. Atque haec summa est, non esse dubitandum quin Deus paratus sit ignoscere, simulac conversus fuerit peccator. Ergo eius mortem non vult, quatenus vult poenitentiam. Experientia autem docet, ita velle resipiscere quos ad se invitat, ut non tangat omnium corda. Neque tamen ideo dicendum est fallaciter ipsum agere: quia etsi vox externa tantum inexcusa-

---

a) aliqu. — rec.: *VG 1541 sqq.* il nous fault prendre cela patiemment, et ne refuser point d'ignorer quelque chose b) obi. — pauci: *1539-54* obiiciuntur certi c) *1539-54* Dominus d) *sic 1539-54; 1559-61* quo ad e) *1539-54* acquirunt f) *1559-61 falso* 34 g) *1559-61 falso* 13.

h) Proferunt has *(1539-43* eas*)* Apostoli sententias; quod velit Dominus omnes salvos fieri, et ad veritatis agnitionem pervenire [1. Timot. 2. b. 4.]. Omnes *(1539-43* + etiam*)* sub incredulitate concluserit, ut omnium misereatur [Roma. 11. d. 32.]. Quod item per prophetam Dominus ipse denunciat, se nolle mortem peccatoris, sed magis ut convertatur, et vivat [Ezech. 18. g. 32, et 33. c. 11.]; primus Apostoli locus importune huc adducitur. De singulis enim, non hominibus, sed hominum ordinibus, illic eum loqui facillime ex contextu evincitur i) Hinc — cons.: *VG 1560* Nous voyons donc que ce passage est perverti et comme tiré par les cheveux, si sous ombre des mots du Prophete on veut aneantir le conseil eternel de Dieu

---

1) Faber, De absol. necess. c. 1. opusc. B 3 a; Pighius, De lib. arb. VI fol. 92 a; Calumniae nebulonis cuiusdam, CR Calv. opp. IX 292.

biles reddit qui eam audiunt, neque obsequuntur, vere tamen censetur testimonium gratiae Dei quo sibi reconciliat homines. Teneamus ergo Prophetae consilium, non placere Deo mortem peccatoris: ut confidant pii, simulac poenitentia tacti fuerint, sibi paratam esse apud Deum veniam: impii vero sentiant duplicari crimen suum, quod tantae Dei clementiae et facilitati non respondent. Poenitentiae igitur semper obvia Dei misericordia occurret: sed poenitentia quibus detur, tam omnes Prophetae quam Apostoli atque ipse Ezechiel clare docent.

16.[a] Adducitur secundo Pauli locus, ubi tradit Deum velle omnes salvos fieri[b] [1. Tim. 2. a. 4][1]: || cuius etsi diversa est quam superioris ratio, aliquid tamen est commune. Respondeo, primum ex contextu palam fieri quomodo velit; utrunque enim copulat Paulus, quod velit salvos fieri, et ad agnitionem veritatis per'venire. Si hoc aeterno Dei consilio fixum esse volunt, ut salutis doctrinam percipiant: quid sibi vult illud Mosis, Quae gens est tam inclyta, ut ad eam appropinquet Deus sicut ad te [Deut. 4. b. 7]? Qui factum est ut privaverit Deus Evangelii luce multos populos, qua alii fruebantur? Qui factum est ut nunquam pura doctrinae pietatis cognitio ad quosdam pervenerit, alii vix obscura quaedam rudimenta gustaverint? Hinc iam elicere promptum erit quorsum tendat Paulus. || Praeceperat Timotheo solennes in Ecclesia precationes pro regibus et principibus concipere[2]; quum autem absurdum nonnihil videretur orationes ad Deum fundi pro genere hominum prope deplorato (quia non tantum a Christi corpore alieni omnes erant[c], sed ad regnum eius opprimendum totis viribus enitebantur) subiicit, acceptum id esse Deo, qui velit omnes homines salvos fieri[3]. Quo nihil aliud profecto significat quam nulli hominum ordini[d] viam ad salutem praeclusisse: quin potius misericordiam suam sic effudisse ut nullum[e] eius expertem esse velit. Aliae sententiae non declarant quid de omnibus occulto suo iudicio

---

a) *sic 1561; 1559 haec sectio ad sectionem 15 relata legitur.* b) *vide p. 427, not. h.* c) quia — erant: *VG 1541 sqq.* veu que non seulement ilz estoient hors de la compagnie des fideles d) *1539–43 +* aut conditioni e) *1539–43* nullam vocationem

1) Faber, De absol. necess. c. 1. opusc. B 3a; Pighius, De lib. arb. IX fol. 160b; cf. Congrégation faite en l'église de Genève CR Calv. opp. VIII 112 (contra Bolsecum); Calv., De aeterna Praedest. CR Calv. opp. VIII 336/7 (contra Georgium Siculum); Calumniae nebulonis cuiusdam, CR Calv. opp. IX 292 (vide vol. III 204, 38); — cf. etiam Melanchth. Loc. theol. 1535. 1543, CR Mel. opp. XXI 452. 915.   2) 1. Tim. 2, 1 sq.   3) 1. Tim. 2, 3 sq.

Dominus statuerit: sed paratam denuntiant omnibus peccatoribus veniam, qui modo se ad eam requirendam convertunt. Nam si tenacius urgeant quod dicitur velle misereri omnium, ego contra excipiam quod alibi scribitur, Deum nostrum esse
5 in caelo, ubi faciat quaecunque velit [Psal. 115. a. 3]. Sic ergo exponendum erit hoc verbum, ut cum altero conveniat, Miserebor cuius miserebor, et commiserabor quem fuero miseratus [Exod. 33. d. 19]. Qui deligit quos misericordia prosequi debeat, eam non omnibus impertitur. || Sed ubi clare apparet
10 non de singulis hominibus, sed de hominum ordinibus illic agi, facessat longior disputatio. Quanquam simul notandum est, Paulum non asserere quid semper et ubique et in omnibus faciat Deus: sed liberum ei relinquere ut reges tandem et magistratus participes faciat caelestis doctrinae, quanvis adversus
15 eam pro caecitate sua insaniant. Videntur fortius urgere obiecto Petri loco, Deum neminem velle perire, sed omnes recipere ad poenitentiam[1]. Verum nodi solutio iam mox in secundo verbo occurrit: quia voluntas recipiendi ad poenitentiam non alia intelligi potest nisi quae passim traditur. Sane conversio in
20 Dei manu est; an velit omnes convertere, interrogetur ipse: dum paucis quibusdam se daturum promittit cor carneum, aliis cor lapideum relinquendo [Ezech. 36. f. 26]. Verum quidem est, nisi recipere paratus esset qui eius misericordiam implorant, concidere illam sententiam, Convertimini ad me, et convertar
25 ad vos [Zach. 1. a. 3][2]; sed dico neminem mortalium ad Deum accedere nisi qui divinitus praevenitur. Ac, si in hominis arbitrio esset poenitentia, non diceret Paulus, Si forte det illis poenitentiam [2. Tim. 2. d. 25]; imo nisi idem Deus qui ad poenitentiam omnes voce hortatur, arcano Spiritus motu electos
30 adduceret, non[l] diceret Ieremias, Converte me Domine, et convertar: ubi enim convertisti me, egi poenitentiam [Iere. 31. c. 18][3].

17.[a] Sedenim (inquies) si ita est, parum erit fidei promissionibus Evangelicis, quae quum de voluntate Dei testantur, eum[b] velle asserunt quod inviolabili eius decreto adversetur[4]. Minime
35 vero; quamlibet enim universales sint salutis promissiones, nihil tamen a reproborum praedestinatione discrepant: modo in earum effectum[c] mentem dirigamus. Efficaces nobis tum

---

a) *sic 1561; 1559* 16   b) *1539–45* eam   c) *1539–54* complementum

1) 2. Petr. 3, 9; cf. Calv., Calumniae nebulonis cuiusdam. CR Calv.
opp. IX 292.   2) Faber, De absol. necess. c. 17. opusc. E 5 a; Pighius, De lib. arb. VI. fol. 91 a; Calv., Calumniae nebulonis cuiusdam, CR Calv. opp. IX 292.   3) Ier. 31, 18 sq.   4) ad Melanchthonem spectare videtur; cf. eiusdem Locos theol. 1535, CR Mel. opp. XXI 419.

esse demum promissiones^a scimus ubi eas fide recipimus: ubi contra exinanita est fides, simul abolita est promissio. Ea si est natura ipsarum^b, videamus iam nunquid inter se haec dissideant^c, quod dicitur ab aeterno Deus^d ordinasse quos amore^e complecti, in quos iram exercere velit: et quod salutem omnibus indiscriminatim denuntiat[1]. Equidem dico optime^d convenire; sic enim promittendo nihil aliud vult^f quam omnibus expositam esse suam misericordiam, qui modo eam expetunt atque implorant; quod non alii faciunt nisi^g quos illuminavit. Porro illuminat quos praedestinavit ad salutem. His (inquam) constat certa et inconcussa promissionum veritas, ut dici nequeat aliquid esse dissensionis inter aeternam Dei electionem, et quod fidelibus offert gratiae suae testimonium. Sed cur omnes nominat? Nempe quo tutius piorum conscientiae acquiescant, dum intelligunt nullam esse peccatorum differentiam, modo adsit fides: impii autem non causentur sibi deesse asylum, quo se a peccati servitute recipiant, dum oblatum sibi ingratitudine sua respuunt. Ergo quum utrisque Dei misericordia per^h Evangelium offeratur: fides est, hoc est Dei illuminatio, quae inter pios et impios distinguit: ut Evangelii efficaciam illi sentiant, hi vero nullum inde fructum consequantur. Illuminatio quoque ipsa electionem Dei aeternam pro regula habet. || Querimonia Christi quam citant, Ierusalem, Ierusalem, quoties volui congregare pullos tuos, et noluisti [Matt. 23. d. 37][2]? nihil illis suffragatur. Fateor Christum non tantum in persona hominis loqui, sed exprobrare quod seculis omnibus repudiaverint suam gratiam. Sed definienda est illa Dei voluntas de qua agitur; neque enim obscurum est quam sedulo incubuerit Deus ad retinendum illum populum, et quanta pervicacia a primis ad ultimos vagis suis cupiditatibus dediti collectionem respuerint: sed inde non sequitur irritum fuisse consilium Dei hominum malitia. Excipiunt, nihil minus esse consentaneum Dei naturae quam ut sit duplex in eo voluntas[3]. Quod ego illis concedo, modo dextri sint interpretes. Sed cur non considerant tot testimonia, ubi Deus humanos affectus induens, infra suam maiestatem de-

---

a) *1539-54* + Domini   b) *1539-54* promissionum   c) nunqu. — diss.: *VG 1541 sqq.* si elles contreviennent à la Predestination de Dieu. C'est   d) *1539-54* Dominus   e) *1539-54* bonitate   f) *1539-54* + Dominus   g) eam — nisi: *1539-54* ad eam confugiant. Confugiunt autem, non nisi ii,   h) *1539* et

1) ibid. et col. 428. 451 sq.   2) Pighius, De lib. arb. IX c. 2. fol. 160b.   3) cf. Calv., Brevis responsio . . 1557 CR Calv. opp. IX 262; Calv., Calumniae nebulonis cuiusdem, l. c. col. 278.

DE MODO PERCIPIENDAE GRATIAE. CAP. XXIIII 431

scendit[a]? Dicit se protensis brachiis rebellem populum vocasse, mane et sero dedisse operam ut eum ad se reduceret [Iesa. 65. a. 2]. Haec omnia si Deo aptare volent, ac figuram negligere, multae supervacuae contentiones emergent:[1] quas una haec solutio componit, quod humanum est ad Deum transferri[b]. Quanquam solutio alibi a nobis adducta[1] abunde sufficit, quanvis multiplex sit Dei voluntas quoad sensum nostrum, non tamen eum hoc et illud in se velle, sed pro sapientia sua varie multiplici (ut eam Paulus vocat [Ephes. 3. b. 10]) attonitos reddere sensus nostros, donec cognoscere nobis dabitur mirabiliter eum velle quod nunc videtur esse voluntati eius adversum. Cavillis etiam ludunt, quum Deus omnium sit pater, iniustum esse ut quenquam abdicet nisi qui sua culpa poenam hanc ante fuerit promeritus[2]. Quasi vero non usque ad porcos et canes pateat Dei liberalitas. Quod si de humano genere agitur, respondeant cur Deus sese devinxerit uni populo, ut eius esset pater[c]: cur etiam exiguum inde numerum quasi florem decerpserit. Sed convitiatores istos impedit sua maledicendi libido ne considerent Deum ita solem suum producere super bonos et malos [Matt. 5. g. 45] ut paucis reposita sit haereditas, quibus olim dicetur, Venite benedicti Patris mei, possidete regnum etc. [Matt. 25. c. 34]. Obiiciunt etiam, Deum nihil odisse eorum quae fecit[3]; quod ut illis concedam, salvum tamen manet quod doceo, reprobos Deo exosos esse, et quidem optimo iure: quia eius Spiritu destituti nihil proferre queunt quam maledictionis causam. Addunt[d] non esse discrimen Iudaei et Gentilis[4], ideoque indiscriminatim omnibus proponi Dei gratiam[5]: nempe modo admittant (sicuti definit Paulus) tam ex Iudaeis quam ex Gentibus Deum pro suo beneplacito vocare [Rom. 9. e. 24], ita ut nemini sit obstrictus. ‖ Hoc etiam modo quod ex alio loco obtendunt diluitur, Deum clausisse omnia sub peccato, ut omnium misereatur [Rom. 11. d. 32[e]][6]:[f] ‖ nempe quia omnium

---

a) *VG 1560* + pour se conformer à nostre rudesse   b) quod — transf.: *VG 1560* c'est que Dieu transfere à soy par similitude ce qui est propre aux hommes   c) *VG 1560* + laissant les autres derriere   d) *VG 1560* Ils se servent aussi trop sottement de ce propos   e) *1559 –61 falso* 22   f) *vide p. 427, not. h.*

1) I 18, 3, vol. III 224 sq.; III 20, 43, supra p. 354 sq.   2) Pighius, De lib. arb. VIII c. 2. fol. 135 a b; IX c. 2. fol. 163 a.   3) Pighius, De lib. arb. VII c. 2. fol. 115 b; IX c. 2. fol. 159 b; Calv., Calumniae nebulonis, CR Calv. opp. IX 275.   4) Rom. 10, 12.   5) Pighius, De lib. arb. IX c. 2. fol. 158 a.   6) Melanchthon Loci theol. 1535, CR Mel. opp. XXI 420 (1543: ibid. col. 915); Faber, De absol. necess. c. 17. opusc. E 3 a; Pighius, De lib. arb. VII c. 2. fol. 117 b.

qui salvi fiunt salutem misericordiae suae vult adscribi: quanvis non omnibus sit commune hoc beneficium. Porro ubi multa ultro citroque adducta fuerint, sit haec nobis clausula, ad tantam profunditatem cum Paulo expavescere: quod si obstrepant[a] petulantes linguae, non pudefieri in hac eius exclamatione, O homo, tu quis es qui litigas cum Deo [Rom. 9. d. 20]? Vere enim Augustinus perverse facere contendit qui iustitiae humanae modo divinam metiuntur [De praedest. et grat. cap. 2][1].

De resurrectione ultima. CAP. XXV.

1.[b] Etsi Christus, sol iustitiae, morte devicta per Evangelium illucens, vitam nobis illuminavit, teste[1] Paulo [2. Tim. 1. c. 10], unde et credendo dicimur transiisse a morte in vitam [Iohan. 5. d. 24], non iam peregrini et advenae, sed cives sanctorum et domestici Dei, qui nos cum ipso unigenito sedere fecit in caelestibus [Ephes. 2. d. 19, et 2. b. 6], ut ad plenam foelicitatem nihil desit: ne tamen molestum sit nobis exerceri adhuc sub dura militia, ac si nullus victoriae a Christo partae fructus constaret, tenendum est quod alibi docetur de spei natura. Quoniam enim speramus quae non apparent [Rom. 8. e. 25[c]], atque, ut alibi dicitur, fides est demonstratio rerum invisibilium [Hebr. 11. a. 1]: quandiu carnis ergastulo sumus inclusi, peregrinamur a Domino [2. Cor. 5. b. 6]. Qua ratione alibi dicit idem Paulus nos esse mortuos, et vitam nostram cum Christo absconditam esse in Deo: et quum ipse, qui vita nostra est, apparuerit, tunc et nos cum ipso apparituros in gloria [Colos. 3. a. 3][2]. Haec igitur nostra conditio est, ut sobrie et iuste et pie vivendo in hoc seculo, expectemus beatam spem, et adventum gloriae magni Dei, et Servatoris nostri Iesu Christi [Tit. 2. c. 12][3]. Hic patientia non vulgari opus est, ne defatigati vel retroflectamus cursum, vel stationem nostram deseramus. Itaque quicquid hactenus de salute nostra expositum fuit, mentes in caelum

---

a) *VG 1560* iettent leurs brocards à l'encontre   b) *ad sqq. cf. haec, quae 1539–54 in explicatione symboli leguntur:*

Carnis resurrectionem, vitam aeternam.

Hic beatitudinis nostrae metam et clausulam habemus. Ac, priore quidem loco, carnis resurrectio asseritur: per quam ingredimur ad vitae aeternae possessionem; quando caro et sanguis regnum Dei possidere non possunt, neque corruptio incorruptionem [1. Cor. 15. f. 50.].

c) *1559–61 falso* 28

1) Pseudo-Aug., De praedest. et gratia c. 2. MSL 45, 1667.   2) Col. 3, 3 sq.   3) Tit. 2, 12 sq.

DE MODO PERCIPIENDAE GRATIAE. CAP. XXV 433

erectas flagitat, ut Christum, quem non vidimus, diligamus, et in eum credentes exultemus laetitia inenarrabili et gloriosa, donec reportemus finem fidei nostrae, ut Petrus admonet [1. Pet. 1. b. 8][1]. Qua ratione Paulus fidem et charitatem piorum respicere dicit ad spem quae in caelo est reposita [Colos. 1. a. 5][2]. Quum ita oculis in Christum defixis e caelo pendemus, nec quicquam eos moratur in terra quo minus ad promissam beatitudinem nos ferant, impletur vere illud, cor nostrum esse ubi est thesaurus noster [Matth. 6. c. 21]. Hinc tam rara in mundo fides, quod tarditati nostrae nihil magis difficile est quam per innumera obstacula transcendere pergendo ad palmam supernae vocationis. Ad ingentem miseriarum cumulum, quo fere obruimur, accedunt profanorum hominum ludibria, quibus impetitur nostra simplicitas: dum bonorum praesentium illecebris sponte renuntiantes, videmur beatitudinem, quae nos latet, quasi fugitantem umbram captare. Denique sursum et deorsum, a fronte et a tergo[a] violentae nos tentationes obsident, quibus sustinendis longe essent animi nostri impares, nisi expliciti rebus terrenis, caelestis vitae, quae in speciem procul remota est, devincti essent. Quare ille demum solide in Evangelio profecit qui ad continuam beatae resurrectionis meditationem assuefactus est.

2. De summo fine bonorum anxie[b] disputarunt olim philosophi, atque etiam inter se certarunt: nemo tamen, excepto Platone, agnovit summum hominis bonum esse eius coniunctionem cum Deo[3]; qualis autem haec esset, ne obscuro quidem gustu sentire potuit; nec mirum, ut qui de sacro illius vinculo nihil didicerat[c]. Nobis unica et perfecta foelicitas in hac quoque terrena peregrinatione nota est: sed quae sui desiderio corda nostra magis ac magis quotidie accendit, donec plena fruitio nos satiet. Ideo dixi ex Christi beneficiis fructum non percipere nisi qui ad resurrectionem animos attollunt. Sicuti hunc scopum praefigit Paulus fidelibus [Philip. 3. b. 8], ad quem se eniti dicit, et omnia oblivisci[4], donec eo perveniat. Quo nos quoque alacrius eodem contendere oportet, ne si mundus hic nos occupet tristes desidiae nostrae poenas demus. Proinde alibi fideles insignit hac nota, quod eorum conversatio in caelis sit, unde et servatorem suum expectant [Ibidem, d. 20].

---

a) *VG 1560* + à dextre et à gauche   b) *VG 1560* fort curieusement   c) ut qui — did.: *VG 1560* veu qu'il n'avoit rien apprins du vray bien, sans lequel elle ne peut consister

1) 1. Petr. 1, 8 sq.   2) Col. 1, 4 sq.   3) Plato, Theaet. 176 A—D; Leg. 715 E—716 E.   4) Phil. 3, 13.

Ac ne flaccescant animis in hoc cursu, idem illis omnes creaturas adiungit socias. Nam quia ubique deformes conspiciuntur ruinae[a], dicit quaecunque in caelo et terra sunt eniti ad renovationem [Rom. 8. d. 19]. Nam quum Adam suo lapsu dissipaverit integrum naturae ordinem, sua creaturis servitus, cui propter hominis peccatum subiectae sunt, molesta et gravis est: non quod praeditae sint aliquo sensu, sed quia integrum statum a quo exciderunt, naturaliter appetunt. Gemitum ergo et parturitionis dolorem illis attribuit Paulus[1], ut nos, qui primitiis Spiritus donati sumus[2], pudeat in nostra corruptione tabescere, ac non imitari saltem mortua elementa, quae alieni peccati poenam sustinent. Quo autem acrius nos pungat, ultimum Christi adventum vocat nostram redemptionem[3]. Verum quidem est, iam completos esse omnes resurrectionis nostrae numeros: sed quia Christus semel oblatus est pro peccatis [Heb. 10. c. 12], iterum absque peccato conspicietur in salutem. Quibuslibet aerumnis premamur, haec nos redemptio ad suum usque effectum sustineat.

3. Studium nostrum acuet ipsum rei pondus; nec enim Paulus abs re contendit, nisi mortui resurgant, totum Evangelium inane et fallax esse [1. Cor. 15. b. 14][4]: quia miserior esset nostra quam aliorum mortalium conditio[5], utpote qui multorum odiis et probris expositi, in singulas horas periclitamur, imo sumus quasi oves mactationi destinatae[6]; ac proinde concideret eius authoritas non una in parte duntaxat, sed in tota summa, quam et adoptio et salutis nostrae effectus complectitur. Atque ita in rem maxime omnium seriam simus attenti ut nulla diuturnitas lassitudinem afferat. Quo consilio etiam in hunc locum distuli quod de ea breviter tractandum erat, ut discant lectores, ubi Christum receperint perfectae salutis authorem, altius assurgere, sciantque caelesti immortalitate et gloria vestitum, ut totum corpus capiti conforme reddatur. Quemadmodum etiam in eius persona Spiritus sanctus resurrectionis exemplum subinde proponit. ‖ Res est creditu difficilis, ubi putredine consumpta fuerint corpora, tandem suo tempore resurrectura esse.' Itaque quum multi ex philosophis asseruerint immortales esse animas[7], carnis resurrectio a paucis probata fuit[8]; in quo etsi nulla fuit excusatio, inde tamen monemur rem esse magis arduam quam ut hominum

---

a) *VG 1560* + à cause du peché d'Adam

1) Rom. 8, 22.   2) Rom. 8, 23.   3) ibid.   4) 1. Cor. 15, 13 sq.
5) 1. Cor. 15, 19.   6) Rom. 8, 36.   7) Plato, Phaed. 105 D—107 C; Cic., Tusc. I 48, 118.   8) Democritus secundum C. Plinium Secundum, nat. hist. VII 55, 189.

sensus ad se trahat. Quo tantum obstaculum superet fides, duo adminicula Scriptura suppeditat: alterum est in Christi similitudine, alterum vero in Dei omnipotentia^a. Iam quoties de resurrectione agitur, occurrat Christi imago, qui in natura quam a nobis sumpserat sic peregit cursum mortalis vitae ut nunc immortalitatem adeptus, sit nobis pignus futurae resurrectionis^b. || Nam in miseriis quibus obsidemur mortificationem eius circunferimus in carne nostra, ut vita eius manifestetur in nobis [2. Cor. 4. c. 10]. Et separare eum a nobis non licet, ac ne possibile quidem est quin laceretur. Unde illa Pauli ratiocinatio, Si mortui non resurgunt, neque Christus resurrexit [1. Cor. 15. b. 13]: quia scilicet confessum illud principium sumit, Christum non sibi privatim morti fuisse subiectum, vel de morte adeptum esse victoriam resurgendo, sed inchoatum fuisse in capite quod impleri in omnibus membris necesse est, secundum cuiusque gradum et ordinem. Nam ei per omnia aequari ne rectum quidem esset. Dicitur in Psalmo, Non permittes mansuetum tuum videre corruptionem [Psal. 16. b. 10]. Huius fiduciae portio etsi ad nos pertinet secundum mensuram donationis, solidus tamen effectus nonnisi in Christo apparuit, qui immunis ab omni putredine, integrum corpus recepit. || Iam ne ambigua sit nobis beatae cum Christo resurrectionis societas, ut hoc pignore simus contenti, diserte affirmat Paulus ideo sedere in caelis et venturum ultimo die iudicem, ut corpus nostrum humile et abiectum configuret corpori suo glorioso [Philip. 3. d. 21]^{1 c}. || Alibi etiam docet, Deum non suscitasse Filium a morte, ut specimen unum ederet suae virtutis: sed ut

---

a) *cf. infra p. 450, not. f et VG 1551 § 223*

b) Res non modo creditu difficilis: sed omnino extra fidem, si pro humano captu aestimetur. Itaque cum plaerique philosophi animae immortalitatem non penitus ignorarint: nullius tamen animum vel minima de carnis resurrectione cogitatio subiit. || Quis enim suspicaretur unquam *(1539-45 usquam)*, haec ipsa corpora, quae nunc in terra computrescunt, nunc ab avibus exeduntur, nunc arroduntur vermibus, nunc ex incendio in cinerem redacta pene evanescunt, aliquando instauranda? || Sed huic difficultati optime occurrit Dominus, qui futuram hanc resurrectionem, non modo plurimis et clarissimis verbis testatus est: sed eius etiam apertum in Christo specimen exhibuit. Ita, quod incredibile alias videtur, sub oculos nobis expositum est.

c) Proinde dum rite volumus cogitare, qualis futura sit resurrectio, in Christum semper respiciendum est, illius Hypostasin et exemplar: quemadmodum et Apostolus monet: cum reformationem corporis nostri, vocat configurationem cum CHRISTI corpore glorioso [Philip. 3. d. 21.]   1) Phil. 3, 20 sq.

eandem erga nos fideles Spiritus efficaciam exerat: quem ideo vitam appellat, dum habitat in nobis, quia in hunc finem datus est ut quod in nobis mortale est vivificet[1]. Compendio perstringo quae et uberius tractari possent, et merentur splendidius ornari: et tamen in paucis verbis satis materiae pios lectores reperturos confido quod ad fidem eorum aedificandam sufficiat. Resurrexit ergo Christus ut nos haberet socios futurae vitae. Suscitatus est a Patre, quatenus erat Ecclesiae caput, a qua nullo modo patitur divelli. Suscitatus est virtute Spiritus, qui nobis ad vivificandi munus communis est. Denique suscitatus est ut esset resurrectio et vita. Sicut autem diximus in hoc speculo conspicuam nobis esse vivam resurrectionis imaginem, ita sit nobis ad fulciendos animos nostros firma hypostasis, modo ne longioris morae nos taedeat vel pigeat: quia nostrum non est proprio arbitrio temporum articulos metiri, sed patienter quiescere, dum pro sua opportunitate Deus regnum suum instauret. Quo spectat illa Pauli exhortatio, Primitiae Christus: deinde qui Christi sunt: quisque suo ordine [1. Cor. 15. d. 23]. Cae^tterum nequa de Christi resurrectione, in qua fundata est nostra omnium, moveretur quaestio, videmus quot et quam variis modis illam nobis testatam fecerit. Ridebunt nasuti homines quasi puerile ludicrum, quae ab Evangelistis refertur historiam. Cuius enim momenti erit nuntius quem pavidae mulierculae perferunt, et deinde confirmant discipuli fere exanimes? Cur non potius in medio templo et foro illustria victoriae suae trophaea Christus statuit? Cur non formidabilis prodit in conspectum Pilati? Cur non etiam redivivum se sacerdotibus et toti Hierosolymae probat?[2] Testes vero quos seligit vix idoneos esse concedent homines profani. Respondeo, quanquam in illis exordiis contemptibilis fuerit eius infirmitas, admirabili tamen Dei providentia hoc totum fuisse gubernatum: ut qui nuper metu exanimati fuerant, eos partim amor Christi et pietatis zelus, partim sua incredulitas ad sepulchrum raperet: non tantum ut oculati essent rei testes, sed ut audirent idem ex Angelis quod oculis cernebant. Quomodo suspecta erit nobis eorum fides qui fabulam esse putarunt quod audierant ex mulieribus, donec in rem praesentem sunt adducti? Totum vero populum, et ipsum praesidem[a], postquam satis superque convicti fuerant,

---

a) Tot. — praes.: *VG 1560* Quant à Pilate, aux sacrificateurs et à tout le peuple

1) cf. Rom. 8, 11.   2) ad Iudaeos spectare videtur; cf. Origen. Contra Celsum II 59. 63. 70. GCS 2, 182. 184 sq. 192 sq.

nihil mirum est tam Christi aspectu quam aliis signis fuisse privatos. Obsignatur sepulchrum, custodes excubias agunt, non reperitur tertio die corpus [Mat. 27. g. 66, et 28. b. 11]. Pecunia corrupti milites rumorem spargunt fuisse a discipulis subrep-
5 tum[1]. Quasi vero vel turmae cogendae facultas esset, vel arma suppeterent, vel etiam ad tale facinus audendum exercitati essent. Quod si militibus satis non erat animi ad illos abigendos, cur non persequuti sunt, ut ope plebis adiuti aliquos deprehenderent? Vere ergo annulo suo Pilatus Christi resurrectio-
10 nem obsignavit: et qui appositi fuerunt ad sepulchrum custodes, tacendo vel mentiendo eiusdem resurrectionis praecones facti sunt. Interea personuit vox Angelorum, Surrexit: non est hic [Luc. 24. a. 6]. Splendor caelestis non homines sed Angelos esse palam ostendit. Postea Christus ipse siquid dubita-
15 tionis adhuc haerebat, sustulit [Ibidem, f. 38]. Viderunt eum non semel discipuli, atque etiam pedes et manus palparunt[2], et eorum incredulitas non parum ad confirmandam fidem nostram profuit. Disseruit inter eos de mysteriis regni Dei, tandem ipsis videntibus ascendit in caelum [Act. 1. a. 3, et b. 9]:
20 nec undecim modo Apostolis exhibitum fuit hoc spectaculum, sed plusquam quingentis fratribus simul visus est [1. Cor. 15. a. 6]. Iam misso Spiritu sancto certum documentum edidit non tantum vitae, sed etiam summi imperii: sicuti praedixerat, Expedit vobis ut abeam, alioqui Spiritus sanctus non veniet
25 [Iohan. 16. a. 7]. Iam vero Paulus non mortui virtute prostratus est in itinere, sed eum quem oppugnabat, summa potentia pollere sensit [Act. 9. a. 4]. Stephano apparuit in alium finem, ut vitae certitudine mortis timorem vinceret [Act. 7. g. 55]. Tot ac tam authenticis testimoniis fidem derogare, non diffiden-
30 tiae est, sed pravae adeoque furiosae obstinationis.[1]

4. Quod diximus in probanda resurrectione sensus nostros oportere dirigi ad immensam Dei potentiam, hoc breviter docet Paulus, Ut corpus nostrum abiectum (inquit) conforme reddat corpori claritatis suae, secundum operationem virtutis
35 suae, qua potest sibi subiicere omnia [Philip. 3. d. 21[a]]. Quare nihil minus consentaneum quam hic respicere quid naturaliter fieri possit, ubi inaestimabile miraculum nobis proponitur, quod sensus nostros sua magnitudine absorbet. Paulus tamen, proposito naturae documento, socordiam eorum coar-
40 guit qui resurrectionem negant. Stulte (inquit) quod seminas non vegetatur, nisi prius moriatur[3], etc. In semente resurrec-

a) *1559-61 falso* 20

1) Matth. 28, 13. 15.   2) Luc. 24, 40.   3) 1. Cor. 15, 36.

tionis speciem cerni dicit, quia ex putredine nascitur seges.
Nec vero res tam difficilis esset creditu si ad miracula quae se
per omnes mundi plagas oculis nostris ingerunt, attenti ut
par est essemus. Caeterum meminerimus, neminem de futura
resurrectione vere esse persuasum nisi qui in admirationem 5
raptus, Dei virtuti suam dat gloriam. Hac fiducia elatus Iesaias
exclamat, Vivent mortui tui: cadaver meum resurget. Expergiscimini et laudate habitatores pulveris [Iesa. 26. d. 19]. Rebus
desperatis sese attollit ad Deum vitae authorem, penes quem
sunt exitus mortis, ut dicitur in Psalmo [Psal. 68. c. 21]. Iob 10
etiam cadaveri similior quam homini, fretus Dei potentia, non
dubitat quasi integer ad diem illum se attollere, Scio quod redemptor meus vivit: et in novissimo die surget super pulverem
(nempe ut suam potentiam illic exerat) et rursum circundabor
pelle mea, et in carne mea videbo Deum, visurus sum ipse, et 15
non alius [Iob. 19. d. 25][1]; nam etsi quidam subtilius detorquent locos istos, acsi de resurrectione exponi non deberent[2],
confirmant tamen quod evertere cupiunt: quia non aliunde
sancti viri solatium petunt in suis malis quam ex resurrectionis similitudine. Quod melius ex loco Ezechielis cognoscitur; 20
nam quum promissionem reditus Iudaei respuerent, ac obiicerent, nihilo magis esse probabile sibi aperiri viam quam mortuos exire e sepulchro, visio Prophetae offertur campi pleni
ossibus aridis: ea iubet Deus carnem[a] et nervos recipere [Ezech.
37. b. 8][3]. Quanquam sub figura illa populum ad spem reditus 25
erigit, materiam tamen sperandi sumit ex resurrectione[b]:
sicuti nobis praecipuum est exemplar liberationum omnium
quas sentiunt fideles in hoc mundo. Sic Christus, postquam
vocem Evangelii vivificam esse docuit: quia non recipiebant Iudaei, mox addit, Nolite mirari hoc, quia venit hora in 30
qua omnes qui sunt in monumentis, audient vocem Filii Dei,
et prodibunt [Iohan. 5. e. 28][4]. Ergo exemplo Pauli alacriter
iam triumphemus inter medias pugnas, quod potens sit qui
nobis promisit futuram vitam, servare depositum[5]: atque ita
gloriemur repositam esse nobis coronam iustitiae, quam reddet 35
nobis iustus iudex [2. Tim. 4. b. 8]. Sic fiet ut quicquid molestia-

---

a) *VG 1560* + peau   b) ex res.: *VG 1560* de ce que son office est de resusciter les morts

1) Iob 19, 25–27.   2) ad Anabaptistas spectare videtur; cf. CR Calv. opp. V 229 sqq. (Psychopannych. 1534) et VII 138 sq. (Brieve instruction contre les erreurs de la secte commune des anabaptistes. 1544). Similia leguntur in lib. II 10, 19; vol. III 419, 10 sqq.   3) Ez. 37, 1 sqq.   4) Ioh. 5, 28 sq.   5) 2. Tim. 1, 12.

rum perpetimur, ostensio nobis sit futurae vitae, quia Dei naturae convenit rependere afflictionem impiis qui nos affligunt, nobis[1] vero qui iniuste affligimur, requiem, in manifestatione Christi cum Angelis potentiae suae, in flamma ignis[1]. Sed tenendum est quod paulo post adiungit, venturum ut glorificetur in sanctis suis, et admirabilis fiat in omnibus qui crediderunt, quia fides habita fuerit Evangelio[2].

5. Etsi autem hominum mentes in hoc studio assidue occupari decebat: quasi tamen data opera abolere vellent omnem resurrectionis memoriam, mortem vocarunt lineam rerum omnium, et interitum hominis[3]. Nam certe de communi et recepta opinione loquitur Solomo, quum dicit canem vivum meliorem esse mortuo leone [Eccles. 9. b. 4]. Et alibi, Quis scit an hominis anima ascendat sursum, et anima iumenti descendat deorsum [Eccles. 3. d. 21]? Omnibus autem seculis grassatus est hic brutus stupor, adeoque in ipsam Ecclesiam perrupit: quia palam ausi sunt profiteri Saddiucaei nullam esse resurrectionem [Marc. 12. b. 18; Luc. 20. e. 27; Act. 23a. b. 8], imo animas esse mortales. Sed ne quem levaret crassa haec ignorantia, ipso naturae instinctu increduli semper effigiem resurrectionis habuerunt ante oculos. Quorsum enim sacer et inviolabilis mos sepeliendi, nisi ut arrha esset novae vitae? Neque excipere licet, ex errore[b] hoc esse natum: quia et sepulturae religio apud sanctos Patres semper viguit, et Deus apud Gentes manere voluit eundem morem, ut obiecta resurrectionis effigies, earum torporem expergefaceret. Quanvis autem profectu caruerit ceremonia illa, utilis tamen nobis est si prudenter finem spectamus: quia non levis est incredulitatis refutatio, omnes simul professos esse quod nemo credebat. Atqui non modo obstupefecit Satan hominum sensus, ut sepelirent una cum corporibus resurrectionis memoriam: sed partem hanc doctrinae variis figmentis corrumpere molitus est, ut tandem intercideret. Omitto quod iam Pauli tempore eam convellere coepit: ‖ sed paulo post sequuti sunt Chiliastae, qui mille annis finierunt Christi regnum[4]. Ac eorum quidem commentum[c] ‖ puerilius est quam ut refuta-

---

a) *1559—61 falso ?*   b) *VG 1560 + ou de vaine fantasie*
c) *Caeterum Chiliastarum deliramentum, qui regnum Christi, et Sathanae confusionem mille annis terminant,*

1) 2. Thess. 1, 6—8.   2) 2. Thess. 1, 10.   3) Horat., Ep. I 16, 79.
4) Irenaeus, Adv. haer. V 32—36, ed. Stieren t. 2, 806 sqq.; Euseb., Hist. eccl. III 39, 12. 13. ed. E. Schwartz p. 121; Lact., Div. inst. VII 14, 11 CSEL 19, 629, 23 sqq.; cf. Aug., De civ. dei XX 7. 9 MSL 41, 666 sqq. 672 sqq., CSEL 40 II, 439 sqq. 448 sqq.

1559 tione vel indigeat, vel dignum sit. || Nec illis suffragatur Apocalypsis, ex qua errori suo colorem induxisse certum est: quando in millenario numero [Apoc. 20. a. 4] non agitur de aeterna Ecclesiae beatitudine, sed tantum de variis agitationibus quae Ecclesiam adhuc in terris laborantem manebant. Caeterum || 1539 tota Scriptura clamat finem nullum fore[a] nec electorum beatitudini nec reproborum supplicio. Omnium porro[b] rerum quae et conspectum nostrum fugiunt, et mentis captum longe superant, aut fides ex certis Dei oraculis petenda est, aut prorsus abiicienda[c]. Qui mille annos assignant filiis Dei, ad futurae vitae haereditatem fruendam, non animadvertunt quantam contumeliam inurant et Christo et eius regno. Nam si immortalitate non induentur, ergo nec Christus ipse, ad cuius gloriam[1] transformabuntur, in gloriam immortalem receptus est; si aliquem habebit finem eorum beatitudo, ergo regnum Christi, cuius soliditati innititur[d], temporarium est. Denique aut imperitissimi sunt rerum omnium divinarum, aut obliqua malignitate totam Dei gratiam Christique virtutem labefactare moliuntur: quarum complementum non aliter constat nisi obliterato peccato, et absorpta morte, vita aeterna ad plenum instauretur. Quam vero stolide ineptiant qui timent nimiam Deo saevitiam adscribere si aeternis poenis reprobi addicantur[1], vel caecis perspicuum est. Scilicet iniurius erit Dominus, si regno suo privaverit qui eo se indignos per ingratitudinem reddiderint. At peccata eorum temporaria sunt[2]. Fateor; sed Dei maiestas atque etiam iustitia[e], quam peccando violarunt, aeterna est. Merito igitur non perit iniquitatis memoria. At ita poena modum excedet delicti[3]. Haec vero est non ferenda blasphemia, dum tam parvo aestimatur Dei maiestas, dum non[f] pluris fit eius contemptus quam animae unius exitium. Sed omittamus nugatores istos, ne contra quam praefati sumus, videamur eorum deliramenta refutatione digna iudicare.

a) *1539–54* nullum fore finem   b) Omn. por.: *1539–54* Istarum   c) Omnium — abi.: *VG 1560* Or de toutes choses invisibles, et mesmes qui surmontent la capacité de nostre entendement, il n'y en a nulle asseurance que par la seule parolle de Dieu. Ainsi c'est à icelle qu'il nous faut tenir, reiettans tout ce qu'on nous amenera davantage   d) sol. inn.: *1539* sodalitate innituntur; *1543* soliditate innituntur; *1545* soliditati innituntur   e) atque — iust. > *1539–45*   f) > *1539*

1) ad Anabaptistas spectat; cf. ex. gr. doctrinam Denkii (Heberle, Joh. Denk und die Ausbreitung seiner Lehre, ThStKr. 28, 1855, p. 826 sqq.). — cf. etiam Porphyrium apud Aug., Ep. 102 q. 4, 20 (ad Deogratias) MSL 33, 379; CSEL 34, 563, 24 sqq.   2) cf. Porph. l. c.   3) ibid.

6. Duo praeter haec deliria invecta sunt ab hominibus perperam curiosis. Alii putarunt, quasi totus homo intereat, animas resurrecturas cum corporibus[1]: alii, quum immortales esse spiritus concedant, novis corporibus indutum iri[2]: quo negant carnis resurrectionem. De priore quoniam aliquid attigi in creatione hominis[3], satis mihi erit monere iterum lectores quam belluinus sit error, ex spiritu ad imaginem Dei formato flatum evanidum facere, qui in hac tantum caduca vita corpus vegetet: et templum Spiritus sancti redigere in nihilum: eam denique partem nostri, in qua maxime refulget divinitas, et insignes sunt immortalitatis notae, hac dote spoliare[a]: ut melior atque excellentior sit corporis conditio quam animae. Longe aliter Scriptura, quae corpus tugurio comparat ex quo nos migrare dicit quum morimur: quia ab ea parte nos aestimat quae nos a brutis animalibus discernit. Sic Petrus morti propinquus dicit tempus venisse quo tabernaculum suum deponat [2. Pet. 1. c. 14]. Paulus vero de fidelibus loquens, postquam dixit, Ubi terrestris domus nostra dissoluta fuerit, nobis esse aedificium in caelis [2. Corin. 5. a. 1]: adiungit nos peregrinari a Domino quandiu manemus in corpore, sed expetere Dei praesentiam in

---

a) *VG 1560* + et tellement pervertir tout

1) Calvinus in praefatione libelli, qui Psychopannychia inscribitur, haec dicit (CR Calv. opp. V. 171/2): „Legimus Arabicos fuisse quosdam huius dogmatis autores: qui iactarent animam cum corpore una emori, in die iudicii utrumque resurgere. Et aliquanto post tempore, Ioannem episcopum romanum, quem schola parisiensis ad palinodiam adegerit. Verum saeculis aliquot sopitum, nuper per aliquot ex Anabaptistarum faece excitatum, scintillas emisit [Euseb. Eccl. hist. l. 6. c. 26 (sc. cap. 37; ed. E. Schwartz p. 252) Aug. lib. de Haeres. c. 83 (MSL 42, 46) Ioann. II (lege: XX!) de quo Gerson in sermone pasch. priore (Ioannis Gersonii opera omnia ed. du Pin, tom 3, 1205. Haec sunt verba Gersonii: „Propter quod insuper apparet falsitas doctrinae Papae Ioannis vicesimi (!), quae damnata fuit cum sono buccinarum vel tubarum coram Rege Philippo, Avunculo tuo, per Theologos Parisienses, de Virgine beata, et credidit potius Theologis Parisiensibus, quam Curiae.")].“ — — De Anabaptistis vide CR Calv. opp. V 177 sqq. (Psychopannych. 1534) et CR Calv. opp. VII 114—139 (Brieve instruction contre les anabaptistes. 1544). Calvinum, cum Anabaptistarum scripta nulla in manibus haberet, libellum, qui Psychopannychia inscribitur, notitia opinionum eorum per alios communicatarum nisum conscripsisse ex praefatione apparet. (CR Calv. opp. V 169 sq.). 2) Laelius Socinus; vide infra p. 444, not. 1. 3) I 15, 2; vol. III 175 sq.

absentia corporis¹. Nisi superstites essent animae corporibus[a], quid est quod habet Deum praesentem ubi est a corpore separatum? Dubitationem vero tollit Apostolus, dum tradit nos esse aggregatos ad spiritus iustorum [Hebr. 12. f. 23]; quibus verbis intelligit, nos sociari sanctis Patribus, qui etiam mortui eandem pietatem nobiscum colunt, ut non possimus esse Christi membra nisi cum ipsis coalescamus. Nisi etiam animae corporibus exutae retinerent suam essentiam, ac beatae gloriae capaces essent, non dixis'set Christus latroni, Hodie mecum eris in paradiso [Luc. 23. f. 43]. Tam claris testimoniis freti, ne dubitemus, Christi exemplo, morientes Deo commendare animas nostras [Ibidem, 46]: vel, exemplo Stephani, tradere Christo in custodiam [Act. 7. g. 58[b]], qui non temere vocatur fidelis earum pastor et episcopus [1. Pet. 2. d. 25]. Porro de intermedio earum statu curiosius inquirere neque fas est, neque expedit. Valde se torquent multi disputando quem locum occupent, et an caelesti gloria iam fruantur necne². Atqui stultum et temerarium est de rebus incognitis altius inquirere quam Deus nobis scire permittat. Scriptura, ubi dixit Christum illis praesentem esse, et eas recipere in paradisum [[c] Iohan. 12. e. 32], ut consolationem[d] percipiant, reproborum vero animas cruciatus quales meritae sunt perpeti, non ultra progreditur; quis iam doctor aut magister quod Deus celavit nobis patefaciet? De loco non minus inepta et futilis est quaestio: quando scimus non eam esse animae dimensionem quam corporis. Quod sinus Abrahae dicitur³ beata sanctorum spirituum[e] collectio, nobis abunde est ex hac peregrinatione excipi a communi fidelium Patre, ut nobiscum fidei suae fructum communicet. Interea quum Scriptura ubique iubeat pendere ab expectatione adventus Christi, et gloriae coronam eousque differat, contenti simus his finibus divinitus nobis praescriptis: animas piorum militiae labore perfunctas in beatam quietem concedere, ubi cum foelici laetitia fruitionem promissae gloriae expectant: atque ita omnia teneri suspensa donec Christus appareat redemptor. Reprobis vero eandem esse sortem dubium non est quam Iudas Diabolis assignat, vinctos catenis teneri, donec ad supplicium cui addicti sunt trahantur[f] [Iudae a. 6].

---

a) *VG 1560* apres nostre trespas   b) *1559–61 falso* 59   c) *1559–61 male* + Matt. 5. a. 8. d. 26   d) *VG 1560* repos et ioye   e) *sic 1561; 1559 male* Spirituum   f) *1561* trahuntur

1) 2. Cor. 5, 6. 8.   2) Thomas, S. th. III. suppl. q. 69. art. 2.
3) Luc. 16, 22.

DE MODO PERCIPIENDAE GRATIAE. CAP. XXV 443

7.ᵃ Aeque prodigiosus est eorum error qui animas non recepturas quibus nunc indutae sunt corpora, sed novis et aliis prae-

---

a) *Hae sectiones 7 et 8, praeter textum priorum editionum Institutionis, qui in sectione 8 invenitur, depromptae sunt ex altera parte epistolae a Calvino die 26. menis Iunii 1549 ad Laelium Socinum missae, qua Calvinus ad quaestionem de resurrectione carnis sibi propositam respondit (CR Calv. opp. XIII 309—311). Atque cum maxima pars huius epistolae loci paucis additamentis aucta, ordine materiae paulum mutato, ceterum ad verbum translata iam in Institutionem gallicam anni 1551 recepta sit, ubi in sectiones 221—223 digesta est, Institutionem latinam anni 1550 iam typis excudi coeptam aut in lucem emissam esse apparet, cum Calvinus in Institutione de Socini de resurrectione opinionibus disserere oportere existimavit, quem locum proximis editionibus latinis anni 1553 et 1554 inserere omisit. Quae cum ita sint, excepta praefatione ad lectorem anni 1536 (vol. III 7, 14 sqq.), non nisi hic (in Institutione gallica anni 1551) usu venit, ut Institutio gallica maiorem textus partem exhibeat, quae in exemplari latino, quod ea expressum est, desideretur. In translatione quidem anni 1560 hae tres sectiones anni 1551 rursus omittuntur et sectiones 7 et 8 exemplaris latini anni 1559 in gallicum vertuntur, quibus sectionibus non, ut in translatione anni 1551 pars tantum, sed totus locus illius epistolae ad Socinum, quamvis in aliam formam redactus, redditur. — Quae particulae textus Institutionis, etsi forma discrepantes, iam in ea parte epistolae, quam supra memoravimus, inveniantur, deinceps indicabimus. Praeterea illae tres sectiones ex Institutione gallica anni 1551, cum, quamquam textus latinus anni 1559 ex ipsis non fluxit, tamen ad textum Institutionis, quomodo ortus sit, cognoscendum, alicuius sint momenti, transscribentur:*

221. Il est expressement parlé de la resurrection de la chair: en quoy il est signifié, qu'apres avoir esté corrompuz en noz corps, nous serons restaurez en estat beaucoup meilleur et plus excellent. Ce qui est bien à noter contre la fantasie d'aucuns: lesquelz imaginent que les hommes doyvent ressusciter prenans des corps tout nouveaux, et non pas ceux qu'ilz ont maintenant vestuz. Or ce seul mot de Resurrection, singulierement quand il est attribué à la chair, est pour abbatre leur erreur. Car il n'est pas dit que Dieu créera d'autres corps à ses fideles apres que les premiers seront allez en pourriture, mais qu'ilz seront relevez en leur chair, en laquelle ilz estoyent decheuz. Et l'Escriture est pleine de ceste doctrine. Car voicy la promesse qui nous est donnée, que celuy qui a ressuscité Christ des mortz, vivifiera aussi bien noz corps mortelz, à cause de son Esprit qui habite en nous [Rom. 8. *(11)*]. Item, sainct Paul dit en un autre passage, que Christ reformera noz corps qui sont maintenant contemptibles, pour les conformer à son corps glorieux [Phil. 3. *(21)*]. Nous voyons comme nommément il promet immortalité à noz corps, qui sont maintenant subietz à corruption. C'est aussi comme Iesus Christ en parle, disant, que les mortz orront des sepulchres sa voix: et l'ayans ouye, vivront [Iean 5. *(28 sq.)*].

ditas fore imaginantur[1]. Ac Manichaeorum quidem perquam futilis ratio fuit, minime consentaneum esse ut caro quae im-

---

Certes les ames ne sont point au sepulchre: il faut donc conclurre que la resurrection appartient aux corps qu'on ensevelist apres le trespas des hommes. Davantage, non seulement les fideles sont appellez Temple de Dieu: mais aussi cest honneur est attribué à leurs corps [1. Cor. 6 (19)], comme ilz sont quelquefois appellez Membres de Christ[2]. Or ce seroit chose trop absurde, que les temples de Dieu et les membres de Christ s'en allassent en pourriture, sans espoir d'estre remis au dessus. Et sainct Paul declaire assez en ce lieu la, que c'est à ces corps icy, que la gloire celeste est apprestée. Luymesme adiourne les hommes devant le siege iudicial de Christ, afin que chacun remporte selon qu'il aura fait en son corps[3]. Or ce seroit chose mal convenable, que les hommes receussent loyer de ce qu'ilz ont fait en leurs corps, ayans les corps estranges, qui n'auroyent esté instrumens ny de bien, ny de mal. Sainct Paul dit, que le Nom de Christ est glorifié en son corps [Philip. 1. (20)]: dirons nous qu'un corps où la gloire de Dieu n'aura iamais reluit, reçoyve la couronne de martyre?

222. Sur tout nous avons à regarder, que Christ, qui est non seulement l'image vive, mais le gage et fondement de nostre resurrection, a reprins le corps qu'il avoit en ceste vie mortelle. Il faut que nous soyons configurez à ce patron la: autrement il ne seroit pas appellé à bon droit les premices de ceux qui ressuscitent [1. Cor. 15 (23)]. Et defait, ceux qui seront trouvez survivans en ce iour la, seront soudain changez, pour ressusciter en un mesme corps[4]. Il faut donc conclurre que ceux qui seront decedez au paravant, reprendront la substance des corps qu'ilz avoyent laissez. Si quelcun replique, que la raison est diverse: sainct Paul monstre bien que non, en disant, que nous ne dormirons pas tous, mais que nous serons tous changez. Si le changement est general, il s'ensuit que ceste chair que nous portons sera renouvellée. Et qu'est-ce que lon pourroit demander plus clair que ces motz icy, qu'il faut que ce qui est maintenant corruptile, soit vestu d'incorruption[5]? Touchant ce que là mesme il dit, que la chair sera autre: cela se rapporte à la qualité, qui n'empesche point que la substance ne soit une. Et en somme, il ne veut dire autre chose, sinon ce qu'il adiouste tantost apres: c'est qu'il faut que ce qui est mortel, soit englouty par la vie[6]. Voila pourquoy il est dit que plusieurs corps des Sainctz sortirent des monumens, quand Christ eut souffert [Matt. 27. (52 sq.)]. Car c'estoit pour monstrer

---

1) Calvini verba hic et deinceps ad Laelium Socinum (vide p. 443 not. a) diriguntur. Quaestiones a Socino de resurrectione carnis positae, ad quas Calvinus respondit, in eo libro, qui inscribitur „Fausti et Laelii Socini, item Ernesti Soneri tractatus aliquot theologici nunquam antehac in lucem editi. Eleutheropoli 1654" contineri videntur. Transscriptae sunt apud Trechselium II 445 sq.   2) 1. Cor. 6, 15.   3) 2. Cor. 5, 10.   4) 1. Cor. 15, 51 sq.   5) ibid. 15, 53.   6) ibid. 15, 54.

DE MODO PERCIPIENDAE GRATIAE. CAP. XXV 445

munda est, resurgat[a][1]. Quasi vero nulla sit animarum immundities: quas tamen a spe caelestis vitae non arcebant. Perinde igitur fuit acsi dicerent, purgari divinitus non posse quod peccati labe infectum est; nam illud delirium, quod naturaliter
5 immunda esset caro, quia a Diabolo creata, nunc praetereo[b][2]. Tantum ostendo, quicquid nunc caelo indignum in nobis est, resurrectioni non obstare[c]. Atqui primo quum iubeat Paulus fideles se mundare ab omni inquinamento carnis et spiritus[d] [2. Cor. 7. a. 1], inde sequitur quod alibi denuntiat iudicium,

10 ce qui sera fait de nous tous. Et pourtant le Prophete Isaye declairant souz la figure de la resurrection comme le peuple de Dieu doit estre restitué, dit: Tes mortz vivront, ma charogne ressuscitera. Levez vous habitans de la poudre [Isa. 26. (19)].
  223. Et voila dont est tiré le mot de Dormir, dont l'Escriture use
15 tant souvent: lequel n'auroit nul sens, sinon que Dieu remist les corps au dessus, comme un homme est réveillé de son dormir. Mesme il seroit faux, de dire, que les corps dorment, si Dieu les laisse tousiours en terre, et qu'il en crée de nouveaux, pour estre en la vie eternelle. Semblablement, si les corps desquelz nous sommes en-
20 vironnez ne ressuscitent: la façon et ceremonie de les ensevelir, seroit une sotte superstition. Or il est certain, que dés le commencement du monde Dieu a inspiré un tel ordre aux Peres, afin qu'il fust comme une arre et tesmoignage de la resurrection advenir. Outreplus, si Dieu devoit creér des corps nouveaux, et non pas restaurer ceux icy
25 que nous portons: ceste priere de sainct Paul seroit frivolle, que l'esprit et l'ame et le corps des fideles seroyent sans reproche au iour du Seigneur [1. Thess. 5. (23)]. Et n'y auroit aussi nul propos à ce qu'il dit en un autre lieu, exhortant les Corinthiens à se purger de toutes souillures de chair et d'esprit [2. Cor. 7. (1)]. Car si nostre
30 chair est souillée par les pechez que nous commettons, il faut qu'elle en porte la peine. Il y a assez d'autres tesmoignages en l'Escriture: mais ce que i'en ay icy recueilly en brief, sera pour contenter tant et plus ceux qui desirent d'obeir à Dieu. C'est bien une chose difficile à croire au sens humain: mais pour ceste cause l'Escriture quand
35 elle en parle, nous renvoye à la puissance de Dieu qui est infinie, et qui ne se doit mesurer selon nostre sens.
  a) *ad has lin. p. 443, 1 — p. 445, 1 cf. ep. l. c. 309, 17-23*   b) nam — praet.: *VG 1560* car de l'autre resverie infernale qu'ils ont
40 tenue, c'est que les ames sont naturellement pollues, pource qu'elles ont leur origine du diable: ie n'en parle point, comme d'une chose trop brutale   c) *VG 1560* + en laquelle tout sera reparé   d) *1559 -61 male* Spiritus; *cf. ep. 311, 7 sq.*

  1) Aug., Contra Adimantum Manichaei discipulum c. 12, 5 MSL 42, 146.   2) Aug., Serm. 12 c. 10, 10 sqq. MSL 38, 105 sq.; De Gen.
45 ctr. Manich. II c. 26, 38 MSL 34, 217; Op. imp. ctr. Iul. I 115 sq. MSL 45, 1125.

ut reportet unusquisque per corpus sive bonum sive malum [2. Cor. 5. b. 10]ª. Cui consentit quod scribit ad Corinthios, ut vita Iesu Christi manifestetur in carne nostra mortali [2. Cor. 4. c. 11ᵇ]. Qua ratione alibi non minus precatur ut Deus integra corpora conservet usque ad diem Christi, quam animas et spiritus [1. Thess. 5. d. 23]ᶜ. Nec mirum: quia corpora quae sibi in templa dicavit Deus [1. Cor. 3. c. 16ᵈ], in putre¹dinem sine spe resurrectionis decidere, absurdissimum esset. Quid quod etiam membra sunt Christi [1. Cor. 6. c. 15]ᵉ? Quid quod singulas eorum partes sibi Deus sanctificari praecipit? quod vult linguis nomen suum celebrari, tolli ad se puras manus [1. Timo. 2. c. 8], sacrificia offerri? Quam igitur hominis partem tam praeclaro honore dignatur caelestis iudex, cuius amentiae est ab homine mortali in pulverem redigi absque ulla spe instaurationis? Similiter Paulus, quum nos ad ferendum Dominum hortatur tam in corpore, quam in anima, quia utrunque Dei est [1. Cor. 6. d. 20]: non patitur certe quod Deo tanquam sacrum vendicat, aeternae putredini adiudicari. Nec vero ulla de re clarior suppetit Scripturae definitio, quam de carnis quam gestamus resurrectione. Oportet, inquit Paulus, corruptibile hoc induere incorruptionem, et mortale hoc induere immortalitatem [1. Cor. 15. g. 53]. Si nova corpora formaret Deus, ubi haec qualitatis mutatio? Si dictum esset, oportere nos renovari, ambigua loquutio forte occasionem cavillo dedisset: nunc ubi corpora, quibus sumus circundati, digito monstrans, incorruptionem illis promittit, nova fabricari satis aperte negat. Imo magis expresse (inquit Tertullianus) non poterat loqui, nisi cutem suam manibus teneretᶠ¹. Nec ullo cavillo effugient quod alibi Christum fore mundi iudicem dicens, Iesaiae testimonium citat [Rom. 14. b. 11], Vivo ego, dicit Dominus [Iesa. 49. c. 18], mihi flectetur omne genu²: quando aperte obnoxios ad rationem vitae reddendam quos alloquitur fore denuntiat. Quod non quadraret si nova corpora ad tribunal sisterentur. Porro in verbis Danielis nihil est perplexum, multique dormientium in terra pulveris expergiscentur, hi ad vitam aeternam, et illi ad opprobria, et ad contemptum sempiternum [Dan. 12. a. 2]: quando non ex quatuor elementis novam materiam ad con-

---

a) *cf. ep. 310, 14–16*   b) *1559–61 male* 10*; cf. ep. 309, 52 sq.*   c) *cf. ep. 311, 4–6*   d) *1559–61 falso* 11   e) *ad has lin. 6–9 cf. ep. 310, 6–11.*
f) *ad has lin. 18–28 cf. ep. 310, 34–38. 309, 33–35.*

1) Tert., De carnis resurrectione c. 51 CSEL 47, 106, 19.   2) Ies. 45, 23.

flandos homines, sed ex sepulchris mortuos evocat^a. Atque hoc dictat aperta ratio. Nam si mors, quae originem habet a lapsu hominis, accidentalis est: instauratio, quam attulit Christus, ad idem illud corpus pertinet quod mortale esse coepit[b]. Et sane quod rident Athenienses dum asseritur a Paulo resurrectio[1], hinc colligere licet qualis eius praedicatio fuerit: ac omnino risus ille non parum ad confirmandam fidem nostram valet. Digna etiam observatu est Christi sententia, Nolite metuere eos qui occidunt corpus, animam occidere non possunt: sed eum metuite qui potest et animam et corpus perdere in gehennam ignis [Matt. 10. c. 28]. Neque enim timendi causa, nisi supplicio obnoxium esset quod nunc gestamus corpus[c]. Nec vero obscurior est altera eiusdem Christi sententia, Venit hora, in qua omnes qui in monumentis sunt, audient vocem Filii Dei: et prodibunt qui bona fecerunt, in resurrectionem vitae: qui vero mala egerunt, in resur'rectionem iudicii [Iohan. 5. e. 28][2]. An dicemus animas in sepulchris quiescere, ut illinc Christum exaudiant? ac non potius ad eius imperium corpora in vigorem a quo exciderant reditura[d]? Adhaec si novis corporibus donandi sumus, ubi capitis et membrorum conformitas? Resurrexit Christus: an novum sibi corpus fingendo[3]? imo, ut praedixerat, Destruite templum hoc, et triduo erigam illud [Iohan. 2. c. 19]. Quod prius gestaverat mortale corpus, iterum recepit; neque enim multum nobis profuisset, subrogato novo corpore, aboleri illud quod in sacrificium expiationis oblatum fuerat. Tenenda est etiam illa societas quam praedicat Apostolus, Nos resurgere, quia Christus resurrexit [1. Cor. 15. b. 12]; quia nihil minus probabile quam ut privetur Christi resurrectione caro nostra, in qua circunferimus mortificationem ipsius Christi[e]. Quod quidem illustri documento patuit, dum resurgente Christo multa corpora Sanctorum exierunt e sepulchris [Mat. 27. f. 52]. Neque enim negari potest, hoc ultimae quam speramus resurrectionis praeludium fuisse, vel potius arrham: qualis ante in Henoch et Elia iam extabat: quos Tertullianus resurrectionis candidatos vocat: quia corpore et anima a corruptione exempti, in Dei custodiam recepti fuerint[f][4].

---

a) ex sep. — cv.: *VG 1560* les prendra des sepulchres où ils auront esté mis   b) *cf. ep. 309, 35-38.*   c) *ad has lin. 4-12 cf. ep. 309, 40-45.*   d) *ad has lin. 12-19 cf. ep. 310, 45-48.*   e) *ad has lin. 19-29 cf. ep. 310, 22-27.*   f) *VG 1560* + iusqu'alors; *ad has lin. 29-36 cf. ep. 310, 40-43. 309, 53-310, 6.*

1) Act. 17, 32.   2) Ioh. 5, 28 sq.   3) vide L. Socini opinionem (Trechsel II 446).   4) Tert., De carnis resurrectione c. 58 CSEL 47, 119, 10.

8. Pudet me in re tam clara tantum verborum consumere: sed hanc molestiam placide mecum vorabunt lectores, ne qua rima ad decipiendos simplices perversis et audacibus ingeniis pateat. Cerebri sui commentum proferunt volatici spiritus quibuscum nunc disputo: in resurrectione novorum corporum fore creationem. Qua ratione impulsi ita sentiunt, nisi quia incredibile illis videtur, cadaver tam longa putredine consumptum posse in pristinum statum redire[1]? Ergo sola illis incredulitas huius sententiae est mater. Nos contra Spiritus Dei ad sperandam carnis nostrae resurrectionem in Scriptura passim hortatur. Hac ratione Baptismus, teste Paulo, sigillum nobis est futurae resurrectionis [Colos. 2. b. 12]: nec minus sacra Coena ad eius fiduciam nos invitat, dum symbola Spiritualis gratiae ore percipimus[a]. Et certe tota Pauli exhortatio, Ut membra nostra exhibeamus arma in obedientiam iustitiae[b][2], frigeret, nisi accederet quod postea subiungit, Qui suscitavit Christum a mortuis, vivificabit et mortalia corpora vestra [Rom. 8. c. 11][c]. Quid enim iuvaret, applicare pedes, manus, oculos et linguas in obsequium Dei, nisi fructus et mercedis essent participes? Quod suis verbis aperte confirmat Paulus, Corpus non scortationi, sed Domino: et Dominus corpori. Qui vero suscitavit Christum, et nos suscitabit per virtutem suam [1. Cor. 6. c. 13][3]. Clariora sunt quae sequuntur, ea esse templa Spiritus sancti et membra Christi [d. 15. 19]. Interea videmus ut resurrectionem cum castitate et sanctimonia coniungat: sicuti paulo post pretium redemptionis ad corpora extendit[4]. Iam rationi consentaneum non esset, Pauli corpus, in quo stigmata Christi portavit [Galat. 6. d. 17], et in quo magnifice Christum glorificavit, orbari coronae praemio[d]. Unde et illa gloriatio, Expectamus redemptorem e caelis, qui corpus nostrum abiectum, conforme reddet corpori claritatis suae [Philip. 3. d. 21][5][e]. Ac si verum est illud, per multas afflictiones oportere nos ingredi in regnum Dei [Act. 14. d. 22], ab hoc ingressu corpora prohibere nulla ratio sustinet, quae et sub crucis vexillo exercet Deus, et victoriae laude ornat[f]. Itaque nulla eius rei dubitatio inter Sanctos orta est quin se Christi comites fore sperarent: qui omnes quibus probamur afflictiones in personam suam transfert, ut vivificas esse doceat. Imo et sanctos Patres sub Lege, externa

---

a) *ad has lin. 11–14 cf. ep. 309, 45–49*   b) *1559–61 falso* + [2. Cor. 6. a. 4. 7]   c) *cf. ep. 309, 25–28.*   d) *cf. ep. 310, 19–22.*   e) *cf. ep. 309, 28–30.*   f) *cf. ep. 310, 16–19.*

1) qua de re cf. Socinum (Trechsel II 445).   2) Rom. 6, 13. 19.   3) 1. Cor. 6, 13 sq.   4) 1. Cor. 6, 20.   5) Phil. 3, 20 sq.

ceremonia Deus in hac fide exercuit. Quorsum enim sepeliendi ritus, sicuti ante visum est[1], nisi ut reconditis corporibus scirent paratam esse novam vitam? Huc aromata quoque, aliaque immortalitatis symbola spectarunt, quibus sub Lege adiuta fuit non aliter quam sacrificiis, doctrinae obscuritas. Nec morem illum peperit superstitio: quando videmus Spiritum in narrandis sepulturis non minus diligenter insistere quam in praecipuis fidei mysteriis. Et Christus officium hoc tanquam non vulgare commendat [Matth. 26. a. 10], non alia certe de causa nisi quia a sepulchri, quod omnia corrumpit et abolet, intuitu in spectaculum renovationis oculos attollit[a]. Praeterea tam sedula observatio ceremoniae quae laudatur in patribus, satis comprobat rarum illis fuisse et pretiosum fidei adminiculum. Neque enim adeo sollicite curasset Abraham uxoris sepulchrum [Genes. 23. a. 4, et d. 19], nisi religio illi proposita fuisset ante oculos, et utilitas mundo superior, nempe ut mortuum uxoris corpus insignibus resurrectionis exornans, suam et familiae fidem confirmaret. Clarior vero huius rei probatio eminet in exemplo Iacob, qui ut posteris testetur ne morte quidem spem terrae promissae animo suo excidisse, iubet ossa sua illuc referri [Gen. 47. g. 30]. Quaeso, si novo corpore induendus erat, nonne ridiculum dedisset mandatum de pulvere in nihilum redigendo? Quare siqua apud nos viget Scripturae authoritas, nullius doctrinae clarior vel certior desiderari potest probatio. Hoc ipsum pueris sonant resurrectionis et suscitandi voces[b]; neque enim resurgere dicemus quod nunc primum creatur: nec staret illud Christi, Quicquid dedit mihi Pater non peribit, sed suscitabo illud in novissimo die [Iohan. 6. d. 39]. Eodem tendit dormiendi verbum, quod nonnisi in corpora competit[c]. Unde et coemeteriis nomen impositum[d]. Superest ut de resurrectionis modo aliquid delibem. Hoc verbo utor[e]: quia Paulus mysterium vocans [1. Cor. 15. g. 51], ad sobrietatem nos hortatur, et liberius argutiusque philosophandi licentiam fraenat. ‖ Primo tenendum est quod diximus, nos in eadem quam gestamus carne resurrecturos quoad substantiam: sed qualitatem aliam fore; sicuti quum[f] eadem Christi caro quae in victimam oblata fuerat, suscitata fuerit, aliis tamen dotibus excelluit acsi alia prorsus foret. Quod Paulus

---

a) *ad has lin. 1–11 cf. ep. 310, 54–311, 2.*   b) *cf. ep. 309, 23–25.*
c) *cf. ep. 310, 50–54.*   d) *VG 1560 +* qui vaut autant comme dormitoire   e) *Hoc — ut.: VG 1560* Notamment ie preten d'en donner quelque petit goust

1) sect. 5; supra p. 439, 21 sqq.

1539 familiaribus exemplis declarat [Ibidem, e. 39][a]. || Nam sicut[b] humanae et belluinae carnis eadem est substantia, non qualitas: stellis omnibus eadem est materia, claritas[c] diversa: ita ||
1559* (1539) quanquam retinebimus substantiam corporis, mutationem fore docet: ut longe praestantior sit conditio. Corpus ergo corruptibile, ut suscitemur, non peribit nec evanescet: sed induet, deposita corruptione, incorruptionem. Quoniam vero elementa Deus omnia praesto habet ad suum nutum, nulla eum difficultas impediet quominus et terrae et aquis et igni imperet, ut quod videtur ab illis consumptum reddant[d1]. Quod etiam, licet non absque figura, Iesaias testatur, Ecce Dominus egredietur de loco suo ut visitet iniquitatem terrae: et terra discooperiet sanguinem suum, neque teget amplius interfectos suos [Iesa. 26. d. 21]. Sed notandum est discrimen inter eos qui pridem mortui fuerint, et quos dies ille superstites reperiet. Neque enim omnes dormiemus (teste Paulo) sed omnes immutabimur [1. Cor. 15. g. 51]: hoc est, necesse non erit distantiam temporis inter mortem et initium secundae vitae intercedere: quia in puncto temporis et nictu oculi penetrabit clangor tubae qui mortuos excitet incorruptibiles, et vivos subita mutatione reformet in eandem gloriam[2]. Sic alibi fideles quibus mors obeunda est consolantur[e]: quia non praevenient mortuos qui tunc erunt superstites, quin potius resurgent priores
1559 qui dormierunt in Christo [1. Thes. 4. d. 15][f]. || Siquis obiiciat illud Apostoli, statutum esse cunctis mortalibus semel mori [Hebr. 9. g. 27]: facilis solutio est, ubi mutatur naturae status,

1539 a) Quemadmodum ergo ille in eodem, quo passus erat, corpore suscitatus fuit: quod tamen longe alio decore spectabile, a resurrectione, recepit, quam in conditione mortali (cond. m.: *1539-45 mortalitate)* habuerat: ita et nos eadem quam gestamus, carne resurgemus quidem: sed alii a resurrectione erimus; quam varietatem Apostolus similibus quibusdam explanat [1. Corint. 15. e. 39.] b) > *1539-54* c) *1539 –54* qualitas d) *1559-61 male* reddat e) *1559-61 male* consolatur
1539 f) substantiam corporis nostri retinebimus: qualitates immuta-
1539* (1536 I 93) buntur. || Quare corpus hoc corruptibile non disperibit, ut suscitemur: sed induet, deposita corruptione, incorruptionem: dimissa mortali-
1539 tate, immortalitatem. || Itaque nulla difficultas Dominum impediet, quominus eadem, quam in filio suscitando exeruit, potentia *(cf. Cat. 1538, CR V 342)*, suos omnes, qui ante extremum iudicii diem morte absumpti fuerint, a pulvere et corruptione in novam vitam revocet. ||
1539* (1536 I 93) Nam qui tum superstites deprehendentur, subita magis immutatione, quam naturali mortis forma, in novam vitam transibunt [1. Thessa. 4. d. 17] *(a pulv. — transib.: exst. in Cat. 1538, CR V 342; ib.* + [1. Corin. 15 *(51 sq.)*]*)*.

1) cf. Socinum (Trechsel II 445).   2) 1. Cor. 15, 52.

speciem esse mortis, et apposite sic nominari: ac proinde haec inter se conveniunt, morte renovatum iri omnes dum exuent mortale corpus: non fore tamen necessarium corporis et animae dissidium, ubi erit subita immutatio^a.

9. Sed hic difficilior quaestio exoritur, Quo iure communis sit impiis et a Deo maledictis resurrectio, quae singulare est Christi beneficium. Scimus omnes in Adam morti fuisse addictos: venit Christus resurrectio et vita [Iohan. 11. c. 25]: an ut promiscue totum genus humanum vivificet? Sed quid minus consentaneum quam eos in obstinata sua caecitate consequi, quod sola fide recuperant pii Dei cultores? Manet tamen illud fixum, aliam fore iudicii, aliam vitae resurrectionen, et Christum venturum ut segreget agnos ab hoedis [Matt. 25. d. 32]. Respondeo, non debere videri tam insolitum, cuius similitudinem in quotidiano usu cernimus. Nos totius mundi haereditate scimus in Adam fuisse privatos: nec minus aequa ratione^b ab alimentis communibus nos arceri, quam ab¹ esu arboris vitae. Unde igitur fit ut Deus non solum oriri faciat solem suum super bonos et malos [Matth. 5. g. 45], sed quoad praesentis vitae usus, inaestimabilis eius liberalitas larga copia assidue profluat? Hinc certe cognoscimus, quae propria sunt Christi et membrorum eius, ad impios quoque exundare: non ut legitima sit possessio, sed quo magis reddantur inexcusabiles. Sic Deum impii saepe experiuntur beneficum, non vulgaribus documentis, sed quae omnes piorum benedictiones interdum obscurent, illis tamen cedant in maiorem damnationem. Siquis excipiat, caducis et terrenis beneficiis resurrectionem non apte conferri: hic quoque respondeo, ubi primum alienati sunt a Deo vitae fonte, Diaboli interitum fuisse promeritos quo prorsus abolerentur: admirabili tamen Dei consilio repertum fuisse medium statum, ut extra vitam in morte viverent. Nihilo absurdius videri debet, si accidentalis est impiis resurrectio quae invitos trahat ad tribunal Christi, quem nunc audire magistrum et doctorem recusant. Levis enim esset poena, morte absumi, nisi poenas suae contumaciae daturi coram iudice sisterentur, cuius in se vindictam sine fine et modo provocarunt. Caeterum quanquam tenendum quod diximus, et quod celebris illa Pauli confessio apud Felicem continet, se futuram expectare resurrectionem iustorum et impiorum [Act. 24. d. 15]: saepius tamen Scriptura resurrectionem solis Dei filiis una cum caelesti gloria

---

a) *ad has lin. p. 450, 14 — p. 451, 4 cf. ep. CR XIII 310, 28-34.*
b) nec — rat.: *VG 1560* et que nous meritons d'estre bannis du monde comme de paradis terrestre, et

proponit: quia non venit proprie Christus in mundi exitium, sed in salutem. Ideo et in symbolo sola fit mentio beatae vitae^a.

10. Quoniam autem tum demum implebitur Prophetia de absorpta per victoriam morte [Osee 13. d. 14; 1. Cor. 15. g. 54][1], semper nobis in mentem veniat aeterna foelicitas, resurrectionis finis^b: de cuius excellentia si omnia dicta fuerint quibus omnium hominum linguae sufficiant, vix tamen infima eius particula delibata fuerit. ‖ Nam utcunque vere audiamus, regnum Dei claritate, gaudio, foelicitate, gloria^c fore refertum: illa tamen quae nominantur, a sensu nostro remotissima ‖ et quâsi aenigmatibus involuta manent, ^ddonec venerit dies ille,

---

a) Nullam hic fieri mentionem, aut resurrectionis, aut mortis aeternae *(cf. 1536 I 93, 27)*, quae manet impios omnes: nihil mirum est. Siquidem hic ea sola proponuntur, quibus fidelis conscientia consolationem recipiat: et in salutis fiducia alatur, ac confirmetur. Interim tamen non est, cur *(1539 quod)* curiosis hominibus in mentem veniat, nullam fore impiorum resurrectionem: quod in symbolo non extet eius testimonium. Alibi satis abunde commemoratur futura sors impiorum: et enarrantur ea, quae ad incutiendum illis terrorem valeant: in symbolo non quaerantur: quod solam fundandae et aedificandae fiduciae materiam habet. Annon satis aperte de resurrectione universali Dominus testificatur: cum praedicit futurum, ut *(1539-43 + Dominus)* congreget in conspectum suum omnes gentes, et segreget in ordinem, velut pastor, oves ab hoedis [Matth. 25. c. 32.] *(cf. 1536 I 93, 13 sq.)*? et quae ibidem sequuntur. Item alibi clarius, processuros, qui bona egerunt, in resurrectionem vitae: qui vero mala egerunt, in resurrectionem iudicii [Ioannis. 5. e. 29.]? Quid illa Pauli confessione, quam edidit apud Foelicem, apertius desideretur? se futuram expectare resurrectionem, et eam iustorum simul et impiorum [Act. 24. d. 15.]. Tot igitur testimoniis cum solide fulciatur universalis resurrectio: frustra in controversiam a futilibus ingeniis revocatur *(1539-50 revocetur)*. Quanquam ita perpetua serie inter se connectuntur remuneratio piorum, et improborum poena: ut qui alterum confitetur, alterum necessario subaudiat. Quod pulchre Dominus notat: dum ita loquitur per prophetam. Dies vindictae in corde meo: et annus redemptionis meae venit [Iesa. 63. a. 4, et 34. b. 8.]. Et apud eundem. Videbitis, et gaudebit cor vestrum: et ossa vestra, quasi herba, germinabunt. Et cognoscetur manus Domini erga servos suos: et inimicis suis indignabitur [Iesaiae. 66. d. 14.]. Id vero quia non nisi obscure agitur, neque omnino peragitur in hac peregrinatione, in ultimum illum retributionis diem proprie competit, qui iudicium et iustitiam Domini perspicue exhibebit.   b) semp. — fin.: *1539-54* ideo vita aeterna continuo subiicitur   c) > *1539-54*   d) donec — exhibebit: *exst. in Cat. 1538, CR V 342 sq.*

1) 1. Cor. 15, 54 sq.

quo nobis suam gloriam ipse^a facie ad faciem conspiciendam exhibebit^b. || Scimus nos esse Dei filios (inquit Iohannes) sed nondum apparuit. Ubi autem similes ei erimus, videbimus eum qualis est [1. Iohan. 3. a. 2]. || Quamobrem Prophetae, quia
5 spiritualem illam beatitudinem in seipsa nullis verbis exprimere poterant, sub rebus corporeis eam fere delinearunt. Quia tamen rursum^c aliquo suavitatis illius gustu accendi in nobis^d desiderii fervorem oportet, in hoc praecipue cogitando immoremur, || Si Deus^e bonorum omnium plenitudinem, ceu fons quidam
10 inexhaustus, in se continet: || nihil ultra eum expetendum iis qui ad summum bonum et omnes foelicitatis numeros contendunt; || sicuti pluribus locis docemur. Abraham, ego merces tua magna valde [Gen. 15. a. 1^f]. Cui sententiae succinit David, Portio mea Iehova: sors mihi praeclare cecidit [Psal. 16. b. 6]¹.
15 Item alibi, Satiabor vultu tuo [Psal. 17. d. 15]. || Atqui Petrus denuntiat in hoc vocatos fideles ut^g divinae fiant consortes naturae [2. Pet. 1. a. 4]: Quomodo istud? Quia glorificabitur in omnibus sanctis suis, et admirabilis fiet in iis qui crediderunt^h. Si Dominus gloriam, virtutem, iustitiam suam cum electis
20 participabit, imo se ipsum illis fruendum dabit, et quod praestantiusⁱ, quodammodo in unum cum ipsis coalescet^k: meminerimus sub hoc beneficio omne foelicitatis genus contineri. Et quum multum in hac meditatione profecerimus, recognoscamus tamen nos in imis adhuc radicibus subsidere, si mentis
25 nostrae conceptio cum mysterii huius sublimitate conferatur^l. || Quo nobis in hac parte magis colenda est sobrietas, ne moduli nostri immemores, quo maiore audacia in sublime transvolabimus, fulgor caelestis gloriae nos obruat. Sentimus etiam uti immodica cupido plusquam fas est sciendi nos titillet; unde
30 subinde et frivolae et noxiae quaestiones scaturiunt^m; frivolas voco, ex quibus nulla potest elici utilitasⁿ. Sed hoc secundum deterius, quod qui sibi in illis indulgent, perniciosis speculationibus sese implicant; quamobrem voco noxias. Quod Scripturae

---

a) *1539-54 et Cat.* Dominus b) *Cat. l. c.* + [1. Corin. 13 *(12)*]
35 c) > *1539-54* d) in nob.: *1539-54* nos et exacui ad e) *1539-54* Dominus f) *1559-61 falso 2* g) *VG 1541 sqq.* + quelque fois
h) *VG 1541 sqq.* + à son Evangile; *1539-54* + [2. Thes. 1. c. 10.]
i) fruend. — praest. > *1539-54* k) in — coal.: *1539-54* communicabit l) si — conf.: *VG 1541 sqq.* et que iamais nous n'approche-
40 rons durant ceste vie à la hautesse *(1541-51* grandeur*)* de ce mystere
m) *VG 1560* + iournellement n) *ad has lin.* 26-31 *cf. ep. ad Socinum, CR XIII 309, 14-17.*

1) Ps. 16, 5 sq.

docent, ab omni controversia exemptum apud nos esse debet: nempe sicuti varie Deus sua dona Sanctis in hoc mundo distribuens eos inaequaliter irradiat, ita non fore aequalem gloriae modum in caelis, ubi dona sua coronabit Deus[1]. Neque enim competit indifferenter in omnes quod dicit Paulus, Vos estis gloria mea et corona in die Christi [1. Thes. 2. d. 19]. Et illud Christi ad Apostolos, Sedebitis[a] iudicantes duodecim tribus Israel [Matt. 19. d. 28]. Sed Paulus (qui sciebat, prout sanctos locupletat Deus spiritualibus donis in terra, ita in caelo gloria decorare) peculiarem sibi coronam pro laborum ratione repositam esse non dubitat. Christus autem, ut Apostolis dignitatem muneris quo praediti erant commendet, fructum eius admonet in caelo esse reconditum. Sic et Daniel, Intelligentes autem fulgebunt ut splendor firmamenti: et iustificantes multos, tanquam stellae in seculum et in aeternum [Dan. 12. a. 3]. Ac siquis attente Scripturas consideret: non modo vitam aeternam promittunt fidelibus, sed specialem cuique mercedem[b]. Unde et illud Pauli, Rependat illi[c] Deus in illa die [2. Tim. 1. d. 18[d]]. Quod promissio Christi confirmat, Centuplum recipietis in vita aeterna [Matth. 19. c. 29]. Denique sicuti corporis sui gloriam multiplici donorum varietate inchoat Christus in mundo, et amplificat per suos gradus: ita etiam in caelo perficiet.

11. Quemadmodum autem hoc uno consensu recipient omnes pii, quia verbo Dei satis testatum est: sic rursum spinosis quaestionibus, quas sibi obstaculo esse cognoscent, valere iussis, metas sibi propositas non transilient. Quantum ad me spectat, non solum privatim mihi a supervacua rerum inutilium investigatione[1] tempero: sed cavendum mihi arbitror ne aliorum levitatem respondendo foveam. Sciscitantur vanae scientiae ieiuni homines quanta inter Prophetas et Apostolos, rursus[e] inter Apostolos et Martyres futura sit distantia: quot gradibus different a coniugatis virgines[2]: denique nullum caeli angulum ab excutiendo intactum relinquunt. Deinde subit illis in mentem quorsum pertineat orbis reparatio: quando ex tanta et incomparabili copia nullius rei indigi erunt filii Dei[f]: sed erunt similes Angelis, quorum inedia aeternae beatitudinis symbolum

---

a) *VG 1560* + sur douze thrones   b) *VG 1560* + en icelle   c) *VG 1560* à Onesiphore   d) *sic 1561; 1559 male* 4. b. 14   e) *1561* + quanta   f) quando — Dei: *VG 1560* veu que les enfans de Dieu n'auront besoin de tout ce que la terre produit

1) Apud Aug. passim; ex gr. In Ps. 70 II, 4; In Ps. 102, 7 etc. MSL 37, 895. 1321.   2) Thom., S. th. III. suppl. q. 93. art. 3; q. 96.

est[a][1]. Ego autem respondeo, in ipso aspectu tantam fore amoenitatem, tantam sine usu suavitatem in sola notitia, ut haec foelicitas omnia quibus nunc iuvamur adminicula longe exuperet. Fingamus in opulentissima et ubi nulla nos voluptas deficiat, mundi plaga esse positos: quem non sui morbi ab usu beneficiorum Dei subinde impediunt ac prohibent? cui non sua intemperies cursum saepe abrumpit? Unde consequitur liquidam et puram ab omni vitio fruitionem, quanvis nullus sit corruptibilis vitae usus, foelicitatis esse cumulum. Alii se transferunt longius, et quaerunt annon scoria et aliae corruptelae in metallis procul a restitutione absint, et ab ea dissideant. Quod ut illis aliquatenus concedam, expecto cum Paulo vitiorum reparationem quae initium sumpserunt a peccato, ad quam gemunt et parturiunt [Rom. 8. d. 22]. Longius iterum progrediuntur, quaenam melior conditio maneat genus humanum, quum sobolis benedictio finem tunc sumptura sit. Facilis est illius quoque nodi solutio. Quod tam magnifice eam commendat Scriptura, ad incrementa pertinet quibus Deus assidue naturae ordinem provehit ad suam metam: in perfectione vero ipsa aliam rationem esse notum est. Sed quia incautos statim captant illecebrae, et labyrinthus deinde profundius trahit, tandem, ubi sua cuique placita arrident, nullus est concertationum modus: hoc sit nobis viae compendium, contentos esse speculo et aenigmate donec cernemus facie ad faciem[2]. Nam pauci ex ingenti multitudine qua in caelos eundum sit curant: omnes autem quid illic agatur scire ante tempus appetunt. Omnes fere ad obeundum certamina pigri et lenti, triumphos imaginarios sibi iam depingunt.

12. Porro quia divinae in reprobos ultionis gravitatem nulla descriptio aequare potest, per res corporeas eorum tormenta et cruciatus nobis figurantur: nempe per tenebras, fletum, et stridorem dentium [Matth. 8. b. 12, et 22. b. 13], ignem inextinguibilem [Ibidem, 3. c. 12; Marc. 9. g. 43], vermem sine fine cor arrodentem [Iesa. 66. g. 24]. || Talibus enim loquendi modis certum est Spiritum sanctum voluisse sensus omnes horrore conturbare: ut quum dicitur praeparatam esse ab aeterno[b] gehennam profundam, nutrimenta eius esse ignem et ligna multa: flatum Domini, ceu torrentem[c] sulphuris, eam succen-

---

a) quor. — est: *VG 1560* lesquels ne sont point soustenus par boire et manger, mais ont leur immortalité sans ces aydes basses   b) *1539–43 falso* hesterno   c) *1539–54* torrente

1) Thom., S. th. III. suppl. q. 91.   2) 1. Cor. 13, 12.

dereᵃ [Iesa. 30. g. 33]. Quibus ut nos adiuvari oportet ad concipiendam utcunque impiorum miseram sortem: ita nos in eo potissimum defigere cogitationem oportet, quam sit calamitosum alienari ab omni Dei societate; neque id modo: sed maiestatem Dei ita sentire tibi adversam, ut effugere nequeas quin ab ipsa urgearis. Nam primum eius indignatio instar ignis est violentissimi, cuius attactu omnia devorentur et absorbeantur. Deinde illi ad exercendum iudicium sic serviunt omnes creaturae, ut caelum, terram, mare, animalia, et quicquid est, velut dira indignatione adversum se inflammata et in perniciem suam armata sensuri sint: quibus iram suam ita Dominus palam facietᵇ. Quare non vulgare aliquid pronuntiavit Apostolus, quum dicit infideles daturos poenas interitu aeternas a facie Domini, et a gloria virtutis eius [2ᶜ. Thess. 1. c. 9]. || Et quoties metum corporeis figuris incutiunt Prophetae, quanvis nihil pro tarditate nostra hyperbolicum afferant, praeludia tamen admiscent futuri iudicii in sole et luna totoque mundi opificioᵈ. || Quare nullam requiem inveniunt infoelices conscientiae, quin diro turbine vexentur ac dissipentur, quin ab infesto Deo se discerpi sentiant, et confixae mortiferis aculeis lancinentur, quin ad Dei fulmen expavescant, et conterantur onere manus eius: ut abyssos et voragines quaslibet subire levius sit quam in illis terroribus stare ad momentumᵉ; || quale hoc et quantum est, aeterna et nusquam desitura illius obsidione urgeri? || Qua de re Psalmus nonagesimus continet memorabilem sententiam; quanvis solo aspectu cunctos mortales dissipet ac in nihilum redigat, cultores tamen suos, quo magis sunt timidi in hoc mundo, urgere, ut cruce oneratos ad properandum incitet¹, donec sit ipse omnia in omnibus².

---

a) *1539–54* succendente b) pal. fac.: *1539–45* revelarit c) *1559 falso* 1. d) in sole — op.: *VG 1560* disans que le soleil sera obscurcy, et la lune perdra sa clarté, et tout le bastiment du monde sera dissipé et confus
e) Nam si a praesentia irati Dei sic *(D.* sic: *1543* Dei sibi; *1545 –54* sibi Dei*)* discerpuntur, configuntur, vexantur, uruntur, lancinantur, conteruntur, dissipantur infoelices conscientiae: ut abyssos ac voragines quaslibet subire lenius futurum sit, quam ad momentum unum illam sustinere

1) Ps. 90, 7 sqq. 2) 1. Cor. 15, 28.

www.ingramcontent.com/pod-product-compliance
Lightning Source LLC
Chambersburg PA
CBHW070005010526
44117CB00011B/1438